W0413965

S.F.V.

Hermann Glaser

DIE KULTUR DER WILHELMINISCHEN ZEIT

Topographie einer Epoche

S. Fischer

© 1984 S. Fischer Verlag GmbH, Frankfurt am Main
Alle Rechte vorbehalten
Lektorat: Walter H. Pehle
Bildredaktion: Anita Jantzer
Typographie, Ausstattung und Herstellung: Hans-Heinrich Ruta
Umschlagabbildung:
Vincent Stoltenberg-Lerche, Der historische Festzug vor dem Kaiserpavillon, 1884;
mit freundlicher Genehmigung des Kölnischen Stadtmuseums.
Satz: Fotosatz Otto Gutfreund, Darmstadt
Druck: Aumüller KG, Regensburg
Bindung: G. Lachenmaier, Reutlingen
Printed in Germany
ISBN 3-10-025303-5

Inhalt

Vorwort

In Richard Wagners »Parsifal« heißt es an einer Stelle: »Zum Raum wird hier die Zeit«; diesem vieldeutigen Satz folgend und den Untertitel des Buches beim Wort nehmend, sei einleitend die Kulturgeschichte des Wilhelminismus aus der zeitlichen Vertikale in dreidimensionale Anschaulichkeit transponiert und in einer naiven topographischen Skizze festgehalten: Es handelt sich um eine Geisteslandschaft faszinierender, schillernder Ausprägung. Unerwartete Perspektiven; Abgründe – vielfach überdeckt; künstliche Paradiese neben häßlichen Industriezonen; anziehende und abstoßende Formationen, mit Durchblicken auf Ungewißheiten. Man findet Auswege; bleibt in Irrwegen stecken; die Wegweiser täuschen; es geht nach »droben« und »drunten«. Von rückwärts, dem Beginn des 19. Jahrhunderts her, leuchtet das Gebirge des Idealismus; das Grüne des Realismus. Bei der Definition nach vorne gelangt man zu den blutigen Schlachtfeldern des Ersten Weltkriegs. Dann, inmitten eines »total platten Landes«, Metropolis, die hauptstädtische Kultur der Weimarer Republik.

Die Grenzen sind fließend: Die Kultur des Wilhelminismus reicht weit zurück; sie endet nicht abrupt in der Zerstörung, sondern gleitet in sie hinein.

In diesem Buch wird eine Landvermessung der Epoche versucht; die besondere Aufmerksamkeit gilt den Verwerfungen, Umbrüchen, da die Konturen der Zeit sich dort besonders plastisch abheben; von kultur-trigonometrischen Punkten aus soll die ungeheuere Vielfalt und Widersprüchlichkeit dieser Landschaft strukturell erfaßt werden.

Sucht man nach einem die Fülle der anzutreffenden Phänomene gliedernden Prinzip, so stößt man immer wieder auf das der »Doppelwertigkeit«. Die Epoche war ambivalent, und das macht ihre besondere kulturelle Leistung aus; sie war »hintergrundig«, aber ständig in Gefahr, der Eindeutigkeit zu verfallen. So auch ihr Ende: Die Offenheit des Aufbruchs endet im ausweglosen Scheitern, im Ersten Weltkrieg. Die in den kulturellen Ereignissen, Vorkommnissen, Materialien zu erahnenden Profillinien ergeben Vexierbilder, bei deren Deutung Überraschungen gang und gäbe sind – was nicht zuletzt die Nostalgie unserer »festgelegten« Gegenwart nach dieser Zeit bestimmt.

Die Ambivalenz des späten 19. und des beginnenden 20. Jahrhunderts läßt sich in Begriffen einfangen, die durch die Vorsilbe *Ver* gekennzeichnet sind. Mit einer gewissen, die Alltagsnormalität außer acht lassenden Übertreibung kann man sagen, daß die Zeit charakterisiert war durch: Verwirrung, Verängstigung, Versprechung, Verheerung, Verfehlung, Versuchung, Verrechnung, Versicherung, Veränderung, Verbesserung, Verformung, Vereitelung, Verdrängung, Verachtung, Verführung, Verfeinerung, Vergewaltigung, Verheimlichung, Verinnerlichung, Verirrung, Verkrampfung, Verzweiflung, Verantwortung, Veräußerlichung, Verfinsterung, Verwüstung, Vergeltung, Verfall... Fast jeder dieser Begriffe ist in sich selbst wiederum ambivalent; sie alle führen in sublime Regionen, wie sie auch ganz materialiter verstanden werden können.

Verwirrung: Der einzelne leidet unter dem Sinnverlust; das soziale Gefüge der Schichten und Stände gerät in Unordnung.

Verängstigung: Die religiöse Sicherheit ist verlorengegangen; der Fortschritt der Zeit mit der Komplexität neuer Systeme läßt der Geborgenheit keinen Raum; dieser stellt auch ein Versprechen dar; neue Perspektiven eröffnen sich, sowohl fürs kleine Glück wie fürs kollektive Bewußtsein. Zugleich künden die kulturellen Signale von Verblendung, Regression, gescheiterten Utopien. Aber der Vor-Schein revolutionärer Ideen versetzt in Verzückung; die Fahnen drehen sich im Wind; erfrischende Stürme; abgelöst von der Dumpfheit verheerender Stagnation. Die Veränderungen der Zeit werden verharmlost; sie werden als Verbesserungen propagiert; viele spüren solche Verlogenheit. Die Welt wird verrechnet; die Ängste, die sich aus dem Sieg des Realitätsprinzips ergeben, lassen nach Versicherung rufen (und tatsächlich ist der Aufstieg des Versicherungswesens nichts anderes als die verdinglichte Beruhigung existentieller Gefährdung). Innerhalb hektischen Gewinnstrebens waltet die Verdrängung der Anfechtungen; die Verachtung der höheren Werte im Lebenskampf hat zum kompensatorischen Pendant die Sehnsucht nach Verfeinerung und Verinnerlichung; die ästhetischen Fluchtbewegungen in ihrer mentalen Verkrampfung zielen auf den Umzug in esoterische Regionen, nicht zuletzt in solche geschichtlicher Verklärung. Das Bild einer anderen, besseren, höheren, erhabeneren Welt wird vorgespiegelt. Die Verantwortung gegenüber der Realität, das Bemühen, der Wahrheit ins Auge zu schauen, ist suspendiert durch Ver-rükkung. Die Schwerkraft erfaßt auch den Überbau; man ahnt den Verfall; Verzweiflung grassiert; triebdynamische Staus werden abreagiert. Verfinsterung eines utopisch aufgehellten Horizonts.

Die Ambivalenz wie die Antinomien der Epoche hat Thomas Mann am Beispiel Richard Wagners, eines der wichtigsten Protagonisten wilhelminischer Kultur, festgehalten: »Leidend und groß, wie das Jahrhundert, dessen vollkommener Ausdruck sie ist, das neunzehnte, steht die geistige Gestalt Richard Wagners mir vor Augen. Physiognomisch zerfurcht von allen seinen Zügen, überladen mit allen seinen Trieben, so sehe ich sie, und kaum weiß ich die Liebe zu seinem Werk, einem der großartig fragwürdigsten, vieldeutigsten und faszinierendsten Phänomene der schöpferischen Welt, zu unterscheiden von der Liebe zu dem Jahrhundert, dessen größten Teil sein Leben ausfüllt, dies unruhvoll umgetriebene, gequälte, besessene und verkannte, in Weltruhmesglanz mündende Leben.« Bei der Beschäftigung mit dieser Zeit sei ihm immer wieder in Erinnerung gekommen, daß wir uns zum 19. Jahrhundert wie Söhne zum Vater, voller Kritik, verhielten. »Wir zucken die Achsel über seinen Glauben sowohl, der ein Glaube an Ideen war, wie über seinen Unglauben, das heißt seinen melancholischen Relativismus. Seine liberale Anhänglichkeit an Vernunft und Fortschritt scheint uns belächelnswert, sein Materialismus allzu kompakt, sein monistischer Weltenträtselungsdünkel außerordentlich seicht. Und doch wurde sein wissenschaftlicher Stolz kompensiert, ja überwogen von seinem Pessimismus, seiner musikalischen Nacht- und Todverbundenheit, die es wahrscheinlich einmal stärker kennzeichnen wird als alles andere.«
Mag das in manchem zu positiv eingefärbt sein, mögen die aus den Widersprüchlichkeiten der Epoche aufsteigenden Verdrängungen in ihrer fatalen sozialpathologischen Wirkung zu gering eingeschätzt werden – Thomas Mann hat in diesem Zitat, den Essay »Leiden und Größe Richard Wagners« eröffnend, jedoch leitmotivisch angeschlagen, was sich durch viele kulturphänomenologische Details verifizieren läßt und in der Tat in Wagners Werk in synästhetischer Verdichtung zutage tritt. Für Peter Wapnewski – Thomas Manns Enumeration fortführend und ergänzend – ist das Jahrhundert Richard Wagners das Jahrhundert der Revolution und Restauration; das Jahrhundert der großen Prospekte und Maschinen; das Jahrhundert des Materialismus und des Materials; das Jahrhundert der Toderklärung Gottes; das Jahrhundert des Dramas; das Jahrhundert des Bürgers und seiner Überhebung; das Jahrhundert des Künstlers und seiner Vermessenheit; das Jahrhundert des großen Pomps, der hohen Pose, der schimmernden Wehr; das Jahrhundert der Nationen und ihrer schneidigen Hoffart; das Jahrhundert der sozialen Frage; das Jahrhundert der Redouten und Paraden, der Soirees, des Bal paré der großen Selbstrepräsentation; das Jahrhundert der lähmenden Schwermut und sanften Melancholie; der verlorenen Hoffnungen, der preisgegebenen Ideale; das der Drogen, das der verselbständigten Schönheit; das Jahrhundert der Angst und des Todes und der Todesangst, die nunmehr ohne Gott bewältigt werden sollten; das Jahrhundert, das sein Ende meinte, wenn es vom Ende eines Jahrhunderts sprach: Fin de siècle.

Vom gesamten Jahrhundert ist in diesem Buch nicht die Rede; lediglich die Kultur des Wilhelminismus steht in seinem Mittelpunkt; in ihr jedoch bündeln sich die angedeuteten Entwicklungslinien, erfährt das Jahrhundert seine höchste Steigerung und seinen Umschwung. Die Charakterisierung der Eigenschaften und Eigenarten, des Eigen-Sinns und der Eigenartigkeit der Epoche mit »wilhelminisch« ist keineswegs nur als ein Epitheton ornans zu verstehen. Das Psychogramm des Kaisers Wilhelm II. enthielt vieles von dem, was das Psychogramm der Epoche ausmachte; eine gewisse historische Begrenzung der betrachteten Ära ist zusätzlich damit angedeutet – wobei freilich an Wilhelms II. Lebensspanne von der Geburt (1859) bis zu seinem Rücktritt als Kaiser (1918) zu denken ist; sieht man davon ab, daß das Datum der Königs- und Kaiserkür 1888 sowieso für eine kulturelle Epochendatierung völlig zufällig wäre – die hier zu beschreibenden Seelenbilder lassen sich, was ihre Genealogie wie Ausprägung betrifft, nur in einem größeren Zusammenhang begreifen. Ausgedehnt ist auch der Betrachtungs*raum*; zum Wilhelminischen gehört in kulturgeographischer Sicht das Josephinische. Eine Untersuchung der Kultur Deutschlands in dieser Zeit läßt sich von der Österreich-Ungarns nicht trennen; ihr Spannungsfeld ist durch die Topoi Berlin und Wien markiert.
Der Betrachter der Epoche, vom Standpunkt unserer Zeit ausgehend, empfindet ein gleichermaßen identifikatorisches wie dialektisches Verhältnis zu der Landschaft, die er durchwandert. Er erlebt Nahes, Verwandtes, Analoges, Gleichgerichtetes; und er empfindet Mangel, Defizite und Versäumnisse. In unserer Zeit erleben wir Fragwürdigkeiten, Umbrüche, Aufbrüche, Verwerfungen, Ängste, Versuche der Sicherung, die Materialisation von Sehnsüchten, Doppelbödigkeit, Frustrationsaggressivität, Kollektivneurosen; unsere Zeit läßt uns der Wilhelminischen Kultur nahesein. In unserer Zeit erleben wir das Streben nach Klarheit, die Dominanz von Geometrie, Leistungsdruck, Effi-

zienz; es geht um Vernetzung, Funktionalismus, Analyse, Entlarvung, Eindeutigkeit; unsere Zeit läßt uns e contrario die Wilhelminische Zeit in ihrer Zweideutigkeit verstehen (eine Zeit des Zwielichts, der Nische, des Schnörkels, des Boudoirs, der Verführung, Verdrängung, des Geheimnisses). Das verachtete Jahrhundert, das Jahrhundert ohne Form, das Jahrhundert, das in seiner Stillosigkeit ästhetische Zuflucht in den fernsten Räumen und Zeiten suchte, gibt sich (so Wolf Jobst Siedler) den Nachlebenden als eines der geschichtsträchtigsten Zeitalter zu erkennen, das an seinem Ausgang mit Marx, Freud, Schönberg und Einstein noch das Instrumentarium zur Verfügung stellt, mit dem es sich selber an sein Ende bringen wird.

Es handelt sich bei diesem Buch nicht um eine wissenschaftliche Analyse, auch wenn immer wieder Sekundärliteratur zur Unterstützung der Deutung herangezogen wird. Den kulturellen Strömungen wird *erzählend* nachgegangen; ausführliche Quellenzitate sollen die kulturellen Phänomene, von denen in Hinblick auf die authentische »Geisteskarte« der Epoche die Rede ist, direkt veranschaulichen; als »Denkbruchstücke« mögen sie auch demjenigen, der die Originalwerke nicht kennt, eine Vorstellung des jeweils Ganzen geben, das Dargestellte in sich versammelnd. Der Band ist somit nach dem Collage-Prinzip angelegt, wobei den Bildern (Zeichnungen, Drucken, Gebrauchsgraphiken, Photos, Gemälden), vor allem in ihrer Kombination, eine besondere Bedeutung zukommt.

Dieses Buch erzählt Kulturgeschichte an Hand ausgewählter Beispiele; es ist ein Materialienband; und – zumindest nach der Ambition des Autors – auch ein Buch, das die Textur der Zeit offenlegt. Auf eine Überfülle von Namen, Themen, Daten wurde verzichtet; durch deskriptive Ausführlichkeit sollen »Dinge« und Vorgänge in ihrer exemplarischen Bedeutung nahegebracht werden. Mag die Auswahl des Stoffes vielfach subjektiv sein – ich hoffe, daß die Gesamtheit der Aspekte sich zu einem informativen Rundblick zusammenfügt, der die Konturen und Strukturen der wilhelminischen Kulturlandschaft erkennen läßt.

Für die Auswahl des Materials war zudem die Beschränkung maßgebend, die der Haupttitel signalisiert: Es geht um eine *Kultur*geschichte – Kultur verstanden als der Versuch, zu sublimierter Daseinsgestaltung und personaler Identität zu gelangen. Handelt es sich somit nur um Phänomene »reiner Kultur«, die von dieser Topographie erfaßt werden? Jedenfalls wird das, was sich in den von Ideologie-Nebeln überlagerten Niederungen der Zeit abspielt, nur von Fall zu Fall beachtet, im besonderen dann, wenn das vermeintlich Höhere der Kultur so tief angesiedelt ist, daß die Übergänge zwischen den Schichtlinien als verwischt erscheinen.

Dieses Buch ist, darauf muß (um Mißverständnissen vorzubeugen) mit Nachdruck verwiesen werden, keine Sozial-, Wirtschafts-, Ideologie-, Politikgeschichte, keine Gesellschaftsgeschichte; auch keine Kunst-, Literatur-, Musikgeschichte; eine Enzyklopädie der Kultur des Wilhelminismus wurde nicht versucht – das unzulängliche Wissen des Autors hätte eine solche auch gar nicht ermöglicht. Der Blick dieser Psychotopographie ist auf Landschaftsformationen und nicht auf einzelne Berge, Wälder, Täler gerichtet; insgesamt handelt es sich um eine Seelenbilder-Geschichte.

Die einzelnen Kapitelüberschriften versuchen, die Ambivalenz der Epoche in Topoi zusammenzufassen; sie resümieren, was in den einzelnen Abschnitten dann an Material ausgebreitet und aufgegliedert wird. Das *Oder*, das den ersten mit dem zweiten Teil des jeweiligen Kapiteltitels verbindet, ist in seiner Doppelwertigkeit gleichsetzend wie aufhebend, einschließend wie alternierend gemeint. Die »Partitur« des Buches ist dabei so angelegt, daß die Grundthemen der Epoche sich durch alle Kapitel ziehen, als »Leitmotive« von jeweils unterschiedlichen Aspekten aus mehrfach »durchgespielt« (variiert) werden. Gewisse Standard-Topoi, die verhältnismäßig häufig auftreten, sollte man nicht als Stereotypen mißverstehen. Werden auch ähnliche Deutungspositionen eingenommen – das, was sich unter solchen Betrachtungswinkeln jeweils darbietet, ermöglicht neue Ein-, Aus- und Durchblicke, natürlich auch die Beobachtung sich überlappender Stoffbereiche.

Im Psychodrom des Kapitalismus. Oder: Sitara und der Weg dorthin. Verknüpft ist hier ein psychoanalytischer Terminus mit einer die Trivialliteratur Karl Mays kennzeichnenden »Wegweisung«. Jörg Bopps Charakterisierung allgemeiner kollektiver Bewußtseins- und Unterbewußtseinszustände kann zur Beschreibung der damaligen Zeitsituation ohne große Veränderung übernommen werden: »In seinem rituellen Charakter hat der Psychodrom Ähnlichkeit mit einem Hippodrom. Gibt es dort die Show der Tiere und Athleten, so hier die Revue der Seelen und derer, die sie trainieren. Dort das Dressurreiten, hier die hohe Schule der psychischen Selbstdarstellung. Die Akteure zeigen eingeübte Bewegungen und äußern sich in einer einstudierten Sprache, beides in einem festgelegten Programm. Es vollzieht sich ein profaner Kult, nach dem Rhythmus einer ausgearbeiteten Liturgie. Hoffnungen und Ängste, Kräfte und Bedürfnisse, Leidenschaften und Phantasien können sich nicht frei äußern, sondern werden durch eine Regie domestiziert. Die Dressur der Seelen ist zugleich eine Dressur der Libido, freiwillig und gezwungen in einem. Der Psychodrom umfaßt Gruppen mit mehr oder weniger stark ritualisierten Formen von Kommunikation, Sinnlichkeit und Erfahrung. In einer fast sektenhaften Ausgrenzung aus der Alltagserfahrung werden Erlebnisinhalte umgedeutet, Wünsche deformiert und rigide Abwehrstrategien aufgebaut… Es ist oft nicht klar auszumachen, wer noch dazugehört und wer nicht mehr, da die einzelnen Strukturmerkmale bei den Individuen und Gruppen jeweils unterschiedlich scharf ausgearbeitet sein können.« Die »geschlossene Rennstrecke« des Kapitalismus, wobei Besitzgier und Gewinnstreben den Circulus vitiosus auf immer höhere Geschwindigkeit brachten, bewirkte eine psychodramatische (neurotische, psychotische) Kultursituation, rief aber auch Ausbruchsversuche vielfältiger, gelingender und mißlingender, einseitiger und offener Art hervor; diese sind mit einem Buchtitel Arno Schmidts charakterisiert, wobei allerdings dessen vorwiegend sexualpathologische Interpretation der Seelensuche Karl Mays nicht übernommen wird.

Die im ersten Kapitel angesprochene Polarität von Rationalisierung und Sublimierung, von Schwerkraft und Enthebung, von Körper und Geist, von irdischem Bauplatz und künstlichem Paradies bestimmt jedenfalls auch die Tendenzen, die in den nachfolgenden Kapiteln beschrieben, hier jedoch nurmehr kursorisch aufgeschlüsselt werden:

Die *Qualen des Materialismus*, das Leiden an der Dominanz von »Kraft und Stoff«, gebären *Träume* einer »anderen Welt«, von der man freilich – mehr resignierend denn aufbegehrend – feststellen muß, daß sie zwar ein »Todeserwachen« vorzugaukeln, aber das Leben nach dem Realitätsprinzip nicht zu beeinflussen vermag.

In den *Laboratorien der Modernität*, den »Versuchsstationen« von Technik, Industrie, Wissenschaft und Wirtschaft, wird das Experiment Weltuntergang vorbereitet; andere, vorwiegend Künstler, entziehen sich der Anpassung, die gefordert wird, wie der Revolte, die Verpflichtung wäre, durch Regression in die *schöne Welt der décadence*; diese ist aber nicht nur Rückzugsort, sondern auch Geburtsstätte einer ästhetischen Modernität, die sich dem Wahn von der Machbarkeit des Fortschritts entgegenstellt und Positivismus mit Pessimismus beantwortet.

Der *entbergende Schleier*, eine »Methode« der Offenbarung durch Aussparung und Andeutung, deckt auf, was hinter der Gesellschaftsfassade wie hinter existentieller Befindlichkeit überhaupt steckt; er beläßt jedoch die erwartete wie befürchtete »bloße Nacktheit« unter dem Flor der Vermutung – die Dekuvrierung dadurch abmildernd. Die *Verlockungen der Boheme* sind blauäugiger Stärke abgewandt. Der naturwissenschaftlich inspirierte Röntgenblick einer kritischen Literatur und Kunst durchdringt das im Epigonentum erstarrte, mit Talmi überzogene und damit in seiner Substanz ausgehöhlte »Gute, Schöne und Wahre«; aber es bestehen auch starke Zweifel, ob der Mensch wirklich ohne Schein das Dasein bestehen kann, ob er nicht der Illusion und Verschleierung bedarf.

Geschichte als Umzug: Man bewegt sich in eine ungestüm aufziehende, furchterregende neue Zeit hinein; auf diesem Weg führt man ein üppig ausgestattetes Arsenal von Traditionen mit sich, voller Hoffnung, sich mit Hilfe von historischen Versatzstücken im Wert-Vakuum einrichten zu können; das *Erbe* erweist sich jedoch als *vergänglich*; Trugbild gerade dann, wenn es nur noch veräußerlicht auf das Piedestal prunkhafter Verehrung gestellt wird, aber nicht mehr verinnerlichtes Denk-mal bedeutet.

Der Garten der Sozietät wird von den brutalen Kräften und Mächten der Zeit, die sich an Preisen und nicht an Werten orientieren, umgepflügt; die daran Leidenden ziehen sich in die *ver-rückten Gärten künstlicher Paradiese* zurück – von ferne her dem als sinnlos empfundenen Dasein Erlösung verheißend.

Die Hoffnung auf den *neuen Menschen*, dunkler Vision abgerungen, ist vergeblich. Die *Menschheitsdämmerung* besiegelt das Schicksal der Epoche, deren Modernitätspotential jedoch in seiner ganzen ergreifenden wie betroffen machenden Zwiespältigkeit weit ins 20. Jahrhundert hereinwirkt.

Leidend und groß steht so die Kultur der Wilhelminischen Zeit vor dem Auge des Betrachters, der angesichts der Topographie jener Epoche auch für gegenwärtige Anthropologie lernt.

Im Psychodrom des Kapitalismus oder: Sitara und der Weg dorthin

Das Land, das er suchte, hatte er mit der Seele längst gefunden; nun wollte er auch die Wirklichkeit kennenlernen. Der müde alte Mann brach 1908 nach Nordamerika auf – zusammen mit seiner zweiten Frau Klara –, nachdem er 1899/1900 in guter Kondition den Vorderen Orient und Teile von Asien bereist hatte. Den Wilden Westen sah er freilich nicht; er blieb in den Luxushotels des Ostens; touristischer Höhepunkt war die Besichtigung der Niagara-Fälle. Am 18. Oktober hielt er in Lawrence einen Vortrag zum Thema »Drei Menschheitsfragen: Wer sind wir? Woher kommen wir? Wohin gehen wir?« In der überfüllten Turnhalle kam es zu einer grandiosen Huldigung. Fünf Gesangvereine der Stadt sangen unisono »Das ist der Tag des Herrn«; die Menschenansammlung »war so arg, daß die Straßenbahn nicht weiterkonnte«. Wir sind, sagte er, »Missionare der Humanität und gehen der Bildung eines neuen Staates entgegen, welcher der erste wahre und wirkliche Geistesstaat ist, den es auf Erden giebt.« Nur der Deutsche habe eine Volksseele, stehe eben jetzt im Begriff, vom Selbstbewußtsein zum Gottesbewußtsein überzugehen. Unter Bismarck habe sich Deutschland zum wirklichen Machtstaat erhoben und beeile sich gleichzeitig, seiner innersten Wesensart entsprechend, die ersten Grundsteine zum Staat der Humanität zu legen. »Wer sind wir?« Ein werdender Geist, der um so menschlicher denke und handle, je mehr er sich der göttlichen Liebe wieder nähere. »Woher kommen wir?« Von Gott. »Wohin gehen wir?« Zu Gott zurück.

Über Boston fahren sie dann nach New York und von dort mit der ›Kronprinzessin Cecilie‹ nach England, wo sie noch vierzehn Tage bleiben. In der ersten Dezemberwoche sind sie wieder daheim.[1]

Vier Jahre später stirbt er. Kurz vor seinem Tode schreibt er auf einen Zettel, sich auf ein Drama, das er über sein eigenes Leben schreiben wollte, beziehend: »Immer dieselbe Erdenqual, das selbe Elend, derselbe Jammer! Niemand steigt! Sie wissen nicht, daß Niemand stirbt. Sag es ihnen!« Seine letzten Worte: »Sieg! Großer Sieg!« Am Ende der Ideen steht das Idyll... »›Rosen‹, sagt er vor sich hin; und die Bilder vermischen sich, verwischen die Sicht; an dem abendrötlich schöngefärbten Ausblick streift das Todessymbol aus dem ›Silbernen Löwen‹; rosenrot.« Am 30. März 1912, abends um 20 Uhr, der tödliche Herzschlag. Bertha von Suttner, die ihn kurz vorher in Wien bei einem Vortrag (»Empor ins Reich der Edelmenschen!«) erlebt hatte, schreibt: »Wer den schönen alten Mann an jenem 22. März sprechen gehört, durch ganze zwei Stunden, weihevoll, begeisterungsvoll, in die höchsten Regionen des Gedankens strebend, – der mußte das Gefühl haben: In dieser Seele lodert das Feuer der Güte.«[2]

Bei Karl May befinden wir uns mitten im Psychodrom des Kapitalismus; er erleidet stellvertretend die Qualen des Materialismus. Und er macht sich auf in eine höhere geistige Welt, die allen Niederungen mit ihrer Wirrnis enthoben ist. Ein Umhergetriebener ergreift die Flucht zum Wesentlichen. Sitara und der Weg dorthin.[3]

Psychodrom des Kapitalismus: Man hetzt die Strecke entlang, will das Ziel erreichen, als erster ankommen, angetrieben durch die Hektik einer expandierenden materialistischen Welt. Obsessionen der Gier, des Erraffenwollens; geschlossene Rennbahn, aus der die Seele jedoch auszubrechen sucht. Sind wir, die Menschen dieses industriellen Zeitalters, nur Körper, menschliche Maschinen, dazu bestimmt, immer mehr und immer Neues zu produzieren? Sind wir wirklich nur zu Hause in einer Welt, die durch Kraft und Stoff bestimmt ist? Sollten wir nicht ins Reich des Geistes uns aufmachen? Die hetzenden und gehetzten Menschen proben den Aufschwung. Abstreifen wollen sie die Schwerkraft des Daseins, der sie sich freilich mit Lust überantwortet haben. Wenn Old Shatterhand und Kara Ben Nemsi auf ihren Pferden durch Ebenen, Wälder, Täler und auf Höhen dahinrasen, gewinnt ihr Ritt eine metaphysische Dimension; die Grenze des Irdischen soll im Rausch der Geschwindigkeit durchbrochen werden. Rhi, Syrr: Edle Pferde, die ihren Herren lieben, wenn er sich, ohne Zwang auszuüben, von ihnen in die Ferne dahintragen läßt.

Des Menschen wahrer Fortschritt ist ein Weg, der vom Tiefland ins Hochland führt, von Ardistan nach Dschinnistan. Im

Mathias Schmid: Die salige Fräulein (1887)

Max Klinger: Und doch (1905)

gleichnamigen Roman Karl Mays (1909) zerfällt der symbolisch für die Erde stehende Planet Sitara (Stern) in zwei Bereiche: in das Tiefland Ardistan (Ard = Erde, niedriger Stoff), von den Gewaltmenschen bewohnt, und das Bergland Dschinnistan (Dschinn = Geist), in dem die »Edelmenschen« leben. Kara Ben Nemsi, der Erzähler des Romans, die »Menschheitsfrage«, nämlich die geistige Suche verkörpernd, wird mit seinem Begleiter Hadschi Halef Omar, einer triebhaft-erdgebundenen Natur, von der in Sitara residierenden Herrscherin Marah Durimeh, Inbegriff der »Menschheitsseele«, zum Mir von Ardistan, einem Gewaltmenschen par excellence, gesandt, um den Ausbruch eines Krieges zu verhindern, der beide Länder zu vernichten droht. Zu Schiff gelangen sie ins Land der Ussûl (der »Ursprünge«) und von dort, nach Kämpfen am Engpaß Chatár (Gefahr), durch das Gebiet der Tschobân (mündig gewordener Menschen) in die Hauptstadt Ard, die für die Zivilisation steht. Der Mir wird vom »Panther« seiner Leidenschaften befreit; das Tier ertrinkt im Fluß Sulh (Friede), der über seine Ufer getreten war, aber nun in sein Bett zurückkehrt und die Wüsten Ardistans bewässert. »Die Erde sehnt sich nach Ruhe, die Menschheit nach Frieden, und die Geschichte will nicht mehr Taten der Gewalt und des Hasses, sondern Taten der Liebe verzeichnen.«[4]

Die symbolischen Eckwerte dieses gleichermaßen durch kuriose wie kühne, konstruierte wie bildkräftige Topoi geprägten Romans können zur Charakterisierung zeitgenössischen Bewußtseins herangezogen werden. Im Psychodrom des Kapitalismus, inmitten einer Zivilisation, die eine gewaltige Faszination ausübt, herrscht die Furcht vor der Dominanz niedriger Leidenschaften. Angst inmitten der Wüste. Eine neue Natürlichkeit soll zum Frieden des Hochlandes hinführen. Im »Reiche des silbernen Löwen« (1897) meint der Ustad, den Weg vom Gefängnis des Leibes ins Paradies des Geistes weisend: »Gott ist ein Geist! Ich suchte diesen Geist.«[5] Wo wird dieser Geist gefunden? Im Tiefland, in der Wüste wird man ihn nicht antreffen. Dort kann sich kein Gedanke erheben. Nach oben geht das Streben. Per aspera ad astra! (Auf rauhen Wegen zu den Sternen!) Das Psychodrom des Kapitalismus ist durch die Horizontale bestimmt; Karl May erweist sich als Lehrmeister der Nation, da er, mit trivialliterarischem Raffinement, vertikale Sinnhaftigkeit verkündet – die Sehnsüchte der von der Ressource Sinn abgeschnittenen Massen dergestalt auf sich ziehend. Besteht

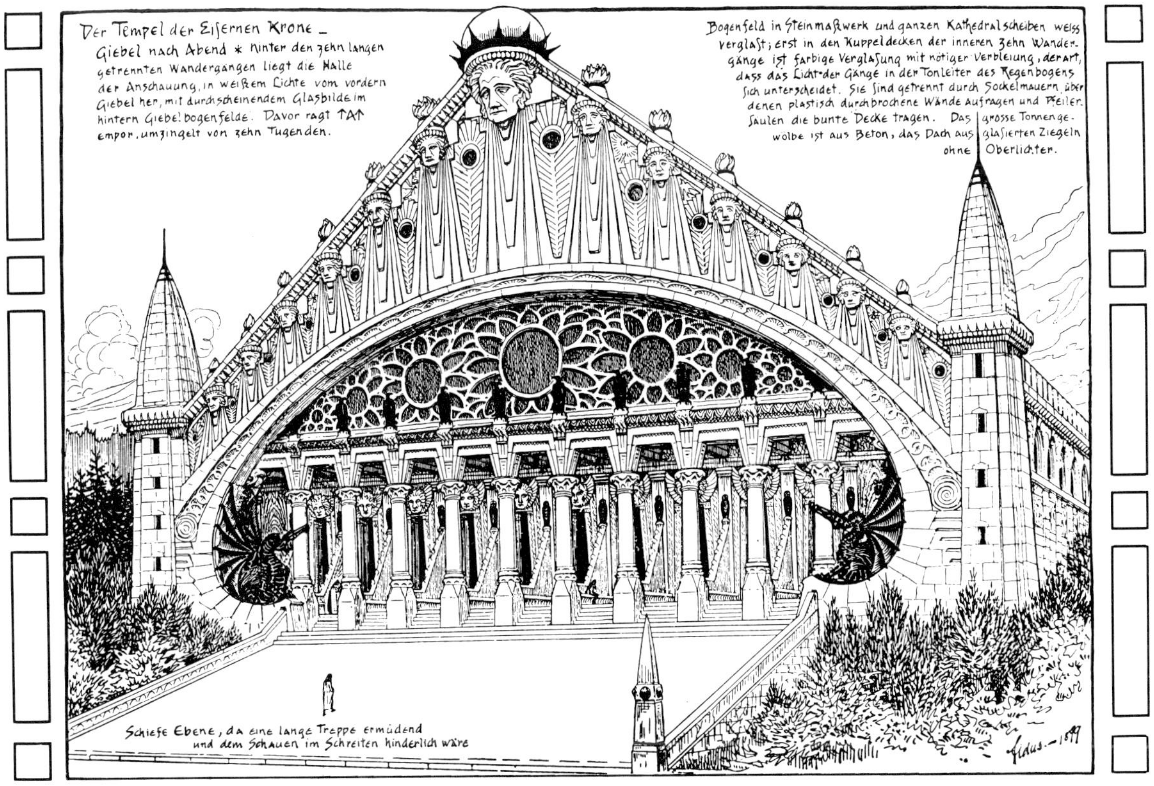

Fidus: Tempel der eisernen Krone. Entwurf (1899)

der Mensch nur aus seinem Körper? Er besteht aus Leib und Geist. Der Leib wird sterben, der Geist aber nicht. Solange wir sowohl auf den Körper als auch auf den Geist Rücksicht nehmen, leben wir das wohlbekannte Erdenleben, welches als das »erste« zu bezeichnen ist. Wer aber so stark gewesen ist, alle Rücksicht auf den Leib und seinen Zusammenhang mit dem Menschheitskörper zu überwinden, hinter sich zu werfen und sich nur noch als Geist zu betrachten, während der Leib für ihn gestorben ist, der lebt schon hier, vor der leiblichen Auflösung, ein anderes, neues, höheres Leben, das »zweite«.

Karl May führt ins Gedanken- und Seelenparadies. Es gibt dort keine Mauer und kein Tor; es führen so viele Wege hinein wie es Menschen gibt; es steht ihnen allen offen, wenn sie nur kommen wollen. »In diesem meinem Gedankenparadiese ist nichts versunken, vernichtet und vergessen. Da ragen die Gottesideen vergangener Jahrtausende noch so hoch wie damals im Morgenrot empor. Und in der Abendröte erglänzen die neuen, hohen Ideale zukünftiger Jahrhunderte, um zu Wirklichkeiten zu werden, wenn die Menschheit morgen oder übermorgen sagt: Was sprachst du von Ruinen und Gräberfeldern? Dem Geiste sind sie unbekannt! Was er einst mit der Hand des Körpers baute, war für den Körper, aber nicht für ihn. Es war ja nur das Erdenabbild dessen, was er für sich im Geisterreich gebaut. Und dieser hochgelegene Bau ist ewig. Sein Abbild mag zerfallen, das Urbild aber trifft kein Zahn der Erdenzeit. Wenn du mit deinen körperlichen Augen dein Paradies in Trümmern und im Tode liegen sahst, so breitet sich in Himmelshöhe über ihm das meine aus, und alles, was bei dir in Schutt zerfallen ist, das blieb im Originale des Meisters mir erhalten. Und so, wie jedes Werk in meinem Himmel edler ist als in dem deinigen, so sind auch alle Menschen besser als die deinen. Du richtest sie. Ich habe nichts zu richten. Vielleicht verzeihst du ihnen. Doch ich verzeihe nicht. Warum? Man hat mir nichts getan! Vor meinem Paradiese steht jede Feindschaft still. Sie wagt sich nicht herein. Und weil sie mich also nicht treffen kann, so gibt es für mich nichts, was ich verzeihen dürfte, so gern ich es auch möchte.«[6]

Den zerquälten Seelen, die am Grundwiderspruch von »niedrig« und »hoch« leiden, die sich im Körperlich-Irdischen gefangen fühlen und ein sphärisches Dasein herbeihoffen – solchen in ihrem Daseinsgrunde erschütterten Menschen ist ein Großmystiker wie Karl May eine charismatische Führungsfigur.

Im Kreislauf des Psychodroms, in der Fatalität des Lebensrennens erscheint ein Licht von oben (magisch beschworen von der Trivialkunst der Zeit): Erkenne das Zeichen! Sei fortan Geist! Suche dir deine Seele! Der Körper ist ein Docht, der die Seele zum Leuchten bringt. Wahrheit atmet in dir. Zum Himmel drängt das Herz.

Auf suggestive Weise hat Karl May die höhere, andere, geistige Welt verbildlicht, in gängige Versatzstücke gefaßt, diese zu abenteuerlichen Szenarien montiert. Der Weg ins Paradies erweist sich als spannendes Abenteuer; als Spurensuche voller Gefahren und Rettungen.

Vom Tal des Missouri steigt man in die Rocky Mountains auf; dort endet die Handlung des zweiten Bandes von »Old Surehand«. Der Roman »In den Kordilleren« findet seinen Höhepunkt in den Gipfeln dieser südamerikanischen Gebirgskette. »Das Vermächtnis des Inka« erfüllt sich nach langem Aufstieg droben in der Salina del Condor. Der Schatz im Silbersee ruht in den höchsten Bergen der Staaten. Die Geschehnisse von »Zepter und Hammer« und »Die Juweleninsel« enden im Gebirge und auf der fast unzugänglichen Burg Himmelstein in einem Phantasieland. »Anstrengung, schwierige Bemühung, und das bringen Abenteuer stets mit sich, verdichten sich dem menschlichen Unbewußten von jeher im Bild des Aufsteigens. Tantalus strebt hinauf auf den Olymp. Sisyphus' fürchterliche Strafe einer vergeblichen Anstrengung besteht darin, einen schweren Felsen den Berg hinaufwälzen zu müssen. Und auch im gemeinen Leben winkt nicht nur dem Bergsteiger, dem Hochspringer, dem Hau-den-Lukas oder wem immer das Ziel oben. Dem entsprechend ist für den Mayschen Abenteuerroman, der ein Reise- und Raumroman ist, und dem es um äußerlich Sichtbares, um die Überwindung von Gegnern und Strecken geht, das Gebirge passendes Ziel. Setzt nicht die Eroberung eines Berggipfels den räumlichen Ereignissen ein natürliches und plausibles Ende? Ein Ferner, Mehr und Darüberhinaus gibt es nicht. Es liegt also nahe, daß die Auflösung des Handlungsknotens mit der letztmöglichen geographischen Endstation zusammenfällt. Es liegt nahe, daß Geschehen und Ort, Tat und optisch faßbares Sinnbild einander bestätigen. Diese wechselseitige Ergänzung und Bestätigung von Aktion und Raum bestimmt nicht nur den Gesamtverlauf vieler Romane von Karl May, sie wirkt auch in den einzelnen Episoden. So gibt es Stätten des Grauens und idyllische Landschaften, die jeweils den beweglichen Ereignissen ein räumliches Korrelat sind.« (Volker Klotz)[7]

Per aspera ad astra – den Gebildeten der Zeit ein geflügeltes Wort, in manchem Gymnasium mit goldenen Lettern den Eingang schmückend – wird bei Karl May zur atemberaubenden fiktiven Erfahrung. Im Psychodrom des Kapitalismus entlastet diese sowohl die Reichen wie die Armen, vor allem auch den Mittelstand. Denjenigen, die alle verfügbaren materiellen Güter zusammenrafften und die Welt sich gewissenlos unterwarfen, wird suggeriert, daß sie »eigentlich« Seelenmenschen sind; sie müssen sich nur (zumindest am Feierabend und Sonntag) »nach oben« in Gang setzen; die trivialästhetische Verführung motiviert dazu. Denjenigen, die sozial benachteiligt sind, in Ardistan von früh bis spät malochen, eröffnet Dschinnistan ein Projektionsfeld für Sehnsüchte. Dort Exorbitanz (ein Aus-der-Welt-Hinaustreten) als Folge schlechten Gewissens; hier seelischer Reichtum als Surrogat für entbehrten Wohlstand. Im Mittelfeld (Armut als Drohung, Reichtum von ferne!) erfuhr man, daß Panik nur die Sicherheit gefährde. Wachsames Streben zahlte sich immer aus.

Vor allem bot die Trivialkunst Karl Mays (wie diejenige seiner Vorläufer und Epigonen) genügend Möglichkeit, Frustrationsaggressivität, die sich angesichts weitreichender Daseinsverfehlung einstellte, ohne Verletzung des vorgegebenen Moralkodex abzureagieren. »Gute Gewalt« ist stets einem höheren Ziele zugeordnet – dient der Bekämpfung und Ausrottung des Bösen. Old Shatterhand, Kara Ben Nemsi, Winnetou und all die anderen edlen Gestalten sind nur deshalb, und nur auf Zeit, Gewaltmenschen, weil sie dem »Übermenschentum« zum Durchbruch verhelfen wollen. Indem sie ihre Feinde töten, räumen sie die Untermenschen weg, die den Weg zum Paradies verstellen.

Den Mäandern abenteuerlicher Geschehnisse, voller scheinbar unerwarteter Abläufe, überraschender Augenblicke, spannungsreicher Zuspitzungen, liegt letztlich eine klare ethische Geometrie zugrunde. »Von oben gesehen zwei parallele Linien, grad oder gekrümmt, auf denen die beiden gegnerischen Gruppen, die Guten und die Bösen, sich fortbewegen. Zwischen ihnen verläuft eine Zickzacklinie, hinüber und herüber; die wiederholten Zusammenstöße der beiden Gruppen. Am Schluß der Romane werden die Parallelen gewaltsam zusammengeführt; denn die Gruppe der Feinde hat aufgehört zu existieren. Die zweite geometrische Figur, von der Seite gesehen, beschreibt eine Wellenlinie. Die Wellenberge sind die Erfolge der Guten, die Wellentäler sind die Erfolge der Bösen. Diese Kurve endet, erwartungsgemäß, mit einem Höhepunkt.«[8]

In diesem Sinne ging, um das Bild zu wechseln, auch in der großen Politik die »moralische Wirtshausrechnung« stets auf. Der Welt wurde das Böse durchs militante Gute ausgetrieben. Den Imperialismus umgab die Aura vom Sieg des Lichts über die Finsternis, vom Triumph des Geistes über sinnliche Wildheit. Das weltpolitische Geschehen war Abenteuer, aber nicht Abenteuer um seiner selbst willen, sondern im Dienste eines Höheren. Der Engel mit dem Flammenschwert kämpft im Zeichen des Kreuzes, begeistert umringt von Speerjungfrauen höheren Grades. Er steht, wie die Helden Karl Mays, auf dem Gipfel; unter sich die Flußebene mit der Stadt, aus der die Kirchen und Burgen, aber auch die Fabriken, Kaufhäuser und

Hermann Knackfuß: Völker Europas, wahret eure heiligsten Güter. Nach einem Entwurf von Wilhelm II. (1895)

Börsen nach oben ragen. »Völker Europas, wahret Eure heiligsten Güter.« Wilhelm II., von dem dieses Wort stammt, hat denn auch Karl Mays Kampf um das Höhere, bei Vernichtung des Niederen, in unübertroffener Weise politisch artikuliert, Old Shatterhand in weltweitem Maßstabe nacheifernd. In seiner Ansprache an die von Bremerhaven nach China, zur Bekämpfung des Boxeraufstandes, in See gehenden Truppen (27. Juli 1900) heißt es etwa: »Eine große Aufgabe harrt eurer; ihr sollt das große Unrecht, das geschehen ist, sühnen. Die Chinesen haben das Völkerrecht umgeworfen, sie haben in einer in der Weltgeschichte nicht erhörten Weise der Heiligkeit des Gesandten, der Pflicht des Gastrechts Hohn gesprochen. Es ist das um so empörender, als das Verbrechen begangen worden ist von einer Nation, die auf ihre uralte Kultur stolz ist. Bewahrt die alte preußische Tüchtigkeit, zeigt euch als Christen im freudigen Ertragen eurer Leiden, mögen Ehre und Ruhm euren Fahnen und Waffen folgen, gebt an Manneszucht und Disziplin aller Welt ein Beispiel. Ihr wißt es wohl, ihr sollt fechten gegen einen verschlagenen, tapferen, gut bewaffneten grausamen Feind. Kommt ihr an ihn, so wißt: Pardon wird nicht gegeben, Gefangene werden nicht gemacht. Wie vor tausend Jahren die Hunnen unter König Etzel sich einen Namen gemacht haben, der sie noch jetzt in Überlieferung und Märchen gewaltig erscheinen läßt, so muß der Name Deutscher in China auf tausend Jahre durch euch in einer Weise bestätigt werden, daß niemals wieder ein Chinese es wagt, einen Deutschen auch nur scheel anzusehen. Wahrt Manneszucht, der Segen Gottes sei mit euch, die Gebete eines ganzen Volkes, meine Wünsche begleiten euch, jeden einzelnen. Öffnet der Kultur den Weg ein für allemal! Nun könnt ihr reisen! Adieu, Kameraden!«[9]

Im Psychodrom des Kapitalismus, das hier ein solches des Imperialismus ist, bewegt sich die Seele zwischen den Versatzstücken hochstilisierter Tradition, die das »niedere Geschäft« der Machtausübung abdeckt. Die Aufgabe, die der Imperialist übernommen hat, ist diejenige, großes Unrecht zu sühnen. Im Tal des Todes werden die Verbrecher, die in unerhörter Weise die Gesetze des Anstandes, der Sitte, der Menschlichkeit verletzt haben, um der Gerechtigkeit willen vernichtet. Freilich. Die Unmenschen sind nicht nur Untermenschen; als gefallene Engel tragen auch sie einen Abglanz des Höheren in sich. Die

Chinesen haben eine uralte Kultur; sie sind tapfer, jedoch verschlagen; so kann Pardon nicht gegeben werden. Der abendländische Imperator schlüpft ins Gewand eines Hunnen, nicht weil er wirklich Hunne ist, sondern weil es im Dienste eines Höheren darauf ankommt, wie ein Hunne den Bösewichtern Mores zu lehren. Nur ein Edelmensch kann dergestalt als »Hunne auf Zeit« der Kultur den Weg ebnen. Die Kameraden tragen den Gipfelblick Karl Mays im Tornister.

Woher kam dieser Mann, der den kollektiven Wunschträumen der bürgerlichen und kleinbürgerlichen Schichten der Gründerzeit einen so nachdrücklichen und eindrücklichen Ausdruck verlieh? Er sei im ärmsten, schmutzigsten Ardistan geboren worden, ein Lieblingskind der Not, der Sorge, des Kummers, sagte er von sich selbst (fünftes von vierzehn Kindern, von denen neun in frühester Kindheit starben); das war im Jahre 1842, in Ernstthal, nicht weit von Zwickau; eine Landschaft des sozialen Elends. Die Stätte seiner Jugend: Sümpfe, aus denen all die Nebel und Gifte aufstiegen, »durch welche mein Leben mir zu einer ununterbrochenen, endlosen Qual geworden ist«. Sein Streben: herauszukommen aus der Misere, durch die Wüste den Weg nach Sitara zu finden. Der Vater ein mittel- und oft beschäftigungsloser, auch wenig arbeitslustiger Weber. Für den Unterhalt der Familie sorgte vornehmlich die Mutter. Die Phantasie des Knaben wird durch die Märchenerzählungen seiner Großmutter angeregt. Auf dem Lehrerseminar in Waldenburg entwendet er ein Pfund Talglichter; er wird wegen Diebstahls ausgeschlossen, kann aber seine Studien in Plauen vollenden; er erhält eine Hilfslehrerstelle (1861), muß aber nach vierzehn Tagen wieder gehen, da er sich der Ehefrau seines Hausherren in »schändlichen Absichten« genähert habe. Kurz darauf wird er wegen einer gestohlenen Uhr verhaftet und erhält sechs Wochen Gefängnis. Man streicht ihn aus der Liste der Lehrerkandidaten. Weitere kleinere Betrügereien folgen. Vier Jahre Arbeitshaus... Rückfall... Zuchthaus, Polizeiaufsicht... Aus dem Gefängnis entlassen, so ein zeitgenössischer biographischer Bericht[10], habe er sich, der schon vorher mit humoristischen Dorfgeschichten literarisch hervorgetreten war, ganz dem Schriftstellerberuf zugewandt und seit 1883 in Dresden, zuletzt in seiner Villa »Old Shatterhand« in Radebeul gelebt. Hier empfing er Briefe und Verehrer aus aller Welt und allen Kreisen; selbst Fürstlichkeiten zählten zu seinen Besuchern. Von seiner Gattin Emma, die er 1880 geheiratet hatte, wurde er geschieden; er ehelichte unmittelbar darauf die Witwe Klara Plöhn, »die im Scheidungsprozeß als Kronzeugin aufgetreten war und ihrer Vorgängerin die abscheulichsten Dinge nachsagte«. Während seines letzten Jahrzehnts war er erneut in Prozesse verwickelt, die »seine Ehre als Mensch und Schriftsteller zerstörten«. Man wies ihm nach, er lasse sich als katholischer Dichter feiern, sei aber Protestant; er führe den Doktortitel fälschlich, habe trotz abenteuerlicher Photographien wilde Gegenden niemals betreten und überdies, neben frommen Werken, »unsäglich schmutzige« Kolportageromane verfertigt. In all diesen Prozessen habe sich May ähnlich verhalten: milde Worte für die Öffentlichkeit, »keckes Leugnen«, ein Abwälzen der Schuld. Doch müsse gesagt werden, daß sich May auch »ab und zu als großzügiger Wohltäter bewährte und sein ganzes Vermögen einer Stiftung für werdende Schriftsteller hinterließ«.

Man sieht: Der Weg von Ardistan nach Dschinnistan inmitten einer prüden, bigotten Gesellschaft war schwer. Der Ausbrecher, der seinen Weg zum Höheren suchte, sah sich von spießbürgerlicher Umwelt ständig ins Psychodrom verlogener und verbogener Gefühle zurückgeworfen; er rächte sich, indem er mit den Phantasmagorien eines Emporkömmlings zurückzahlte, was man an seiner Kindheit zerstört hatte. Er phantasierte sich hinauf, lieferte Talmi; denen da drunten blieb er nahe; die Vergoldung verdeckte nicht sein Aufbegehren. Diejenigen, die ihn seiner Herkunft und seines Lebenswandels wegen ein Leben lang verfolgten – in einer Reihe von Prozessen versuchte er sich von solch übler, wenn auch keineswegs immer falscher Nachrede zu befreien –, spürten, daß dieser Großmystiker nicht nur den Kapitalismus der Herrschenden mit einem transzendentalen Schein versah, sondern diesen auch revolutionär in Frage stellte. Da lief einer im Psychodrom mit, der immer wieder ins Gegenläufige abirrte.

In »Winnetou« (1893) gehört Old Shatterhand einem Vermessungstrupp an, der beim Bau einer nach dem Pazifik führenden Bahnlinie eingesetzt ist. Er lernt Intschu tschuna, den großen Häuptling der Mescaleros, der auch von allen übrigen Apachenstämmen als Anführer anerkannt wird, und dessen Sohn Winnetou kennen. Rote Ursprünglichkeit entlarvt weiße zivilisatorische Habgier. »Da hat man endlich einmal ein junges Bleichgesicht gesehen mit einem tapferen Herzen, kaum hat man gefragt, was es hier tut, so hört man, daß es gekommen ist, um uns gegen Bezahlung unser Land zu stehlen. Die Gesichter der Weißen mögen gut sein oder bös, im Innern ist doch einer wie der andere!« Sind das wirklich Christen, die den Indianern die Mustangs wegfangen, ihre Büffel töten und ihr Gold rauben? »Ihr nennt euch Christen und sprecht immerfort nur von Liebe. Dabei wollt ihr uns bestehlen und berauben. Wir jedoch sollen ehrlich gegen euch sein. Ist das Liebe?«[11] Old Shatterhand trifft im Gefolge der Apachen auch auf einen zum Indianer gewordenen Weißen – einen Deutschen. Dessen Biographie, die den Wandlungsprozeß Old Shatterhands maßgebend beeinflußt, spiegelt die Ontogenese des kapitalistischen Menschen; freilich auch eines Menschen, der den Wandel wagt.

Rudolf Cronau: Sitting Bull (1882)

»Ich war ein Dieb, denn ich habe viel, viel gestohlen! Und das waren kostbare Güter! Und ich war ein Mörder. Wie viele Seelen habe ich gemordet! Ich war Lehrer an einer höheren Schule; wo, ist nicht nötig zu sagen. In mir hatten die Ideen der Aufklärung Wurzel geschlagen. Meine Göttin hieß Vernunft. Mein größter Stolz bestand darin, Freigeist zu sein, Gott abgesetzt zu haben, bis auf das Tüpfelchen nachweisen zu können, daß der Glaube an Gott ein Unsinn sei. Ich war ein guter Redner und riß meine Hörer mit. Das Unkraut, das ich mit vollen Händen ausstreute, sproß üppig auf, kein Körnchen ging verloren. Da war ich der Massendieb, der Massenräuber, der seinen Mitmenschen den Glauben an Gott und das Vertrauen zu ihm nahm. Dann kam die Zeit der Revolution. Wer keinen Gott anerkennt, dem ist auch kein König, keine Obrigkeit heilig. Ich trat öffentlich als Führer der Unzufriedenen auf. Sie tranken mir die Worte förmlich von den Lippen, das berauschende Gift, das ich freilich für heilsame Arznei hielt. Sie strömten in Scharen zusammen und griffen zu den Waffen. Wie viele kamen im Kampf um! Ich war ihr Mörder, und nicht etwa der Mörder dieser Kämpfer allein. Andere starben hinter Kerkermauern. Auch sie hatte ich auf dem Gewissen. Nach mir wurde natürlich mit allem Fleiß gefahndet. Ich entkam und verließ das Vaterland, ohne mich zu grämen. Keine liebende Seele trauerte um mich. Ich hatte weder Vater noch Mutter mehr, weder Bruder noch Schwester, noch sonstige Verwandte. Kein Auge weinte um mich, aber viele, viele weinten meinetwegen. Daran dachte ich aber nicht, bis diese Erkenntnis über mich kam, wie ein Keulenschlag, der mich beinahe zu Boden streckte.«[12]

Nicht nur an dieser Stelle erweist sich Karl May als konservativer Revolutionär. Die Wildnis macht den Menschen wesentlich; aber dieses Wesentliche liegt jenseits der aufrührerischen sozialistischen Bewegung. Karl May begehrt gegen den kapitalistischen Zeitgeist auf; zugleich aber regrediert er auf vorindustrielle, vorzivilisatorische Positionen; auf dem Indianerpfad findet er zum wahren Deutschtum zurück, das eben ein solches des Geistes und der Seele ist. Die Ausbruchs- und Freiheitsphantasien, die in den unermeßlichen Prärien und Wäldern Amerikas zum zügellosen Spiel ansetzen, werden durch die Ordnungsvorstellungen der Natureinwohner domestiziert. Der Kapitalismus, der die Menschen durchs Psychodrom hetzt, ist von Übel; der Fluch des Geldes lastet auf der Modernität. Erst wer den Mut aufbringt, der zivilisatorischen Verführung, der Begierde nach Reichtum zu entsagen, hat eine Chance, aus dem Psychodrom herauszufinden. Die Herrschenden, die ihre Kenntnis der Preise mit dem Wissen um die »Werte« zu versöhnen trachteten, in den »Werten« den Überbau für Preis-Orientierung empfanden, sollten durch radikalen Konservatismus geläutert werden. Zugleich aber ließen sich die Romane dieses Großmystikers auch zur Legitimierung eines »wahren« Kapitalismus heranziehen: Denn das Geld, das er verachtete, war eben doch nur ein Geld, das durch Unrecht erworben worden war. Der »gute« Kapitalist aber war sich sicher, »ehrbares« Geld verdient zu haben, nicht solches, das durch die Ausbeutung von Indianern ins Land strömte. Die bösartigen Franzosen hingegen hatten es verdient, den Krieg 1870/71 zu verlieren; ihre Schätze waren unrecht Gut, das nun in die Hände der Guten gelangte. Gründerzeit – schlimme französische Saat brachte rechte und gute deutsche Ernte.

Die Weisheit der Indianer ist dem »guten Kapitalismus« nicht entgegengesetzt. Sich regen bringt Segen. »Es bringt keine Befriedigung, den Reichtum mühelos geschenkt zu erhalten. Nur das, was man sich selbst erarbeitet hat, besitzt wahren Wert.« Der Goldstaub, wonach die weißen Goldsucher streben, ist ein Staub des Todes. Wer ihn findet, geht meist daran zugrunde; er tötet nicht nur den Leib, sondern auch die Seele. Anders ist es mit dem Geld, das als Lohn zufällt.

Die Indianer verachten das Geld, haben aber Gold. Der Kapitalist, der sich sein Vermögen *erarbeitet*, macht aus Geld Gold; er spekuliert nicht, er überantwortet sich nicht dem Vabanque-Spiel des Goldsuchers; er hat verdient, was er sich erwarb.

Diese Menschen (Indianer wie Kapitalisten) wissen deshalb, wo das kostbare Metall in Mengen liegt, und führen dennoch ein Leben fast ohne Ansprüche. Sie tragen keine Scheckbücher und Geldbeutel bei sich, aber sie haben überall, wohin sie kommen, verborgene Schatzkammern, in die sie nur zu greifen brauchen, um sich die Taschen mit Gold zu füllen. Der Reichtum an Gold ist auch ein solcher an Weisheit und Erfahrung, an Ehre und Ruhm, an Gnade bei Gott und den Menschen. Anders der Schatz, der versprochen, geschenkt, gefunden wird. Da drängen sich die Bösen hinzu und wollen ihn ohne Verdienst besitzen; aber ein solcher Gewinn bringt keinen Segen.[13]

Vom Indianerstandpunkt aus wirft auch Richard Wagner seinen Blick aufs Geld/Gold (Rheingold) der Weißen; er zeigt die Faszination des »edlen Metalls« auf, und den Fluch, der auf ihm lastet. Lustvoll der Reichtum, wenn man ihn gelassen und mit guter Absicht anhäuft; verderblich, wenn man ihn sinnlos anstrebt: statt ihn zu besitzen, von ihm besessen ist.

»Ein Tand ist's
in des Wassers Tiefe,
lachenden Kindern zur Lust:
doch, ward es zum runden
Reife geschmiedet,
hilft es zu höchster Macht,
gewinnt dem Manne die Welt...

Schätze zu schaffen,
und Schätze zu bergen
nützt mir Nibelheim's Nacht;
doch mit dem Hort,
in der Höhle gehäuft,
denk' ich dann Wunder zu wirken:
die ganze Welt
gewinn' ich mit ihm mir zu eigen! ...«[14]

In seiner »Geschichte des Materialismus und Kritik seiner Bedeutung in der Gegenwart« (erstmals erschienen 1866, in der zweiten, verbesserten und endgültigen Fassung 1873, bis zum Weltkrieg eine der meistgelesenen und entsprechend einflußreichen philosophischen Abhandlungen) hat Friedrich Albert Lange davon gesprochen, daß der Realismus, der sich auf die Kapitalbildung richte, nicht dem unmittelbaren Genusse, sondern, zumindest als Möglichkeit, einem Höheren diene. »Wenn all die riesige Kraft unserer Maschinen und die durch Theilung der Arbeit so unendlich vervollkommneten Leistungen der Menschenhand auch verwandt würden, um jeden das zu geben, was erforderlich ist, um das Leben erträglich zu machen und dem Geist Muße und Mittel zu seiner höheren Entfaltung zu bieten, so wäre vielleicht schon jetzt die Möglichkeit vorhanden, ohne Beeinträchtigung der geistigen Aufgabe der Menschheit, die Segnungen der Cultur über alle Stände zu verbreiten.« Lange stellt kritisch fest, daß dies bisher nicht die Richtung der Zeit sei (so wie auch Karl May bei seinen Glaubens- und Rassebrüdern überall den falschen Kapitalismus am Werke sieht). Doch bleibt eine gewisse Hoffnung: »Es ist wahr, daß Kräfte über Kräfte erzeugt, stets neue Maschinen erdacht, neue Mittel des Verkehrs ersonnen werden; es ist wahr, daß die Capitalisten, welche über alle diese Mittel gebieten, unablässig weiter schaffen, statt die Früchte ihrer Arbeit in würdiger Muße zu genießen; allein trotzdem zielt die stets vermehrte Tätigkeit direkt auf nichts weniger ab, als auf die Förderung des Gemeinwohls. Wo die geistige Genußfähigkeit fehlt, da stellen sich Bedürfnisse ein, welche immer schneller wachsen, als die Mittel zu ihrer Befriedigung.«[15]

Max Weber hat mit seinem Buch »Die protestantische Ethik und der Geist des Kapitalismus« im Jahre 1905 versucht, den vorwaltenden Irrationalismus des ökonomischen Lebens aus einer religiösen Grundhaltung zu deuten, und ihm so eine Aura gegeben, die den Drang nach Bereicherung idealisiert. Dem Kapitalismus werden puritanisch motivierte Gründe unterlegt, er wird aus den Fesseln der Selbstsucht befreit. So wie als deutsch empfunden wurde, eine Sache um ihrer selbst willen zu tun, so auch, den Kapitalismus um des Kapitalismus willen auszubreiten. »Ein spezifisch bürgerliches Berufsethos war entstanden. Mit dem Bewußtsein, in Gottes voller Gnade zu stehen und von ihm sichtbar gesegnet zu werden, vermochte der bürgerliche Unternehmer, wenn er sich innerhalb der Schranken formaler Korrektheit hielt, sein sittlicher Wandel untadelig und der Gebrauch, den er von seinem Reichtum machte, kein anstößiger war, seinen Erwerbsinteressen zu folgen und sollte dies tun. Die Macht der religiösen Askese stellte ihm überdies nüchterne, gewissenhafte, ungemein arbeitsfähige und an der Arbeit als gottgewolltem Lebenszweck klebende Arbeiter zur Verfügung. Sie gab ihm dazu die beruhigende Versicherung, daß die ungleiche Verteilung der Güter dieser Welt ganz spezielles Werk von Gottes Vorsehung sei, der mit diesen Unterschieden ebenso wie mit der nur partikulären Gnade seine geheimen, uns unbekannten Ziele verfolge.«[16] Die stetige, systematische Arbeit gilt dem Protestanten als ein von Gott vorgeschriebener Selbstzweck des Lebens; was vom Kulturpessimismus aus als Raffgier und Hektik denunziert wird, erscheint bei Weber als Folge eines asketischen Sparzwanges, der die Anhäufung von Reichtum als Nebenwirkung, aber auch als Bestätigung erfolgreicher religiöser Lebensführung bewirke. Unabhängig von ihrer wissenschaftlichen

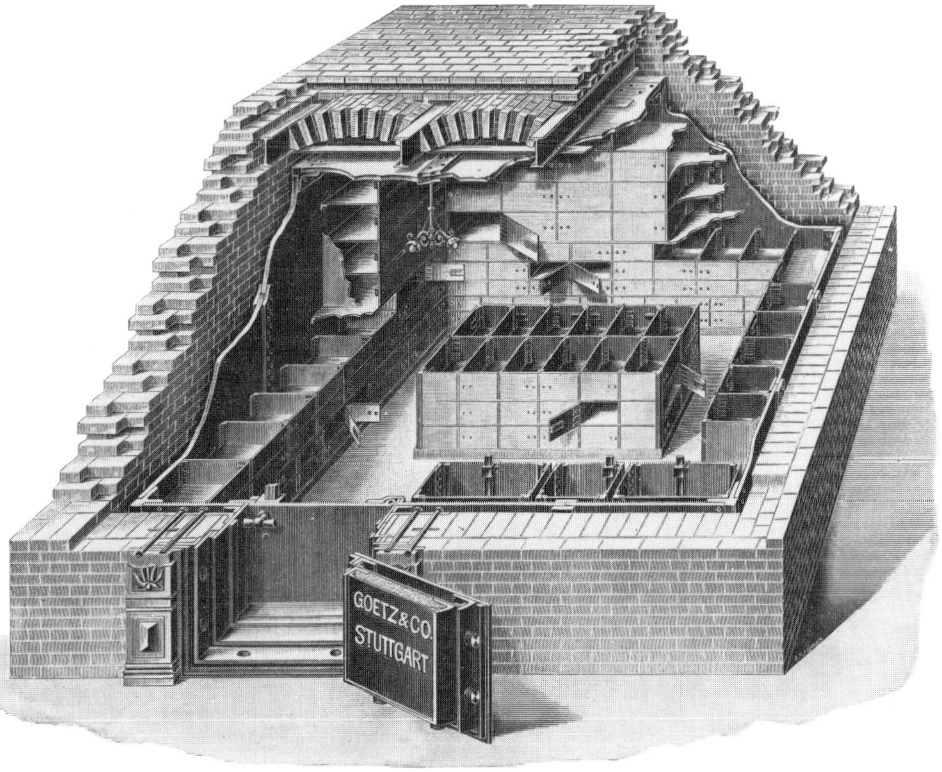

Sicherheitsdepot einer Bank

Bedeutung hat Webers Abhandlung dem Geist der Zeit insofern voll entsprochen, als hier der Versuch unternommen wurde, der Oberflächenturbulenz der Gründerzeit einen stabilisierenden inneren Sinn zu geben, und damit der Labilität und Reizbarkeit einer zwischen Boom und Depression, Optimismus und Pessimismus oszillierenden Zeit weltanschaulich dadurch zu steuern, daß man den Kompaß einer kapitalistischen Erlösungstheorie anbot. Dem tiefsten Grunde dieser soziologischen Ontologie des Kapitalismus liegt, so stellt Herbert Lüthy mit Recht fest, ein fast naiver, jedenfalls sehr deutscher Glaube an die bürgerliche Legende des 19. Jahrhunderts zugrunde, die in den erbaulichen Unternehmer- und Bankiersbiographien jener Zeit blühte: eine Legende, die den wirtschaftlichen und finanziellen Erfolg stets den asketischen Tugenden der Sparsamkeit, des Fleißes und der Gottesfurcht zuschrieb und die Laufbahn der großen Kapitalmagnaten meist bei der Stecknadel oder Brotkruste beginnen ließ, die der brave Sohn im Gedenken an die aufopfernde Mutter unter dem Tisch seines Brotherrn auflas, der ihn fortan mit Wohlgefallen betrachtete.[17]

So war der Kapitalist keineswegs auf einer falschen Fährte, wenn er in Karl Mays guten Indianern ein Vorbild wahrer Besitzermentalität sah; die Indianer wiederum, die sich rigoros von den Goldsucherschurken distanzierten, hätten am strebsamen puritanischen, durch Besitzethik geprägten Kapitalisten ihre helle Freude haben können.

Gewiß: Karl Mays Erzählungen spielen fast alle außerhalb der bürgerlichen Gesellschaft. Das Ich ist allein auf sich selbst gestellt und auf die kleine Gruppe der mit ihm in Blutsbrüderschaft Verbundenen; keine Obrigkeit ist da, um geschriebenes Recht durchzusetzen; der Outcast ist von sich aus tugendhaft. Der kategorische Imperativ des Edelmenschen bedarf keiner institutionellen Stützen. Solche Freiheit der Selbstbindung entsprach dem Wunschbild des Liberalen, der sich gerade auch darin von den Sozialisten absetzte, daß er an die Honorigkeit der Honoratioren glaubte und die Heilung der Gesellschaft aus dem Geiste personalen Verantwortungsbewußtseins erwartete. Theorien und Ideologien waren da nicht notwendig. Der deutsche Kapitalismus war bemüht, sich als gemüthafte Materialisation eines höheren Strebens, eines Strebens zum Höheren hin, auszuweisen und sich so vom Verdacht ausbeuterischer Praktiken reinzuwaschen. Karl Mays Indianerfiguren demonstrieren edles Besitzbürgertum in exotischer Verfremdung; der

Büchermillionär Karl May, das muß selbst der hämische Biographieschreiber aus dem Jahre 1913 zugestehen, steht dem nicht nach. Die Gerechtigkeit für Karl May, die seinen philanthropischen Charakter herausstellt, impliziert auch Gerechtigkeit für den Charakter eines uneigennützigen Kapitalismus.

1919 entwarf Ludwig Gurlitt ein Portrait Karl Mays, das in ihm den Idealtypus des humanen Menschen zeichnete – eines Menschen, der dem Psychodrom des raffsüchtigen Kapitalismus entronnen war. Er lebte stets in einer erträumten Welt und unterschied nur schwer zwischen realer und dichterisch geschauter Wirklichkeit. Mit einem Wort: Er war eine Dichternatur und glaubte schließlich selbst an die in seinem Geist geborenen Schöpfungen. In dem Überwiegen der weiblichen Züge läge das Problem seines Charakters und die Quelle seiner Qualen. Sein ganzes Leben sei ein Bemühen gewesen, ein oft vergebliches, seine mehr weiblichen Gefühle und Triebe unter die Zucht einer männlich starken, ordnenden und regelnden Vernunft zu zwingen; die Kräfte aber, die ihn zum Dichter machten, überwucherten in dem Grade, daß er immer wieder mit der Nüchternheit des realen Lebens in Widerspruch geriet. Er fühlte sich von Gottes Hand geführt und hoffte auf dessen Hilfe bei seinem moralischen Aufstieg. Mit bewunderungswerter Willenskraft richtete er sich immer wieder empor und faßte den Plan zu einem großen Erziehungswerk an sich und der gesamten Menschheit. Sein Ziel wurde der »Edelmensch«; diesem Grundgedanken ordneten sich alle seine Werke unter.

Mays Wesen sei urdeutsch: Der aufgeschlossene Sinn für die Idee des Unendlichen, die Lust und das Glück des Sichverlierens in diese Idee, erweise sich als Urmitgift des deutschen Geistes, zugleich als das Element, das seit den Tagen des Tacitus bis zum heutigen Tag das vielleicht einzig Beharrende in der vielgewandten Ereignis- und Geistesgeschichte unseres Volkes darstelle. Überall trete uns dieser wunderbare Zug deutschen Geistes entgegen, alles Endliche, Gestaltete, Geformte, ebensowohl im Sein wie im Wollen, Handeln, Bilden, als eine bloße Einschränkung einer zuvor gegebenen oder doch beabsichtigten unendlichen Bewegung zu erleben, als Not und fast unfreiwillig übernommenen Tribut an die menschliche Enge.

Ein ewig Suchender – wie jeder Kommerzienrat im Pantheon edlen Besitzstrebens, in das die Trivialliteratur der Zeit das Psychodrom des Kapitalismus umstilisierte! Das schuldhaft Faustische des Homo faber ist aufgehoben, der kapitalistische Welteroberungsdrang wird aufs Welterlösungsziel hin sublimiert. Ludwig Gurlitts Rechtfertigungsschrift erschien nach dem Ersten Weltkrieg; die Niederlage erleichterte es, das Geistige verstärkt zu extrapolieren. In einem Zeitalter, in dem alle Völker nur darauf absahen, sich zu bereichern und auszudehnen, Macht und Übermacht über andere zu gewinnen, predigte Karl May allgemeinen Frieden den Menschen, warnte vor der gemeinen Habgier, den Mitteln der Gewalt und List, mit denen der Stärkere und Klügere, Durchtriebenere, Raffiniertere den Schwächeren, Arglosen, Kindlichen Vorteile abjagte, sie schädigte, dienstbar machte, obendrein noch verachtete und mißhandelte. »Deshalb hielt er es mit den verträumten Orientalen, ihrer kosmischen Weltbetrachtung, die alle diese irdischen Kämpfe, Ränke und Gewinne gering achtet, und hielt es mit den dem Untergang geweihten, zumeist schon verfallenen Rothäuten Amerikas, den Opfern europäischer, barbarischer Kultur. May fordert von dem Europäer, daß er der Befreier, Erlöser, Erzieher der schwächeren Nationen und Volksstämme werde. Er hat diesen Weltkrieg geahnt. Er wußte, wohin das Leben ohne Ideen und ohne Ideale landen mußte. Er fühlte die Schuld unserer irregeleiteten Kultur. Sie brannte ihm heiß auf der Seele. Er wollte sich nicht zum Mitschuldigen machen. Deshalb wurde er zum Prediger, zum Volkserzieher. Uns andere mußte erst das fürchterliche Schicksal sehen machen. Er war hellsehend, prophetisch wie Kassandra, teilte aber auch ihr Schicksal: Man hörte nicht auf seine Warnungen, verlachte ihn. Jetzt erst kommt Mays Tag.«[18]

Ein solcher Tag war seit Beginn der Wilhelminischen Epoche ausgebrochen. Rembrandts und Rathenaus allerorten. Gestalten und Wirkkräfte, die, wie noch zu zeigen sein wird, den Kohlenpreis aufs Seelische hin zum Transzendieren brachten. Der Glaube an die Perfektibilität des Fortschritts litt dabei an kulturpessimistischen Heimsuchungen. Wurde auf der einen Seite die Steigerung der Produktivkräfte rhapsodisch besungen, so stand auf der anderen die Angst, den Weg nach Sitara zu verfehlen. Während eine geisteswissenschaftliche Elite, vor allem Germanisten, Historiker, Philosophen und (neuerdings) Soziologen ex cathedra das Volk der Dichter und Denker auf den Wert nützlicher Arbeit und tätigen Lebens verwies, pries man auch, dergestalt das Nordisch-Faustische abmildernd, die sanfte Natürlichkeit indianischer wie orientalischer Provenienz. Old Shatterhand und Kara Ben Nemsi – leibgewordene Ambivalenz. Ausbruch und Aufbruch erweisen sich zugleich als Fluchtbewegungen. Was man zu erjagen sucht, wird ästhetisch umgangen. Die Welt als Bauplatz. Aber die Botschaft von »drüben her«. Im Psychodrom des Kapitalismus vollbringt Karl May das Kunststück, die Hetze in geschlossener Rennbahn als wildes Abenteuer vorzuführen. Man bleibt in Ardistan, delegiert aber seine Phantasie nach Dschinnistan; ist zufrieden mit der Fata Morgana einer anderen besseren Welt; huldigt schweigend dem Realitätsprinzip, während man wortreich ästhetische Botschaften zur Beruhigung innerer Unruhe sich anmutet. Die Lamentationen übers häßliche Maschinenzeitalter, den grassierenden

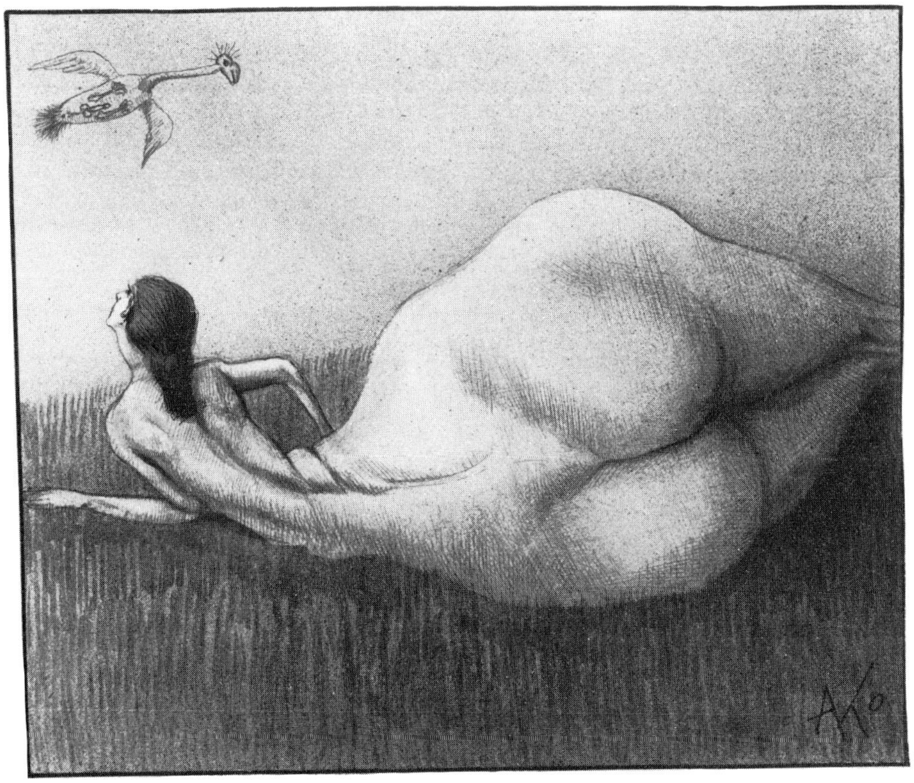

Alfred Kubin: Elefantiasis (um 1900)

Mammonismus, korrespondierend mit dem Heimweh nach dem Idyll einer vorindustriellen Gesellschaft, stellen den Kapitalismus nicht wirklich in Frage; sie stabilisieren ihn insofern, als sie Gegenwelten errichten, in die man feierabendlich seine Misere hinwegprojizieren kann, um fürs Werktägliche wieder »frei« zu sein. Das Luftgeschäft affirmativer Kultur ist eines der einträglichsten der Epoche.

Dennoch: Die Fragen bleiben. Da die Kurse auch immer wieder stürzen – wird man dann, wenn man keine Goldschätze, sondern nur goldene Mythen hat, dem wirtschaftlichen Auf und Ab standhalten, die immer häufiger auftretenden wirtschaftlichen Depressionen aushalten können? Die Trivialliteratur des Wilhelminischen Deutschland ist kapitalistische Beschwichtigungsliteratur. Geradezu fetischistisch stehen im Mittelpunkt wertvolle Gegenstände, Geldbeträge, Wertpapiere; aber diese bringen kein wirkliches Glück; die innere Zufriedenheit kommt aus der Wesenheit; gerade Armut ist ein großer Glanz von innen; und irgendwann fällt dann doch noch eine Erbschaft an, taucht ein reicher Jüngling auf und freit die Selige, die ob ihres himmlischen Besitzstandes einen irdischen gar nicht mehr erwartet hat.

Vor allem nach dem Börsenkrach von 1873 verstärkte sich die Unruhe. Der Zeitraum zwischen 1873 und 1896, von Hans Rosenberg das Zeitalter der »großen Depression« genannt, hat nicht nur ökonomische, sondern auch starke bewußtseinsmäßige Auswirkungen. Vor allem Großgrundbesitzer, Bauern, Handwerksmeister, Kleinhändler und (klein)bürgerliche Intelligenz fühlten sich verunsichert und in ihrer Identität gefährdet. Die ideologischen Gegenbewegungen, die kulturpessimistisch, antisozialistisch, antimaterialistisch ausgerichtet waren, rekurrierten auf fiktive Gegenwelten, wie sie die Kunst zu liefern bereit war; sie erwiesen sich als Überbau-Pendant zur sozioökonomischen Schwergewichtsverlagerung, die in dieser Zeit mächtig an Boden gewann und bis zum Dritten Reich eine bedeutende historische Rolle spielte. »Einerseits handelte es sich um einen Willens- und Meinungsbildungsprozeß, der auf das engste verknüpft war mit der Entfaltung einer recht robusten, materiellen und politischen, jedoch ideologisch romantisierten Interessen- und Protestbewegung, die sich in Kampfstellung zu den Parvenüklassen und -schichten der industriellen Gesellschaft befand. Andererseits jedoch lag eine Gesinnungsversteifung vor, eine echte weltanschauliche, antiliberale, anti-

Der Saal der neuen Börse in Frankfurt am Main (1879)

kapitalistische und antisozialistische Widerstandsbewegung, deren Wortführer konservative Großlandwirte, bürgerliche Akademiker und Geistliche waren. Negativ richtete sich, in der Sprache der Zeit, die verbose ideelle Kampfbewegung gegen die Auflösung des ›deutschen gesellschaftlichen Organismus‹ durch den ›zersetzenden‹ Einfluß der ›Irrlehren‹ des ›materialistischen‹ Liberalismus und gegen die ›Ausbeutung‹ durch die ›drückende Kapitalherrschaft‹. Der positiven Zielsetzung nach ging es um die Wiederherstellung ›christlicher Billigkeit und Gerechtigkeit‹, die moralische Wiederaufwertung altüberkommener statischer Sozialnormen und Lebensideale, um die teilweise Wiederherstellung abgestorbener, ständisch-korporativ gebundener, gegen Börse, Weltmarkt und ›Störenfriede‹ abgeschirmter Wirtschaftsformen und um eine nach rückwärts blikkende Neuverteilung und Stabilisierung der ökonomischen, gesellschaftlichen und politischen Klassengewichte auf Kosten des so verhaßt gewordenen ›mobilen Kapitals‹ und seiner Mitläufer.«[19] Die Trivialmythen von Literatur und Kunst wie des ideologischen Erbauungsschrifttums komprimieren und verpacken derartige regressive Bewußtseinszustände und sorgen für massenhafte Verbreitung.

In »Rembrandt als Erzieher« propagiert Julius Langbehn inmitten einer im Materialismus versinkenden Welt ein neues Hinstreben zur Idealität: zum sittlichen, geistigen und körperlichen Adel. Man habe sich in neuerer Zeit oft, sei es nun auf politischem oder sozialem Gebiet, überdemokratisch gebärdet. Ein politischer, geistiger und kritischer Aristokratismus, Glanz und Ruhm erzeugend, täte not.[20] Jetzt, da die Deutschen in ihrer Bildung am Spezialisten- und Schablonentum krankten, könne ihnen nur der bemerkenswerteste Universalist und Individualist helfen: Rembrandt. Er werde sie zu sich selbst zurückführen. Er sei das historische Ideal für die nächste Zeit, der feste Punkt, an dem neue zukunftsreiche Bildungsformen sich anzuschließen vermöchten. »Rembrandt aber war von Geburt ein Holländer. Es ist bezeichnend und eine äußere Bestätigung für den exzentrischen Charakter der Deutschen, daß ihr nationalster Künstler ihnen nur innerlich, nicht auch politisch angehört; der deutsche Volksgeist hatte sozusagen den deutschen Volkskörper aus den Fugen getrieben. Das muß jetzt anders werden; Geist und Körper, im Volk wie im einzelnen, sollen sich wieder zusammenfinden; der Riß, der durch die moderne Kultur geht, muß sich wieder schließen. Und nur eine

Karikatur (1875)

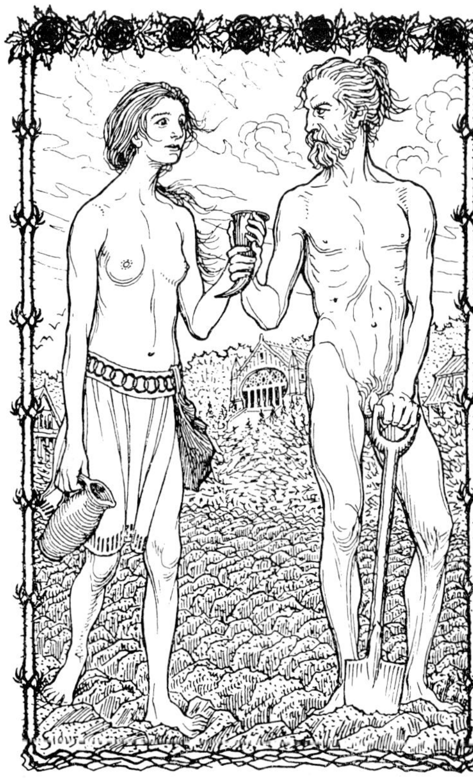

Fidus: Menschenpaar (1910)

lebendige Menschengestalt, gleich Curtius in den Abgrund gestürzt, kann ihn schließen; Rembrandt ist ein solcher Mensch. Seine Persönlichkeit, in ihrer völligen Ungezwungenheit und Überindividualität, erscheint als ein wirksames Gegengift gegen das deutsche Schulmeistertum, welches schon so viel Unheil anrichtete. Dieser Mann paßt in keine Schablone; er spottet aller Versuche, ihn auf irgendein gelehrtes Prokrustesbett zu legen. Akademische Programme und Schulformeln lassen sich nicht auf ihn münzen wie auf Raffael und andere; er bleibt, der er ist: Rembrandt. Programmlosigkeit heißt sein Programm; und dies ist das künstlerischste aller Programme... Vor allem ist es aber im wahren Sinne des Wortes ein deutsches Programm; deshalb eignet sich der Name Rembrandts zum Feldgeschrei nicht nur für ein kommendes Kunstzeitalter, sondern für das gesamte deutsche Geistesleben der Gegenwart; er kann das echte Deutschtum wahren gegenüber dem falschen Deutschtum.«[21] Der gesellschaftspolitische Konservativismus ist in eine üppig auswuchernde ästhetische Theorie verpackt. Der »Rembrandtdeutsche« ist in seinem Charakter nicht durch Ruhe, Gleichmäßigkeit, Harmonie, die Hauptzüge der griechischen Kunst, sondern durch Bewegung, individuelle Veranlagung, Ungleichartigkeit geprägt. Rembrandt: ein Sucher, einer, der ständig »auf dem Weg« ist, im Aufbruch zur Seele, die letztlich eine deutsche ist. Individualität bedeutet Seelenhaftigkeit; ihr Ausdruck ist Stil. Stil ist kein Kleid, das man aus- und anzieht; es ist ein Stück vom Herzen des Volkes selbst. Stil kann sich nur aus der Persönlichkeit, vor allem aus dem tiefsten Innersten eines Volkes entwickeln.

Wie Karl Mays Ästhetik führt auch Langbehns Vorstellung vom Guten, Schönen und Wahren mitten ins Herz der vorherrschenden Lebens- und Welthaltung. Kunst als Erweckung, als »Fahne und Feldgeschrei« für die Idee einer neuen deutschen Innerlichkeit! Per aspera ad astra! Als »durchgeistigter Bauer« leitet Rembrandt den Deutschen zu den eigentlichen Quellen des Seins. »Wie Dante durch die dunklen und die glühenden Tiefen des Jenseits nur mit Hilfe eines kundigen Führers, des eingeborenen Vertreters einer angeerbten Bildung, Virgils, durchfand, so wird sich auch der heutige Deutsche durch den Schwall und Drang und Dampf einer falschen Bildung nur hindurcharbeiten können unter der Führung eines gleichfalls angestammten und angeerbten Bildungsträgers, Rembrandts. Und die Beatrice, welche ihn in reineren Höhen erwartet, heißt: die Kunst.«[22]

In immer neuen Gleichsetzungen wird das Ästhetische ins Politische, und das Politische ins allgemein Menschliche ausgeweitet. Rembrandt ist vor allem Niederdeutscher, und der Niederdeutsche ist vor allem Bauer; Preußen ist, wie jede echte Militärmacht, im Grunde ein Bauernstaat. Rembrandt ist ein erdbefreundeter Künstler, und eben diese Eigenschaft befähigt ihn, auf geistigem Gebiet als Kolonisator zu wirken; weil er Bauer ist, kann er Erbauer sein; hierin ist sein Beruf zum Erzieher des deutschen Volkes am tiefsten, weil am volkstümlichsten gegründet. So wie eine »Verbauerung« Preußens, ist die allgemeine Verbauerung Deutschlands wünschenswert – gerichtet gegen die fluktuierenden und destruktiven Tendenzen der großstädtischen Bevölkerungsmassen, Börsentreibereien und Fabrikarbeit. Eine wahre Heimat habe der Mensch erst, wenn er Grundbesitz, insbesondere Landbesitz habe; dieser gemeinsame Zug zu Grund und Boden sei es, welcher die bäuerliche Bevölkerung Deutschlands mit dem Adel, und diesen wiederum mit dem höheren Bürgertum verbinde; sie alle zieht es zur Mutter Erde; sie sollten darum in der inneren deutschen Politik den Ton angeben. Eine derartige Verschiebung und Vertiefung des Preußentums nach der deutschen wie niederdeutschen Seite hin würde den unentbehrlichen soliden Unterbau für eine Weiterentwicklung der allgemeinen geistigen Zustände Deutschlands bilden.[23] Rembrandt erweist sich als ein Vertreter der Sozialaristokratie (Gleichheit ist Tod, Gliederung bedeutet Leben); er ist ein Ahnherr Bismarcks; er kann eine Wiedergeburt deutscher Bildung herbeiführen, die neue Reformation bewirken, den Riß zwischen Gebildeten und Ungebildeten überbrücken helfen.

Rembrandt hilft die deutsche Weltherrschaft begründen. Der Deutsche beherrscht, als Aristokrat, bereits Europa; und er beherrscht, als Demokrat, auch Amerika; es wird vielleicht nicht lange dauern, bis er, als Mensch, die Welt beherrscht. »Möge er sich einer solchen Rolle würdig zeigen. Er ist zu derselben nur berechtigt und befähigt, wenn und insofern er in jeder Lage und in allen Umständen das deutsche Prinzip des Individualismus hochhält... Die Deutschen sind bestimmt, den Adel der Welt darzustellen. Deutschlands Weltherrschaft kann nur eine innerliche sein, wie auch sein Aristokratismus nur ein innerlicher sein kann; aber beide werden sich trotzdem äußerlich betätigen und geltend machen müssen. Das deutsche Wahrwort muß auch ein Machtwort sein.«[24]

Im Psychodrom des Kapitalismus produziert die zerquälte, verunsicherte, in ihrer Identität bedrohte mittelständische Seele unentwegt »Ausflüchte«, welche den aufgestörten Gefühlen Wege zur Beruhigung suggerieren: Wird am deutschen Wesen die Welt genesen, wird der Deutsche über alle Länder herrschen, ist er nicht mehr der Getriebene, hat er auf der Rennstrecke eines sozialdarwinistisch bestimmten Konkurrenzkampfes die Chance, ans Ziel zu gelangen; er kann dieses freilich nur erreichen, wenn er die breitangelegte »Massenstraße« verläßt, zur elitären geistig-seelischen Existenz zurückfindet. Sein Adel ist ein solcher von Dschinnistan, nicht von Ardistan. Aber es nützte nichts, wenn er die Seele gewönne und verlöre die politische wie ökonomische Macht. Der innerliche Aristokratismus betätigt und bestätigt sich äußerlich. So wie protestantische Ethik Geld und Besitz als Aura von Auserwähltheit empfindet, ist für den Rembrandt-Deutschen in das Wahrwort auch das Machtwort eingeschlossen – das Psychodrom des Kapitalismus mit einer ästhetischen Überwölbung versehend. Um mit Langbehn das Bild zu wechseln: »Die Geige ist das spezifisch deutsche Musikinstrument; der Deutsche hat sie erfunden, kultiviert und führt sie noch immer meisterhaft; er ist berufen, auch im politischen Weltkonzert die erste Geige zu spielen. Primus inter pares.«[25]

Julius Langbehns »Rembrandt-Deutscher«, der 1890 (zunächst anonym) erschien, brachte es innerhalb von zwölf Monaten auf 60000 gedruckte Exemplare; 1933 war die 80. Auflage überschritten. Das Buch wurde enthusiastisch von den Stützen und Spitzen der Gesellschaft begrüßt; vor allem aber kam es dem Bedürfnis der kleinbürgerlichen Schicht nach Monumentalität entgegen – war doch diese im besonderen von der Angst vor allem Neuen heimgesucht, besorgt, in industrieller Kärnerarbeit von den Idealen abgeschnitten zu werden.

Das Unbehagen in der Kultur und das Unbehagen an der expandierenden Zivilisation sollen mit magischen Worten wie Individualität, Gesinnung, Ursprünglichkeit, Schöpfertum, Aristokratismus gebannt, Industrialisierung, Technik, Massenexistenz exorzisiert werden.

Im Psychodrom des Kapitalismus tummelten sich viele Ideologen unterschiedlichen, bald harmloseren, bald gefährlicheren Zuschnitts. Ihre Ausfälle zielten, bei aller inhaltlicher Vielfalt, nach Sitara, um von dort die Befreiung Ardistans durch die Sendboten ihrer messianischen Heilslehre in die Wege zu leiten. Das Reich war gegründet worden; dessen nach außen tretendes Geltungsbedürfnis bedurfte jedoch im Sinne eines »inneren Reiches« einer transzendierenden Überhöhung.

Wenn, wie es Wilhelm II. 1907 unter Verwendung eines entstellten Geibel-Wortes formulierte, »am deutschen Wesen einmal noch die Welt genesen« sollte, dann mußte dieses deutsche Wesen mehr als nur einen imperialistischen Machtanspruch darstellen. Der Deutsche, so hatte noch Friedrich Schiller (1797) gemeint, habe abgesondert vom politischen sich einen eigenen Wert gegründet; gehe auch das Imperium unter, so bliebe die deutsche Würde unangefochten; sie sei eine sittliche Größe; sie wohne in der Kultur, im Charakter der Nation, der von ihren politischen Schicksalen unabhängig sei. Das »innere Reich« der nationalen und nationalistischen Propheten war ganz anders zu verstehen. Wahrwort und Machtwort hatten eine Einheit zu bilden. Das Machtwort war gesprochen, das äußere Reich gegründet; das Wahrwort mußte nun folgen. Der deutsche Idealismus, vor allem Klassik und Romantik, entsprechend interpretiert und ideologisiert, fungierte als Nothelfer. Was Johann Gottlieb Fichte in seinen »Reden an die Deutsche Nation« 1807/08 gefordert hatte, daß man sich Charakter »anschaffen« müsse (»denn Charakter haben und deutsch sein, ist ohne Zweifel gleichbedeutend«), griffen die neudeutschen Träumer begierig auf. Daß die Denk- bzw. Vorurteilssysteme eines Julius Langbehn, Paul de Lagarde, Heinrich von Treitschke, Houston Stewart Chamberlain, Arthur Moeller van den Bruck, Adolf Bartels, Ludwig Klages, Hans Blüher zum größten Teil einem Schreckenskabinett mit rassistischen Ressentiments und chauvinistischen Überheblichkeiten gleichen, macht sie sozialpathologisch und damit gesellschaftsgeschichtlich höchst bedeutsam; für kulturelle Erinnerungsarbeit sind sie weitgehend ohne Belang. Ihre verquollenen Ideologeme waren jedoch, denkt man an deren Einfluß auf die eklektische Weltanschauung des Nationalsozialismus, von furchtbarer Auswirkung.

Die Propheten des Nationalismus, so stellt Karl Schwedhelm fest, waren bestimmt von dem Verlangen nach Ordnung und Sicherheit (statischen und damit entwicklungsfeindlichen Zielen). Die verbreitete Abneigung gegen Veränderung der bestehenden Verhältnisse stammte aus der Furcht, daß die innere Dynamik der Wandlungsprozesse den erwünschten Zustand von Ordnung und Sicherheit, wenn auch nur zeitweilig, bedrohen könne. Mit dem Verlangen nach Ordnung und Sicherheit verband sich die Tendenz, Bestehendes nach Möglichkeit zu bewahren. Das ergab einen günstigen Nährboden für eine paternalistische Staatsauffassung. Verklärt wurde das Einst mit seinen übersichtlichen, »gesunden« Verhältnissen, weil man sich unsicher fühlte in dem viel komplizierter gewordenen Geflecht wirtschaftlicher und technologischer Strukturen mit ihren anonymen Machteinflüssen, hinter denen keine persönliche Vaterfigur mehr erkennbar war. Ratlos sich selbst überlassen, bauten die Propheten des Nationalismus um sich eine Welt des Traumes auf, einen Schutzwall aus Irrealitäten; sie flüchteten aus der städtischen Urbanität und zivilisatorischen Hektik in einen romantisierten Provinzialismus; ihren Schreibtisch machten sie zu einer Walstatt deutscher Größe. Ihre Persönlichkeiten zeigten fast alle einen Bruch. Neurotische Züge, organische Krankheiten, gescheiterte Laufbahnen, traumatische Kindheitserlebnisse, sexuelle Abartigkeiten, Selbstmordneigungen, bohemehafte Lebensformen bestimmten die Erscheinung der meisten. Gespannte Verhältnisse zum Elternhaus waren nicht selten. Freundschaften hatten fast immer den Charakter der Meister-Jünger-Beziehung; die Ehen gründeten sich auf bedingungslose Bewunderung des männlichen Geistes durch die Frau. Querulantisches Verhalten gegenüber der Umgebung, unstete Lebensführung mit häufigem Wechsel des Wohnsitzes, das Verbergen hinter Pseudonymen kamen bei einzelnen hinzu. So reichten ihre Persönlichkeitsbilder vom Schrulligen bis zum Pathologischen. Unerfüllter Lebensanspruch führte zur schriftstellerischen Kompensation. Machtträume, Aggressionsverlangen, Herrenmenschentum verbanden sich zu dem makabren Evangelium einer politischen Erlösungsreligion.[26]

Und doch waren diese, das deutsche geistige Erbe verfälschenden Denker auch Teil einer *kulturellen* Physiognomie; räumt man mit psychoanalytischem Einfühlungsvermögen den Schutt ihrer Ideologie weg und stößt zum Wurzelgeflecht ihrer Motivation wie Inspiration vor, findet man einige der »Tugenden« des Abweichlers wieder, unter anderem den Mut, gegen den Strom des allgemeinen Fortschrittsdenkens zu schwimmen, von der Überflutung durch den Materialismus sich nicht davontragen zu lassen. Bald jedoch war man abgetrieben auf die weltanschaulichen Rieselfelder. Das Bemühen um Sublimierung blieb in den Ansätzen stecken. Bemerkenswert immerhin die Leistung, viele Jahrzehnte, ehe der Vorgang auf den Begriff gebracht wurde, die »Dialektik der Aufklärung« zu erkennen. Aber statt solche Dialektik im Hegelschen Sinne »aufzuheben«, verfiel man der Sogwirkung der Regression. Die Gegenläufigkeit im Untergrund des Psychodroms des Kapitalismus unterminierte, was auf ebener Erde, oft genug parterre, an instrumenteller Rationalität und pragmatischer Vernunft sich entwickelt hatte. Die Chancen der Industriegesellschaft, via Allianz der Interessen zu neuen Mustern der ökonomisch-politischen Zusammenarbeit zu gelangen, wurden weniger von den Technokraten als von jenen verstellt, die eine Verschwörung gegen Technik und Industrialisierung anstrebten. Der Geist als Widersacher der Seele: Das war kein Rezept, um der Seele in einer oft genug mit Recht als seelenlos empfundenen Zivilisation zum Durchbruch zu verhelfen. Die Propheten des Nationalismus, die Propheten eines inneren deutschen Reiches, lagen damit weit unter dem trivialkulturellen Niveau eines Karl May.

Robert Musil nannte in seinem Roman »Der Mann ohne Eigenschaften« die hier Paul Arnheim genannte Figur Walther Rathenaus »eine Vereinigung von Kohlenpreis und Seele«. Rathenaus Vater hatte sich in zäher Arbeit vom Handwerker zum Großindustriellen der Elektrowirtschaft emporgearbeitet. Als er starb (1915), übernahm der Sohn das Amt des Präsidenten der AEG von ihm. Walther Rathenau, ursprünglich der Malerei und Musik zugetan, war zu diesem Zeitpunkt bereits ein bekannter Mann der Technik und Wirtschaft. In der Weimarer Republik wurde er zunächst Wiederaufbau-Minister und dann, 1922, Außenminister. Im selben Jahr ermordete ihn ein junger Nationalist, der in Rathenau nicht nur den Demokraten, sondern vor allem auch den Juden treffen wollte. Der Wandel Rathenaus (in seiner Jugend ein Verehrer Bismarcks und des preußischen Junkertums, dann Kritiker des Wilhelminismus und schließlich linksorientierter Demokrat, der mit den Sozialdemokraten kooperierte) vollzog sich vom nationalliberalen Imperialisten zum Vorkämpfer für eine europäische Gemeinschaft. Auf der einen Seite vermochte Rathenaus Verstand den wuchernden Irrationalismus zu versachlichen und zu bezähmen; auf der anderen Seite brach sein Rationalismus immer wieder in irrationale Sehnsüchte aus. Dementsprechend war er auf der Suche nach dem »Seelenhaften im Menschen«, das angesichts unterkühlter Subjekt-Objekt-Beziehungen verkümmerte. Arnold Zweig sprach von dem Zickzack des Widerspruchs in seinem Leben; andere nannten ihn ironisch einen »Diogenes der Großindustrie«, einen »Christus im Frack«, »polyglotten Salonplauderer«, »Mystiker der Technokratie«. Max Scheler sah in ihm einen »universalen Dilettanten«; Stefan Zweig meinte, daß die persönliche Tragik Rathenaus darin bestünde, daß er bei seiner unermeßlichen Klugheit keinen Boden unter die Füße bekommen habe. Damit war, neben dem individuellen Psychogramm, ein kollektives Mentalitätsmuster umrissen. Die Entwicklung instrumenteller Vernunft, die der Epoche einen industriellen und wirtschaftlichen Fortschritt sondergleichen gebracht hatte, qualifizierte Rathenau von jungen Jahren an; mit 27 Jahren war er Leiter der elektrotechnischen Werke, 1903 trat er in den Vorstand der Großbank Berliner Handelsgesellschaft ein, bei Kriegsausbruch wurde er von der Regierung zum Leiter der Rohstoffbewirtschaftung bestellt.

Rathenau, der »Wilhelminist«, ist ein Aktivist der kapitalistischen Wirtschaftsordnung, die er mit großer Geschicklichkeit zu vervollkommnen und zu vollenden trachtet. Zugleich tritt er als Kulturphilosoph in ästhetische Opposition zum Wilhelminismus; verbunden mit politischer und ökonomischer Kritik, schafft er ein schriftstellerisches Werk, das eine eigenartige Synthese aus den wirtschaftstheoretischen Überlegungen eines Großindustriellen, der intuitiven Seelensuche eines Großbürgers und den philanthropischen Ideen eines »Staatssozialisten« darstellt (1912: »Zur Kritik der Zeit«, 1913: »Zur Mechanik des Geistes«, 1917: »Von kommenden Dingen«). Rathenau spricht von Arbeit, Erwerb von Gütern, technischer, wirtschaftlicher und politischer Macht, aber diese Begriffe sind ihm kein Endzweck. Er betont die Notwendigkeit einer dreifachen Verantwortung des Menschen: den göttlichen, den inneren und den staatlichen Kräften gegenüber. Diese bewirke jenes wundervolle Gleichgewicht der Freiheit, das nur dem Menschen beschieden sei. »Machtworte« waren Rathenaus Metier, aber sein Sinn trachtete nach »Wahrworten«; und diese ließen sich nur dann finden, wenn man dem Psychodrom des Kapitalismus entkam. Der Bürger, heißt es in »Zur Kritik der Zeit«, sei heute Subjekt und Objekt zahlloser Gemeinschaften, Soldat, Wähler, Steuerzahler, Inhaber von Ehrenämtern, Berufsgenosse, Arbeitgeber oder -nehmer, Mieter oder Grundbesitzer, Kunde oder Lieferant, Versicherungsnehmer, Mitglied gewerblicher, wissenschaftlicher, unterhaltender Vereinigungen; er sei Kunde einer Bank, Aktionär, Staatsgläubiger, Sparkontenbesitzer, Hypothekengläubiger, Schuldner, Mitglied einer politischen Partei, Abonnent einer Zeitung, des Telefons, des Postscheckkontos, Benützer der Trambahn, der Auskunftei; Kontrahent von Verträgen, Sportsmann, Sammler und Kunstliebhaber, Dilettant und Reisender, Bücherleser, Schüler, Akademiker, Inhaber von Zeugnissen, Legitimationen, Diplomen und Titeln; er sei Korrespondent, Firma, Referent, Konkurrent, Sachverständiger, Vertrauensmann, Schiedsrichter, Zeuge, Schöffe, Geschworener, Erbe, Erblasser, Gatte, Verwandter, Freund. Das vielfältige Rollenspiel in der modernen Gesellschaft versetze den Menschen in eine enorme Hast, aus der heraus die Sehnsucht nach Glauben und Werten entstehe, aber oft genug nur durch modische Surrogate abgesättigt werde. Da die Welt »flüssig« geworden sei und in den Händen zerrinne, würden Tugenden wie Liebe, Nächstenliebe, schöpferische Arbeit, Verantwortung und Aufopferung immer wichtiger. Auf dem zitternden Boden der Mechanisierung könnten arkadische Haine zwar nicht gedeihen; Einsiedeleien in Form von Sommerfrischen auf Kosten der mechanisierten Gemeinschaft seien Selbsttäuschung; doch rege sich immer mehr der Wille des Volkes, den Seelenfunken anzufachen. Das Volk suche seine Seele und werde sie finden; freilich gegen den Willen der Mechanisierung.[27]

»Dieser Epoche lag nichts daran, das Seelenhafte im Menschen zu entfalten; sie ging darauf aus, die Welt nutzbar und somit rationell zu machen, die Wundergrenze zu verschieben und das Jenseitige zu verdecken. Dennoch sind wir wie je zuvor vom Mysterium umgeben; unter jeder glatten Gedankenfläche tritt es zutage, und von jedem alltäglichen Erlebnis bedarf es eines einzigen Schrittes bis zum Mittelpunkt der Welt. Die drei Strahlungen der Seele: die Liebe zur Kreatur, zur Natur und zur Gottheit, konnte die Mechanisierung dem Einzelleben nicht rauben; für das Leben der Gesamtheit wurden sie zur Bedeutungslosigkeit verflüchtigt. Menschenliebe sank zum kalten Erbarmen und zur Fürsorgepflicht herab, und bedeutet dennoch den ethischen Gipfel der Gesamtepoche; Naturliebe wurde zum sentimentalen Sonntagsvergnügen; Gottesliebe, überdeckt vom Regiebetrieb mythologisch-dogmatischer Ritualien, trat in den

F. Schürmann: Schalterhalle im Frankfurter Hauptbahnhof (1888)

Dienst diesseitiger und jenseitiger Interessen und wurde so nicht bloß unedlen Naturen verdächtig.«[28]

Ein Industrieller, ein Pragmatiker, ein Mann der Produktionsziffern und Bilanzen, ein Preuße und Jude erhob dergestalt die Stimme als Weiser und Seher, das »Wesentliche« der Zeit artikulierend. Der Weg sollte nach oben führen. An die Stelle materialistischen Kreislaufs trat die Vision seelischer Selbstfindung.

In der Zeit nach der Jahrhundertwende, so Harry Graf Kessler, habe sich die Peripetie des Dramas Rathenau ereignet, hier wurde es zur Tragödie. Hinter der blendenden Geisteshülle, die er der Welt zukehrte, ging ein Umschwung vor sich, die Sehnsucht nach Verinnerlichung wurde größer, die Kräfte seines Innenlebens bewirkten eine Abkehr vom Geist, einen Zustand des Zweifels an der Macht des bloßen Geistes, einen Aufstand gegen seine Vorherrschaft. Die gewaltsam vom Verstand zurückgedrängten Seelenkräfte rebellierten; zu schwach, um die Übermacht zu erringen, zu stark, um endgültig unterdrückt zu werden, vergifteten sie sein Innenleben durch die Sehnsucht nach ihrem Siege. Wie homerische Helden seien sie aufmarschiert: Mut contra Furcht, Gesinnung contra Schlauheit, zweckfreie Schöpfung contra zweckhaftes Geldverdienen, visionäre Intuition contra kritischen Verstand, Wunsch nach vollem Menschentum contra Beschneidung der Fähigkeiten zu Instrumenten besseren Fortkommens. In Rathenaus 1904 erschienenem Aufsatz »Von Schwachheit, Furcht und Zweck« werden die »Zweckmenschen«, »Furchtmenschen«, »Klugen« an den Pranger gestellt. Mit Entsetzen wandte sich Rathenau ab von dem, was er im Laufe langer Jahre selbst verkörpert hatte. »Das Lachen, dem lebenskräftigen Menschen ein Naturlaut der Freude, ist dem Klugen eine Reaktion auf Witzempfindung: eine halbe Schadenfreude. Bewunderung ist ihm ein verhaßtes Gefühl; denn sie erhebt ihn nicht, sondern wirft ihn zurück. Er ist lernbegierig, lüstern nach Wißbarem, neugierig. Eine mechanische Klarheit und handgreifliche Theorie scheint ihm zweckdienlich. Er begreift nicht, daß das bloße Dasein ein Quell der Seligkeit ist. Er kennt nicht die Freude an eigener Kraft und Schönheit der Welt. So lechzt er nach dem, was ihm Ersatz der Freude ist, nach Genüssen. Die Schuld seiner Organe den Dingen aufbürdend, erhofft er von schwer Erreichbarem, was seine im Genuß versagende Natur ihm verwehrt. Der Kraftlose beneidet den Starken um seine Gewalt. Das Urteil anderer ist ihm wichtig. Er ist sich selbst nur, was er anderen scheint. Er begehrt, fordert und bettelt Anerkennung. So ist das, was Menschen Eitelkeit und Anmaßung zu nennen pflegen, der Bescheidenheiten tiefste, denn sie ist wahrhaftige Unterwürfigkeit. Und so wird er den Menschen zum Ekel. Denn er verlangt beides von ihnen, das sie niemals zugleich geben: Bewunderung und Knechtdienst. Deshalb ist er als Herr unmöglich. So groß ist bei einzelnen die Menschensucht, daß sie kaum ihren Nächsten erblicken, ohne seiner im Geist zu begehren. Sie wollen wissen, wer er ist und was er treibt; sie wollen einen Eindruck irgendwelcher Art auf ihn machen, ihm gefallen, imponieren oder auffallen und, wenn alles versagt, wenigstens in ihrer Art ihn dadurch überwinden und besitzen, daß sie ihn kritisieren. Selbst wenn der Geist, mit lockrem Zügel sich selbst überlassen, seine Straße wählen darf, treibt der Zweckhafte höchst persönliche und praktische Dinge: ›Gesetzt dies und das passiert, was werde ich antworten? Wie werde ich mich benehmen? Wie werde ich wirken?‹ und so wird er zum Schauspieler seiner selbst.«[29] In immer neuen, auf die »Ganzheit« der menschlichen Personalität zielenden zeitkritischen Überlegungen tastet sich Rathenau ans Edelmenschentum heran. Er sieht im Wilhelminischen Zeitalter den Kampf zwischen dem vernünftigen Menschen und dem intuitiven Menschen voll entbrannt. In Übereinstimmung mit philosophischen Strömungen seiner Zeit, im besonderen auch von dem Franzosen Henri Bergson beeinflußt, fordert er den intuitiven gegenüber dem von Begriffen und Abstraktionen geleiteten Menschen. Sklavenseelen zeigten eine Freude an Kritiklust, Dialektik, Skeptizismus, Schadenfreude, Geschwätzigkeit, Verfeinerung, Ästhetizismus; demgegenüber die eigentliche Wertetafel: Blick fürs Wesentliche, Bewunderung, Vertrauen, Wohlwollen, Phantasie, Selbstbewußtsein, Einfachheit, Sinnenfreude, Transzendenz.

1906 unternahm Rathenau eine Reise nach Griechenland. In dem Skizzenbuch, das er von dort zurückbrachte, befindet sich eine Eintragung unter dem Titel »Breviarium Mysticum«, die eine weitere wichtige Stufe in der Entwicklung seiner Weltanschauung darstellt. Da heißt es:

1. Das Weltbild eines jeden ist das Maß seiner Seele.
2. Vielen ist eine Seele eingeboren, alle können sie erringen.
3. Die Seele wird jedem zuteil, der bonae voluntatis ist.
4. Die Seele ist das Spiegelbild Gottes.
5. Die Kräfte der Seele sind dreifach: Phantasie, Liebe, Ehrfurcht.
6. Mit der Phantasie umfaßt sie die Welt, mit Phantasie und Liebe die Kreatur, mit allen drei Kräften Gott.
7. Die Seele ist zweckfrei, der Verstand zweckhaft.
8. Im Kampfe mit dem Verstande unterliegt die Seele, weil der Verstand seine Zwecke selbst auflöst.
9. Die Kunst und das unbewußte Schaffen ist die Sprache der Seele, die Wissenschaft und das bewußte Schaffen ist die Sprache des Verstandes.
10. Die Seele nährt sich vom Lebensdrang, der Verstand von der Todesfurcht.[30]

In Rathenaus Hauptwerk »Die Mechanik des Geistes« schildert er die »Geburt der Seele«; hinter seinen Ausführungen zeichnen sich in durchsichtiger Verhüllung drei Erlebnisse oder Erfahrungen ab, die auf seine Reise nach Griechenland hinweisen: die der erhabenen Natur Griechenlands, die der Glückseligkeit künstlerischen Schaffens und die einer großen unerfüllten Liebe. Harry Graf Kessler, selbst »Wilhelminist«, rhapsodiert über »dieses Wunder, die Geburt einer Seele«[31]: Ein solcher allerzartester, geheimnisvollster Vorgang könne sich nicht bloß in einem einzelnen Menschen abspielen, auch eine Gemeinschaft – und das sei eine bei den Mystikern noch nicht vorkommende Vorstellung –, auch eine menschliche Gemeinschaft könne aus ihrem Schoße eine Seele, eine »Gemeinschaftsseele« gebären. Nicht bloß Millionen von gleichzeitig Lebenden, sondern auch Geschlechter von Vor- und Nachlebenden könnten an dieser einen Seele teilhaben, sozusagen nur einen Körper bildend. So entstünden Familien, Stämme, Völker, Nationen, Glaubensgemeinschaften, Kulturen um dieses zentrale Wunder der Geburt einer Seele herum, das den eigentlich gemeinschaftsbildenden Vorgang darstelle – vergleichbar der Geburt einer Seele in einem Menschen, dessen eigentliche Menschwerdung bedeutend. Wie ein Mensch erst in der Seele, die in ihm entstehe, sich selbst erlebe, so erlebe auch eine Gemeinschaft sich selbst erst, wenn eine Gemeinschaftsseele in ihr wirke, die sich in ihren Gebräuchen, in ihrer Sprache, Sage, Dichtung, Kunst, Lebensform, Kultur offenbare. Wie ist die Geburt einer Gemeinschaftsseele möglich? Wie können mehrere Menschen an einer Seele teilhaben, und diese Seele sogar von Geschlecht zu Geschlecht an die Nachgeborenen weitergeben? Rathenau erklärt dies durch zwei psychologische Vorgänge: einen, den er das Phänomen der »Addition«, den anderen, den er das Phänomen »Strahlung« nennt. Wie in einer Familie zwischen Mann und Frau, zwischen Eltern und Kindern eine Gemeinschaftsseele durch Liebe entsteht, so entsteht sie auch in einer größeren Gemeinschaft durch Vorgänge, die der Liebe ähnlich sind: durch das Gefühl der Solidarität und die Bereitschaft des einzelnen, sich für diese Gemeinschaft zu opfern. Jede Gemeinschaft, ob Familie, Stamm, Nation oder Gesellschaft verschiedener Nationen (wie z.B. die Schweiz), in der Solidarität und Opfersinn herrschten, besitze den Mutterboden, aus dem eine Seele geboren werden könne. Die Geburt der Seele in einer Gemeinschaft aus solchen Stimmungen nennt Rathenau »Addition«, weil durch Solidarität und Opfersinn die Seelenteilchen der einzelnen sich in einer Gemeinschaftsseele

Friedrich von Thiersch: Entwurf für die Ausstellungs- und Festhalle der Stadt Frankfurt am Main (1906)

zusammenfügten. »Strahlenphänomen« nennt Rathenau den Vorgang, der in einer Gemeinschaft das Gedächtnis ersetzt, der ihr gestattet, ihre seelischen Erlebnisse zu einer fortlaufenden Erfahrung aneinanderzureihen. Am einfachsten lasse sich dieses »Strahlenphänomen« an einem Beispiel verdeutlichen: Der Wasserstrahl im großen Bassin des Parks von Sanssouci sei heute noch dem gleich, den Friedrich der Große gesehen hat; allerdings in jedem Augenblick seit dem Tod des Schöpfers ist ein anderes Wasser aufgestiegen; doch seit 150 Jahren hat sich die Form des Strahles nicht geändert; sie wird in eintausend, in zweitausend Jahren, wenn das Wasser noch aus dem gleichen Rohr steigt, immer die gleiche sein. Alles fließt, aber jeder Moment der dahineilenden Materie wird aufgefangen in einem milliardenfachen Netz von Formen, die der Welt den Schein der Stetigkeit verleihen, weil sie von der Form des Weltalls bis zu der des Atoms, an menschlichen Maßstäben gemessen, unwandelbar sind. Walther Rathenaus Zwiespältigkeit, das Januskopfartige seines Denkens kann den Grundwiderspruch, der das Psychodrom des Kapitalismus beherrscht, eindrucksvoll spiegeln: Das »Machtwort« der Technologie, der industriellen und ökonomischen Entfaltung, wird in seiner »Wahrheitsferne« leidvoll erlebt; der Materialismus hat keine Essenz, gleicht einem schwankenden Boden. Wahrheit leuchtet von innen und von oben. Die Menschen streben dem Seelenreiche zu.

Ein solches Seelenreich stellte der Monte Verità, der »Berg der Wahrheit«, dar, auf den man aus grauer Städte Mauern flüchtete: Er war ein Topos höchst unterschiedlicher Ausprägung. Karl May und die Trivialliteratur der Zeit boten Gipfel der Fiktion an; auf den Wegen dorthin konnte man sich abenteuerlich-unterhaltsam tummeln. Die Propheten des Nationalismus und vieler anderer ideologisch-sektiererischer Bewegungen verführten zum Aufstieg mit Hilfe eines aus Zivilisationskritik, Neuheidentum und Kulturpessimismus amalgierten romantischen Weltschmerzes; Vorankommen bedeutete »Innerlichkeitsarbeit«.
Ein realer Ort, wenn auch Teil einer sakralen Topographie, war der Monte Verità für diejenigen, die sich den Ausstieg und

Aufstieg konkret leisten konnten, weil sie entweder auf dem Rennplatz des Lebens genügend Geld und Kapital fürs »Abheben« angesammelt hatten, oder weil sie als Bohemiens und Aussteiger, Anarchisten und Exzentriker zur alternativen einfachen Lebensform (mit vielfältigen Schmarotzermöglichkeiten) bereit und befähigt waren. Einer aus der langen Kette der »Wahrheitsberge«, auf den seelensüchtige Lebensart abwanderte, einer der bedeutendsten und eigenartigsten, lag bei Ascona. Seit dem letzten Viertel des 19. Jahrhunderts, so Harald Szeemann in seinem umfassenden Ausstellungskatalog »Monte Verità/Ascona«, wurde in der ahistorischen, pädagogischen Landschaft des oberen Lago Maggiore ein ungeheueres Potential an Utopien und neuen Lebensentwürfen proklamiert, erprobt, durchlebt und durchlitten. »Alle diese Modelle zwischen den Polen des sozialen Engagements für die klassenlose Gesellschaft und der beispielhaften Ichverwirklichung und Ichverjüngung stehen hier unter dem Leitstern des Glaubens, daß nur über die Absonderung und da durch das erneute Trittfassen mit der Natur ›Gemeinschaft‹ wieder möglich sein könne. Die Summe dieser intendierten, gelungenen und mißlungenen Sprünge vom Ich zum Wir schwebt wie eine unsichtbare Wolke über dem Berg der Wahrheit, einem landschaftlich und klimatischen Mikroparadies, das Teil einer umfassenden Reformkulturlandschaft ist. Industrialisierung, Urbanisierung, Technisierung, und damit verbunden die Konfrontation von Kapitalismus mit einer erstarkenden Arbeiterbewegung, riefen sehr früh im 19. Jahrhundert Reformbewegungen auf den Plan, die die unumgänglich gewordene proletarische Revolution verhindern wollten. Lebensreform hieß die Möglichkeit eines dritten Weges zwischen Kapitalismus und Kommunismus und implizierte die freie Entfaltung des Individuums zwischen den Blöcken. Als Antipode zur Stadt entstand die Gegenwelt des ›Zurück zur Natur‹ und die Ausbildung einer sakralen Topographie, vor allem im noch wenig industrialisierten Süden Europas und in den Vereinigten Staaten, und zusätzlich oft inspiriert durch die Erschließung des Orients. Neben Capri und Taormina in Italien ist Ascona zu einer Stätte geworden für die wiederentdeckten Kulte des Jünglings, der Frau und Großen Mutter, des weisen alten Mannes, der Elemente und der Gestirne, zu einem Brennpunkt für die Projektion von Wunschvorstellungen der Nordländer. Ascona ist um 1900 die extrem-südlichste Position der umfassenden, nordischen Lebensreformbewegung. Und nimmt dann die unvermeidliche Entwicklung zum Künstlernest, zum Villenplatz, zum Emigrationsziel, zum heutigen Luxuskurort und damit säkularisierten Touristendorf.«[32] Auf dieser »Landkrone über Europa« gilt das Prinzip: Von der Unkultur der Kultur zur Gegenkultur über Natur – wobei die Natur nicht wirkliche Natur, sondern Alternativkultur darstellte. Angesichts des naturwissenschaftlichen und industriellen Aufstiegs, des Überhandnehmens von Kapitalismus, Materialismus, Imperialismus, Utilitarismus und Positivismus, ging man daran, Gegenwelten zu etablieren, in denen anstelle von Zweckhaftigkeit Sinnhaftigkeit walten sollte. Solche kulturkritischen Strömungen durchzogen alle politischen Lager und sozialen Schichten.

Wie Langbehn haben viele Konservative früh auf die kulturzerstörenden Momente der Industrialisierung, Urbanisierung und Technisierung hingewiesen. Große kulturreformerische Organisationen wie Dürer-Bund, Heimatschutzbund und Gartenstadt-Bewegung, die Ende des Jahrhunderts entstanden, waren einflußreiche Träger des antizivilisatorischen Protests. »Nachhaltiger noch wirkten die vielfach unorganisierten, halb subkulturellen Protestbewegungen, die nicht auf Reformen innerhalb der bestehenden Kultur, sondern auf ihre Überwindung und den Aufbau einer neuen, einer Gegenkultur abzielten. Diese Protestbewegungen, für die um 1900 der Sammelbegriff ›Lebensreform‹ eingeführt wurde, bezogen ihr stärkstes Potential aus dem Widerspruch zwischen einer sich mehr und mehr technisch-naturwissenschaftlicher Methoden bedienenden Medizin und einer den Menschen als leib-seelische Einheit begreifenden Heilkunst... Als sich im Zuge der Industrialisierung und Verstädterung der mitteleuropäischen Staaten die ländlichen Strukturen aufzulösen begannen, trat Volksmedizin aus dem Stande ihrer bisherigen theoretischen Unschuld: Sie mußte sich organisieren, ihre Lehren formulieren und sich für den Abwehrkampf gegen den Siegeszug der Schulmedizin rüsten. So entstanden im Vorfeld der Lebensreform die ersten vegetarischen und heilreformerischen Vereinigungen, etwa um die Mitte des 19. Jahrhunderts. Medizinisches, freireligiöses und kulturkonservatives Denken floß zum Theorem der ›naturgemäßen Lebensweise‹ zusammen.«[33]

Dazu kam die Siedlungsbewegung: Angesichts der Größe und des Elends der Großstadt mit ihrem maßlosen Reichtum und ihrer grenzenlosen Verelendung wurden autarke Wohnformen gefordert, die Luxus vermeiden und gesundes Wohnen ermöglichen sollten. Während die Stadt aus allen Regionen des Landes die Besten an sich ziehe und damit das Land in den Provinzialismus absinken lasse, würden in den Industriezentren die vom Lande zugewanderten Proletariermassen in Alkoholismus und Degeneration verkommen und so zum gefährlichen Potential für revolutionäre Massenerhebungen werden. Mit der Beseitigung der Auswüchse des Kapitalismus wären Arbeiter ins bestehende System zu integrieren. All diese Tendenzen inspirierten diejenigen, die sich zum neuen Lebenswandel auserwählt fühlten, auf dem Monte Verità sich niederzulassen. Die personalen Beschädigungen, »Enteignungen«, Frustrationen, Zerstörungen, hervorgerufen im Psychodrom des Kapitalismus, hatten Ausbruchsenergien bewirkt, die zwischen den Machtblöcken Kapitalismus und Kommunismus ihr eigenes, irdisches Paradies einzurichten suchten. Vom Licht-Luft-Gehäuse alternativer Lebensform, in dem sich gleichermaßen ein radikales Naturmenschentum mit wurzelgeflochtenem Mobiliar und bargeldlosem Güteraustausch wie ein luxuriöses Künstlertum mit umstilisierter Plüschmentalität einnisteten, schien das Psychodrom des Kapitalismus weit entfernt; dabei hatte man sich nur in einen neuen Circulus vitiosus hineingedreht: in den einer sektiererischen Vernunftferne. Der Geist als Widersacher der Seele war besiegt; die Seele zelebrierte in den Tempeln antizivilisatorischer Überheblichkeit die Rituale der Selbstbesinnung. Das Zusammentreffen von Philosophen, Psychologen, Vegetariern, Träumern, Poeten, Malern, Propheten, Anarchisten, Literaten, Tänzern, Mythologen, Sozialutopisten, Körper-, Seelen- und Lebensreformern ergab eine pittoreske Kulturgesellschaft. Aber deren Absolutheitsanspruch unterband wirklichen Fortschritt als Fortschreiten. Die Avantgarde, die sich auf ihrem Weg oben angelangt fühlte, war bestenfalls auf Abhängen angesiedelt. Sowenig es Zufall ist, daß dort, wo einst die Gesellschaftsflüchtlinge hausten, heute reiche Steuerflüchtlinge sichs wohl ergehen lassen, so wenig war es zufällig, daß damals sowohl der »Kaiser wie sein Anarchist« sich auf der gleichen Suche nach der Magna Mater und dem irdischen Paradies befanden.

Erich Mühsam und Wilhelm II. scheinen wenig gemeinsam zu haben. Der preußisch-deutsche Obrigkeitsstaat verfolgte den Anarchisten Mühsam (der sich später rühmte, noch zwei Tage vor Scheidemann und Liebknecht am Nachmittag des 7. November 1918 in München die Republik ausgerufen zu haben); die Observation durch die preußische Polizei löste 1904 Mühsams Flucht in Richtung Oberitalien aus; die Idylle von Ascona, auf die er dabei stieß, war für ihn zunächst und vor allen Dingen ein Anti-Berlin. Der mediterrane Süden war das große Symbol anarchistisch-matriarchalischer Verweigerung und der Absage an den Patriarchalismus.

Doch die Träume des Kaisers und seines geflohenen Untertans waren ähnlich. »Beide zogen – dem Mythos von der ›Insel der Glückseligen‹ folgend – über die Alpen, um das Paradies auf einer Mittelmeerinsel zu finden: Mühsam wollte eigentlich 1904 nicht nach Ascona, sondern ›bis Capri, wo Hanns Heinz Ewers, Ernst von Wolzogen und noch mehr Bekannte lebten‹; lediglich aus Geldmangel fand die Reise zur Künstlerkolonie auf Capri am Lago Maggiore ein vorschnelles Ende. Den Kaiser dagegen führte 1905 eine Mittelmeerreise (zum Besuch des später in Saloniki von dem Griechen Schinas ermordeten König Georg von Griechenland) auf die Insel Korfu. Und Wilhelm konnte von dort triumphierend vermelden, daß der Blick vom Altan des Klosters Paläokastriza, auf einem Felsenriff im Südwesten Korfus gelegen, ›noch mächtiger und wilder wie auf Capri sei‹. Die Liebe zum Süden hatte der Kaiser von seiner Mutter, der englischen Prinzessin Victoria, geerbt. Denn Italien war, so erinnert sich der Sohn, ›das Land ihrer Sehnsucht‹.«[34]

Der Süden war für den Kaiser wie seinen abtrünnigen Untertan eine Offenbarung; hier erlebten beide eine sakrale Landschaft als Gegenpol zur Profanität Berlins und des Reichs. Wilhelm II. beschrieb den ersten Eindruck des Panoramas, das man in Korfu von der kaiserlichen Ferienresidenz aus genießen konnte: »Die Ausrufe des Staunens waren verstummt. Tiefes Schweigen hatte sich aller bemächtigt. In Andacht versunken, genossen die aus dem verschneiten, lärmenden Berlin entflohenen Deutschen diese Pracht der Schöpfung, die das Herz dem Schöpfer zuwendet. Die Kaiserin wandte sich schweigend zum Gemahl und drückte ihm still die Hand. Ein neben mir stehender Herr flüsterte mir leise zu: ›Hier fehlen die Worte, hier kann man nur anbeten, hier ist Gott in der Nähe.‹ Lange, lange standen wir mit unseren Getreuen in stummer Bewunderung vor Gottes großem Werk, vor seiner gewaltigen Natur. Dann ging man ganz still durch die zauberischen Gärten heim, ein jeder in sein Quartier, zu sehr ergriffen von dem Erlebnis, um zu reden, aber beschäftigt mit dem Überdenken des Geschehenen, das darin gipfelte: ›Licht ist dein Kleid, das du anhast, Herr, wie sind deine Werke so groß und viel. Und hast sie alle weislich geordnet, die Erde ist voll deiner Güter.‹«[35] Ebenso beglückwünschte sich auch Mühsam, fern von der Lasterhöhle Berlin am Lago Maggiore zu sitzen und »sich an der göttlichen Herrlichkeit dieser einzigen Landschaft erfreuen« zu können: »Wie schön diese Landschaft ist!«

Die synchronen Genreszenen, die das Mentalitätsmuster von Kaiser und anarchistischem Untertan auf einen Nenner bringen, auf den nämlich des durch Gottes Natur evozierten Seelenhaften, können exemplarisch die Ambivalenz der Epoche und ihrer Akteure belegen. Exorbitanz des Augenblicks: Man tritt aus der geschlossenen Rennbahn des wirklichen Lebens ins idealische Paradies hinüber. Pädagogischer Rigorismus hatte den Kaiser in eine freudlose Jugend hineingetrieben; er mußte nicht nur mit einem verkrüppelten Arm, sondern mit den Schäden seiner Erziehung fertig werden. In Wirklichkeit sei er, so Nicolaus Sombart in einer provozierenden These, ein genialer Jüngling auf dem Thron und ein friedfertiger Monarch gewesen (Opfer einer Verschwörung, die von Bismarck noch über das Grab hinaus gesteuert wurde): Eine Anima candida und kein Früh-Hitler! Jedenfalls zeigt die Biographie Wilhelms II. viele Züge der Sehnsucht nach dem »anderen«; es sind die Emanationen einer »Kitschseele«, die gerade in ihrer »Wehmütigkeit« die Zeit repräsentiert. Der Kaiser, der im Anblick südlicher Naturschönheit Befreiung von der Regierungsfron erlebt (Karl May könnte ihm die Feder geführt haben), steht revolutionärem Elan keineswegs gänzlich ferne.

Des Kaisers wie seines exilierten Untertans Seelenflug verliert dabei, auf eine dem Zeitgeist voll entsprechende Weise, den Boden der Tatsachen nicht aus den Augen. Wilhelm II. wie Mühsam versichern sich der Sakralität des Südens, indem sie Grundbesitzer werden. Der eine durch ein standesgemäßes Domizil auf Korfu; der andere: »Wir haben schon eine Ruine in Aussicht, die wir auf Abzahlung hoffen erstehen zu können.«[36]

Der Monte Verità des einfachen Mannes hieß Fidus. Hugo Höppener, genannt Fidus, geboren 1868 als Sohn eines Konditors in Lübeck, gestorben 1948, war Illustrator, Maler, Baumeister, Tempelkünstler und Volkserzieher in einer Person. Seine Bilder, massenhaft (vor allem auch als Postkarten) reproduziert, signalisierten heroisch-hehre wie mild-fromme Denkungsart. In geschickter Vermarktung hat er sowohl die ästhetischen wie sexuellen, die ökonomisch-sozialen wie ständisch-politischen Sehnsüchte des Kleinbürgertums thematisiert. »Er hat ihnen (wie man in Abwandlung eines Wortes von Walter Benjamin sagen könnte), zu ihrem Ausdruck verholfen, ohne ihnen zu ihrem Recht zu verhelfen. Seinen Anhängern und Abnehmern hat er zwar nur Scheinbefreiungen, wie zum Beispiel die Darstellung der bürgerlichen Sexualmisere im Gewande herber Nacktheit, anbieten können. Er selber hat dadurch jedoch seine ökonomische Existenz und wohl auch seine soziale Stellung zeitweise recht gut sichern können.«[37]

Fidus, der sich im Sommer 1907 einige Zeit im Tessin aufhielt, davon kurze Zeit auch auf dem Monte Verità, erweist sich als ein ungemein produktiver Bildinterpret der letzten Phase der Lebensreform, da diese immer mehr aus einer Gegenbewegung zu einer ästhetischen Fluchtbewegung wird. Schöne Menschen wandeln in schöner Landschaft. Inmitten einer Kulisse, die mit Versatzstücken aus den künstlichen Paradiesen der Zeit ausstaffiert ist, vollzieht sich der Tempeltanz muskulöser Lichtseelen.

In dem Maler Karl Wilhelm Diefenbach hatte Fidus einen Lehrer gefunden, der ihn durch sein Vorbild (Nacktbaden, selbstgebackenes Schrotbrot, frisches Quellwasser) von zivilisatorischer Versklavung befreite und zum Wesentlichen, der Heilkraft der Natur, hinführte. In der progressiven Literaturzeitschrift »Die Gesellschaft« hieß es September 1889: »Nicht weit oberhalb der bayerischen Königstadt sieht man die reißende Isar aus einem engen tief eingerissenen Thale brechen. Wenn man, nach einem Blick über ganz München und das Isarthal, von der großartigen Eisenbahnbrücke der Station Großhesselohe aus stromaufwärts wandert, gelangt man nach einstündigem Marsche, der einen, wie im Märchen, von der Großstadt plötzlich mitten in eine gewaltige Hochgebirgsnatur versetzt, in dem tiefen und breiten Flußlaufe, dessen beiderseitigen hohen und steilen Ufer – Abstürze – mit Hochwald, Burgen, Ortschaften und einzelnen Gehöften besetzt sind –, zu der Aue von Höllriegelsgereute. Diese in der Nähe einer Großstadt so seltene Naturschönheit wird leider nur von wenigen Menschen gewürdigt. Der Name eines Mannes, der in der ganzen Welt mit den grellsten Widersprüchen genannt wird, verbreitet seit einiger Zeit auch den Namen ›Höllriegelsgereute‹ in weiter Ferne. Wer kennt ihn nicht, den ›Sonderling‹, den ›wunderlichen Kauz‹, den ›Narren‹, den ›Kohlrabi-Apostel‹, den ›verrückt gewordenen Maler‹ Karl Wilhelm Diefenbach? Auf der Giebelseite seines Hauses, dem von München aus auf rechtem Wege Nahenden, in großen goldnen Buchstaben entgegenleuchtend, steht: ›Humanitas‹ – Menschlichkeit! Auf dem mit Geröll und Weidenbüschen bedeckten Platze, zwischen dem Hause und dem Steinbruche, ragt an hohem Maste eine mächtig winkende weiße Fahne in die Luft, Reinheit, Friede und Liebe predigend; am Wege hängt am einfachen Kreuzesbalken das Bild des Gottmenschen von Nazareth. Hinter einem langen Gange, von dem aus Thüren in mehrere große Zimmer gehen, öfnet sich der Eingang zu einer Vorhalle in gedämpftem Lichte. Die Wände und die Decke sind von braunroter Farbe und erstere bis auf Handbreite mit Studienarbeiten und angefangenen Gemälden Diefenbachs bedeckt. Eine ungefähr drei Meter breite und ebenso hohe Öffnung der ehemaligen Hausmauer führt uns in den neuerbauten glasbedeckten, hellstrahlenden Ausstellungssaal. Den ersten Blick des Eintretenden bannt die herrliche antike Statue des betenden Knaben, auf einfachem Sockel, umgeben und überragt von einer mächtigen Fächerpalme, auf manneshohem Felsen, der wieder von einer Gruppe kleinerer Palmen und anderer Edelsträucher umgeben ist. Elegante Sofas und Fauteuils mit dunkelrotbraunem Plüschüberzug laden den müden Wanderer nach der steinigen Einöde zur Ruhe ein.«[38] Armut, als ein großer Glanz von innen, fürs Image nach außen notwendig, war eben im Interieur weniger gefragt.

Über die Diefenbach-Episode – für sein Leben und Werk von größter Bedeutung – schrieb Fidus rückblickend: »Als ich im Sommer 1887 zu Diefenbach ging, fand ich die ›Kindermusik‹, eine wunderschöne Reihe musicierender und tanzender Kindergestalten, schon fast fertig, aber sozusagen der Reinschrift harrend, vor. Was ich da sah, war mir etwas Unerhörtes und doch so ganz Selbstverständliches, aus der Seele Gesprochenes. Diese Gestalten waren poetische Gebilde, in denen die musikalische Urkraft Böcklins, die keusche Lieblichkeit Schwinds und die stilistische Einfachheit und Eleganz der Präraffaeliten sich natürlich vereinigten.«[39]

Der Kapitalismus schafft sich gewaltige Gehäuse, in denen die Produktionskraft der Epoche in rastloser Hektik sich verdinglicht. Maschinenfabrik, Eisenwalzwerk, Ausstellungshalle, Bahnhof, Börse lokalisieren den Kreislauf von Mühe und Erfolg, Entwurf und Realisierung, Qual und Glück, Enttäuschung und Triumph, Verlust und Gewinn. Die Jagd nach dem Glück ist verbunden mit der Sehnsucht nach dem Höheren, das in trivialen wie transzendierenden Mythen zutage tritt – als Hoffnung, von den Niederungen der Realität zu den Gipfeln eines besseren, schöneren, »erlösten« Lebens aufzusteigen.

Siemens-Schuckert, Wechselstromhalle im Nürnberger Werk (1907)

Adolph von Menzel: Eisenwalzwerk (1875)

Eduard von Steinle: Gralstempel aus dem Parsifal-Zyklus (1884)

Halle des Frankfurter Hauptbahnhofs
(1888)

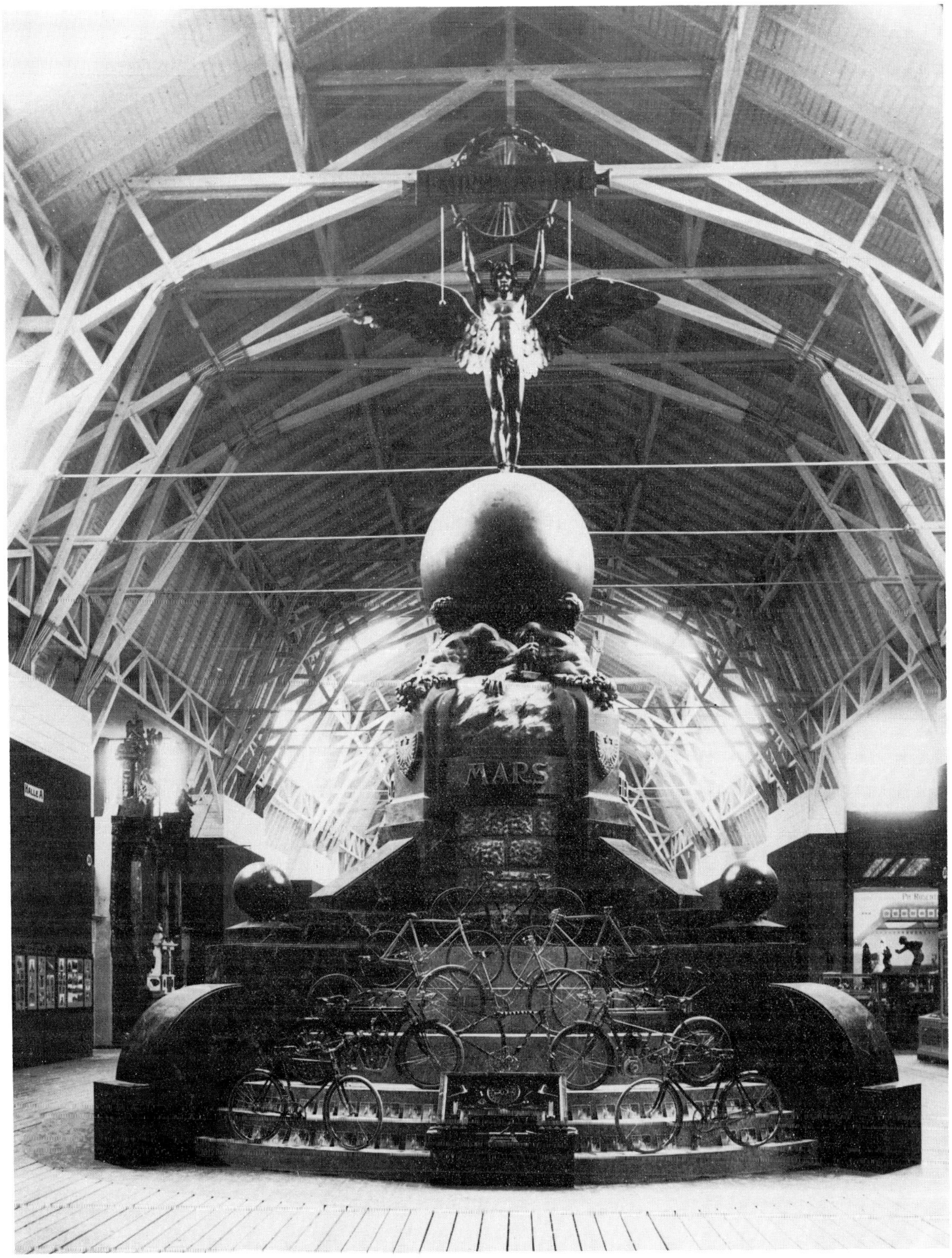

Stand der Vereinigten Fahrradwerke
auf der Bayerischen Jubiläums-Landesausstellung Nürnberg 1906

Rudolf Henneberg: Die Jagd nach dem Glück (1868)

Fidus: Lichtgebet (1913)

Hermann Hesse (zweiter v. l.) auf dem Monte Verità (1907)

Fidus fühlte sich durch Diefenbachs Kunst in seinem Menschsein angesprochen; der neuen Seele sei hier zum ersten Mal ein »bewußt-formenschöner« Ausdruck gegeben – in einem zukunftsheiteren Stile, gegen den selbst die Weisen der erwähnten Maler nur noch »mittelalterlich engbrüstig« erschienen.

Solche Bildkunst empfand der allgemeine Zeitgeschmack keineswegs als gefährlich oder revolutionär; anders verhielt es sich mit der praktizierten »Lebenskunst« – dafür mußte man die Verfemung und Verfolgung durch eine prüde Umwelt in Kauf nehmen. So wurden Höppener und Diefenbach laut Urteil des königlich-bayerischen Landgerichts München II vom 16. November 1888 zu drei bzw. sechs Wochen Haft verurteilt, da man deren Unsittlichkeit von zwei an ihrem Grundstück vorbeiführenden Wegen aus habe »einsehen« können: »Die Angeklagten waren sich auch bewußt, daß die beiden Wege vom Publikum zu einer solchen Zeit, wo sie ihre Unsittlichkeit ausübten, begangen wurden oder wenigsten begangen werden konnten, und daß das Entblößen der Geschlechtsteile die Sittlichkeit des Publikums verletzen muß; wenn dieselben vorbringen, daß sie das Nacktgehen im Interesse der Gesundheit thun, so fragt es sich zunächst dennoch, ob zu diesem Behufe gerade auch die Geschlechtsteile nackt sein müssen und ein Verhüllen derselben Schaden bringen würde; dann aber müssen die Angeklagten auf den Grundsatz verwiesen werden, daß ein allenfalls guter Zweck keineswegs die Mittel heiligt.«[40] Was Gott nicht geniere, so hatten die Angeklagten argumentiert, könne auch von den Menschen nicht als »grober Unfug« bezeichnet werden. Im übrigen würden sie, solange ihr Körper die Wonnen der Luft- und Sonnenbäder genieße, das durch üppiges Busch- und Strauchwerk eingefriedete, vom Wege abgelegene Territorium nicht verlassen; wenn ein Mensch, der aber in diesem Falle eine schon recht sündengeile Kreatur sein müsse, Ärgernis nehmen wolle, sei er genötigt, erst vom Weg abzuweichen, auf die Terrasse ihrer Einöde zu klettern und dann aus dem Gebüsch heraus oder gedeckt durch das Haus ihnen heimlich aufzulauern, bis sie in sich die Lust verspürten, nach ihrer Art im Sonnenschein ein luftiges Bad zu nehmen.

Fidus' *Kunst* jedoch akzeptierte der vorherrschende prüde Geschmack, da die präsentierte Nacktheit ideologisch aufgeladen war, direkt oder indirekt völkisch-deutscher Verherrlichung diente. Janos Frecot, Johann Friedrich Geist und Diethart Kerbs haben in einer umfassenden Monographie das Kunstschaffen von Fidus in den Zusammenhang der für die Epoche charakteristischen ästhetischen Praxis bürgerlicher Fluchtbewegungen gestellt. Es erwachse aus dem Spannungsfeld von Naturheilkunde, Ernährungsreform, Vegetarismus, Siedlungsbewegung, Freikörperkultur, Frauenbewegung, Jugendbewegung und Reformpädagogik. Auf alle diese Bewegungen treffe zu, »daß sie in ihrem sozialen Ursprung bürgerlich (meist sogar eher kleinbürgerlich) und in ihrer gedanklichen Grundhaltung idealistisch sind. Die angestrebte Reform soll zwar in ihren Zielen und Wirkungen, nicht aber in ihren einzelnen Maßnahmen und in ihren Mitteln politisch sein. Die Veränderung der Gesellschaft wird dort begonnen, wo sie den geringsten politischen Einsatz erfordert und wo mit Sanktionen seitens der Mächtigen am wenigsten zu rechnen ist: im persönlichen Alltagsleben des einzelnen. Durch friedliche Kumulation der Einzelreformen hofft man die – teilweise durchaus als notwendig anerkannte – Umwälzung der gesamten Macht- und Eigentumsverhältnisse kampflos zu erhalten. Reform statt Revolution – ein Programm, das aus der gleichen Bewußtseinslage heraus bereits hundert Jahre zuvor von Friedrich Schiller in seinen ›Briefen über die ästhetische Erziehung des Menschen‹ formuliert wurde und das bereits in der Anfangsphase der Lebensreform von Friedrich Engels als ›Flucht aus der platten Misere in die überschwengliche Misere‹ charakterisiert wurde.«[41]

Freilich fehlt Fidus' Kunst, auch in Ansätzen, was dem deutschen Idealismus in seiner genuinen Form zu eigen war: die Kraft der großen Utopie, der Vor-Schein der radikalen Idee. Aus der »Schöngutheit«, der an antikem Vorbild orientierten Hoffnung auf körperliche wie geistig-seelische Vollkommenheit (Kalokakathie), wird ein putziger Elfenreigen; die von Sonnenstrahlen umspielten Knaben- und Mädchenleiber transportieren kein Prinzip Hoffnung. Wilhelm Stapel, einer der Kritiker von Fidus, schrieb, daß bei ihm lediglich der Bierspießer in einen Limonadenspießer verwandelt würde, wobei man ihn allerdings in ein weltanschauliches Korsett einspanne. Dies wird besonders deutlich, wenn man das Mentalitätsmuster betrachtet, das dem reformerischen Pansexualismus zugrunde liegt, der vor allem die Bildkunst von Fidus prägte. Die Freikörperkultur-Bewegung, welche die neue Natürlichkeit durch gemeinsames Sonnenbaden von Männern und Frauen demonstrierte, brachte solchen »Aufschwung« aus der Dumpfheit zeitgenössischer Sexualität nur dadurch zustande, daß sie ihre Absichten ritualisierte und ideologisierte. Es ging nicht um Freude, Sport, Spiel, heitere Enttabuisierung; die im »Lichtgebet« Versunkenen oder Aufstrebenden, denen der Drang nach Höherem aus allen Poren quoll, standen stets im Dienst einer höheren Sache. »Der Preis für das ungehinderte Anschauendürfen des weiblichen Körpers durch den Mann war eine neue, lichtgeisthafte Prüderie, die von den männlichen Protagonisten der Bewegung sicher auch aus Gründen der moralischen Selbstverteidigung gepredigt wurde. Man wollte beides: Der Lichtschwester beim Turnen oder Baden zuschauen dürfen und dennoch nicht als Lüstling gelten müssen. Aus diesem Dilemma ist der pastorenhafte Ton… und der verkrampfte ethisch-ästhetische Anspruch der Freikörperkulturpublizistik erklärbar.«[42]

Fidus: Frühlingsodem (1893)

Mit imperialer, wilhelministischer Gebärde arrangiert Fidus mitten im Psychodrom des Kapitalismus seinen Tempeltanz der deutschen Seele, der den durch Unsicherheit und Angst verwirrten Gefühlen der Masse Trost verschafft. Parklandschaft inmitten der Industrielandschaft; Eröffnung eines »dritten Weges«. Fidus' Zeichnung zum Titelblatt der Zeitschrift »Deutsche Volksstimme. Organ der deutschen Bodenreformer« zeigt drei Wege, für die man sich entscheiden könne. Der kapitalistische stürzt nach wenigen Schritten in den Abgrund. Der kommunistische verliert sich in unwirtlichem Gebirge; der mittlere (gradlinige), der Weg der Bodenreform, führt in ein fruchtbares, sonniges Land; Palmen deuten eine Oase an. »In plakativer Vereinfachung hat hier Fidus die Motive der zahlreichen Reformbestrebungen des 19. Jahrhunderts verbildlicht: Die Ablehnung des Kapitalismus als undeutsche, vom Ausland – insbesondere vom fortgeschrittensten Industrie- und Handelsstaat, England – importierte und vom gottlosen, materialistischen Judentum veranstaltete Verführungskampagne gegen die deutsche Seele. Die Ablehnung des Kommunismus als internationalistische, das Heil aus der Masse statt vom auserwählten, begnadeten Führer erwartende Irrlehre. Reformen als einzig praktizierbarer Mittelweg, der allen gerecht wird und der Entscheidung zur gewaltsamen Veränderung der Macht und Eigentumsverhältnisse enthebt.«[43] Die Suche nach dem neuen, gesunden Menschen läßt dem bürgerlichen und kleinbürgerlichen Bewußtsein stets den Ausweg in die Anpassung offen. Dschinnistan trägt die Strukturen von Ardistan durchaus in sich: Man ist deutsch, man ist prüde, man bekennt sich zum Volkstum; und wenn man die Stadt verläßt, so vor allem deshalb, weil sie nicht eigentlich deutsch ist. Im Asphaltdschungel grassiert fremdländische, welsche Unsittlichkeit.

Der Monte Verità des Hugo Höppener war ein dubioser Hügel im Flachland materialistischen Expansionsstrebens; aber immerhin ein solcher. Der Gipfel steckte noch voll im Nebel der Niederungen. Die konstante Verzückung dieser Kunst gibt sich als Morgenwunder und Abendgebet, Hornungssturm und Wintergroll, Gnadennacht und Weiheschritt, Königstraum und Brautkleid, Quellsymphonie und Spatenwacht. Als »Dauerkose« (in nordischer Übersetzung von Karezza) bezeichnete Fidus selbst die Stimmungslage seiner Kunst.

Lebenswanderer und Natürlichkeits-Apostel à la Fidus stürzten auf der illusionären Brücke, mit der sie die Abgründe der Zeit zu überwinden trachteten, leicht in den Faschismus ab, der die Heilung von Neurose und Nervosität durch den Kult des schönen, starken Lebens versprach. Und doch: Mancher, der von seinem Kinderbett aus den Blick vom traditionellen, überm Ehebett hängenden bombastischen »Schlafzimmerbild« auf das ihm an der Seitenwand zugeordnete, hüllenlose Jugendlichkeit demonstrierende Fidus-Bildchen richtete, mag etwas von der Notwendigkeit des Ausbruchs und Aufbruchs in sein Unterbewußtsein aufgenommen haben.

In grauer Städte Mauern entstand die Jugendbewegung; auch ihre kulturelle Leistung ist eine solche der Ambivalenz. Das Gipfelerlebnis des Hohen Meißner ist Erhebung und Niedergang zugleich.

Der Gebirgszug des Hohen Meißner ist die höchste Erhebung des nordhessischen Berglandes zwischen der unteren Fulda und der Werra; er steigt etwa 600 Meter über dem Werratal empor als ein freistehender, nach allen Seiten schroff abfallender Tafelberg. Über Buntsandstein, Muschelkalk und Keuper lagert eine bis 33 Meter tiefe Braunkohlenschicht, die seit 1571 abgebaut wurde. Im Oktober 1913 versammelten sich hier große Teile der Jugendbewegung, rund zweitausend ihrer Mitglieder, um den ersten Freideutschen Jugendtag zu begehen. Man tanzte, die »Iphigenie« wurde aufgeführt und Gustav Wyneken, der Schulreformer, sprach. Das hundertjährige Jubiläum der Völkerschlacht von Leipzig sollte nicht in chauvinistischem Bierdunst, sondern inmitten der Natur, auf Bergeshöhe, als ein Fest der Verbrüderung gefeiert werden. In der Einladung zum Meißner-Fest hieß es: »Die deutsche Jugend steht an einem entscheidenden Wendepunkt. Die Jugend, bisher nur ein Anhängsel der älteren Generation, aus dem öffentlichen Leben ausgeschaltet und auf eine passive Rolle verwiesen, beginnt sich auf sich selbst zu besinnen. Sie versucht, unabhängig von den Geboten der Konvention, selbst ihr Leben zu gestalten. Sie strebt nach einer Lebensführung, die jugendlichem Wesen entspricht, die es ihr aber zugleich auch ermöglicht, sich selbst und ihr Tun ernst zu nehmen und sich als einen besonderen Faktor in die allgemeine Kulturarbeit einzugliedern. Sie möchte das, was in ihr an reiner Begeisterung für höchste Menschheitsaufgaben, an ungebrochenem Glauben und Mut zu einem adligen Dasein lebt, also einen erfrischenden, verjüngenden Strom dem Geistesleben des Volkes zuführen.«[44]

Die meisten Wandervogel-Gruppen hatten sich Anfang 1913 zum »Wandervogel e.V.« zusammengeschlossen, der ein Jahr später bereits 40000 Mitglieder zählte. Die beiden Hauptströme in der Jugendbewegung, die konservativ-lebensreformerische einerseits und die schulrevolutionäre andererseits, waren nicht leicht auf ein gemeinsames Programm einzuschwören; so begnügte man sich, ein allgemeines Lebensgefühl zum Ausdruck zu bringen: »Die freideutsche Jugend will aus eigener Bestimmung vor eigener Verantwortung mit innerer Wahrhaftigkeit ihr Leben gestalten. Für diese innere Freiheit tritt sie unter allen Umständen geschlossen ein.«[45]

Der Wandervogel, als Verein 1901 gegründet, stark beeinflußt von dem Studenten Karl Fischer, der im Berliner Vorort Steglitz eine Gruppe von Gymnasiasten und Studenten um sich scharte, protestierte gegen die autoritär-patriarchalische Gesellschaftsordnung des späten 19. Jahrhunderts, im besonderen gegen die Lebensweise und Weltanschauung der Mittelschicht, des Bildungsbürgertums; er übernahm Elemente des Sturm und Drang, der Romantik und des Jungen Deutschland. In der »Kluft« (kurze Hosen, Schillerkragen) ging man auf Fahrt, marschierte singend durch die »tagesbunte Welt«, erfuhr den »dunklen Zauber des Raumes und der Weite«. Die Sehnsucht nach enger Gemeinschaft und der Wunsch nach Entfaltung des eigenen Ich gingen Hand in Hand. Ein ausgeprägter individualistischer Freiheitsbegriff führte zu vielen Gründungen und Spaltungen, Zusammenschlüssen und Auflösungen von Gruppen und Gruppierungen. Das Liedgut bildete ein wichtiges, die divergierenden Strömungen zusammenfassendes Element. Das alte Volkslied lebt, meinte Hans Breuer, der 1910 unter Mitwirkung vieler Wandervögel sein Liederbuch »Der Zupfgeigenhansl« herausbrachte; es sollte Sangeskunst und Sinn für die

Fidus: Hohe Wacht.
Für den »Hohen Meißner« (1913)

schlichte, schöne Art des Volkes fördern, »mit hinwirken nach dem Brennpunkte unserer heutigen Kulturbestrebungen: Liebe zum Volk und Ehrfurcht vor seinen unvergänglichen Werken«.[46] Das Wandern bedeutete Befreiung der unterdrückten Phantasie.

Im Psychodrom des Kapitalismus herrschten Prüderie und verklemmte Sexualität, Angst vor wirtschaftlichem Scheitern, der stets gleichbleibende Trott der täglichen Arbeit, die phantasielose Routine von Schule und Elternhaus. Die Jugend wollte statt dessen das »wirkliche Leben« kennenlernen. Abgestützt durch kulturkritische und kulturpessimistische Einsichten wagte man die Loslösung; man wandte sich ab von den antiquierten Lebens- und Verkehrsformen der Väter und Eltern (Verein, Stammtisch, Familienspaziergang, Familienfest). Aber die bürgerliche »Wertetafel« als Ausdruck gesellschaftlicher Hierarchie wurde durch die Jugendbewegung nicht wesentlich in Frage gestellt; sie sollte allerdings »abgestaubt«, die dort geforderten Tugenden sollten vital vorgelebt werden; das dabei entwickelte neue Pathos stand dem alten nicht viel nach. »An euch also, Knaben und Jünglinge, ergeht unser Ruf, soweit in

DEUTSCHER
WANDERVOGEL

Geschäftsstelle:
Charlottenburg, Bismarckstrasse 97/98.

§ 2 der Satzungen: Der Verein verfolgt den Zweck, durch Veranstaltung regelmäßiger Wanderungen, Fahrten und Bewegungsspiele die Jugend, insbesondere der höheren Schulen, gesund an Leib und Seele zu erhalten und ihr die Augen zu öffnen für die Schönheiten im Natur- und Volksleben.

Die Fahrten **für Knaben und Mädchen finden getrennt** statt.

Auf den Fahrten ist allen Teilnehmern **jeglicher Alkoholgenuß untersagt.**

Alle **Beitrittserklärungen** sind zu richten an die Geschäftsstelle (Wilh. Felsing), Charlottenburg, Bismarckstraße 97/98.

Jedwede Auskunft erteilt für die

Knaben-Abteilung
Walter Overlach,
Wilmersdorf, Pfalzburgerstr. 2.

Mädchen-Abteilung
Else Hiebsch, Lehrerin,
Berlin NW5, Stephanstr. 34.

Einsendungen für diese Monatsschrift sind an Walter Bergmann, Charlottenburg, Goethestr. 69, zu richten.

Aus der Zeitschrift »Der fahrende Schüler« (Oktober 1912)

euch noch die reinen Feuer des Lebens brennen. Wohin ihr euch wendet ein hohes Gut zu verehren, begegnet ihr Zeitgeistern, die alles Verehrte lockern, wohin ihr euch wendet eine Gemeinschaft zu finden, die eurem Leben feste Gesetze weise, begegnet ihr Zweckverbänden, die unter dem Banner der Kultur den gröbsten Nutzen suchen, wohin ihr euch wendet einen Menschen zu suchen, der eurem Wollen Sinn und Vorbild gäbe, heißt man euch nach der Menschheit schauen und im Wohl der Gattung das allgemeine Gute und Wahre sehen. Aber der Mund der Gattung hat noch kein verlangendes Ohr belehrt, die Hand der Gattung hat noch keine Hand erfaßt und geleitet, das Herz der Gattung hat noch keinem Herzen liebend geschlagen: Diese Wahrheit der Menschheit ist zu ›allgemein‹, als daß ihr sie jemals finden könntet. Ihr verschmachtet auf der Suche, oder euch ergreift zuletzt der Wahn, und ihr lügt eure Liebe für das Gestalt- und Leiblose. Die ewige Wahrheit erscheint nur als Gestalt und nur im sinnenhaft Begrenzten zeigt sie ihre Gesetze, eben als Gesetze der besonderen leiblichen Einheit, darum ist der größte Mensch die tiefste Wahrheit, ja der Held und Herrscher allein ist wahr! Er allein kann wahr sein, weil sein Logos nur der ausgestrahlte Umkreis seines göttlichen Eros, sein Handeln, Gestalten und Schauen nur notwendiger Ausstrom seines Blutes ist. Im Helden, im Herrscher sucht die Wahrheit, in den heldisch gehobenen Menschen sucht die wahren Freunde und Führer eurer Jugend: Einem jeden von euch ist am tiefsten der dionysische Partner not, der euch nicht aus Pflichtgefühl allgemeine Grundsätze verkündet, sondern in Liebe eure besonderen Grundtriebe stärkt und in seinem Geiste beherrschen lehrt.«[47]

Das Gehorchen als höchste Tugend verband sich mit einem rhapsodischen Bekenntnis zum mann-männlichen Eros, der auf die lichte und hehre Führergestalt ausgerichtet war. Gefolgschaft und Gemeinschaft bildeten eine Einheit; sie vermittelten das Glück der Geborgenheit inmitten einer Welt, deren Besitzgier und Machtstreben man als Selbstzerstörung begriff.

»Dies aber ist Führung, daß einzelne, die Besten, Ernstesten, Tiefsten, die nie Zufriedenen, Immervorwärtsdrängenden, die Wissenden, Schöpferischen, daß diese zu Quellpunkten neuen Lebens und neuen Geistes für die Masse werden. Man kann die Masse nicht unmittelbar neu lebendig machen, sondern nur mittelbar durch ihren Führer. Das Höchste, was die Masse als solche erreichen kann, ist, daß sie wieder das Bedürfnis nach Führern hat und einen Sinn dafür, wo echtes Führertum für sie da ist.« (Gustav Wyneken)[48]

Die Accessoires der jugendlichen Subkultur (Kluft, Klampfe, Geige, Zeltlager, Gruppentanz, gemeinsamer Gesang, Lagerfeuer) waren Verdinglichungen des neuen Identitätsbewußtseins, das, antizivilisatorisch, antitechnisch, apolitisch ausgerichtet, eine von Bruderschaftsgesinnung getragene »Menschheitskultur« anstrebte. Das Streben nach dionysischer Gemeinschaftserfahrung, der Widerstand gegen die Perversionen von Luxus und Zivilisation, die Sorge um unabhängiges Denken und das Bekenntnis zu den großen Geistern der Nation traf, wenn auch nur von einer Minderheit propagiert, Grundfragen der Zeit. Im Psychodrom des Kapitalismus war der »gerade Gang« durch Anpassungsdruck erschwert, waren Körper, Geist, Seele im Konkurrenzkampf deformiert worden. Die Jugendbewegten orientierten sich am Sternenhimmel; per aspera ad astra. Gipfelglück war höchstes Lebensglück. Vom Hohen Meißner konnte man aufs überwundene Flachland zurückblicken; noch ahnte man nicht, daß der kulturellen Freisetzung der Abgrund ganz nahe war.

Zwar hatte Gustav Wyneken bei seiner Schlußrede auf dem Hohen Meißner vor überzogenem Patriotismus und unreflektierter Kriegsbegeisterung gewarnt; das Gewissen solle sich nicht dem Schwert beugen, lieber möge man dem Gewissen das Schwert in die Hand drücken; statt enger Vaterlandsliebe ginge es um Weltläufigkeit; es bestünde die Versuchung, die »edle Jugend« in das erste beste Gefecht hineinzuschicken; ihr müsse man die eiserne Festigkeit der Nerven, eine durch keine Erregung des Kampfes zu erschütternde Geduld entgegensetzen; zu leicht sei man geneigt, in voreiliger Begeisterung dem Vaterlande ein großes Opfer darzubringen. Aber die wenigsten verstanden das. Die bramarbasierenden Landsknechtslieder waren beliebter als ein »Seid umschlungen, Millionen«.

Ein Jahr später ereignete sich Langemarck. Bei dieser belgischen Ortschaft erlitten im Herbst 1914 Freiwilligenregimenter, die vor allem aus jugendbewegten Studenten bestanden und mit dem Deutschlandlied auf den Lippen einen großen Sturmangriff durchführten, schwere Verluste. »Langemarck wurde in der Bewegung zu einem Symbol wie der Meißner. Das Opfer des jungen Lebens war das größte, denn es enthielt den Verzicht auf den Triumph aller Jugend, die Erwachsenen zu überleben, sie in der Zeit hinter sich zu lassen. Zwar hatten Freideutsche wenige Wochen zuvor den Kaiser brieflich gebeten, den Krieg doch zu verhindern, und ein Wanderer, Wilhelm Lamszus, hatte sein Pamphlet ›Das Menschenschlachthaus‹ in die Welt geschickt, vor dem Kriege warnend; aber ihr Ruf ging unter, wie die Vernunft unterging in der Massenpsychose vom Sommer 1914. War der Meißner tatsächlich ein Fest des aus der Geisteshaft entsprungenen Leibes, so war Langemarck das Fest des aus der Geisteshaft entsprungenen Mutes. Zwei beherrschende Symbole des deutschen Daseins, das Heer und das Erlebnis, gaben ihm seine Weihe.« (Harry Pross)[49]

Sitara und der Weg dorthin: Da begibt sich einer sehr gelassen nach oben. Dschinnistan lockt nicht; die Ortsveränderung (Höhenlage) hat medizinische Gründe. Ein einfacher junger Mann reist im Hochsommer von Hamburg, seiner Vaterstadt, nach Davos-Platz im Graubündischen. Er fährt auf Besuch für drei Wochen. Hans Castorp besucht seinen lungenkranken Vetter Jochim Ziemßen. »Zwei Reisetage entfernen den Menschen – und gar den jungen, im Leben noch wenig fest wurzelnden Menschen – einer Alltagswelt, all dem, was er seine Pflichten, Interessen, Sorgen, Aussichten nannte.«[50] Hans Castorp (in Thomas Manns Roman »Der Zauberberg«) nimmt die Reise nicht sonderlich wichtig; seine Gedanken weilen mehr bei dem, was ihn auf der Rennstrecke des Lebens erwartet. Nach abgeschlossenem Ingenieursexamen steht sein Eintritt in die Praxis bei Tunder & Wilms (Schiffswerft, Maschinenfabrik und Kesselschmiede) unmittelbar bevor. Allerdings fängt dieses »Emporgehobenwerden in Regionen, wo er noch nie geatmet und wo, wie er wußte, völlig ungewohnte, eigentümlich dünne und spärliche Lebensbedingungen herrschten« an, ihn zu erregen, ihn mit einer gewissen Ängstlichkeit zu erfüllen. Heimat und Ordnung liegen nicht nur weit zurück, sie liegen auch klaftertief unter ihm; und noch immer steigt er darüber hinaus. Schwebend zwischen ihnen und dem Unbekannten, fragt er sich, wie es ihm dort oben ergehen werde. »Vielleicht war es unklug und unzuträglich, daß er, geboren und gewohnt, nur ein paar Meter über dem Meeresspiegel zu atmen, sich plötzlich in diese extremen Gegenden befördern ließ, ohne wenigstens einige Tage an einem Platze von mittlerer Lage verweilt zu haben.«[51] Es ist gegen acht Uhr abends, als er ankommt. Und bald danach hat er, auf steiler, schleifenförmiger Anfahrt, das Internationale Sanatorium »Berghof« erreicht. Er betritt den »Zauberberg«. Bald hat der hermetische Ort den Flachlandbewohner in seinen Bann geschlagen. Er erkrankt selbst und bleibt über die Besuchszeit hinaus sieben Jahre lang in der Heilstätte. Als er sie verläßt, bricht der Weltkrieg aus. Der Weg zurück verliert sich in der Industrielandschaft des Krieges. »Ost oder West? Es ist das Flachland, es ist der Krieg. Und wir sind scheue Schatten am Wege, schamhaft in Schattensicherheit, und keineswegs gesonnen, uns in Prahlerei und Jägerlatein zu ergehen, aber dahergeführt vom Geist der Erzählung, um von den grauen, laufenden, stürzenden, vorwärts getrommelten Kameraden, die aus dem Walde schwärmen, einem, den wir kennen, den Weggenossen so vieler Jährchen, dem gutmütigen Sünder, dessen Stimme wir so oft vernahmen, noch einmal ins einfache Angesicht zu blicken, bevor wir ihn aus den Augen verlieren.«[52] Das »zeitlose« Dasein auf dem Zauberberg, in das sich Hans Castorp aus der Realität des Lebens zurückzog, ist wieder »angefüllte Zeit« geworden, bestimmt vom Stakkato einer Vernichtungsorgie. »Sie werfen sich nieder vor anheulenden Projektilen, um wieder aufzuspringen und weiterzuhasten, mit jungsprödem Mutgeschrei, weil es sie nicht getroffen hat. Sie werden getroffen, sie fallen, mit den Armen fechtend, in die Stirn, in das Herz, ins Gedärm geschossen. Sie liegen, die Gesichter im Kot, und rühren sich nicht mehr. Sie liegen, den Rücken vom Tornister gehoben, den Hinterkopf in den Grund gebohrt, und greifen krallend mit ihren Händen hinten in die Luft. Aber der Wald sendet neue, die sich hinwerfen und springen und schreiend oder stumm zwischen den Ausgefallenen vorwärtsstolpern.«[53]

Der Dichter als ironischer Mythenbewahrer macht deutlich: Im kulturellen Überbau standen die Wegweiser genauso falsch wie auf dem Boden der Tatsachen; die bürgerliche Gesellschaft zerfiel »droben« wie »drunten«, als diese betäubende Detonation lang angesammelter Unheilsgemenge von Stumpfsinn und Gereiztheit[54] sich ereignete – »ein historischer Donnerschlag, mit gedämpftem Respekt zu sagen, der die Grundfesten der Erde erschütterte, für uns aber der Donnerschlag, der den Zauberberg sprengt und den Siebenschläfer unsanft vor seine Tore setzt. Verdutzt sitzt er im Grase und reibt sich die Augen, wie

Schneeschuhlaufen verschafft »gesunden Appetit und körperliches wie geistiges Wohlbefinden« (um 1900)

ein Mann, der es trotz mancher Ermahnung versäumt hat, die Presse zu lesen.«[55] Weder hat der liberale Aufklärungsoptimismus, im Roman durch den italienischen Humanisten Settembrini verkörpert, noch der kommunistisch angehauchte, absolutistische Gesellschaftsrigorismus, in der Gestalt des Jesuiten Naphta hervortretend, das Verhängnis aufhalten können. Und die Schönheit und die Naturwissenschaft und der Skeptizismus und der Lebensgenuß... alles dem Tode geweiht. Der Zauberberg: kein Berg der Wahrheit, ein Berg der Moribunden! Gibt Gipfelblick keine Einsicht? Ist Erhabenheit nur eine zynische List der Idee, die den Sturz in den Orkus nur um so tiefer macht? Diejenigen, die sich in die Höhe begeben, um erlöst zu werden, werden erst recht vom Tod erfaßt. Sie hoffen, fern vom Gehetze des Flachlandes, von der Tuberkulose als Malaise hektischen Daseins geheilt zu werden. Doch die schlimmen Fieber wüten in der Höhe, kaum gemildert, weiter. Der Zauberberg ist Psychodrom par excellence. Für die dort gestrandeten Kapitalisten – denn nur solche können sich den Aufenthalt leisten (sieht man von einigen Schmarotzern ab) – erweist sich die Enthebung von der Wirklichkeit als furioser Totentanz, der Aggressionen mehr auflädt denn abventiliert.

An einer Stelle des Romans freilich eröffnet sich für Hans Castorp, der in seinem zweiten Winter sich Schneeschuhe gekauft hat, die Chance der Exorbitanz, des »Aus-der-Welt-Hinaustretens«: Das winterliche Gebirge vermittelt dem von der Zivilisation sich immer mehr entfernenden, in immer weitere Höhen aufsteigenden Skiläufer das Gefühl, nun endlich ganz droben, ganz »jenseits« zu sein. »Da war kein Windhauch, der die Bäume auch nur aufs Leiseste gerührt hätte, kein Rauschen, nicht eine Vogelstimme. Es war das Urschweigen, das Hans Castorp belauschte, wenn er so stand, auf seinen Stock gestützt, den Kopf zur Schulter geneigt, mit offenem Munde; und still und unablässig schneite es weiter darin, ruhig hinsinkend, ohne einen Laut. Nein, diese Welt in ihrem bodenlosen Schweigen hatte nichts Wirkliches, sie empfing den Besucher auf eigene Rechnung und Gefahr, sie nahm ihn nicht eigentlich an und auf, sie duldete sein Eindringen, seine Gegenwart auf eine nicht geheuere, für nichts gutstehende Weise, und Gefühle des still bedrohlichen Elementaren, des nicht einmal Feindseligen, vielmehr des Gleichgültig-Tödlichen waren es, die von ihr ausgingen.«[56] Castorp, das »Kind der Zivilisation«, überantwortet sich, auf dem Höhepunkt seines Weges angelangt, ganz der vom Menschenlos unberührten Natur (Hölderlin sprach vom »Aorgischen«). Ein Schneesturm setzt ein. Er kämpft gegen das Erfrieren. Im Windschatten einer Hütte, die verschlossen ist, fühlt er sich einigermaßen geborgen. Traumlandschaften ziehen im Schlaf an ihm vorüber, solche der Heimat (»Wie schön! Oh Heimatodem, Duft und Fülle des Tieflandes, lang entbehrt!«), solche mediterraner Fülle. Ein Alptraum weckt ihn auf. Da findet er sich »von kaltem Grausen noch ganz umklammert, an seinem Schuppen im Schnee, auf einem Arme liegend, mit angelehntem Kopf, die Beine mit den Skihölzern von sich gestreckt«.[57]

Sitara – es ist erreicht: »Ich will gut sein. Ich will dem Tode keine Herrschaft einräumen über meine Gedanken! Denn darin besteht die Güte und Menschenliebe, und in nichts anderem. Der Tod ist eine große Macht. Man nimmt den Hut ab und wiegt sich vorwärts auf Zehenspitzen in seiner Nähe. Er trägt die Würdenkrause des Gewesenen, und selber kleidet man sich streng und schwarz zu seinen Ehren. Vernunft steht albern vor ihm da, denn sie ist nichts als Tugend, er aber Freiheit, Durchgängerei, Unform und Lust. Lust, sagt mein Traum, nicht Liebe. Tod und Liebe, – das ist ein schlechter Reim, ein abgeschmackter, ein falscher Reim! Die Liebe steht dem Tode entgegen, nur sie, nicht die Vernunft, ist stärker als er. Nur sie, nicht die Vernunft, gibt gütige Gedanken. Auch Form ist nur aus Liebe und Güte: Form und Gesittung verständig-freundlicher Gemeinschaft und schönen Menschenstaats – in stillem Hinblick

Alfred Kubin: Der Krieg (1903)

auf das Blutmahl. Oh, so ist es deutlich geträumt und gut regiert! Ich will dran denken. Ich will dem Tode Treue halten in meinem Herzen, doch mich hell erinnern, daß Treue zum Tode und Gewesenen nur Bosheit und finstere Wollust und Menschenfeindschaft ist, bestimmt sie unser Denken und Regieren. Der Mensch soll um der Güte und Liebe willen dem Tode keine Herrschaft einräumen über seine Gedanken.«[58] Die Seele hat über den Verstand gesiegt. Freilich nur einen Augenblick lang. »Die hochzivilisierte Atmosphäre des ›Berghofs‹ umschmeichelte ihn eine Stunde später. Beim Diner griff er gewaltig zu. Was er geträumt, war im Verbleichen begriffen. Was er gedacht, verstand er schon diesen Abend nicht mehr so recht.«[59]

Wie gesagt: Am Ende führt der Weg vom Zauberberg in die Stahlgewitter des Ersten Weltkrieges. Dem Tod keine Herrschaft einräumen? Die Mächtigen veranstalten ein Fest des Todes. »Wird aus der schlimmen Fieberbrunst, die rings den regnerischen Abendhimmel entzündet, einmal die Liebe steigen?«[60]

Die Qualen des Materialismus oder: Der Traum kein Leben

Was ist die Welt? fragt der 16jährige Hugo von Hofmannsthal; und er antwortet lyrisch: »Ein ewiges Gedicht, / daraus der Geist der Gottheit strahlt und glüht, / daraus der Wein der Weisheit schäumt und sprüht, / daraus der Laut der Liebe zu uns spricht.«[61] So erscheint die Welt einem, der zum Traume sagt: »Bleib bei mir, sei wahr!«, und zu der Wirklichkeit: »Sei Traum. Entweiche!« 1890 bedeutete es großen ästhetischen Mut, auf derartige Weise die Realität als die falsche Wirklichkeit zu negieren.

Die deutsche Roheisenerzeugung hatte sprunghaft zugenommen; von 1871 bis 1913 war sie von 1,4 auf 19 Millionen Tonnen (dagegen die Englands nur von 6 auf 10 Millionen Tonnen) angewachsen. Die deutsche Stahlerzeugung steigerte sich von den 80er Jahren des 19. Jahrhunderts bis 1912 um 1435 Prozent (die Englands um 754 Prozent). »Wir leben in der Stahlzeit«, schrieb Alfred Krupp 1871 an den Kaiser; aber in anderen Branchen war die Innovations- und Wachstumsgeschwindigkeit noch größer (im Maschinenbau, in der chemischen Industrie, in der Optik, in der Feinmechanik). Ein spektakulärer Aufstieg gelang der deutschen Elektroindustrie; dem Telefonboom der späten 70er Jahre folgte nach 1880 die Durchsetzung der Starkstromtechnik und die Elektrifizierung des Verkehrs wie schließlich auch der Industrie.[62] Der Nationalökonom und Direktor der Deutschen Bank Karl Helfferich meinte in Betrachtung des deutschen Volkswohlstandes vor und nach der Jahrhundertwende: »So ist es der modernen Technik gelungen – und dies in den letzten 25 Jahren in stärkerem Maße als je zuvor –, neue Kräfte und neue Stoffe unseren wirtschaftlichen Zwecken dienstbar zu machen, die Nutzwirkung der Kräfte durch intensivere Ausnutzung und gesteigerte Beschränkung der Kraftverluste außerordentlich zu steigern, die Herstellung und Verarbeitung der Stoffe durch vervollkommnetere Verfahren, die einen geringeren Aufwand von Kraft, von Zeit, von Rohmaterial erfordern und früher wertlose Nebenprodukte und Abfälle noch zu neuer Brauchbarkeit führen, in einem ungewohnten Maße ökonomischer zu gestalten. Alle Gebiete des wirtschaftlichen Lebens, die landwirtschaftliche und bergbauliche Urproduktion, die stoffverarbeitenden Gewerbe, der Nachrichten-, Personen- und Güterverkehr haben aus diesen Fortschritten einen gewaltigen Nutzen gezogen, der sich in seiner Endwirkung dahin zusammenfassen läßt, daß in fortschreitendem Maße mit einem geringeren Aufwand menschlicher Arbeit, namentlich körperlicher Arbeit, eine gewaltig gesteigerte wirtschaftliche Nutzwirkung erzielt wird.«[63] So sah das »Zeug« aus, auf dem die Träume der Realisten basierten.

Bei Hugo von Hofmannsthal die Gegenwelt: »Wir sind aus solchem Zeug wie das zu Träumen, / und Träume schlagen so die Augen auf / wie kleine Kinder unter Kirschenbäumen ...«[64] Im Juli 1892 dichtete Hofmannsthal:

> »... und Psyche, meine Seele, sah mich an
> Von unterdrücktem Weinen blaß und bebend
> Und sagte leise: ›Herr, ich möchte sterben,
> Ich bin zum Sterben müde und mich friert.‹«

Einen Trank will der Dichter seiner Seele bereiten, sie mit gutem warmen Weine tränken, mit dem glühenden sprühenden Saft des lebendigen, funkelnden, dunkelnden, rauschend unbändigen, quellenden, schwellenden, lachenden Lebens. Aber des Dichters Seele reagiert nur mit Trauer: »Alle diese Dinge / sind schal und trüb und tot. Das Leben hat / nicht Glanz und Duft. Ich bin es müde, Herr.«[65]

Traumwelt gegen Wirklichkeitswelt. Die Qualen des Materialismus waren solche einer lädierten ästhetischen Sensibilität. Hofmannsthal hat den Ausweg, der sich darbot, der dumpfen Welt der Dinge zu entfliehen, nämlich die Kunst, mit bald mokanter, bald sentimentaler Melancholie kommentiert. Die Träume – im »Land von Metall, das in schweigender Glut / unter eisernem grauem Himmel ruht« –, sie hatten Schwierigkeit, gegenüber dem Realitätsprinzip sich zu behaupten.

Der Anfang war pure Magie, sagt Hofmannsthal selbst einmal von seiner Jugend. Er beabsichtigt, seine geistige Existenz als ein glänzendes Schauspiel voll überströmender Lebensgefühle

Egon Schiele: Die Tänzerin Moa (1911)

Dampfhammer

zu inszenieren. Der Jüngling, der sich Loris nennt (da er als Gymnasiast noch nicht unter seinem eigenen Namen publizieren darf), hält die Tiefenschicht der Welt mit einem unvergleichlichen Reichtum an Metaphern und Symbolen fest. Aber übers innere siegt das äußere Leben.

»Und Kinder wachsen auf mit tiefen Augen,
Die von nichts wissen, wachsen auf und sterben,
Und alle Menschen gehen ihre Wege.

Und süße Früchte werden aus den herben
und fallen nachts wie tote Vögel nieder
und liegen wenig Tage und verderben...«

Hofmannsthal erkennt früh, daß die Ordnung der Welt eine andere ist, als dichterischer Sinn sie wünscht:

»Was frommts, dergleichen viel gesehen haben?
Und dennoch sagt der viel, der ›Abend‹ sagt,
Ein Wort, daraus Tiefsinn und Trauer rinnt
Wie schwerer Honig aus den hohlen Waben.«[66]

»Dergleichen« hat er viel gesehen. Die Abendstimmung, die sein Werk durchzieht, ist voller Tiefsinn und Trauer. Schicksal geschieht im Zeichen der sinkenden Sonne. Aber der Abend ist nicht nur Niedergang des Tages; es ist auch die Zeit der Grenzüberschreitung, da die Realität verhüllt wird und die Phantasie am dunklen Firmament der Poesie aufsteigen kann. In seinem ersten Stück »Gestern« heißt es:

»Am Himmel war ein Drängen und ein Ziehn,
Des Abends Atem wühlte im Jasmin
Und ließ verträumte Blüten niederwehn.«[67]

Die Häßlichkeit der Welt, der Welt im Gaslicht, wird vom synästhetischen Raffinement dieser Dichtung hinwegretuschiert. Der Materialismus, Ausdruck geist- und seelenloser Verlorenheit, verfließt unter dem Softschleier dekadenter Romantik. Die »determinierte Vornehmheit« Hofmannsthals, wie sie dessen Biographie (vom rätselhaft lyrischen Wunderknaben bis zum konservativ-bewahrenden poeta doctus) bestimmte, hinderte ihn zwar vielfach, die sozialen und politischen Probleme seiner Zeit voll zu erfassen; der Anblick eines »Fetzen

Berthalda. Nach einem Gemälde von Hans Makart (1887)

Käthe Kollwitz: Kniende Frau (1893)

Welt«, etwa einer Industriesiedlung, die »elenden Chiffren der Wirklichkeit« riefen in ihm ein Grauen hervor. Das Menschenelend konnte er »direkt« nicht ertragen. »Zeug« für ein Zauberspiel war das nicht; so siedelte er seine Dichtung von vorneherein auf der Meta-Ebene an: Leben – Traum – Tod. »Hingerissen von Vergänglichkeit«, versuchte er den Qualen des Materialismus durchs Eintauchen ins Mystisch-Magische, in die innere Erleuchtung, ins Geheimnis, Wunder, Rätselhafte zu entgehen. So ist er ein Dichter der Entfremdung gewesen, ein Dichter der Abwendung von der Realität, ja ihrer Verachtung und Verleugnung.

Er antizipierte die Tragödie seiner Epoche, als er mit 21 oder 22 Jahren sein Gedicht »Manche freilich« schrieb. Zwischen denen »da drunten« und denen »da droben« gibt es keine Verbindung. Solche Erkenntnis bestärkte ihn, der zu sozialem Aufbegehren nicht fähig war, in »uralten Müdigkeiten«; alle Kanten eventueller gesellschaftspolitischer Erkenntnis wattierte er mit feinen, subtilen, zerfaserten, impressionistischen Metaphern ab. Der Kern der Sache verfloß als Ornament. Die Klassengegensätze waren ein »Durcheinanderspiel«, die brennenden Probleme der Zeit wurden im balladesken Dekor verpackt.

»Manche freilich müssen drunten sterben,
Wo die schweren Ruder der Schiffe streifen,
Andre wohnen bei dem Steuer droben,
Kennen Vogelflug und die Länder der Sterne.

Manche liegen immer mit schweren Gliedern
Bei den Wurzeln des verworrenen Lebens,
Andern sind die Stühle gerichtet
Bei den Sibyllen, den Königinnen,
Und da sitzen sie wie zu Hause,
Leichten Hauptes und leichter Hände.

Doch ein Schatten fällt von jenen Leben
In die anderen Leben hinüber,
Und die leichten sind an die schweren
Wie an Luft und Erde gebunden:

Ganz vergessener Völker Müdigkeiten
Kann ich nicht abtun von meinen Lidern,
Noch weghalten von der erschrockenen Seele
Stummes Niederfallen ferner Sterne.

Viele Geschicke weben neben dem meinen,
Durcheinander spielt sie alle das Dasein,
Und mein Teil ist mehr als dieses Lebens
Schlanke Flamme oder schmale Leier.«[68]

Für Hermann Broch (»Hofmannsthal und seine Zeit«) ist die Periode, in die Hofmannsthals Geburt fällt, eine der erbärmlichsten der Weltgeschichte. Es herrschte der Lebensstil einer Solidität, die ebensowohl Stickigkeit wie Sicherheit bedeutete. »Wenn je Armut durch Reichtum überdeckt wurde, hier geschah es.« In der Dekorationslust der Zeit, eine direkte Folge ihres Rationalismus, wurden durchs Realitätsprinzip bewirkte seelische Defizite zynisch kompensiert; der dominante Ästhetizismus betrieb ein »Verklärungsspiel«. Im Stil oder Unstil des 19. Jahrhunderts trafen Rationalismus, Individualismus, Historismus, Romantizismus, Eklektizismus, Skeptizismus – alle eingehüllt und getragen von einem wie für alle Ewigkeit berechneten Manchestertum – in unlösbarer Verbindung und doch in seltener Reinheit zusammen. Die Kunst diente als Schmuck, als Schminke; sie vermochte die Misere zu verbrämen, doch der Alltag ging weiter. »Das Deutschland der Gründerzeit hatte einen voll- und überausgefüllten Alltag, und es hat in diesem nicht nur sehr echte wissenschaftliche Werte produziert, sondern war auch mit dem Aufbau seiner verhängnisvollen Wirtschafts- und Nationalgröße so ungemein beschäftigt, daß es sich über Wert-Vakuum und Un-Stil leicht hinwegsetzen konnte. Deutschland war das Land der rationalen Arbeitsberauschtheit.«[69] In Österreich herrschte eine »fröhliche Apokalypse«. Was Überdeckung von Armut durch Reichtum letztlich bedeutete, das wurde in Wien, wurde in seiner geisterhaften letzten Blütezeit klarer denn irgendwo und irgendwann anders. Ein Minimum an ethischen Werten sollte durch ein Maximum an ästhetischen, die keine mehr waren, überdeckt werden; und sie konnten keine mehr sein, weil der nicht auf ethischer Basis gewachsene ästhetische Wert sein Gegenteil ist, nämlich Kitsch. Und als Metropole des Kitsches wurde Wien auch die des Wert-Vakuums der Epoche.[70]

In dieser Situation wirkte Hofmannsthal, ein einsamer, ein schöpferischer Mensch, der das ihn umgebende Wertvakuum scharf erkannte und seine dichterische Persönlichkeit dagegensetzte. Er entschied sich für den Traum als Leben, ergriff den Dichterberuf, begann, in einer zeitfernen Sprache zu reden. Zugleich wußte Hofmannsthal, daß er sich letztlich an das Vakuum selber assimilierte. Das war seine Tragik: selbst der Zeit zu verfallen, über die er sich zu erheben trachtete. Er stand auf verlorenem Posten. »Aussichtslos war der Weiterbestand der österreichischen Monarchie, die er geliebt hatte und nie zu lieben aufhörte; aussichtslos war die Hinneigung zu einem Adel, der nur noch ein karikaturhaftes Scheindasein führte; aussichtslos war die Einordnung in den Stil eines Theaters, dessen Größe nur mehr auf den Schultern einiger überlebender Schauspieler ruhte; aussichtslos war es all das, diese schwindende Erbschaft aus der Fülle des maria-theresianischen 18. Jahrhunderts, nun im Wege einer barock-gefärbten großen Oper zur Wiedergeburt bringen zu wollen. Sein Leben war Symbol, edles Symbol eines verschwindenden Österreichs, eines verschwindenden Adels, eines verschwindenden Theaters – Symbol im Vakuum, doch nicht das Vakuum. Allein, ungeachtet des Vakuums, ungeachtet des Zusammenbruchs des alten Wertesystems, das Stück um Stück sich auflöste und vom Vakuum verschlungen wurde, ungeachtet des tragischen Experimentierens mit einem ganzen, freilich viel zu kurzen Leben, ungeachtet seiner Vakuum-Bekämpfung und Vakuum-Bedingtheit, beides in steter Assimilationsbemühung, es ist die Selbstbehauptung eines wahren Schicksals geblieben. Hofmannsthals Dasein, sein hoher Stil und seine hohe Kunst.«[71]

Die Qualen des Materialismus läutern die ästhetische Existenz; der Widerstand gegen die Vereinnahmung durch den herrschenden Geschmack, der als Geschmack der Herrschenden Anpassung verlangt, speist sich aus der Fähigkeit und Bereitschaft, ein ganz anderes Leben, außerhalb des gesellschaftlichen Pragmatismus, zu leben – eben ein solches des Traums. Die Illusion als große kulturelle Leistung der Epoche hatte freilich keine Zukunft. Der Identitätszerfall vollzog sich unaufhaltsam, endend im Amoklauf des Ersten Weltkrieges.

Identitätszerfall ist, vor allem für die dichterische Persönlichkeit, Sprach- und Denkzerfall. In dem Prosatext »Ein Brief« hat Hugo von Hofmannsthal zeitgenössische Erfahrung in eine ferne Vergangenheit verlegt. Diesen Brief, so behauptet der Dichter, habe ein Lord Chandos, jüngerer Sohn eines Earls von Bath, an Francis Bacon gerichtet, um sich bei diesem wegen gänzlichen Verzichts auf literarische Betätigung zu entschuldigen. Diffusion der Begriffe, der Abstraktionen und der Worte – überall Fragen, nirgends Antworten; die Worte lögen, die Gegenstände seien nicht mehr faßbar; der Nihilismus breite sich aus wie ein fressender Rost. Ehemals erschien das Dasein als eine große Einheit: Geistige und körperliche Welt bildeten keinen Gegensatz. Nun Auflösung der Substanz, der Konsistenz, der Sinnhaftigkeit. »Mein Fall ist, in Kürze, dieser: Es ist mir völlig die Fähigkeit abhanden gekommen, über irgend etwas zusammenhängend zu denken oder zu sprechen.«[72] Geist, Seele, Körper – unbegreifbare Begriffe. Auch die alltäglichen Ereignisse sind unbeweisbar, lügenhaft, löcherig. »Mein Geist zwang mich, alle Dinge, die in einem solchen Gespräch vorkamen, in einer unheimlichen Nähe zu sehen: so wie ich einmal in einem Vergrößerungsglas ein Stück von der Haut meines kleinen Fin-

A. Kronstein: Neue Wiener Monumentalbauten

gers gesehen hatte, das einem Blachfeld mit Furchen und Höhlen glich, so ging es mir nun mit den Menschen und ihren Handlungen. Es gelang mir nicht mehr, sie mit dem vereinfachenden Blick der Gewohnheit zu erfassen. Es zerfiel mir alles in Teile, die Teile wieder in Teile, und nichts mehr ließ sich mit einem Begriff umspannen. Die einzelnen Worte schwammen um mich; sie gerannen zu Augen, die mich anstarrten und in die ich wieder hineinstarren muß: Wirbel sind sie, in die hinabzusehen mich schwindelt, die sich unaufhaltsam drehen und durch die hindurch man ins Leere kommt.«[73]

Mit »gewohntem Denken« hatte der naturwissenschaftliche Fortschritt gründlich aufgeräumt. Wo war inmitten der Realitäten noch Realität festmachbar? Die Astronomie entdeckte die Unendlichkeit des Weltalls. Den unfaßbaren Dimensionen des Makrokosmos entsprachen die gleichermaßen ungeheueren des Mikrokosmos: Die Physik stieß in die Bereiche des Atoms vor. Die Reversibilität von Masse und Energie, die Albert Einstein in die Formel faßte $E = mc^2$ (Energie ist äquivalent der mit dem Quadrat der Lichtgeschwindigkeit multiplizierten Masse), machte deutlich, daß die Materie immateriell ist und die Masse als statische Substanz gar nicht existiert. Die Relativitätstheorie zerstörte die Geborgenheit in der Zeit. Der Darwinismus beschrieb den Menschen als Zufallsprodukt der Evolution; Gott als Schöpfer war überflüssig geworden. Die Deutung der Lebensvorgänge als »mechanische« Abläufe bedurfte keiner religiösen Antwort mehr. Das Leben: Chemie der Zellen. Was Rudolf Virchow bereits 1862 gesagt hatte, drang nun ins allgemeine Bewußtsein ein: »Die Frage vom Leben gehört daher im engeren Sinne nur der Botanik, der Zoologie, der Physiologie und der Medizin an.«[74] So besonders und eigentümlich, so »innerlich« auch das Leben erscheine, so wenig sei es der Herrschaft der chemischen und physikalischen Gesetze entzogen. Jeder neue Schritt auf der Bahn der Erkenntnis führe uns dem Verständnis der chemischen und physikalischen Vorgänge näher, auf deren Ablauf das Leben selbst beruhe. Jede Besonderheit des Lebens finde ihre Erklärung in besonderen Einrichtungen anatomischer und chemischer Art, in besonderen Anordnungen des Stoffes, der in dieser Anordnung seine ihm überall anhaftenden Eigenschaften, seine

Kräfte äußere. Die mechanische Auffassung des Lebens sei nicht Materialismus, denn dieses Wort meine, daß alles Bestehen und Geschehen aus der bekannten Materie erklärt werden solle. Der Materialismus gehe über die Erfahrung hinaus; er lege den engen Maßstab seines Wissens an jede Erscheinung; er konstituiere sich als System – auf der Basis von Erfahrung. Rätsel gäbe es noch genug; aber unsere Phantasie bedürfe nicht der Illusionen.[75]

Solchem Wissenschaftsoptimismus gegenüber hatte der Physiologe Emil Du Bois-Reymond 1872 in einer Rede über die Grenzen des Naturerkennens festgestellt: Ignorabimus! Auf einer Sitzung der Berliner Akademie der Wissenschaften im Jahre 1880 unterschied er sieben Welträtsel:

– das Wesen von Materie und Kraft;
– der Ursprung der Bewegung;
– die erste Entstehung des Lebens;
– die (anscheinend absichtsvoll) zweckmäßige Einrichtung der Natur;
– das Entstehen der einfachen Sinnesempfindung und des Bewußtseins;
– das vernünftige Denken und den Ursprung der damit engverbundenen Sprache;
– die Frage nach der Willensfreiheit.

Drei davon seien ganz transzendent und unlösbar (das erste, zweite und fünfte); drei andere zwar schwierig, aber lösbar (das dritte, vierte und sechste); zum siebten verhielt Du Bois-Reymond sich unentschieden.

Ernst Haeckel, Professor der Zoologie, Verfechter der Abstammungslehre und des Darwinismus, Erfinder des biogenetischen Grundgesetzes (ein Organismus durchlaufe in seiner individuellen Entwicklung die Entwicklungsstufen seiner Vorfahren), versammelte in seinem Buch »Die Welträtsel« (erschienen 1899) wie in einem Brennspiegel alle naturwissenschaftlichen Ideen, die die Epoche bewegten. Die Naturwissenschaft übernimmt bei ihm die Rolle einer Art Heilslehre; aber auch er weigert sich, als Materialist bezeichnet zu werden. Indem er die Welträtsel als weitgehend lösbar bezeichnet, entwickelt er einen Monismus, nach dem die Welt von einheitlicher Grundbeschaffenheit sich erweist. »Die Mittel und Wege zur Lösung der Welträtsel sind diejenigen der reinen wissenschaftlichen Erkenntnis überhaupt: Erfahrung und Schlußfolgerung. Die wissenschaftliche Erfahrung erwerben wir uns durch Beobachtung und Experiment, wobei in erster Linie unsere Sinnesorgane, in zweiter die ›inneren Sinnesherde‹ unserer Großhirnrinde tätig sind. Die mikroskopischen Elementarorgane der ersteren sind die Sinneszellen, die der letzteren Gruppen von Ganglienzellen. Die Erfahrungen, welche wir von der Außenwelt durch diese unschätzbarsten Organe unseres Geisteslebens erhalten haben, werden dann durch andere Gehirnteile in Vorstellungen umgesetzt und diese wiederum durch Assoziation zu Schlüssen verknüpft. Die Bildung dieser Schlußfolgerungen erfolgt auf zwei verschiedenen Wegen, die nach meiner Überzeugung gleich wertvoll und unentbehrlich sind: Induktion und Deduktion. Die weiteren verwickelten Gehirnoperationen, die Bildung von zusammenhängenden Kettenschlüssen, die Abstraktion und Begriffsbildung, die Ergänzung des erkennenden Verstandes durch die plastische Phantasie, schließlich das Bewußtsein, das Denken und Philosophieren, sind ebenso Funktionen der Ganglienzellen der Großhirnrinde wie die vorhergehenden einfacheren Seelentätigkeiten. Alle zusammen vereinigen wir in dem höchsten Begriffe der Vernunft.«[76] Durch die Vernunft nur könne man zur wahren Naturerkenntnis, zur Lösung der Welträtsel gelangen; indessen habe die Vernunft ihren hohen Wert erst durch die fortschreitende Kultur- und Geistesbildung, durch die Entwicklung der Wissenschaft erhalten. Der ungebildete Mensch und der rohe Naturmensch seien ebensowenig oder ebensosehr vernünftig wie die nächstverwandten Säugetiere. In weiten Kreisen sei die Ansicht verbreitet, daß es außer der Vernunft noch zwei weitere, ja sogar wichtigere Erkenntniswege gebe: Gemüt und Offenbarung.

Haeckel tritt diesem »gefährlichen Irrtum« entschieden entgegen. Das Gemüt habe mit der Erkenntnis der Wahrheit gar nichts zu tun. Was wir »Gemüt« nennen und hochschätzen, sei eine verwickelte Tätigkeit des Gehirns, welche sich aus Gefühlen der Lust und Unlust, aus Vorstellungen der Zuneigung und Abneigung, aus Strebungen des Begehrens und Fliehens zusammensetze. Dabei könnten die verschiedensten anderen Tätigkeiten des Organismus mitspielen, Bedürfnisse der Sinne und der Muskeln, des Magens und der Geschlechtsorgane usw. Die Erkenntnis der Wahrheit fördere alle diese Gemütszustände und Gemütsbewegungen in keiner Weise; im Gegenteil störten sie oft die allein dazu befähigte Vernunft. Noch kein »Welträtsel« sei durch die Gehirnfunktion des Gemüts gelöst oder auch nur gefördert worden. Dasselbe gelte aber auch von der sogenannten »Offenbarung« und den angeblichen, dadurch erreichten »Glaubenswahrheiten«; diese beruhten sämtlich auf bewußter oder unbewußter Täuschung.

Der wilhelminisch-imperiale Impetus, mit dem dergestalt ein geschlossenes System, in dem es kaum noch Ungewißheiten gab, den religiös wie insgesamt weltanschaulich verunsicherten Menschen angeboten, ja oktroyiert wurde, war ein gleichermaßen gewaltiger wie gewaltsamer Versuch, auch die Naturwissenschaften nach klaren Ordnungsmustern auszurichten. Dabei wurde der Darwinismus als Sozialdarwinismus auf die Gesellschaftspolitik übertragen: Aus dem Daseinskampf ging der Stärkste, der zum Besten erklärt wurde, hervor.

»Wissen ist Macht!« Sozialdemokratisches Gedenkblatt zum 1. Mai 1897

Qualen des Materialismus? »Kraft und Stoff« wie »Entwicklung« waren die Schlüsselbegriffe zur Lösung aller Rätsel; die neue Wissenschaftsreligion verhieß Erlösung: nämlich »Freigeistigkeit« – abgelöst von Aberglaube, Irrglaube, religiösen Illusionen. Dem entsprachen vehemente Attacken Haeckels auf das Christentum und die Kirchen.

Süchtig griffen die Menschen der Epoche nach solchem Glaubensersatz; die Qualen des Materialismus konnten auf diese Weise hinwegprojiziert und die Anfechtungen des Unglaubens durch den Glauben an eine gott-lose Welt ausgeglichen werden. Haeckel muß die Qualen des Materialismus tief in sich selbst gespürt haben, sonst wäre sein monistischer Furor, der ihn zur Lösung aller Welträtsel antrieb, nicht so apodiktisch (und auch nicht so erfolgreich) gewesen. Viele freilich folgten dem Gewaltakt dieser Lebens- und Weltdeutung nicht, bzw. sie erkannten, daß hier lediglich Spekulation durch Spekulation ausgetrieben werden sollte. So erfaßte sie nur erneut und um so tiefer der Zweifel. Doktor Rönne zum Beispiel, einem jungen Arzt (in dem Prosastück »Hirne« von Gottfried Benn, vor dem Ersten Weltkrieg entstanden), zerfällt alle Substanz in den Händen. Die Lösung *seines* Welträtsels: der Wahnsinn. Rönne hat zuviel, zu viele Gehirne seziert: »Sehen Sie, in diesen meinen Händen hielt ich sie, hundert oder auch tausend Stück; manche waren weich, manche waren hart, alle sehr zerfließlich; Männer, Weiber, mürbe und voll Blut. Nun halte ich immer mein eigenes in meinen Händen und muß immer darnach forschen, was mir möglich sei. Wenn die Geburtszange hier ein bißchen tiefer in die Schläfe gedrückt hätte...? Wenn man mich immer über eine bestimmte Stelle des Kopfes geschlagen hätte...? Was ist es denn mit den Gehirnen? Ich wollte immer auffliegen wie ein Vogel aus der Schlucht; nun lebe ich außen im Kristall. Aber nun geben Sie mir bitte den Weg frei, ich schwinge wieder – ich war so müde – auf Flügeln geht dieser Gang – mit meinem blauen Anemonenschwert – in Mittagssturz des Lichts – in Trümmern des Südens – in zerfallendem Gewölk – Zerstäubungen der Stirne – Entschweifungen der Schläfe.«[11]

Qualen des Materialismus in einer Epoche, die an der Sinnhaftigkeit zutiefst zweifelte! Zerfall der Begriffe, der Worte, der

Werte, der Substanz, der Körper. Der von Krankheit und Tod bedrohte Mensch erscheint als erbärmliches Objekt, Spielball des Rätselhaften. Dem Tod ist kein Traum gewachsen. In der Krebsbaracke überlebt keine Illusion. Hier geht kein Lebenstraum in Todeserwachen über.

»Der Mann:
Hier diese Reihe sind zerfallene Schöße
und diese Reihe ist zerfallene Brust.
Bett stinkt bei Bett. Die Schwestern wechseln
stündlich.

Komm, hebe ruhig diese Decke auf.
Sieh, dieser Klumpen Fett und faule Säfte,
das war einst irgendeinem Mann groß
und hieß auch Rausch und Heimat.

Komm, sieh auf diese Narbe an der Brust.
Fühlst du den Rosenkranz von weichen Knoten?
Fühl ruhig hin. Das Fleisch ist weich und schmerzt nicht.

Hier diese blutet wie aus dreißig Leibern.
Kein Mensch hat so viel Blut.
Hier dieser schnitt man
erst noch ein Kind aus dem verkrebsten Schoß.

Man läßt sie schlafen. Tag und Nacht. – Den Neuen
sagt man: Hier schläft man sich gesund. – Nur sonntags
für den Besuch läßt man sie etwas wacher.

Nahrung wird wenig noch verzehrt. Die Rücken
sind wund, Du siehst die Fliegen. Manchmal
wäscht sie die Schwester. Wie man Bänke wäscht.

Hier schwillt der Acker schon um jedes Bett.
Fleisch ebnet sich zu Land. Glut gibt sich fort.
Saft schickt sich an zu rinnen. Erde ruft.«[78]

Benns »Morgue«-Gedichte (1912) sind weder Alp- noch Fiebertraum; sie zeigen Realität; sie bewirkten Schock bei denjenigen, die der Kunst die Rolle des »Verklärungsspiels« zuordneten; und das waren die meisten. Illusionslos wird die »süße Leiblichkeit« des Menschen beschrieben, die, Reiz und Ekel zugleich, »wie ein Belag am Gaumensaum« klebe. »Nicht das Gefühl zählt, sondern das Faßbare, das Abtastbare. Was aber abtastbar ist, ist dem Verfall und der Verwesung preisgegeben. Das ist ein Aspekt des Daseins, der seit dem Barock nicht mehr lyrisch ausgedeutet worden war. Er taucht bei Benn ohne jede Absicherung durch Jenseitiges auf. Die Leichenhalle ist nicht Durchgangs-, sondern Endstation. Der Bierfahrer und das ertrunkene Mädchen, unter dessen Zwerchfell junge Ratten nisten, die Dirne und die Negerbraut, die ganz und gar Anonymen. Ihr Tod ist Totsein, nichts weiter, und wird als Totsein beschrieben... Schon im lapidar-unbeteiligten Ton dieser frühen Gedichte aber ist ein Unterton des Mitleids, ja des Leids schlechthin spürbar. Das Pathos schlägt bei Benn völlig nach innen, versteinert, wird im Akt der Beschreibung stumm.« (Klaus Günther Just)[79]
Die Qualen des Materialismus, eines Materialismus, dem kein positivistisch-romantischer Optimismus mehr Paroli bietet, haben hier die präziseste dichterische Ausprägung gefunden. Der Zerfall wird nur noch durch die künstlerische Form gebändigt. Das ästhetische Prinzip erweist sich als der einzige Halt. Nichts, aber darüber Glasur.

Im Überbau bedeuten die Qualen des Materialismus Qualen *am* Materialismus, die Bemühungen um Sublimierung in Gang setzen. Im Unterbau fehlt »Materielles«. Qualen des Materialismus: Das bedeutet hier Anstrengungen um Sicherung der materiellen Lebensgrundlage. Lebenskampf. Da geht es nicht um den Zerfall der Begriffe und Worte, sondern ums Existenzminimum; nicht um die Projektion der geistig-seelischen Misere in ästhetische Gegenwelten, sondern um die Frage, wie man bei aller Not ein Stück Humanität sich bewahren kann. Nicht das ewige Heil steht im Mittelpunkt, sondern das physische Durchhalten. Die Kultur der Leute ist eine »Kultur trotz allem«, trotz aller Widrigkeiten und Beschwernisse, trotz der ungünstigen wirtschaftlichen Verhältnisse und oft genug staatlich organisierter Bösartigkeit, trotz irreführender Tagträume und trotz der Verführungskraft betrügerischer Ideologien. Der die Kultur der Leute kennzeichnende »Konkretismus« hat nicht teil an den großen weltanschaulichen und künstlerischen Entwürfen der Zeit; aber wo inmitten der sozialen Trostlosigkeit Lebensmut und Tapferkeit, Arbeitskraft und Daseinsfreude sich ereignen, wird die Schuld der Zeit Sandkorn um Sandkorn abgetragen. Hoffnungen und Enttäuschungen lagen dicht beisammen; immer wieder ergreifend zu sehen, wie schlimmes Los die Überzeugung nicht umbringen konnte, daß eines Tages (zumindest den Kindern und Kindeskindern) der Durchbruch zu einem besseren Leben gelingen werde. Per aspera ad astra. Die Sterne des Daseins waren kein entrückter Kosmos; es ging um ein bißchen Glück, Geborgenheit und Zufriedenheit. Es waren friedliche Sehnsüchte, die den Kampf ums Dasein zu mildern trachteten beziehungsweise eine harmonische Entwicklung aller Produktivkräfte bei fortschreitender humaner Bildung des Menschengeschlechts erhofften.

Max Beckmann: Das Leichenhaus (1915)

Demgegenüber hatte das »Kommunistische Manifest« von Karl Marx und Friedrich Engels (1848) den Weg der Revolution gewiesen. »Die Geschichte aller bisherigen Gesellschaft ist die Geschichte von Klassenkämpfen. Freier und Sklave, Patrizier und Plebejer, Baron und Leibeigener, Zunftbürger und Gesell, kurz, Unterdrücker und Unterdrückter standen in stetem Gegensatz zueinander, führten einen ununterbrochenen, bald versteckten, bald offenen Kampf, einen Kampf, der jedesmal mit einer revolutionären Umgestaltung der ganzen Gesellschaft endete, oder mit dem gemeinsamen Untergang der kämpfenden Klassen.«[80] Die sozialen und sozialistischen Kräfte in Deutschland wählten jedoch den Weg der Evolution; nicht einmal die härtesten Unterdrückungsmaßnahmen konnten sie von dieser Grundentscheidung, die erst nach zähem Ringen zu einer Verbesserung der sozialen Situation des Proletariats wie der Unterschichten insgesamt führte, abbringen. Unterdrücker und Unterdrückter standen in der Epoche des Wilhelminismus zwar weiterhin im harten Gegensatz zueinander, aber die Erfolge des steten Engagements der Arbeiterbewegung waren unübersehbar. Der deutsche Sozialismus, die Sozialdemokratie im besonderen, war von keinem verwaschenen Idealismus bestimmt (Marx war als Lehrmeister akzeptiert); aber die Welt der Ideen und Ideale spielte eine große Rolle: Als überwölbende Vision verlieh sie denjenigen, die den unerbittlichen, mit vielen Enttäuschungen und Rückschlägen versehenen Tageskampf führten, die notwendige Beharrlichkeit und Zähigkeit. Der Sprung in die Freiheit vollzog sich im Zeitlupentempo. Die Entwicklung der Gesellschaft, so August Bebel in seiner 1883 erschienenen Schrift »Die Frau und der Sozialismus«, habe in den letzten Jahrzehnten in allen Kulturstaaten der Welt ein ungemein rasches Tempo genommen, das jeder Fortschritt auf irgendeinem Gebiet menschlicher Tätigkeit weiter beschleunige. Die sozialen Verhältnisse seien dadurch in einen früher nie gekannten Zustand der Unruhe, der Gärung, der Auflösung versetzt worden. Die herrschenden Klassen fühlten keinen festen Boden unter den Füßen, und die Institutionen verlören immer mehr die Festigkeit, um dem von allen Seiten heranziehenden Ansturm zu trotzen. Ein Gefühl der Unbehaglichkeit, der Unsicherheit und der Unzufriedenheit habe sich aller Kreise bemächtigt, der oberen wie der niedersten. Die krampfhaften Anstrengungen, welche die herrschenden Klassen machten, um durch Flickwerk und Stückwerk am sozialen Körper diesem

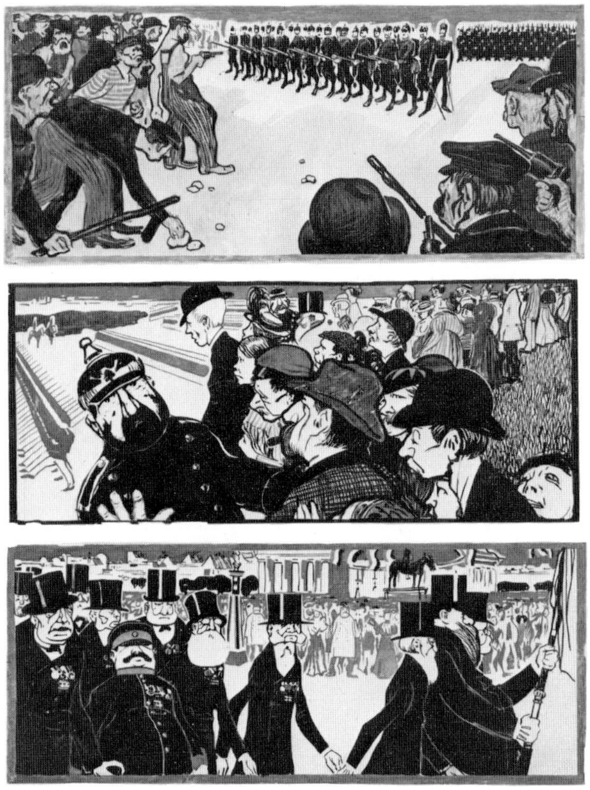

Bruno Paul: Der – Die – Das (1897)

ihnen unerträglichen Zustand ein Ende zu machen, erwiesen sich als eitel, weil als unzureichend. Die daraus erwachsende steigende Unsicherheit vermehre ihre Unruhe und ihr Unbehagen. Während sie in das baufällige Haus in Gestalt irgendeines Gesetzes einen Balken einzögen, entdeckten sie, daß an zehn anderen Punkten ein solcher noch nötiger wäre. Die Regierungen schwankten wie Rohre im Wind; stützen müßten sie sich, denn ohne Stütze könnten sie nicht existieren, und so lehnten sie sich bald auf diese, bald auf jene Seite.

»Die Flut steigt und unterspült das Fundament, auf dem unser Staats- und Gesellschaftsbau ruht. Alle Welt fühlt, daß die Fundamente wanken und nur noch kräftige Stützen retten können. Aber das erfordert große Opfer, welche die herrschenden Klassen bringen müßten. Da liegt aber das Hindernis. Jeder Vorschlag, dessen Verwirklichung ernsthaft die materiellen Interessen der herrschenden Klassen schädigt und ihre bevorrechtete Stellung in Frage zu stellen droht, wird von ihnen grimmig bekämpft und als eine auf den Umsturz der bestehenden Staats- und Gesellschaftsordnung gerichtete Bestrebung gebrandmarkt. Die kranke Welt ist aber nicht zu kurieren, ohne daß die Privilegien und Vorrechte der herrschenden Klassen in Frage gestellt und schließlich beseitigt werden. ›Der Kampf um die Befreiung der arbeitenden Klassen ist kein Kampf um Vorrechte, sondern ein Kampf um gleiche Rechte und gleiche Pflichten und für die Beseitigung aller Vorrechte‹, heißt es im sozialdemokratischen Programm. Daraus ergibt sich, daß mit halben Maßregeln und kleinen Konzessionen nichts getan ist.«[81]

Die Geschichte der Sozialdemokratie zeigte jedoch, daß man »halbe Maßregeln« und »kleine Konzessionen« als wichtigen Teil der evolutionären Strategie begriff und den kulturellen Mut aufbrachte, an die Vollendung des Halben zum Ganzen, des Unvollkommenen zur Vollkommenheit zu glauben. Dieser »realistische Idealismus« wird von August Bebel als Taktik interpretiert; er war jedoch Teil der politischen Substanz. Die Sozialdemokraten jedenfalls entschieden sich, auf den Umschlag der Quantität der kleinen Schritte in die Qualität der großen Freiheit hoffend, für den langen Marsch durch die Institutionen des Staates und die »Konstitutionen« der Menschen.

Der große Wahlerfolg von 1890 ließ auf die Ausdehnung des Wählerpotentials der SPD weit über die Arbeiterschicht hinaus schließen. Die Bereitschaft, der Welt entgegenzukommen, um sie zu verändern, schien so erfolgreich, daß der Optimismus sich ausbreitete, um die Jahrhundertwende werde man die Macht übernehmen und in voller Verantwortung die Arbeit für den Staat der Zukunft beginnen können. Im Rückblick von 1914 aus, da auch die deutschen Sozialdemokraten vom Nationalismus, Imperialismus, Chauvinismus vereinnahmt wurden, Deutschlands ärmste Söhne zu sehr getreuen Soldaten wurden – von diesem Niedergang humanitärer internationaler und pazifistischer Gesinnung aus hat man den evolutionären Weg der Sozialdemokraten als Verfehlung gegebener (revolutionärer) Chancen betrachtet und kritisiert. Doch war der Weg kurz vor dem Ziel nicht eigentlich abgebrochen, sondern nur unterbrochen worden. Ein großes Potential an humanem und sozialem Engagement war in dieser verwirrten Epoche entstanden, das dann im 20. Jahrhundert das Ringen demokratischer Kräfte um eine menschenwürdige Grundordnung von Staat und Gesellschaft in entscheidendem Maße stärkte.

Die bedeutsame kulturelle Leistung der deutschen Sozialdemokratie steht, wie die Kultur dieser Epoche insgesamt, unter dem Vorzeichen der Ambivalenz. Eine Partei, rasch ins Riesenhafte anwachsend (seit 1890 jede Behinderung ihrer Tätigkeit aufgehoben wurde), nach Zahlen der Mitglieder bei weitem die bedeutendste der deutschen demokratischen Parteien (sie sank nie unter die halbe Million), machtvoll formiert in einer Unzahl von Unterorganisationen, die ins gewerkschaftliche, genossenschaftliche und kulturelle Leben hineinreichten, mit einem ausgeprägten bürokratischen Apparat, eine Partei, getragen von einer großen Wählerschaft – gelang es ihr dennoch

Werner Zehme: Eine Sitzung des sozialdemokratischen Parteitages in den Concordia-Festsälen zu Berlin (1892)

nicht, Wortlaut oder Geist der Verfassung des kaiserlichen Deutschlands zu verändern, die von 1871 bis zum 9. November 1918 halbabsolutistisch und halbfeudal blieb, in allen Punkten Bismarcks Willen gemäß. »Die Sozialisten waren nicht nur völlig unfähig, der Entfesselung des Ersten Weltkrieges das mindeste Hindernis entgegenzustellen, sondern auch auf seine Führung oder auf die Art seiner Finanzierung irgendwelchen Einfluß zu nehmen. Als im November 1918, fast gegen ihren Willen, die Macht in ihre Hände fiel, wußten sie ganz einfach nicht, welchen Gebrauch von ihr zu machen, und sie stellten die gesellschaftlichen Mächte wieder her, die abzuschaffen sie beauftragt waren.«

Auf der anderen Seite gelang es ihnen, in einem deutlich rangmäßig aufgebauten Land, wo alles dazu geschaffen war, soziale Unterschiede zu unterstreichen, wo Klassen- und Schicht-Vorteile besonders tief verwurzelt waren, wo der ganze Staatsapparat mehr als sonstwo in den Händen einer zahlenmäßig beschränkten und dichtgeschlossenen Kaste lag, für die Arbeiter etwas zu schaffen, was man beinahe einen Gegen-Staat nennen könnte. In ihm fand der Arbeiter Schutz, Organisation, Brüderlichkeit, Glaube an seine Zukunft. »Beherrscht von einem Staat, der ganz in den Händen des Landadels und einer ausnehmend konzentrierten und herrschgewohnten Kapitalistenklasse lag, erfreute sich die deutsche Arbeiterklasse dennoch, und dies dank ihrer Partei, einer wirtschaftlichen kulturellen Lage, die in nichts mehr mit der des Proletariats in Rußland oder Osteuropa vergleichbar war und in mancher Hinsicht sogar sich vorteilhaft von jener der Arbeiter in Ländern mit alter liberaler und demokratischer Tradition unterschied. Diesen Erfolg errang die SPD nicht, indem sie die Struktur des bestehenden Staates umwandelte, sondern indem sie, innerhalb dieser Struktur, der Arbeiterklasse eine Organisation stellte, in der sie sich zuhause fühlen konnte, beschützt vor den Demütigungen und der Bedrückung durch brutale herrschende Klassen. Alle guten Eigenschaften, die man gemeinhin dem deutschen Arbeiter zuerkennt, verdanken sich großenteils der Tätigkeit der Sozialdemokratie: seine besondere berufliche Gewissenhaftigkeit, seine würdige und geordnete Lebensweise, sein sehr anständiges Maß wennschon nicht von Kultur, so doch von Bildung. In einer Gesellschaft, in der Geburt, Geld, gesellschaftlicher Rang, aka-

Adolph von Menzel: Arbeiter. Studie zum Gemälde »Eisenwalzwerk« (1875)

demischer Titel so unablässig betont werden, hat der Sozialismus eine weite Insel sehr tatsächlicher Gleichheit geschaffen, die insbesondere in der Anrede ›Genosse‹ und im verbreiteten Duzen ihren Ausdruck fand.« (Georges Goriély)[82]
Darüber hinaus gehört es zu den großen kulturellen Leistungen der Sozialisten, vor allem der Sozialdemokraten, das humanitäre Gewissen – und damit die mitmenschliche Sensibilität – in allen Schichten der Bevölkerung geschärft zu haben. Der Kampf um die soziale Gerechtigkeit und ein menschenwürdiges Dasein aller werde gefördert, so August Bebel, durch die täglich wachsende Meuterei in den Reihen der Feinde, deren Kämpfer zu einem großen Teil »Bein von unserem Bein, Fleisch von unserem Fleisch sind, die aber aus Mißverstand und irregeleitet bisher gegen uns und sich selbst kämpften, aber immer mehr zur Einsicht gelangen und sich uns anschließen«.[83] So erfolge auch eine Desertion der zur Einsicht gekommenen Männer aus den Reihen der bisher feindlichen Denker, die ihr höheres Wissen, ihre bessere Einsicht anspornten, sich über ihr niederes Klasseninteresse zu erheben und, indem sie ihrem idealen Drange nach Gerechtigkeit folgten, sich den nach Befreiung lechzenden Massen anschlössen.

Die Botschaft des deutschen Idealismus, daß auch der Barbar die Stimme der Menschlichkeit höre beziehungsweise sie hören *müsse,* fand ihren Niederschlag in dem Bemühen derjenigen, die sich in die Welt derer »da drunten« begaben und von dort eine Kunde zu denen »da droben« brachten, die sie zum Nachdenken, zum Umdenken und Neudenken bewegte. Was das Leben etwa in den Fabriken wirklich bedeutete, kam weiten Teilen der Gesellschaft erst dadurch zum Bewußtsein, daß Vertreter des bürgerlichen Standes zur Erforschung der proletarischen Wirklichkeit aufbrachen; es waren Expeditionen in ein Land, das bislang auf der sozialen Landkarte einen weißen Fleck dargestellt hatte.
Die praktische Studie »Drei Monate Fabrikarbeiter und Handwerksbursche« von Paul Göhre (1891), die Theodor Heuss »die erste deutsche Sozialreportage aus dem vierten Stand« genannt hat, erschloß vor allem kirchlichen und damit auch bürgerlichen Kreisen eine gänzlich unbekannte Welt, an der man bisher achtlos vorübergegangen war, obwohl sie dicht neben der eigenen lag. Göhre, Student der Theologie, wollte die »volle Wahrheit« über die Gesinnung der arbeitenden Klasse, ihre materiellen Wünsche, ihre geistigen, sittlichen, religiösen Charaktere

Rudolf Schlichter: Arbeiterin (um 1914)

herausfinden. Er begab sich deshalb als Arbeiter in eine Fabrik. »Ein abgelegter Rock, ein ebensolches Beinkleid, Kommißstiefel aus der Militärzeit, ein alter Hut und ein derber Stock bildeten meinen abenteuerlichen Anzug. Eine vielgereiste Umhängetasche fand sich dazu, die nötigste Wäsche aufzunehmen und gab, ein paar Schuhe und die vorschriftsmäßige Bürste obenaufgeschnallt, einen prächtigen ›Berliner‹ ab. So zog ich eines frühen Morgens in struppigem Haar und als richtiger Handwerksbursche mit klopfendem Herzen von daheim aus und bald darauf zu Fuß in das mir unbekannte Chemnitz ein. Hier in Chemnitz, dem Mittelpunkt der ausgedehnten sächsischen Großindustrie, habe ich fast drei Monate unerkannt als einfacher Fabrikarbeiter und beinahe ohne jeden Verkehr mit meinesgleichen gelebt, habe in einer großen Maschinenfabrik mit den Leuten täglich elf Stunden gearbeitet, mit ihnen gegessen und getrunken, als einer der ihrigen unter ihnen gewohnt, die Abende mit ihnen verbracht, mich die Sonntage mit ihnen vergnügt und so ein reiches Material zur Beurteilung der Arbeiterverhältnisse gesammelt.«[84]

Göhre ging es vorwiegend um die materielle Lage der Arbeiter; er entdeckte aber auch überall, inmitten einfachster, erbärmlichster Verhältnisse, »Kultur« – die Kultur der Leute. »Ich war bei Arbeitskollegen im Hause, die kaum ein paar Pfennige mehr für die Arbeitsstunde hatten als ich und genug Kinder und wenig gute Möbel, und bei denen man doch nur gerne blieb; ich war bei Stoßern und Bohrern, die auf Akkord arbeiteten und 40 bis 50 Mark die Woche verdienten, wo es nicht einfacher aussah als in meines Vaters Haus, und weiße Decken den Tisch, das Sofa und die Kommode, weiße Gardinen die blumenbestandenen Fenster, manches Bild die reinlichen Wände schmückten.«[85]

In ihrer im Gefolge von Göhre entstandenen praktischen Studie »Dreieinhalb Monate Fabrik-Arbeiterin« wendet sich Dr. Minna Wettstein-Adelt an ihre gleichgestellten, und das hieß in guten Verhältnissen lebenden Mitschwestern: »Erseht aus dem, was ich anführe, wo Hilfe am dringendsten Not thut. Laßt Euch diese Zeilen ein Wegweiser sein, um vorzudringen im Dunkel des Elendes, der teilweisen Verkommenheit jener Kreise. Ihr, die Ihr im Luxus und im Reichthum schwelgt, helft jenen, die das gleiche Recht auf die Lebensgenüsse haben als Ihr, die aber oft ein Dasein führen, das eines Menschen unwürdig ist. Macht Euch auf und thut einmal wirklich Gutes, das mehr Segen bringen wird, denn Bazare und Wohltätigkeitskonzerte! Denn: ›Nur der erringt sich Freiheit wie das Leben, / der täglich sie erobern muß!‹«[86] Auch für Wettstein-Adelt die überraschende Erfahrung: Die kleinen und gemeinen Leute haben Kultur! Wie sie sich kleiden, wie sie essen, wie sie wohnen, wie sie lieben, wie sie arbeiten, wie sie sterben... Vieles stößt zwar die »höhere Tochter« mit dem akademischen Grad (ein besonderes Zeichen ihrer Emanzipation!) ab, aber die Faszination positiver Entdeckung überwiegt: »Man muß die Arbeiterinnen nicht alle auf einen Haufen werfen, man muß sie streng, je nach ihrem Beruf, trennen. Hier giebt es keine goldene Mittelstraße, nur entweder grenzenlose sittliche Verkommenheit oder ein Benehmen, das bei dem Mangel an Bildung und gutem Umgang der Mädchen geradezu bewunderungswürdig anständig zu nennen ist.«[87]

Sicherlich: Solches benevolente Einfühlungsvermögen zeigt Züge penetranter Überheblichkeit. Die Abneigung gegenüber sozialistischen Bestrebungen ist unverkennbar und oft von Ignoranz, ja Bösartigkeit geprägt; aber die Verantwortlichen der eigenen Klasse werden deshalb in keiner Weise geschont. Bestimmt von der in dieser Zeit überall sich verstärkenden Frauenbewegung (»Der Tag der Frauenrebellion wird kommen! Er wird kommen und er muß kommen!«), spiegelt sich in dieser Sozialreportage das Engagement eines neuen Kulturverständnisses, das Kultur nicht nur im Sinne ästhetischer Kultur, sondern als Leistung alltäglicher Menschlichkeit versteht. Während die einen aus den Qualen des Materialismus in eine ferne Traumwelt flüchteten, wandten sich andere den konkreten Qualen von Menschen zu, die viel zuwenig am »Materialismus« partizipierten. »An die Frauen aber wende ich mich hier ganz besonders, an alle edel denkenden und edel handelnden Frauen, an alle Mütter und Töchter geliebter Eltern, an alle die Glücklichen, die in Sitte und Wohlhabenheit leben können! Vor allem aber an alle die tausend und tausend Frauen, die ihr Leben auf der Chaiselongue, den Hauptstraßen, in Theaterlogen, Gesellschaften, Bällen und Konzerten verbringen, an jene weiblichen ›Blumen‹, die Treibhaus- und Giftpflanzen unseres Geschlechtes, an sie wende ich mich mit dem Aufruf: Wacht auf aus Euerem jammervollen Dasein, reißt Euch los von den vergiftenden Abenteuern der Boudoirs, aus der ekelhaften, entnervenden Parfumatmosphäre, die Euch umgiebt, steigt hinab in die Sphäre der Armut und der Arbeit, und seht Euch um, wie es dort steht! Dann werdet Ihr vielleicht doch noch erkennen, daß Euere jetzige Existenz schmachvoll ist, daß Ihr nicht über den Haremsfrauen steht und daß die Gesetze Eueres Vaterlandes daran arbeiten, Euch festzuhalten im geistigen Elend und in geistiger Knechtschaft! Vielleicht, daß das Ehrgefühl, daß der göttliche Funke in Euch erwacht und Ihr zusammentretet, um mit vereinten Kräften Euer Joch zu brechen! Dann kommt sicherlich der Tag, wo die deutsche Frau zu anderen Frauen nicht mehr hinauf-, sondern herabsehen kann!«[88]

Die Industrialisierung, vor allem der Fortschritt der Naturwissenschaften und Medizin, die Erkenntnisse der Hygiene und des modernen Städtebaus, leiteten eine Entwicklung ein, die dem einzelnen mehr Chancen bot, im Leben nicht nur arbeiten zu müssen, sondern sich auch seines Lebens freuen zu können. Die gewonnenen Jahre ermöglichten Ruhestand; reduzierte Arbeitszeit und erhöhte Freizeit (mit Turn-, Sport- und Wanderbewegung) veränderten das Verhältnis zur »Körperhaftigkeit« des Daseins. In Haus und Heim, Land und Stadt gab es mehr Gelegenheiten zur Lebensfreude. Der Ablauf des 1. Mai etwa als Feiertag der Arbeit und der Arbeiter (1889 auf der Pariser Arbeiterkonferenz gefordert und ein Jahr später in Deutschland verwirklicht) spiegelt in verdichteter Form die gesellschaftlichen und kulturellen Sehnsüchte demokratischer Geselligkeit. In seiner Lebensbeschreibung berichtet Nikolaus Osterroth, Gewerkschafter und Sozialdemokrat, von seinem ersten »Maienfest«: Nach einer Rede, in der er die proletarische Einigkeit gefordert und zu einem nachmittäglichen Waldfest aufgefordert hatte, liefen die Begeisterten von Wirtschaft zu Wirtschaft und machten unter allgemeiner jubelnder Zustimmung den Plan bekannt. »Eine Stunde später war alles in Sonntagskleidern und patrouillierte auf den Straßen und in den Wirtschaften umher. Ich nahm mein Flugblatt, las es, ebenso wie den Maiartikel der ›Pfälzischen Post‹ nochmals durch, ergriff mein blinkendes Flügelhorn und blies zum Fenster hinaus das Signal: ›Sammeln!‹ Wie eine Prozession ballte es sich auf der Straße hinter mir zusammen, während ich, meine beim Militär eingeübten Hornmärsche blasend, stolz wie ein Spanier vorausmarschierte. Die Frauen beugten sich teils zu den Fenstern heraus und lachten uns zu, teils liefen sie, schimpfend über die ›Faulenzer‹, hinter den Männern zur Haustür heraus, um dann erstaunt die Augen aufzureißen, als sie den Zug festlich gekleideter Menschen sahen. Die Grubenherren, die Gemeinderäte und der Bürgermeister guckten ängstlich und zaghaft durch die Fenster, ohne auch nur den Versuch zu machen, den nicht genehmigten ›Straßenumzug mit Musikbegleitung‹ zu verhindern. In einer sonnigen, ans Feld grenzenden Waldecke machten wir halt und lagerten uns, wie die Jünger bei der Bergpredigt auf dem kühlen, grasbewachsenen Boden. Vor uns im Tal lag das ganze Grubenfeld wie ausgestorben, während hier, am Waldessaum, dreihundert Proleten, die von der Sozialdemokratie noch nichts wußten, ein – sozialdemokratisches Maifest feierten.«[89]

Die Welt von gestern entwickelte, zumindest als reale Utopie, eine neue Lebensfreude. Vom bürgerlichen Standpunkt aus hat Stefan Zweig die neue kulturelle Kreativität und Ästhetik des Körperlichen, die freilich, der Ambivalenz der Epoche entsprechend, mit Ritual, Norm, Prüderie und Tabu kontrastiert waren, in seinen Lebenserinnerungen rhapsodisch gepriesen. Man habe an allen Dingen gespürt, wie der Reichtum wuchs und wie er sich verbreitete. Überall entstanden neue Theater, Bibliotheken, Museen; Bequemlichkeiten, die wie Badezimmer und Telefone vordem das Privileg enger Kreise gewesen waren, drangen ein in die kleinbürgerlichen Kreise; und von unten stieg das Proletariat empor, Anteil wenigstens an den kleinen Freuden und Behaglichkeiten des Lebens nehmend. Überall ging es vorwärts. Eine wunderbare Unbesorgtheit sei damit über die Welt gekommen, Europa nie stärker, reicher, schöner gewesen; nie habe es inniger an eine noch bessere Zukunft geglaubt als damals. »Aber nicht nur die Städte, auch die Menschen selbst wurden schöner und gesünder dank des Sportes, der besseren Ernährung, der verkürzten Arbeitszeit und der innigeren Bindung an die Natur. Die Winter, früher eine Zeit der Öde, von den Menschen mißmutig bei Kartenspielen in Wirtshäusern und gelangweilt in überheizten Stuben vertan, war auf den Bergen entdeckt worden als eine Kelter gefilterter Sonne, als Nektar für die Lungen, als Wollust der blutdurchjagten Haut. Und die Berge, die Seen, das Meer lagen nicht mehr so fernab wie einst. Das Fahrrad, das Automobil, die elektrischen Bahnen hatten die Distanzen zerkleinert und der Welt ein neues Raumgefühl gegeben. Sonntags sausten in grellen Sportjacken auf Skiern und Rodeln Tausende und Zehntausende die Schneehal-

Maiausflug Berliner Arbeiter

den hinab, überall entstanden Sportpaläste und Schwimmbäder. Und gerade im Schwimmbad konnte man die Verwandlung deutlich gewahren; während in meinen Jugendjahren ein wirklich wohlgewachsener Mann auffiel inmitten der Dickhälse, Schmerbäuche und eingefallenen Brüste, wetteifern jetzt miteinander turnerisch gelenkige, von Sonne gebräunte, von Sport gestraffte Gestalten im antikisch heiterem Wettkampf. Niemand außer den Allerärmsten blieb sonntags mehr zu Hause, die ganze Jugend wanderte, kletterte und kämpfte, in allen Sportarten geschult; wer Ferien hatte, zog nicht mehr wie in meiner Eltern Tage in die Nähe der Stadt oder bestenfalls ins Salzkammergut, man war neugierig auf die Welt geworden, ob sie überall so schön sei und noch anders schön, während früher nur die Privilegierten das Ausland gesehen, reisten jetzt Bankbeamte und kleine Gewerbsleute nach Italien, nach Frankreich... Die ganze Generation entschloß sich, jugendlicher zu werden, jeder war im Gegensatz zu meiner Eltern Welt stolz darauf, jung zu sein; plötzlich verschwanden zuerst bei den Jüngeren die Bärte, dann ahmten ihnen die Älteren nach, um nicht als zu alt zu gelten. Jungsein, Frischsein und nicht mehr Würdigtun wurde die Parole. Die Frauen warfen die Korsette weg, die ihnen die Brüste eingeengt, sie verzichteten auf die Sonnenschirme und Schleier, weil sie Luft und Sonne nicht mehr scheuten, sie kürzten die Röcke, um besser beim Tennis die Beine regen zu können, und zeigten keine Scham mehr, die wohlgewachsenen sichtbar werden zu lassen. Die Mode wurde immer natürlicher. Männer trugen Breeches, Frauen wagten sich in den Herrensattel, man verhüllte, man versteckte sich nicht mehr voreinander. Die Welt war nicht nur schöner, sie war auch freier geworden.«[90]

Eine solche Schilderung des Alltagslebens der damaligen Zeit spiegelt, wenn auch auf profaner Ebene, die Sehnsucht der Epoche nach dem irdischen Paradies. Was einst die Klassik sentimentalisch in der Antike verwirklicht sah, nämlich die Kalokakathie, die Schön-Gutheit, wurde nun zum Gebrauchswert einer wirtschaftlich und sozial reüssierenden Gesellschaft. Der die Jahrhunderte durchziehende Wunsch nach einem schöneren, stärkeren, gesünderen, besseren Leben schien aus dem Optativ in die Wirklichkeitsform versetzt. Selbst die Ärmsten waren vom Fortschrittsglauben beseelt. Die Arbeiterdichtung kündet davon: Brüder aus tiefer Finsternis zur Sonne, zum Licht emporschreitend.

»Utopia! umrauscht von Melodien,
selige Insel in des Zeitmeers Flucht!
Umbettet und von Haß bespien:
Wie habe ich nach dir gesucht!...«
(Max Barthel)[91]

Die Verbesserungen im Bereich des alltäglichen Lebens, die Freuden des Feierabends, der Freizeit, des Urlaubs – sie waren freilich leicht erschütterbar, zerrannen angesichts wirtschaftlicher Depression oder familiärer Schicksalsschläge. Immerhin bekamen die unterprivilegierten Schichten eine Ahnung von dem, was »besseres Leben« konkret bedeutete – nicht mehr nur »Arbeitstier« sein zu müssen.

Verläßlicher war da die Kunst, die bergende Idyllik und stabile Illusionen vermittelte. Was die Idyllen des 18. und 19. Jahrhunderts vorgegeben hatten, nämlich auf dem Grunde der Schwermut des Lebens ganze Fülle im Augen-Blick der Entrückung genießend wahrnehmen zu können – im Kraftakt einer Phantasie, die das »Als ob...« wagt –, solche den Qualen des Materialismus entgegengesetzten Wunschbilder gehörten zur Signatur der Wilhelminischen Kultur. Die inmitten der Zerrissenheit der Zeit vor-gestellte Ganzheit, einem Kosmos der Geborgenheit vergleichbar, zeigte vielfach philiströse Züge. Das Leben als Gesamtkunstwerk ist bald klein, bald groß geraten; das »Wesentliche« wird bald verkleinert, bald vergrößert.

Als Vollglück in der Beschränkung hatte Jean Paul in seiner »Vorschule der Ästhetik« die Idylle definiert. »Ich dringe darauf«, heißt es in dem »Billet an meine Freunde anstatt der Vorrede« (in »Leben des Quintus Fixlein«), »daß der Mensch ein Schneidervogel werde, der nicht zwischen den schlagenden Ästen des brausenden, von Stürmen hin- und hergebognen unermeßlichen Lebensbaumes, sondern auf eines seiner Blätter sich ein Nest aufnähet und sich darin warm macht. – Die nötigste Predigt, die man unserm Jahrhundert halten kann, ist die, zu Hause zu bleiben.«[92] Jean Paul sprach von den drei Wegen, glücklicher (nicht glücklich) zu werden. Der erste, der in die Höhe gehe, sei, so weit über das Gewölke des Lebens hinauszudringen, daß man die ganze äußere Welt mit ihren Wolfsgruben, Beinhäusern und Gewitterableitern von weitem unter seinen Füßen nur wie ein eingeschrumpftes Kindergärtchen liegen sehe; der zweite: gerade herabzufallen ins Gärtchen und da sich so einheimisch in eine Furche einzunisten, daß, wenn man aus seinem warmen Lerchennest heraussieht, ebenfalls keine Wolfsgruben, Beinhäuser und Stangen, sondern nur Ähren erblickt, deren jede für den Nestvogel ein Baum und ein Sonnen- und Regenschirm sei. Der dritte Weg (der schwerste und klügste): mit den beiden anderen zu wechseln. – Das 19. Jahrhundert hat solche Predigt, soweit es auf Innerlichkeit aus war, ernstgenommen. Das Biedermeier stilisierte sich in diesem Sinne zum Gesamtkunstwerk: vollendete Kleinheit, kleine Vollendung, dem Grauen der Welt abgetrotzt. Die »Gartenlaube« lokalisiert das mutige Ausscheren in die Genügsamkeit, wobei dann allerdings die Geborgenheitssehnsucht immer mehr das Konjunktivische (»als ob« solches Glück möglich wäre) verliert und sich saturiert auf dem Polster der Platitüde niederläßt.

»Auf dem Sofa« fühlt sich die Kultur des Wilhelminismus den Qualen des Materialismus entlegen – sowohl denjenigen, die durch ein Übermaß des Materiellen, als auch denjenigen, die durch einen Mangel an materiellen Segnungen bewirkt sind. Dort ist ruhiges Bescheiden; die Weltenstürme dringen nicht in das mit Butzenscheiben abgeschirmte Gehäuse. War die Welt vergänglich, von hoher Warte aus im Grunde dunkel, »war auch das Licht selbst vergänglich geworden, und bot sich auch kein rechter Trost und Ausweg aus dieser Gefangenschaft, so gab es doch im kleineren und kleinsten Umkreis des menschlichen Lebens, im Innern des bewohnten Hauses zumal, einigen Ersatz. Manches versprengte Licht haftete, selber dinghaft, an den Dingen, mit welchen man umging. Und hier mutete es um so vertrauter und heimeliger an.«[93] Das Idyll bietet dem Gemüt einen Zufluchtsort; im Idyll können diejenigen Frieden finden, die vor »zu viel Welt« fliehen wie diejenigen, die am Rand der Gesellschaft leben müssen.

Humor und Witz waren für Wilhelm Busch Waffe im Kampf gegen das geschäftige und habgierige Treiben der Zeit. Er stehe, sagte er von sich, tief unten an der Schattenseite des Berges, sei darüber aber nicht grämlich geworden, sondern wohlgemut; halb schmunzelnd, halb gerührt, höre er das fröhliche Lachen von andererseits her, wo die Jugend im Sonnenschein nachrükke und hoffnungsfreudig nach oben strebe. Er war von Verzweiflung und Todesschrecken heimgesucht, fühlte sich stets auf der Grenze von hier und dort; er erlebte die Grausamkeit des Lebens, die sub specie aeternitatis von lächerlicher Kleinheit sich erwies. »Viel Grünfutter, ein bißel Liebe, dann ist's für diesmal vorbei mit ihm«, schrieb er in einem Brief (12.5.1907) angesichts eines Maikäfers, der ihm gerade zugeflogen war, die Summe seiner Anstrengungen, seiner Kunst und seiner persönlichen Kämpfe ziehend. »Aber tausend Jahre, von hinten besehn, sind wohl auch nicht viel mehr.«[94] Sein großes Werk, das zeichnerische wie das malerische, das poetische wie das der Bildgeschichten und Erzählungen, hat Busch den sozialen und historischen Hemmungen der Zeit, dem Mißgeschick seines privaten Lebens und seiner künstlerischen Berufung, den narzißtischen Kränkungen von früh auf, den depressiven Gemütszuständen seines Erwachsenendaseins, der dauernden Gefährdung seiner Identität, den Deformationen seines Trieblebens, insgesamt dem Unheil seiner Existenz, abgezwungen.

Leben erscheint als dekorative Kostbarkeit, die Fatalität des Materialismus überdeckend. Der »Röntgenblick« zeigt den Menschen in seinem Zerfall. Überfluß wie blanke Armut werden durch affirmative Kultur überwölbt.

Gustav Klimt: Bildnis Adele Bloch-Bauer I (1907)

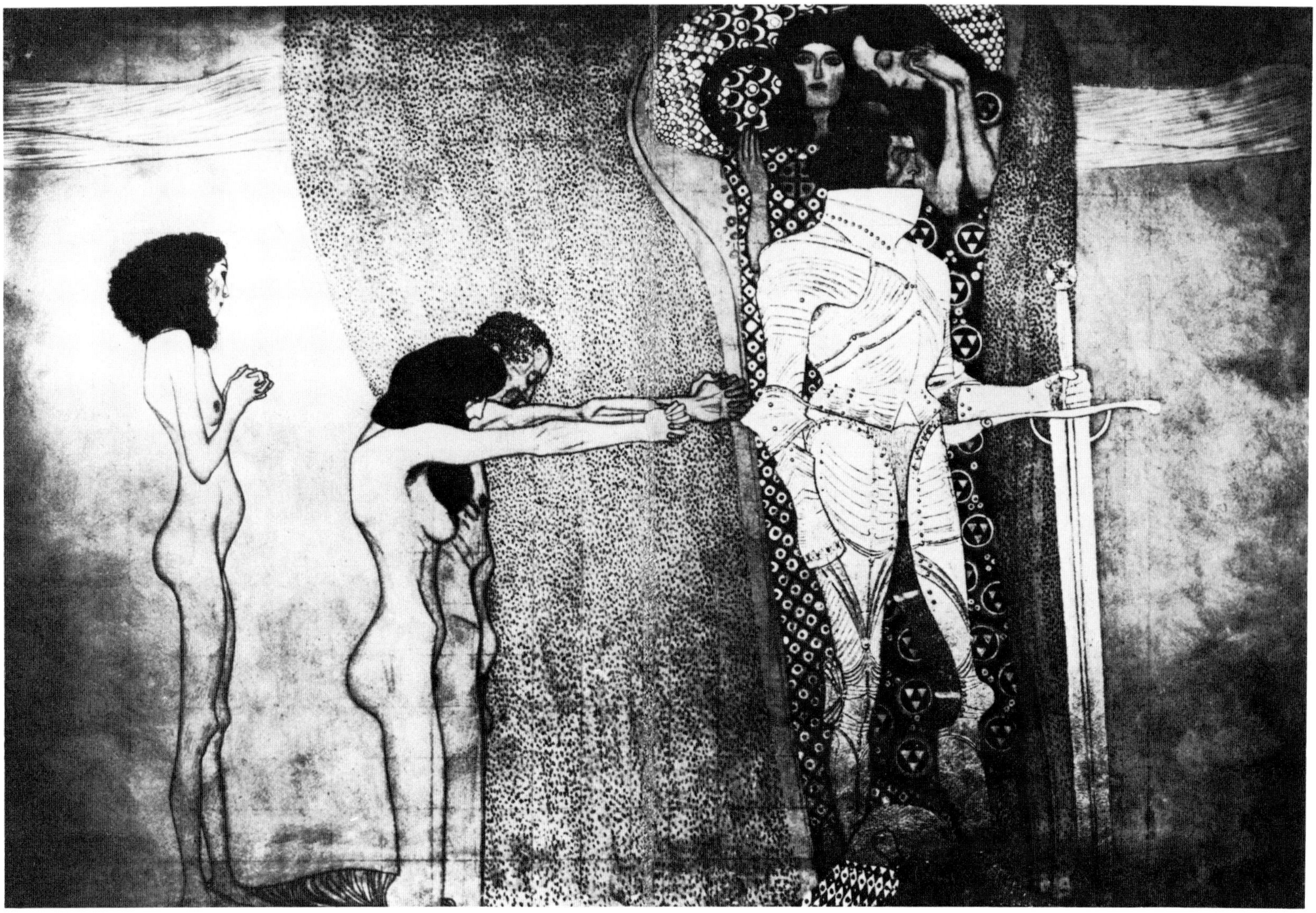

Gustav Klimt: Beethovenfries.
Die Sehnsucht nach dem Glück. Die Leiden der schwachen Menschheit.
Die Bitten dieser an den wohlgerüsteten Starken (1902)

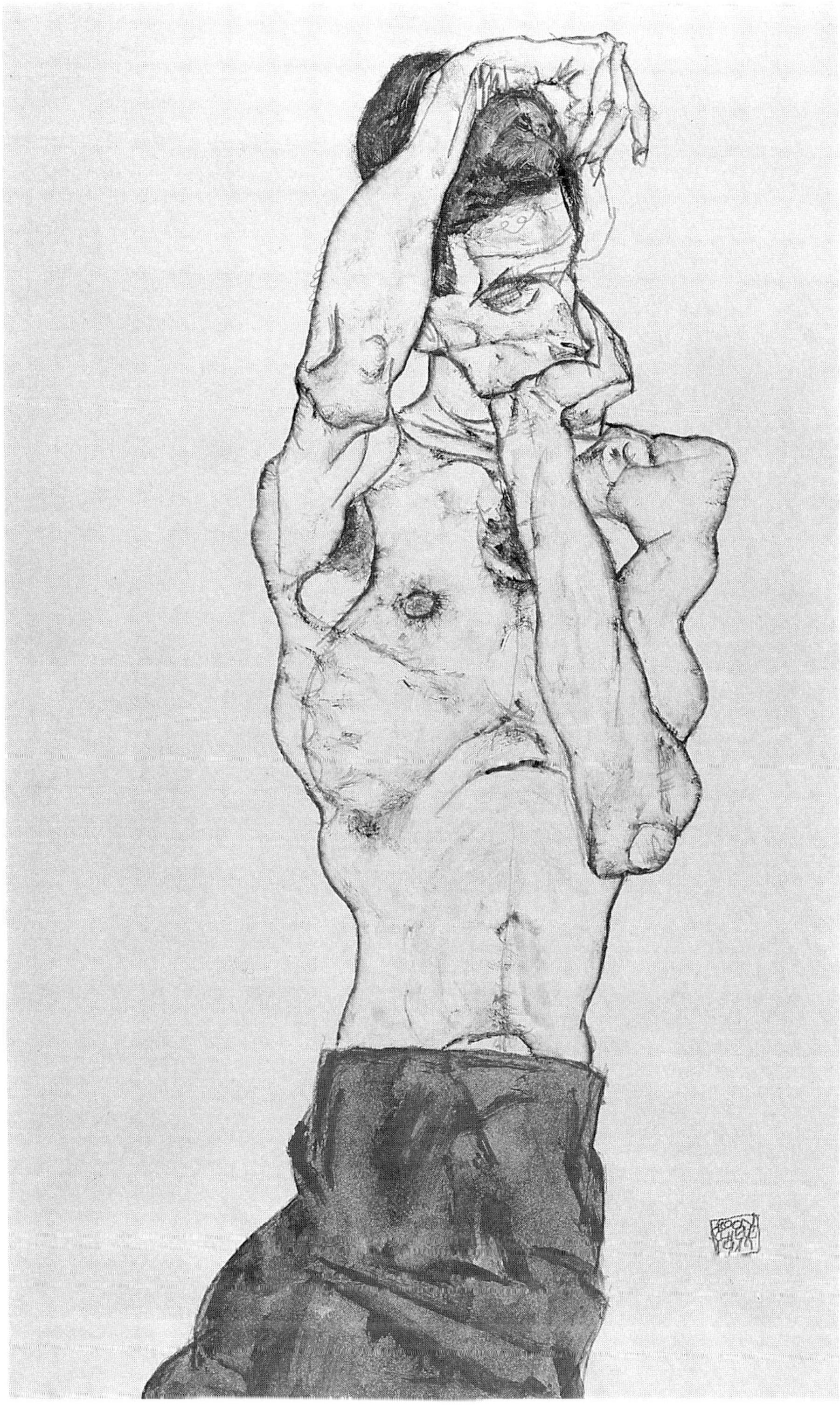

Egon Schiele: Männliche Figur mit rotem Lendentuch (1914)

Ferdinand Hodler: Der Tag (1900)

Egon Schiele: Liegender weiblicher Akt mit gespreizten Beinen (1914)

Ferdinand Hodler: Jüngling, vom Weibe bewundert II (um 1904)

Ferdinand Hodler: Die tote Valentine Godé-Darel (21.1.1915)

Franz Seitz: Entwurf einer Prunkbarke für Ludwig II.
(um 1870)

Gabriel Schachinger: König Ludwig II. im Ornat des Georgi-Ritterordens (1887)

Rudolf von Alt: Das Atelier Markarts
(1885)

Burg Neuschwanstein, errichtet 1869–1881
(Photographie, vor 1887)

Wilhelm Beckmann: Richard Wagner in seinem Heim in Bayreuth (1882)

Emil Nolde: Feriengäste (1911)

Käthe Kollwitz: Not (1897)

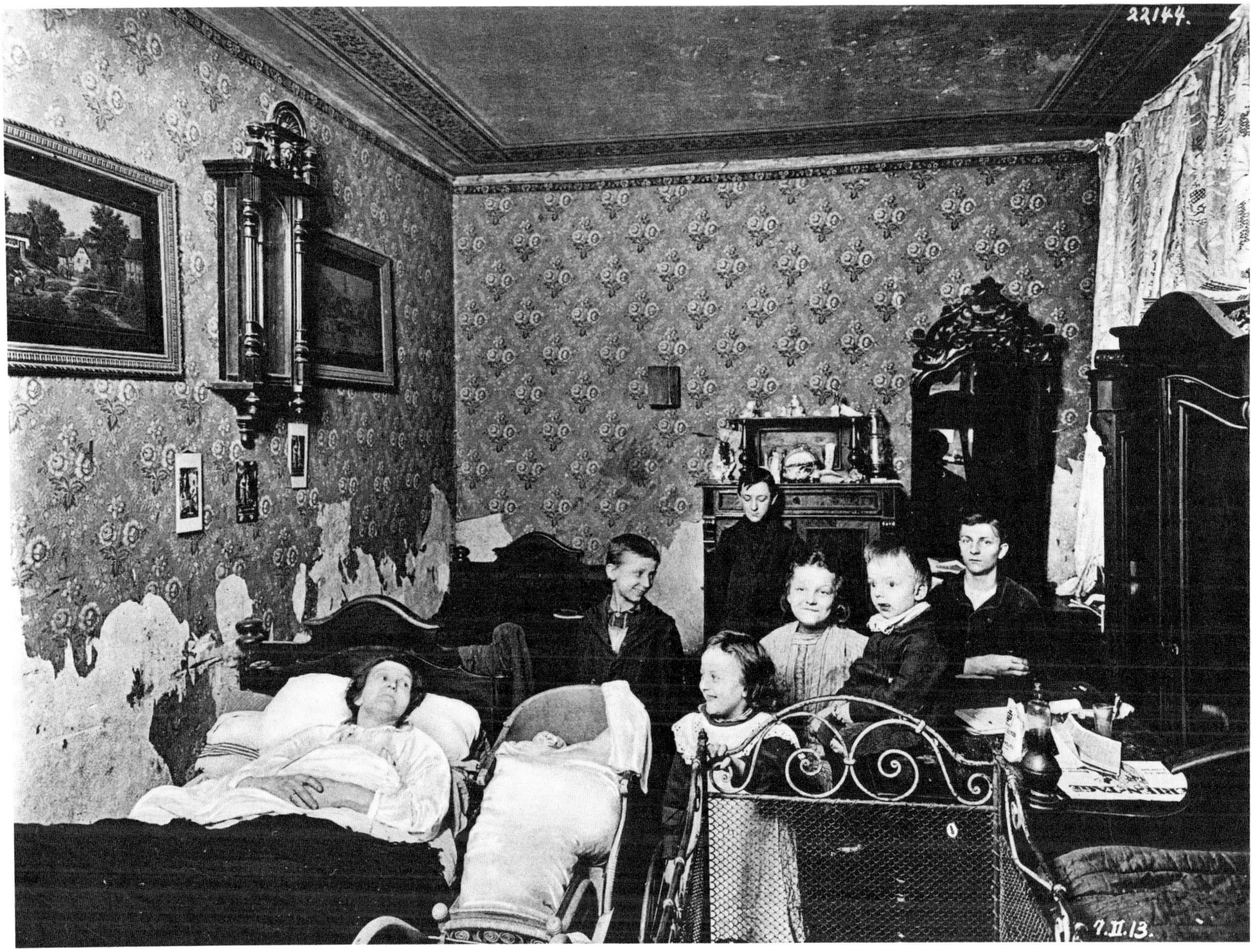

Berlin, Wittstockerstraße, Eltern mit acht Kindern (1912)

Oskar Kokoschka: Pietà. Plakat für die Uraufführung des Dramas »Mörder, Hoffnung der Frauen« (1909)

»Es ist ihm geglückt‹«, schreibt Gert Ueding über Wilhelm Busch, »trotz aller Desintegrationstendenzen eine schöpferische Beziehung zu den Dingen der Welt, gerade auch den Mächten, die ihm mit Überwältigung und Verstümmelung drohten, einzugehen und den Figuren seiner Phantasie eine objektive, ästhetisch gelungene Gestalt zu geben.«[95] Ein »Gesamtkunstwerk« ist das Leben des Tobias Knopp (1877); es enthält alles, was – aus humoristischer Distanz gesehen – das Leben an Negativem und Positivem bereithält.

»Ach, so denkt er, diese Welt
hat doch viel, was nicht gefällt.
Rosen, Tanten, Basen, Nelken
sind genöthigt, zu verwelken.«

Knopps Brautschau erweist sich als Pandämonium; er trifft nur Karikaturen von Frauen; bis er zu Hause, bei Dorothee, sein Dorado findet. »›Mädchen‹ – spricht er – ›sag mir ob –‹ / Und sie lächelt: ›Ja, Herr Knopp!‹« – Nun hat's der alte Junge gut!

»... Schnell flieht der Morgen. – Unterdessen
bereitet man das Mittagessen. –
Was dies betrifft, so muß man sagen,
kann Knopp sich wirklich nicht beklagen.
Zum Beispiel könnt er lange suchen
nach solchen guten Pfannekuchen.
Hierin ist Doris ohne Fehl...

Oh wie behaglich kann er nun
an Doris' treuem Busen ruhn.
Gern hat er hierbei auf der Glatze
ein loses, leises Kribbelkratze.
So schläft er mit den Worten ein:
›Wie schön ist's, Herr Gemahl zu sein!‹«

Glückhafte Unterbrechung des Daseins hinter dem Ofen: Julchen wird geboren!

»Vater werden ist nicht schwer
Vater sein dagegen sehr. –«

Das Töchterchen wächst prachtvoll heran. Freier stellen sich ein; der gute Lauf der Welt. Einer ist der Richtige.

»Freilich, wie sich's gebührt,
Ward die Trauung ausgeführt.«

Und wie sich's gebührt, neigt sich Knopps Erdendasein seinem Ende zu:

»Knopp der hat hienieden nun
eigentlich nichts mehr zu thun. –
Er hat seinen Zweck erfüllt. –
Runzlig wird sein Lebensbild. –
Mütze, Pfeife, Rock und Hose
schrumpfen ein und werden lose,
so daß man bedenklich spricht:
›Hört mal, Knopp gefällt mir nicht!‹
In der Wolke sitzt die schwarze
Parze mit der Nasenwarze,
und sie zwickt und schneidet, schnapp!!
Knopp sein Lebensbändel ab.
Na, jetzt hat er seine Ruh!
Ratsch! Man zieht den Vorhang zu.«[96]

Das Gesamtkunstwerk des kleinen Lebens ist ein solches der großen, unfaßlichen Vorgänge – Geburt, Leben, Liebe, Tod. Das Wesentliche ereignet sich inmitten von Alltäglichkeiten. Die Idylle berichtet davon. Mit der Heiterkeit der Melancholie. Die Ironie bricht das Numinose und zerlegt es in ein farbiges Kaleidoskop, das vom Schicksal durchgewirbelt wird. Vergeht das Licht, wird die Buntheit trübe. Darüber und über viel mehr hat Wilhelm Busch, Meister der Bildgeschichten, drunten an der Schattenseite des Berges stehend, geweint und gelacht.
Qualen des Materialismus: Ob man inmitten von Leben das eigentliche Leben versäumt, einem Scheinleben verfällt. Das Gesamtkunstwerk zeigt das Ganze des Lebens; bei Busch ist es ein solches tragikomischer Idyllik – voller bezwungener Panik.

Wenn wir, auf die Zeit des Wilhelminismus bezogen, vom Gesamtkunstwerk sprechen, denken wir mehr an die Anstrengung aufs Erhabene hin. Die Qualen des Materialismus werden dann nicht durchs sanfte Gesetz gemildert; erhöhte und überhöhte ästhetische Kraftakte sollen das Zerfallende zusammenzwingen. Keine Predigt, zu Hause zu bleiben; statt dessen weihevoller Appell, die Tempel aufzusuchen!
Die Qualen des Materialismus werden im heiligen Hain gebannt; vom Künstler als Priester gelöst. Poesie und Musik, Gesang und Malerei, Tanz und Drama, zur Einheit vereint, dem urbildlichen Rhythmus des Universums folgend, zelebrieren den Kult der Entsühnung. Die Sogwirkung der Kunst Richard Wagners beruhte auf ihrem Totalitätsanspruch. Sinnliche, seelische, geistige Erfahrung, zersplitternd und in Einzelelemente sich auflösend, werden im Gesamtkunstwerk als *umfassende* Vision bestätigt. Die Wechselfälle des Lebens wie der Geschichte ordnen sich im Gesamtkunstwerk auf einen überschaubaren

Wilhelm Busch: Tobias Knopp (1877)

»Na, jetzt hat er seine Ruh!«

Sinn hin. Das Gesamtkunstwerk, mystisch wie mythisch aufgeladen, wird als Topos zum Zufluchtsort der Ungeborenen. »Du siehst, mein Sohn«, sagt Gurnemanz zu Parsifal, »zum Raum wird hier die Zeit.«[97] Die »Totalkunst« nimmt Unsicherheit an die Hand und führt sie zum Leitbild. Sinnliche Überwältigung suspendiert kognitive Zweifel. Die Welt, auf archetypische Strukturen zurückgeführt, läßt – nun auf ästhetische Weise – alle Welträtsel als gelöst erscheinen. Die dem Gesamtkunstwerk eigene Pathosformel überwältigt Unsicherheit und Skepsis. Die Aura des »Höheren« ist über jeden Zweifel erhaben. »Beide – der latente Esoterismus, der manifeste Mythismus des Gesamtkunstwerkes – verstärken nur jene Züge, die Hegel mißtrauisch gemacht hat gegen das Identitätssystem, die Startgestalt des Gesamtkunstwerks. Es war als Identitätsystem – und blieb als Gesamtkunstwerk – die Ermächtigung der Illusion.«[98]

Solche »Ermächtigung der Illusion«, die via Vision und Utopie, Leitbild und Mythos vorgenommen wird, schließt auch die Ermächtigung zum Idyll ein. »Mein Haus steht nun: dank dem Gnädigen! Ich sollte ihm einen Namen geben, und suchte lange: endlich fand ich ihn, und lasse ihn jetzt in folgendem Vers eingraben: ›Hier wo mein Wähnen Frieden fand – / Wahnfried / sei dieses Haus von mir benannt.‹«[99] Solche, hier von Richard Wagner vollzogene Beschwörung konkreter Geborgenheit, eine Geborgenheit des Wohnens, signalisiert nichts anderes – freilich auf eine fraglosere Weise –, als das, was Wilhelm Busch seinen Tobias Knopp am Busen der treuen Dorothee finden läßt: Ruhe jenseits des Realitätsprinzips.

In einem metaphorischen Sinne stellt das Gesamtkunstwerk einen künstlerischen »Bau« dar, in dem das Wähnen Frieden findet; es ist ein wahnhafter Frieden, denn die Wirklichkeit ist nicht überwunden, sondern verdrängt. Das Identitätssystem des Gesamtkunstwerks beruht auf einer komprimierten Ästhetik des Andersseins. Die Vereinigung der Künste potenziert die Vorstellungs- und Gemütskräfte, die sich von jeder »Gegebenheit« ablösen und im spekulativen Genuß außer Rand und Band geraten. Die dreimaligen Fanfaren, die die Aufführungen bei den Bayreuther Festspielen einleiten, kündigen ein Gemeinschaftserlebnis an, das auf Einweihung und Erlösung beruht. Das Bühnengeschehen bringt die Distanz hervor, die jedes Gesamtkunstwerk als Vorstellung des Absoluten von der Wirklichkeit trennt. Bezeichnend, wenn Richard Wagner in einer frühen Schrift selbst die Revolution völlig aus dem gesellschaftlichen und politischen Kontext löst und sie zu einer mythischen, symbolisch aufgeladenen Kunstfigur macht: »Ja, wir erkennen es, die alte Welt, sie geht in Trümmer, eine neue wird aus ihr entstehen, denn die erhabene Göttin Revolution, sie kommt dahergebraust auf den Flügeln der Stürme, das hehre Haupt von Blitzen umstrahlt, das Schwert in der Rechten, die Fackel in der Linken, das Auge so finster, so strafend, so kalt und doch welche Glut der reinsten Liebe, welche Fülle des Glückes strahlt dem daraus entgegen, der es wagt, mit festem Blick hineinzuschauen in dies dunkle Auge! Sie kommt dahergebraust, die ewig verjüngende Mutter der Menschheit, vernichtend und beseligend fährt sie dahin über die Erde, und vor ihr saust der Sturm und rüttelt so gewaltig an allem von Menschen Gefügten, daß mächtige Wolken des Staubes verfinsternd die Lüfte erfüllen, und wohin ihr mächtiger Fuß tritt, das stürzt in Trümmer das in eitlem Wahne für Jahrtausende Erbaute, und der Saum ihres Gewandes streift die letzten Überreste hinweg! Doch hinter ihr, da eröffnet sich uns, von lieblichen Sonnenstrahlen erhellt, ein nie geahntes Paradies des Glückes, und wo ihr Fuß vernichtend geweilt, da entsprossen duftende Blumen dem Boden, und frohlockende Jubelgesänge der befreiten Menschheit erfüllen die noch vom Kampfgetöse erregten Lüfte!«[100] Hier wird keine reale Revolution vorweggenommen. Mythisierung, Symbolisierung, Allegorisierung ersetzen konkrete Anstrengung; Metaphern versorgen Untätigkeit mit beruhigendem Alibi. Indem »lebendige Kunst« (und solche hat immer etwas mit Wirklichkeit zu tun) auf dem Altar weihevoller Stilisierung geopfert wird, geht auch das Engagement für die jeweils »gegenwärtige Sache« verloren. Das Gesamtkunstwerk in seiner wagnerianischen Ausprägung, ein Wesenselement der Kultur des Wilhelminismus, bewirkt durch synästhetisch hervorgerufene Ekstase, die Triebstau abventiliert und Idealismus aufbaut, daß der Kunstkonsument die ins Unerlösbare zurückgestellte Realität geduldig und beflissen, angepaßt und freudig erträgt.

Das Gesamtkunstwerk repräsentiert den affirmativen Charakter der Wilhelminischen Kultur: Das Medium der Schönheit entgiftet die Wahrheit und rückt sie von der Gegenwart ab. Was in der Kunst geschieht, verpflichtet zu nichts. Die geistig-seelische Welt wird als ein selbständiges Wertreich von der Zivilisation abgelöst und über sie erhöht. Behauptet wird eine allgemein verpflichtende, unbedingt zu bejahende, ewig bessere, wertvollere Welt, welche von der tatsächlichen Welt des alltäglichen Daseinskampfes wesentlich verschieden ist; jedes Individuum kann sie aber »von innen her«, ohne jene Tatsächlichkeiten zu verändern, für sich realisieren. Erst in dieser Kultur gewinnen die kulturellen Tätigkeiten und Gegenstände ihre hoch über dem Alltag emporgesteigerte Würde; ihre Rezeption wird zu einem Akt der Feierstunde und der Erhebung. Auf die Not des isolierten Individuums antwortet die affirmative Kultur »mit der allgemeinen Menschlichkeit, auf das leibliche Elend mit der Schönheit der Seele, auf die äußere Knechtschaft mit der inneren Freiheit, auf den brutalen Egoismus mit dem Tugendreich der Pflicht. Hatten zur Zeit des kämpferischen Aufstiegs der neuen Gesellschaft alle diese Ideen einen fortschrittlichen, über die erreichte Organisation des Daseins hinausweisenden Charakter, so treten sie in steigendem Maße mit der sich stabilisierenden Herrschaft des Bürgertums in den Dienst der Niederhaltung unzufriedener Massen und der bloßen rechtfertigenden Selbsterhebung: Sie verdecken die leibliche und psychische Verkümmerung des Individuums.« (Herbert Marcuse)[101]

Allerdings trägt affirmative Kultur – und das Gesamtkunstwerk in ganz besonderem Maße – auch immer die Erinnerung an den über das Dasein hinausweisenden Charakter der idealistischen Utopie, also an das Prinzip Hoffnung, in sich. Indem Leid und Trauer als ewige, und das heißt als transzendente Weltkräfte gestaltet werden, zerbricht die leichtfertige Resignation des Alltags im Herzen der Menschen; indem die Schönheit der Menschen und Dinge und ein überirdisches Glück in den leuchtendsten Farben dieser Welt erscheinen, werden neben dem schlechten Trost und der falschen Weihe die wirklichen Sehnsüchte in den Grund des depravierten bürgerlichen und kleinbürgerlichen Lebens gesenkt. Wenn affirmative Kultur den Schmerz und die Trauer, die Not und die Einsamkeit zu metaphysischen Mächten steigert, wenn sie die Individuen unmittelbar in bezug zu den Göttern stellt, so steckt in dieser Übersteigerung die höhere Wahrheit: daß »Änderung« nicht durch dieses oder jenes, sondern nur durch Radikalität erreicht werden kann. So erwächst aus der affirmativen Kultur des Wilhelminismus die Kulturrevolution der Moderne, die mit ihrem »Wegräumen« die Grundlagen eines neuen Aufbaus schafft.

Man mißverstünde zum Beispiel Richard Wagners »Tristan«, wollte man in ihm nur eine Oper von oder über die irdische Liebe, verpackt in mythische Geschehnisse, sehen. Liebe als metaphysisches Ereignis tritt hier mit der überwältigenden Kraft des Gesamtkunstwerkes in sinnliche Erscheinung. Der Prozeß der Selbstentgrenzung und Selbstentäußerung, der das Ich-Geschehen immer mehr ins Transzendente entrückt, das damit verbundene immer mächtiger wachsende Todesverlangen, das auch ein Verlangen nach »Todeserwachen« ist, gipfelt im gewaltigen Liebesgesang des zweiten Aktes. »Und dieser wiederum hat seine Mitte in der beschwörenden und illusionären In-Einssetzung von Ich und Welt: ›...selbst dann bin ich die Welt‹ singen Isolde und Tristan gemeinsam. Mit dem Wort

›Welt‹ erklingt der Tristanakkord im mächtigen Fortissimo des vollen Orchesters; jener Klang also, der wie eine Signatur das gesamte Werk durchzieht und in seiner unauflösbaren Rätselgestalt die klingende Vergegenwärtigung des Welt- und zugleich des Ich-Verlustes darstellt. Wenige Takte später lautet die Regieanweisung: ›Tristan und Isolde versinken wie in gänzliche Entrücktheit, in der sie, Haupt an Haupt auf die Blumenbank zurückgelehnt, verweilen.‹ Wagner hat diese Entrücktheit in den magischen, bodenlosen Klängen von Brangänes erstem Wachgesang unvergeßlich auskomponiert. Ihr Ruf ist wie die Stimme der Natur, die auf das Schweigen der Liebenden warnend antwortet, und die durch das Schweigen hörbar wird. Der Liebesgesang hebt dann zwar wieder an. Doch der Übergang in den Zustand der totalen Selbstauflösung, der Namenlosigkeit ist vollzogen. Tristan und Isolde verlieren sich in immer höhere Ekstasen. Hier versinkt nun – insbesondere in der letzten Phase des Liebesgesangs (›So stürben wir, um ungetrennt, ewig einig ohne End'…‹) – jegliche Bindung an die wirkliche Welt.«[102]

Ballgeisterchen.
Nach einem Gemälde von Ch. Morin (1905)

Werner Hofmann hat am »Gesamtkunstwerk Wien« aufgezeigt, wie sich die Menschen des 19. Jahrhunderts von den Widersprüchen und Konflikten, den Obsessionen und Verdrängungen, denen sie im Alltag auf Schritt und Tritt ausgeliefert waren, zu erlösen trachteten, indem sie theatralische Fiktionen auf Städtebau übertrugen und in den so entstehenden »Kunsttempeln« der vorwiegend öffentlichen Gebäude ihre Katharsis zelebrierten. Gustav Klimt etwa stellt die »Sehnsucht nach dem Glück« (im »Beethovenfries«) als danteske Wanderung dar. Der geharnischte Tugendheld widersteht den Bedrohungen der drei Gorgonen und den Lockungen von Wollust, Unkeuschheit und Unmäßigkeit. »Die Menschheit strebt aus dem Dunkel ihrer Unwissenheit (verkörpert in den Allegorien von Krankheit, Wahnsinn, Tod und Kummer) in das Licht einer Selbstfindung, die ewig zu währen scheint. Den Weg zu diesem Hymnus an die Freude weisen jedoch weder Mythen und Religionen, noch das positive Wissen der Fortschrittsgläubigen: Diesen Weg erschließt der Künstler mit seinem Werk. Ungeheuer und ›feindliche Gewalten‹, von Versucherinnen verkörpert, werden überwunden, der ›wohlgerüstete Starke‹ bahnt sich, ohne auf ›Mitleid‹ und ›Ehrgeiz‹ zu achten, den Weg in die Erlösung. Der Fries endet mit einer Umarmung. Es fiel Klimt offenbar schwer, Schillers frohlockendes Menschheitspathos mit seinem eigenen Grundmotiv in Einklang zu bringen, mit einer Erotik, die sich nicht öffnet, sondern abschirmt. Mann und Frau durchdringen einander unter einer kostbaren Schutzglocke. Dieser Kuß – gilt er wirklich der ›ganzen Welt‹? Oder nur den Auserwählten, die sich in den Bann der ästhetischen Religion begeben? Aus der Schutzglocke gibt es kein Entweichen. Diese Erfüllung wird mit Entsagung, mit Weltverzicht bezahlt. In ihrer regungslosen Endgültigkeit scheint sie in den ›Liebestod‹ zu münden – hinter Beethoven taucht die eigentliche Leitfigur des Jahrhundertendes auf: Richard Wagner.«[103]

1898 hat der Architekt Adolf Loos in »Ver Sacrum«, der Zeitschrift der Wiener Secession, das Ringstraßen-Wien als »potemkinsche Stadt« verspottet. Eine solche Architektur sei innen wie außen Pseudobefriedigung; mit der Formel »Ornament und Verbrechen« denunziert er den Schönheitskult als Instrument der Entmündigung. Das verkündete irdische Paradies sei eine Vorhölle. Verfälsche man den Alltag durch kunsthandwerkliches Ritual (nachfolgend bezieht sich Loos auf seinen Kollegen Joseph Maria Olbrich), enthumanisiere man das Leben in erschreckender Weise. »Schildert einmal, wie sich geburt und tod, wie sich die schmerzensschreie eines verunglückten sohnes, das todesröcheln einer sterbenden mutter, die letzten gedanken einer tochter, die in den tod gehen will, in einem Olbrichschen schlafzimmer abspielen und ausnehmen.«[104]

Joseph Maria Olbrich: »Wiener Zimmer« für die Weltausstellung Paris 1900 (1899)

Das Gesamtkunstwerk ist, wenn in Dekor, Ornament, Komfort abgesunken, diesen »letzten Dingen« nicht gewachsen. Im Sinne des allgemeinen sozialen Fortschritts sei es angebracht, aufs Ornamental-Überflüssige zu verzichten, das Ornamental-Entmündigende zu verdammen. Das durchs Ornament beschworene Reich der Freiheit, in dem der Funktionalismus ästhetisch vernichtet werde, gaukle lediglich Entmaterialisation vor. So entstehe scheinhafte Identität. Die Ornamente seien dem Menschen im 19. Jahrhundert zum Fetisch geworden. Daß die Sehnsucht nach Identität sich auch auf die Waren übertragen habe, sah Loos in dem Umstand bestätigt, daß man »ein produkt nur an dem verschieden gearteten ornament« glaubt erkennen zu können. Die falsche Identität müsse aufgebrochen, die Menschheit von der »sklaverei des ornaments«, unter der sie »keuche«, befreit werden. So setzt Loos an den Anfang seines Manifests sogleich das Zielprojekt: Der utopische Gehalt der Sehnsucht nach Wiedererlangung der Ich-Identität in Gestalt von Architektur sei aus dem »Gestrüpp des Regressiven« zu lösen, indem man eine Architektur ohne Ornament schaffe. Um dem Zerfall der Ich-Identität zu wehren, bemühte sich Loos (wie nach dem Ersten Weltkrieg das Bauhaus) um »funktionalistische befreiung«.

Dekorativer Mythos, mythisches Dekor hatten von den Qualen des Materialismus erlösen sollen; der Haß aufs Ornament zerschlägt solche ästhetische Scheinwelt, ihren transzendierenden und damit Seelenkräfte evozierenden Charakter mißachtend. Wie Loos geht es auch anderen Gegnern des Gesamtkunstwerkes (etwa Karl Kraus, Oskar Kokoschka, Arnold Schönberg) um die »nackte Wahrheit«; radikal und kompromißlos, wodurch die Kampfansage selbst die Gestalt eines Erlösungsauftrags annimmt, werden schroffe Askese (Schmerz, Verzicht, Dissonanz) schwelgerisch-raffiniertem Hedonismus entgegengestellt. »Der Künstler, der diese tragische Botschaft auf sich nimmt, ist nicht mehr der souveräne Schönheitspriester, sondern ein Leidender, der sich als Märtyrer versteht. Er verlangt von seinem Partner, dem Publikum, mehr als ›interesselos Wohlgefallen‹: Gefordert wird Umkehr und Läuterung. Das Gesamtkunstwerk der Secessionisten und Stilkünstler beschwor den Garten Eden, seine Kritiker zerstören diese behagliche Fluchtwelt, indem sie deren Bewohnern die schönen Hüllen verweigern und ihnen

bewußt machen, was schon das erste Menschenpaar erfahren mußte, als es seiner Nacktheit gewahr wurde. Die Metapher, in der diese Kreatürlichkeit ihre Gefährdungen erkennt, ist Eros thanatos, der todbringende Eros.« (Werner Hofmann)[105]
Das Österreich, das sich als »ästhetischer Sonnenstaat« begriff, wurde dann von Karl Kraus in »Die letzten Tage der Menschheit« umfassend dekuvriert. Aber auch die Entlarvung vollzog sich als ein geradezu gigantisches Gesamtkunstwerk. Erwies es sich bei Wilhelm Busch als Spiegel des kleinen, auch kleinlichen, aber alles »Wesentliche« umfassenden bürgerlichen Kosmos – bei Wagner als Kosmogonie, wobei die Pathosformel »Erlösung« mit der Aura des Dekorativen umhüllt war, den Anspruch auf »reine Kunst« verstärkend –, so bei Kraus als eine Topographie der uferlosen Riesenfelder entmenschlichter Kriegsbegeisterung.

Oskar Kokoschka: Zeichnung zu »Mörder, Hoffnung der Frauen« (um 1908)

Bei Ferdinand Hodler fehlt jede aus Gesellschafts- oder Geschichtskritik erwachsende Ernüchterung. Sein Weg vom Gesamtkunstwerk zur »nackten Wahrheit« ist bestimmt gewesen nicht durch die Erfahrung von der Hinfälligkeit der Gesellschaft, sondern durch die von der Hinfälligkeit des Menschen. Das Kunstwerk, so Hodler, offenbare eine neue Ordnung, die den Dingen innewohnt, verkläre die Idee der Einheit. Solche Totalität des Schönen erscheint in seiner Kunst als dekorativer Mythos; das ursprünglich bei ihm vorwaltende realistische Stilprinzip wird zur ritualistischen Gebärde. Die »Wahrheit« wird in symbolischer Eurythmie ergründet. Sein Streben nach dem Gesamtkunstwerk erschöpft sich in »Linienherrlichkeit«; sein Transzendieren bewirkt nur, daß Hüllen fallen; muskulöse Nacktheit läßt von schöner Seelenhaftigkeit nichts ahnen. Aber dann die Abkehr von Ästhetizismus und Stilkunst. Der körperliche Zerfall, den er bei seiner Geliebten, der zwanzig Jahre jüngeren Valentine Godé-Darel mit tiefer Betroffenheit erlebt (1913 hatte sie ihm eine Tochter geboren, 1914 war sie an Unterleibskrebs erkrankt), zeigt ihm, daß der Traum kein Leben ist. Besessen den Zerfall ihres Körpers festhaltend, gelingen Hodler erschütternde Bilder. Die Agonie der Geliebten läßt keinen Erlösungskult, ihr Verdämmern keine Verbrämungssymbolik zu. Letztes Bild Valentines, ein Tag vor ihrem Tod: »Nun ist der Körper schon beinah ganz in die Horizontale des Todes zurückgelegt. Am linken unteren Bildrand stößt eine breite Horizontale bis fast in die Mitte des Bildes und des Körpers vor. Dem in leichenweißem Kissen liegenden Haupt ist eine kleine Frist noch gewährt, eh es auf dem tieferen Totenkissen dann ebenfalls in die Horizontale gelegt wird. Zwischen dem mächtigen, doppelten Kurvenschwung des Kopfkissens aber wird dieses Haupt noch einmal im ganzen Adel seiner Form sichtbar, sobald man das Grauen überwunden hat, dem Sterben so nackt ins Antlitz zu sehen. Der nun vollständig fallengelassene Kiefer spannt die ledrige, grün-olivbraune Haut über den mächtigen Nasenrücken und öffnet darunter den Mund wie einen Abgrund. Man hört förmlich das Röcheln des Sterbens durch Nase und Mund. Zwischen den tief eingefallenen Wangen- und Schläfenhöhlen tritt der Backenknochen wie der Henkel eines Tongefäßes hervor. Hodler kann sich kaum genug tun, mit Linien, Lichtern und Schatten den Extrakt der Form zu fassen, eh auch sie zerfallen wird. Die letzten Farben des Lebens im Antlitz und das kreidige Weiß des Bettzeuges werden herausgetrieben durch das nüchterne Grau der kahlen Spitalwand hinten.«[106]
Hodler, der im Elend aufwuchs – die Mutter brach tot auf dem Armenacker zusammen, der Vater und fünf Geschwister starben an Tuberkulose –, hat mit diesem, den Menschen in seiner Vereinzelung und Isolierung festhaltenden Bilderzyklus ein document humaine geschaffen, das einen ergreifenden Gegenpol zum dekorativen Mythos des Gesamtkunstwerkes der Epoche darstellt. Radikale Wahrheitsliebe war den Qualen des Materialismus viel mehr adäquat als kaschierende Idealisierung.

Ferdinand Hodler: Die sterbende Valentine Godé-Darel, in Kissen gebettet (1915)

In Karl Mays Kolportageroman »Der Weg zum Glück« (1886f.) ist ein solcher der Weg der Frömmigkeit, des Fleißes, der Liebe und Treue – der Treue vor allen Dingen der Familie, dem Vaterland und dem Herrscher gegenüber. Geschildert wird die Karriere eines Mädchens, der Muhrenlehni (eigentlich Magdalena Berghuber), das sich dank der Hilfe Ludwigs II. und Richard Wagners von einer schlichten Sennerin zum umjubelten Gesangsstar entwickelt. Ihre Persönlichkeit ist Ausbund aller Tugenden. Die schöne Älplerin hat sich der lasterhaften Boheme entziehen können und ist so zum moralischen Vorbild in einer Zeit irdisch-materieller Verirrung geworden. »Der Graf stand allein am Fenster und beobachtete sie. Er konnte den Blick fast nicht von ihr wenden. Jetzt, hier, sah er erst, wie schön sie war. Und sie war keine Sängerin, sondern Jungfrau – so rein, keusch und züchtig. Dem Zahn der Zeit war es nicht gelungen, dieses Mädchen zu verwunden. Das sah man ihr an.«[107] Ihr Leben, aus dem Bereich der Wirklichkeit ins Reich der Ideen übertretend, ist ein Gesamtkunstwerk; an einer Stelle des Romans wird der damit verbundene transzendierende Glanz auf ganz besondere Weise deutlich: bei ihrem Debütkonzert nämlich, nach dem Bericht des Erzählers eines der denkwürdigsten kulturellen Ereignisse jener Zeit. Im Publikum befinden sich König Ludwig II., Richard Wagner und Franz Liszt. »Es war, als ob sie nicht mit dem Mund singe, sondern als ob diese süßen, herzinnigen verlockenden Zaubertöne aus ihrer tiefsten Seele emporklängen. Man hörte ..., daß diese Stimme aller Register, der zartesten und auch der stärksten fähig sei, aber das, was man jetzt hörte, war weder zart noch stark, oder vielmehr, man hörte gar nicht auf die verschiedenen Stärkegrade. Das Forte und Piano, das An- und Abschwellen, es konnte ja gar keine Beachtung finden vor dem himmlischen Wohllaute dieser Töne. Es war Liebe, Liebe, Liebe und abermals nichts als Liebe, was man hörte, nicht in Worten, denn die verschwanden, sondern in Tönen. Es war, als ob eine hingebende Seele sich auflöse und nun dahinschwinde in Klängen, welche man wohl hören, aber nicht begreifen konnte. Wenn man sagt, daß an dem Augenblicke, an welchem Jüngling und Jungfrau einander ihre Liebe gestehen, beide in ganz andern Stimmen und Tönen reden als sonst, so war hier ein Augenblick, an welchem die Liebe sich selbst das Lieben gestand und nun aus schönem Munde hinausfluthete in den lichtstrahlenden Raum und in alle Herzen hinein.«[108]

Reine Schönheit erlöst von irdischer Qual! Wenn das Kunstereignis stattfindet – »der sinnberückende Aufschlag ihrer Augen, die liebeverlangende Gesticulation ihrer herrlichen Arme, das sehnsuchtsvolle Wogen ihres vollen Busens, das Alles sang, sprach, bat und flehte mit«[109] –, wird der Mensch aus dem elenden Jammertal in ein glücklicheres Dasein enthoben. War es möglich, war so etwas bereits einmal dagewesen? Im Zuschauerraum, rechts und links, oben und unten bricht die Rührung hervor, welche nicht mehr zurückzuhalten ist. »Auch der König saß still und bewegungslos, den Arm, welcher das Taschentuch hielt, auf die Brüstung gestützt und das Gesicht in die Hand gelegt – er weinte. Wagner und Liszt, die beiden Meister der Tonkunst, auch ihre Kraft war zu gering: Sie hatten Thränen.«[110]

Das triviale wie das anspruchsvolle Kunstwerk zielen in ihrem Totalitätsanspruch auf ein »Jenseits«; vor allem die Musik öffnet die Tore zum erlösenden Paradies. In Thomas Manns Novelle »Tristan« (1903) bringt Herr Klöterjahn, Großkaufmann (in Firma A.C. Klöterjahn & Komp.) seine Gattin ins Lungensanatorium »Einfried«. Klöterjahn ist eine naive Verkörperung des materialistischen Prinzips; von den Qualen des irdischen Verhaftetseins ist er unberührt; er redet laut, salopp und gutgelaunt, wie ein Mann, dessen Verdauung sich in so guter Ordnung befindet wie seine Börse, er ist mittelgroß, breit, stark und kurzbeinig und besitzt ein volles, rotes Gesicht mit wasserblauen Augen, die von hellblonden Wimpern beschattet sind, geräumigen Nüstern und feuchten Lippen. Er liebt es, viel und gut zu speisen und zu trinken, zeigt sich als ein wirklicher

Kenner von Küche und Keller und unterhält die Kurgesellschaft aufs anregendste von den Diners, die daheim in seinem Bekanntenkreise gegeben werden, sowie mit der Schilderung gewisser auserlesener, hier unbekannter Platten. Daß er auch anderen irdischen Freuden nicht grundsätzlich abhold ist, beweist er, als er mit dem Stubenmädchen in ziemlich unerlaubter Weise scherzt. In »Einfried« kann er nicht lange verweilen; er hat nur seine Gattin hierher begleitet. Nach Verlauf einer Woche, als er sie wohl aufgehoben und in guten Händen weiß, ist seines Bleibens nicht länger; Pflichten von gleicher Wichtigkeit, sein blühendes Kind, sein ebenfalls blühendes Geschäft, rufen ihn in die Heimat zurück.
Gabriele Klöterjahn dagegen: von unsäglicher Zartheit, Süßigkeit, Mattigkeit. Ihr lichtbraunes Haar, tief im Nacken zu einem Knoten zusammengefaßt, ist glatt zurückgestrichen, und nur in der Nähe der rechten Schläfe fällt eine krause, lose Locke in die Stirn, unfern der Stelle, wo über der markant gezeichneten Braue ein kleines, seltsames Äderchen sich blaßblau und kränklich in der Klarheit und Makellosigkeit dieser wie durchsichtigen Stirn verzweigt. Dies blaue Äderchen über dem Auge beherrscht auf eine beunruhigende Art das ganze feine Oval des Gesichtes. Es tritt sichtbarer hervor, wenn sie Klavier spielt.[111]
Und spielt sie, so transzendiert selbst und gerade lädiertes Leben in Sphären, wo Schwerkraft ihre Einwirkung verliert. Höhepunkt der Novelle ist der Augenblick, da Gabriele dem Mitpatienten Spinell, einem seelenverwandten Schriftsteller, den zweiten Aufzug von Wagners »Tristan« vorspielt. Das heilige Geheimnis vollendet sich. »Die Leuchte erlosch, mit einer seltsamen, plötzlich gedeckten Klangfarbe senkte das Todesmotiv sich herab, und in jagender Ungeduld ließ die Sehnsucht ihren weißen Schleier dem Geliebten entgegenflattern, der ihr mit ausgebreiteten Armen durchs Dunkel nahte. O überschwenglicher und unersättlicher Jubel der Vereinigung im ewigen Jenseits der Dinge! Des quälenden Irrtums entledigt, den Fesseln des Raumes und der Zeit entronnen, verschmolzen das Du und das Ich, das Dein und Mein sich zu erhabener Wonne. Trennen konnte sie des Tages tückisches Blendwerk, doch seine prahlende Lüge vermochte die Nachtsichtigen nicht mehr zu täuschen, seit die Kraft des Zaubertrankes ihnen den Blick geweiht. Wer liebend des Todes Nacht und ihr süßes Geheimnis erschaute, dem blieb im Wahn des Lichtes ein einzig Sehnen, die Sehnsucht hin zur heiligen Nacht, der ewigen, wahren, der einsmachenden... O, sink hernieder, Nacht der Liebe, gib ihnen jenes Vergessen, das sie ersehnen, umschließe sie ganz mit deiner Wonne und löse sie los von der Welt des Truges und der Trennung! Siehe, die letzte Leuchte verlosch! Denken und Dünken versank in heiliger Dämmerung, die sich welterlösend über des Wahnes Qualen breitet. Dann, wenn das Blendwerk erbleicht, wenn in Entzücken sich mein Auge bricht: Das, wovon die Lüge des Tages mich ausschloß, was sie zu unstillbarer Qual meiner Sehnsucht täuschend entgegenstellte – selbst dann, o Wunder der Erfüllung! selbst dann bin ich die Welt. – Und es erfolgte zu Brangänens dunklem Habet-Acht-Gesange jener Aufstieg der Violinen, welcher höher ist als alle Vernunft.«[112]
Die Apotheose des Traums: Todeserwachen, wenn das Leben stirbt, die Realität versinkt. Die Epoche offenbart sich in ihrer Tiefenschicht durchs musikalische Gesamtkunstwerk, das ein solches der Wirklichkeitsflucht, der Sehnsucht nach Entrükkung ist. Die Qualen des Materialismus: Das sind die Fesseln von Raum und Zeit, des Tages Blendwerk und Lüge, der Trug und Wahn der Besitzgier, die Entfremdung, die Trennung, die Vereinsamung. Das Gesamtkunstwerk ermöglicht die Vereinigung im ewigen Jenseits der Dinge; das Du und das Ich, das Dein und Mein verschmelzen zu erhabener Wonne. Erschautes Geheimnis – der Mythos ist höher denn alles Da-sein.

An einer Stelle von Karl Mays Roman heißt es von König Ludwig II.: »Der König, der König! Ist er nicht reich genug, nicht glücklich genug?... Hat er nicht Silber, nicht Gold und Edelstein', so viel er will? Kann er nicht Freud und Vergnügen haben zum Überdruß, essen und trinken alle Herrlichkeiten aus weiten Ländern? Hat er nicht drin in München vornehme und schöne Frauen, an denen er seine Freud und Wonn' haben kann?«[113] Nach irdischen Gütern gelüstete ihn aber nicht. Als Märchenkönig verzehrte er sich nach überirdischen Gütern. Das machte seine Faszination aus, das machte ihn so überaus beliebt. Den »Sinn« suchte er, der Unstete und Ruhelose, im Reich der Kunst. Er zog sich – wie er an Richard Wagner schrieb – in die künstlichen Gärten seiner Residenzen zurück, fern der profanen Alltagswelt, der heillosen Politik, die ihn mit ihren Polypenarmen umschlingen wollte und jede Poesie so gänzlich zu ersticken trachtete. Es sei notwendig, sich solche Paradiese zu schaffen, solche poetische Zufluchtsorte, damit man eine Weile die schauderhafte Zeit, in der man lebe, vergessen könne. Seine Traumschlösser waren inszenierte Gesamtkunstwerke aus Theater, Natur und Architektur, wobei er gigantomanisch dem »Sonnenkönig« Ludwig XIV. nacheiferte. Botanische Anlagen, auf dem Reißbrett entworfen, allegorische und mythische Figuren, Rundtempel, Springbrunnen, Terrassen, Marmorsäulen bildeten die Versatzstücke einer Kulissenwelt, die an Richard Wagners Geschmack orientiert war. Bei Schloß Linderhof entstand ein unterirdisches Bühnenbild, die »Venus-Grotte« im Hörselberg, Schauplatz des ersten Aktes von Wagners »Tannhäuser«. – Der König kümmerte sich um alle Details[114]; der Muschelkahn, in dem er auf dem unterirdi-

Der Fresser (»Fliegende Blätter«, 1897)

schen See herumgerudert werden wollte, kostete ein Jahr Bauzeit und 270000 Mark. Wegen der Grottenbeleuchtung entstand Bayerns erstes Elektrizitätswerk; doch mit der blauen Farbe haperte es; ein Stallmeister wurde zweimal nach Capri geschickt, damit er sich dort das richtige Blau einpräge; für den magischen Schein sorgte eine Unterwasser-Lichtanlage. Die Haupthöhle wurde mit stuckierten Rosengängen geschmückt; auf einer kleinen Plattform, zu der ein mit rohen Ästen markierter Pfad führte, stand der Muschelthron des Königs; Besucher saßen bei ihm auf Korallenstühlen. Das Gemälde jenseits des Sees ist links begrenzt von Stalagmiten, die aus dem See aufsteigen; rechts von einem Wasserfall. Von einem anderen Beobachtungspunkt, dem sogenannten »Loreley-Felsen«, sieht man über den Teich in eine Nebengrotte mit einem Spiegel, der das Bühnenbild reproduziert, sowie seitlich in eine rote Nebengrotte. Das Bühnenbild konnte ausgewechselt werden. Zur Abwechslung wünschte der König ein Tal mit tropischer Vegetation und den Himalaja im Hintergrund zu sehen. Wenn der König die Grotten besuchte, fütterte er zuerst zwei aus ihrem gewöhnlichen Domizil, dem Schloßbassin, herbeigeschaffte Schwäne; hernach bestieg er mit einem Lakai einen vergoldeten und versilberten Kahn in Form einer Muschel und ließ sich auf dem durch einen unterseeischen Apparat bewegten Wasser herumrudern. Dabei hatten sich der Reihe nach die fünf farbigen Beleuchtungen abzulösen. Phantastisch schimmerten Wellen, Felsenriffe, Schwäne, Rosen und das Muschelfahrzeug. Hinter den Kulissen mußten ein Elektromechaniker und sieben Arbeiter die Öfen heizen, welche für die entsprechende Temperatur sorgten; aber der König wollte nicht wissen, wie es gemacht wurde; er war nur an der Wirkung interessiert. Auf dem Höhepunkt des Programms glühte der Wasserfall in Rot und Gelb und ein Regenbogen wölbte sich über dem Tannhäuser-Bild.

In Briefen an Wagner nannte Ludwig II. sich manchmal Parsifal. Mit 18 Jahren, als tumber Tor, hatte er die Regentschaft übernommen; es hätte eines starken Herrschers bedurft, um die Wittelsbacher Krone gegen die allmächtige Kraft des kleindeutschen Gedankens, gegen die Hegemonie Preußens zu bewahren. Er war aber kein Politiker, sondern ein überempfindlicher Künstler. Die Öffentlichkeit seines Amtes war ihm von Anfang an ein Greuel. Auch alle Konventionen liefen seiner Natur zuwider; er überließ sich ganz seinen romantischen Träumen, die er im überquellenden Stil seiner Bauwerke verdinglichte; er benutzte Architektur und Kunst, um private Stimmungseffekte auszulösen. Er war ein Großmeister der Illusion; Schein hieß seine Lust. Wagners Musik berauschte ihn wie eine Droge. »Man weiß, wie diese rauschhafte Beziehung dann zerbrach. Ludwig hatte ihn überschüttet mit Geld, mit Gold, mit Häusern und sehr großen Gehältern. Es wurde sogar in München ein gewaltiges Festspielhaus geplant. Des Königs Verschwendung für Wagner wurde zum öffentlichen Ärgernis. Politisches kam noch hinzu. Wagner war sehr großzügig im Nehmen. Er war das Genie seiner geistlosen Zeit, und wie alle großen Künstler war er nur an einem interessiert: seinem Werk. Große Naturen sind immer selbstsüchtig. Sie müssen es sein... In der Tiefe ist die Beziehung zwischen Ludwig und Wagner nicht am Geld, auch nicht an der Politik zerbrochen. Eros war schuld. Die Cosima-Geschichte ist bekannt. Natürlich hatte Wagner den König belogen, als er ihm schwur, mit dieser Tochter Franz Liszts, der Frau von Bülow, keine sexuellen Beziehungen zu haben. Sie sei bei ihm nur eine Art Sekretärin. Ach Gott, sehr stark war dieser Magier im alltäglichen Schwindeln nicht. Jedem Filialleiter einer Bank würde heute Überzeugenderes einfallen. Das Intime ist eher banal. Aber für Ludwig brach eine Welt zusammen, als sich der Freundesschwur als Lüge herausstellte. Er war tödlich verletzt. Eine große Liebe, wahrscheinlich die einzig tiefe seines Lebens, brach zusammen. Er hat sich vom Schmerz dieser Enttäuschung nie mehr erholt. Ein erster Bruch wird offenbar. Sein seltsamer Weg nach innen, all seine Fluchten später kommen ganz tief aus der Dynamik dieser Vereinsamung.« (Horst Krüger)[115]

Die Welt war materialistisch; sie zertrat die Träume. Ludwig aber wollte die Grenzen des Menschlichen und Allzumenschlichen überschreiten und in die Phantasiewelt des Gesamtkunstwerkes eintauchen, um sich dort zu verlieren. Am 13. Juni 1886 ertrank er im Starnberger See; sein Arzt starb mit ihm. Gab es einen mörderischen Kampf zwischen beiden? Die abenteuerlichsten Vermutungen haben sich im Laufe der Zeit um diesen dunklen Vorgang gerankt; man sprach von Königsmord, glaubte dunkle Verschwörung am Werk. »Ein schrecklicher Tod, ein tragisches Ende, wie man immer wieder gesagt hat. Es ist wahr. Ich stelle es mir trotzdem als eine Erlösung vor. So oder so. Es muß für ihn wie eine späte Befreiung von einer furchtbaren, tiefen Qual gewesen sein. Sein Leben ist ja nur auf der Vorderseite glanzvoll und strahlend gewesen. Auf der Rückseite muß es eine verborgene, sehr komplizierte Leidensgeschichte gewesen sein. Die Wunde des Gurnemanz, blutend, und Parsifals Sehnsucht nach Erlösung. Man ist nicht ganz falsch beraten, wenn man heute Richard Wagners letzte Oper als Ludwigs Seelengeschichte deutet.«[116]

Da er so ganz dieser Welt entrückt war, konnten die in dieser Welt verstrickten, von Entbehrungen heimgesuchten Massen sich in ihren Sehnsüchten mit ihm identifizieren. Er stand jenseits der Misere des Alltags; diejenigen »da drunten« sahen in ihm einen weltlichen Heiland, dessen Unglücklichsein mit dem eigenen Elend auf sublimierter Ebene versöhnte. So mag auch in der Wohnküche des Münchner Maurers H. eines der weitverbreiteten, billigen reproduzierten Bilder Ludwigs II. gehangen haben. H. ist 37 Jahre alt, von kräftiger Gestalt; seine Frau, persönlich ordentlich, versteht es nicht, ihrer Häuslichkeit ein einigermaßen wohnliches Aussehen zu geben. Die vier Kinder von neun, sieben, vier und zwei Jahren sehen sehr blaß, außerdem recht schmutzig aus; ein weiteres Kind starb, als es fünf Jahre alt war. Die Familie wohnt im ersten Stock eines älteren Hauses und teilt diesen mit einer anderen Partei. In zwei nebeneinandergelegenen kleinen Räumen muß sich das ganze Familienleben abspielen. Kochzimmer und Schlafzimmer sind kleine Räume, die, mit je einem Fenster versehen, in den Hof blicken. Auf dem Herd stehen die Kochtöpfe, im Waschschaft daneben liegt eingeseifte Kinderwäsche; auf einer durch das Zimmer gespannten Leine hängen nasse Wäschestücke. In einem Bett nahe dem Herd liegt die siebenjährige Tochter mit rheumatischen Schmerzen; sie muß den feuchten Wäschedunst und die vom Herde strömenden Dämpfe einatmen. Die zwei noch nicht schulpflichtigen Kinder spielen am Boden; auf einer Bank vor dem Tisch am Fenster sitzt der jetzt arbeitslose Mann müßig. Das anstoßende Schlafzimmer ist mit Möbeln überfüllt, obwohl nur zwei Betten darin stehen. Für die sechsköpfige Familie gibt es überhaupt nur drei Betten und ein Sofa zum Schlafen. Im Jahr hat die Familie 1342 Mark Einkommen; das reicht fürs Nötigste; Ersparnisse werden nicht gemacht; für die Nähmaschine sind noch Abzahlungen zu leisten. Der Maurer H. zahlt regelmäßig seine Versicherungsbeiträge, ebenso seine Beiträge für den Arbeiterverein und die Gewerkschaft. Beim Essen muß sich die Familie einschränken. An Fleischnahrung kommt auf jeden Tag knapp ein halbes Pfund, das im wesentlichen vom Vater, der in den meisten Monaten mittags nach Hause kommt, in Anspruch genommen wird, so daß die Kinder wohl ganz auf Fleischnahrung verzichten müssen. Aber auch Milch, Eier, Butter und andere Fette fehlen. Hauptnahrung sind Brot, Kaffee-Ersatz und sehr einfache Mehlspeisen. Der Mann pflegt, wenn er Arbeit hat, die Brotzeiten in der Kantine seiner Arbeitsstätte einzunehmen und da durchschnittlich 29 Pfennig auszugeben. Der Posten »Vergnügungen« fehlt in den Ausgabebüchern der Familie gänzlich. Auch der Posten »Verkehrsmittel« beträgt nur 20 Pfennig, da keine Ausflüge unternommen werden. Selbst das Weihnachtsfest hat nur etwa 3,50 Mark in Anspruch genommen. Die Ausgaben für Zeitungen und andere Kulturbedürfnisse sind gering.[117]

Ludwig II. hat die Zimmerfluchten in Linderhof, Herrenchiemsee, Neuschwanstein, Schloß Nymphenburg kaum bewohnt. Meistens pflegte er nach 18 Uhr erst aufzuwachen, gegen 19 Uhr wurde gefrühstückt, um Mitternacht zu Mittag gegessen, danach ausgeritten. Die Bauern staunten, wenn der König im weißen Hermelin, prächtig wie zu einem Kostümfest, daherkam. Wie ein Magnet zog er die Vorstellungen der »Enteigneten« auf sich; er verhieß kulturelle Freisetzung. Er verkörperte die Botschaft, daß Reichtum nicht glücklich macht. Er durchlitt die Qualen des Materialismus; so fühlten diejenigen, die am Materialismus nicht teil hatten, in ihren Qualen sich befriedet. Des Königs Wähnen fand keinen Frieden; er war glückloser als seine Untertanen; da waren diese nicht mehr so unglücklich.

Erich Heckel: Friedrich Nietzsche (1905)

Nach zehnjähriger Einsamkeit im Gebirge beschließt Zarathustra, zu den Menschen zurückzukehren und ihnen seine Botschaft zu verkünden. Rein ist sein Auge, und an seinem Munde birgt sich kein Ekel. Er geht daher wie ein Tänzer. Zum Volke spricht er: »Ich lehre euch den Übermenschen. Der Mensch ist etwas, das überwunden werden soll. Was habt ihr getan, ihn zu überwinden? Alle Wesen bisher schufen etwas über sich hinaus: und ihr wollt die Ebbe dieser großen Flut sein und lieber noch zum Tiere zurückgehn, als den Menschen überwinden? Was ist der Affe für den Menschen? Ein Gelächter oder eine schmerzliche Scham. Und ebendas soll der Mensch für den Übermenschen sein: ein Gelächter oder eine schmerzliche Scham. Ihr habt den Weg vom Wurme zum Menschen gemacht, und vieles ist in euch noch Wurm. Einst wart ihr Affen, und auch jetzt noch ist der Mensch mehr Affe, als irgendein Affe. Wer aber der Weiseste von euch ist, der ist auch nur ein Zwiespalt und Zwitter von Pflanze und von Gespenst. Aber heiße ich euch zu Gespenstern oder Pflanzen werden? Seht, ich lehre euch den Übermenschen!«[118]

Friedrich Nietzsches »Also sprach Zarathustra« (erschienen 1883–1885) ist ein Buch für »alle und keinen«. Für alle, die an den Qualen des Materialismus leiden. Keiner wird davon erlöst werden, wenn er nicht der Lehre des Übermenschen folgt; was auf dem Gipfel gefunden wurde, muß nun im Tal praktiziert werden: »Ich beschwöre euch, meine Brüder, bleibt der Erde treu und glaubt denen nicht, welche euch von überirdischen Hoffnungen reden! Giftmischer sind es, ob sie es wissen oder nicht. Verächter des Lebens sind es, Absterbende und selber Vergiftete, deren die Erde müde ist: so mögen sie dahinfahren! Einst war der Frevel an Gott der größte Frevel, aber Gott starb, und damit starben auch diese Frevelhaften. An der Erde zu freveln ist jetzt das Furchtbarste und die Eingeweide des Unerforschlichen höher zu achten, als den Sinn der Erde.«[119]

Hymnisch verkündet der Übermensch, daß das Diesseitige zählt, wenn es aus dem Gebirge kommt. Der Weg muß von Sitara zurück nach Ardistan führen. Ein gefährlicher Pfad! »Der Mensch ist ein Seil, geknüpft zwischen Tier und Übermensch – ein Seil über einem Abgrunde. Ein gefährliches Hinüber, ein gefährliches Auf-dem-Wege, ein gefährliches Zurückblicken, ein gefährliches Schaudern und Stehenbleiben. Was groß ist am Menschen, das ist, daß er eine Brücke und kein Zweck ist: was geliebt werden kann am Menschen, das ist, daß er ein Übergang und ein Untergang ist.«[120] So liebt Zarathustra diejenigen, die nicht erst hinter den Sternen einen Grund suchen, unterzugehen und Opfer zu sein, sondern die sich der Erde opfern, daß die Erde einst des Übermenschen werde. Er liebt diejenigen, die arbeiten und erfinden, die ihre Seelen verschwenden, die goldene Worte ihren Taten vorauswerfen, aber immer noch mehr halten als sie versprechen. »Es ist an der Zeit, daß der Mensch sich sein Ziel stecke. Es ist an der Zeit, daß der Mensch den Keim seiner höchsten Hoffnung pflanze. Noch ist sein Boden dazu reich genug. Aber dieser Boden wird einst arm und zahm sein, und kein hoher Baum wird mehr aus ihm wachsen können.«[121]

Zarathustra attackiert die allseits respektierten Wertbereiche – Dichtung, Wissenschaft, Kirche, Staat. Seine Kritik gilt nicht so sehr abstrakten Wesenheiten, sondern den durch sie deformierten Menschen mit ihrer Einseitigkeit, Falschheit, Kleinlichkeit; sie sind das Produkt eines lebensfeindlichen Kulturideals und entleerter Werte. Im Lande der Bildung überkommt ihn großes Grauen. Nie sah sein Auge so etwas Buntgesprenkeltes. Er lacht, während der Fuß ihm noch zittert und das Herz dazu. »Hier ist ja die Heimat aller Farbentöpfe!«

Die zornige Vagheit geht konkreten Beispielen aus dem Weg. Doch hat Nietzsche, der mit der Gründung des Zweiten Deutschen Reiches die Exstirpation des deutschen Geistes eingeleitet sah, die Epigonen, die Angepaßten, die Affirmativen, die Eklektiker im Visier. Das Psychogramm des Kapitalismus und Materialismus zeigt: Menschen sind zu Hülsen, Personen zu Attrappen geworden. »Mit fünfzig Klexen bemalt an Gesicht und Gliedern: so saßet ihr da zu meinem Staunen, ihr Gegenwärtigen! Und mit fünfzig Spiegeln um euch, die eurem Farbenspiele schmeichelten und nachredeten! Wahrlich, ihr könntet gar keine bessere Maske tragen, ihr Gegenwärtigen, als euer eignes Gesicht ist! Wer könnte euch – erkennen! Vollgeschrieben mit den Zeichen der Vergangenheit, und auch diese Zeichen überpinselt mit neuen Zeichen: also habt ihr euch gut versteckt vor allen Zeichendeutern! Und wenn man auch Nierenprüfer ist: wer glaubt wohl noch, daß ihr Nieren habt! Aus Farben scheint ihr gebacken und aus geleimten Zetteln. Alle Zeiten und Völker blicken bunt aus euren Schleiern; alle Sitten und Glauben reden bunt aus euren Gebärden. Wer von euch Schleier und Überwürfe und Farben und Gebärden abzöge: gerade genug würde er übrig behalten, um die Vögel damit zu erschrecken. Wahrlich, ich selber bin der erschreckte Vogel, der euch einmal nackt sah und ohne Farbe; und ich flog davon, als das Gerippe mir Liebe zuwinkte.«[122]

Die Wirklichen, das sind die Unglaubwürdigen; ihr Wachsein ist voller Geschwätz; ihre Realität ist wert, daß sie zugrunde geht. Zum Lachen sind die Gegenwärtigen! Jede Sehnsucht wird von ihnen enttäuscht. Heimat findet nicht statt. Zarathustra ist bei den Gegenwärtigen aus Vater- und Mutterländern vertrieben; so hofft er auf das Kinder-Land, das unentdeckte, im fernsten Meer; nach ihm heißt er seine Seele suchen und suchen. »An meinen Kindern will ich es gutmachen, daß ich meiner Väter Kind bin: und an aller Zukunft – *diese* Gegenwart.«[123]

»Also sprach Zarathustra« ist ein Gesamtkunstwerk: Die Philosophie hat sich der Musik verbunden, die Sprache tanzt, Pathos überwölbt den Gehalt. Zugleich soll die abgehobene Esoterik des Gesamtkunstwerkes durchbrochen werden: Es geht um Gestaltung des Da-Seins, es geht um Menschenformung, Erziehung; es geht um die Umwertung der Werte. Die Absage an den Ästhetizismus wird vollzogen – durch hin- und fortreißende Sprachästhetik. Rhapsodisch wird der Romantik der Romantizismus ausgetrieben; Gipfelworte sollen den Weg zur Ebene weisen. Das Werk zerbricht an seiner Ambivalenz. Faszinierend jedoch der äquilibristische Akt, das Balancieren zwischen Jenseitigem und Diesseitigem.

Die Qualen des Materialismus entbinden ein grandioses Lachen. Von ihm erwartet Nietzsche Letztes, als ob davon die Rettung der Menschheit abhinge. »Vielleicht«, schreibt er in »Jenseits von Gut und Böse«, »daß, wenn auch nichts von heute sonst Zukunft hat, doch gerade unser Lachen noch Zukunft hat.«

Das Lachen ist das Lachen der Entspannung; es macht deutlich: Der Mensch ist nun von der Furcht befreit; das vor Angst zitternde, zusammengekrümmte Wesen schnellt empor, entfaltet sich weit, indem es lacht. Im Lachen überwindet der Mensch die Qualen des Materialismus. »So platzt im Gelächter Neues auf, werden in subversiver Plötzlichkeit alle Sicherheitsvorkehrungen gegenüber dem nicht schon Erwartbaren außer Kraft gesetzt; so artikuliert sich im Lachen der Triumph auch einer Selbstüberlistung, in der sich, nach Nietzsches Auffassung, der Mensch, sich selber übersteigend, selber abschüttelt. Wer wirklich lacht, lacht über sich selbst: ›Über sich selber lachen, wie man lachen müßte, um aus der *ganzen* Wahrheit herauszulachen‹ (›Die fröhliche Wissenschaft‹). In dem ›Versuch einer Selbstkritik‹ zur ›Geburt der Tragödie aus dem Geiste der Musik‹ fordert Nietzsche, das Lachen als ›Kunst des diesseitigen Trostes‹ zu erlernen. Dabei erhält es geradezu metaphysische Dignität. Im Menschenlachen scheint etwas von der Göttlichkeit jener Götter gerettet, von denen es im ›Zarathustra‹ heißt, sie hätten sich zutode gelacht über die Anmaßung des einen, keine andern zuzulassen neben sich: ›Und alle Götter lachten damals und wackelten auf ihren Stühlen und riefen: Ist das nicht eben Göttlichkeit, daß es Götter, aber keinen Gott gibt?‹ Insofern ist das Lachen die selbstherrliche Antwort auf den proklamierten Tod Gottes.« (Christiaan L. Hart-Nibbrig)[124]

Das Lachen Nietzsches hat zwei Ebenen. Auf der einen ist es Ausdruck des triebhaft enthemmten Übermenschen, der (wie der Prototyp des kapitalistischen Unternehmers) rücksichtslos dem gefährlichen Leben sich verschreibt, voll beflügelt vom Pathos der Überheblichkeit. Auf der anderen wird ein solcher Lebensentwurf durch Lachen selbst ad absurdum geführt: Das Subjekt wird in seiner maßlosen Überheblichkeit relativiert und in seinem Subjektivismus demontiert. Im Lachen vollzieht sich die »Dezentralisierung« des Subjekts, letztlich seine Abschaffung angesichts seiner Übersteigerung. Dionysische Euphorie, Raserei des Lachens, bewirkt Selbst-Vergessenheit; die Individuation als Urgrund des Übels wird getilgt. Der Leib ist im Lachen, das ihn schüttelt, momentweise freigesetzt von der rationalen Kontrolle des Ich, kopflos. Indem man über sich selbst lacht, wird dem Körper zurückgegeben, was ihm der Geist entzogen hat: Fliehkraft, Flugkraft. Die Sinnlichkeit des Lachens verbindet das Droben mit dem Drunten; der Materialismus wird durchgeschüttelt, seiner Schwerkraft enthoben. Wer lacht, kann die Beute nicht in die Zähne schlagen; wer lacht, kann sich nicht gleichzeitig vollfressen. Die befreiende Lust kopflosen Lachens widerlegt die Gefräßigkeit des in der Wirklichkeit befangenen Handelns. Schlingende Gier verschluckt sich beim Lachen. Freilich gelingt es den rauschhaft-anarchistischen Gedanken Nietzsches nicht, das Lachen »aufzuklären«, in ein kritisch-gelassenes Lachen umzuwandeln.

Das Lachen Zarathustras trägt zwar vom Psychodrom des Materialismus hinweg; aber solche Kopf-Losigkeit gibt keine klare Richtung; bewirkt allerdings Katharsis. Erst die Synthese von »Kopf und Leib« hätte dieser Epoche, die der Materialismus zerquälte, einen Ausweg erschlossen. Aber auch Nietzsche wußte nicht, wie man die auseinanderstrebenden Tendenzen hätte zusammenführen können. Erbarmungsloser Konkretismus auf der einen Seite, romantischer Wirklichkeitsentzug auf der anderen. Die Obsessionen materialistischer Weltanschauung korrespondierten mit wahnhaften ästhetischen Fluchtbewegungen. Geist wurde als Widersacher der Seele bekämpft; ornamentale Seelenhaftigkeit kaschierte sozial-darwinistisch bestimmtes Handeln. Ekstatischer Tanz auf dem Vulkan; Liebe zur Geometrie. Höchste Triumphe der Rationalität; Angst vor der vernichtenden Kälte der Vernunft. Élan vital; Todessehnsucht. Die bittere Erkenntnis blieb: der Traum kein Leben; im Leben kein Platz für Träume. In dieser Epoche hat das Denken nicht gelacht, das Lachen nicht gedacht.

Laboratorien der Modernität oder: Die schöne Welt der Décadence

Die Charaktere, die die Kultur des Wilhelminismus zu einem Laboratorium der Modernität machen, betreten die Bühne der Geschichte um die Mitte des 19. Jahrhunderts; sie bereiten vor, was später zur vollen Ausprägung gelangt; ein ruheloses Suchen, das den kopernikanischen Umwälzungen der Jahrhundertwende vorangeht. Einen dieser frühen Vorläufer fortschrittsorientierter Sensibilität nannte Heinrich Heine in einem Brief an Karl August Varnhagen von Ense vom 3. Januar 1846 »eine Vereinigung von Wissen und Können, von Talent und Charakter. Herr Lassalle ist nun einmal so ein ausgeprägter Sohn der neuen Zeit, der nichts von jener Entsagung und Bescheidenheit wissen will, womit wir uns mehr oder minder heuchlerisch in unserer Zeit hindurchgehungert und hindurchgefaselt. – Dieses neue Geschlecht will genießen und sich geltend machen im Sichtbaren; wir, die Alten, beugten uns demütig vor dem Unsichtbaren, haschten nach Schattenküssen und blauen Blumengerüchen, entsagten und flennten und waren doch vielleicht glücklicher als jene harten Gladiatoren, die so stolz dem Kampftode entgegengehen. Das tausendjährige Reich der Romantik hat ein Ende, und ich selbst war sein letzter und abgedankter Fabelkönig.«[125]

Das Sichtbare: Die Welt war ein Bauplatz, auf dem man schwindelerregende Zukunftsbauten projektierte. Voller Mut begann man das Luftgeschäft rasanten Fortschritts, von dem man nicht wußte, ob es zum Aufstieg oder Absturz führen würde. Ferdinand Lassalle nahm die moderne Nervosität vorweg, die später die Gründerjahre bestimmte; er war Prototyp einer Mentalität, die gleichermaßen sich die Zukunft zu erobern trachtete, wie sie an den aus ihr aufsteigenden Bedrohungen litt. In einem Tagebucheintrag (April 1841) des damals 16jährigen Lassal (die französische Schreibweise seines Namens nahm er erst nach seinem Pariser Aufenthalt 1846 an) wird von einem Gespräch zwischen Sohn und Vater berichtet. Der Vater fragt, warum er nicht Medizin oder Jura studieren wolle. »Der Arzt wie der Advokat«, entgegnet Lassal, »sind Kaufleute, die mit ihrem Wissen Handel treiben...« Der Vater fragt, ob er nicht glaube, ein Dichter zu sein. »Nein«, antwortet er, »aber ich will mich der publizistischen Sache widmen.« Jetzt sei die Zeit, in der man um die heiligsten Zwecke der Menschheit kämpfe. Der Vater warnt den Sohn vor dem Märtyrertum. Doch der Sohn ist zur Mission entschlossen. »Warum? Weil Gott mir die Stimme in die Brust gelegt, weil Gott mir die Kraft gegeben, ich fühle es, die mich befähigt zum Kampfe! Weil ich für einen edlen Zweck kämpfen und leiden kann! Weil ich Gott um die Kräfte, die er mir zu bestimmtem Zweck gegeben, nicht betrügen will! Weil ich, mit einem Wort, nicht anders kann!«[126]

Die Selbstinszenierung, wie sie die Protagonisten der Modernität auszeichnet, ist hier bereits perfekt. In vielen Rollen, als Publizist, Dichter, Philosoph, Jurist, schließlich als Arbeiterführer, hat Lassalle den Kampf »für die edelsten Zwecke auf edelste Weise« geführt. Affären und Liebesabenteuer gaben dem Klatsch der Biedermeierzeit immer neue Nahrung – und seiner Person die Aura des »Menschlichen«. Immer blieb er, der Salons, Gefängnisse und (vorwiegend geistige) Barrikaden recht gut kannte, im Gespräch. Es war ein Leben, das als »großer Versuch« angelegt war: Von der Reifeprüfung in Breslau, die man den aufsässigen Schüler zunächst nicht bestehen ließ, über das Studium in Breslau und Berlin bis hin zum Pariser Aufenthalt, von Verhaftungen und Prozessen in Düsseldorf, der Übersiedlung nach Berlin (dem Höhepunkt der schriftstellerischen Tätigkeit) bis zu der Gründung und Leitung des »Allgemeinen Deutschen Arbeitervereins« und dem Duell im Gehölz von Carrouge nahe Genf (1864). Vom Ende her werden die Paradoxien dieses Lebens besonders deutlich: Ein antibürgerlicher, undogmatischer Sozialist, der selbst einen Bismarck zu interessieren vermochte, entflammt für ein launisches, verwöhntes und extravagantes Mädchen, Helene von Dönniges; er will, obwohl von ihrer »Flatterhaftigkeit« enttäuscht – »verworfene Dirne« nennt er sie sogar –, bürgerlich um sie werben. Der wütend nachgeeilten Mutter übergibt er ritterlich ihr Kind, Hutten und Marie im Sinn (1858 hatte er die historische Tragödie »Franz von Sickingen« verfaßt). »Aber die Dönniges sind keine Sickingen und er ist kein Hutten, sondern ein Roter und ein Jude, und beides ist für den ehrgeizigen Neuadel mit jüdischem Einschlag ein Greuel. Außerdem ist Helene keine Marie: Enttäuscht von Lassalles honorig-starrem Eigensinn gibt sie den vereinten Pressionen der Familie nach und sagt sich von ihm los.«[127] Lassalle will solche Schmach rächen. Der Vater fühlt sich fürs Duell zu alt; der blutjunge, schwindsüchtige Student Janko von Racowitz, für die Ehe mit Helene vorgesehen, übernimmt die Verteidigung der Familienehre und schießt Lassalle in die Genitalien (ein Jahr später stirbt er selbst in Bologna). Lassalle war in dieser Zeit bereits »verbraucht«: zermürbt vom Bemühen, die Solidarität der Arbeiterschaft herzustellen, enttäuscht über manches publizistische Fehlschlagen, Sophie von Hatzfeldt, der Freundin über zwei Jahrzehnte (deren Scheidungs- und Abfindungsprozesse er geführt hatte) entfremdet; vor allem aber war seine Gesundheit zerrüttet, nicht zuletzt durch die Syphilis, die er sich 1847 zugezogen hatte.

Lassalle war ein leidenschaftlicher Sozialist. Die Kapitalisten standen ihm mit ihrem Elan nicht nach. In der Zeit zwischen 1830 und 1900, da die Industrialisierung das Leben der Menschen radikaler als je zuvor veränderte und ein neuer Lebensrhythmus um sich griff, sind viele Biographien à la Lassalle anzutreffen. Die Epoche ist eine solche zupackender Vitalität; man vertraut darauf, daß in den Laboratorien der Modernität die Rezepte für die Zukunft gefunden, den gegenwärtigen wie zukünftigen Generationen zur endgültigen Unterwerfung der Natur in die Hand gegeben werden können.

»Gründer« machen Geschichte. Oft genug aus kleinen Verhältnissen aufsteigend, errichten sie, fleißig wie ingeniös, Imperien wirtschaftlicher Macht. Zum Beispiel Johann Sigmund Schukkert. Er wurde als Sohn eines Büttnermeisters 1846 in Nürnberg geboren. Bald erkannte er die Bedeutung der Elektrotechnik; schon als Schüler hatte er ein physikalisches Kabinett mit einer Elektrisiermaschine, großen und kleinen Leydener Flaschen und einer Luftpumpe mit Magdeburger Halbkugel besessen. Während der Lehrzeit nutzte er den Sonntag mit großem Eifer für die verschiedensten Fortbildungsmöglichkeiten. Nach der Wanderschaft als Geselle arbeitete er in Hamburg in einer optisch-astronomischen Werkstätte. Er begann Englisch zu lernen und schloß sich 1869 dem Auswandererstrom nach Amerika an. Zielbewußt baute er im »Land der unbegrenzten Möglichkeiten« seine Kenntnisse aus, arbeitete unter anderem in der Telegraphenbauanstalt von Thomas Edison. Als 1873 in Wien eine große Weltausstellung stattfand, zog es ihn zurück nach Europa; ihn interessierte diese Musterschau der neuesten Entwicklungen in der Technik und der sich entfaltenden industriellen Produktion. Der schlechte Gesundheitszustand seiner Eltern bewog ihn, in Deutschland zu bleiben. In Nürnberg ließ er sich als selbständiger Mechaniker nieder. Experimente und physikalische Demonstrationen begleiteten seinen Aufstieg; bereits 1875 gelang es Schuckert, das Kriegerdenkmal bei dessen Enthüllung elektrisch zu beleuchten. 1878 illuminierte er das königliche Schloß Linderhof in Bayern. 1882 installierte er die erste elektrische Straßenbeleuchtung in Nürnberg. 1885 erhielt er von König Ludwig II. den Titel eines Kommerzienrats. Im selben Jahr heiratete er; seine Frau wuchs schnell in die Rolle der Fabrikantengattin hinein, kümmerte sich neben ihren Repräsentationspflichten um in Not geratene oder bedürftige Betriebsangehörige. Am 7. September 1895 starb Schuckert, ein Pionier der deutschen Elektroindustrie, der zeitlebens ein Handwerker geblieben war.

Im September 1825 trat der 21jährige August Borsig in die Neue Berliner Eisengießerei ein, die alles, was sich mit Dampf antreiben ließ, herstellte: Bügelmaschinen, Häckselmaschinen, Dreschmaschinen. Er konzentrierte sich von Anfang an auf die Probleme der Dampfmaschine und wußte bald mehr darüber als jeder andere Geselle. Sein Chef stellte ihm eineinhalb Jahre nach dem Eintritt folgendes Zeugnis aus: »Herr August Borsig, gebürtig aus Breslau, hat sich seit September 1825 bei mir im Maschinenbau geübt und waren seine Fortschritte von der Art, daß ich ihm schon im nächsten Jahr die Aufstellung einer großen Dampfmaschine anvertrauen konnte, welche er, so wie auch alles, was er bis jetzt bei mir in Metall gearbeitet, modelliert und gezeichnet hat, zu meiner vollkommenen Zufriedenheit ausführte. Sein sittliches Betragen und Fleiß waren höchst lobens- und empfehlenswert.«[128]

Borsig ließ sich bald selbst als Unternehmer nieder. Er spezialisierte sich auf den Bau von Lokomotiven und konnte sich gegenüber vielfältiger Konkurrenz durchsetzen; um von Zulieferern unabhängig zu werden, errichtete er 1847–1849 das modernste Eisenwerk Berlins. Ein Besucher notierte: »Diese Fabrik ist das großartigste Institut Deutschlands, vielleicht auch Europas, und sehr sehenswert. Beim Eintritt in den Hof sieht man zuerst einen großen Turm, worin eine Nische eingemauert ist, in welcher ein Schmied, in Bronze gegossen, steht. Borsig wurde aufgefordert, die Statue unseres Königs dorthin zu stellen, er soll aber gesagt haben: ›Hier paßt kein König her, hier ist der Schmied König!‹ Ich begann meine Wanderung in der Fabrik selbst. Zuerst sieht man ungefähr fünfzehn Schornsteine, welche teilweise den Rauch aus der Schmiede ableiten, teilweise auch zu den drei kolossalen Dampfmaschinen gehören, welche das ganze Werk in Bewegung setzen. Der Hofraum mit den vielen Gebäuden und Schornsteinen scheint eine kleine Stadt zu bilden. Das erste Gebäude ist eine Schmiede, eine große Halle, deren Ende man kaum ersieht. Hier arbeiten 300 Schmiede an 750 Feuern. Es sieht so sauber aus, als wenn Frauenarbeit hier gemacht würde. Eine Dampfmaschine setzt das Räderwerk

Ferdinand Lassalle. Dreißigster Todestag (»Der wahre Jakob«, 1894)

in Bewegung, so daß viele hundert Hände, die sonst das Feilen, Bohren usw. besorgen müßten, unnötig werden. Von hier kommt man in eine ebensolche Halle, wo ebenso viele Schlosser arbeiten; dieselbe Ordnung, dieselbe Reinlichkeit, von dort in ein großes Gebäude, dessen Dach von Glas, dessen Gebälk von Eisen ist; letzteres ist ein Kunstwerk und das erste, welches Berlin aufzuweisen hat... In diesem ungeheuren Raume stehen etwa 15 Lokomotiven fertig zum Abnehmen; dies ist ein großartiger Anblick.«[129]
Anfang Juli des Jahres 1854 wurde die 500. Lokomotive ausgeliefert; kurz darauf starb Borsig. Der Sohn führte das Unternehmen erfolgreich weiter. Hatte man für die ersten tausend Lokomotiven 18 Jahre gebraucht, so wurde das zweite Tausend in nur zehn Jahren, das dritte Tausend gar nur in fünf Jahren produziert. Die beiden ersten Hochöfen wurden 1865 angeblasen; sieben Jahre später wurde das erste deutsche Stahlwerk eröffnet. »Der vom Erfolg verwöhnte Erbe wurde Kunden gegenüber zunehmend schroffer, in seinem Lebensstil aber immer feudaler. Als er 32 Jahre alt war, heiratete Albert Borsig die zwanzigjährige Tochter Anna des Rittergutsbesitzers Paul Guticke aus Wellna in der Provinz Posen. Als standesgemäßen Familienbesitz kaufte er von dem königlichen Regierungsassessor a.D. Graf von Itzenplitz das ausgedehnte Rittergut Groß-Behnitz im Kreis Westhavelland. Doch damit machte er sich den preußischen Handelsminister, einen Bruder des in finanzielle Schwierigkeiten geratenen Verkäufers, zum erbitterten Feind. Der Minister war es dann auch, der im Verein mit dem Eisenbahngründer Strousberg den Berliner Maschinenbauer Louis Schwartzkopff veranlaßte, Borsig mit eigenen Lokomotiven Konkurrenz zu machen. Der frischgebackene Rittergutsbesitzer scherte sich wenig darum, denn er war gerade dabei, für Groß-Behnitz einen eigenen Bahnhof zu errichten. Die Magdeburg-Halberstädter Eisenbahngesellschaft sollte nach seinen Vorstellungen die Linie von Lehrte nach Berlin just bei seinem Rittergut mit einer Haltestelle ausstatten. Auch die elterliche Villa im Arbeiterviertel Moabit genügte ihm nun nicht mehr, und er ließ sich deshalb in der nobelsten Wohngegend Berlins, direkt am Wilhelmsplatz, auf einem Eckgrundstück, das er dem Fürsten Pless abgekauft hatte, von dem Architekten Fritz Wolff ein standesgemäßes Stadtpalais errichten. Den reichen Skulpturenschmuck der Außenfassade schufen die bekanntesten Bildhauer der Stadt, und die Inneneinrichtung übertraf zumindest den

Albert Borsigs Taufrede zur 1000. Lokomotive (1858)

Kosten nach alles, was damals gerade in Berlin gebaut wurde. Weil der Hausherr seine Wünsche immer wieder änderte, zogen sich die Bauarbeiten über drei Jahre hin. Albert Borsig sollte ihr Ende nicht mehr erleben, denn auch er litt wie schon sein Vater an einer Herzkrankheit. Am 10. April 1878 erlag er, keine 50 Jahre alt, seinem Leiden.«[130]

1811 baute Friedrich Krupp in Essen, damals eine Stadt von 3480 Einwohnern, seinen ersten Eisenschmelzofen. Er hatte ein neues Verfahren zur Herstellung von Gußstahl erfunden, den er, in einer dem englischen Stahl gleichwertigen Qualität, in kleinen Mengen fabrizierte. Alfred Krupp, der älteste Sohn, machte aus dem kleinen Unternehmen eine bedeutende Gußstahlfabrik, wobei die Gründung des Zollvereins (der 1834 einen einheitlichen deutschen Markt geschaffen hatte) sowie der ungeheuere Bedarf des Eisenbahnbaus die Entwicklung begünstigten. Krupp gelang die Herstellung nahtloser Räder; er lieferte das Material für Lokomotiven und Waggons, Achsen, Federn und Kolbenstangen aus Tiegelstahl, später Eisenbahnschienen und Schiffswellen aus Bessemerstahl. Er erwarb Kohlenzechen und Eisenerzgruben; durch eigene Hochöfen sicherte er seinem Werk die Rohstoffgrundlage und schuf damit ein Beispiel vertikaler Konzentration, die in der Lage war, die modernsten Einrichtungen der Fabrikationstechnik zu übernehmen oder Maschinen selbst zu entwickeln. 1851 erzeugte die Firma Krupp, die damals 700 Arbeiter beschäftigte, ein Gußstahlgeschützrohr von bisher unerreichter Größe und einen schweren Gußstahlblock, gegossen aus 98 Tiegeln, von einer Dimension, die in England Staunen erregte. 1857 waren bereits 1200 Mann bei Krupp beschäftigt; 1859 ging die erste große Bestellung der preußischen Regierung für 300 Feldgeschütze ein. Für die Verformung schwerer Schmiedestücke wurde 1861 der Dampfhammer »Fritz« mit einem Fallgewicht von tausend Zentnern aufgestellt; 1862/63 baute Krupp das erste Bessemer-Stahlwerk des Kontinents. Als Alfred Krupp 1887 starb, waren allein in der Gußstahlfabrik 21000 Arbeiter beschäftigt.[131] Das Werk wurde durch seinen Sohn Friedrich Alfred vergrößert, der 1890 die Herstellung von Panzerplatten aufnahm. – Kurz vor dessen Tod hatte der »Vorwärts« den Artikel »Krupp auf Capri« veröffentlicht (15.11.1902), als ein »kapitalistisches Kulturbild krassester Färbung« – zugleich mit der Absicht, den Paragraphen 175

Gußstahlerzeugnisse von Krupp
auf der Londoner Allgemeinen Industrieausstellung (1862)

aus dem deutschen Strafgesetzbuch zu entfernen, der nicht nur das Laster treffe, sondern auch die »unglückselige Veranlagung sittlich fühlender Personen« zu ewiger Furcht verdamme und sie zwischen Gefängnis und Erpressung in endloser Bedrohung festhalte. »Der Geheime Kommerzienrat Krupp, Mitglied des preußischen Herrenhauses, der reichste Mann Deutschlands, dessen jährliches Einkommen seit den Flotten-Vorlagen auf 25 und mehr Millionen gestiegen ist, der über 50000 Arbeiter und Angestellte in seinen Betrieben unterhält, in denen das Zentrum der völkermordenden Kriegstechnik liegt, Herr Krupp, den die fremden Fürsten und Staatsmänner zu besuchen pflegen, wenn sie Deutschland durchreisen, gehört zu jenen Naturen, für die der § 175 eine stete Qual und Bedrohung bedeuten würde, wenn nicht auf diesem Gebiete die Gerechtigkeit in Anerkennung der Bedenklichkeit der gesetzlichen Bestimmung die Binde nur selten von den Augen nimmt. Unter dem Einfluß der kapitalistischen Macht kann eine unglückliche Veranlagung, die den Besitzlosen niederdrückt oder gar zerschmettert, zu einem Quell der Korruption werden, die dann aus einem persönlichen Schicksal eine öffentliche Angelegenheit gestaltet. Es ist bekannt, daß Herr Krupp seit einiger Zeit auf Capri, der Insel des Kaisers Tiberius, am Südeingang zum Golf von Neapel, eine Villa besaß. In den illustrierten Blättern des Scherlschen Betriebs konnte man Bilder sehen, die bewiesen, daß der Mann auch in seiner Capri-Muße nicht rastete, sondern als Wegebaumeister wunderbare Straßen ausführen ließ und sonst seinen Unternehmerfleiß rastlos betätigte. Aber Krupp hat sich nicht Capri gewählt, um die Insel mit Straßen zu beglücken, sondern weil das italienische Strafgesetzbuch keinen besonderen § 175 kennt. In seiner verschwenderisch ausgestatteten Villa – wir geben nur einige der notwendigsten Einzelheiten wieder, die unser italienischer Korrespondent uns berichtet – huldigt er mit den jungen Männern der Insel dem homosexuellen Verkehr.«

Nach der Beisetzung des kurz darauf verstorbenen Krupp hielt dann Wilhelm II. (am 26.11.1902) vor der Presse, den Mitgliedern des Direktoriums der Kruppschen Werke und den Vertretern der Arbeiterschaft eine Ansprache, in der er auf den »Vorwärts«-Artikel einging: Eine Tat sei in den deutschen Landen geschehen, so niederträchtig und gemein, daß sie alle Herzen erbeben mache und jedem deutschen Patrioten die Schamröte auf die Wangen treiben müsse über die dem ganzen Volke angetane Schmach. Ein kerndeutscher Mann, der stets nur für andere gelebt, der stets nur das Wohl des Vaterlandes, vor allem aber das seiner Arbeiter im Auge gehabt habe, sei in seiner Ehre angegriffen worden. »Diese Tat mit ihren Folgen ist weiter nichts als Mord; denn es besteht kein Unterschied zwischen demjenigen, der den Gifttrank einem andern mischt und kredenzt, und demjenigen, der aus dem sicheren Verstecke seines Redaktionsbureaus mit den vergifteten Pfeilen seiner Verleumdungen einen Mitmenschen um seinen ehrlichen Namen bringt und ihn durch die hierdurch hervorgerufenen Seelenqualen tötet. Wer war es, der diese Schandtat an unserem Freunde beging? – Männer, die bisher als Deutsche gegolten haben, jetzt aber dieses Namens unwürdig sind, hervorgegangen aus den Klassen der deutschen Arbeiterbevölkerung, die Krupp ebenso unendlich viel zu verdanken hat und von der Tausende in den Straßen Essens mit tränenfeuchtem Blick dem Sarge ihres Wohltäters ein letztes Lebewohl zuwinken. Ihr Kruppschen Arbeiter habt immer treu zu eurem Arbeitgeber gehalten und an ihm gehangen; Dankbarkeit ist in euren Herzen nicht erloschen; mit Stolz habe ich im Auslande überall durch eurer Hände Werk den Namen unseres deutschen Vaterlandes verherrlicht gesehen. Männer, die Führer der deutschen Arbeiter sein wollen, haben euch euren treuen Herrn geraubt. An euch ist es, die Ehre eures Herrn zu schirmen und zu wahren und sein Andenken vor Verunglimpfungen zu schützen.«[132]

Werner Siemens wurde im Jahre 1816 geboren; zusammen mit J.G. Halske gründete er am Vorabend der Revolution von 1848 die »Telegraphenbauanstalt Siemens & Halske«, aus der dann das Haus Siemens hervorging. Er baute die erste große europäische elektrische Telegraphenlinie von Berlin zu dem in Frankfurt am Main tagenden Deutschen Bundestag; sie machte seinen Namen in ganz Europa bekannt. Die Akademie der Wissenschaften in Paris wählte Werner Siemens zu ihrem Mitglied; die Weltausstellung in London 1851 brachte die erste internationale Auszeichnung. 1866 entdeckte Werner Siemens das sogenannte dynamoelektrische Prinzip (was den Bau großer Generatoren ermöglichte, in denen durch die Bewegung von Leiterschleifen in Magnetfeldern mechanische in elektrische Energie umgewandelt wird). 1879 baute er die erste elektrische Eisenbahn.

Wenn er zum Schluß sein Leben überblicke, schreibt Siemens 1892, seinem Todesjahr, und die bedingenden Ursachen und treibenden Kräfte aufsuche, die ihn über alle Hindernisse und Gefahren hinweg zu einer Lebensstellung führten, welche ihm Anerkennung und innere Befriedigung gebracht und ihn überreichlich mit den materiellen Gütern des Lebens versehen hätten, so sei dies dem glücklichen Zusammentreffen vieler Umstände zu danken. »Ein solches glückliches Zusammentreffen war es schon, daß mein Leben gerade in die Zeit der schnellen Entwicklung der Naturwissenschaften fiel, und daß ich mich besonders der elektrischen Technik schon zuwandte, als sie noch ganz unentwickelt war und daher einen sehr fruchtbaren Boden für Erfindungen und Verbesserungen bildete.« Andererseits habe er im Leben auch vielfach mit ganz ungewöhnlichem Mißgeschick zu kämpfen gehabt. Erfolg und Mißerfolg, Sieg und Niederlage hingen vielfach ganz von der rechtzeitigen und richtigen Benutzung der sich darbietenden Gelegenheiten ab. Die Eigenschaft, in kritischen Momenten schnell entschlossen zu sein und ohne lange Überlegungen das Richtige zu tun, sei ihm während seines ganzen Lebens so ziemlich treu geblieben, trotz des ihm eigenen träumerischen Gedankenlebens. »In unzähligen Fällen hat mich diese Fähigkeit vor Schaden bewahrt und in schwierigen Lebenslagen richtig geleitet. Freilich gehörte immer eine gewisse Erregung dazu, um mir die volle Herrschaft über meine geistigen Eigenschaften zu geben. Ich bedurfte ihrer nicht nur, um meinem Gedankenleben entrissen zu werden, sondern auch zum Schutze gegen meine eigenen Charakterschwächen. Zu diesen rechne ich vornehmlich eine allzugroße Gutmütigkeit, die es mir ungemein schwer machte, eine an mich gerichtete Bitte abzuschlagen, einen erkannten Wunsch nicht zu erfüllen, ja überhaupt jemand etwas zu sagen oder zu tun, was ihm unangenehm oder schmerzlich sein mußte. Zu meinem Glück stand dieser, besonders für einen Geschäftsmann und Dirigenten vieler Leute sehr störenden Eigenschaft die andere gegenüber, daß ich leicht erregt und in Zorn versetzt werden konnte. Dieser Zorn, der immer leicht in mir aufstieg, wenn meine guten Absichten verkannt oder mißbraucht wurden, war stets eine Erlösung und Befreiung für mich, und ich habe es oft ausgesprochen, daß mir jemand, mit dem ich Unangenehmes zu verhandeln hatte, keinen größeren Dienst erweisen könnte, als wenn er mir Ursache gäbe, zornig zu werden. Übrigens war dieser Zorn in der Regel nur eine Form geistiger Erregung, die ich niemals aus der Gewalt verlor.« Siemens schließt seine Lebenserinnerungen – ein bedeutsames menschliches Dokument der Kultur des Wilhelminismus – mit den Worten: »Ich begann die Niederschrift meiner Erinnerungen mit dem biblischen Ausspruch: ›Unser Leben währet siebenzig Jahr und wenn's hochkommt so sind's achtzig Jahr‹, und ich denke, sie wird gezeigt haben, daß auch der Schluß des Denkspruches ›und wenn es köstlich gewesen, so ist es Mühe und Arbeit gewesen‹, sich an mir bewährt. Denn mein Leben war schön, weil es wesentlich erfolgreiche Mühe und nützliche Arbeit war, und wenn ich schließlich der Trauer darüber Ausdruck gebe, daß es seinem Ende entgegengeht, so bewegt mich dazu der Schmerz, daß ich von meinen Lieben scheiden muß,

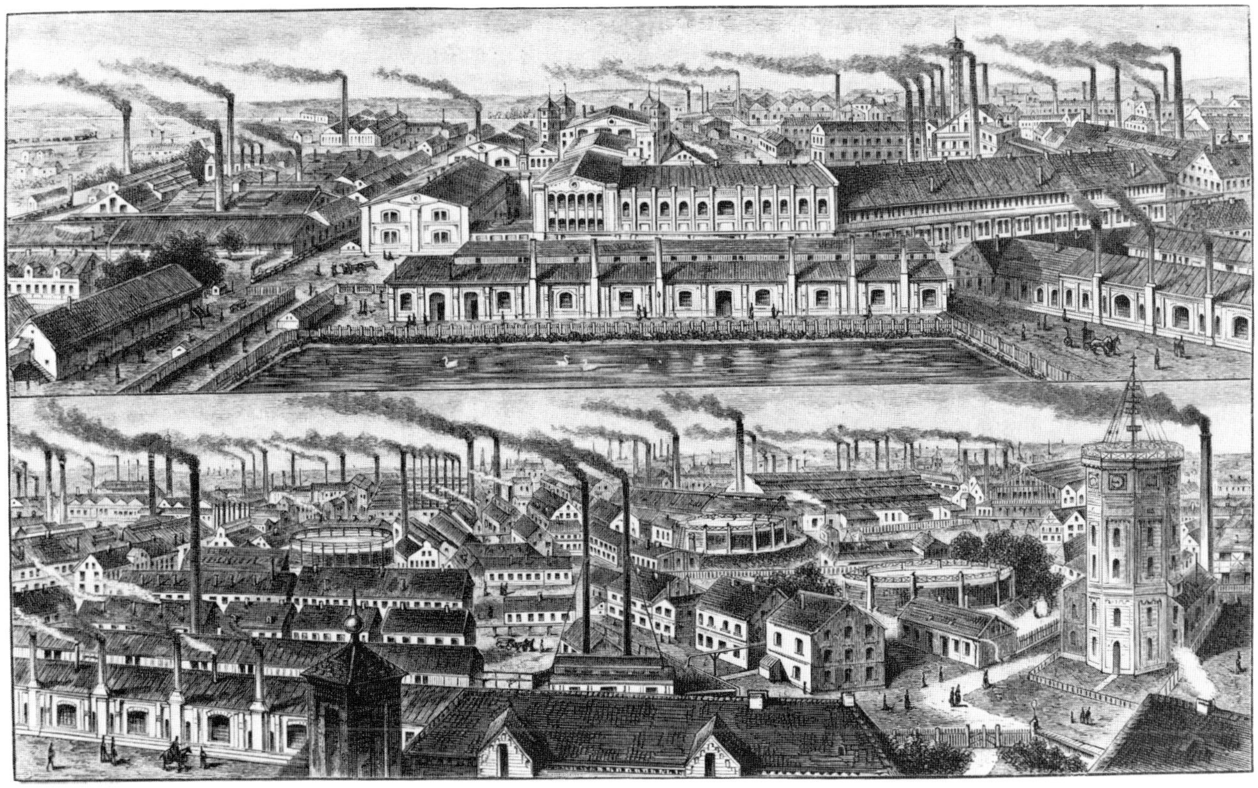

»Etablissement« von Krupp (1886)

und daß es mir nicht vergönnt ist, an der vollen Entwicklung des naturwissenschaftlichen Zeitalters erfolgreich weiter zu arbeiten.«[133]

Dreißig Jahre lang haben Bismarck und der Bankier Gerson Bleichröder (der erste Jude, der ohne Übertritt zum Christentum geadelt wurde) in Politik und Finanzgeschäften zusammengearbeitet. Das aufstrebende Deutsche Reich bestimmt eine Allianz von Hochfinanz und politischer Macht, Judentum und Junkertum, Gold und Eisen. In den Laboratorien der Modernität treffen zwei Welten aufeinander: die neue Welt des expansiven Kapitalismus und eine frühere, mit ihrem überkommenen feudalen Ethos. In der Zusammenarbeit des Geld- mit dem Machtmenschen wird das Doppelgesicht der Epoche deutlich: die Verheißung sozialen Aufstiegs, die Bedrohung der Tradition. Die Gesellschaft ist in Bewegung geraten; Beweglichkeit erweist sich als Hoffnung und Trauma. Bismarck war der Repräsentant des alten Preußentums, aristokratisch, agrarisch, hierarchisch denkend; zugleich aber war er es, der den Versuch unternahm, die modernen Elemente der Gesellschaft mit den alten Traditionen der Monarchie zu kombinieren. »Bei seinen Bemühungen brauchte er Bleichröder. Die zwei Männer personifizieren die historische Begegnung zwischen alter Feudalordnung und neuem Selbstgefühl, zwischen Männern von Rang und Geburt und Männern mit Reichtum und Ehrgeiz. Beide Persönlichkeiten und die Form ihrer Zusammenarbeit sind auch für die anachronistische Art und Weise der Modernisierung Deutschlands charakteristisch. Die großen Themen des 19. Jahrhunderts spiegeln sich in ihrem Werk: die nachhaltige Einwirkung des Kapitalismus, der Kampf zwischen Demokratie und autoritären Regierungssystemen, Nationalismus und Imperialismus, der Aufstieg des Judentums und seine Nemesis, der neue Antisemitismus. Die Überschneidung ihrer Lebenswege vermittelt eine neue Perspektive ihrer Ära und einen Blick auf eine zeitgenössische Gesellschaft, die gegen die Verallgemeinerungen und Abstraktionen überkommener Ansichten abzusetzen ist.« (Fritz Stern)[134]

Der komplexe Prozeß der Industrialisierung, wie er in der Kultur des Wilhelminismus seinen Höhepunkt erlebt, wird durch Bismarck und Bleichröder symbolhaft verkörpert. Bismarck wollte widersprüchliche Elemente miteinander verbinden; er vertrat den Standpunkt einer »konservativen Modernisierung«, verschaffte dem wirtschaftlichen Entfaltungsdrang Bewegungsfreiheit und spannte ihn für den eigenen machtpolitischen Ehrgeiz ein. Mit kriegerischem Glanz neutralisierte er das liberale und anfänglich oppositionelle Bürgertum und fügte es dem monarchischen Obrigkeitsstaat ein, ohne dessen aristokratisch-agrarische Grundlage zu zerstören. Bleichröder hingegen erscheint in dieser Konstellation als der Angepaßte, als Plutokrat und Parvenü, der Bismarck als Experte in Finanz- und Wirtschaftsfragen zur Hand ging. In ihm verkörperten sich die geradezu fabelhaften Aufstiegsmöglichkeiten, die enormen Chancen für den Gewinn von Profit und Prestige, die sich dem Kapitalisten im aufstrebenden Preußen-Deutschland boten, zugleich aber auch die Grenzen, die dem Verlangen nach sozialer Anerkennung gezogen waren, zudem dann, wenn er wie Bleichröder Jude war.[135]

Zu Fürst Bismarcks achtzigstem Geburtstag (1895)

Lassalle, Schuckert, Borsig, Krupp, Siemens, Bleichröder – ein paar Gestalten nur, höchst unterschiedlich in Charakter und Weltanschauung, Metier und Lebensgestaltung; mit ihrer Ingeniosität, Energie, experimentellen Tatkraft aber typisch für das »neue Geschlecht«, das im Sichtbaren sich geltend machen wollte. Gerüche von Blauen Blumen und Schattenküsse interessierten diejenigen nicht, die in ihrem unbeirrbaren Fortschrittsbewußtsein die Laboratorien der Modernität schufen; sie entsagten nicht und flennten nicht; sie waren harte Gladiatoren, die stolz in den Kampf zogen. Ihr Glaube an die Zukunft war unerschütterlich.

In einem »Schema« hat Hugo von Hofmannsthal preußische und österreichische Mentalität gegenübergestellt.[136] Auf der einen Seite die Gesellschaft als künstlicher Bau, als präzise Maschinerie; das Volk als disziplinierbare Masse; der einzelne bereit, alles geordnet »durchzuführen«, alles in Funktion zu verwandeln; Vorwiegen des Geschäftlichen. Auf der anderen unbegrenzter Individualismus, Heimatliebe, Frömmigkeit, traditionelle Gesinnung, historischer Instinkt, Orientierung an der Schicklichkeit, Verbleib im Unklaren, in der Genußsucht; ein Vorwiegen des Privaten. – Solche Spannungen lokalisieren sich in höchst unterschiedlichen Topoi; Börse und Weltausstellung seien stellvertretend erwähnt.

An der Börse (wie der Bank) als Hauptheiligtum des Kapitalismus wird im Geld etwas Magisches, Allmächtiges, Allgegenwärtiges, eine letztlich unsichtbare Macht angebetet. Hier ist, nach einem Wort von Egon Friedell, das Credo zum Credit geworden. Für Heinrich Heine war das Geld der Gott der Zeit und Rothschild sein Prophet. In der Schrift »Die Börse« von Friedrich Glaser (1908) – ein Band aus der für die Deutung der Zeit maßgeblichen »Sammlung sozialpsychologischer Monographien«, die unter dem Titel »Die Gesellschaft« von Martin Buber herausgegeben wurde – heißt es, daß die Börse nicht nur ein Spiegelbild, sondern gleichsam ein Sinnbild des zeitgenössischen wirtschaftlichen und sozialen Lebens sei. Riesenhafte Fortschritte der kapitalistischen Wirtschaft im 19. Jahrhundert und die Unentbehrlichkeit der Spekulation im Getriebe des kapitalistischen Wirtschaftssystems hätten bald zu neuen Perioden der Überspekulation, zu neuen Paniken und neuen Krisen geführt. Vor allem das Eisenbahnwesen, die »Railway Mania«, habe einen Aktienrummel erzeugt, der geradezu wahnhafte Züge annahm.

Das Aktiengeschäft erwies sich als besonders krisenanfällig; rasch folgte auf die Hausse die Baisse, jeweils viele in den Abgrund ökonomischen Niedergangs mit hineinziehend. Ein exemplarisches Beispiel (9. Mai 1873) erläutert in Glasers Buch den Ablauf einer derartigen Katastrophe. »Wohl wird die Börse zur gewöhnlichen Stunde eröffnet, doch jede geschäftliche Tätigkeit stockt und die Börsenbesucher vereinigen sich in Gruppen, aus denen abwechselnd die leidenschaftlichsten Flüche, Schmähungen und Verwünschungen ertönen. Auch an brutalen Drohungen gegen Hauptmacher der letzten Gründungsperiode fehlt es nicht, und die heftigsten Wutausbrüche werden laut. Die Menge der Spekulanten drängt sich an die Schranken heran, bedroht die Vertreter gewisser Banken und Firmen, ja sie beginnt sogar, zu Tätlichkeiten überzugehen. Die Nachricht von dem Selbstmorde eines insolvent gewordenen Maklers steigert die allgemeine Erregung. Die von den Banken an die Börse gestellten Forderungen auf Leistung neuer Zuschüsse werden verhöhnt und das Treiben der im Börsensaale versammelten Gruppen nimmt schließlich einen derartigen tumultuarischen Charakter an, daß die inzwischen versammelte Börsenkammer die Zweckmäßigkeit der Requisition polizeilicher und militärischer Hilfe in Erwägung zieht. Während unten im Börsensaale von improvisierten Tribünen herab Reden gehalten werden, die alle erdenklichen Vorschläge erörtern, schließlich aber darin übereinstimmen, die schwebenden Verpflichtungen unberücksichtigt zu lassen und den Börsenverkehr selbst zu sistieren, berät auch der Börsenvorstand die Mittel schleuniger Hilfe, welche gegenüber der Katastrophe zur Anwendung kommen soll. Allein die Nachrichten über die Ratlosigkeit der Börsenkammer, welche sich auf keinen Vorschlag zu einigen vermag, üben auf den im Börsensaal versammelten Haufen nur eine die Ausbrüche heftigster Leidenschaft steigernde Wirkung aus. Endlich wird die Börse geschlossen, da keine Geschäfte zu Stande kommen, und der Kurszettel enthält nur gestrichene Kurse. Die Wirkung dieser ersten Tage des ›Krachs‹ wurden damals folgendermaßen geschildert: ›Binnen weniger Stunden waren Millionen Agio mit dem Schwamm von der Tafel weggewischt, binnen der nächsten 24 Stunden verzeichneten die Kurse eine Einbuße von Hunderten von Millionen, und am dritten Tage waren die besten und beglaubigtesten Papierwerte in starke Immobilien verwandelt.‹«[137]

Da die Spekulation Hunderttausende erfaßt hatte und sich dementsprechend in allen Bereichen bald als Aufstieg, bald als Niedergang auswirkte, ist die Kultur des Wilhelminismus in ihrem Unterbau stark von den Börsenschwankungen bestimmt. Das »Glücksspiel«, das dergestalt stattfand, gab dem System des Kapitalismus eine geradezu mystische Note. Der Geld-Sucht trat die Vergnügungs-Sucht zur Seite; sie war für den Börsenmann die Resultante »seines auf tausend Schwankungen gestellten Daseins und seiner beständig ineinanderlaufenden, niemals einen sorgenfreien Abschluß gestattenden Tätigkeit«; sie zeigte in konzentrierter Form die diesem Zeitalter der Erregbarkeit unentbehrliche Neigung, Reize auf Reize zu häufen und die Aufregungen des Tages durch die Aufregungen des Abends eher fortzusetzen als aufzuheben. »Kein merkwürdigerer Anblick, als etwa den Mann, der noch am Mittag um die natürlichen Klippen der Spekulation steuerte, sich nun um Mitternacht an künstlich geschaffenen des Spieltischs ergötzen zu sehen. So mag mancher Spekulant die Beschleunigung, Steigerung und Intensivierung des ganzen Daseins, die der kapitalistischen Kultur zu eigen ist, in seinem eigenen Wesen aufs ausgesprochenste repräsentieren.«[138]

Weltausstellungen waren Wallfahrtsstätten zum Fetisch »Ware« (Walter Benjamin): ein aus Stahlträgern und Fortschrittsglauben, Nationalhymnen und elektrischem Draht gezeichnetes Nervensystem der sich formierenden modernen Welt.[139] Die hier präsentierten praktischen Ergebnisse angewandter technologischer und allgemein wissenschaftlicher Forschung standen unter der gläubig-pathetischen Devise »Zum Besten der Menschheit«. Industriekultur wurde als ein neues Pfingstfest empfunden; die Menschheit fühlte sich vom Heiligen Geist der Zivilisation beglückt. Die wagemutigen Glas-Eisen-Gehäuse (Kristallpaläste) boten den Anblick architektonischer Schwerelosigkeit. Per aspera ad astra. Der üppige Luxus der dort untergebrachten Warenhäuser schuf die Atmosphäre eines »inneren Orients«. Die Wintergärten gaukelten inmitten technischer Perfektion Natur vor. Weltausstellungen waren Gesamtkunstwerke, die den Konsum als das eigentliche Glück der Menschenkinder rhapsodisch priesen. Von der Pariser Weltausstellung 1889 hieß es in der »Deutschen Rundschau«: »›Herr der Natur, die deine Fesseln liebet‹, so redet Schiller den Menschen des achtzehnten Jahrhunderts an. Ein stolzes Wort im Zeitalter der Postkutschen und Spinnräder, das sich zum Herrn der Natur gemacht zu haben glaubte, weil es einige Straßen gebaut hatte und anfing, die Wasserkraft reichlicher auszunützen. Welch' anderes Recht hatte man, ›berauscht von dem errungenen Siege‹, dieses gewichtige Wort zu sprechen, wenn man in der gewaltigen Eisenconstruction der galerie des machines, auf den durch Elektricität in Bewegung gesetzten ponts roulants über den keuchenden, stampfenden, kurbelnden, schwingenden, Menschenarbeit verrichtenden Maschinen hinrollte, die jedem Betriebe auf und unter der Erde, im Wasser und selbst im Bereiche der Luft dienen. Wir sehen Stahlmeißel, die im Stande waren, das Urgebirge zu durchbohren, und Ballons, die uns auf Verlangen in die Lüfte entführen. Wir sehen, wie Maschinen Brot backen, und andere, die Chokoladetafeln ausmünzen. Wir nehmen die Röhren der Phonographen ans Ohr und hören, was vor Wochen gesprochen, gesungen, gespielt wurde, wir genießen die Musik der großen Oper durch das Telephon, und haben wir davon genug, so hören wir einige Szenen aus der ›Schwiegermutter‹ im Gymnase (d.i. ein Pariser Theater) an. Wir senden vom Telegraphenpavillon Weisungen in weite Fernen oder setzen uns in den Fahrstuhl des Eiffelturms und schreiben dreihundert Meter über der Erde eine Postkarte, die morgen in den Händen unserer Freunde sein wird. Zeit und Raum ist überwunden! ...Welcher Umschwung der Verkehrsverhältnisse, die es

Weltausstellung Wien.
Palmenhaus (1873)

möglich machten, die Gesellschaft der ganzen Erde zusammenzubitten und gleich ihre Hütten und Häuser, ihre Einrichtungen und ihr Gesinde mitzubringen! Für Schiller und seine Zeitgenossen war Georg Forster ein Wunder, weil er die Erde umsegelt hatte, und wenn der Schwabe in zwölf Tagen Paris erreichte, fühlte er sich Herr der Natur. Jetzt reist man in zwölf Stunden von Stuttgart nach Paris, und die Depesche braucht keine zwölf Minuten. Sollte die Umgestaltung der Verhältnisse des menschlichen Geschlechtes bis zum Jahre 1989 in gleichen Proportionen vor sich gehen, wer will sich dann auch nur eine Vorstellung davon machen, wie es bei unseren Enkeln aussehen wird? Man fühlt sich selbst schon halb fossil und antediluvianisch bei dem Gedanken.«[140]

Die Weltausstellungen markierten Höhepunkte der Wilhelminischen Zivilisation; sie bedeuteten eine Apotheose des Kapitalismus, der keineswegs, wie es Karl Marx prophezeit hatte, sich selbst zerstörte; mit der Anhäufung möglichen Reichtums und Wohlstandes popularisierten sie die Vision eines irdischen Paradieses, das nun auch den Massen offenzustehen schien. Die Zahl der Besucher belief sich 1873 (Wien) auf 7,2 Millionen; 1876 (Philadelphia) auf 10,1 Millionen; 1878 (Paris) auf über 16 Millionen; 1889 (Paris) auf 32,2 Millionen; 1893 (Chicago) auf 27,3 Millionen und 1900 (Paris) auf 50,8 Millionen.

Die Laboratorien der Modernität hatten dafür gesorgt, daß die Quantität der Warenproduktion in die Qualität eines neuen Lebensgefühls umschlug: Genug war nicht genug... In den Laboratorien der Modernität entstanden aber auch die Entwürfe der Selbstvernichtung. Euphorie bedeutet Heiterkeit vor dem Ende. Größer, schneller, besser, bequemer – das waren die Parolen der Zeit. Die Rekorde und Sensationen gebaren jedoch das Gefühl der Hybris, der Angst vor dem Untergang. Die Kultur des Wilhelminismus durchziehen dunkle Visionen. War das Schiff, das da durch die Meereswüsten eine glücklich scheinende Menschheit transportierte, wirklich unsinkbar?

Am 15. April 1912, um 2.20 Uhr früh, versank südöstlich von Neufundland im Nordatlantik die »Titanic«, das größte und

Heinrich Zille: Ins Wasser. »Mutta, is ooch nich kalt?« – »Laß ma, de Fische leben ja immer drin!« (1908)

aufwendigste Passagierschiff der Zeit, das als unsinkbar galt, auf ihrer Jungfernfahrt – in Zeit-Not, vibrierend im Geschwindigkeitsrausch. Der Kommandant hatte fünf Eiswarnungen mißachtet. Mit der vollen Geschwindigkeit von 21 Knoten stieß sie auf einen Eisberg. Für 1503 Menschen gab es keine Rettung mehr. Der Untergang der »Titanic« bedeutete für die Kultur des Wilhelminismus eine Art Götterdämmerung. Eine Königin der Meere, ein Medium industrieller Macht und wirtschaftlichen Reichtums – wenige Minuten genügten, um den Untergang des »schwimmenden Wunders« zu bewirken. Man hatte bei der Konstruktion des Schiffes mit allem gerechnet, nur nicht mit menschlichem Versagen. Bezeichnend die »Kleinigkeit«, daß die Matrosen im Krähennest keine Ferngläser hatten. Die technische Phantasie reichte zwar weit; aber konkrete Gefährdung wurde verdrängt.
Nur für ein Drittel der Passagiere waren Rettungsboote vorhanden. Der Untergang vollzog sich – zumindest wurde er so beschrieben – im Stil einer großen tragischen Inszenierung. Die reichlich anwesenden Spitzen und Stützen der Gesellschaft zeigten Contenance; die Bordkapelle spielte bis zum letzten Augenblick. Von der 1. Klasse wurden die meisten, von der 2. Klasse einige gerettet; die 3. Klasse hatte keinen Zugang zu den Booten; sie wurde nicht einmal über das Geschehen an Bord informiert. Karl Kraus schrieb einen Artikel über die »Titanic«, dem er die Überschrift gab: »Großer Sieg der Technik: Silbernes Besteck für 10000 Menschen oder furchtbares Versäumnis: Gott hat nicht Schiffbau studiert«. Er reihte Zeitaussagen aneinander, damit die Zeit sich selbst entlarve. »Ein Ozean auf meine Mühlen...« In der Tat: seine Zeitkritik konnte keine stärkere Bestätigung erhalten. »Man wird ihnen ihre Schiffe nicht mehr glauben. Die Vorsehung antwortet drahtlos. Aber anders: Sie haben Gott an die Maschine verraten. Er kam wie der Gott aus der Maschine, um eine glückliche Sache zum verwickelten Ausgang zu führen.« Der 2. Offizier der »Titanic«, der ein Rettungsboot steuerte, gab zu Protokoll: »Wir waren so sicher, wir werden nie mehr so sicher sein.«[141]

Das Warenhaus vergleicht Paul Göhre mit einem modernen Ozeandampfer. Beide Bauten seien von riesigen Dimensionen, in deren Innern jedes Plätzchen auf das sorgfältigste und überlegteste ausgenützt werde; das ganze komplizierte Leben der heutigen Gesellschaft erscheine in beidem als ein Triumph moderner, gesellschaftlich organisierter menschlicher Arbeit.[142]
Vor allem ist das Warenhaus Chiffre der Stadt, und diese wiederum Chiffre und zentrale Wirklichkeit der Hochzivilisation. »Metropolis« war das umfassendste Produkt, das aus den Laboratorien der Epoche hervorging. »Urbanisierung« erwies sich als magische Formel, mit der die Landflucht in Gang gesetzt wurde und die »Verapparatung« begann. Auf der Fahrt nach Berlin »notiert« Julius Hart (1882):

> »... Die Fenster auf! Dort drüben liegt Berlin!
> Dampf wallt empor und Qualm, in schwarzen Schleiern
> hängt tief und steif die Wolke drüber hin,
> die bleiche Luft drückt schwer und liegt wie bleiern...
> Ein Flammenherd darunter – ein Vulkan,
> von Millionen Feuerbränden lodernd,
> ein Paradies, ein süßes Kanaan, –
> ein Höllenreich und Schatten bleich vermodernd...«

In den Städten lagen Lebenslust und Not, wie in den langen Gassen Licht und Nebel, eng beisammen: »Horch Geigenton zu Tanz und üpp'gem Reigen! / Schau dort hinaus, der fahle Nebel sprüht, / aus dem Gerippe nackt herniedersteigen...«[143]
Die Kultur des Wilhelminismus war weitgehend eine großstädtische Kultur – eine Kultur großstädtischer Ambivalenz; die

Stadt verhieß ungeahntes zivilisatorisches Glück, die Stadt ängstigte in ihrer unermeßlichen Größe und bedrückenden Anonymität.
Die Städte spielten eine aktive Rolle für den Industrialisierungsprozeß; die Industrie ihrerseits erwies sich als »Städtegründer« (Werner Sombart). Während 1830 in England bereits ein Drittel der Gesamtbevölkerung in Städten lebte, und London schon die Millionengrenze überschritten hatte, gab es damals in Deutschland nur vier Städte, die über 100000 Einwohner zählten. Von 1871 bis 1910 stieg die Zahl der Großstädte (1887 als neue statistische Kategorie für Städte über 100000 Einwohner eingeführt) von 8 auf 48 an; ihr Anteil an der Gesamtbevölkerung nahm im gleichen Zeitraum von 4,9 auf 21,3% zu. Während 1871 noch nicht einmal ein Viertel der Bevölkerung des gerade entstandenen Deutschen Reiches in Gemeinden mit mehr als 5000 Einwohnern saß (23,7%), waren es 1910 bereits fast die Hälfte (48,7%).
Das rapide Anwachsen der Stadtbevölkerung bewirkte eine enorme Steigerung des kommunalen Sozialprodukts; die Städte bemühten sich, dem Sehnsuchtsbild »Metropolis«, als einem Ort von Heimat, Geborgenheit und sozialem Glück, zu entsprechen; aber Profitopolis mit seiner sozialdarwinistischen Struktur behielt die Oberhand. Die Wohnverhältnisse, die hygienische Situation, die Versorgungsproblematik führten dazu, daß die Stadt mit ihrer Konzentration von Not, Armut, Elend immer mehr zum Objekt der Zivilisationsfeindlichkeit oder -müdigkeit wurde. »Sozialkritik war deshalb oft auch Stadtkritik, Stadtkritik durchweg auch Sozialkritik.«[144] Gegenüber dem technischen Fortschrittsoptimismus, der die Stadt als Heimat propagierte (rauchende Schlote, lärmende Menschen, rege Betriebsamkeit), überwog der die Stadt als Kern allen Übels denunzierende Kulturpessimismus.
Das heiterste Bild der Stadt zeichneten Schlager und Operette, eine Talmiwelt, durchdrungen von beschwingten Melodien. Stadtleben – das war eben »Pariser Leben«. Und Pariser Leben fand überall dort statt, wo urbane Freude aufschien, eine Bevölkerung prägend, die durchs Leben liebte und tanzte, zu allen Jahreszeiten ihre kleinen Freiheiten, fern von der Provinz und ihrer Prüderie, mit Wonne (»verzückter Entrückung«) genoß.

»Du bist verrückt mein Kind,
du mußt nach Berlin,
wo die Verrückten sind,
da gehörst du hin!

Du bist verrückt mein Kind,
du mußt nach Plötzensee,
wo die Verrückten sind,
am grünen Strand der Spree.« (1883)

In der Operetten- und Schlagerstadt ist eben – »O Susanna« – »das Leben doch so schön«; da geht's rundum; »das macht eben die Berliner Luft, Luft, Luft, / mit ihrem holden Duft, Duft, Duft«. Bald läßt frivoles Rokoko, bald gemüthaftes Biedermeier grüßen. Selbst der Hängeboden ist nicht mehr trister Ort fürs Wohnen der Dienstmädchen, sondern im wahrsten Sinne des Wortes »liebenswert«:

»Uff dem Hängeboden
uff dem Hängeboden,
der janz jraulich und stumm,
uff dem Hängeboden
uff dem Hängeboden
jehn Jespenster herum...

Mutter, reg dir nich uff,
aber da schwör ick druff:
uff den Hängeboden,
uff den Hängeboden
jeh ick morgen wieder ruff.«[145]

Ambivalenz der Großstadt: Paul Lincke (von dem auch die Melodie »Uff dem Hängeboden« stammte) neben Gerhart Hauptmann (nachfolgend ein Bühnenbild aus den »Ratten«, 1911): »Im Dachgeschoß einer ehemaligen Kavalleriekaserne zu Berlin. Ein fensterloses Zimmer, das sein Licht von einer brennenden Lampe erhält, die von der Mitte der Decke über einen runden Tisch herunterhängt. An die Hinterwand mündet ein gerader Gang, der den Raum mit der Entreetür verbindet: einer eisenbeschlagenen Tür mit einer primitiven Schelle, die der Eintritt Begehrende von außen durch einen Drahtzug in Bewegung setzt. Eine Tür in der Wand links schließt ein Nebengemach ab. An der Wand rechts führt eine Treppe auf den Dachboden. Auf diesem Dachboden, sowie in den sichtbaren Räumlichkeiten, hat der Ex-Theaterdirektor Harro Hassenreuter seinen Theaterfundus untergebracht. Man kann bei dem ungewissen Licht im Zweifel sein, ob man sich in der Rüstkammer eines alten Schlosses, in einem Antiquitätenmagazin oder bei einem Maskenverleiher befindet... Die Dachbodentreppe steht zwischen zwei Geharnischten. Die Decke darüber schließt die übliche Bodenklappe ab.«[146]
Die Illusionen sind schäbig; was hoch droben geschieht, ist parterre. Das ins kleinbürgerlich-proletarische Milieu verlegte Geschehen macht in ganzer Schärfe deutlich, daß die Großstadt ein Ort menschlichen Strandgutes ist. Ratten hausen auf dem Dachboden; auch die menschlichen Beziehungen sind verseucht, unterminiert.
In der verkommenen Mietskaserne hausen unter anderem das schwangere Dienstmädchen Pauline Piperkarcka, die Morphini-

C.W. Allers: Am Grunewaldsee (1889)

stin Sidonie Knobbe, der Maurerpolier John mit seiner Frau, die als Putzfrau der Hassenreuters tätig ist. »Vater John« will ein Kind; »Mutter John« will ihn nicht enttäuschen; so kauft sie Pauline deren unehelich geborenes Kind ab und trägt es auf dem Standesamt als ihr eigenes ein. Pauline geht jedoch ebenfalls zur Behörde, meldet ihr Kind an und bezeichnet Frau John als Pflegemutter. Diese wird von Panik ergriffen, als Vertreter der Fürsorge auftauchen; sie unterschiebt das todkranke Kind der Knobbe; Pauline verläßt mit ihrem Säugling das Haus. Frau Johns Bruder erschlägt die Piperkarcka und wird von der Polizei gejagt; Frau John gesteht ihrem hilflosen, entsetzten Mann den Betrug und stürzt sich aus dem Fenster.

Vater John hat ständig eine »Ahnung«, daß die Stadtwelt vom Zerfall bedroht ist; wenn er an die Wände klopft, klingt's hohl: »Horchen Se ma, wie det knackt, wie Putz hinter de Tapete runterjeschoddert kommt! Allens is hier morsch! Allens faulet Holz! Allens unterminiert von Unjeziefer, von Ratten und Mäuse zerfressen. – *Er wippt auf der Diele.* – Allens schwankt! Allens kann jeden Ojenblick bis in Keller durchbrechen. – *Er öffnet die Tür…* Hier mach ick mir fort, eh' det allens een Schutthaufen drunter und drieber zusammenbricht.«[147]

Aber die Armen, die vor der Armut in die Stadt geflohen sind, sind so arm, daß ihnen kein Ausbruch mehr gelingt.

Nietzsches »Zarathustra« folgend (»Ich liebe den Wald. In den Städten ist schlecht zu leben: da gibt es zu viele der Brünstigen«)[148], hat Michael Georg Conrad 1892 in der von ihm begründeten Zeitschrift »Die Gesellschaft« mit dem Pseudobild der Urbanität abgerechnet und damit dem weitverbreiteten antizivilisatorischen Kulturpessimismus der Epoche ekstatischen Ausdruck gegeben. Die »große Stadt«, der Sitz der immensen Kultur und Gesittung von Jahrtausenden, der Speicher aller Schätze der Wissenschaft und Kunst der Vergangenheit, der Werkplatz für alle Großtaten der Gegenwart und Zukunft, der umfassendste Ausdruck modernen Lebens und Strebens: ein Käfig. Wie Kerkerwände bedrücken die kolossalen Häuser; Millionen Gasflammen und grelle elektrische Leuchtkugeln brutalisieren die beginnende Nacht und blenden das Auge. Alle Straßen und Plätze menschenuberfüllt: Heerscharen von Arbeitern und Lastträgern und Taglöhnern und allerlei traurig abgerackertes Volk drängt sich zwischen Wagen und Karren und Pferdebahnen und militärischen Patrouillen in schwarzem Gewimmel über die Brücken den Vororten zu. Ein Riesenameisen-

Thomas Theodor Heine: Frühling

haufen in wahnsinnigem Aufruhr, ein wüstes Hin und Her mit dem Schein eines geordneten Verkehrs im beängstigenden Durcheinander. Die Menschen: jammervolle Opfer der Lebensnot, der Verwahrlosung und Verkümmerung, Bilder wie aus Dantes Hölle, aus den Schlünden und Abgründen der grauenvollen Kampfexistenz um einen Bissen Brot, einen Fetzen Kleidung, ein flüchtiges Lächeln des Glücks; erbarmungswürdige Karikaturen des Ebenbildes Gottes auch jene, die auf der sozialen Leiter einige Sprossen höher geklettert. Neben den nackten Notdurftsmenschen die Bildungsmenschen, die Luxuspflanzen der Topf- und Treibhauskultur. Feinere Erziehung hat sie körperlich heruntergebracht; das weichere, üppigere Leben hat ihre Kraft gebrochen; wie angekränkelt sehen sie aus gegenüber den Kreaturen, die in der Freiheit des Feldes und Waldes wachsen und gedeihen ohne Menschensatzung, gelehrten Witz und künstliche Leidenschaften. »Schule und Kaserne und Geschäfts- oder Amtsstube, Kneipe und Salon haben ihnen alle Natur und Ursprünglichkeit ausgetrieben, sie sind schlottrig von Haltung, hektisch vom Ansehen oder von faulem Fett degeneriert, kahlköpfig, kurzsichtig, jeder Dritte trägt eine Brille oder einen Zwicker, weil ihm der edelste Sinnesnerv verkrüppelt, jeder Vierte ist Schwindsuchtskandidat, jeder Fünfte ein Lustseuchling, jeder Sechste ein Alkoholiker, jeder Siebente ein Podagrist, jeder Achte ein erblich Belasteter, jeder Neunte ein Nervenschwächling – Spitalbrüder alle, und dazu seelisch mit allerlei Lumpentum ausgestopft, mit Heuchelei und Streberei, mit Komödianterei und Äfferei, mit Gesindelhaftigkeit in allen Nuancen und Graden, mit moralischen Beulen und Geschwüren, so daß der äußerliche Sittlichkeitslack und Kulturfirniß nur mit größter Mühe haftet. Daher ihre Mißlaune, ihre Lieblosigkeit, ihre falsche Grimasse, ihre Blasiertheit, ihr mürrisches Wesen, ihre Flatterhaftigkeit, ihre Neigung zu aller Schurkerei, ihre Unfähigkeit, das Große groß, das Ernste ernst zu nehmen, an Feinheit und Reinheit und an die großen ethischen Ziele der Menschheit zu glauben.«[149]

»Droben« bei den Reichen bläht sich die Lebens-, Genuß- und Machtgier in vollkommener Gottverlassenheit, in seelenloser Verweltlichung, in absoluter Verleugnung alles Erhabenen, Reingeistigen, von keiner Leidenschaft Besudelten. Abglanz und Widerschein des höchsten, unendlichen und geistigen Wesens sucht man »auf diesen Höhen der Menschheit« vergebens.

Überall die Parole: Kauft! Kauft! Kauft! Alles ist käuflich; aber was die Stadtmenschen kaufen, ist verunreinigt und verfälscht; der Trunk, die Speise, die Zerstreuung, die Kurzweil; auf keinem Genuß ruht natürlicher Segen; überall herrschen Betrug und Vergiftung. Keinerlei Schädigung des Leibes und der Seele schreckt Betrüger und Betrogene – verrottet sind sie in ihrer Naturlosigkeit und bar aller Rechtschaffenheit gegen sich und die anderen. Ein grenzenloser Leichtsinn hält ihre Sinne umstrickt; sie sind abgefallen vom Echten, Göttlichen, Ewigen. Wohin man auch den suchenden Blick in diesem modernen Tohuwabohu richtet: nirgends natürliche Schönheit, menschliche Güte und Innigkeit, sanfte harmonische Gesittung, seelischer Adel in Gestalt, Miene, Bewegung; statt dessen List und Hinterlist, Schlauheit und Verschlagenheit, Mißtrauen und Unglaube, Verarmung aller Tugenden des Herzens und Gemüts. Eine Gespensterwelt voll Widersinn und Gemeinheit; eine Schwindelkultur ohne Seele. »Was fühlt dieses Großstadtvolk, das sich nächtlings da herumwälzt, gafft, giert, mit den Instinkten eines mehr oder weniger raffinierten Raubtieres herumräubert? Fühlt es das Feinste und Tiefste vom Leben? Fühlt es überhaupt das Leben? Oder nur das Herdenmäßige im Leben? Hat es Bewußtsein von der stinkenden Lüge und der rohen Spekulation in allen Veranstaltungen seiner Geselligkeit? Größenwahn, der nicht ein Körnchen Selbstachtung einschließt. Dazu des Philisteriums säuerlichen Witz, Hohn und Spott. Obenauf alles, was aus der Kloake stammt. Obenauf der Unterleib. Die vornehmsten Organe: Schlund, Magen, After. Der beobachtetste Gang: der Stuhlgang. Und das Sexuelle. Wenns

Erich Heckel: Vorstadt (1910)

hochkommt, ein parfümiertes, mit prickelnden Lichtern überschillertes Kotmeer – das ist die Großstadtkultur?«[150]
Der Mensch braucht Luft, Luft, Luft! Er sehnt sich nach den Wiesen und Feldern, Fluren und Wäldern, Seen und Bergen, nach dem Vieh auf der Trift und dem Stall, nach den Vöglein im Hag, den Blümlein am Rain, den sprudelnden Quellen am Wiesenrand, dem dampfenden Acker am Morgen, der wogenden Saat am Mittag, den schweren Fuhren von duftendem Klee und würzigem Kraut, der heiteren Stille am Feierabend, nach den geheimnisvoll grüßenden Sternen, dem jauchzenden Frühwind, der majestätisch aufgehenden Sonne, nach der Eltern fröhlichem Alter, nach Weib und Kind in Gesundheit mit frischem Blick und roten Wangen, nach guten Freunden, getreuen Nachbarn ringsum, schlichten Höhenmenschen, wurzelständigen Freilichtnaturen. »Himmelreich, Himmelreich! Großer Gott, wir loben dich, Mutter Erde, wir preisen dich!«[151] Michael Georg Conrad, Feuilletonist und Naturbursche, schwadronierender Kulturpessimist und schollenverwurzelter Kraftmeier, eine unbändige »Häuptlingsfigur« mit selbstironischen Anwandlungen, lebenssüchtig und voller literarischem Empörertum, stellt mit seiner Stadtsottise alles an den Pranger, was in den Laboratorien von Profitopolis an zivilisatorisch-urbanem Fortschritt ausgeklügelt worden war. Im Apshaltdschungel verkümmert die Reinheit des einfachen Lebens. Rousseau contra Voltaire!
Die Kultur des Wilhelminismus rekurriert mit voller Vehemenz auf ein für die europäische Geistesgeschichte zentrales Thema: die Polarität von Stadt und Land. Aufgebrochen wird der Wahn vom vollendeten Großstadtglück; die Stadt, die sich zur Welt erklärt, die Nacht zum Tag erhellt und den Sternen das Licht streitig gemacht hat, ist eben auch ein Ort, da die Dämonen ins Riesengroße wachsen.[152]
Die Kritik an der lebenstollen Stadt besteht darin, daß sie eigentlich tot sei. Erstickt an zuviel Leben. In den Laboratorien der Modernität weiß man nichts mehr vom Savoir-vivre, vom mokanten Charme ästhetischer Existenz. Der experimentierende Naturwissenschaftler hat mit dem flanierenden Dandy nichts gemein. Nostalgisch wird die Schönheit sterbender Städte, etwa Venedigs, der Häßlichkeit aufsteigender Industriezentren entgegengesetzt.
»Perle« heißt die Residenzstadt des Traumreiches, das Alfred Kubin in seinem Roman »Die andere Seite« (1908) entwirft und

Ernst Ludwig Kirchner: Eispalast-Tänze. Entwurf für das Titelblatt der Zeitschrift »Zeit im Bild« (1912)

George Grosz: Friedrichstraße (1918)

beschreibt. Man gelangt zu ihr von Samarkand aus; ein Kameltreck bringt die eingeladenen Besucher bis an das kleine Tor der hohen und dicken Mauern, die dieses Utopia umschließen. Von einem dahinterliegenden Haltepunkt fährt ein kleiner Zug in die Hauptstadt, die jedoch eigentlich auf keiner irdischen Landkarte liegt; sie ist eine »Freistätte für die mit der modernen Kultur Unzufriedenen«; man ist dort »gegen jeden Fortschritt, namentlich auf wissenschaftlichem Gebiet«, eingestellt. Die vornehmsten Ziele der Gemeinschaft sind »nicht auf Erhaltung der realen Werte, der Bevölkerung und Einzelwesen gerichtet«; im letzten und tiefsten Sinne sei es »die unergründliche Weltenbasis«, welche die Traumleute keinen Augenblick außer acht ließen. Ihr Leben bestehe nur aus Stimmungen; alles äußere Sein sei lediglich Rohstoff. Zum weitaus größten Teil sind die Traumland-Bewohner ehemals Deutsche. – Mit schwarzem Humor schildert Kubin schließlich den Untergang von »Perle«. Herkules Bell, ein Pökelfleischkönig aus der Neuen Welt kommt an und entfacht eine Revolte; er ist ein Vertreter der blinden Lebenskraft; ein Luzifer der Modernität. Moderner Fortschrittsgeist (Verstand, Wissenschaft, Geld) macht der traumhaften Welt, die in einem ganz anderen (in einem ästhetischen) Sinne todessüchtig ist, ein abruptes, banales Ende. Der Traum ist kein Leben; der Hoffnung aufs »Todeserwachen« macht der brutale Zugriff des Realitätsprinzips den Garaus.[153]

In den toten Städten wesen jedoch – ein Grundthema des Fin de siècle – das Dekadenzbewußtsein und die Untergangslust weiter. Dies erklärt auch die symbolbildende Vorliebe für Orte, in denen ein solcher Untergang schon stattgefunden hatte, »aus denen ein ehedem großes Leben gewichen war, und die nun als mit wehmütigen Erinnerungen befrachtete und durch schöne Kunst verzierte Monumente des Verfalls ins Scheinleben einer unwürdigen Gegenwart hereinragten: ideale Eldorados für alle ›exilés de la vie‹. Vielleicht läßt sich aber eine noch tiefer liegende Schicht des zeitgenössischen Bewußtseins erreichen; möglich, daß in solchen Vorstellungen und Bildern der ohnmächtige Haß der Fin de siècle-Künstler auf eine von ihnen nicht mehr zu bewältigende ›neue Zeit‹ sich in einem phantastischen Destruktionsdrang entlud. Man zerstörte die unbegreiflich gewordenen, feindseligen Städte und schuf bleiche

Gegenbilder des Untergangs, in denen man noch – Ich, dieser Einzige, bin der Mensch! (Max Stirner) – sein gesellschaftliches Außenseitertum sublimieren und eine ressentimenterfüllte Herrscherrolle spielen konnte.« (Hans Hinterhäuser)[154]

Bruno Paul: Frank Wedekind (1900)

Hat man Einblick ins Räderwerk der »Verapparatung«, sieht man hinter die Maschinerie kapitalistisch-materialistischer Verwertungsinteressen, greifen Empörung wie Resignation, Aufbegehren wie Lethargie um sich. Zugleich aber werden Schwäche und Dekadenz aufs Heroisch-Ästhetische hin stilisiert und damit Positionen bezogen, von denen aus kraftstrotzende Oberflächlichkeit dekuvriert werden kann. Der Dandyismus, heißt es bei Baudelaire, trete vornehmlich in Übergangszeiten, in denen die Demokratie noch nicht allmächtig und die Aristokratie erst halb erschüttert und heruntergekommen sei, in Erscheinung. In der Wirrnis dieser Epochen könnten einige deklassierte, angewiderte, müßiggängerische, aber kraftvolle Männer den Plan fassen, eine Art neue Aristokratie zu begründen, die um so schwerer zu zerbrechen sein werde, als sie auf den kostbarsten und unzerstörbarsten Fähigkeiten und auf den himmlischen Gaben, die durch Arbeit und Geld nicht zu erlangen sind, beruhe. Der Dandyismus sei die letzte Verwirklichung des Heroismus in Zeiten des Verfalls.[155]

Der Dandy, als der »künstliche« wie künstlerische Mensch, als ästhetischer Spättypus, der in Ablehnung von Umwelt und Natur in der »Form« aufgeht, sein verfeinertes Gefühl aufs Leiden einstimmt, dabei einen Kult des herausgelösten Ich betreibt, löst sich aus dem normativen Lebenszusammenhang; er sinkt ab in die bloße Egozentrik und in die Isolierung. Als Komödiant gerät er ständig an die Grenzen des grotesken Entsetzens und als Heros relativiert er sich durch Ironie. Er gibt sich als Stoiker, um in angenommener Festigkeit sich selbst über den Krampf seiner Leiden hinwegzutäuschen, und »zugleich eine negative Freiheit gegen die Umwelt zu behaupten, deren Einbruch in ihn für seine überdifferenzierte Natur schmerzvoll und zerstörend ist. Er will nicht verwirklichen; er wünscht nichts als Selbsterhaltung und Schutz vor der fremd und feindlich gewordenen Außenwelt.«[156]

Solche Mischung von Freiheitsbedürfnis und Leidensbereitschaft, Sehnsucht nach Sinnerfüllung und pessimistischer Erfahrung von Sinnlosigkeit, solche traurige Wonne der Selbstzerfleischung und arroganter Kälte dem anderen gegenüber (wobei der Zynismus charmant verschleiert und nur als Andeutung in der als Selbstzweck betriebenen Konversation in Erscheinung tritt) artikulieren sich im Salon. »Der Dandy besitzt alle Vorzüge, wie die Gesellschaft sie fordert und denen sie sich beugt; seine Kleidung ist von äußerster Gewähltheit, dabei mit dem unmerklichen Hauch des Nachlässigen, worin Vornehmheit sich verkündet; er ist jung, von geistiger Schönheit, unendlich geistvoll und überlegen-sprühend in seiner Unterhaltung. Zu dieser wirkungsvollen Erscheinung fügt er eine Gemessenheit, die in seinen lebendigsten Augenblicken ihn nicht verläßt; er repräsentiert seine betonte Schönheit, schleudert seinen Geist in die erstaunten Salons, bleibt dabei jedoch reserviert, undurchdringlich und verbirgt sich in der Hülle vielfältiger Mystifikationen.«[157]

Von Stefan George heißt es, daß er zu dieser Zeit seinen Stolz und seine Menschenverachtung, enttäuschte Künstlerhoffnungen, zehrende Sehnsucht nach Freundschaft und Gegenliebe im Gehrock, Zylinder und Monokel des Dandys verkleidet und – mit glimmenden Weihrauchkörnchen auf der Zigarette – das Café zu seinem »Fluchtort« gemacht habe.[158]

Seine erste Begegnung mit Loris (dem jungen Hofmannsthal) schildert Hermann Bahr 1894 mit den Worten: »Ganz jung, kaum über zwanzig, und ganz wienerisch, Cherubin – Gontram oder Guy, aber ins Theresianische übersetzt – und Kainz, so etwa lassen sich die Elemente der ersten Empfindung sagen. Das Profil des Dante, nur ein bißchen besänftigt und verwischt, in weicheren, geschmeidigeren Zügen, wie Watteau oder Fragonard es gemalt hätte; aber die Nase, unter der kurzen, schmalen, von glatten Ponnys überfransten Stirne, wie aus Marmor, so hart und entschieden, mit starken, starren, unbeweglichen Flügeln. Braune, lustige, zutrauliche Mädchenaugen, in denen was Sinnendes, Hoffendes und Fragendes mit einer naiven Koketterie, welche die schiefen Blicke von der Seite liebt, vermischt ist; kurze, dichte, ungestalte Lippen, hämisch und grausam, die untere umgestülpt und niederhängend, daß man in das Fleisch der Zähne sieht. Ein feiner, schlanker, pagenhafter Leib von turnerischer Anmuth, biegsam wie eine Gerte, und gern in runden Linien ein wenig geneigt, mit den fallenden Schultern der raffinirten Culturen, von ungeduldiger Nervosität, aber die nicht wie jene von Kainz, an den man immer wieder denken muß, aus den Fingern sprüht, sondern in den hastigen Beinen ist, die immer zappeln. Aber vor allem in jeder Geste, jedem Ton, der ganzen Haltung was unsäglich liebes: das gewisse österreichische ›lieb‹, das sich wie ein ewiger Mai in dem linden, lauen, traulichen Accent des Wieners und in seinen Walzern wiegt.«[159]

Rainer Maria Rilkes »Selbstbildnis aus dem Jahre 1906« spiegelt dagegen einen mehr melancholischen als koketten Narziß:

»Des alten lange adligen Geschlechtes
Feststehendes im Augenbogenbau.
Im Blicke noch der Kindheit Angst und Blau
und Demut da und dort, nicht eines Knechtes,
doch eines Dienenden und einer Frau.
Der Mund als Mund gemacht, groß und genau,
nicht überredend, aber ein Gerechtes
Aussagendes. Die Stirne ohne Schlechtes
und gern im Schatten stiller Niederschau.
Das, als Zusammenhang, erst nur geahnt;
noch nie im Leiden oder im Gelingen
zusammgefaßt zu dauerndem Durchdringen,
doch so, als wäre mit zerstreuten Dingen
von fern ein Ernstes, Wirkliches geplant.«[160]

Der Dandy, der sein Äußeres subtil kultiviert, besitzt zwar die Suggestion eines verfeinerten, beweglichen Geistes; er ist aber durch den Mangel an freier Schöpferkraft bestimmt. Eine gewisse Sterilität lastet über seiner Genialität. Die Unfähigkeit zur schöpferischen Freiheit veranlaßt ihn, auf die Umwelt oppositionell zu reagieren und diese für seinen Mangel verantwortlich zu machen. »Solche Opposition zwingt ihn in den Wirtschaftsmechanismus wieder hinein, gegen den er hat sich erheben wollen. Er zweckt einmal auf Erwerb ab, zum anderen auf Wirkung und Erfolg, ohne die seine Opposition sinnlos ist. Er, der nichts hat tun wollen als den Realitäten zu entfliehen, in stolzer Opposition sich zu halten, wird durch Geldnot zu Kärrnerdienst gezwungen, aus Mangel an freiem Schöpfertum zur Profanierung seiner Kunst in der Wirkungsabsicht. Ohne ursprünglichen Willen zur Leistung drängt Existenznot ihn der Arbeit entgegen; seiner Natur nach der Kunstproduktion verpflichtet, und hierzu angetrieben, wird er sich zugleich seiner Ohnmacht bewußt. Er wird mit dem Ideal beginnen und die freie, zweckfreie Kunst suchen. Er peitscht sich über seine Sterilität, über seine Furcht vor der künstlerischen Tat, der er sich nicht gewachsen weiß, hinweg.«[161]

Gerade der ambivalente Realitätsbezug des Dandys führt auch dazu, daß sich die Mentalitäten des Dandys, Parvenüs, Neureichen und Ästheten in eigentümlicher Form verschränken, wobei das Bewußtsein von der eigenen Begrenzung sich häufig in larmoyanter oder schwülstiger Empfindsamkeit zu vergessen sucht. Die »Gebärde« dient dem Dandy dazu, selbst noch das Nichts mit irisierender Glasur zu versehen. So wie der Dandy dem Leiden den letzten Tropfen Genuß auspreßt, um es zu bestehen, sucht er die ihn heimsuchende, verwirrende Sinnlichkeit durch Koketterie zu bewältigen – spielerisch über Triebhaftigkeit sich hinwegsetzend, ohne sie wirklich zu sublimieren.

Der »Held« in Otto Julius Bierbaums Roman »Prinz Kuckuck. Leben, Taten, Meinungen und Höllenfahrt eines Wollüstlings« (1906) ist Dandy, Don Juan, Bonvivant und Parvenü in einem. Sein wirrer Lebenslauf – er ist Adoptivsohn eines Millionärs – ist grotesk, Spiegel der morbiden krisenhaften Zeitatmosphäre. Die Erfahrungen spießbürgerlicher Bigotterie beim Vormund, heimlichen Bordellbesuchs als Schüler, eines ausschweifenden Lebens als Couleur-Student, von Tändeleien in ästhetischen cercles, religiösen und politischen Eskapaden charakterisieren die Höllenfahrt dieses Lüstlings, der den brüchigen Glanz der oberen Gesellschaftsschichten als Komödie der Eitelkeit genießt und daran zugrunde geht. Mit einem Rennwagen rast er in den Tod. In einer Zeit, »in der alles Alte zum Kuckuck gegangen ist«, versucht Kuckuck das Beste aus dem Leben herauszuholen. Sein Gemüt befindet sich dabei im Wirbel oberflächlicher, nicht ausgefüllter und darum ewig schwankender, unklarer Gefühle. Der Dandy Kuckuck endet in psychisch-physischer Verfettung. »Sein Leib befand sich wohl. Seine Art Wollust war hier in der Tat ebenso zu Hause, wie die selbstgefällige Nachgiebigkeit seines Geistes. In seinem Schlosse umgab ihn die weichliche Atmosphäre der guten alten Zeit des guten alten Österreich; sybaritische Behaglichkeit, mollig geschmackvoller Luxus, üppiges Wohlleben aller Sinne; Wohlleben ohne den Geist der großen Lebenskünstler jener Epoche... Welch eine

Bruno Paul: Hugo von Hofmannsthal (1900)

Wonne war das! Er, der dick und bis zur Unbeweglichkeit faul Gewordene, konnte wieder, wenn die Verse auf das Papier niedergerasselt waren, vom Stuhl aufspringen und mit hingerissenen Schritten durch die ganze lange Zimmerflucht des ersten Stockes eilen, daß der wattierte Schlafrock in weite Schwingungen kam und Radetzkys Hauskappe mit der schwarz-gelben Quaste verwegen auf die Seite rutschte. Das schwammige Gesicht, jetzt ins Österreichische stilisiert durch Bartkoteletten à la Franz Joseph, rötete sich, die großen kugeligen Augen, sonst nur im Zorn so schrecklich hervortretend, purzelten fast heraus vor Entzücken; aus der fatal massig und niederhängend gewordenen Nase, die ihm im Profil etwas von einem rammsköpfigen Pferde gab, kam ein Schnaufen, das wie Asthma klang, aber Begeisterung war. – Welch ein Dichter hätte ich werden können! dachte er sich in diesen Tagen zuweilen. Und: das ist mein größtes Opfer, daß ich auf diese Wonnen verzichte um meiner höheren Bestimmung willen.«[162]

Provokante Lebensart versinkt in philiströser Dumpfheit, artistische Sensibilität in dumpfer Geilheit, in die nur noch gelegentlich die Kunst ihre Funken schlägt. Die Zeit des Verfalls hatte den Dandy erreicht und zerstört; als die kunstvoll errichtete Fassade zerbrach, stürzte er in den Abgrund; so wie auch der ästhetische Glanz dieser Epoche in den furchtbaren Materialschlachten des Ersten Weltkrieges verglühte.

Immer wieder kreist Friedrich Nietzsches Denken um den Begriff der décadence als sensibler, nervöser Lebensform – fortschrittsfreudiger, anfechtungsloser, positivistischer Weltanschauung entgegengesetzt. Nietzsche war allerdings dabei hin- und hergerissen: Dekadenz war ihm, dem an der Dekadenz Leidenden, etwas, das es einerseits zu überwinden galt, andererseits aber auch Auszeichnung: Erschien sie doch als Ausdruck des Widerstandes gegen Wachstumsfetischismus und Gründereuphorie.

»1. Die Skepsis ist eine Folge der décadence: ebenso wie die Libertinage des Geistes.
2. Die Korruption der Sitten ist eine Folge der décadence (Schwäche des Willens, Bedürfnis starker Reizmittel –)
3. Die Kurmethoden, die psychologischen und moralischen, verändern nicht den Gang der décadence, sie halten nicht auf, sie sind physiologisch null –:
Einsicht in die große Nullität dieser anmaßlichen ›Reaktionen‹; sie sind Formen der Narkotisierung gegen gewisse fatale Folge-Erscheinungen; sie bringen das morbide Element nicht heraus; sie sind oft heroische Versuche, den Menschen der décadence zu annullieren, ein Minimum seiner Schädlichkeit durchzusetzen.
4. Der Nihilismus ist keine Ursache, sondern nur die Logik der décadence.
5. Der ›Gute‹ und der ›Schlechte‹ sind nur zwei Typen der décadence: sie halten zueinander in allen Grundphänomenen.
6. Die soziale Frage ist eine Folge der décadence.
7. Die Krankheiten, vor allem die Nerven- und Kopfkrankheiten, sind Anzeichen, daß die Defensiv-Kraft der starken Natur fehlt; ebendafür spricht die Irritabilität, so daß Lust und Unlust die Vordergrunds-Probleme werden.«[163]

Statt naiv zu sagen »Ich bin nichts mehr wert«, sagt die Moral-Lüge im Munde des décadent: »Nichts ist etwas wert, – das Leben ist nichts wert«… Ein solches Urteil bleibe eine große Gefahr, es wirke ansteckend; auf dem ganzen morbiden Boden der Gesellschaft wuchere es bald zu tropischer Begriffsvegetation empor, bald als Religion (Christentum), bald als Philosophie (Schopenhauerei); unter Umständen vergifte eine solche aus Fäulnis gewachsene Giftbaum-Vegetation mit ihrem Dunste weithin, auf Jahrtausende hin das Leben.[164]

In einer Zeit, in der Kraft und Expansion verherrlicht wurden, war jedoch der Schwache (der décadent) aufgrund seiner Schwäche stark. Umwertung der Werte: Das schloß die Freude an den bleichen Bildern des Verfalls mit ein. Stiernackige Expansionslust war dem décadent, wie seinem weiblichen Pendant, ein Greuel.

Der Salon. Illustration aus »Fliegende Blätter« (1901)

»Sie erhielt Arzneiflaschen, Watte, Pulver und Oblaten eingehändigt. Aber federnden Schrittes zog sie jetzt mit den mißlichen Paketchen die Residenzstraße hinab. Unterkriegen? Nein, unterkriegen galt nicht. Sie war nicht kränker als gestern um dieselbe Zeit, als sie mit Carry so rüstig die Isar entlangschritt, und später noch, als sie im Odeon-Kasino zusammen aßen. Wie lange schien es mit einem Male her! Es dämmerte. Sanft schwangen sich die Türme der Theatinerkirche ins dunkle Blau. Es war dasselbe Abendlicht wie tags zuvor, als Antonie den neuen Kummer, sie die neue Sorge noch nicht hatte. Blau und frühlingshaft war auch der weite Platz und schien zu träumen. Nur die Elektrische riß mit ihrem brutalen Geläut immerzu in die sanfte Stimmung ein. ›Nirgends bellen sie doch so laut‹, dachte Daphne. Sie kaufte einen mächtigen Veilchenstrauß, betrat eine Buchhandlung, besah die Auslagen. Auch zu dem rosigen Himmel blickte sie auf. Graue Wölkchen, wie lustiger Rauch, flogen drin her. Die schöne Jahreszeit, sie nahte, ob der Winter noch so oft sie in Schach halten würde, er mußte ziehen. April ging über in den Mai, dann kam der Juni. Was konnte einem groß widerfahren, wenn die Tage immer länger wurden?«[165]

»Jugend in München«. Daphne Herbst, die hier im gleichnamigen Roman von Annette Kolb durchs München der Vorkriegszeit flaniert, entspricht dem Namen, den sie trägt: Sie ist von graziöser Jugendlichkeit und von schwermütiger Herbstlichkeit; ihr früher Tod hält die Widersprüchlichkeit ihres Wesens, eben die jugendliche Herbstlichkeit, unvergänglich fest; sie ist geheimnisvoll zauberhaft – wie Daphne, die in einen Lorbeerstrauch verwandelte Nymphe. Charme der décadence.

Auch die Stadt erweist sich als Topos frühlingshafter Herbstlichkeit; sie ist geprägt durch die heitere Lebensfreude und intrigante Mißgunst einer Gesellschaft, die ihre Exklusivität kultiviert pflegt; inmitten herumhetzender, laborierender Dumpfheit erweist sie sich als Ort feinnervigen Genusses und eines ästhetisch glasierten Lebensüberdrusses. Die Münchner grand monde: ein residenzstädtisch wie kosmopolitisch, ländlich-bäuerlich wie königlich-höfisch geprägtes Bürgertum, das sich das Volk auf Distanz hält, aber ihm wohlwollend verbunden bleibt.

Das Palais des Barons Mattrei überblickt den Englischen Garten und eine Ecke des Großhesseloher Sees. Das ganze Erdgeschoß besteht aus Empfangsräumen. Die Mattreis führen keine großen Feste durch; sie sind jedoch sonntags zu Hause; »man« trifft sich dort. »Gegen halb sechs Uhr war der Ansturm am größten. Der umfängliche Landauer des apostolischen Nuntius stationierte neben dem elektrischen Kupee eines jungen Tunichtgutes. Stets hielten auch einige blaue Wagen mit den königlichen Livreen ihren Stand. Gar heftige und unterhaltende Dispute entspannen sich da in Wind und Wetter; wurde dann gerufen, sogleich entstand Stille, und Kutscher oder Chauffeur fuhren mit solenner Miene aus der Reihe hervor. Der Straße zu lag das Haus im Dunkeln. Alles Licht zog sich nach innen. Nur wenn die Pforte ging, leuchteten drei marmorne Stufen und die Säulen der Vorhalle auf. Der Salon, der die ganze Front entlanglief, sah auf den See. Rechts und links, in Form eines Halbrondells, schlossen sich ihm die anderen Räume an. Doch wo immer Lori Mattrei sich gerade aufhielt, wo sie stand oder auch nur vorüberkam, verlegte sich der Mittelpunkt des Hauses. Sie war der Stern. Es empfahl sich so leicht kein Besucher, ohne wenigstens ihren Blick, ihr Lächeln mit auf den Weg zu nehmen; auch Matronen, Ehemänner und Monsignori. Was steckte hinter ihr? Alles und nichts! Und wenn alles Trug gewesen wäre, so doch kein Lug. Lori Mattrei hatte den Zauber des

Mondes. Dunkel und zierlich, mit blassen melancholischen Zügen, nahe daran, nichtssagend und nur ein hübsches Lärvchen zu sein, wäre nicht die interessante und außerordentliche Glätte dieses Gesichts gewesen, die es nie einbüßen würde, die hinreißende Melodik des Auges, dessen Fülle sich nie erschöpfen, die Suavität des Mundes, dessen Lächeln sich nie abnützen würde. Warum? das wußte niemand. Aber die Verehrung, die Lori zuteil wurde, glich einem Kult. Des öfteren ließ sich ja einer irrlichtern und hielt um sie an, aber es gab bisher keinen, der sich ihretwegen vom chinesischen Turm oder in die Isar hinabstürzte, irreging oder auch nur unglücklich wurde, weil er auf sie verzichten mußte. Sondern sie hatte immer schon eine hübsche Freundin zur Hand, um den von ihr Verschmähten damit zu trösten.«[166]

Wehmut der décadence – Blüte der Kultur. Frühling und Herbst als ambivalentes Wechselspiel. Mokanter Charme unsicherer Gefühle. Jugend in München. München leuchtet. Die Laboratorien der Modernität liegen fern. München um die Jahrhundertwende: Das kulturgeschichtliche Panorama der Stadt zeigt noch nicht die Hektik des Maschinenzeitalters; doch die »Nervenkunst« fiebert der Modernität entgegen; diese ist allerdings überlagert von beruhigender Gemütlichkeit. Die Jugend drängt zu stürmischem Aufbruch; die Tradition hält sie am Zügel. Die Revolutionäre sammeln sich; aber die Tempi sind allegretto.[167]

München 1895: 407307 Einwohner. Otto Fürst von Bismarck wird Ehrenbürger, der Wittelsbacher-Brunnen von Adolf von Hildebrand aufgestellt (er braucht 350 Kubikmeter Wasser pro Stunde, das entspricht zur damaligen Zeit dem Verbrauch einer Stadt mit 10000 Einwohnern). Das nackte »Brunnenbuberl« von Matthias Gasteiger am Stachus erregt empfindsame Gemüter. Wassily Kandinsky kommt nach München. Oskar Panizza erhält wegen seines Dramas »Das Liebeskonzil« ein Jahr Gefängnis. Aufführung der »Fledermaus« von Johann Strauß im Nationaltheater. Georg Kerschensteiner wird Stadtschulrat. Die elektrische Trambahn fährt vom Färbergraben zum Isartal-Bahnhof. Der Fußballverein »Terra Pila« führt die ersten Spiele durch. Max Halbe zieht nach München; in »Jahrhundertwende, Erinnerungen an eine Epoche« schreibt er: »In Süddeutschland, in München zumal, das ja nun bald meine zweite Heimat werden sollte, hatte die großbürgerliche und kapitalistische Entwicklung noch bei weitem nicht das sprunghafte Tempo angenommen, wie in Berlin und im industriellen Westen. Sie ist ja auch – man kann sagen, zu ihrem Glück – selbst in der Zeit der größten Hochkonjunktur dem im Norden und Westen angeschlagenen Eilschritt niemals nachgekommen. Hier auf uralt bajuwarischem Bauernboden, unter vielfach noch ganz urtümlichen Lebensverhältnissen, die noch der heranwachsenden Halbmillionenstadt den eigenen Reiz des Primitiven verliehen, für viele Fremde eine Anziehungskraft besaßen, hatte sich der aufblähende Mammonismus, hatte auch der frisch importierte amerikanische Mammutismus kein sehr günstiges Erdreich vorgefunden. Der bajuwarische Stamm, vielleicht zäher als irgendein anderer der deutschen Stämme an Überlieferung und Herkommen festhaltend, brachte den beiden neuzeitlichen Gewächsen weder Liebe noch Verständnis entgegen. Es fehlten die verwandten und kongenialen Naturen, um ihnen auf diesem kargen Boden, in dieser rauhen Luft die erforderliche Pflege und Wartung angedeihen zu lassen. Der Götzendienst des Geldes und der seine Schleppe tragende Luxus sind für den Komplex München (als Ganzes genommen) immer Fremdkörper geblieben. So war es 1895. So war es 1910, als ganz Deutschland im Glück zu schwimmen schien... Für die künstlerische Jugend aller Grade wurde das München der Jahrhundertwende zu einer Art von Mekka, bis dann nicht lange vor dem Weltkrieg Berlin in scharfen künstlerischen Wettstreit mit München zu treten begann. Diese späteren neunziger Jahre sahen alles, was auf dem Felde der Kunst jung und hoffnungsvoll war und seine Flügel regen wollte, beinahe wie auf Verabredung sich in München versammeln... Jetzt sollte es seine Früchte tragen, daß dieses oft verlästerte ›bierselige‹ München in lässigem Behagen jeden, der da war, nach seinem Gusto hatte leben und walten lassen, keinen Unterschied (wenigstens nicht im Hofbräuhaus) zwischen Reich und Arm, Vornehm und Gering, ja nicht einmal zwischen Minister und Droschkenkutscher machte: Das Erstaunen aller von Norden Gekommenen und so manchem wie eine Befreiung vom Alpdruck kaum erträglichen Kastengeistes der Heimat. Was war es denn anderes, was alle diese jungen Leute, alle diese vom Dämon der Kunst Besessenen nach München trieb, als eben diese Atmosphäre der Ungezwungenheit, der gesellschaftlichen Freiheit und Lässigkeit, des unbefangenen Nebeneinander der Stände? So kamen sie. Kamen alle aus Nord und West und Ost. Kamen weil sie mußten, weil sie es gar nicht anders kannten, als daß es eben nur München gebe, wenn man zur Kunst wolle, dies eine München und keine andere Stadt neben ihm.«[168]

1896: Fassade des Photo-Ateliers »Elvira« in der Von-der-Tann-Straße nach Entwurfen von August Endell, gestaltet von Joseph Hartwig. Die Zeitschrift »Jugend« wird von Georg Hirth, der »Simplicissimus« von Albert Langen gegründet. Eröffnung des Deutschen Theaters. Die ersten Filmvorfuhrungen finden im Panoptikum an der Kaufingerstraße statt. In Schwabing entsteht das Café »Stephanie« (Café »Größenwahn«).

1897: Im Bruckmann-Verlag erscheint die Zeitschrift »Dekorative Kunst«. Ludwig Thoma zieht von Dachau nach München.

Thomas Theodor Heine: Albert Langen

Das Schauspielhaus in den Zentralsälen am Neutorturm mit Ibsens »Rosmersholm« eröffnet.
1898: Die Stuck-Villa in der Prinzregentenstraße nach Plänen des Künstlers erbaut. Alfred Kubin und Paul Klee kommen nach München. Der »Simplicissimus« greift Kaiser Wilhelm II. in seiner »Palästina-Nummer« heftig an. A. Langen muß deshalb fliehen. Th. Th. Heine und Frank Wedekind erhalten Festungshaft. Die Aufführung von Wedekinds »Erdgeist« im Schauspielhaus endet mit einem Theaterskandal. Die »Literarische Gesellschaft« bringt als Uraufführung »Der Tor und der Tod« von Hugo von Hofmannsthal.
1899: Das Nationalmuseum ist vollendet. Die Künstlergemeinschaft »Scholle« wird gegründet. Adele Sandrock gastiert im Schauspielhaus. Die ersten Führerscheine werden ausgestellt: 25 Automobilbesitzer erhalten Fahrerlaubnis.
1900: Die Einwohnerzahl erreicht die Halbmillionen-Grenze. Lenin lebt über ein Jahr in München. Das Prinzregententheater wird von Max Littmann und das Schauspielhaus von Littmann und Richard Riemerschmid gebaut. Festliche Eröffnung des Bayerischen Nationalmuseums; Franz Marc studiert an der Kunstakademie. Lovis Corinth verläßt München, Ricarda Huch kommt. Ludwig Thoma wird Redakteur des »Simplicissimus«. Adele Sandrock spielt den Hamlet. Das Einkommen eines Hilfsarbeiters beträgt ca. 1,50 bis 2 Mark pro Tag; ein Regierungsrat erhält 4500 Mark im Jahr und ein Staatsminister ab 10800 Mark jährlich. 3 Kilogramm Brot kosten 1 Mark, 1 Kilogramm Ochsenfleisch 1,40 Mark, 3 Eier 20 Pfennig, 1 Liter Bier 26 Pfennig. In einem einfachen Wirtshaus kostet die Suppe 6 Pfennig, Braten mit Beilagen 40 Pfennig, Kalbshaxe oder Gansbraten 50 Pfennig. Pro Kopf aller Einwohner werden 356 Liter Bier pro Jahr getrunken. Die Trambahn ist auf einer Strecke von 93 Kilometern völlig elektrifiziert. 800 Droschken und Fiaker stehen bereit.
1901: Feier des 80. Geburtstags von Prinzregent Luitpold. Das Volksbad wird mit einem Festakt eröffnet. Kandinsky gründet die Künstlergruppe »Phalanx«. Der katholische Presseverein eröffnet die erste Volksbibliothek. Max Reger lebt in München. Das Schauspielhaus in der Maximilianstraße wird mit »Johannes« von Hermann Sudermann, das Prinzregententheater mit einer Aufführung der »Meistersinger von Nürnberg« eröffnet (dort werden auch die ersten Richard-Wagner-Festspiele veranstaltet). Im Residenztheater Uraufführung von Ludwig Thomas »Medaille«. Die »Elf Scharfrichter« machen Kabarett in einem Gasthaus. Wilhelm Conrad Röntgen erhält den Nobelpreis für Physik. Eröffnung der Münchner Börse.
1902: Olaf Gulbransson wird Mitarbeiter des »Simplicissimus«. Ludwig Thomas »Lokalbahn« hat ihre Uraufführung im Residenztheater. Isadora Duncan und Cléo de Mérode tanzen in München. Ein Autounfall am Stiglmayerplatz »bei dem rasenden Tempo von 12 km pro Stunde« erregt die Bevölkerung. Der Räuber Matthias Kneißl in Augsburg hingerichtet.
1903: Ernst Ludwig Kirchner studiert in München. Georg Müller gründet einen Verlag. Der Akademisch-Dramatische Verein bringt Szenen aus Arthur Schnitzlers »Reigen« (die Aufführung verursacht einen Theaterskandal, der auch den Landtag beschäftigt; sie wird verboten). Oskar von Miller verwirklicht seine Idee eines »Deutschen Museums der Naturwissenschaft und Technik«. Die Medizinische Fakultät der Universität verleiht erstmals einer Frau den Doktorgrad. Erstes Motorradrennen im Volkspark Nymphenburg.
1904: Es werden gebaut: das Städtische Krankenhaus München-Schwabing, die Kaufhäuser Tietz und Oberpollinger. Im Kunstausstellungsgebäude eine Ausstellung von Moritz von Schwind. Franz von Lenbach gestorben. Reinhard Piper gründet einen Verlag, Paul Nikolaus Coßmann gibt die »Süddeutschen Monatshefte« heraus. Franziska Gräfin von Reventlow gründet den »Schwabinger Beobachter«; Stefan George verläßt München. Wedekinds »Büchse der Pandora« als geschlossene Aufführung des Dramatischen Vereins im Schauspielhaus aufgeführt. Im Volkstheater gastiert Max Reinhardt mit seinem Ensemble.

Adolf Münzer: Offizierskind (1904)

Titelblatt der »Jugend« (1904)

1905: Die Einwohnerzahl liegt nun bei 538983. Im Baugewerbe wird die 10stündige Tagesarbeitszeit erkämpft; Stundenlohn 38 Pfennig. Lenbach-Gedächtnis-Ausstellung. Schiller-Ausstellung in der Staatsbibliothek zum 100. Todestag des Dichters. Im Nationaltheater Erstaufführung der Oper »Feuersnot« von Richard Strauss.
München leuchtete! Damit beginnt Thomas Mann, 1894 nach München gekommen (1899 Redakteur am »Simplicissimus«, danach freier Schriftsteller), seine Novelle «Gladius Dei« (1903), die Flair, Atmosphäre, Fluidum des Isar-Athens beschwört.
»München leuchtete. Über den festlichen Plätzen und weißen Säulentempeln, den antikisierenden Monumenten und Barockkirchen, den springenden Brunnen, Palästen und Gartenanlagen der Residenz spannte sich strahlend ein Himmel von blauer Seide, und ihre breiten und lichten, umgrünten und wohlberechneten Perspektiven lagen in dem Sonnendunst eines ersten, schönen Junitages.
Vogelgeschwätz und heimlicher Jubel über allen Gassen... Und auf Plätzen und Zeilen rollt, wallt und summt das unüberstürzte und amüsante Treiben der schönen und gemächlichen Stadt. Reisende aller Nationen kutschieren in den kleinen, langsamen Droschken umher, indem sie rechts und links in wahlloser Neugier an den Wänden der Häuser hinaufschauen, und steigen die Freitreppen der Museen hinan...
Viele Fenster stehen geöffnet, und aus vielen klingt Musik auf die Straßen hinaus, Übungen auf dem Klavier, der Geige oder dem Violoncell, redliche und wohlgemeinte dilettantische Bemühungen. Im ›Odeon‹ aber wird, wie man vernimmt, an mehreren Flügeln ernstlich studiert.
Junge Leute, die das Nothung-Motiv pfeifen und abends die Hintergründe des modernen Schauspielhauses füllen, wandern, literarische Zeitschriften in den Seitentaschen ihrer Jacketts, in der Universität und der Staatsbibliothek aus und ein. Vor der Akademie der bildenden Künste, die ihre weißen Arme zwischen der Türkenstraße und dem Siegestor ausbreitet, hält eine Hofkarosse. Und auf der Höhe der Rampe stehen, sitzen und lagern in farbigen Gruppen die Modelle, pittoreske Greise, Kinder und Frauen in der Tracht der Albaner Berge.
Lässigkeit und hastloses Schlendern in all den langen Straßenzügen des Nordens... Man ist von Erwerbsgier nicht gerade gehetzt und verzehrt dortselbst, sondern lebt angenehmen

Zwecken. Junge Künstler, runde Hütchen auf den Hinterköpfen, mit lockeren Krawatten und ohne Stock, unbesorgte Gesellen, die ihren Mietzins mit Farbenskizzen bezahlen, gehen spazieren, um diesen hellblauen Vormittag auf ihre Stimmung wirken zu lassen, und sehen den kleinen Mädchen nach, diesem hübschen, untersetzten Typus mit den brünetten Haarbandeaus, den etwas zu großen Füßen und den unbedenklichen Sitten… Jedes fünfte Haus läßt Atelierfensterscheiben in der Sonne blinken. Manchmal tritt ein Kunstbau aus der Reihe der bürgerlichen hervor, das Werk eines phantasievollen jungen Architekten, breit und flachbogig, mit bizarrer Ornamentik, voll Witz und Stil. Und plötzlich ist irgendwo die Tür an einer allzu langweiligen Fassade von einer kecken Improvisation umrahmt, von fließenden Linien und sonnigen Farben, Bacchanten, Nixen, rosigen Nacktheiten…
Hast du Glück, so begegnet dir eine der berühmten Frauen in Person, die man durch das Medium der Kunst zu schauen gewohnt ist, eine jener reichen und schönen Damen von künstlich hergestelltem tizianischen Blond und im Brillantenschmuck, deren betörenden Zügen durch die Hand eines genialen Porträtisten die Ewigkeit zuteil geworden ist, und von deren Liebesleben die Stadt spricht, – Königinnen der Künstlerfeste im Karneval, ein wenig geschminkt, ein wenig bemalt, von einer edlen Pikanterie, gefallsüchtig und anbetungswürdig. Und sieh, dort fährt ein großer Maler mit seiner Geliebten in einem Wagen die Ludwigstraße hinauf. Man zeigt sich das Gefährt, man bleibt stehen und blickt den beiden nach. Viele Leute grüßen. Und es fehlt nicht viel, daß die Schutzleute Front machen.
Die Kunst blüht, die Kunst ist an der Herrschaft, die Kunst streckt ihr rosenumwundenes Zepter über die Stadt hin und lächelt. Eine allseitige respektvolle Anteilnahme an ihrem Gedeihen, eine allseitige, fleißige und hingebungsvolle Übung und Propaganda in ihrem Dienste, ein treuherziger Kultus der Linie, des Schmuckes, der Form, der Sinne, der Schönheit obwaltet… München leuchtete.«[169]

Gustav Klimt: Plakat der ersten Ausstellung der Wiener Secession (1897)

Auch Wien leuchtete. Jugend in Wien. Viele Werke, Ideen und Bewegungen, die das kulturelle Leben des Wilhelminismus befruchteten und beförderten, hatten ihre Ursprünge im Boden dieser Stadt. Kulturpubertäre Unruhe prägte das Wiener Fin de siècle; die Wiener décadence spürte die Müdigkeiten vieler Jahrhunderte auf ihren Lidern; ihre Träume waren oft genug Alpträume. Die Kultur dieser Stadt zeigte den irisierenden Glanz einer Endzeitstimmung; aber immer wieder brach aus ihrem Boden das Neue revolutionär hervor. »Jugend in Wien«: Das war eine Jugend, die das Vatererbe abzuwerfen, zu vergessen, zu überwinden suchte, die zu kultureller Höchstleistung heranwuchs, die Periode rückwärtsgewandten Eklektizismus mit ihrer genialen Originalität durchsäuerte und die Stadt »stickiger Sicherheit« in eine Örtlichkeit vibrierenden künstlerischen Aufbruchs verwandelte. Aus der Verbindung von Niedergangs- und Aufbruchsstimmung erwuchsen die Melancholie genauso wie die Unbekümmertheit; Nervosität stieg auf: ein Erzittern vor der Gefährdung, wie Ausdruck bebender Kraft.
Gerne trafen sich Jungwiener Literaten im Café Griensteidl am Michaelerplatz; von der Jeunesse dorée dort berichtet Felix Salten: »Hermann Bahr, eben aus Paris zurückgekehrt, gesellte sich zu uns. Er trug ganz die Tracht eines Montmartre-Menschen, Pepita-Beinkleider, Sakko aus braunem Samt und dazu den Zylinder. Er regte alle auf und regte alle an durch die Verwegenheit seines Geistes, der in Wort und Schriften nur so Funken spritzte. Ein Artikel Bahrs in der ›Modernen Dichtung‹ schloß mit den Worten: ›Wir wollen lieber unsere Weiber ins Grüne treiben.‹ Ja, das wollten wir gewiß, wenn auch manche von uns gar nicht wußten, woher sie Weiber nehmen sollten. Richard Beer-Hofmann stieß eines Tages zu uns. Seine Kleidung

Egon Schiele: Wiener Werkstätte-Postkarte (1909)

war von einer exzessiven Noblesse, von einer mit subtilstem Geschmack ausgesuchten Eleganz, die immer etwas leise Herausforderndes hatte. Er trug jeden Tag eine andere stimmungsmäßig und raffiniert gewählte Knopflochblume. Er war (und ist es geblieben) von einer derartig hinreißenden Beredsamkeit, von einem so durch und durch dringenden lichtvollen Geist, daß ich ihm damals den Titel ›Mäzen des Verstehens‹ gab. Selbst schreiben schien er im Anfang gar nicht zu wollen, ja es schien, als sei er sich dafür zu kostbar... Die Begeisterung von uns allen aber errang Loris, der noch nicht sechzehnjährige Gymnasiast Hugo von Hofmannsthal, der den Einakter in Versen ›Gestern‹ geschrieben hat.«[170] Dieser Loris schrieb auch 1892 den einleitenden Prolog zu Arthur Schnitzlers Szenenfolge »Anatol«, der die sensible Wiener Mentalität mit impressionistischen Tupfern zeichnet:

»... Also spielen wir Theater,
Spielen unsre eignen Stücke,
Frühgereift und zart und traurig,
Die Komödie unsrer Seele,
Unsres Fühlens Heut und Gestern,
Böser Dinge hübsche Formel,
Glatte Worte, bunte Bilder,
Halbes, heimliches Empfinden,
Agonien, Episoden...
Manche hören zu, nicht alle...
Manche träumen, manche lachen,
Manche essen Eis... und manche
Sprechen sehr galante Dinge...
...Nelken wiegen sich im Winde,
Hochgestielte, weiße Nelken,
Wie ein Schwarm von weißen Faltern...
Und ein Bologneserhündchen
Bellt verwundert einen Pfau an...«[171]

Für die Laboratorien technisch-wirtschaftlicher Modernität war diese Jugend, die eine Aura frühgereifter Traurigkeit wie schillernder Blasiertheit umgab, ungeeignet. Nicht die Wirklichkeit interessierte sie, sondern die Welt der Fiktionen und Phantasmagorien. »Also spielen wir Theater...« Die »Wiener Literatur-Zeitung«, mehr dem Naturalismus als dessen Überwindern anhängend, schrieb 1892: »›Die Quintessenz unserer Zeit‹ – was ist das? Herr Bahr sagt: Es ist ›ein heftiger und ungestümer Trieb zum Wunderbaren, Räthselhaften und Geheimen, aus der derben und gemeinen Wirklichkeit der hellen Straße fort in den heimlichen und trüben Dunst verworrener Träume‹. So, also das ist's? Und ich freute mich immer, im Zeitalter der Realwissenschaften zu leben... Und nun höre ich, daß ich damit total veraltet bin! Ahnen, dämmern, träumen, schwärmen muß ich, um modern zu sein. Wunder über Wunder! Gestern noch kam ich mir unter Greisen wie ein Jüngling vor und heute bin ich unter Jünglingen ein Greis geworden. Wie schnell wir leben!«[172]

Wie man den Stil der Epoche nennen sollte? Die einen nannten ihn Décadence, die letzte Flucht der Wünsche aus einer sterbenden Kultur, getragen vom Gefühl des Todes; die anderen sprachen vom Symbolismus, der die Welt in eine Folge von Chiffren einzufangen suche. Der Garten der Erkenntnis, den Sigmund Freud wie Arthur Schnitzler, Arnold Schönberg wie Karl Kraus jeder auf seine Weise zu erkunden trachtete, war schwitzender Geschäftigkeit wie kraftstrotzender Fortschrittsgläubigkeit völlig entrückt. Schön und traurig hieß die Devise. In Leopold Andrians Werk »Der Garten der Erkenntnis« (1895), einem Narzissus-Buch par excellence, heißt es vom Helden, der wie ein Traum durchs Leben geht: »Es war wunderschön, daß der einsame Tod, welcher das Leben ist, uns nicht verhindern kann, eine fremde Schönheit, die wir nicht verstehn, die sich uns nicht enthüllen und uns nichts geben wird, nur weil sie schön ist, zu bewundern; es war wunderschön, daß wir, obwohl Menschen, dennoch Künstler sind, Künstler wiederum darin, daß wir nicht einmal klagen, wenn uns diese Schönheit entgleitet, sondern sie grüßen und über sie jubeln, weil uns ein Schauspiel mehr wie unser Schicksal ist.«[173]

Wien leuchtete. Aber bald gingen auch dort die Lichter aus. Die Träume zerstoben, als der Spießbürger das Heft wieder fest in die Hand bekam. Wien, Ringstraßenkorso, Sirk-Ecke. Ein Sommerfeierabend.

»EIN ZEITUNGSAUSRUFER: Extraausgabee –! Ermordung des Thronfolgers! Da Täta vahaftet!

EIN KORSOBESUCHER *(zu seiner Frau):* Gottlob kein Jud.

SEINE FRAU: Komm nach Haus. *(Sie zieht ihn weg.)*

ZWEITER ZEITUNGSAUSRUFER: Extraausgabee –! Neue Freie Presse! Die Pluttat von Serajevo! Da Täta ein Serbee!

EIN OFFIZIER: Grüß dich Powolny! Also was sagst? Gehst in die Gartenbau?

ZWEITER OFFIZIER *(mit Spazierstock):* Woher denn? G'schlossen!

DER ERSTE *(betroffen):* G'schlossen?

EIN DRITTER: Ausg'schlossen!

DER ZWEITE: Wenn ich dir sag!

DER ERSTE: Also was sagst?

DER ZWEITE: Na gehn mr halt zum Hofner.

DER ERSTE: Selbstverständlich – aber ich mein, was sagst politisch, du bist doch gscheit –

DER ZWEITE: Weißt, no wer'mr halt *(fuchtelt mit dem Spazierstock)* – a bisserl a Aufmischung – gar nicht schlecht – kann gar nicht schaden – höxte Zeit –« (Karl Kraus)[174]

Berliner Grand monde. Das Diner ist auf sechs Uhr festgesetzt. Die Herrschaften fahren vor. Ort: die Villa des Kommerzienrats Treibel (seine Fabrik liegt in der Nähe). Das erste Coupé: das des ältesten Sohnes Otto, der sich selbständig etabliert und ganz am Ausgang der Köpenicker Straße, zwischen dem zur Pionierkaserne gehörigen Pontonhaus und dem Schlesischen Tor, einen Holzhof errichtet hat, freilich von der »höheren Observanz«, denn es sind Farbehölzer, Fernambuk- und Campecheholz, mit denen er handelt; seit etwa acht Jahren ist er auch verheiratet. Als nächster kommt Mr. Nelson, ein »charmanter junger Mann«; er hat die Gesetztheit und Wohlerzogenheit, wie sie die meisten Engländer haben. »Und so sauber wie die Manschetten, so sauber ist alles an ihm... auch sein Kopf und sein Haar. Wahrscheinlich, daß er es mit *Honeywater* bürstet, oder vielleicht ist es auch bloß mit Hilfe von *Shampooing.*« Dann Leutnant Vogelsang (mit einer Droschke zweiter Klasse); er ist in Helm und Degen, seit wohl dreißig Jahren außer Dienst. Denn die Grandezza, mit der er daherkommt, ist mehr die »Steifheit eines alten, irgend einer ganz seltenen Sekte zugehörigen Torf- oder Salzinspektors, als die gute Haltung eines Offiziers«. Alles läuft bei ihm mehr oder weniger automatenhaft ab, und der in zwei gewirbelten Spitzen auslaufende schwarze Schnurrbart wirkt nicht nur gefärbt, was er natürlich ist, sondern zugleich auch wie angeklebt. Es kommen befreundete Fabrikbesitzer aus der Köpnicker Straße in ihren Chaisen mit niedergeschlagenem Verdeck; schließlich Corinna mit ihrem Vetter Marcell Wedderkopp zu Fuß; und zwei alte Damen vom Hofe, Frau Majorin von Ziegenhals und Fräulein Edwine von Bomst.[175] Die Frau des Kommerzienrats, Jenny Treibel (in Theodor Fontanes gleichnamigem Roman, 1892), eine »Bourgeoise«, aufgestiegene Tochter eines Kolonialwarenhändlers, für alles Romantische, Ideale, Poetische, Ästhetische, Ethische und »Etepetetische« schwärmend, steht im Mittelpunkt des Geschehens, das sich um die Frage: »Wie mache ich eine gute Partie« dreht. Corinna, Tochter von Jenny Treibels Jugendfreund Professor Schmidt, ist intelligent und charmant; sie versucht, den ihr geistig unterlegenen Leopold, den Sohn der Treibels, zu »erobern«, um in eine bessere gesellschaftliche Position zu gelangen. Die Verlobung entsetzt Frau Jenny; sie, die in Anspruch nimmt, daß sie nur in der Welt der »wahren Gefühle« lebt, nimmt Anstoß an der Mittellosigkeit von Corinna. Als sie ihrem Mann berichtet, ist dieser freilich nicht so entsetzt: »Wer sind wir denn? Wir sind weder die Montmorencys noch die Lusignans – von denen, nebenher bemerkt, die schöne Melusine herstammen soll, was dich vielleicht interessiert – wir sind auch nicht die Bismarcks oder die Arnims oder sonst was Märkisches von Adel, wir sind die Treibels, Blutlaugensalz und Eisenvitriol, und du bist eine geborene Bürstenbinder aus der Adlerstraße. Bürstenbinder ist ganz gut, aber der erste Bürstenbinder kann unmöglich höher gestanden haben als der erste Schmidt. Und so bitt ich denn, Jenny, keine Übertreibungen. Und wenn es sein kann, laß den ganzen Kriegsplan fallen und nimm Corinna mit soviel Fassung hin, wie du Helene hingenommen hast. Es ist nicht nötig, daß sich Schwiegermutter und Schwiegertochter furchtbar lieben, sie heiraten sich ja nicht; es kommt auf die an, die den Mut haben, sich dieser ernsten und schwierigen Aufgabe allerpersönlichst unterziehen zu wollen.« Aber als Treibels Zorn verraucht und er in sein Zimmer gegangen ist, sich in den Fauteuil wirft, brummt er vor sich hin: »›Wenn sie am Ende doch recht hätte!‹ Und konnte es anders sein? Der gute Treibel, er war doch auch seinerseits das Produkt dreier im Fabrikbetrieb immer reicher gewordenen Generationen, und aller guten Geistes- und Herzensanlagen unerachtet und trotz seines politischen Gastspiels auf der Bühne Teupitz-Zossen – der Bourgeois steckte ihm wie seiner sentimentalen Frau tief im Geblüt.«[176]

Aber alles löst sich im Sinne kapitalistischer Moral. Corinna trennt sich von dem sie zwar aufrichtig liebenden, aber weichen

Adolph von Menzel: Studie zum Gemälde »Ballsouper« (1878)

und energielosen Leopold; sie heiratet ihren Vetter Marcell, der als Archäologe und zukünftiger Professor ihrem eigenen Stand angehört. Auf der Hochzeit finden sich dann die beiden Familien, Treibel und Schmidt, wieder in alter Freundschaft zusammen. Besonders ergriffen lauscht Jenny einem Lied, das ihr einst in jugendlicher Liebe Willibald Schmidt widmete.

»Glück, von allen deinen Losen
eines nur erwähl ich mir.
Was soll Gold? Ich liebe Rosen
und der Blumen schlichte Zier.

Und ich höre Waldesrauschen,
und ich seh ein flatternd Band –
Aug in Auge Blicke tauschen,
und ein Kuß auf deine Hand.

Geben, nehmen, nehmen, geben,
und dein Haar umspielt der Wind.
Ach, nur das, nur das ist Leben,
wo sich Herz zu Herzen find't.«[177]

Berlin leuchtete nicht. Die Berliner Luft ließ keine Traum- und Zaubergärten gedeihen. Eine strebsame, egoistische, ellenbogenbewußte Mittelschicht konnte nicht durch Schöngeisterei vom Weg des Aufstiegs abgehalten werden. Das Poetische war etwas für den Sonntag; da leistete man sich *die* Gefühle, die am Werktag störten. Fontanes Roman sollte, nach den Worten des Autors, das Hohle, Phrasenhafte, Lügnerische des Bourgeoisstandpunktes zeigen, der von Friedrich Schiller sprach und Gerson Bleichröder meinte.

Bis in die feinsten Nuancen des sprachlichen Duktus hinein spiegelt Fontane das gesellschaftliche Gefüge Berlins: Es steht fest auf dem Boden der Wirklichkeit; die künstlerische Jugend ist nach München oder Wien oder sonstwohin abgewandert. Diese Stadtlandschaft ist ohne Glanzlichter, in nüchterner Breite ausufernd. Der Dichter durchwandert sie, mit gelassener Ironie sie beschreibend. Von »Laboratorien der Modernität« kann noch nicht gesprochen werden; es sind biedere Handwerksbetriebe, in denen aber am wirtschaftlichen Aufstieg gearbeitet wird. Berlins goldene Jahre stehen erst bevor; die Basis für »Metropolis« wird jedoch in dieser Zeitspanne gelegt. Fontane erlebt Berlin als eine zum Lande offene und wesensmäßig

Hermann Lüders: Die Berliner Stadtbahn. Centralbahnhof in der Friedrichstraße (1882)

mit der Mark Brandenburg verbundene Stadt; aber die Entartung der bürgerlichen Gesinnung, die Entwicklung zu »Treibelei« und »Bourgeoistum« melden die innere Verwandlung an. »Aber noch leben Adel und Bürgertum in etwas mittelständischen Formen nebeneinander, und das Hin und Her zwischen Stadt und Land, die kleinbürgerlichen Formen der Geselligkeit beweisen auch jetzt noch, wie langsam die deutsche Politik nach 1871 die Bevölkerung zu einer Umstellung ihrer bodenständigen Daseinsform bewegen konnte. Es bleibt ein Berlin vor der Jahrhundertwende, eine Mischung aus ›Fritzischem‹ und gemäßigter, noch unentschlossener und innerlich befangener Modernität, aus Solidität und dem Bildungsersatz der Gründerzeit, ein Ort vor der Verwandlung ins Weltstädtische, ein Raum noch voll von Seele, aber bereits unsicher und mit etwas schlechtem Gewissen, nicht mehr ganz das Alte und Echte, aber auch noch nicht das Neue, vor dem der alte Stechlin sich in seine Zweifel und Träume zurückzieht.«[178]

Fontanes Roman »Der Stechlin« macht deutlich, daß der Dichter alle äußeren Handlungen, Verwicklungen, Spannungen, Überraschungen zurückdrängt. »Zum Schluß stirbt ein Alter, und zwei Junge heiraten sich; – das ist so ziemlich alles, was auf 500 Seiten geschieht.« Das innere Geschehen jedoch ist gravierend; signalisiert wird der Abbruch der alten Lebens- und Gesellschaftsformen, Anbruch eines neuen, gleichermaßen materialistischen wie demokratischen Zeitalters. Es ist nicht entscheidend, daß sich Herz zu Herzen find't. Der Überbau des idealistischen Erbes wird demontiert; der gesellschaftliche Umbruch bewirkt Irrungen und Wirrungen. Dieses neue Geschlecht – erinnert sei an Heinrich Heines Wort über Lassalle – hascht nicht mehr nach Schattenküssen und blauen Blumengerüchen, entsagt nicht und flennt nicht, sondern zeigt die Härte von Gladiatoren, die stolz dem Kampfe entgegengehen. In den Laboratorien der Modernität wird in gigantischen Experimenten der »Fortschritt« vorbereitet, der bald auch Berlin aus seinen Nähten platzen läßt. Abseits davon stand der alte Fontane, der – um ein Wort von Thomas Mann aufzugreifen – das Schauspiel einer Vergreisung bot, die künstlerisch, geistig, menschlich eine Verjüngung darstellte. Jugendlich ist die Bereitschaft des Dichters, sich in diese dahinhastende Welt einzufühlen, sie in ihren tiefen Gründen verstehen zu wollen; altersweise die Gelassenheit, mit der er aus der Distanz das Treiben beobachtet.

»Die Flut steigt bis an den Ararat,
und es hilft keine Rettungsleiter,
da bringt die Taube Zweig und Blatt –
und es kribbelt und wibbelt weiter.

Es sicheln und mähen von Ost nach West
die apokalyptischen Reiter,
aber ob Hunger, ob Krieg, ob Pest,
es kribbelt und wibbelt weiter.

Ein Gott wird gekreuzigt auf Golgatha,
es brennen Millionen Scheiter,
Märtyrer hier und Hexen da,
doch es kribbelt und wibbelt weiter.

So banne dein Ich in dich zurück
und ergib dich und sei heiter;
was liegt an dir und deinem Glück?
Es kribbelt und wibbelt weiter.«[179]

In seinem weitverbreiteten Buch »Die geistigen und sozialen Strömungen Deutschlands im 19. Jahrhundert« (1899) skizziert Theobald Ziegler (im 15. Kapitel) auch das geistige Profil des Jahrhundertendes.[180] Die »allgemeine Struktur der Zeit« erweist sich als eine solche der Widersprüchlichkeit, der

Friedrich Stahl: Im Kaffeehaus
(1887)

Ambivalenz. Niemals sei am Ende einer Periode einer Generation so klar gewesen wie dem Menschen ums Jahr 1900, daß das nächste Jahrhundert einen anderen, vor allem einen bestimmteren, ausgesprocheneren Charakter tragen werde und tragen müsse als das letzte Jahrzehnt des zu Ende gehenden neunzehnten. Der tiefere Sinn von »Fin de siècle« bestehe darin, daß sich die Menschen dieses Übergangs voll bewußt wären. Übergangszeit bedeute eine böse Zeit, vor allem weil in ihr die Gedanken und Gefühle in allen Punkten zwiespältig geworden sind. Zwiespältig gegenüber Staat und Politik: auf der einen Seite eine Anspannung des nationalen Gedankens, der sich oft bis zum Chauvinismus steigere und einenge, und auf der anderen Seite ein Wiederaufleben humanitärer und ein Erstarken sozialer Bestrebungen, die vielen in jeder Form als anti- und international verdächtig werden. Ein Heroenkultus hier, der da, wo der Heros fehlt, zum Byzantinismus werde, und eine Demokratisierung der Gesellschaft dort, die auch die alten »unhistorischen Gedanken« von absoluter menschlicher Gleichheit wiederaufleben lasse. Zwiespältig das Verhältnis zu Kirche und Religion; ein neu erwachendes Interesse für religiöse Dinge mache sich spürbar, und daneben immer noch das alte Sichabkehren von allem Kirchentum und Christentum. Zwiespältig Sitte und Sittlichkeit: der soziale Geist, der vor allem die gleiche Hingabe an das Wohl des Ganzen verlange, habe mehr und mehr Herzen und Köpfe erobert; daneben Nietzsches Individualitätslehre, die das schrankenlose Recht des Sichauslebens für die geniale Persönlichkeit in Anspruch nehme und zu dem Zweck alle sittlichen Werte umwerten möchte. Von einer »neuen Ethik« in mehr als einem Sinne sei vielfach die Rede. Zwiespältig verhalte man sich auch auf dem Gebiet der Kunst und Poesie: Noch immer werde das Klassische als Bildungsmittel benützt und verehrt oder doch historisch respektiert; daneben die Abwendung vom klassischen Ideal als einem innerlich Unwahren und der realistische Werdedrang einer die Wahrheit auf Kosten der Schönheit pflegenden Kunstweise. Fragwürdigkeiten allenthalben.

Der Bund von Wissenschaft und Technik habe die völlige Umgestaltung unserer Existenz hervorgerufen; die Lebenshaltung sei eine höhere geworden; das habe auf das Geistige zurückgewirkt, habe eine Verfeinerung des Lebens zur Folge, mache aber gleichzeitig auch empfindlicher gegenüber Entbehrungen und begehrlicher nach Genuß und Reiz. Maßgebend dafür die Überwindung von Raum und Zeit durch Dampf und Elektrizität. Dampfmaschine, Fabrik, Arbeiterbevölkerung und soziale Frage, Lokomotive, Eisenbahnen, Produktenverkehr und Bevölkerungsverschiebungen, Telegraph und Telefon, Automobil und Luftschiff, Welthandel und Weltverkehr, Zeitungswesen bewirkten ein hastiges Leben; die Reibungen werden häufiger. »Man ist nicht mehr bei sich zu Hause, wird nicht heimisch und kommt nicht zu sich selbst; deshalb hat die Eisenbahnzeit über die Ortszeit gesiegt. Daß die Welt unter dem Zeichen des Verkehrs steht, ist zwar ein Triumph der Technik und ein Beweis des Fortschritts, kommt aber dem Innenleben nicht in gleichem Maße zugute; die Zeitungen tragen Bildungskeime in die abgelegensten Dörfer, aber sie schädigen auch die Bildung und machen sie flach und individuallos. Wie nach oben, so haben wir aber andererseits auch nach unten hin den Raum ›überwunden‹: Neben dem Teleskop steht das Mikroskop und enthüllt uns eine ganz neue, die Welt des unendlich Kleinen. Das hat durch die Erkenntnis der Bakterien nicht nur die Medizin umgestaltet; es weckt den Sinn für das Kleine überhaupt; in der Naturwissenschaft versteht sich das von selbst. Aber nicht nur sie, auch die Geisteswissenschaften, die Geschichte, die Psychologie sind mikroskopisch geworden: Die Einzelforschung wird höher geschätzt als die zusammenfassende Darstellung, die oft wie ein Unwissenschaftliches und Dilettantisches angesehen wird... Selbst die Kunst kann sich diesem Mikroskopieren nicht entziehen; auch sie lernt auf das Kleine und Verborgene achten und setzt an die Stelle der auf der Oberfläche liegenden, dem unbewaffneten Auge sichtbaren Motive und Gefühle die zerfasernde psychologische Analyse und das Eindringen in die geheimsten Tiefen des Seelenlebens, in das, was unbewußt auf ihrem Grunde mitschwingt.«

Die Grundstruktur der Gesellschaft und der sie durchdringenden Kultur (darauf kommt Theobald Ziegler immer wieder zurück) bestehe im Festhalten und Sichanklammern an das Bestehende, als wäre es durchweg ein Vernünftiges und bleibend Wertvolles; und auf der anderen Seite im Anstürmen gegen dieses Bestehende, als wäre es bereits von allen guten Geistern der Vernunft und der Sittlichkeit verlassen und könne nicht eilig genug bis zum letzten Baustein abgetragen und in Trümmer geschlagen werden. Dem historischen Sinn des Jahrhunderts stehe ein revolutionärer Sturm und Drang gegenüber, der gäre und brodle und alle in seinen Strudel hineinreißen wolle; man bemühe sich, neu Fuß zu fassen; ob dies gelinge, werde das Glück oder Unglück des neuen Jahrhunderts ausmachen. »So war es eine Welt voller Gegensätze, dieses ›Fin de siècle‹, in der alles chaotisch durcheinander quirlte und wogte, Karneval und Aschermittwoch zugleich, kraftvoll aufstrebende Renaissance und pessimistisch müde Dekadence; eine Zeit der ›Ruhelosigkeit und Reizbedürftigkeit‹, aber auch der Ruhebedürftigkeit und Reizübersättigung, des sich Verlierens an das Zerstreuende der Außenwelt und des sich Sehnens nach Wiedergewinnung eines Innerlichen und Einheitlichen. Und die Menschen dieser Zeit auf der einen Seite voll Überschätzung des Intellektuellen, von des Gedankens Blässe von früher Jugend auf angekränkelt und deshalb in ihrer Nervosität von unausgesprochenen und unaussprechlichen Stimmungen bewegt, und daneben doch praktisch, utilitaristisch, voll Willen und Streben nach Macht; pessimistisch und blasiert, tief innerlich müde auf der einen Seite und auf der andern vom Willen zum Leben, von Lebensdrang und Lebensfreudigkeit emporgerissen und emporgepeitscht, tatkräftig vorwärts, ehrgeizig aufwärts strebend; frei von Vorurteilen, ungläubig und kritisch, kühl bis ans Herz hinan, und daneben ergriffen von allerlei Mystik oder doch anempfinderisch damit spielend, voll Neugier und Interesse für alles Rätselhafte und Geheimnisvolle, für alles Tiefe und Hinterweltliche und die Wissenschaft selbst in den Dienst des Aberglaubens herabziehend oder gar diesen in die Form okkultistischer Wissenschaft kleidend.«[181]

Von einem aufgeklärten, wenn auch konservativ-liberalen Standpunkt aus beschreibt Ziegler das Psychogramm der Zeit in einfühlender und eindringlicher Weise; er gibt einen Einblick in die konvulsivische Aktivität, die damals die Zentren des kulturellen, gesellschaftlichen und industriellen Lebens prägte. Die vorwaltende »Stimmung« wird von Ziegler mit einem Schlüsselwort der Epoche gekennzeichnet: nämlich mit »Nervosität«. Heute, so Hugo von Hofmannsthal in einem Feuilleton der »Frankfurter Zeitung« vom 9. August 1893, scheinen zwei Dinge modern zu sein: die Analyse des Lebens und die Flucht aus dem Leben. Gering die Freude an Handlung, am Zusammenspiel der äußeren und inneren Lebensmächte, am wilhelm-meisterlichen Lebenlernen und am shakespearischen Weltlauf. Man betreibe die Anatomie des eigenen Seelenlebens oder man träume. Reflexion oder Phantasie, Spiegelbild oder Traumbild – das sei die Frage. »Modern sind alte Möbel und junge Nervositäten. Modern ist das psychologische Graswachsenhören und das Plätschern in der reinphantastischen Wunderwelt. Modern ist Paul Bourget und Buddha; das Zerschneiden von Atomen und das Ballspielen mit dem All; modern ist die Zergliederung einer Laune, eines Seufzers, eines Scrupels; und modern ist die instinktmäßige, fast somnambule Hingabe an jede Offenbarung des Schönen, an einen Farbenaccord, eine funkelnde Metapher, eine wundervolle Allegorie... Die landläufige Moral wird von zwei Trieben verdunkelt: dem

Experimentirtrieb und dem Schönheitstrieb, dem Trieb nach Verstehen und dem nach Vergessen.«[182]
Viele theoretische Analysen und künstlerische Manifestationen der Zeit kreisen um das Phänomen der »Nervenkunst«, der »Kunst der Nerven«, der individuellen wie kollektiven Nervosität oder Neurasthenie. Die Kultur des Wilhelminismus, vor allem in der Zeit der Jahrhundertwende, mit ihren geistigen Wurzeln jedoch weit ins 19. Jahrhundert zurückreichend, aber auch die sozialpsychischen und künstlerischen Tendenzen der kommenden Jahre und Jahrzehnte antizipierend, erweist sich als »nervöse Kultur«.
Geistig-seelische Unausgeglichenheit, Erregbarkeit, Übersteigerung, extensive Phantasie, vielerlei Ängste und Sehnsüchte, Introversion und Extraversion gehen eine faszinierende Mischung ein. Die durch den geschichtlichen Phasenwechsel und Umbruch bewirkte gesellschaftliche »Vibration« hat Sigmund Freud in seiner 1908 erschienenen Abhandlung »Die ›kulturelle‹ Sexualmoral und die moderne Nervosität« als eine in seiner gegenwärtigen Gesellschaft sich rasch ausbreitende Nervosität diagnostiziert. Der Arzt werde häufig genug durch die Beobachtung nachdenklich gemacht, daß gerade die Nachkommen solcher Väter der Nervosität verfielen, die, aus einfachen und gesunden ländlichen Verhältnissen stammend, Abkömmlinge roher, aber kräftiger Familien, als Eroberer in die Großstadt kämen und ihre Kinder in einem kurzen Zeitraum auf ein kulturell hohes Niveau sich erheben ließen. Modernes Leben und seine Gestaltung bewirkten eine erotische Sensibilisierung, die den ungelösten Widersprüchen moderner Zivilisation entspränge.
Freud zitiert Ausführungen von W. Erb aus dem Jahre 1893 (»Über die wachsende Nervosität unserer Zeit«) und identifiziert sich mit ihnen: Die Ansprüche an die Leistungsfähigkeit des einzelnen im Kampfe ums Dasein seien erheblich gestiegen, und nur mit Aufbietung all seiner geistigen Kräfte könne dieser sie befriedigen; zugleich seien die Bedürfnisse des einzelnen, die Ansprüche an den Lebensgenuß in allen Kreisen gewachsen, ein unerhörter Luxus habe sich auf die Bevölkerungsschichten ausgebreitet, die früher davon ganz unberührt waren; zugenommen hätten die Religionslosigkeit, die Unzufriedenheit und die Begehrlichkeit; durch den ins Ungemessene gesteigerten Verkehr, durch die weltumspannenden Drahtnetze des Telegraphen und Telefons hätten sich die Verhältnisse in Handel und Wandel total verändert. Alles gehe in Hast und Aufregung vor sich, die Nacht werde zum Reisen, der Tag für Geschäfte benützt, selbst die »Erholungsreisen« würden zu Strapazen für das Nervensystem; große politische, industrielle, finanzielle Krisen trügen ihre Aufregung in viel weitere Bevölkerungskreise als früher. Politische, religiöse, soziale Kämpfe, das Parteitreiben, die Wahlagitationen, das ins Maßlose gesteigerte Vereinswesen erhitze die Köpfe und zwinge die Geister zu immer neuen Anstrengungen, raube die Zeit zur Erholung, zu Schlaf und Ruhe. Das Leben in den großen Städten sei immer raffinierter und unruhiger geworden; die erschlafften Nerven suchten ihre Erholung in gesteigerten Reizen, in stark gewürzten Genüssen, um dadurch noch mehr zu ermüden. Die moderne Literatur beschäftige sich vorwiegend mit den bedenklichsten Problemen, die alle Leidenschaften, die Sinnlichkeit und Genußsucht aufwühlten, die Verachtung aller ethischen Grundsätze und aller Ideale förderten; sie bringe pathologische Gestalten, psychopathisch-sexuelle, revolutionäre und andere Probleme vor den Geist des Lesers; sein Ohr werde von einer in großen Dosen verabreichten, aufdringlichen und lärmenden Musik erregt und überreizt; die Theater nähmen alle Sinne mit ihren aufregenden Darstellungen gefangen; auch die bildenden Künste wendeten sich mit Vorliebe dem Abstoßenden, Häßlichen und Aufregenden zu und scheuten sich nicht, das Gräßlichste, was die Wirklichkeit biete, in abstoßender Realität vor unser Auge zu stellen.[183]
Freud bezieht sich dann weiter auf O. L. Binswanger (»Die Pathologie und Therapie der Neurasthenie«, 1896) und R. von Krafft-Ebing (»Nervosität und neurasthenische Zustände«, 1895): »Man hat speziell die Neurasthenie als eine durchaus moderne Krankheit bezeichnet, und Beard, dem wir zuerst eine übersichtliche Darstellung derselben verdanken, glaubte, daß er eine neue, speziell auf amerikanischen Boden erwachsene Nervenkrankheit entdeckt habe. Diese Annahme war natürlich eine irrige; wohl aber kennzeichnet die Tatsache, daß zuerst ein amerikanischer Arzt die eigenartigen Züge dieser Krankheit auf Grund einer reichen Erfahrung erfassen und festhalten konnte, die nahen Beziehungen, welche das moderne Leben, das ungezügelte Hasten und Jagen nach Geld und Besitz, die ungeheuren Fortschritte auf technischem Gebiete, welche alle zeitlichen und räumlichen Hindernisse des Verkehrslebens illusorisch gemacht haben, zu dieser Krankheit aufweisen.«[184] Die Lebensweise unzähliger Kulturmenschen zeige heutzutage eine Fülle von antihygienischen Momenten, die es ohne weiteres begreifen lasse, daß die Nervosität in fataler Weise um sich greife, denn diese schädlichen Momente wirkten zunächst und zumeist aufs Gehirn. »In den politischen und sozialen, speziell den merkantilen, industriellen, agrarischen Verhältnissen der Kulturnationen haben sich eben im Laufe der letzten Jahrzehnte Änderungen vollzogen, die Beruf, bürgerliche Stellung, Besitz gewaltig umgeändert haben, und zwar auf Kosten des Nervensystems, das gesteigerten sozialen und wirtschaftlichen Anforderungen durch vermehrte Verausgabung an Spannkraft bei vielfach ungenügender Erholung gerecht werden muß.«[185]
Was hier von Freud im Rückgriff auf zeitgenössische Schriften registriert und – zumindest in der Oberflächenbeschreibung – als Deutung akzeptiert wird, ist die konservative Klage über den

Erich Heckel: Varieté (1911)

Zustand einer Welt, die, als Folge des technischen und industriellen Fortschritts, der Hektik verfiel und so die Ruhe, Gediegenheit und Gemüthaftigkeit der »guten alten Zeit« verloren hat, erbebend vor der Neuartigkeit des Kommenden.

Ähnlich der von Freud zitierten Arbeiten zeichnen kulturkritische und kulturpsychologische Werke der Zeit das Psychogramm einer aus dem Gleichgewicht geratenen Gesellschaft. Je stärker der Realitätsdruck auch wurde (und die Sucht, den materialistischen Fortschritt auf »Hochtouren« zu bringen), desto mehr ergab sich das Bedürfnis nach Seelenhaftigkeit und idealistischer Verbrämung, die dem »Naturalismus« (als ungeschminkter Ansprache von Wirklichkeit und sozialer Problematik) entgegengestellt wurden. Die »Überwindung des Naturalismus«, dessen Herrschaft vorüber, dessen Rolle ausgespielt, dessen Zauber gebrochen sei, setzt Hermann Bahr 1891 gleich mit dem »Einzug des neuen Lebens in den inneren Geist«, in die neue Kunst: jäher Kopfsprung in eine neue Romantik, in ein neues Ideal, ins Unbekannte, um das uns wilde Schmerzen verzehrten.

»Ich glaube also, daß der Naturalismus überwunden werden wird durch eine nervöse Romantik; noch lieber möchte ich sagen: durch eine Mystik der Nerven.« »Das Nervöse« – das sei die dritte Phase der Moderne, sein Mittel das Wirkliche, sein Zweck der Befehl der Nerven. Bahr weiß dabei Romantik, Idealismus und Realitätsbewußtsein durchaus miteinander zu verbinden: »Der romantische Idealismus wirft die Vernunft hinaus, hängt das Gefühl an die Steigbügel der durchgehenden Sinne und galoppiert gegen die Schnörkel.«[186] Der neue Idealismus drücke den neuen Menschen aus; er bestünde aus Nerven; das andere wäre abgestorben, welk und dürr. Er erlebe nur mehr mit den Nerven, reagiere nur mehr von den Nerven aus; alle Wirkungen kämen von den Nerven. »Wenn erst das Nervöse völlig entbunden und der Mensch, aber besonders der Künstler, ganz an die Nerven hingegeben sein wird, ohne vernünftige und sinnliche Rücksicht, dann kehrt die verlorene Freude an die Kunst zurück.«[187]

Freilich verkannte Bahr, daß der Naturalismus selbst Produkt der Nervosität der Zeit war. Die Tatsache, daß er sich inhaltlich dem materiellen Unterbau der Gesellschaft zuwandte, war ja nur vordergründig eine Abkehr von der »Kunst der Nerven«. Er registrierte nervös die Schwingungen der Materie und die Atomisierung der Substanz – in seinem Stil dies widerspiegelnd. Der wilde Heißhunger nach Realität, als Signatur dieser Strömung, war – wie Michael Georg Conrad 1885 in der Vorrede zu der von ihm gegründeten Zeitschrift »Die Gesellschaft« schrieb – eine Abkehr von der »spekulativen Rücksichtsnehmerei«, dem »schöngeistigen Dusel«, dem Verlegenheits-Idealismus des Philistertums, der Moralitäts-Notlüge der alten Parteien- und Cliquenwirtschaft.[188] Die Suche nach Wahrheit als einzigem Prinzip der Kunst (wider die »Gemeingefährlichkeit« des sogenannten Idealismus) war in ihrer Realitätszuwendung lediglich die andere Seite der romantischen Nervenkunst, die sich von der Welt deshalb abwandte, weil sie glaubte, die Welt durchschaut zu haben. Indem man sich von den Bildern des äußeren Lebens löste, um den Rätseln der einsamen Seele sich zuzuwenden, wurde die Wirklichkeit »aufgehoben« (überwunden wie bewahrt). Emile Zolas Formel: »Ein Kunstwerk ist ein Stück Natur, gesehen durch ein Temperament«, ließ sich unter diesem Aspekt verschieden interpretieren: Ein Kunstwerk ist ein Stück Natur, gesehen durch ein nervöses Temperament; ein Kunstwerk ist ein Stück Gegennatur, gesehen durch ein Temperament, das von der Wirklichkeit übersättigt oder von ihr entsetzt ist. Ein Kunstwerk ist ein Stück Innerlichkeit, gesehen durch ein Temperament, das durch den Blick auf Äußerlichkeit geschärft wurde. Ein Kunstwerk ist ein Stück nackter Wirklichkeit, gesehen mit Hilfe nervöser Sensibilität, die aber daran glaubt, daß diese nackte Wirklichkeit auf ein Jenseitiges (Seelisches) hin transzendiert.

1902 veröffentlichte Willy Hellpach seine Abhandlung »Nervosität und Kultur«. Er geht davon aus, daß das Grelle und Laute

Illustration aus den »Fliegenden Blättern« (1902)

Erich Heckel: Im Theater (1909)

in seiner Zeit seinen Ursprung in den technischen Bedingungen der modernen Arbeit habe. Der moderne Wirtschaftssinn finde in der Nervosität seinen Ausdruck. Die moderne Nervosität erinnere sich dabei mit Heimweh an das »Dörfchen der Vergangenheit«, »wo abends unter fröhlichem oder elegischem Singen die Sensen gedengelt werden und die Spinnrocken ihr Rädchen surren lassen; wo die gute Arbeit bewundert, die mißlungene in Liedern verspottet wird«[189]; dem gegenüber stehe der moderne Fabriksaal, in dem die Saalordnung drohend von der Wand herniederblicke, die Maschinen hämmerten und rasselten, und nur der Gedanke an den Samstagslohn und die mechanische Gewohnheit den einzelnen soviel gleichgültige Teilchen als nur möglich schaffen heiße; Teilchen, an deren Qualität er oft nicht das mindeste ändern könne, weil er im Grunde weiter nichts als der Bedienstete der alles besorgenden Maschine geworden sei. So wie die modern-hektische mit der rural-gediegenen Arbeitsweise, die neue mit der alten Zeit konfrontiert wird, stellt der Verfasser in einer mehr unfreiwillig-komischen als analytischen Schilderung auch ein nervöses Nord-Süd-Gefälle fest: »In Berlin und Hamburg, in Hannover und Cöln beginnt das rechte Treiben erst um elf Uhr. Man strömt aus den Konzertsälen und Theatern, und die Nerven sind viel zu erregt, um den Gedanken ans Schlafen zu fassen. Rechnet man dazu, daß das gute Bier sehr teuer und sehr schwer, das durchschnittlich getrunkene schlecht ist – der Süddeutsche würde es ohne Zögern weggießen –, so weiß man, warum die meisten Norddeutschen nachts im Restaurant sitzen; um sich zu zerstreuen. Im Süden findet man die Weinwirtschaften und Bierhäuser auch am Tage nie so verlassen, wie im Norden; denn der Süddeutsche trinkt, wenn er Durst hat und weil er Durst hat und Appetit auf einen ›guten Tropfen‹ dazu. Wie verkehrt, dem Süddeutschen größere Vergnügungssucht anzudichten! Nicht im Entferntesten erreichen in Zerstreuungen aller Art die süddeutschen Mittelstädte den Rekord selbst der norddeutschen kleinen Nester; im Süden sitzt man breit und behaglich vor seinem Kruge, im Norden wird ungleich mehr geschwatzt, gelacht und gelärmt und ungleich weniger getrunken. Das Restaurant ist eben dort und hier etwas ganz anderes; und der Gegensatz prägt sich am schärfsten aus zwischen den beiden Großstädten, deren eine die größte und deren andere die geringste Intensität wirtschaftlichen Schaffens verkörpert: Berlin und München.«[190]

Dieser biedere, topographisch ausgerichtete Kulturpessimismus greift das die Epoche charakterisierende Schema des Kontrasts von preußischem industriellen Rigorismus und süddeutsch-österreichischer Lebenskunst in bekannter Weise auf: Wenig Sympathie findet das Flachland; dort sei das Niveau von Erziehung und Bildung eingeebnet; die Gläubigkeit zersetze sich; in der Masse welke das religiöse Bedürfnis dahin; die Gediegenheit von Handwerk, Tradition und Vertrauen gingen verloren; Interesse, Selbstbestimmung, »Garantie« würden an ihrer Stelle treten. Aber auch in den noch »gemütlichen« Zentren des Südens grassiere die Anfechtung; die moderne Kunst erweise sich als Spiegel des Seelenzustandes der Nervosität, werde pathologisch; die erotischen Triebe veränderten sich im Zeichen der Nervosität; Keuschheit gehe verloren. »Man hat sich oft gefragt, warum die Neurasthenie gerade 1880 entdeckt worden sei. Die einen nennen es einen Zufall; die anderen meinen, die Entdeckung wäre auch damals unbeachtet geblieben, hätte der zugkräftige neue Name der Krankheit nicht alles besorgt. Man kann den Zufall und die Propaganda des Namens immerhin zugeben, und wird doch die Hauptwirkung einem anderen Moment beilegen müssen. Es ist, scheint mir, denn doch viel mehr als ein Zufall, daß um dasselbe Jahr die ganze Moderne hereinbricht; nicht auftaucht, sondern ihren Siegeszug antritt. Die neue Zeit war von der Impulsion reif geworden zur Reflexion über sich selber.«[191]

Verurteilt werden die Laboratorien der Modernität so oder so, seien sie nun technischer, industriell-materialistischer oder ästhetisch-kultureller Art. Jagd nach Geld wie Besitz und Jagd nach Schönheit würden sich kaum unterscheiden. Neurasthenie sei ein zu hohes Opfer für den Fortschritt; die Regression wird romantisiert, idyllisiert, mit der Aura des einfachen Lebens und heimatbezogener Zufriedenheit versehen. Dem Laboratorium vertraut man nicht, wohl aber der Werkstatt. Die Hektik des Großstadtlebens stößt ab; erstrebt wird das Abseits, das als ländliches Idealbild in vielfältiger Form aus der guten alten Zeit herüberleuchtet.

»Es ist so still; die Heide liegt
im warmen Mittagssonnenstrahle,
ein rosenroter Schimmer fliegt
um ihre alten Gräbermale;
die Kräuter blühn; der Heideduft
steigt in die blaue Sommerluft.

Laufkäfer hasten durchs Gesträuch
in ihren goldnen Panzerröckchen,
die Bienen hängen Zweig um Zweig
sich an der Edelheide Glöckchen,
die Vögel schwirren aus dem Kraut –
die Luft ist voller Lerchenlaut.

Ein halbverfallen niedrig Haus
steht einsam hier und sonnbeschienen;
der Kätner lehnt zur Tür hinaus,
behaglich blinzelnd nach den Bienen;
sein Junge auf dem Stein davor
schnitzt Pfeifen sich aus Kälberrohr.

Kaum zittert durch die Mittagsruh
ein Schlag der Dorfuhr, der entfernten;
dem Alten fällt die Wimper zu,
er träumt von seinen Honigernten.
– Kein Klang der aufgeregten Zeit
drang noch in diese Einsamkeit.«[192]

Solche Beruhigungslyrik – hier ein Gedicht von Theodor Storm – läßt, jenseits von Ideologisierung und Trivialität, die Sehnsucht der Zeit nach Ruhe und Geborgenheit gefühlvoll, aber nicht sentimental in Erscheinung treten. Der nervöse Charakter mit seiner Empfindlichkeit, Reizbarkeit, Schwäche, Suggestivität, mit seinem Egoismus, Hang zum Phantastischen und koketten Wesen, seiner Herrschsucht, Bösartigkeit, Feigheit, Ängstlichkeit und Zerstreutheit (um einige Charakteristika aus der Schrift des Wiener Psychologen Alfred Adler »Über den nervösen Charakter«, 1912, aufzugreifen) –, der nervöse Charakter, herumgetrieben im Psychodrom des Materialismus und angestachelt von der großen Gier nach Fortschritt, wie sie in den Laboratorien der Modernität vorwaltet, sehnt sich nach der Heiterkeit eines »abgehobenen«, in natürlichen Bahnen verlaufenden Lebens.

In diesem Sinne hat die Heimatkunst der Epoche bedeutsame Werke, vor allem im Bereich der Literatur und bildenden Kunst (hier wiederum besonders innerhalb der Landschaftsmalerei), hervorgebracht. Der Einfluß von Realismus und Naturalismus sorgten dafür, daß Erdverbundenheit und Naturliebe wirklichkeitsnah in Erscheinung traten – ganz anders als bei Vorläufern der Blut-und-Boden-Kunst, die in ideologischer Dumpfheit ihren antizivilisatorischen und antiurbanen Haß in eine plumpe Lobpreisung des Bauerntums verpackten.

Ludwig Thoma etwa war ein Anwalt der Bauern, ein großer Satiriker (dabei politischer Wortführer gegen jede Reaktion) und einer der echtesten Erzähler seiner Zeit. Sein unbestechlicher und unbehaglicher Realismus hebt mit dem Blick von unten die Verzerrungen des Wilhelminischen Zeitalters scharf hervor. Sein Rückzug aus den Tageskämpfen – gehörte er doch zu den

Die Einführung und Verbreitung von Gas und Elektrizität wie der Vernetzungstraum des Eisenbahnwesens erweisen sich als großes Faszinosum der Epoche. Die Stadt durchziehen »Fortschrittsturbulenzen«; die Kehrseite von Metropolis heißt Profitopolis. Die Verelendung der Massen läßt an den technischen Verheißungen zweifeln. In Abkehr von zivilisatorischer Komplexität entwirft die Kunst Bilder einfachen, elementaren Lebens. Wilhelm II., ein Wagnerianer auf dem Thron, spielt die Rolle eines sensiblen, aber hybriden Imperators, der, eingebettet in die Grand monde, sich zu regressiven Mythen genauso hingezogen fühlt wie er am »Experiment Weltuntergang« mitwirkt.

Ferdinand Lindler: Zugvögel am Leuchtturm zu Cuxhaven (1882)

Wassily Kandinsky: Vor der Stadt (1908)

Jakob Steinhardt: Die Stadt (1913)

Heinrich Zille: Photo von zwei Frauen mit Holzfuhre (um 1900)

Heinrich Zille: Photo der Müllhalde in Berlin-Charlottenburg (vor 1910)

Die Gewinnung und die Segnungen des Gaslichts. Dreiteiliges Glasfenster, Nürnberg (1864–1867)

Ulrich Hübner: Berlin, Friedrichstraße Ecke Leipzigerstraße
(1901)

Max Koner: Kaiser Wilhelm II. (1890)

Heinrich Zille: Photo Wallstraße, Berlin (vor 1910)

Adolph von Menzel: Das Ballsouper (1878)

Paula Modersohn-Becker: Garben, Haus und Mond (um 1902)

Wilhelm II. begibt sich mit seinen Söhnen zur Neujahrsparade (1914)

Titelblatt der Zeitschrift »Jugend«

Max Beckmann: Der Untergang der Titanic (1912)

Ludwig Meidner: Die brennende Stadt (1913)

Hans Baluschek: Der Bahnhof (1904)

engagiertesten Gegnern Wilhelms II. – milderte nicht den »Röntgenblick«, mit dem er das ländliche Bayern beschrieb. Einer seiner kongenialen Nachfahren, Oskar Maria Graf, schrieb von diesem Dichter der »bayerischen Gloria«: »Nachdem er lange Jahre im polemischen Kampf gestanden hatte, kehrte er wie nach einer ungemütlichen Fahrt auf einer unserer kleinen Lokalbahnen in seine Heimat, in die geliebten Berge zurück. Jagd trieb er, unter Bauern hockte er als einer ihresgleichen und wünschte sich gewissermaßen nichts anderes mehr, als seine Ernte noch trocken unter Dach zu bringen. Sein früh verstorbener Lebensfreund, der Bildhauer Ignaz Taschner, hatte ihm ein Haus entworfen. Als es fertig dastand, als der Dichter einzog, blickte er noch einmal ins Flachland hinaus, setzte sich hin und schrieb sein Unvergänglichstes, den ›Wittiber‹ und die ›Heilige Nacht‹. Wie ein langsam heranwachsender Wald hatte sich seine Erzählkunst entfaltet: Heiteres, sehr wechselvolles Gebüsch wucherte zuerst aus dem Boden. Nie wurde es zum Dickicht, immer blieb es leicht durchschreitbar. Jetzt aber wuchsen die großen, tiefwurzelnden Bäume auf, mit ihren patriarchalischen Kronen. Sie ragen empor aus dem heimatlichen Boden, ganz dazugehörig, eins mit Mensch und Landschaft rings um... All die durch den Broterwerb scheinbar verschüttete, in Wirklichkeit aber aufgesparte Kraft, seine ganze Innigkeit, sein unerbittlich-wahrhaftes Anschauen kommen jetzt zur vollen Geltung, und als er den ›Wittiber‹ fertig hat, sagt er selber, daß er mit dieser Arbeit zufrieden ist. Ohne jede Eitelkeit, genau wie ein Bauer, der sein Feld gut bestellt hat, meint er: ›Das hält. Wenn jemand nach hundert Jahren noch wissen will, wie bayerische Bauern lebten und waren, der ‚Wittiber' sagt es ihm.‹ Diese harte, karge Geschichte vom Untergang etlicher Bauernmenschen ist ganz aus einer menschlichen Mitte heraus gestaltet. Aus einer solchen Mitte kam einst Jeremias Gotthelf, so in diese Mitte hinein drang noch einer: Tolstoj.«[193]

Der Witwer Sebastian Glas (im »Wittiber«, 1910) bandelt nach dem Tod seiner Frau, durch den er aus der gewohnten Bahn geworfen ist, mit der hübschen Stallmagd Zenzi an; sie wird schwanger. Der Sohn Lenz, der sich schon als künftiger Besitzer des Hauses gesehen hat, und die Tochter Ursula, die um ihre Mitgift bangt, begehren auf. Nach schweren Auseinandersetzungen geht der Wittiber, mit dem Hausnamen der »Schormayer« genannt, in sich.

»Das war ja unmöglich, daß er alle Fäden zerschneiden sollte, die ihn an der Vergangenheit festhielten.

Die Erinnerung wurde in ihm lebendig, wie er die ersten Jahre mit seiner Bäuerin gehaust hatte, wie dann die Kinder kamen und als fröhliche Hoffnungen heranwuchsen, die Erinnerung an das Siechtum der armen Frau, an manchen Blick, der eine Bitte gewesen war, an den letzten Händedruck, der als treues Versprechen hatte gelten müssen. Und jetzt sollte er das alles wegwerfen und vergessen; und jetzt, wo er zu altern anfing, sollte er den Versuch machen, eine neue Zukunft zu gründen?

Das war ja dumm! Das konnte sich einer bloß im Zorn auf eine kleine Weile einbilden. In Ehrbarkeit die letzten Jahre leben und bei der alten Sitte bleiben, darin lag Vernunft; und bloß das konnte ihm Ruhe und Glück versprechen. Und wegen was sich Unrast auflegen und Feindseligkeit und Mißachtung?

Er dachte doch in seinem Herzen nicht daran, auf die Freite zu gehen; und nicht eine halbe Stunde weit hätte ihn die Lust getrieben, sich ein Weibsbild daraufhin anzuschauen.

Selbst wenn er frei von allen Pflichten gewesen wäre, hätte er lieber als Wittiber fortgehaust, als wie in diese zweifelhafte Lotterie gesetzt. So was sagt man nur und tut es nicht. Und gar in seinen Umständen! Mit den erwachsenen Kindern uneins werden, ihre bitterste Feindschaft erregen, die ganze Verwandtschaft rundum in Bewegung setzen!

Und alles fürs Ungewisse?

Noch einmal: Das war unnützes Zeug und war so schnell vergessen, wie es gesagt war. Aber noch ein paar Jahre neben dem Lenz hausen und dermaleinst einen vernünftigen Austrag machen und die müden Füße in Behagen ausstrecken und mit Zufriedenheit zurückschauen auf vergangene Mühsal, das war gescheit und war der Brauch.

Und so wollte er es machen.

Es war ihm völlig leicht zumut, wie er den Entschluß gefaßt hatte.«[194]

Doch die Tragödie nimmt ihren Lauf. In blinder Wut lockt Lenz die Magd auf den Heuboden und hängt sie mit einem Kälberstrick auf. – »Das Anwesen des Sebastian Glas, zum Schormayer in Kollbach, ist im Herbst des selbigen Jahres zertrümmert worden, nachdem sein Sohn Lenz zur schwersten Zuchthausstrafe verurteilt worden war. Der Vater bewohnt in Dachau ein kleines Haus und ist durch starkes Trinken in seiner Gesundheit sehr zurückgekommen.«[195]

»Aufklärung des Volkes« war das Motto, das sich Ludwig Anzengruber mit seinen bäuerlichen Schauspielen und Tragödien stellte. Er war sowohl im großstädtischen wie im bäuerlichen Milieu zu Hause; seine Gestalten sollten bei allem Realismus Ideenträger des Fortschrittsgedankens sein. Im »Meineid-Bauer« (1871) verkörpern Franz und Crescenz, Toni und Vroni das neue Geschlecht, das über die Intrigen der Väter siegt und einer besseren Zukunft entgegengeht. Der Kreuzweghofbauer Mathias Ferner hat sich seinen Besitz dadurch erhalten, daß er die Kinder seines älteren Bruders, darunter Vroni, um ihr Erbe gebracht hat. Vroni ist Magd bei Andreas Höllerer, dem Adamshofbauer, dessen Sohn Toni ist. Ferners Sohn Franz, der auf der Seite Vronis steht, wird von seinem Vater niedergeschossen, aber nur verletzt; als dieser die Stimme des Gewissens dadurch zu beschwichtigen sucht, daß er die Schwurhand zum Kreuzschlagen vor dem Teufel erhebt, bricht er, vom Schlag getroffen, zusammen.

»FRANZ *(führt Crescenz zu Toni):* Die Vroni steht nicht mehr zwischen euch, wenn das Trauerjahr um ist, führe ich sie auf den Kreuzweghof.

(Leise zu VRONI*):* Nimm mich mit auf dein Erbe, liebe Kreuzwegbäuerin; vergiß über die Liebe des jungen den Haß des alten Bauers, laß uns das Geheimnis des Toten in unsere Herzen verschließen, auf daß ihm die Erde leicht sei, Vroni, verzeihe ihm!

VRONI: Er ruh' in Frieden, Amen. *(Schmiegt sich an Franz.)* Franz, wann ' wieder frisch bist, gehst doch mit mir in die Berg', und von der höchst' Spitz woll'n wir 'nausjauchzen ins Land: Aus is's und vorbei is's, da sein neue Leut' und die Welt fangt erst an!

(Morgenleuchten)«[196]

Lena Christ (geboren 1881, Selbstmord 1920) war ein uneheliches Kind, das bis zum Alter von acht Jahren glücklich im großväterlichen Haus im bayerischen Glonn aufwuchs, dann aber von ihrer Mutter, die als Köchin gelernt hatte und später einen Metzger heiratete, mit dem sie eine Gastwirtschaft eröffnete, nach München geholt wurde. Sie versucht zweimal, zum Großvater zu fliehen, wird aber immer wieder zurückgeholt, da man sie als billige Hilfe braucht. »Halb besinnungslos« läuft sie durchs Haus, »jammernd und wehklagend«. In den »Erinnerungen einer Überflüssigen« (1912) erzählt sie von den täglichen Demütigungen als Magd der Mutter, bei der sich Geschäftstüchtigkeit mit bigotter Frömmigkeit paarte. Als sie heiratet, wird sie von der Mutter verflucht. »Und mein Wunsch will i dir aa no sagn: Du sollst koa glückliche Stund habn, so lang'st dem Menschen g'hörst, und jede guate Stund sollst mit zehn bittere büßen müaßen. Und froh sollst sein, wannst wieder hoam kannst: aber rei kimmst mir nimma. Jetzt woaßt es!« Die Ehe zerbricht. Mit drei kleinen Kindern steht sie ohne Wohnung und Unterstützung da. Sie beginnt zu schreiben: von Bayern, Bauern und Bankerten (darunter die Romane »Mathias Bichler«, »Rumplhanni«, »Madam Bäuerin«).[197]

Paula Modersohn-Becker: Selbstbildnis (1905)

Paula Beckers Vater war ein Schwieriger, der in seinem Ingenieurberuf nicht so recht vorankam. Er litt darunter, daß er seine Gaben nicht entfalten konnte, wurde früh pensioniert; die wirtschaftliche Ungewißheit für seine Familie verstärkten seine Selbstzweifel, schwächten sein Zutrauen in das Leben und untergruben seine Gesundheit. »Die ratenden und mahnenden Briefe an die Tochter lassen seine Skepsis und seinen Pessimismus, aber auch seine ungewöhnliche Einsicht in das Fragwürdige jener wilhelminischen Zeit erkennen. Sie offenbaren ein hohes Maß an Wirklichkeit, zugleich aber an menschlicher Fürsorge und versteckter Güte, dazu das herzliche Bemühen, in die ihm eigentlich fremde Welt der Augenkunst mit den literarischen Bildungsvorstellungen der vorhergehenden Generation einzudringen.«[198] Die Tochter entschließt sich zu einer unbürgerlichen Existenz; sie will das Leben intensiv erfahren und genießen – wird Malerin (beendet freilich vorher auf Wunsch der Eltern eine Lehrerinnenausbildung). Paula Becker, geboren 1876 in Dresden, kommt 1896 an die Berliner Kunstschule; 1887 geht sie nach Worpswede, wo sie ein Jahr lang als Schülerin von Fritz Mackensen, der dort im Teufelsmoor vor Bremen eine Malerkolonie gegründet hatte, arbeitet.

In Paris lernt sie Bilder von Paul Cézanne kennen; das sei »wie ein Gewitter und ein großes Ereignis« gewesen. Vom vibrierenden nervösen Leben der Großstadt blieb sie fasziniert; aber das Zentrum ihrer Kunst hieß Worpswede. »Versunkene-Glocke-Stimmung! Birken, Birken, Kiefern und alte Weiden. Schönes braunes Moor, köstliches Braun! Die Kanäle mit den schwarzen

Spiegelungen, asphaltschwarz. Die Hamme mit ihren dunkeln Segeln. Es ist ein Wunderland, es ist ein Götterland«, schrieb die Malerin bei ihrem ersten Besuch dort, 1897; »ich habe Mitleid mit diesem schönen Stück Erde, seine Bewohner wissen nicht wie schön es ist. Man sagt es ihnen, sie verstehen es nicht. Und doch braucht man kein Mitleid zu haben, nein, ich habe keins. Nein, Paula Becker, habe es lieber mit Dir, daß Du nicht da lebst. Und das auch nicht, Du lebst ja überhaupt, Du Glückliche, lebst intensiv, das heißt: Du malst. Ja, wenn das Malen nicht wäre?!...«[199]

Seit 1901 mit dem verwitweten Maler Otto Modersohn verheiratet, lebt sie dann vorwiegend in Worpswede, freilich immer wieder unterbrochen durch Auslandsaufenthalte, die sie vorwiegend nach Paris führen; dorthin begibt sie sich auch, als sie sich 1906 von ihrem Mann trennt; dieser holt sie ein Jahr später zurück. Am 2. November 1907 bringt sie ein Mädchen zur Welt; am 20. November stirbt sie.

Heil und idyllisch sind Paula Modersohn-Beckers Bilder nicht (von rund vierhundert Bildern und tausend Zeichnungen hat sie zeitlebens nur drei Arbeiten verkauft); ihre Kunst will nicht, wie die modische Landschaftsmalerei der Zeit, Kopien der Natur herstellen, sondern zur Essenz der Natur, Dinge, Menschen vorstoßen. Ihre Kunst, so Rainer Maria Rilke, sei charakterisiert durch den »unbeschreiblich angeeigneten Gegenstand«.

»Die Flucht aus der Stadtwelt in die Natur des Teufelsmoors, wie sie die erste Generation der alten Worpsweder in der späten Nachfolge der Barbizon-Maler vollzogen hatte, war zugleich eine Flucht zu den ›einfachen Menschen‹, den Bauern gewesen, so wie auch Gauguin, seine Freunde und Nachfolger zu den ›Wilden‹ flohen, um dort die ›Wahrheit‹ gegenüber der ›Lüge‹ der Zivilisation zu erfahren. Paula Becker kam als Kunstadeptin aufs Dorf, weil dort die von ihr verehrten Meister lebten und wirkten. Sie wurde Schülerin bei dem berühmtesten jener ›großen Männer‹. Bei aller Jungmädchen-Begeisterung für das Dorf und die Landschaft war bei ihr nicht Stadtflucht im eigentlichen Sinne einer weltanschaulichen Überzeugung der ursprüngliche Antrieb gewesen, wie bei jenen. So stand sie auch den Bewohnern des Dorfes von Beginn an unbefangen und unromantisch gegenüber. Ihr Verhältnis zu ihren Modellen, den Bauern und Bäuerinnen, den Kindern und den Alten aus dem Armenhaus, war für ein junges Mädchen aus städtischem Bürgerhause erstaunlich unkompliziert, natürlich und ohne Umschweife. Die Schilderungen, die sie von ihnen gab, sind herzlich und unsentimental. Ein sozialer Aspekt in modernerem Verstande war ihr bei dieser Begegnung mit einer durchaus fremden menschlichen Spezies nicht bewußt – um so unmittelbarer war ihr menschlicher Kontakt zu jedem einzelnen. So gefühlsselig sie sich über ihre ersten Eindrücke von dem ›Wunderland‹ ausläßt, dem ›Götterland‹ Worpswede, dem ›Männer mit unendlicher, fester Männerliebe Treue geschworen haben‹, so sachlich und dennoch voll Wärme sind alsbald ihre Äußerungen über die knorrigen Gestalten, die ihr Modell sitzen, voller Achtung für ihre primitiven Lebensumstände und ihre sonderbaren Schicksale. Sie beobachtet, hört zu und berichtet darüber und knüpft daran recht nüchterne Gedanken über Mensch und Welt.« (Günter Busch)[200]

Die Nervosität, die den Wesenskern der Künstlerin ausmacht, sublimiert sich zu einem Werk spröder Einfachheit, in dem das Dasein ding-fest gemacht wird. In seinem »Requiem« (»Für eine Freundin«, 1908) schreibt Rainer Maria Rilke, über seine Frau (die Bildhauerin Clara Westhoff) mit der Malerin befreundet:

> »... Denn Das verstandest du: die vollen Früchte.
> Die legtest du auf Schalen vor dich hin
> und wogst mit Farben ihre Schwere auf.
> Und so wie Früchte sahst du auch die Fraun
> und sahst die Kinder so, von innen her
> getrieben in die Formen ihres Daseins.
> Und sahst dich selbst zuletzt als eine Frucht,
> nahmst dich heraus aus deinen Kleidern, trugst
> dich vor den Spiegel, ließest dich hinein
> bis auf dein Schauen; das blieb groß davor
> und sagte nicht: das bin ich; nein: dies ist...«[201]

Modernität: Das bedeutet für die Kultur des Wilhelminismus Hingabe an das Nervöse; Nervenkunst. Das bedeutet – im Gegenpol: Liebe zur Natur. Liebe zum Bäuerlich-Einfachen. Das bedeutet auch: mythische Bewältigung der Ambivalenz; Bannung der Ängste, Ahnungen, Bedrohungen durch »Urbilder«. In diesem Sinne wirkten »Wagnerianer« selbst in den Laboratorien technisch-industriellen Fortschritts. Geräte, Maschinen, Apparaturen werden durch Allegorien, Symbole, Mythen auf Sinn hin gedeutet; ihre nackte Wirklichkeit wird in die Aura eines Höheren gehüllt; das zweckhafte »Gestänge« (wie Rilke die Maschinenwelt nannte) erhält ein transzendierendes Gepräge. Als auf dem Stiftungsfest des preußischen »Vereins für Gewerbefleiß« im Jahre 1875, das von den bedeutendsten Industriellen Berlins besucht wurde, der Direktor des Statistischen Büros, Dr. Ernst Engel, einen Trinkspruch zur Hundertjahrfeier der Erfindung der Dampfmaschine durch James Watt ausbrachte, sagte er: »... Er gilt einem Ehepaare, das heuer das Fest seiner hundertjährigen Vereinigung feiert, einem Jubelpaare, das Sie Alle kennen, dem Sie viel verdanken und bei dessen Kindern und Kindeskindern unser Verein häufig genug Ammendienst verrichtet hat. Da die Jubilare nicht anwe-

Wilhelm von Kaulbach: Die Erzeugung des Dampfes (um 1859)

send sind, so gestatten Sie mir wohl, daß ich Sie vorher mit denselben bekannt mache. Der Gatte ist ein ächtes Kind der Natur, uralter Herkunft. Seine Ahnen wollen schon bei der ersten und großartigsten aller Gründungen, der Schöpfung der Welt, als Zeugen gedient haben. Sämtliche Sprößlinge dieses Geschlechts haben das miteinander gemein, daß sie sehr aufbrausend sind. Unser Jubilar ward zwar bei Eingehung seiner Ehe gezwungen, etwas manierlich zu sein, und er ist es auch im großen und ganzen; jedoch zuweilen, wenn man sich nicht um ihn kümmert, und namentlich, wenn man ihn zu knapp im Getränke hält, macht sich sein angeborenes Temperament Luft; er schlägt dann rund herum alles kurz und klein und schont nichts, was ihm im Wege steht... Die Gattin ist ganz anderer Art. Ihr Geschlecht ist viel jünger als das ihres Mannes, obschon auch ihre Ahnen es allenfalls mit dem Alter der Freytag'schen aufnehmen können. Sie waren aber in der grauen Vorzeit sehr einfache und unbeholfene Leute... Die im Jahre 1775 vollzogene Ehe ist, trotz der großen Verschiedenheiten von Mann und Frau, eine der glücklichsten auf dem ganzen Erdenrunde und besteht noch heute. Sie ist aber auch die fruchtbarste. Ihre Sprößlinge zählen nach hunderttausenden. Mit sehr wenigen Ausnahmen sind diese die wohlerzogensten, fleißigsten und willigsten Geschöpfe. Sie kennen keine Ruhe bei Tag und Nacht und sind wahre Muster von Fügsamkeit und Genügsamkeit... Wo man ihnen Hütten baut und sie richtig zu nehmen weiß, folgt Glück und Segen ihrem Einzuge auf dem Fuße.«[202]

Die technische Erfindung – hier die Kopulation des Gatten »Dampf« mit der Gattin »Maschine« – wird hier auf heitere Weise mythisiert. In den meisten Fällen ist jedoch sonore Ernsthaftigkeit am Werk, wenn es darum geht, die Maschinen wie ihre Produkte aus dem Bereich der Pragmatik in den der Symbolik zu erheben. Dolf Sternberger verweist in diesem Zusammenhang auch auf das rollende Flügelrad als Symbol des aufstrebenden Bahnwesens; er nennt diese Stilfigur das »Stymphalische«, anknüpfend an die Stymphaliden, jene mythischen Vögel mit den ehernen Flügeln und Federn, welche Herakles erlegte. Die Bezeichnung kann insgesamt die »Vermythisierung der Verapparatung« charakterisieren. Die Laboratorien der Modernität bieten ein stymphalisches Bild. Historismus und Kapitalismus wirken zusammen, um der häßlichen Maschinenwelt und dem tristen Arbeitsleben einen Glanz des »Jenseitigen« zu

Nach einem Gemälde von Hans Looschen: Die Arbeit (1911)

verleihen. Fabrikanten werden auf antike Gottheiten hin stilisiert; in den Hainen der Erkenntnis wandeln Idealfiguren aus Physik und Mathematik, Industrie und Handel, Religion und Kunst. Mögen die Essen glühn, die Räder sich drehen – dekoratives Arrangement sorgt dafür, daß Realität in monumentale Idyllik ver-rückt wird. Rauchende Schlote sind mit antiken Säulen ummantelt; Werkstätten und Fabrikhallen werden die Fassaden klassischer Baustile vorgeblendet.

Vor allem die Weltausstellungen verhalfen der vermythisierten technischen Architektur zum Durchbruch. Ingenieur und Künstler gestalten die Ausstellungshallen als Glaspaläste, von Lichtmystik erfüllt, aufgelockert durch gußeisern eingebundene exotische Biotope. Die von der Glas-Eisen-Architektur geschaffenen Gehäuse verklären den Tauschwert der Ware; tauchen diese Ware in eine helle, zarte Atmosphäre, so daß die dargebotene Materialität, die fetischartig bewundert und verehrt wird, als Botschaft eines anderen Sterns erscheint. Industrielle Prunkarchitektur, mit allen Stilarten spielend, verbindet Vegetatives und Geometrisches, Seelenhaftes und Konstruktives in sinnlicher Ornamentik. Die Laboratorien des Fortschritts orientieren sich an den Ateliers der Künste, die vollgestopft sind mit dem Strandgut gescheiterter geschichtlicher Identität.

Vor allem versucht die Produktgestaltung den technischen Gegenstand zu »ikonisieren«. Karl Marx prophezeite die Vertreibung der Mythologie durch die Industrie: »Wo bleibt Vulkan gegen Roberts et Co., Jupiter gegen den Blitzableiter und Hermes gegen den Crédit mobilier?« Er sollte sich täuschen: Die Industrie usurpierte die Mythologie, denn gerade diese konnte die Vorstellung, die Natur sei nun endgültig beherrschbar, suggerieren. Ist es das Wesen des alten Mythos, die Ein-bildung von der Beherrschung und Gestaltung der Naturkräfte zu ermöglichen, so weist sich der neue Mythos als ein die Realität legitimierendes Symbol-Arsenal; indem man sich auf urbildliche Sehnsüchte des Menschen nach Machbarkeit bezog, wurde die jetzt erreichte Machbarkeit, die auf der Ausbeutung der Menschen und der Natur beruhte, entsühnt. Der Mythos verkündete dem Starken, daß sein Recht des Stärkeren ein starkes, das heißt im Mythos aufscheinendes Ur-Recht war. Industrie-Ikonodulie ist Herrschafts-Ikonodulie: Man verehrt im »Bild« jene Maschinenwelt, die nun die Herrschaft angetreten hat und Ausfluß eines letztlich Höheren ist, dem der Mensch als Homo faber lediglich dient. Dem Menschen, der etwa auf dem Fahrrad dahinfährt, führen die Gottheiten die Lenkstange, sie treten mit in die Pedale – »Herkules«, »Diana«, »Hermes«, »Apoll« hießen beliebte Firmenmarken.

Die bei der Elektroindustrie beliebte Frauengestalt, die vom Himmel zur Erde schreitet und pathetisch in der Hand das elektrische Produkt, etwa die elektrische Lampe, hochhält und damit als Lichtbringerin sich erweist, bezog sich explizit auf frühere künstlerische Gestaltungen, etwa auf Botticellis »Wahrheit« (in der »Verleumdung des Apelles«) oder Philipp Otto Runges Botticelli nachempfundene »Morgenröte« (»Der kleine Morgen«).[203]

Während dort die Lichtgestalten auf himmlische Gefilde verweisen, wird auf den werbe-ikonischen Darstellungen, etwa bei Ludwig Kandler, der Himmel auf die Erde herabgebracht: Im technischen Kunstprodukt hat der menschliche Genius die zerstörerische Kraft der Natur gebändigt; das prometheische Empörerpathos wird in gesitteter Form der Verkaufsstrategie nutzbar gemacht. Die weiße, wallende Gewandung und die weiche Haarfülle der Lichtbringerin symbolisieren christlich-antike Humanität, die über dämonische Dunkelheit den Sieg davongetragen hat. Die Elektrizitäts-Iphigenie sucht nicht mehr das Land der Griechen mit der Seele; sie findet das zivilisatorische Dorado in der Industrielandschaft. Die verheerende Gewalt des Blitzes ist zur Erleuchtung geworden; man hat sich seiner »ver-sichert«.

In der Einleitung zu seinem weitverbreiteten Werk »Das Liebesleben in der Natur« (1901) schreibt Wilhelm Bölsche, daß zum

Im Fluge (Wiener Radfahrclub »Künstlerhaus«)

Holzstich nach einem Gemälde von Ludwig Kandler (1884)

ersten Mal das Bewußtsein von einer Welt ohne Vorhang, ohne Riß, ohne mystisches Zweierlei mit ganzer Kraft erwacht sei. »Sieh dir das weiße Kirchlein da drüben zwischen den rabenschwarzen Cypressen an. Das ist die verklungene Zeit, noch hineinragend in unseren Tag. In dem gelblichen Türmchen mit der kleinen Kuppel hängt eine Glocke, grün vom Alter: sie klingt von der Liebe, die nicht von dieser Welt. Aber sieh schärfer hin. Das Kreuz, das von der Kuppel ins uferlose Wunderblau sich reckt, läuft oben in eine lange, verdächtige Spitze aus. Ein Blitzableiter. Die doppelte Versicherung der neuen Zeit: über dem Kreuz der Mystik der metallene Schaft, der den Himmelsstrahl bändigt mit der Erkenntnis der Physik, der Wissenschaft. ...mag die alte grüne Glocke rufen, wenn die schwarze Wetterwolke sich wie ein Raubvogel auf diese freie Höhe wirft und mit glühenden Fängen krallt... der Blitzableiter ist stärker, – er ist das Kreuz unserer Zeit.«[204] Das Irrationale der Mythologie verbindet sich mit der Rationalität der Technologie; Prometheus ist verdinglicht; in die Verdinglichung wird das Prometheische hineinprojiziert. Das maschinelle Serienprodukt verkündet übers mythische Dekor die Botschaft vom ursprünglichen Schöpfungsakt.

Richard Wagner hat mit seinem »Ring des Nibelungen« die Industriewelt nicht einfach mythologisch maskiert oder ihr mythischen Dekor angehängt, sondern die tiefe Übereinstimmung von Archetypus und Modernität zu beweisen versucht. Die Inszenierungen der damaligen Zeit verfehlten diesen Sinn des Gesamtkunstwerkes, gaben keine Antwort auf die Frage, die Friedrich Nietzsche freilich nur ironisch stellte: »›Aber der Gehalt der Wagnerischen Texte! ihr mythischer Gehalt! ihr ewiger Gehalt!‹ Frage: wie prüft man diesen Gehalt, diesen ewigen Gehalt? – Der Chemiker antwortet: man übersetzt Wagner ins Reale, ins Moderne – seien wir noch grausamer! ins Bürgerliche! Was wird dabei aus Wagner?«[205] In unseren Tagen, ein Jahrhundert später, hat Patrice Chéreau in Bayreuth diese »Grausamkeit« besessen und damit den »Ring« in seiner einmaligen Verbindung von Realität und Mythos, Gründerzeitpanoptikum und Vorzeitarchaik erschlossen. Denn gerade die im Gesamtkunstwerk aufgehobene Ambivalenz von Mythos und Modernität, also die Einheit von Urzeit und Epochenzeit, stellt die große kulturelle Leistung dieser Opernfolge dar. Wotan agiert meist in Weste und Gehrock, zuweilen in purpurnem Samt, bald im Göttermantel, bald im Schlafrock (Accessoi-

Ludwig Sütterlin: Göttin des Lichts (1897)

Broschüre für Metallfadenlampe (1907)

res begriffener Substanz). »Als ferne Projektion grüßt eine Schloßburg: Walhalla liegt bei Neuschwanstein. Der Wotan ist ein physikalischer Kopf. Mit einem Spiegelgerät zündet er die Feuerwolke, aus der ›Loge‹ auftritt: ein bucklich hinkend Männlein mit schütterer Lisztmähne und Propagandisten-Allüre, alert, forensisch, willfährig und geil, der subalterne Gängler, der windige Nothelfer.«[206] In der Tat erzählt Wagner *so*, in großartigen Klängen, Bildern, szenischen Handlungen, die Geschichte von der Ohnmacht der Macht, dem Fluch des Goldes, den Irrungen der Liebe und den Verblendungen der Hoffenden. Wird der »Ring« aus den Wolken des affirmativen Mythos heruntergeholt, erweist er sich als das Werk eines ironischen Mythenbewahrers, der zum tiefsten Grund der Wilhelminischen Kultur – Modernität auf der Suche nach dem Mythos! – vorstößt. Hansgünther Heyme hat darauf hingewiesen, daß Wagner im Jahrzehnt der Gründung des Deutschen Reiches, im Angesicht der weltweiten industriellen Revolution, nach dem jähen Zusammenbruch der biedermeierlichen Fluchtidylle, hin- und hergerissen zwischen dem Materialismus eines Feuerbach und dem dekadenten Pessimismus eines Schopenhauer, versucht habe, die dazumal den Menschen verbleibenden Träume und Freiräume zu fassen, die Utopie-Reste der innerhalb der schon damals barbarisch verkrusteten und dem Individuum kaum mehr Glück zugestehenden Umwelt zu beschreiben; mit seiner Kunst wollte er die Malaise wahr-nehmen und durch solches »Bezeichnen« Veränderung erzwingen. Im »Rheingold« stehe die Figur des Wotan für alle Sehnsüchte, alle Utopie-Begierde. Er sei schuldig – und schuldlos zugleich. Er schlafe wie Faust, während schuldhafter Tat. Er träume den Traum der Erfüllung seiner Wünsche, seiner Hoffnungen und Begierden, der Eroberung freier Räume, ohne damit die Sehnsüchte anderer zwangsläufig einzuengen. Seine Vorstellungen seien in Unschuld erträumte. Zuvor – im ersten Bild – zeichne Wagner eine utopielose Gegenwelt. »Alberich und die Rheintöchter sind dazu verurteilt, alle grausamen Vorurteile der Gesellschaft gegenüber Eros, Triebverlangen, Liebe zu reproduzieren; letztlich kennzeichnet Angst vor Sinnlichkeit die Szene. Ärmliche Frivolität herrscht. Der Mann ist verdammt zu lieblosem Gelderwerb, die Frau zum bloßen Lustobjekt reduziert, in einer vom Leistungsprinzip beherrschten Welt. Anders im zweiten Bild (den lichteren Höhen). Dort die Schilderung des schlimmen, scheinbar unentrinnbaren Zustandes, hier die Traum-Diskus-

Verkehrswege. »Denn jede Straße führt ans End' der Welt.« (1884)

sion um die Verwirklichung von Liebe, von Leben des Einzelnen, des Paares.« Wagner schreibe ein Märchen der Gründerzeit; er beschreibe die Dinge klassenunspezifisch; doch zeichne er einen sehr genau zu analysierenden Alp- und zugleich Hoffnungstraum. Er formuliere seine Hoffnung, seinen Glauben, daß Kunst über Klassenprobleme hinweg von klassenloser Gesellschaft zu träumen vermag, von ewiger Jugend, von der Bewältigung der Väter, von der Beherrschung der Naturkräfte, von dem leichten Umgang mit den Dingen, von einem nicht vom Zynismus durchsetzten Denken, von komplexloser Beziehung zur Mutter.[207]

Auf dem Grunde des Rheines grünliche Dämmerung[208]; überall schroffe Felsenriffe, die aus der Tiefe herausragen; der ganze Boden ist in wildes Zackengewirr zerspalten, so daß er nirgends vollkommen eben ist und nach allen Seiten hin in dichtester Finsternis tiefere Schlüchte annehmen läßt. Verborgen liegt das Rheingold der Sage in einem Felsen, um den die Rheintöchter sich schwimmend und spielend bewegen; sie sind von Wotan, dem Vater, verpflichtet, den Schatz zu hüten und jedermann gegenüber zu schweigen. Der Nibelungenfürst Alberich ist angelockt durch die Schönheit; er sieht in der Tiefe das Rheingold aufleuchten; die Gier nach seinem Besitz ergreift ihn. Doch nur wer der Liebe entsagt, darf das Rheingold besitzen und sich daraus einen Ring schmieden, der ihm unbegrenzte Macht gewährt. Mit einem furchtbaren Fluch sagt sich Alberich von der Liebe los, ergreift den Schatz und verschwindet in der Tiefe.

»Bangt euch noch nicht?
So buhlt nun im Finstern,
feuchtes Gezücht!
Das Licht lösch' ich euch aus,
entreiße dem Riff das Gold,
schmiede den rächenden Ring;
dann hör' es die Fluth –
so verfluch' ich die Liebe!«

Dichte Nacht bricht plötzlich überall herein. Die Mädchen tauchen dem Räuber in die Tiefe nach. »Haltet den Räuber! / Rettet das Gold! / Hülfe! Hülfe! Weh! Weh!« Die Flut fällt mit ihnen nach der Tiefe hinab; aus dem untersten Grunde hört man Alberichs gellendes Hohngelächter. In dichtester Finsternis verschwinden die Riffe; die ganze Bühne ist von der Höhe bis zur Tiefe von schwarzem Wassergewoge erfüllt, das eine Zeitlang immer nach abwärts zu sinken scheint.

Doch allmählich gehen die Wogen in Gewölke über, das sich nach und nach abklärt; als es sich endlich, wie in feinem Nebel, gänzlich verliert, wird eine »freie Gegend auf Bergeshöhen« sichtbar, anfänglich noch in nächtlicher Beleuchtung. Der hervorbrechende Tag beleuchtet mit wachsendem Glanze eine Burg mit blinkenden Zinnen, die auf einem Felsgipfel im Hintergrund steht. Zwischen diesem burggekrönten Felsgipfel und dem Vordergrund der Szene liegt ein tiefes Tal, durch welches der Rhein fließt. Auf blumigem Grunde liegen Wotan und Fricka schlafend. Wotan träumt:

»Der Wonne seligen Saal,
bewachen mit Thür' und Thor:
Mannes Ehre,
ewige Macht,
ragen zu endlosem Ruhm.«

Fricka rüttelt ihn wach:

»Auf, aus der Träume
wonnigem Trug.
Erwache, Mann, und erwäge.«

Wotans Auge wird sogleich vom Anblick der Burg gefesselt:

»Vollendet das ewige Werk:
auf Berges Gipfel
die Götter-Burg
prächtig prahlt
der prangende Bau!
Wie im Traum ich ihn trug,
wie mein Wille ihn wies,
stark und schön
steht er zur Schau;
hehrer, herrlicher Bau.«

Wer sich nicht vom Gold zu lösen vermag, wird auch in Walhall nicht glücklich sein können. Wo der Materialismus grassiert, liegt das Hohe fern. Erzählt wird im »Ring« der korrumpierende Kampf um Macht; aber eben auch die Geschichte einer leeren Konstruktion von Freiheit, die Aussichtslosigkeit, Bodenlosigkeit von nur spontaner Revolte. Wagners »Ring« macht deutlich: Die Götterdämmerung steht dieser Epoche bevor; sie bereitet sich in goldverfallener Tiefe als »Experiment Weltuntergang« vor und erfaßt dann auch »das Höchste«, Walhall. »Durch die Wolkenschicht, welche sich am Horizont gelagert, bricht ein rötlicher Glutschein mit wachsender Helligkeit aus. Von dieser Helligkeit beleuchtet, sieht man die drei Rheintöchter auf den ruhigeren Wellen des allmählich wieder in sein Bett zurückgetretenen Rheines, lustig mit dem Ring spielend, im Reigen schwimmen. Aus den Trümmern der zusammengestürzten Halle sehen die Männer und Frauen in höchster Ergriffenheit dem wachsenden Feuerschein am Himmel zu. Als dieser endlich in lichtester Helligkeit leuchtet, erblickt man darin den Saal Walhalls, in welchem die Götter und Helden... zusammensitzen. Helle Flammen scheinen in dem Saale der Götter aufzuschlagen. Als die Götter von den Flammen gänzlich verhüllt sind, fällt der Vorhang.« Das Gemetzel in Gunthers Halle hatte diese zwar zerstört, läßt aber immerhin Männer und Frauen übrig, für die es ein »Nachher« gibt. Daß nach einer Weltkatastrophe der Fluß nicht mehr in sein Bett zurücktreten, der Amoklauf der Zivilisation Natur und Kultur endgültig vernichten könnte, dies hat Wagner trotz aller Ängste, die ihn wie seine Zeit heimsuchten, nicht erahnt. War auch mit der Götterdämmerung die mythische Hoffnung gescheitert; es gehörte zur Hybris der Epoche, daß sich die Menschen stärker als die Götter dünkten und immer wieder zu neuer Suche nach Gold und Macht aufbrachen.

Er würde, meinte Friedrich Nietzsche, einen Philosophen verstehen, der erklärte, Wagner resümiere die Modernität. Und an anderer Stelle – freilich nicht erkennend, daß es die Leistung der Wagnerischen Kunst war, die Krankheit der Zeit im neualten Mythos festgehalten und dadurch, freilich nur in der »Einbildung«, geheilt zu haben –, an anderer Stelle seiner ihn

Der Maschinenbau und seine Hilfsmittel.
»Wo das Eisen wächst in der Berge Schacht...«

zerfleischenden Auseinandersetzung mit Wagner schreibt er: »Wagners Kunst ist krank. Die Probleme, die er auf die Bühne bringt – lauter Hysteriker-Probleme –, das Konvulsivische seines Affekts, seine überreizte Sensibilität, sein Geschmack, der nach immer schärferen Würzen verlangte, seine Instabilität, die er zu Prinzipien verkleidete, nicht am wenigsten die Wahl seiner Helden und Heldinnen, diese als physiologische Typen betrachtet (– eine Kranken-Galerie! –): alles zusammen stellt ein Krankheitsbild dar, das keinen Zweifel läßt. Wagner est une névrose [nev-rose].«[209]

Friedrich Nietzsche hätte auch von Wilhelm II. sagen können: est une névrose. Das beherrschende Element seines Charakters war eine provokante, unberechenbare, unbequeme Unruhe. Er wollte immer im Mittelpunkt stehen, Stil und Stimmung prägen. Stets in Bewegung, vielfach auf Reisen, hielt er lärmende Reden – entschlossen, Härte zu zeigen, als Prototyp männlicher Kraft zu erscheinen. Sein Leben war eine sorgfältige Maskerade; in Wahrheit zeigte er weibliche Züge, hatte eine zarte Gesundheit, eine überempfindliche Seele; er war insgesamt nervös wie ein eingeschlossenes Tier, quengelig, »ruhig wie Espenlaub«.[210]

Die Defizite seiner Erziehung waren für sein Psychogramm von großer Bedeutung: das bedrückende Verhältnis zu den Eltern, die überstrengen und verkrampften Erziehungsmethoden des Geheimrates Hinzpeter, der Minderwertigkeitskomplex, den er aufgrund seines seit Geburt verkrüppelten linken Armes empfand (während er doch ganz aufs Männlich-Soldatische hin erzogen wurde). Walther Rathenau berichtete von seinem Eindruck: »Wie anders, als ich ihn erwartet hatte. Ich kannte die schneidigen Jugendbilder mit breiten Backen, gesträubtem Schnurrbart, drohenden Augen; die gefährlichen Telegramme, die kraftstrotzenden Reden und Denksprüche. Da saß ein jugendlicher Mann in bunter Uniform, mit seltsamen Würdezeichen, die weißen Hände voll farbiger Ringe, Armbänder an den Handgelenken; zarte Haut; kleine weiße Zähne; ein rechter Prinz; auf den Eindruck bedacht, dauernd mit sich selber kämpfend, seine Natur bezwingend, um ihr Haltung, Kraft, Beherrschung abzugewinnen. Kaum ein unbewußter Moment; unbewußt nur – und hier beginnt das Menschlich-Rührende – der Kampf mit sich selbst. Eine ahnungslos gegen sich selbst gerichtete Natur. Viele haben es mir seither gestanden: hilfsbedürftige Weichheit, Menschensehnsucht, vergewaltigte Kindlichkeit, die hinter psychischer Kraftleistung, Hochspannung, schallender Aktivität fühlbar wurde, hat sie ergriffen und empfinden lassen: diesen Menschen muß man schützen und mit starkem Arm behüten vor dem, was er fühlt und nicht weiß, was ihn zum Abgrund zieht.«[211]

Rathenau meinte auch, daß nicht einen Tag lang in Deutschland hätte regiert werden können, wie regiert worden ist, ohne die Zustimmung des Volkes. Und in der Tat: Dieser Mann, der in glitzerndem Kostüm, ordenbehängt, mit wehendem Helmbusch kreuz und quer durch sein Land jagte, dieser schwadronierende Imperator, der sich als beifallsumrauschter Volksführer feiern ließ, zugleich ein äußerst sensibler, vielseitig interessierter, den Umgang mit bedeutenden Persönlichkeiten aus allen Lebenssphären suchender Landesherr, der im Grunde seines Herzens lieber das beschauliche Leben eines englischen Landedelmannes geführt hätte (das ihm dann für die zweite Hälfte seines Lebens, nach dem Rücktritt, auch beschert wurde) – diese ambivalente Persönlichkeit entwickelte, wie Nicolaus Sombart herausstellt, den Führungsstil einer modernen Massengesellschaft. Mehr Propagandist als Dynast, hatte er den Ehrgeiz, das darzustellen, was die Mehrheit des Volkes wünschte: Macht, Größe, Glanz. »Ein dekoratives Talent, ohne Zweifel«, bemerkte Thomas Mann. Im Grunde wünschte das Volk sich, stolz und herrlich dargestellt zu werden. Ludwig Thoma, der unerbittlich den Redner Wilhelm II. attackierte, schrieb: »Gerade der merkwürdige Hang zum Opernhaften hat unser loyales Bürgertum dazu gebracht, in Wilhelm II. die Verkörperung des Ideals zu sehen. Welche epischen Gefühle hat jede Vergnügungsreise des Herrschers ausgelöst. Welche Lyrismen sind gesagt und geschrieben worden, wenn nichts geschah als die Abnahme einer Parade. Kein Ding konnte mehr nüchtern und in der Stille geschehen! Auch das Einfachste vollzog sich in bengalischer Beleuchtung. Die bourgeoise Phantasie war täglich angeregt und aufgeregt durch die Persönlichkeit des Kaisers. In allem letzte und höchste Instanz, fand Wilhelm II. nirgends Widerspruch. Auch da nicht, wo er ihn suchte.«[212]

Seine Umgebung war wenig geeignet, seinen Charakter zu stabilisieren. Er umgab sich mit einem Geflecht von Männerfreundschaften, gefördert durch sein gebrochenes Verhältnis zum anderen Geschlecht und seine homoerotischen Neigungen. Er sonnte sich in der Liebedienerei seiner Gefährten, zu denen als »Hauptdarsteller«, inmitten einer größeren Anzahl von großen und gutaussehenden Offizieren, unter anderem der Bankier Carl Fürstenberg, der Reeder Albert Ballin und der Industrielle Friedrich Alfred Krupp gehörten. Von besonderer Bedeutung war der Diplomat Philipp Fürst zu Eulenburg, der in den Jahren von 1890 bis 1900 als einziger Freund und Intimberater des jungen, noch unsicheren Kaisers großen politischen Einfluß ausübte. Er war Vermittler, Entscheidungshelfer und ständiger Krisenmanager auf höchster Ebene; Kanzlerstürzer und Kanzlermacher; fast nebenbei noch Gesandter erst in München und dann Botschafter in Wien, das »lebende Scharnier zwischen Preußen und Bayern und zwischen Deutschland und Österreich«.[213] Seine homosexuelle Disposition ließ ihn die Verbindung zum Kaiser besonders eng gestalten. (1906 wurde er von dem Publizisten Maximilian Harden wegen solcher »Neigung« denunziert und in den folgenden drei Jahren in einer Serie von Prozessen politisch vernichtet. Es wurden ihm, der seit 1875 glücklich verheiratet war und acht Kinder hatte, sexuelle Beziehungen zu zwei Starnberger Fischern – in der Münchener Zeit – nachgewiesen; zu einer Verurteilung kam es nicht, da Eulenburg seine Herzkrankheit voll ausspielte und nach mehreren Prozeßunterbrechungen als »dauernd verhandlungsunfähig« galt.)

Wilhelm II., 29jährig, umwarb Eulenburg, da er in ihm endlich das fand, was er als »Künstler« suchte: eine kongeniale Persönlichkeit. »Plötzlich ein Mensch. Ein reifer Weltmann von Ende dreißig, kultiviert, brillant, politisch beschlagen, aber auch unbefangen zu Hause in Kunst und Musik, sogar selber ein wenig Dichter und Komponist, unbefangen zu Hause auch auf verrucht-interessanten Gebieten wie Homosexualität und Spiritismus, ein Mann, dessen Gespräch Welt ins Haus wehte, als heiterer Plauderer ebenso unermüdlich wie als ernster Geschäftspartner, immer taktvoll, nie aufdringlich, nie steif und

Thomas Theodor Heine: »Die deutsche Kunst, von zwei Polizisten zu Grabe getragen« (»Simplicissimus«, 1902)

langweilig, vor allem: endlich einmal ein Mann, der nichts für sich wollte, keine Hofstellung, keine Beförderung, keine Gunstbeweise, kein Amt. Man versteht, daß der Prinz überwältigt war; und daß der junge Kaiser diesen Mann an sich zog, sich gleichsam umarmend auf ihn stützte als seinen einzigen wirklichen Vertrauten.« (Sebastian Haffner)[214]

In einem »Merkblatt« über den Kaiser, das Eulenburg dem späteren Reichskanzler Bülow 1897, zur Vorbereitung von dessen künftiger Kanzlerschaft, ins Außenamt brachte, heißt es: »Wilhelm II. nimmt alles persönlich. Nur persönliche Argumente machen ihm Eindruck. Er will andere belehren, läßt sich aber ungern belehren. Er verträgt keine Langeweile; schwerfällige, steife, allzu gründliche Menschen gehen ihm auf die Nerven und erreichen nichts bei ihm. Wilhelm II. will alles selbst machen und entscheiden. Was er selber machen will, geht leider oft schief aus. Er ist ruhmliebend, ehrgeizig und eifersüchtig. Um einen Gedanken bei ihm durchzusetzen, muß man tun, als ob der Gedanke von ihm käme. Man muß Wilhelm II. alles bequem machen. Er ermutigt andere gern zu forschem Vorgehen, läßt sie aber im Graben liegen, wenn sie dabei hereinfallen. Vergiß niemals, daß S.M. ein Lob hin und wieder braucht. Er gehört zu den Naturen, die ohne eine Anerkennung hin und wieder, aus bedeutendem Munde, mißmutig werden. Du wirst immer Zugang zu allen Deinen Wünschen haben, wenn Du nicht versäumst, Anerkennung zu äußern, wo S.M. sie verdient. Er ist dankbar dafür wie ein gutes, kluges Kind.«[215]

Wilhelm II., ständig auf der Suche nach Identität, ein Nervöser par excellence, erfuhr das Unglück, daß er nicht Künstler werden konnte, sondern Staatsmann sein mußte. So machte er aus der Politik eine grand opéra. Er liebte Richard Wagners Musik über alle Maßen und versuchte, die Kunst von der Machtposition aus, in die er geraten war, als Imperator zu dirigieren. Eine Kunst, die sich über die von ihm bezeichneten Gesetze und Schranken hinwegsetze, sei keine Kunst mehr, dekretierte er. Beim Kahlschlag gegen künstlerische Freiheit, die er und seine Kreaturen betrieben, spielte die Lex Heinze eine große Rolle: ein 1892 eingebrachter Gesetzesentwurf, der Prostitution, Kuppelei und Zuhälterei unter verschärfte Strafen stellen wollte und zugleich gegen unsittliche Schriften und Darstellungen zielte (dabei inidizierender »Phantasie« großen Spielraum ließ). Die Vorlage scheiterte nach erbitterten Auseinandersetzungen, vor allem auch unter öffentlichem Druck, endgültig 1900. Wilhelm bewirkte jedoch, ein »Erfolg« seiner Uneinsichtigkeit, eine blühende künstlerische Opposition, die die Kultur der Epoche auf ein hohes kritisches Niveau hob. In seinem Buch »Die Berliner Secession. Moderne Kunst und ihre Feinde im Kaiserlichen Deutschland« stellt Peter Paret jedoch fest, daß das Interesse Wilhelms II. an der Kunst, stark bestimmt von dem seinem Hofe sehr nahestehenden Historienmaler Anton von Werner, wie bei vielen anderen Dingen keineswegs nur vorgetäuscht war. Seine Aktennotizen, Randbemerkungen und Memoiren zeigten, daß er durchaus zu einem eigenen Urteil in der Lage war. Er hatte allerdings kategorische Neigungen wie Abneigungen und war überzeugt, daß die deutsche Kunst seine Führung bräuchte, wenn sie erfüllen sollte, was er als ihre »Mission« verstand. Er ließ sich über die Eröffnung und das Ende von Ausstellungen, über Besucherzahlen, Verkaufspreise und Ergebnisse von Wettbewerben für staatliche und städtische Projekte gerne berichten; er kümmerte sich um die Angelegenheiten der Akademie, der Hochschule für bildende Künste und der Museen; Maler und Bildhauer besuchte er gerne in den Ateliers.

»Der persönliche Geschmack Wilhelms II. verstärkte seine Meinung über die Rolle der Kunst in der deutschen Gesellschaft. Er glaubte an genau bestimmte, absolute ästhetische Wahrheiten. In seiner wichtigsten Rede zu diesem Thema, der Festansprache anläßlich der Vollendung der Doppelreihe von Skulpturen, die die Siegesallee säumten, verglich er die Kunst mit der Natur: ›und diese, die Natur, trotz ihrer großen, scheinbar ungebundenen, grenzenlosen Freiheit, bewegt sich doch nach den ewigen Gesetzen, die der Schöpfer sich selbst gesetzt hat, und die nie ohne Gefahr für die Entwicklung der Welt überschritten oder durchbrochen werden können. Ebenso ist's in der Kunst; und beim Anblick der herrlichen Überreste aus der alten klassischen Zeit überkommt einem auch wieder dasselbe Gefühl: Hier herrscht auch ein ewiges, sich gleich bleibendes Gesetz; das Gesetz der Schönheit und Harmonie, der Ästhetik. Dieses Gesetz ist durch die Alten in einer so überraschenden und überwältigenden Weise, in einer so vollendeten Form zum Ausdruck gebracht worden, daß wir in allen modernen Empfindungen und allem unseren Können stolz darauf sind, wenn gesagt wird bei einer besonders guten Leistung: Das ist beinahe so gut, wie es vor 1900 Jahren gemacht worden ist.‹ Der tiefe, fast hoffnungslose Konservativismus dieser Feststellung ist beachtenswert, genauso auffällig wie das Mißverständnis der künstlerischen Leistung der Klassik. Was mochte der Kaiser in griechischen und römischen Statuen gesehen haben, daß er eine Ähnlichkeit feststellen konnte zwischen ihnen und der Reihe von Marmorpuppen, seine Vorfahren bis zum zweiten Kreuzzug darstellend, die jetzt den Tiergarten schmückten? Wahrscheinlich war es der idealisierte Realismus klassischer Skulpturen, der ihn beeindruckte; auf dieses realistische Element gründeten sich seine Ansichten über die didaktische und ideologische Rolle der Kunst. Die Verherrlichung der Hohenzollern, in deren Dienst er namentlich die Kunst stellen wollte, erschien ihm als patriotische Pflicht, zumal er geflissentlich davon absah, daß sich die Geschichte des Deutschen Volkes nicht in der Geschichte Preußens oder gar nur seiner Dynastie erschöpfte.«[216]

Dialektisch gesehen kann man Wilhelm II. als einen großen Promotor der Kunst seiner Epoche bezeichnen: Während er ein idealisierendes Gestalten im »Geiste der Antike« forderte, entstand eine Kunst, die sich, etwa im Naturalismus, von jedem Alabaster-Kult abwandte und den Menschen parterre aufsuchte; während er die Kunst zum höheren Lob der Herrschenden einsetzen wollte, provozierte er eine Ästhetik, die die Grenzen des Affirmativ-Schönen durchbrach und im Mitleid mit den sozial Leidenden das Häßliche entdeckte. Weil er wollte, daß die unteren Stände nach harter Mühe und Arbeit die Möglichkeit haben sollten, sich an den Idealen wiederaufzurichten und er die Kunst anwies, die großen Ideen zu hüten und zu pflegen, entwickelte sich im Gegenzug eine Kunst, die das Elend so scheußlich darstellte wie es war; Wilhelm II. meinte, eine solche Kunst versündige sich am deutschen Volk; in Wirklichkeit ermöglichte sie diesem Volk, die eigene Realität zu entdekken. Mit seiner penetranten, allerdings auch widerspruchsvollen Auffassung vom Schönen, Guten und Wahren vertrieb er die Kunst aus dem Tempel staatlicher Gunst und gab ihr damit, die in der Secession, im Exodus, in der Emigration zu sich fand, ihre eigene, unverwechselbare Identität zurück. Die Dialektik der Geschichte, durch fortschreitende Demokratisierung, Liberalisierung, auch Sozialisierung beschleunigt, sorgte so dafür, daß die Kunst in der Wilhelminischen Zeit zu einer Antikunst des Wilhelminismus wurde.

Der »Künstler« Wilhelm II. legte besonderen Wert auf die »Sprachkunst«. Der bombastische Schwulst des Wilhelminismus, dem die Spitzen und Stützen der Gesellschaft unermüdlich huldigten, war maßgeblich von ihm bewirkt. Ludwig Thoma hat – und er mußte deshalb im Gefängnis Stadelheim einsitzen – diese Sprache auf satirische Weise dekuvriert[217]:

– Die Reden des Kaisers sind gesammelt und herausgegeben, wie auf dem Titelblatte zu lesen ist; sie sind nicht ausgewählt. Demosthenes war auch ein guter Redner; er hat die Herzen der Athener zu rühren gewußt, und seine Worte sind der Nachwelt erhalten worden. Aber nicht alle...

– Er (Johannes Penzler, der Herausgeber der »Reden« bei Reclam) überliefert uns im ganzen 406 Reden, bemerkt jedoch in der Vorrede, daß nur diejenigen Reden und Kundgebungen, aus dem Zeitraum 1888 bis 1900, aufgenommen worden sind, deren Wortlaut in offiziellen und offiziösen Zeitungen mitgeteilt worden ist, oder deren Wortlaut er auf privaten Wegen von authentischer Seite erhalten hat. Von den 406 Reden sind 174 Trinksprüche, Toaste, gehalten bei Besuchen regierender Häupter, bei Empfängen in den Städten Deutschlands, vor Oberbürgermeistern und Angehörigen des Zivilstandes usw., 119 Ansprachen militärischen Charakters an Armeekorps, Regimenter, an Offiziere und andere Gruppen. Der größere Teil ist gehalten bei Paradediners, Kasinofestlichkeiten, der kleinere bei Empfängen von Deputationen, bei Rekrutenvereidigungen usw. Es folgen 84 Reden und Ansprachen, welche Seine Majestät nicht in festlich geschmückten Sälen, sondern im Freien hielt, ferner Ansprachen an Arbeiter, Reden bei Kongressen usw. 29 Reden tragen offiziellen Charakter: Thronreden bei Eröffnung des Reichstags oder des Landtags. Man sieht, also ungefähr zwei Drittel der Reden sind bei festlichen Mahlzeiten gehalten worden. Das Milieu schildert uns etwas grämlich der verstorbene Reichskanzler Fürst Hohenlohe. Er schreibt am 22. März 1890: »Ich saß gegenüber der Kaiserin und zwischen Moltke und Kameke. Ersterer wäre sehr gesprächig gewesen, wurde aber durch die unaufhörliche Musik gestört und war darüber sehr ärgerlich. Man hatte nämlich zwei Musikkorps einander gegenüber aufgestellt, und wenn eins aufhörte, fing das andere an zu trompeten. Es war kaum auszuhalten.«

– Arthur Schopenhauer sagt: »Der Stil ist die Physiognomie des Geistes. Sie ist untrüglicher als die des Leibes.« Der Stil zeigt die formelle Beschaffenheit aller Gedanken eines Menschen, welche sich stets gleichbleiben muß, was und worüber er

Carl Spielter: Der Festredner (1901)

auch denken möge. Der Stil Kaiser Wilhelms ist beherrscht von Superlativen. In kurzen Trinksprüchen finden sich zwei und mehr; in keiner Rede fehlen sie gänzlich. Der Kaiser legt einen herzlichsten tiefgefühltesten Dank zu Füßen des Prinzen Albrecht von Braunschweig für huldreiche Worte; dem König Karl von Württemberg den herzlichsten innigsten Dank aus tiefbewegtem Herzen für das soeben ausgebrachte Hoch...

– Voltaire sagt: »l'adjectif est l'ennemi du substantif.« Er will damit sagen, daß durch Beiwörter die Klarheit des Hauptwortes Schaden erleidet. Zudem: schmückende, ausmalende Beiworte lassen die Form schwulstig erscheinen; außerdem beweisen sie, daß ein Redner sich selbst nicht zutraut, eine Empfindung oder einen Gedanken knapp mit dem treffenden Wort auszudrücken. Wie uns die Sammlung zeigt, sind die meisten Kundgebungen des Kaisers Festreden und als solche zu beurteilen. Der deutsche Festredner von gewöhnlicher Qualität hat die Eigentümlichkeit, Schlagworte aus Festspielen oder Festgedichten in seiner Prosa zu verwenden. Kein anderer Stamm von Festrednern hat hier eine solche Menge klingender Phrasen geprägt, wie der deutsche. Das trifft besonders auf schmückende Beiworte zu, die deshalb gänzlich ungeeignet sind, ein wirkliches persönliches Empfinden wiederzugeben. Aber obgleich sie durch den allgemeinsten Gebrauch entwertet sind, heißt doch der Deutsche von heute eine Rede schwungvoll, feurig, wenn sie mit ihnen gespickt ist. Er unterscheidet sich hierin von seinen Vorfahren, denen der Satz galt, daß der Gedanke den Stil schön macht. Wer nun die festlichen Reden des Kaisers prüft, kann darin weder Eigenart des Empfindens noch Eigenart des Ausdrucks finden. Wir sehen häufige Wiederholung von Worten, die hochgespannte Empfindungen ausdrücken sollen. Dadurch erhalten sie konventionelles Gepräge; die Worte wie die Gefühle. Freilich, die Reden des Kaisers haben noch immer brausende Hochs entfesselt...

Die Hochs eines Volkes begleiteten diesen unsicheren, nervösen, neurotischen, aber auch phantasievollen, theatralischen Menschen auf seinem gefährlichen Weg. Gerade die Ambivalenz seines Charakters, die persönliche Ausstrahlung diffuser Lebendigkeit, die Faszination seines flamboyanten, dandyhaften Wesens, lassen es gerecht erscheinen, von einem Wilhelminischen Zeitalter zu sprechen. Nie, äußerte Rathenau, habe eine Epoche mit größerem Recht den Namen ihres Monarchen getragen. Und an anderer Stelle schrieb er: »In der Wechselwirkung von Volksaufbau und Sterben der Dynastie, von Volkscharakter und Monarchencharakter, mußte ein Menschenalter lang die tollste Fuge erklingen in der symbolischen Figur und Person eines Monarchen, der in keinem Zoll anders sein durfte als er war, mußte Frage auf Antwort, Antwort auf Frage stimmen. Um ein solches Volk zu führen wie das deutsche, mußte das Problem und Sinnbild einer Zeit in einem vollgültig repräsentativen Menschenleben auf die Spitze getrieben und widerlegt werden.« Niemals mehr habe so vollkommen ein sinnbildhafter Mensch in der Epoche, eine Epoche sich im Menschen gespiegelt. 1908 sagte Friedrich Naumann im Reichstag: »Dieser Kaiser, über den ihr euch aufregt, ist euer Spiegelbild.«[218]

Das Zeitalter sei verrückt, meinte August Bebel am 12. August 1913. Seit Wilhelm II. die Macht angetreten hatte, vor allem aber seit der Entlassung Bismarcks, 1890, dem gleichen Jahr, da Langbehns »Rembrandt als Erzieher« erschien und Wedekinds »Frühlings Erwachen« entstand, verlor die Politik des Reiches immer mehr ihren Wirklichkeitsbezug. Ein Nervöser auf dem Thron bewirkte eine Entwicklung, die der Schweizer Gesandte Arnold Roth in einem Lagebericht aus Berlin 1891 in die nüchternen Worte kleidete, daß die innere Lage im Reich und Preußen eine gewisse Unsicherheit und Zerfahrenheit offenbare, welche den leitenden Staatsmännern recht schwierige Situationen bereite. Die bereits sprichwörtlich gewordenen raschen Entschlüsse des Kaisers und sein unvermitteltes Experimentieren auf allen möglichen Gebieten des öffentlichen Lebens hätten allmählich in den verschiedensten politischen Lagern sowie auch in der Armee eine nicht zu unterschätzende Mißstimmung hervorgerufen. Die Industriellen zeigten sich im höchsten Grade beunruhigt durch die Ziele, welche der Kaiser in Hinblick auf den Arbeiterschutz verfolge. Auch in den Offizierskreisen begegne man einer wenig freundlichen Beurteilung der Zustände; die nicht enden wollenden Personalveränderungen in den höheren Kommandostellen riefen ernste Bedenken hervor. Insgesamt lasse die Lage der Dinge im Innern des Reiches und in Preußen für diese Regierung viel zu wünschen übrig; dem Kaiser dürften Enttäuschungen mannigfacher Art nicht erspart bleiben.[219]

Michael Stürmer hat in seinem weit ausholenden, in stupender Sachkenntnis fundierten Werk über die Zeit von 1866 bis 1918 die vielfältigen Phänomene der Epoche in ihrem Kern erfaßt, wenn er vom »ruhelosen Reich« spricht. Es ist vor allem eine von Wilhelm II. geprägte Ruhelosigkeit gewesen, die aus den unbewältigten inneren und äußeren Widersprüchen erwuchs und eine solche der Ungleichzeitigkeit des Gleichzeitigen war: Die agrargesellschaftlichen Denk- und Empfindungsformen wirkten weiter, zugleich aber vollzog sich der Übergang zur modernen Massengesellschaft. Die ständischen Grenzen versprachen Halt inmitten der Irrungen und Wirrungen, aber kleinbürgerliche Frustrationsaggressivität speiste die ideologisch-rassistischen Bewegungen, die Humanität als Schwäche erachteten. Verlorenheit förderte Verführung, Verrechnung stärkte die Sehnsucht nach der Versicherung, Verzweiflung bewirkte Verdrängung, Verfälschung erwies sich als Versuchung.

Woher kam die Sprengkraft, die Unruhe, die Dynamik des Reiches, das sich 1866 und 1870 noch in das europäische Mächtesystem einfügte, dann aber das Weltmächtesystem der Jahrhundertwende sprengte? Die Unruhe der Zeit sei, so Stürmer, vor allem durch fünf ungelöste Fragen bestimmt gewesen:

– durch die Frage nach der Bürgerlichkeit als beherrschender Lebensform des 19. Jahrhunderts, die selbst noch Protest, Verweigerung und Transzendierung in ihren Bann zog;
– durch die Frage nach Bevölkerungswachstum, Arbeitsmarkt und wachsendem Anspruch an den Staat, Arbeit für alle und Wirtschaftswachstum zu sichern;
– durch die Frage nach der ungleichmäßigen Entwicklung der Landwirtschaft, der Industrie und der industriellen Sektoren;
– durch die Frage nach der politischen Kultur, die Machtstaat und Massenkonsens verband und mehr und mehr Preußens altgewordene Staatlichkeit sinken ließ, während der deutsche Nationalismus stieg;
– endlich durch die Frage nach Bildung als Element der Massendemokratie, Waffe im Wettkampf der Nationen und Missionsideen nach innen wie außen.

Bismarck hatte Politik noch begriffen als Schachspiel und dabei gar nicht bemerkt, daß – um das Bild zu wechseln – die Strategie vom Feldherrnhügel aus im Zeitalter der sich formierenden Massen anachronistisch geworden war. Äquilibristische Kabinettspolitik wurde durch die Probleme des im Gefolge der Industrialisierung aufziehenden internationalen Konkurrenzkampfes aus ihrem Gleichgewicht gebracht. Egon Friedell hat Bismarck wie Moltke aus dem Geist der klassischen deutschen Philosophie gedeutet; das hieß vor allem: Schärfe der Begriffsbildung, souveräne Methodik, eindringendes Wissen um die Objekte, kategorischer Imperativ, empirischer Realismus, transzendentaler Idealismus.[220] Eine solche Welt war prämodern; in Wilhelm II. dagegen fand nervöse Modernität ihre brillante wie fatale finale Verkörperung. Am 11. März 1867, zum Schluß einer großen Parlamentsrede, meinte Bismarck, daß man nun rasch arbeiten und Deutschland sozusagen in den Sattel setzen müsse – reiten werde es schon können. Das war rhetorisch eindrucksvoll gesagt, da es nationale Eigendynamik unterstellte; in Wirklichkeit glaubte Bismarck weniger an solche, etwa gar parlamentarisch legitimierte »Volksmotorik«, sondern viel mehr an die disziplinierende, alle Bewegungen lenkende Kraft des souveränen Staatsmannes, vorwiegend seiner selbst. Bismarck, den Friedrich Wilhelm IV. einen »roten Reaktionär« nannte, »ging auf der Straße des Sieges und einer Popularität, die plebiszitäre Züge trug, ein Triumphator von einsamer Kaltblütigkeit, kurbrandenburgischer Vasall, wie er sich, ganz spät, noch nennen wird und zugleich ein Politiker, der Könige absetzte und Dynastien stürzte. Deichgraf und Geschäftsmann, cäsarische Herrschergestalt und doch auch der letzte der europäischen Staatsmänner seiner Epoche, der den Machtstaat, um ihm Dauer zu verleihen, in seiner Entfaltung begrenzte. Bismarck riß Abgründe auf. Das ›Acheronta movebo‹ hätte sein Wahlspruch sein können. Er dachte in den Begriffen und der Entscheidung und des Extrems. Das Leitbild des Kompromisses stand ihm nur für die große europäische Politik zu Gebot, in der deutschen blieb es ihm fremd. Stolz, der bisweilen in Anmaßung und Arroganz umschlug, funkelnde Intelligenz, daneben ein bornierter Egoismus, nicht gemildert durch menschliche Wärme, die zu Politik gewordene Persönlichkeit. Dann wieder dichterische Sensibilität, nach Goethe stand kaum einem das Wort so direkt, so spielerisch und leuchtend zu Gebot wie Bismarck, ob er Briefe, Denkschriften oder ›Gedanken und Erinnerungen‹ verfaßte. Er lebte in philosophischer und politischer Distanz zum flachen Fortschrittsbewußtsein seiner Zeit, Friedrich der Große und die Französische Revolution waren ihm noch ganz nah, und zugleich spielte er mit dem allgemeinen gleichen Wahlrecht, beförderte durch liberale Bündnispolitik die deutsche Industrialisierung, welche vor allem zur Transformation Preußens diente, und zerstörte mit der dauernden Entfremdung Frankreichs von Anfang an jene Gleichgewichtslage, deren niemand stärker bedurfte als das künftige Preußen-Deutschland.«[221] Da aber die »Leute« da waren – aufgrund des technisch-medizinischen Fortschritts in immer größerer Anzahl, aufgrund der Industrialisierung in neuer, nicht zuletzt sozialistischer »Formation« und aufgrund der bürgerlichen Evolution auch von zunehmender demokratisch-parlamentarischer Resistenz –, parierte das »Pferd Deutschland« doch nicht so, wie Bismarck es wollte.

Als freilich, wie eine seitdem berühmte englische Karikatur es ausdrückte, der »Lotse« Bismarck von Bord des Staatsschiffes gehen mußte, wurde der immerhin noch kalkulierbare, rational einsehbare und einige Sicherheit verheißende Kurs der deutschen Politik aufgegeben, er entsprach nicht mehr dem verstiegenen Staatsromantizismus eines Wilhelm II. Nun ging es mit imperialem Volldampf und ohne besondere Orientierung am Machbaren aufs offene Weltmeer hinaus. Handelsneid und der Haß aufs »perfide Albion« schürten die Kessel der Aggressivität. Konkret geschah das seit 1898 mit dem Aufbau der deutschen Schlachtflotte. Ihr Architekt wurde der ehrgeizige und von der altpreußischen kontinentalen Militärdoktrin durch Welten des Nationalismus getrennte Flottenadmiral Alfred von Tirpitz. »Tirpitz, das war Technokratie und Glaubensstärke, das war Machtatavismus mit den Mitteln der Großindustrie und der modernen Waffentechnik. Tirpitz bedeutete die Abdankung der Politik vor der Faszination des Machbaren und der Logik der Macht. Tirpitz ging es wie dem Lyderkönig Kroisos, dem das Delphische Orakel kundgab, wenn er den Halys überschreite, werde er ein großes Reich zerstören. Tirpitz tat es, und es war das deutsche.«[222] Wilhelm II., kein Steuermann, auf den Wellen eines reißenden Nationalismus dahintreibend, »markierte« sozusagen die Wirbel der Strömungen wie die fatalen Katarakte, die man nur noch mit Not durchstand.

In einer Zeit, da sich immer mehr die Überzeugung verbreitete, daß die Welt am deutschen Wesen genesen müsse, verdiente eine alleinstehende Textilarbeiterin in einer schlesischen Kammgarnspinnerei wöchentlich 6 Mark; sie gab für eine Schlafstelle in einem Dreibettzimmer 1 Mark, fürs Frühstück und Abendessen von der Quartiersfrau 2,25 Mark, für den Mittagstisch in der Volksküche 1,75 Mark und für die Krankenkasse (immerhin gab es dank der Bismarckschen Reformen von oben eine solche) 15 Pfennige aus; so blieben für Heizung, Licht, Kleidung, Wäsche, Schuhe und Sonstiges noch 85 Pfennige. Wäre die Frau im gleichen Betrieb als Spulerin beschäftigt gewesen, hätte sie pro Woche lediglich 3 Mark verdient. Etwa zur gleichen Zeit hätten acht Arbeiter bei einem Stundenlohn von 20 Pfennig 156518 Stunden oder 12039 Tage oder 40 Jahre arbeiten müssen, um die Summe zu verdienen, die für die acht Vorstands- und Aufsichtsratsmitglieder einer norddeutschen Wollkämmerei und Kammgarnspinnerei an jährlichen Tantiemen ausgeworfen wurden.

Wie das endete? Die Sozialdemokratie entwickelte sich zur großen Partei; zu einer staatstragenden; bei Kriegsausbruch konnte man sich auf sie verlassen. »...Immer schon haben wir eine Liebe zu dir gekannt, / bloß wir haben sie nie bei ihrem Namen genannt. / Herrlich zeigte es aber deine größte Gefahr, / daß dein ärmster Sohn auch sein getreuester war.« (Karl Bröger, 1914)[223] Das »ruhelose Reich« war an seinem Ende angelangt.

In Arthur Schnitzlers »Reigen«, da der »Graf« in der Uniform eines Dragoner-Rittmeisters mit seinem Besuch bei der »Schauspielerin« und dann bei der »Dirne« das sexuelle Ringelspiel abschließt, wird die geschichtliche, grotesk-surreal anmutende Dimension des Dramas besonders deutlich. Schnitzler, dieser »letzte Dichter österreichischer Agonie«, personifiziert in seinem »jugendlichen Greis«, der mit vertrottelter Philosophie die Reinheit sucht und doch immer nur auf dem Diwan landet, der

Franz von Stuck: Der Krieg (1894)

»irgendwie« hohe Ideale im Kopf hat, aber über das Parterre nicht hinausgelangt, schäbig-dekorative Sinnlosigkeit. »Aber sobald man sich nicht, wie soll ich mich denn ausdrücken, sobald man sich nicht dem Moment hingibt, also an später denkt oder an früher... na, ist es doch gleich aus. Später... ist traurig... früher ist ungewiß... mit einem Wort... man wird nur konfus. Hab ich nicht recht?«[224] Die Uniform hält notdürftig zusammen, was in der Substanz längst zerfallen ist.

Dem müden, welken »Kakanien« (k. und k. = kaiserlich-königlichen Österreich), dessen Jugend in bleichen Bildern dahinträumte, gelang es, das kraftstrotzende nervöse Deutschland in den Untergang des Weltkrieges zu ziehen. Man kann freilich auch, wenn man den sozialpathologischen Untergrund der europäischen Tragödie sondiert, eine große innere Affinität zwischen beiden Staaten feststellen: dem ruhelosen deutschen und dem friedhofsruhigen österreichischen Reich. War doch der gigantomanische Materialismus, der Deutschland in der Gründerzeit zu der beherrschenden Industrienation wie eine Rakete aufsteigen ließ, im Kern seines Wesens eine Verdrängung der kulturellen Sehnsucht nach dem »ganz anderen«. Die Romantik erwies sich gerade deshalb als deutsches Verhängnis, weil man sie mit manischer Kraftanstrengung glaubte überwinden zu müssen, während man im Innersten ästhetisierter Jenseitsstimmung, Leidenswollust, Paradieseshoffnung weiter anhing. Vom Flachland mit seinem rücksichtslosen Pragmatismus hätte man sich gerne auf den Zauberberg des Erlösungswahns zurückgezogen; man wäre lieber ideologischer Träumer denn erfolgreicher Homo faber gewesen. Regression vermochte das Realitätsprinzip, das die Menschen so stürmisch-tückisch in seinen Bann zog, nicht zu kompensieren. Und so gerieten denn die alte wie die junge Kultur, die Beruhigten wie die Ruhelosen, die »Stabilen« wie die Nervösen in den Sog eines Krieges, der angesichts des modernen Fortschrittsoptimismus »unzeitgemäß« war, aber gerade in den Laboratorien der Modernität mit höchster Perfektion vorbereitet worden war. Tradition war lediglich Beschwichtigung; die Gegenbilder der Kunst hielten der Wirklichkeit nicht stand.

Nietzsche, dieser große Nervöse, hat es vorausgesehen. Er habe, schreibt er in »Ecce homo« (1888), für die Zeichen von Aufgang und Niedergang eine feinere Witterung als je ein Mensch; er sei der Lehrer par excellence hierfür, denn er kenne beides, er sei beides. Ecce homo: Das war der Mensch, der eine furchtbare

Wahrheit verkündete, denn bisher hieß die Lüge Wahrheit; das war der Mensch, der die Fluten des Nihilismus steigen sah. Nietzsche befürchtete, die kulturpessimistische, kulturkonservative Interpretation des »Aufstandes der Massen« antizipierend, die Herrschaft des »Gesindels«; er war erschüttert vom tiefen Niveau der Masse, aber auch vom Tiefstand dessen, was sich bürgerliche Kultur nannte. Die demokratische Bewegung sei Erbschaft der christlichen Sklavenmoral; zu ihr gehörten »Weibs-Emanzipation«, Anarchismus, Sozialismus. Indem Nietzsche jedoch Religion und Kunst dem Glauben an Wissenschaft opfern wollte, wurde er auch zum Fürsprecher des modernen Lebenselans, der Transzendenz durch Immanenz zu ersetzen trachtete. Der décadence stellte er das gesunde Leben entgegen, und das bedeutete Überwindung der Neurasthenie als individuellem wie kollektivem Schicksal; zugleich war ihm décadence notwendige Konsequenz des Lebens, des Wachstums am Leben. Er bejahte damit indirekt die Antinomien der Zeit, in der er lebte und an der er litt: das Oszillieren zwischen »Diesseitigem« und »Jenseitigem«, »Drunten« und »Droben«, »Draußen« und »Drinnen« – gefühlsfeindlichem Materialismus und nervöser Sensibilität. Er sah nicht nur, was diese Zeit in den Abgrund stieß, er wirkte mit an der fatalen Motorik, mit der die Epoche ihrem Untergang zutrieb.

Wagner, Wilhelm II., Nietzsche – sie haben die Gefahr der Ambivalenz gespürt; der eine versuchte, ins Gesamtkunstwerk zu entfliehen; der andere flüchtete sich in rauschhafte Betriebsamkeit; der dritte zerbrach an den unlösbaren Widersprüchen. Einem Strome ähnlich, der ans Ende will, der Furcht hat sich zu besinnen, so bewegte sich die europäische Kultur ihrer Katastrophe zu. »Die ›Stimmung der Gefahr‹ (K. Jaspers) durchzog das vergangene Jahrhundert; es war sich selbst nicht gute alte Zeit, sondern unheilschwanger, Sturmzeit und Krise. Es drohten Steuerlosigkeit im Gehäuse der Technik, Entwurzelung durch hohes Bevölkerungswachstum und neue, unerprobte Lebensformen. Die lastende Gestalt des künftigen Staates als große, graue Arbeitskaserne wurde früh gesehen und begriffen, die Grenzen seiner Wirksamkeit, wie Wilhelm von Humboldt schrieb, ohne sittliche Begrenzung vorgeschoben. Aufklärung zum Herrschaftsinstrument verbogen, unausweichlich in der Zukunft Verfall und Zerstörung der liberal-konservativen Bürgerkultur, der Retter der Gesellschaft eher ein neuer Cäsar als ein parlamentarischer Vorsitzender. Alexis de Tocqueville sprach Warnungen aus, die erst im zwanzigsten Jahrhundert entschlüsselbar wurden: ›Was mich angeht, so bekenne ich, daß ich dem Geist der Freiheit, der meine Zeitgenossen anscheinend beseelt, keineswegs traue; ich sehe die Unruhe der Völker unserer Tage wohl; ich erkenne sie aber nicht deutlich als freiheitlich, und ich fürchte, daß am Ende dieses Aufruhrs, der die Throne schwanken läßt, die Inhaber der Staatsgewalt mächtiger sein werden als zuvor.‹ Jacob Burckhardt, der Basler Historiker, schaute nach der Reichsgründung auf ein kommendes, ehernes Zeitalter der Kriege und Revolutionen und hoffte, ihm bleibe erspart, es zu erleben.

Wilhelm Schulz: Krieg (1906)

Ein insistierendes Memento mori begleitete den lärmenden Triumphzug des Fortschritts. Die Kultur des neunzehnten Jahrhunderts enthielt das Versprechen durchgreifender Rationalität der Lebens- und Gesellschaftsformen, und Max Weber sollte es in ›Wirtschaft und Gesellschaft‹ zur umfassenden, gliedernden Theorie der jungen Sozialwissenschaften ausformen. Und sie enthielt noch mehr die Wegweiser der Fluchtbewegung aus der Welt der Reißbretter. Richard Wagners kühne, alle Konventionen wegfegende Musik war über die Andeutung irrationaler Gegenwelten längst hinaus. Die Malerei des Expressionismus entzog sich der Wirklichkeit. Die Anfänge der abstrakten Kunst, noch vor dem Weltkrieg, zielten auf Antithese. In den Sezessionen der Kunst, im Protest der Künstler und in Lust und Angst der décadence begann der Boden geplanter und verwalteter Wirklichkeit zu schwanken.

Die Vision künftiger Katastrophen, die alle Politik zwischen Bismarck und Bebel überschattete, riß ihn auf. Beschwichtigun-

Max Beckmann: Die Kriegserklärung (1914)

gen und Ablenkungen boten sich im militanten Nationalismus, in der Hexenjagd auf ›Reichsfeinde‹ und Minderheiten, im Aufbruch zu überseeischen Horizonten, im materiellen Erfolg und im Anstieg der Realeinkommen. Am Ende stand, da die Industriegesellschaft Antwort auf die Sinnfrage verweigerte, die Hoffnung auf Einheit und Ziel im Kriegerstaat. Angst vor der Revolution? Sie durchzog die deutsche und europäische Geschichte im neunzehnten Jahrhundert. Angst aber noch mehr, der Boden werde versinken. Die technische Zivilisation spottete zuletzt ihres eigenen Schöpfers. Der technische Fortschritt provozierte den romantischen Rückschlag. Dem Triumph der modernen Barbarei eröffnete er die technische Dimension. Der Homo faber, der so viel ins Leben rief, mußte er am Ende auch das tun, was allein zu tun noch übrigblieb – das Werk seiner eigenen Zerstörung? Die immer geträumte und niemals erfüllte Hoffnung auf durchgreifende Rationalität war selbst Teil des Problems, das sie lösen sollte: Denn das Spannungsverhältnis der historischen Gegebenheiten zu allen Zukunftsentwürfen des Friedens und des Krieges blieb unaufhebbar.« (Michael Stürmer)[225]

Der entbergende Schleier oder: Die Verlockungen der Ambivalenz

Weihnachtsabend 18 Uhr. Leichter Schneefall in den Straßen Wiens. Anatol trifft Gabriele und will ihr helfen, »all diese Dinge« zu schleppen. »Geben Sie mir doch Ihre Pakete! – Nein, nein, ich danke! – Ich trage das schon selber!... Wie gehts denn dem Herrn Gemahl? – Und was machen die lieben Kleinen?... Diese Frage können Sie sich schenken! – Ich weiß ja, daß Sie das alles sehr wenig interessiert!« ... So gehen sie, bald sprechend, bald schweigend, nebeneinander her. Anatol macht auch Weihnachtseinkäufe. Für wen soll das Geschenk sein?... Das ist eigentlich schwer zu sagen... Für eine Dame, vermutet Gabriele. Aber was für eine Dame? Eine wirkliche Dame? Man muß sich erst über den Begriff einigen. Gabriele wundert sich, daß er immer mit solchen Vorstadtdamen zu tun hat... Aber man liebt ihn eben... Versteht man ihn denn da draußen? »Keine Idee! – Aber, sehen Sie... in der kleinen Welt werd' ich nur geliebt; in der großen – nur verstanden – Sie wissen ja...« Gabriele weiß gar nichts und will weiter nichts wissen. Schneetreiben. Der Dialog wirbelt wie die Flocken dahin. Kennt Gabriele die Mädchen von der Vorstadt?... »Mich wird es schon interessieren. Ich möchte wirklich einmal was aus dieser Welt erfahren! – Was ist das überhaupt für eine Welt? – Ich kenne sie ja gar nicht!«... Ehe Gabriele mit einer Droschke im Schneetreiben verschwindet, gibt sie ihm rasch noch Blumen mit... »Sagen Sie ihr: ›Diese Blumen, mein ...süßes Mädl, schickt dir eine Frau, die vielleicht ebenso lieben kann wie du und die den Mut dazu nicht hatte...‹« Anatol stammelt: »Gnädige... Frau!? – Sie sind so lieb...« Da ist sie schon in den Wagen gestiegen und fährt weg. Anatol schaut dem Wagen lange nach, bis er um eine Ecke gebogen ist; er bleibt noch eine Weile stehen, dann sieht er auf die Uhr und eilt rasch fort. Verschwindet im leichten Schneetreiben.[226] Arthur Schnitzler (hier eine Szene aus »Anatol«) ist ein Meister der Offenlegung des Verhüllten durch Verhüllung, des Offenbarens durch Andeutung und Aussparung. Das Schneegestöber gibt den Gestalten verhuschte, pointillistisch aufgelöste, verfließende Konturen. Über den Seelen liegt ein Schleier, der alles sichtbar macht; ein entbergender Schleier.

Vor dem Duell, bei dem er fällt (gefordert vom Ehemann seiner großen Liebe), ist Fritz noch einmal in die Wohnung Christines, seines Nebenbei-Verhältnisses, gegangen. Christine ist ein süßes Mädel; angesichts tragisch-großer Passion freilich nur eine »Liebelei« (in Schnitzlers gleichnamigem Drama). Er denke sicherlich, meint Christine, morgen schon nicht mehr an sie; sie spricht es so dahin, weiß nichts vom bevorstehenden Ereignis.

»FRITZ: Aber was redst du denn?
CHRISTINE: O ja, ich weiß es. Ich spür's ja.
FRITZ: Wie kannst du dir das nur einbilden.
CHRISTINE: Du selbst bist schuld daran. Weil du immer Geheimnisse vor mir hast!... Weil du mir gar nichts von dir erzählst. – Was tust du so den ganzen Tag?
FRITZ: Aber Schatz, das ist ja sehr einfach. Ich geh' in Vorlesungen – zuweilen – dann geh' ich ins Kaffeehaus... dann les' ich... machmal spiel' ich auch Klavier – dann plauder' ich mit dem oder jenem – dann mach' ich Besuche... das ist doch alles ganz belanglos. Es ist ja langweilig, davon zu reden. – Jetzt muß ich übrigens gehn, Kind...
CHRISTINE: Jetzt schon –
FRITZ: Dein Vater wird ja bald da sein.«[227]

Christine findet es nicht schön, daß er so wenig von sich erzählt; sie interessiere ja, was den Geliebten angehe: »Ich möcht' mehr von dir haben als die eine Stunde am Abend, die wir manchmal beisammen sind. Dann bist du ja wieder fort, und ich weiß gar nichts... Da geht dann die ganze Nacht vorüber und ein ganzer Tag mit den vielen Stunden – und nichts weiß ich. Darüber bin ich oft so traurig.«[228]

Das »Mädel« spürt, daß sie eben eine Liebelei ist. Ihr Schicksal ist es, nur für den Augenblick zu lieben und zu leben; sie will aber ein Stück Zukunft gesichert sehen; vergeblich. Die Wahrheit ist: Wegen einer anderen Frau hat er sich duelliert; Christine war ihm nur Zeitvertreib; nichts hat er ihr hinterlassen; sie will an sein Grab, aber nicht, um dort zu beten; stürzt davon. Der Vater: »Ich kann nicht, ich kann nicht... *Er geht mühsam*

Straßenszene (1902)

von der Tür bis zum Fenster. Was will sie... was will sie... *Er sieht durchs Fenster ins Leere.* Sie kommt nicht wieder – sie kommt nicht wieder! *Er sinkt laut schluchzend zu Boden.*«

Die Ahnung vom Unheil ist in scheinbare Ahnungslosigkeit gehüllt. Doch die Tändelei ist transparent. Einsame Seelen – so oder so. Ein mokanter Schleier verhüllt die soziale Misere; das Nichtstun der Offiziere, ihre Liaisons, ihre Liebeleien, ihre Duelle; Banalität der Sinnlichkeit, über der ein Hauch von Melancholie schwebt. Die süßen Mädel: Sie warten, werden ein bißchen geliebt, werden verlassen, und finden einen anderen. Christine will freilich ein *solches* Morgen nicht. »Morgen? – Wenn ich ruhiger sein werde?! – Und in einem Monat ganz getröstet, wie? – Und in einem halben Jahr kann ich wieder lachen, was –? *Auflachend.* Und wann kommt denn der nächste Liebhaber?« Für die meisten kommt er; Christines Freundin Mizi hat sich damit abgefunden; ihr Liebhaber Theodor (der Freund von Fritz) sehnt sich nach einer Zärtlichkeit ohne Pathos, bei der man sich erholen kann. »Erholen! Das ist der tiefere Sinn. Zum Erholen sind sie da. Drum bin ich auch immer gegen die sogenannten interessanten Weiber. Die Weiber haben nicht interessant zu sein, sondern angenehm. Du mußt dein Glück suchen, wo ich es bisher gesucht und gefunden habe, dort, wo es keine großen Szenen, keine Gefahren, keine tragischen Verwicklungen gibt, wo der Beginn keine besonderen Schwierigkeiten und das Ende keine Qualen hat, wo man lächelnd den ersten Kuß empfängt und mit sehr sanfter Rührung scheidet.«[229]

Der Schleier jungfräulicher Ahnungslosigkeit macht verborgene Sinnlichkeit reizvoll deutlich; was sich dem klaren Licht entzieht, schillert verführerisch auf: wissendes Nichtwissen. Der Männlichkeitswahn, der im Deflorationskult gipfelt, genießt weibliche Unberührtheit; der Schleier der Naivität kaschiert jedoch nur den Seitensprung: schuldige Unschuld.

Am Spätnachmittag ist die junge Frau beim jungen Herrn; dieser stellt, auf dem Diwan sitzend und vor sich hin lächelnd, mit zufriedenem Jägerblick fest: »Also jetzt hab ich ein Verhältnis mit einer anständigen Frau.«[230] Am Abend erwartet die junge Frau im behaglichen Schlafgemach lesend den Ehemann, der im Schlafrock ins Zimmer tritt; sie ergötzt sich, die Naive spielend, am Schicksal »verworfener Frauen« und genießt dabei ihre nun erworbene sexuelle Freiheit; er genießt in ihr den Liebreiz vermeintlicher Unschuld; wer sich in der Welt umgesehen habe, dem bedeute die Ehe etwas viel Geheimnisvolleres als den jungen Mädchen aus guter Familie. »Ihr tretet uns rein und... wenigstens bis zu einem gewissen Grad unwissend entgegen, und darum habt ihr eigentlich einen viel klareren Blick für das Wesen der Liebe als wir... Wir sind ganz verwirrt und unsicher geworden durch die vielfachen Erlebnisse, die wir notgedrungen vor der Ehe durchzumachen haben. Ihr hört ja viel und wißt zuviel und lest ja wohl eigentlich auch zuviel, aber einen rechten Begriff von dem, was wir Männer in der Tat erleben, habt ihr ja doch nicht. Uns wird das, was man so gemeinhin die Liebe nennt, recht gründlich widerwärtig gemacht; denn was sind das schließlich für Geschöpfe, auf die wir angewiesen sind!« Die Frau fragt: »Ja, was sind das für Geschöpfe?« Der Gatte küßt sie auf die Stirn: »Sei froh, mein Kind, daß du nie einen Einblick in diese Verhältnisse erhalten hast. Es sind übrigens meist recht bedauernswerte Wesen – werfen wir keinen Stein auf sie.«[231]

Der Schleier, der über der Erotik des Fin de siècle liegt, entbirgt die Abgründigkeit des Spießers, dem Keuschheit Aphrodisiakum ist.

Friedrich Torberg hat im Nachwort zu Arthur Schnitzlers Autobiographie »Jugend in Wien« aufgezeigt, wie sehr dieser Dichter das Schicksal der Stadt Wien, mit der er durch Leben und Werk verbunden war, geteilt hat. Immer wieder mußte er sich auf allerlei klischierte Formeln bringen lassen, die um eines gefälligen Vordergrundes willen das Vorhandensein einer höchst ungefälligen Hintergründigkeit übersahen oder gar leugneten.[232] Er, der das weite Land der Seele mit großer Sensibilität für Oberflächenphänomene durchmaß, wußte, daß sich im Schein der Welt vieles von ihrem Sein spiegelte. Der Schein, das war der Schleier, der über allem lag; er war so dünn, daß er zu Einblicken ins Psychogramm verlockte; das Verborgene reizte zur Entbergung. Die Kunst der Epoche, im besonderen diejenige Schnitzlers, lebt aus solchem Reiz; sie war obszön: Versuch, unter Verletzung konventioneller Scham erotische Wahrheit aufzuzeigen; diese war zwischen Leben und Tod angesiedelt. Das latente Todesbewußtsein der Zeit, das bei Schnitzler als Arzt auch durch berufliche Erfahrung bestimmt war, floß ins Liebes-Spiel ein; das Duell erweist sich als gesellschaftliche Ausprägung solcher existentiellen Grundbefindlichkeit. Mit dem Leben spielen, das Leben spielerisch hinwerfen und warten, ob der Einsatz sich auszahlt oder nicht, wird zu einem Zeitvertreib. Eros überwindet nicht eigentlich Thanatos, sondern erweist sich als Spiel-Ball des Todestriebes. Im Reigen des sinnlichen Genusses spielt stets die Vergänglichkeit mit. Die Fragwürdigkeit ist faszinierendes Merkmal einer Kultur, die den Tod gleichermaßen sucht wie sie ihm zu entfliehen trachtet. Lebensekel und Lebenslust folgen aufeinander wie Licht und Schatten an einem stürmischen Apriltag. Das Leben ein Spiel! Was sollt' es anders sein?

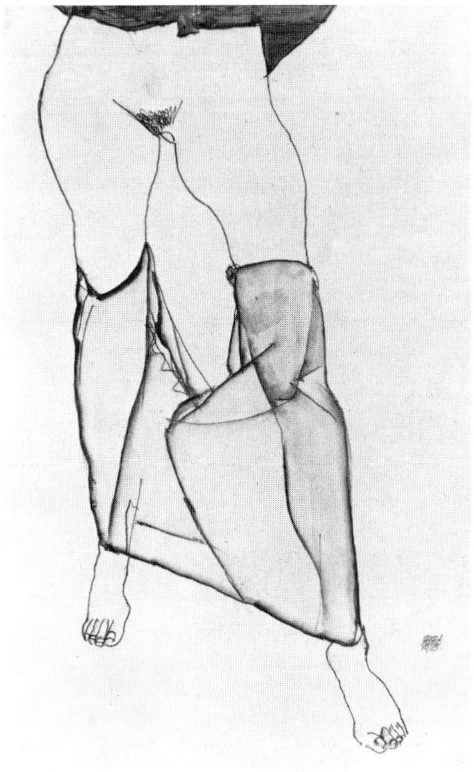

Egon Schiele: Stehender Halbakt (1913)

»Was ist nicht Spiel, das wir auf Erden treiben,
Und schien es noch so groß und tief zu sein!
Mit wilden Söldnerscharen spielt der eine,
Ein andrer spielt mit tollen Abergläubischen.
Vielleicht mit Sonnen, Sternen irgend wer, –
Mit Menschenseelen spiele ich. Ein Sinn
Wird nur von dem gefunden, der ihn sucht.
Es fließen ineinander Traum und Wachen,
Wahrheit und Lüge. Sicherheit ist nirgends.
Wir wissen nichts von andern, nichts von uns;
wir spielen immer, wer es weiß, ist klug.«[233]

Die Frau ist Spiel-Material. Ihre Verdinglichung zeigt die Deformation dieser Kultur. Ähnlich wie im Rokoko rückt die Strategie der Verführung, bei dem die »weiblichen Elemente« die männliche Ingeniosität hervorrufen, ins Zentrum künstlerischer Aufmerksamkeit. Wenn Ricarda Huch in einem Brief 1894 davon schrieb, daß starke Sinnlichkeit wunderschön sei, wenn ebenso starke Charaktereigenschaften nebenhergingen, daß in Dichtung sinnliche Liebe nie getrennt auftreten solle, sondern eben als Liebe an sich (sie müsse sich als umfassend menschliche Leidenschaft zeigen und als solche wirken)[234], so war diese Liebesästhetik einer emanzipierten, selbstbewußten Frau genau dem Erotic-Style der Jahrhundertwende, wie ihn Schnitzler vertrat, entgegengesetzt; denn dort trat sinnliche Liebe eben gerade getrennt von starker Charaktereigenschaft in Erscheinung, ihre Herauslösung aus dem gesamtmenschlichen Zusammenhang manifestierte den gesellschaftlichen Leerlauf. Doch blieb im Psychodrom des Kapitalismus immerhin als Halt der sinnliche Genuß des Augenblicks, dessen »Panik« man dadurch vermied, daß man immer neue Augenblicke aneinanderreihte. Wer sich auf der Höhe seiner Liebesmöglichkeiten befinden wollte, mußte unentwegt »trainieren« und sich vor Berauschung hüten; im Rausch konnte man leicht in den Abgrund der Leidenschaft stürzen. Im Liebes-Spiel gilt es, »klaren Kopf« zu bewahren. Ist man auch, wie es eine Szene in Schnitzlers Autobiographie beschreibt, hingerissen von Wein, Akkorden und Küssen, am Klavier sitzend, mit geschlossenen Augen phantasierend, »den Kopf an Tonis Busen gelehnt« – die »Einsicht« bleibt ungetrübt, »daß zu superlativischen Ausdrücken hier kein Anlaß, daß auch meine innigen Liebesbeteuerungen halbbewußte Lügen und daß ich für ein anderes, höher geartetes Wesen geschaffen sei, als für ein, bei manchen anmutigen Zügen doch so gewöhnliches, wie Toni es war. Und schmerzlich rief ich aus, was ich später noch viel tiefer sollte empfinden lernen: ›Ließe sich doch alles, was in der Entwicklung nur Episode bedeutet, auch nach Gebühr nur episodisch erleben. Aber man lebt am Ende doch so hin, wie es der Augenblick mit sich bringt, und läßt sich's genügen!‹«[235]

»Unersättlichkeit« kennzeichnet den Liebhaber Schnitzler. Da ist, um einer Aufzählung von Renate Wagner in ihrem Buch »Frauen um Arthur Schnitzler«[236] zu folgen, ein junges Mädchen aus einer jüdischen Kleinbürgerfamilie, die die Grenzen eines Durchschnittsschicksals zu sprengen sucht; da ist eine ambitionierte, gebildete und sehr unglücklich verheiratete junge Frau, die nicht den Mut hat, ihrer Liebe über die Grenzen der Konvention nachzugeben; da ist eine Kunststickerin aus der Vorstadt, die bei ihrem Abstieg zur Demimonde eine Zeitlang beim Dichter verweilt; da ist eine »Gefallene«, die ihre Liebe nicht verschachert, sondern verschenkt; da ist eine große Schauspielerin, die, emanzipiert und exaltiert, genial und hemmungslos, sich mit dem Dichter liiert; da ist eine selbständige Schriftstellerin, die dem Dichter, der sie nicht liebt, bis zum Ende treu bleibt, weil er sie braucht...; da sind die vielen Dirnen, süßen Mädel und verheiratete Damen der Gesellschaft, die das Dasein des Dichters durchziehen. Frauen als Zerstreuung, Gebrauchsgegenstand, Flirt, Freundschaft, Erholung, Eifersucht, große Leidenschaft, erotische Herausforderung, körperliches Vergnügen, seelisches Labsal, geistige Herausforderung; Frauen, die vor allem »Stoff« für dichterische Sublimierung waren.

Die ausgekosteten Augenblicke, die kein Vorher und kein Nachher kennen, sind zu einem Schleier verknüpft, der übers Leben gebreitet wird. Es ist ein Soft-Schleier: Die Konturen der Moral – aber auch des tätigen wie reflektierenden Lebens – verschwimmen; alles löst sich in scheinbarer Beliebigkeit auf. Schnitzler hatte die dichterische Kraft, das »Vorübergehende« (Transitorische), das Verfließende, Vergehende, Vergessene impressionistisch fest-zuhalten, also ästhetisch zu vermitteln. Die Episode erhält die Qualität von Dauerhaftigkeit – durch Kunst.

»ANATOL: Also da sitze ich vor meinem Klavier... In einem kleinen Zimmer war es, das ich damals bewohnte... Abend... Ich kenne sie seit zwei Stunden... Meine grün-rote Ampel brennt – ich erwähne die grün-rote Ampel; sie gehört auch dazu.

MAX: Nun?

ANATOL: Nun! Also ich am Klavier. Sie – zu meinen Füßen, so daß ich das Pedal nicht greifen konnte. Ihr Kopf liegt in meinem Schoß, und ihre verwirrten Haare funkeln grün und rot von der Ampel. Ich phantasiere auf dem Flügel, aber nur mit der linken Hand; meine rechte hat sie an ihre Lippen gedrückt...

Heinrich Vogeler: Tänzerin

MAX: Nun?

ANATOL: Immer mit deinem erwartungsvollen ›Nun‹... Es ist eigentlich nichts weiter... Ich kenne sie also seit zwei Stunden, ich weiß auch, daß ich sie nach dem heutigen Abend wahrscheinlich niemals wiedersehen werde – das hat sie mir gesagt – und dabei fühle ich, daß ich in diesem Augenblick wahnsinnig geliebt werde. Das hüllt mich so ganz ein – die ganze Luft war trunken und duftete von dieser Liebe... Verstehst du mich? *Max nickt* – Und ich hatte wieder diesen törichten göttlichen Gedanken: Du armes, – armes Kind! Das Episodenhafte der Geschichte kam mir so deutlich zum Bewußtsein. Während ich den warmen Hauch ihres Mundes auf meiner Hand fühlte, erlebte ich das Ganze schon in der Erinnerung. Es war eigentlich schon vorüber. Sie war wieder eine von denen gewesen, über die ich hinweg mußte. Das Wort selbst fiel mir ein, das dürre Wort: Episode. Und dabei war ich selber irgend etwas Ewiges... Ich wußte auch, daß das ›arme Kind‹ nimmer diese Stunde aus ihrem Sinn schaffen könnte – gerade bei der wußt' ich's. Oft fühlt man es ja: Morgen früh bin ich vergessen. Aber da war es etwas anderes. Für diese, die da zu meinen Füßen lag, bedeutete ich eine

Welt; ich fühlte es, mit welch einer heiligen unvergänglichen Liebe sie mich in diesem Momente umgab. Das empfindet man nämlich; ich lasse es mir nicht nehmen. Gewiß konnte sie in diesem Augenblick nichts anderes denken, als mich – nur mich. Sie aber war für mich jetzt schon das Gewesene, Flüchtige, die Episode.«[237]

In der Tragikomödie »Das weite Land« (1910) sagt Friedrich Hofreiter (auf Adele Natters Einwand »Es gibt doch noch was anderes auf der Welt als – uns«): »Ja, – die Pausen zwischen der einen und der andern. Sie sind ja auch nicht uninteressant. Wenn man die Zeit hat und in der Laune ist, baut man Fabriken, erobert Länder, schreibt Symphonien, wird Millionär... aber glaube mir, das ist schon alles nur Nebensache. Die Hauptsache – seid ihr! – ihr – ihr!...«[238]

Eine »zweideutige« Stelle. Meint der erfolgreiche Fabrikant (denn ein solcher ist Hofreiter) dies ironisch-charmant? Er träfe dennoch damit die Wirklichkeit: Denn im Kapitalismus sind die »Pausen« das Entscheidende, nämlich die Zeitbereiche, die sinnlicher Ablenkung und Ausschweifung entzogen sind. Da vollzieht sich der unaufhaltsame wirtschaftliche Aufstieg. Die Frauen sind Accessoire, Dekor – geben dem Reichtum einen Hauch von Schönheit. Oder will Hofreiter, obwohl erfolgreicher Fabrikant, mit seiner Bemerkung gegen den Materialismus protestieren? Indem er die Frauen gegen diesen aus-spielt? Ihr Liebreiz erweist sich dann als das »Eigentliche«. Im Blickwinkel der männlichen Welt ist dieser Liebreiz jedoch weitgehend auf sexuelle Signale reduziert; es kommt vor allem auf den schönen Körper, weniger auf die schöne Seele an. Die in schwärmerisch-sentimentaler Bewunderung der Frau gipfelnde ästhetische Fluchtbewegung führt so in den Materialismus zentral zurück. Schnitzler erkennt die Kluft zwischen lieblosem Realitätsprinzip und deformiertem Idealitätsprinzip und wirft den Schleier der Stimmung über solche Fatalität.

Hartmut Scheible hat darauf hingewiesen, daß die Betonung der »Stimmung« eine Reaktion gewesen sei auf die Durchsetzung der bloß »formalen Rationalität« (Max Weber) von Zwecken und Mitteln zum alleinigen Organisationsprinzip der Gesellschaft. Die Dinge seien auf ihre, von außen vorgegebene Funktion reduziert und damit aus ihrem ehemals selbstverständlichen, »naiven« Zusammenhang mit dem Subjekt herausgebrochen worden. Insofern die Stimmung den »Duft« der Dinge und damit ihre Beziehung auf das Subjekt zu erretten suche, enthalte sie ein gegen Entfremdung kritisches Moment, denn die Wahrheit bedeute, wie Hegel einmal bemerkt, »sich im Gegenständlichen nicht verhalten als zu einem Fremden«. Unwahr sei jedoch diese Stimmung, weil sie sich nicht als das Resultat eines Vermittlungsprozesses von Subjekt und Objekt erweise, sondern ausschließlich durch das Subjekt inszeniert werde; das halbe Dunkel, die willkürliche Abmilderung der scharfen Konturen, die die Dinge voneinander scheiden, sei ihr wesentlich. Zum Entstehen von Stimmungen (so Schnitzler) gehöre eine gewisse Müdigkeit der Sinne und der Gedanken. »Stimmung parodiert die vernünftige Versöhnung von Subjekt und Objekt, sie überwindet nicht die Entfremdung, sondern verschließt vor ihr die Augen; der scheinbare Dialog mit der Außenwelt erweist sich als innerer Monolog des Subjekts, nicht geeignet, seine Vereinsamung zu überwinden: ›Ihr bekommt Antworten aus der Tiefe eurer Seele und ihr meint, die Welt hat gesprochen.‹«[239] Der enge Zusammenhang von Stimmung und Gewalt, die Affinität von Ästhetizismus und Imperialismus finde hier seine Erklärung. Gerade weil die Subjekte sich nicht mehr in Beziehung zur Außenwelt setzen können, wachse ihr Selbstwertgefühl ins Unendliche; aggressive Phantasien von Allmacht und Wirklichkeitsverlust bedingten einander. Die Außenwelt habe keine eigenständige Bedeutung mehr, sie fungiere nur noch als »Stimmungen« produzierende Droge, die um so stärker dosiert werden müsse, je rascher ihre Wirkungen nachließen. In immer größeren Portionen verbrauche das Subjekt seine Umwelt, um sein trügerisches Selbstwertgefühl aufrechtzuerhalten. »Nicht von ungefähr wird in Hofmannsthals Erstling ›Gestern‹ (1891) die Musik als ›rätselhaftes Bluten‹ apostrophiert: Die Kunst ist das Opferritual, durch das das Subjekt sich der Außenwelt einverleibt. Alles Daseiende hat nur noch als auslösender Reiz für eine Stimmung Existenzberechtigung. Nur ein gradueller Unterschied besteht zwischen dem Gebrauch, den Anatol von seiner scheinbar harmlosen, unentbehrlichen grün-roten Ampel macht und den sadistischen, selbst die Freunde nicht nur in ihrer physischen Existenz, sondern sogar in ihrer Menschenwürde auslöschenden Phantasien Andreas'. Andreas betreibt psychischen Imperialismus; insofern ist der Ästhetizismus die angemessene Kunstform einer Gesellschaft, die sich anschickt, die ganze Welt nur noch als Rohstoffquelle und als Absatzmarkt wahrzunehmen.«[240]

An Arthur Schnitzler schrieb Sigmund Freud am 14. Mai 1922 (wobei die Briefstelle auch auf Freud selbst bezogen werden kann): »Ihr Determinismus wie Ihre Skepsis – was die Leute Pessimismus heißen –, Ihr Ergriffensein von den Wahrheiten des Unbewußten, von der Triebnatur des Menschen, Ihre Zersetzung der kulturell-konventionellen Sicherheiten, das Haften Ihrer Gedanken an der Polarität von Lieben und Sterben, das alles berührte mich mit einer unheimlichen Vertrautheit. (In einer kleinen Schrift vom Jahre 1920 ›Jenseits des Lustprinzips‹ habe ich versucht, den Eros und den Todestrieb als die Urkräfte aufzuzeigen, deren Gegenspiel alle Rätsel des Lebens beherrscht.) So habe ich den Eindruck gewonnen, daß Sie durch

Intuition – eigentlich aber infolge feiner Selbstwahrnehmung – alles das wissen, was ich in mühseliger Arbeit an anderen Menschen aufgedeckt habe. Ja, ich glaube, im Grunde Ihres Wesens sind Sie ein psychologischer Tiefenforscher, so ehrlich unparteiisch und unerschrocken wie nur je einer war, und wenn Sie das nicht wären, hätten Ihre künstlerischen Fähigkeiten, Ihre Sprachkunst und Gestaltungskraft freies Spiel gehabt und Sie zu einem Dichter weit mehr nach dem Wunsch der Menge gemacht.«[241]
Psychologische Tiefenforschung bedeutete, die Seele zu entschleiern, die Schleier, die über menschlichem Wesen, nicht zuletzt in Form von Konventionen, Tabus, Ritualen lagen, wegzuziehen; und doch auch wieder die Schleier zu belassen – als Teil des letztlich unergründlichen Seelenlebens. Freuds analytische Seelenkunst ist wie die Kunst des Wiener Fin de siècle eine solche des entbergenden Schleiers; aus »Fehlendem«, aus Aussparungen, aus »Gedankenstrichen« Wahrheiten ablesend. Bei Freud freilich wird Schnitzlers ästhetisch-dekadentes »Rokoko« auf die »barocke« Grundstruktur, den ernsthaften Gegensatz von Liebe und Tod, zurückgeführt. Den entbergenden Schleier zerreißt er schließlich, duldet keine Verbrämung mehr. Und doch ist dann die Verbrämung wieder da, diese eigentümliche Unklarheit im Denken – bei luzider Darstellungsweise; diese Unschlüssigkeit etwa bei der Deutung des Kulturbegriffs, hin- und hergezogen zwischen Triebnähe und Geistferne, Triebangst und Geistessehnsucht.
Zentraler Punkt der Irritationen, der gerade das Tiefenbewußtsein und Unterbewußtsein aufwühlenden Erfahrungen: das »Weib«. Darwins Formel vom Kampf ums Dasein erfuhr eine Variation von gleicher Schärfe und Dringlichkeit im »Kampf der Geschlechter«[242]. Zur sozialen Frage kam die sexuelle Frage; die Probleme, die das Aufkommen des Industrieproletariats aufwarf, haben ihr Pendant in den Problemen, die die Forderung der Frau nach Gleichberechtigung in Liebe, Ehe, Beruf und Gesellschaft bewirkte. Die Frauentypen, die in den Mittelpunkt des Interesses rücken, erweisen sich als »Hinwegprojektionen«, mit denen der Mann vom Aufstand des »anderen Geschlechts« abzulenken sucht.
Die femme fragile, oft genug Aristokratin, steht der Häßlichkeit des Daseins fern; sie ist Produkt der männlichen Sehnsucht, die eigene Stärke in Beschützung und Verehrung des Weiblich-Schönen zum Ausdruck zu bringen.
Die femme fatale ist die Frau, die, meist dem Milieu der Boheme verhaftet, weibliche Kraft als erotische Macht »vorführt«, mit ihrem Geschlecht eine gewaltsame Sogwirkung ausübend. Gerät der Mann in ihren Bann – dann »nur« aufgrund seiner Triebhaftigkeit; sein Geist bleibt unberührt.
Das süße Mädel sorgt für sexuellen Zeitvertreib. Als hingebungsvolle Geliebte erfüllt es die patriarchalischen Wunschträume; seine Libertinage und naive Laszivität beruhigt das schlechte Gewissen des »verantwortungsvollen« Mannes.
Die Prostituierte macht das »männliche Recht« noch eindeutiger; ihre Leistung wird bezahlt; die Dinge sind, kapitalistisch gesehen, in Ordnung. Die Frauen bringen ihren Körper als Ware ein und erhalten, dem bejahten ökonomischen Konkurrenzkampf entsprechend, den ihnen gebührenden Preis.
Die oft genug sentimentale Sympathie für die Dirne, welche die damalige Kunst und Literatur bestimmt, erweist sich als Aufbegehren gegen den dominanten materialistischen Zeitgeist: Gerade an der Prostituierten wird deutlich, wie die Preise die Werte kaputtmachen, welches Wertvakuum das kapitalistische Verwertungsinteresse hinterläßt.
Die Worte »Weib« und »Frau« werden im Kampf der Geschlechter in unterschiedlichem Bedeutungszusammenhang verwendet. Die ästhetisch-erotische Sphäre, in die die Künstler Frau/Weib versetzen, ignoriert die soziale Seite, auf deren Existenz die Sozialisten und Feministen beharren. Gelöst aus den Fesseln empirischer Gebundenheit, wird Frau/Weib zur hohlen Form, in der die verschiedensten phantasmatischen Wunscherfüllungen ihren Platz haben. Bei der femme fatale, auch wenn sie ins Sexuelle abgedrängt wird, spürt man am deutlichsten die heranwogenden sozialen und emanzipatorischen Tendenzen, denen man sich – weiter befangen im Männlichkeitswahn christlich-patriarchalischer Tradition – durch Ästhetisierung zu entziehen sucht, aber auch mit Hilfe einer tabuisierenden, lediglich »Ventilsitten« zulassenden Gesetzgebung und einer repressiv aufrechterhaltenen »Sitte«. Die Frau als femme fragile ist ganz fern von Fleischlichkeit und Wollust, ganz entkörperte Psyche; sie erlöst als Marien-Gestalt den Mann vom sexuellen Leistungszwang, von Potenzängsten, ehelichen Pflichten, von den Qualen der Begierde, zieht ihn hinan zum höheren Ich, zum geistigen Sein. Darüber hinaus fühlt sich der Mann durch die femme fragile in seiner dominierenden Position bestätigt – schirmt er sie doch ab vor den Brutalitäten des Lebens, im besonderen vor den Abgründen der Sexualität; er ist »Bruder«, der die Seele der Frau versteht und verklärt, der die Frau, die so sterblich und schwach ist, in die Unsterblichkeit der fernen Geliebten erhebt. So erweist sich die frau-zentrierte Kunst, bewußt oder unbewußt, als Alibi einer Gesellschaft, die mit Hilfe verschiedener weiblicher Projektionsfiguren das zu entschulden, zu entsühnen trachtet, was sie selbst angerichtet hat: nämlich eine Gesellschaftsordnung und Gesellschaftswirklichkeit, die mit ihrem erbarmungslosen, sozialdarwinistisch fundierten Materialismus und Kapitalismus nur noch das Gute, Schöne und Wahre im Überbau der Kunst, aber nicht mehr unter dem Realitätsprinzip zuläßt.
In der Sexualangst und Sexualablehnung auf der einen, und der Sexualekstase und Sexualüberschätzung auf der anderen Seite

Franz von Stuck: Die Sinnlichkeit (1894)

tritt die Verunsicherung des Mannes in eklatanter Weise zutage; die patriarchalischen Strukturen sind erschüttert; in teils sexualpathologischer, teils ideologischer Verkrampfung, in teils dekadent-ästhetisierender, teils lebensfremd-träumerischer Weise wird Frau/Weib bekämpft oder idolisiert – beides Wege, auf denen man an der Wirklichkeit der Frau, die sich in zäher Beharrlichkeit eine neue gesellschaftliche Position zu verschaffen trachtet, vorbeidenkt, vorbeifühlt; in beiden Fällen ist ein entrealisiertes, enthumanisiertes Kunst-Geschöpf das Ergebnis.

In einem solchen soziokulturellen Wurzelgeflecht einer fragwürdigen erotischen Kultur ist auch Sigmund Freuds Denken angesiedelt. Verallgemeinernd kann man sagen, daß Freud, und dies erweist sich als zugleich erhellend wie verschleiernd, die sich anbahnende gesellschaftliche Revolution, eine Revolution des »Weiblichen«, entsoziologisiert und sie (der er selbst in seiner Männlichkeit verunsichert war) ins Individualpsychologische, auch Archetypische uminterpretiert – etwa wenn er die männliche Orientierungslosigkeit aus unbewältigen infantilen Fixierungen an die Mutter erklärt. Doch sind seine Erkenntnisse, wie etwa die katastrophalen Folgen des langen Aufschubs der Sexualbetätigung auch für die Frau, oder die psychische Impotenz als Folge der Inhibitionen der moralischen Erziehung (unter Mißachtung der notwendigen Einheit zärtlicher und sinnlicher Regungen) – sind seine sexualpsychologischen wie sexualpathologischen Erkenntnisse auch wiederum in einem ganz besonderen Maße gesellschaftsrelevant, da sie eben, wie generell bei Freuds soziokulturellen Abhandlungen, die Bedeutung individueller triebdynamischer Vorgänge für das politisch-gesellschaftliche Verhalten ins Bewußtsein rücken und auf kollektive Seelenzustände angewandt werden können. Strindberg schreibt im »Vater« einen Dialog, der wie eine Dramatisierung der Freudschen Feststellungen klingt:

»RITTMEISTER: Ich, der in der Kaserne und vor der Truppe der Befehlende war, ich war bei dir der Gehorchende, und ich wuchs an dir, ich sah zu dir auf wie zu einem höher begabten Wesen, und ich hörte auf dich, als wäre ich ein unverständiges Kind.

LAURA: Ja, so war es damals, und deshalb liebte ich dich, als wärst du mein Kind. Aber weißt du – du sahst es ja doch –, jedesmal, wenn deine Gefühle ihre Natur änderten und du als mein Geliebter vor mir standest, da schämte ich mich, und deine Umarmung war mir eine Freude, der Gewissensbisse folgten, als ob das Blut Scham fühlte. Die Mutter wurde Geliebte. Hu!

RITTMEISTER: Ich sah es, aber ich verstand es nicht. Und als ich glaubte, bei dir Verachtung meiner Unmännlichkeit zu bemerken, wollte ich dich als Weib dadurch gewinnen, daß ich Mann war.

LAURE: Ja, aber darin lag der Irrtum, siehst du. Die Mutter war dein Freund, aber das Weib war dein Feind, und die Liebe zwischen den Geschlechtern ist Kampf.«[243]

Ohne die vielen anderen Aspekte des Syndroms, das die Krankheit der Zeit zum Ausdruck bringt, verkennen zu wollen, wird man dem Phallokratismus größte Bedeutung für den grassierenden Imperialismus und Chauvinismus der Zeit zuordnen müssen. Das männliche Prinzip versuchte noch einmal, gipfelnd im Amoklauf des Ersten Weltkrieges, sich vor der weiblichen Revolte, die der Gleichberechtigung (oft nur unbewußt, oft nur auf verführerischen und reiz-vollen Umwegen) zustrebte, zu retten. So wie bei Freud selbst die ungelöste Vaterbindung eine wichtige Rolle bei der Entstehung der Psychoanalyse spielte, erwies sich die »Aktion Vatermord« als eine der nachdrücklichsten Irritationen des Männlichkeitswahnes, der durch nochmalige Übersteigerung des patriarchalischen Prinzips dieses zu erhalten suchte. Die »Aktion Vatermord« war dabei vor allem eine Aktion des »Weiblichen«, vertreten auch von all jenen Weiblich-Männlichen, deren Sensibilität die Notwendigkeit des Abbaus männlicher Einseitigkeit erkannte oder erspürte, und die

sich damit, in ihrer Schwäche Stärke bekundend, dem Aufstand des durch jahrhundertelange Repression deformierten »weiblichen Geschlechts« anschlossen.
»Der Imperialismus stützt sich auf die Apologie und Verklärung der Macht, der Glanz der Macht strahlt auf im Glanz der militärischen Uniformen und der imperialen Paläste. Zwischen Macht und Gewalt sind die Grenzen fließend, denn die Erlangung von Macht ist ohne Gewalt nicht möglich. Für den Staat bedeutet sie die Unterdrückung fremder Völker, für die Zivilisation Unterdrückung der Frauen und ›minderwertigen‹ Rassen und für die Kultur Unterdrückung und Verleugnung des weiblichen Prinzips. Das imperialistische Begriffsfeld von Macht, Gewalt und Unterdrückung war grundsätzlich positiv besetzt. Diese positive Besetzung erfuhr eine Verstärkung, die an Verkrampfung grenzte, als alle äußeren und inneren Bereiche durch Gegenströmungen bedroht wurden: durch die nationalen und demokratischen Bewegungen, durch die Frauenrechtsbewegung und durch die künstlerische Moderne, die Décadence. Die maskuline (auch bürgerliche) Weltanschauung, die auf der Basis von Begriffen wie Rationalität, Leistung, Fortschritt steht, sah sich in Frage gestellt von Begriffen wie Seele, Spiel, Natur. Den prometheischen Kulturhelden der Arbeit, Männern der Tat (Napoleon/Bismarck) und den Geistesfürsten (Goethe/Schiller) wurden Antihelden entgegengehalten, Orpheus und Narziß: ›Ihr Imago ist die der Freude und Erfüllung, ist die Stimme, die nicht befiehlt, sondern singt; die Geste, die gibt und empfängt; die Tat, die Friede ist, und das Ende der Mühsal der Eroberung, ist die Befreiung von der Zeit, die den Menschen mit Gott, mit der Natur eint.‹ Musil würde mit dem Mann ohne Eigenschaften, mit Ulrich, sagen, der ›Möglichkeitssinn‹ des Menschen wehre sich gegen den ›Wirklichkeitssinn‹; in Freudscher Terminologie hieße es, das ›Lustprinzip‹ revoltiere gegen das ›Realitätsprinzip‹.
Im männlichen Individuum können die Spannungen dieser Umbruchszeit qualvoll aufeinanderstoßen. Geprägt von erzieherischen Normen, die eine heroische Männlichkeit hochhalten (›ein Mann weint nicht‹), treibt ihn eine Sensibilität, die den Druck dieses Panzers nicht erträgt, in den Konflikt. Strindbergs Rittmeister formuliert die Krise des Männlichkeitswahns in erschütternder Deutlichkeit: ›Ja, ich weine, obwohl ich ein Mann bin. Aber hat ein Mann denn keine Augen? Hat er nicht auch Hände, Glieder, Sinne, Neigungen, Leidenschaften? Lebt er nicht von der gleichen Nahrung wie ein Weib? Wird er nicht durch die gleichen Waffen verwundet, von dem gleichen Winter gekühlt, von dem gleichen Sommer erwärmt? – Bluten wir nicht, wenn ihr uns stecht? Lachen wir nicht, wenn ihr uns kitzelt? – Warum sollte ein Mann nicht klagen dürfen, ein Soldat nicht weinen? – Weil es unmännlich ist. – Warum ist es unmännlich?‹« (Nike Wagner)[244]

Die Kultur der Epoche entwickelt eine Vielzahl ästhetischer Verschleierungsmethoden, mit denen sie die Direktheit von Imperialismus und Phallokratie (eines phallokratischen Imperialismus wie einer imperialistischen Phallokratie) aus beunruhigender Grellheit ins »weiche«, romantische, »stimmungsmäßige« Zwielicht zurückstellt. Die »Kunstwelt« solchen, Prüderie wie Ausschweifung, Frustration wie Libertinage, Verweigerung wie Verführung, Angst wie Versuchung gleichermaßen verklärenden Halbdunkels heißt »Boheme«. In sie flüchten entweder realiter oder in der Phantasie all diejenigen,die vom »feindlichen Leben« da draußen (zumindest zeitweise) genug hatten. Die Gegenbilder, die die Boheme als Schein einer anderen Welt vorgaukelt, zeigen in ihrer Qualität eine hierarchische Anordnung:

– Da ist die mythische, ins Zeitlose ver-rückte Boheme, als Versuch, die glitzernde Oberflächenwelt der Abschweifung und Ausschweifung aufs »Menschheitsdrama« hin zu vertiefen.
– Da ist die Boheme der Künstlerviertel, in denen verfeinertes Aussteigertum einen Lebenssinn sucht, wie ihn die Welt des Materialismus und Kapitalismus nicht anzubieten vermag; in solchen Enklaven des Ästhetizismus brillieren der Dandy und die Kokotte; deren Dasein wie das Dasein schlechthin werden zum phantastischen Kunstwerk umgeprägt. Charakterisiert ist diese Boheme sowohl durch die verfließende, sentimental-erotische Gefühlsseligkeit des »Kitschmenschen« als auch durch die grüblerisch-sucherische Nachdenklichkeit des aus der Bahn Geworfenen und eine neue Bahn Suchenden, sowohl durch die Oberflächlichkeit und Augenblickslust rührend-dahinwelkender »süßer Geschöpfe« als auch durch die verzehrende, im Genuß verzweifelnde und in der Verzweiflung nach neuem Genuß schmachtende Begierde von Lebemenschen, die sich zugleich als »Sterbemenschen« fühlen.
– Da ist auf tiefster Ebene die Boheme der Prostitution, wobei freilich die Übergänge nach oben und unten nicht klar zu markieren sind; das üppig ausstaffierte Edelbordell ist durchaus in der »mythischen Boheme« präsent; und im Künstlerviertel können Liebelei und Verhältnis grande passion sein; der Seitensprung ist idealistischer wie käuflicher Provenienz.

Die mythologische Boheme der Wilhelminischen Kultur antizipierte Richard Wagner mit dem »Tannhäuser« (1845). Die Ouvertüre, die mit dem »gläubige Frömmigkeit atmenden Thema des Pilgerchores« beginnt und dann in die »berauschend sinnlichen Themata wilder bacchantischer Lust« übergeht – so der Text eines Opernführers um 1900, dem auch nachfolgende Zitate entnommen sind[245] –, versinnbildliche die Idee der Oper:

Käthe Kollwitz: Vergewaltigt (1907)

»Eine Schilderung des Kampfes zwischen dem Guten und dem Bösen, zwischen der büßenden Frömmigkeit und der sündigen, sinnlichen Lust, in welchem Kampfe das Gute den Sieg gewinnt.« Der »Venusberg«: eine weite, in die Unabsehbarkeit sich ausdehnende Grotte mit bläulichem See, in welchem badende Najaden sichtbar sind; Sirenen auf Ufervorsprüngen gelagert; Venus selbst auf einem üppigen Lager hingestreckt; vor ihr kniend Tannhäuser, das Haupt in ihrem Schoß; wie aus einem tiefen Traume erwachend, schreckt er auf; Venus fragt ihn, was ihn bekümmere. Tannhäuser antwortet, daß es ihm im Traume war, als hörte er langentbehrte Töne, den Klang der heimatlichen Kirchenglocken. »Nicht mehr kann er die Zeit ermessen, die er hier verweilt, er sieht nicht mehr der Sonne Licht, nicht mehr des Himmels glänzende Sterne. Nicht mehr erblickt er das Erwachen der Natur, nicht hört er mehr der Nachtigall Lenzeslied. Mit jähem Schmerze fragt er: ›Hör' ich sie nie, seh' ich sie niemals mehr?‹ Venus verweist ihm solche Rede und fordert ihn auf, das Liebespreislied zu singen, mit welchem er sie selbst, der Liebe Göttin, besiegt habe. Tannhäuser ergreift die Harfe und beginnt sein herrliches Lied: ›Dir töne Lob, die Wunder sei'n gepriesen.‹ Er preist die Seligkeit der Liebeslust, die außer ihm keinem Sterblichen vergönnt. Leider aber ist auch er sterblich geblieben, und nach den Freuden sehnt er sich nun nach Schmerzen. Darum fleht er die Göttin an, ihn aus ihrem Reich ziehen zu lassen. Venus, über sein Ansinnen entsetzt, sucht ihn mit allen Künsten der Überredung zu fesseln und weist ihm die Fülle der Seligkeiten, die sie ihm geboten hat: ›Geliebter komm, sieh dort die Grotte von ros'gen Düften mild durchwallt.‹ All der sinnliche Zauber wirkt wieder berauschend auf den Sänger ein, sodaß er auf das Äußerste hingerissen noch einmal mit höchster Leidenschaft das Preislied der Liebe singt, in dem er ihr verspricht, nur ihr Lob allein noch zu besingen, gegen alle Welt ein kühner Streiter für ihre Reize zu sein. Doch fort muß er von ihr, aus ihrem Reiche muß er ziehen.«

Der »populäre Führer durch die Poesie und Musik von Richard Wagners ›Tannhäuser‹« spiegelt bis in die (triviale) Wortwahl hinein die Faszination, welche die mythische Boheme auf den Wilhelministen ausübt. Selbst der Spießer mit prüdem Sittenkodex versteht, warum Sünde so anziehend ist: Sie wirkt als unwiderstehliche Gewalt. In Tannhäuser ist aber auch der Wille verkörpert, sich dem Reinen zuzuwenden: »Die Bühne verwandelt sich mit Blitzesschnelle. Wir erblicken ein Thal vor der Wartburg, von der Frühlingssonne beschienen. Im Hintergrund sehen wir die sagenumwobene Burg Thüringens, vorn rechts ein Muttergottesbild, an welchem ein Weg vorüberführt. Links sitzt auf einem Bergvorsprung ein Hirtenjunge und bläst die Schalmei.«

Wie Tannhäuser wandelt auch (in Schnitzlers »Reigen«) der »Gatte«, der früher der Sünde nicht widerstehen konnte, seiner Wartburg zu, wenn er die ihm angetraute »reine süße Frau«, die inzwischen Geschmack an der Venusgrotte gewonnen hat, in seine Arme schließt. Für Tannhäuser ruht das Heil in Maria, für den Gatten und seine junge Frau ruht es in der Erinnerung an Venedig; die psychotopographische Romantisierung (Verschleierung) suspendiert heuchlerische Wirklichkeit.

»DER GATTE: ... Man liebt nur, wo Reinheit und Wahrheit ist.
DIE JUNGE FRAU: Karl!
DER GATTE: Oh, wie sischer, wie wohl fühlt man sich in solchen Armen. Warum hab ich dich nicht schon als Kind gekannt? Ich glaube, dann hätt ich andere Frauen überhaupt nicht angesehen.
DIE JUNGE FRAU: Karl!
DER GATTE: Und schön bist du!... schön!... O komm...
Er löscht das Licht aus...
DIE JUNGE FRAU: Weißt du, woran ich heute denken muß?
DER GATTE: Woran, mein Schatz?
DIE JUNGE FRAU: An... an... an Venedig.
DER GATTE: Die erste Nacht...
DIE JUNGE FRAU: Ja... so...
DER GATTE: Was denn –? So sags doch!
DIE JUNGE FRAU: So lieb hast du mich heut.
DER GATTE: Ja, so lieb.
DIE JUNGE FRAU: Ah... Wenn du immer...
DER GATTE: *in ihren Armen* Wie?
DIE JUNGE FRAU: Mein Karl!
DER GATTE: Was meintest du? Wenn ich immer...
DIE JUNGE FRAU: Nun ja.
DER GATTE: Nun, was wär denn, wenn ich immer...?
DIE JUNGE FRAU: Dann wüßt ich eben immer, daß du mich lieb hast.
DER GATTE: Ja. Du mußt es aber auch so wissen. Man ist nicht immer der liebende Mann, man muß auch zuweilen hinaus ins feindliche Leben, muß kämpfen und streben! Das vergiß nie, mein Kind! Alles hat seine Zeit in der Ehe – das ist eben das Schöne. Es gibt nicht viele, die sich noch nach fünf Jahren an – ihr Venedig erinnern.
DIE JUNGE FRAU: Freilich!
DER GATTE: Und jetzt... gute Nacht, mein Kind.
DIE JUNGE FRAU: Gute Nacht!«[246]

Friedrich Dieckmann hat darauf hingewiesen, daß bei Wagner hinter den »alten Zeichen« eine Umdeutung wirke, die metaphorisch mit deren Sinn umgehe und eine weitgehende Säkularisation bedeute. Der »Venusberg«, das große mythologische Bordell, in dem es Tannhäuser nicht hält, habe die Wahrhaftigkeit nicht des Mythos, sondern der gesellschaftlichen Chiffre; er sei weder die christliche Hölle noch jene Zone, da die blaue Blume blühe; er verkörpere Paris, Europas Westen, wo man in allem weiter ist, in der Freiheit und in der Entfremdung. Die Wartburg dagegen stelle Eisenach (oder Dresden) dar: deutsche Provinz in ihrer anheimelnden Zurückgebliebenheit; die Zensur der Heiligen Allianz wacht über den Schlaf der Bürger; von Paris aus, dem Hexenkessel entfesselter Produktivität, erscheint sie als Heimat, Frieden, Geborgenheit; mit Macht zieht es den Unbehausten dorthin zurück. »Tannhäuser hat, als er sich zu dem Sängerwettstreit begibt, die besten Vorsätze; aber er kann die Klappe nicht halten: Man hat die Welt gesehen und hier dräut immer noch der alte Mief. Als es zum Stechen kommt, provoziert er die ganze große Philisterschar, und gleich greift alles zu den Waffen, der Polizeistaat kommt zum Vorschein; machtgeschützte Innerlichkeit, Reue, Bußfahrt, Kniefall, das nützt nun alles nichts mehr, der Dissens war zu groß, die Zentrale in Rom bekräftigt den Ausschluß. Der Missetäter kann nicht nach vorn und er kann (und mag) nicht zurück; es bleiben, für ihn und für die Freundin, nur Liebestod und Verklärung – so macht man Heilige. Tannhäuser, es liegt zutage, ist ein Zeitstück des aus Paris heimgekehrten Komponisten, der zehn Wochen nach seiner Rückkehr an die Abfassung des Librettos geht; die gespaltene Welt, die die Oper vorführt, ist die wirkliche seiner Erfahrung. Das Kleid des Mittelalters liegt darüber als ein durchsichtiges, operngemäßes Gewand.«[247]

Gespaltene Welt bis zum Ende. Der »Venusberg« ist nicht nur etwas, das man überwindet, sondern etwas, in dessen Sogbereich man verbleibt. Der Gatte wird wieder ins Bordell gehen; die junge Frau ihren Seitensprung weiter genießen. Der vom Venustaumel zunächst Erlöste singt auf der Wartburg angesichts der reinen Elisabeth sein Jubellied auf Frau Venus. Und die daraufhin verhängte Bußfahrt nach Rom, begleitet von Elisabeths Gebet und Segenswünschen, bleibt gleichermaßen erfolglos. Zurückgekehrt, beginnt schon wieder »die wilde sinnliche Musik«. Tannhäuser atmet die milden Düfte, die so lange seinen Sinn berauschten; von rosigem Lichte verklärt, erscheint erneut Venus auf ihrem Ruhebett, von Nymphen und Bajaderen umgeben. »Der ganze Zauber des Reiches der Liebesgöttin tut sich noch einmal vor Tannhäuser auf.«[248] Als Tannhäuser freilich reumütig den Namen Elisabeths benennt, weicht der Zauberspuk. »Heilige Elisabeth bitte für mich.« Er haucht seine Seele aus; ist gerettet.

K. Kögler: Des neuen Jahres erster Gruß (1888)

Die Vergebung der Sünden wird arrangiert, wenn man den Namen der Reinheit im Munde führt und rechtzeitig, das Böse bannend, zu artikulieren vermag. Der Gatte und die junge Frau verschleiern die Wahrheit, indem sie sich jenseits des Venusberges wähnen; Venedig leuchtet. Hätte er, der Gatte, die junge Frau nur schon als Kind gekannt – dann hätte er andere Frauen überhaupt nicht angesehen. Elisabeth wacht über den Sünder. Die junge Frau: »Karl!« Der Gatte: »Und schön bist du!... schön!... O komm... *Er löscht das Licht aus.*« »Alle senken die Fackeln zur Erde und verlöschen sie, das Morgenrot beleuchtet die Szene. Zu den Klängen des Pilgerchores erklingt nun ein allgemeines Preislied auf die Gnade Gottes, welcher dem Sünder vergeben hat um das Opfer einer reinen Seele willen. Elisabeth ist für ihn gestorben, nun kann auch er einziehen in das ewige Reich. Dem dürren Stecken ist doch ein frisches grünes Reis entsprossen. Wehmütig legt es Wolfram dem toten Freunde in den Arm.«[249]

Der Gatte und seine junge Frau jedoch, in deren Träumen »Venedig« zum Venusberg wird, erwachen wieder nach einer »guten Nacht«.

Der Weg in die mythische Boheme ist weit und, bis man aufs Niveau der religiösen Erlösung gelangt, beschwerlich. Paris ist, zumindest für den »Kitschmenschen«, leichter erreichbar; statt sich zum Venusberg aufzumachen, begibt er sich zum Venushügel im Künstlerviertel. Das erotische Dorado, das der Wilhelminist als Entrückung vor der alltäglichen Misere ersehnt, liegt jenseits deutscher Provinzialität, liegt dort, wo Ausschweifung durch die Aura der Urbanität verzaubert ist. »Pariser Leben« – ein Leben voller Verlockungen, ein Paradies irdischer Glückseligkeit, das in farbigen Augenblicken aufblüht. Nach Paris! – ein Lockruf für die Wilhelminische Trivialkultur, die der materialistischen Schwerkraft sich zu entziehen trachtet und den leichtfüßigen Cancan des Lebens anstrebt. »Sehen Sie da die Schar von jungen Damen, welche den Moment abpassen, um quer über die Straße zu laufen. Ein Windstoß kommt unseren Beobachtungen zur Hilfe und gibt uns ein reizendes Schauspiel. Ein Dutzend Paar kleiner französischer Damenfüße, dieser eigentlich allzu kleinen Dinger wird sichtbar; der galante französische Wind will es so – und wir sind einverstanden.« (Robert Geissler, 1889)[250]

So wie Richard Wagner die mythische Boheme des Wilhelminismus vorwegnahm, so hat Jacques Offenbach der Wilhelminischen Operette den Weg geebnet. Karneval im Künstlerviertel; verschleiertes, champagnerseliges Treiben; hinter den Masken oft genug Fratzen. Die Pariser Boheme (wobei die »Ortsbezeichnung« insgesamt die Boheme des Künstlerviertels zu lokalisieren vermag) ist der mythischen Boheme diametral entgegengesetzt – und dementsprechend wurde Wagners »Tannhäuser« 1861 in Paris ein Skandal. Die Pariser Boheme ist Operettenboheme; und die Operette konnte entstehen (so Siegfried Kracauer in seinem Buch »Jacques Offenbach und das Paris seiner Zeit«[251]), weil die Gesellschaft, in der sie entstand, operettenhaft war. Daß der Wilhelminismus sich ins »Pariser Leben« hineinprojizierte, entsprach seiner Affinität zur Ära Napoleons III., die mit entsprechender Zeitverschiebung nach Deutschland sozusagen transferiert wurde – nicht zuletzt bewirkt durch den Sieg von 1870/71 und die materiellen wie kulturellen Ressourcen, die man auf diese Weise gewaltsam erschloß.

In der ersten Etappe des Zweiten Kaiserreiches (und man kann diese Feststellungen Kracauers aufs französische wie deutsche »Zweite Reich« beziehen) war die Bourgeoisie mit so vielen Isolierschichten umgeben, daß kaum ein Hauch der Welt sie streifte. Freie Meinungsäußerungen und innere politische Auseinandersetzungen waren verpönt; der Bürger wurde in einer Weise bevormundet, daß er gerne im Privaten verblieb. Selbst die Wirtschaft entwöhnte den Geist der Bindung an reale Größen, denn anstelle der Industrie herrschte das Finanzkapital vor, das ins Blaue hinein phantasierte. Da erstand dem Bürgertum in der Operette ein »Ausweg«: Die Wirklichkeitsferne

Franz von Stuck: Tänzerinnen (1896)

wurde als amüsantes Kunstwerk genossen; die materielle Prosperität, die breite Schichten von der Not des Daseins schützte, ermöglichte die Schaffung rauschender Blendwerke. Die Operette erwies sich als Schleier, der die Abgründe abdeckte, so daß man an den Gefahrenzonen entlang zu tänzeln wagte.
Die Heiterkeit, mit der man sich das Operettenparadies »erspielt«, ist frivol; denn man spürt: Das Paradies besteht eigentlich gar nicht! Der Schleier, der über die Abgründe gebreitet ist, entbirgt auch (vor allem bei Offenbach). Zwischen verlorenen und verheißenen Paradiesen dahingaukelnd, voll frivoler Doppeldeutigkeit stabilisiert die Operette mit ihrer Realitätsverachtung affirmative Kultur; sie führt aber auch die durch den liberalen Kapitalismus bewirkte Auflockerung der Gesellschaft vor Augen, hierarchische Strukturen durch die Vermengung aller Bevölkerungsschichten verunsichernd. Die Operettenhaftigkeit der Operette und die Operettenhaftigkeit der Gesellschaft haben zum gemeinsamen Nenner ein laissez faire, laissez aller, laissez passer. Jeder, allerdings nur jeder, der wirtschaftlich dazu in der Lage war, dabei das politische System nicht in Frage stellte und die Gebote der öffentlichen Sittlichkeit nicht gefährdete, konnte es sich leisten, privat ein Operettenleben in heiterer Unverbindlichkeit, die soziale Misere hinwegschiebend, zu führen. Die Sünde wurde gewissermaßen eskamotiert, hinweggezaubert. Es gab da weder die Geschöpfe des Venusbergs noch der Wartburg; dafür aber die Heiterkeit der Pariserin, die selbst denjenigen, der in Paris einen Sündenpfuhl mit »häßlicher« Prostitution erwartete, verzauberte. In seinen »Pariser Notizen« schrieb Karl Scheffler 1908:
»Aus allen Ländern kommen sittlich entrüstete Lüstlinge, um in Paris zu sündigen. Sie alle bringen ihre gar nicht naiven Begierden, ihre Roheiten, Krankheiten und die eigentliche Unmoral mit und wecken mit ihrer Nachfrage das Angebot, so die naiv heitere Erotik gründlich zerstörend. Gestalten der Halbwelt überschwemmen zeitweise die Boulevards. Aber selbst diese offenbare soziale Schmach, diese kranke Sünde erscheint ästhetisch verklärt, wenn man Distanz nimmt. Da schon die zur Dame, zur Geliebten gewordene Frau sich mondän und raffiniert outriert kleidet, so macht die auf Steigerung angewiesene Kokotte mit tausend Toilettenkünsten ein blendendes Bild aus sich. Und so wird, optisch betrachtet, eine Erscheinung im höchsten Maße interessant, die nur anzurühren alle guten Instinkte der Gesundheit verbieten.

Die Pariser Kokotte hat viel natürlichen Schmucksinn, und es hilft ihr die lückenlose Tradition. In ihrer gemalten Schönheit ist etwas unheimlich Faszinierendes. Eine Orchideenpracht, die erschreckt, während man sich ihrer freut. In jungen Jahren schon greifen diese Lockvögel des Boulevards zu kosmetischen Mitteln. Aber sie wissen das Unnatürliche ästhetisch zu nutzen, während wir in Deutschland die Dirnen sich mit patagonierhafter Brutalität schminken sehen. Eine über das ganze Gesicht bemalte Kokotte, mit einem Federhut, von dessen farbiger Pracht man träumen könnte, und einer Frisur, die wie ein künstlerischer Temperamentsausbruch anmutet, obgleich kaum ein eigenes Haar drin ist, in einem gut gemachten, kühn gerafften Kleid, das weit entfernt ist von aller Reformgrundsätzlichkeit und die schönen Rokokotrachten zu modernisieren scheint, mit stolz rauschenden Unterkleidern und tadellosem Schuhwerk: eine solche juwelenhaft reiche und farbig strahlende Erscheinung ist dem Auge ohne allen Zweifel ein Genuß. Wer es weiß, wie schwer es für eine Frau ist, sich individuell wirkungsvoll zu kleiden, wie alle ›Kunstgesetze‹ hier versagen, wird auch darin ein Produkt alter Kultur sehen. Eine falsche Farbe in der Toilette bemerkt man in Paris fast nie. Selbst nicht bei der bescheidensten Midinette. Und immer auch hat die Pariserin, die Dame wie die Kokotte, Linie. Barbareien, wie man sie in Berlin auf Schritt und Tritt sieht, gibt es auf den Boulevards nicht, obgleich sich die Pariser Kokotte viel auffallender kleidet. Selbst die Dame wagt in Paris viel in ihrer Toilette. Aber sie hat auch den Mut, das Gewagte zu tragen, und ein selbstverständlich freies Wesen. Man sieht ihr nicht an, daß sie an ihre Kleider denkt. Und das nicht zu tun, ja, scheinbar nicht zu wissen, daß man gut gekleidet ist, ist eine Vorbedingung der Eleganz.«[252]

Die erotische Gefühlsseligkeit der Operette läßt keinen Sinn darben. »Die Augen weiten sich an glitzernden Lüstern und Perlenketten, an schaukelndem Hell-Dunkel, an wirbelnden Farbkarussells. Den Ohren gehen schmeichelnde Melodien und fordernde Rhythmen ein, die den ganzen Körper durchdringen, bis sie sich motorisch wiederum nach außen entladen. Duft von Puder und Parfums, von köstlichen Speisen und vom Pulverdampf hochzischenden Feuerwerks erobert die Nasen. Fingerkuppen und Fußspitzen ertasten den Stoffreiz von Seide und Samt, der weitere Leib folgt nach, taucht und versinkt in Tüllkaskaden. Getrunken wird, um trinkend den Rausch hochleben zu lassen. Und allenthalben, fort und fort wird geliebt. Nicht etwa, weil ein bestimmter Partner, sondern weil Lieben die Liebe wert ist.« (Volker Klotz)[253]

Vor allem geht es im »burgerlichen Lachtheater« rauschhaft anarchisch zu: Verzückte und groteske Turbulenzen, die nur der Traum sonst gewährt, werden in unentwegten Sing- und Tanzkapriolen entfesselt. Das Graue des »verhockten bürgerlichen

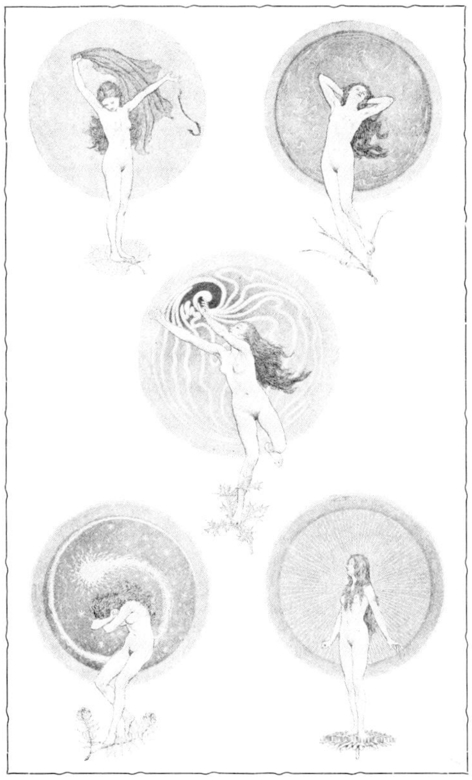

Fidus: Der Tempeltanz der Seele (1894)

Alltags« wird mit unbändigen Farben, Klängen, Rhythmen durcheinandergewirbelt. Die Operetten-Boheme ist reizvolles Liebes-Spiel, in wehende farbige Schleier gehüllt.

Zwischen der mythischen Boheme des Venusberges und der äquilibristischen Boheme Pariser Lebens, zwischen dem die Sehnsucht nach Sinnlichkeit auf die Höhen des Bühnenweihspieles hinauftreibenden musikalischen Gesamtkunstwerk und dem den Krampf des Lebens lösenden, die gedankliche Tätigkeit entspannenden, die Profanität des Daseins raffiniert überspielenden Operetten-Singsang steht die süßlich-tragische, moralisch aufmunternde Opernboheme. Von der mythischen Boheme bezieht sie die schicksalhafte Schwere, von der Operetten-Boheme die liebenswerte Naivität. Zudem ermoglicht die Opern-Boheme, wie »La Bohème«, Puccinis bekannteste Oper (am 1. Februar 1896 in Turin uraufgeführt), stellvertretend und schulbildend zeigt, den Rückzug aus der »Pariser« Verruchtheit ins »Pariser« Idyll, das dem Wilhelministen provinzielles Erleben inmitten der Großstadt ermöglicht.

Mimi, Blumenstickerin in Paris, ist lungenkrank; Rudolfo, der Dichter, gesteht ihr seine Liebe:

»Wer ich bin? Wer ich bin?
Ich bin ein Dichter.
Und was ich treibe? Ich schreibe.
Und wie ich lebe? Ich lebe.
In Armut froh und heiter, darf ich mit reichen Händen
Liebeshymnen verschwenden.
An Träumen und Chimären, an kühnen Illusionen
birgt meine Brust Millionen.
Aus meinem Schreine stehlen
manchmal all die Juwelen
zwei Diebe: schöne Augen.
Mit Euch sind sie erschienen,
und meine goldnen Träume,
meine Märchen und Träume
haben sie mir geraubt...
Ein Raub, der sehr willkommen;
denn mein Herz steht nun offen
dem sel'gen Hoffen...«[254]

Von ihrem Los, so Mimi, die eigentlich Lucia heißt, sei nicht viel zu erzählen:

»Auf Seide und Leinen stick ich
daheim und auswärts.
Lebe still und heiter.
Am liebsten sticke ich Lilie und Rose.
Mich freuen diese Dinge,
die mit heimlichem Zauber
erzählen hold von Lieb',
von Lenzesblüte,
erzählen hold von Träumen und Chimären,
jenen Dingen voll süßer Poesien.
Ihr versteht mich?

RODOLFO: *(bewegt)* Ja.
MIMI: Sie nennen mich Mimi, wüßt' ich nur, warum.
Koche allein mein Essen mir zu Hause,
ich geh nicht stets zur Messe,
doch bet' ich oft zu Gott.
Leb' allein, ganz alleine.
Schau in der weißen, kleinen Kammer
über die Dächer zum Himmel.
Doch hebt es an zu tauen,
strahlt mir die erste Sonne,
der erste Kuß des neuen Frühlings
ist mein!...
Die erste Sonne ist mein!...
Dann blüht mir im Glas eine Rose;
Blatt um Blatt seh' ich sprießen!
Wie sind so süß doch die Düfte der Blüten!
Gestickte Blumen, ach, die duften niemals.
Andres von mir gibt es nicht mehr zu hören,
ich bin Eure Nachbarin und kam leider hierher,
um Euch zu stören.«[255]

Am Ende schließlich, nach einem letzten Liebesglück, stirbt Mimi sanft in Rudolfos Armen.

Die erotische Gefühlsseligkeit von Operette und Oper läßt, bald auf heitere, bald auf tragische Weise, keinen Sinn darben. Doch beherbergt das Künstlerviertel auch grüblerisch-sucherische Nachdenklichkeit. Aus der Bahn geworfene und neue Bahn suchende Bürgersöhne und Bürgertöchter begehren durch bohemienhaftes Leben gegen die herrschende Kultur als die Kultur der Herrschenden auf; mit ihrem Weg in die Demimonde und Promiskuität entziehen sie sich der Prüderie der affirmativen Sexualmoral; einmal abgewandert in eine originelle und extravagante Lebensweise, die sich mit Hilfe einer pittoresken Ästhetik in ihrem Anderssein legitimiert, gelingt ihnen die Rückkehr in die Arme des bürgerlichen Alltags oft nicht mehr. Boheme, das ist hier der farbig-exotische Topos für eine Nervosität, die, den Druck dumpfer und muffiger Langeweile fliehend, Ablenkung, Abwechslung und Betäubung sucht.

In der Boheme wird der jugendliche Aufstand gegen die bürgerliche Moral zur neuen Moral; was dort »Ventilsitte«, wird hier zum bewußt und voll ausgelebten Protest. Zugleich aber wird die Diskrepanz zwischen Bürgerlichkeit und Boheme, zwischen einer auf Idealismus festgelegten, gesellschaftlich geltenden und anerkannten Kulturmoral und einer »abseitigen«, die Umwertung dieser Kulturmoral anstrebenden neuen »Lebensästhetik« in ihrer tragischen Widersprüchlichkeit erlebt und erlitten.

Tonio Kröger, in Thomas Manns gleichnamiger Novelle (1903), durch schlechte Gesundheit und gesteigerte Sensibilität zum Künstler »befähigt«, verläßt das »plumpe und niedrige Dasein« bürgerlicher Existenz – und sehnt sich doch immer wieder nach ihm zurück. »Er lebte in großen Städten und im Süden, von dessen Sonne er sich ein üppigeres Reifen seiner Kunst versprach; und vielleicht war es das Blut seiner Mutter, welches ihn dorthin zog. Aber da sein Herz tot und ohne Liebe war, so geriet er in Abenteuer des Fleisches, stieg tief hinab in Wollust und heiße Schuld und litt unsäglich dabei.

Die Entschleierung von Nacktheit wie bürgerlicher Seelenpathologie korrespondiert mit bacchantischen Emanzipationshoffnungen, angesiedelt in abendländischen Szenerien. Der »letzten Entschleierung«, Schlaf und Sterben, versöhnt man sich durch Metaphorik.

Ernst Friedrich von Liphart: Die Nacht (1884)

Anselm Feuerbach: Das Urteil des Paris (1870)

Max Slevogt: Hörselberg (1910)

Emil Doerstling: Die Nixe

Titelblatt der Zeitschrift »Jugend« (1904)

Arnold Böcklin: Zentaurenkampf (1873)

Franz von Stuck: Die Sünde (1893)

Das Sprechzimmer von Sigmund Freud in der Berggasse 19, Wien

Familienglück (1900)

Arnold Böcklin: Triton und Nereide (vor 1874)

Arnold Böcklin: Im Spiel der Wellen (1883)

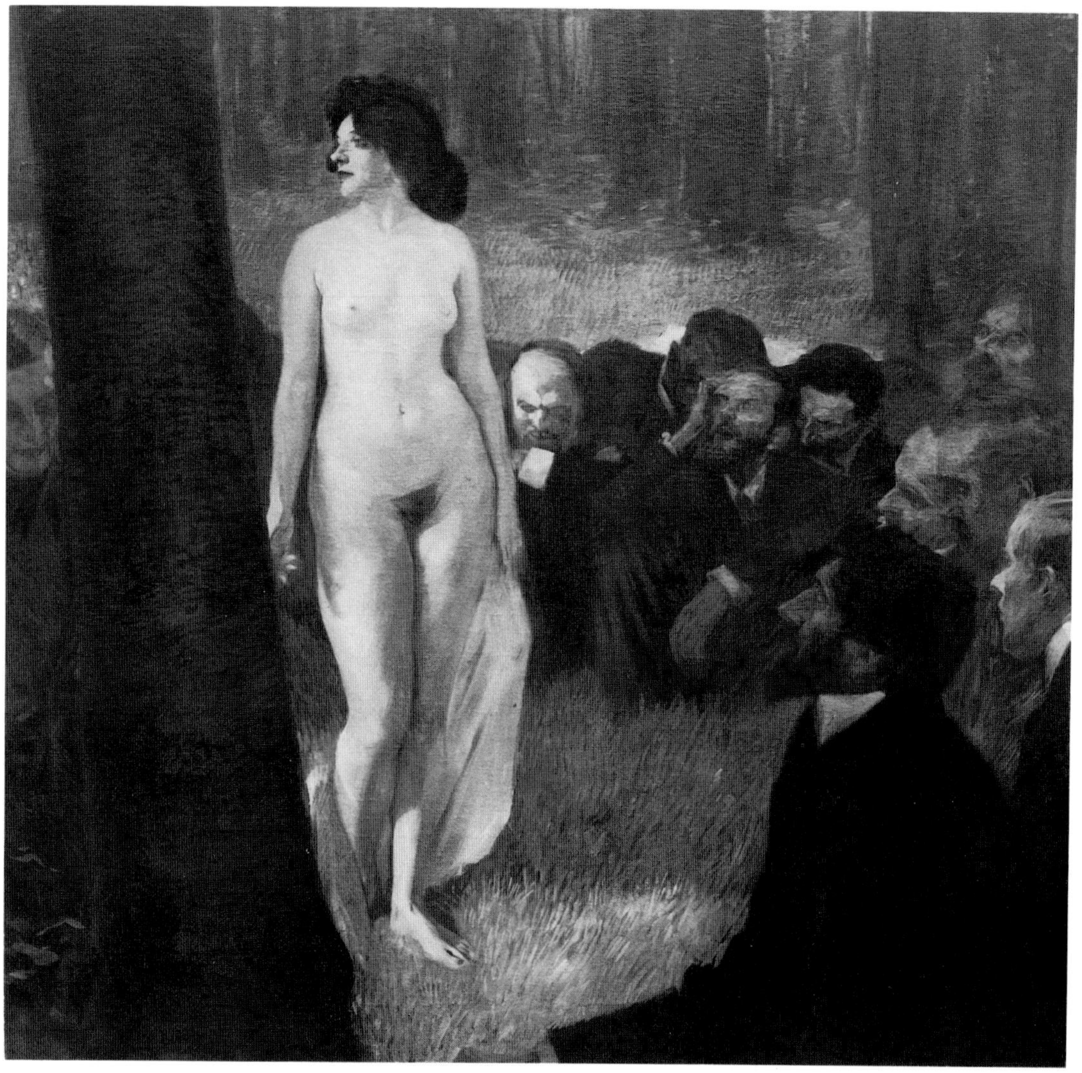

Otto Friedrich: Eva

Max Klinger: Tod (1887)

Arnold Böcklin: Selbstbildnis mit fiedelndem Tod (1872)

Gustav Klimt: Die Jungfrau

Käthe Kollwitz: Tod (1897)

Vielleicht war es das Erbteil seines Vaters in ihm, des langen, sinnenden, reinlich gekleideten Mannes mit der Feldblume im Knopfloch, das ihn dort unten so leiden machte und manchmal eine schwache, sehnsüchtige Erinnerung in ihm sich regen ließ an eine Lust der Seele, die einstmals sein eigen gewesen war und die er in allen Lüsten nicht wiederfand.
Ein Ekel und Haß gegen die Sinne erfaßte ihn und ein Lechzen nach Reinheit und wohlanständigem Frieden, während er doch die Luft der Kunst atmete, die laue und süße, duftgeschwängerte Luft eines beständigen Frühlings, in der es treibt und braut und keimt in heimlicher Zeugungswonne. So kam es nur dahin, daß er, haltlos zwischen krassen Extremen, zwischen eisiger Geistigkeit und verzehrender Sinnenglut hin- und hergeworfen, unter Gewissensnöten ein erschöpfendes Leben führte, ein ausbündiges, ausschweifendes und außerordentliches Leben, das er, Tonio Kröger, im Grunde verabscheute. Welch Irrgang! dachte er zuweilen. Wie war es nur möglich, daß ich in alle diese exzentrischen Abenteuer geriet? Ich bin doch kein Zigeuner im grünen Wagen, von Hause aus...«[256]

Tonio Krögers »bürgerliches Gewissen« läßt ihn im Künstlertum etwas tief Zweideutiges, tief Anrüchiges, tief Zweifelhaftes erblicken. Das Leben, wie es als ewiger Gegensatz zum Geist und zur Kunst erscheine – äußert er zu Lisaweta Iwanowna, der Malerin, seiner Freundin (»der er alles sagte«) –, stelle sich nicht als eine Vision von blutiger Größe und wilder Schönheit dar; vielmehr seien das Normale, Wohlanständige, Liebenswürdige, das Leben in seiner verführerischen Banalität die Sehnsucht der »Ungewöhnlichen« (der Bohemiens). »Der ist noch lange kein Künstler, meine Liebe, dessen letzte und tiefste Schwärmerei das Raffinierte, Exzentrische und Satanische ist, der die Sehnsucht nicht kennt nach dem Harmlosen, Einfachen und Lebendigen, nach ein wenig Freundschaft, Hingebung, Vertraulichkeit und menschlichem Glück, – die verstohlene und verzehrende Sehnsucht, Lisaweta, nach den Wonnen der Gewöhnlichkeit.«[257] Die Lösung für das Problem, das ihn so sehr beunruhige, meint da Lisaweta, bestehe darin, daß er, wie er so dasitze, einfach ein Bürger sei. »›Sie sind ein Bürger auf Irrwegen, Tonio Kröger, – ein verirrter Bürger.‹ – Stillschweigen. Dann stand er entschlossen auf und griff nach Hut und Stock. ›Ich danke Ihnen, Lisaweta Iwanowna, nun kann ich getrost nach Hause gehen. Ich bin erledigt.‹«[258]

In der Tat ist die Boheme »erledigt«, wenn sie nicht mehr Spielraum, sondern Ernstfall ist. Thomas Mann schildert in Tonio Kröger einen Bohemien, dem das »Künstlerviertel« nicht mehr ästhetischer »Ausflugsort«, sondern Topos für Schicksal ist, der nicht Kunst als Attitüde, sondern als Tragik erlebt. Der Außenseiter *solcher* Art war nicht Hätschelkind, sondern Sündenbock der Gesellschaft, führte er doch vor, was man selbst verdrängte: die Zerrissenheit der Personalität, die Krise der Identität.

Tonio Kröger kehrt in die Heimat zurück; da sieht er auch die Jugendfreunde wieder, um die er vor Zeiten Liebe gelitten hatte: Hans Hansen und Ingeborg Holm: Idole seiner Suche nach Glück. »Sie waren es nicht so sehr vermöge einzelner Merkmale und der Ähnlichkeit der Kleidung, als kraft der Gleichheit der Rasse und des Typus, dieser lichten, stahlblauäugigen und blondhaarigen Art, die eine Vorstellung von Reinheit, Ungetrübtheit, Heiterkeit und einer zugleich stolzen und schlichten, unberührbaren Sprödigkeit hervorrief... Er sah sie an, sah, wie Hans Hansen so keck und wohlgestaltet wie nur jemals, breit in den Schultern und schmal in den Hüften, in seinem Matrosenanzug dastand, sah, wie Ingeborg auf eine gewisse übermütige Art lachend den Kopf zur Seite warf, auf eine gewisse Art ihre Hand, eine gar nicht besonders schmale, gar nicht besonders feine Klein-Mädchenhand, zum Hinterkopfe führte, wobei der leichte Ärmel von ihrem Ellenbogen zurückglitt, – und plötzlich erschütterte das Heimweh seine Brust mit einem solchen Schmerz, daß er unwillkürlich weiter ins Dunkel zurückwich, damit niemand das Zucken seines Gesichtes sähe.«[259]

Deutlich wird ihm: Er ist ein Bürger, der sich in die Kunst verirrte; er ist ein Bohemien voller Heimweh nach der guten Kinderstube; er ist ein Künstler mit schlechtem Gewissen. Er steht zwischen zwei Welten, ist in keiner daheim; die Künstler nennen ihn einen Bürger, und die Bürger sind versucht, ihn zu verhaften. Er bewundert die Stolzen und Kalten, die auf den Pfaden der großen, der dämonischen Schönheit abenteuern und den »Menschen« verachten; aber er beneidet sie nicht – hat er doch eine »Bürgerliebe« zum Menschlichen, Lebendigen und Gewöhnlichen. Seine tiefste und verstohlenste Liebe gehört den Blonden und Blauäugigen, den hellen Lebendigen, den Glücklichen, Liebenswürdigen und Gewöhnlichen. »Schelten Sie diese Liebe nicht, Lisaweta; sie ist gut und fruchtbar, Sehnsucht ist darin und schwermütiger Neid und ein klein wenig Verachtung und eine ganze keusche Seligkeit.«[260]

Große Verachtung und wenig keusche Seligkeit bestimmten Franziska Gräfin von Reventlow (1871–1918), der bürgerlichen Normalität, den »Qualen der Gewöhnlichkeit« zu entfliehen. »Die Mutter, eine schöne Frau mit dunklen Augen, dunklen Haaren, streng, engherzig, etikettenstolz – der Vater, erster preußischer Landrat von Husum, etwas weicher, jugendlicher, literarisch interessiert, ein Freund von Theodor Storm, doch völlig begrenzt durch die gesellschaftlich aristokratischen Anschauungen seiner Zeit. Da sind noch die Geschwister Carl und Ernst, ihre Spielgefährten, der große Bruder Ludwig und die Schwester Agnes, auf deren Wohlerzogenheit und Contenance die Mutter mit Stolz und Freude schaut. Um Fanny kümmert sich im Grunde genommen niemand. Sie erhält die gesellschaftliche Erziehung ihrer Kreise, den Unterricht eines jungen adligen Mädchens, d.h. sie lernt Lesen, Schreiben, Rechnen, Religion, ein wenig Literatur, viel Französisch, viel Handarbeiten. Dabei haßt sie Handarbeiten, haßt die ganze menschliche und geistige Eingeengtheit dieser Ausbildung. Warum darf sie, die leidenschaftlich gern Sport treibt, nicht schwimmen, turnen, fechten, reiten, wie es bei den Brüdern selbstverständlich scheint? Immer hört sie nur, das sei nicht mädchenhaft, und nie benehme sie sich comme il faut. Wie ein Junge tobt sie durch Haus und Garten, und der tollste Streich hat bestimmt sie zum Urheber. Der Mutter ist dies Temperament ihres Kindes unverständlich, sie begegnet ihm mit Gleichgültigkeit, Verachtung. Durch ihre Kälte reizt sie die kleine Fanny aufs Äußerste und beobachtet mit unangenehmer Angst das Ungestüm des blonden, schlanken Kindes, das nie um Verzeihung bittet und mit zusammengebissenen Lippen, schneeweißem Gesicht und großaufgerissenen tiefblauen Augen jede Strafe über sich ergehen läßt.«[261]

Nach pubertären Irrungen und Wirrungen sowie einer gescheiterten Ehe (ein Jahr lang spielt sie Assessorsgattin in Hamburg) erfährt sie »Befreiung« beim Malstudium in München. »Die bürgerliche Enge eines Jahres rächt sich, jetzt überschlägt sie sich selbst in ihrem Lebenshunger. Es kommt nicht mehr auf das Objekt des Erlebnisses an, sondern der Taumel, der Rausch wird Selbstzweck, die Vitalität an sich feiert Bacchanale, und Fanny Reventlow, die körperlichste, sinnlichste aller Frauen, scheint sich völlig aufzulösen im sinnlichen Begreifen der Welt und des Lebens.«[262] »Ach, ich bin gelaufen, gelaufen, hingefallen, wieder aufgestanden, umgeworfen, wieder aufgesammelt, bis ich da angekommen bin, wo mein Ziel anfängt«, schreibt Franziska Reventlow am 26. Januar 1907 in ihr Tagebuch; »Angst und Zweifel, Kräfte versagen und Müdigkeit. Aber immer dahinter das Gefühl, ich muß noch etwas Großes zusammenbringen, das verläßt mich nie. Allmählich kommt eine neue Zuversicht in mich hinein und dabei ein solches Genügen an meinem Leben, als ob das Pfund, mit dem ich wuchern könnte, doch noch da. Manchmal meinte ich, es wäre zu viel schon abgesplittert. Danken wir einstweilen den Göttern, daß sie uns die Jugend gelassen haben. Das ist unermeßlich viel, und ich hab sie noch. Wenn meine unruhige Seele einmal ruhig wird, so werde ich sie noch lange behalten, sonst möchte die Jugend rasch dahingehen. Und eine Liebe möcht ich jetzt, eine ganz jugendliche maigrüne, wie voriges Jahr. War das eine Zeit voll innerer Seligkeit, weit, weit über ihren Gegenstand hinaus.«[263]

Eine verzehrende, im Genuß am Genuß verzweifelnde und aus der Verzweiflung neuem sinnlichen Genuß zustrebende Begierde charakterisiert diese Bohémienne, die sich in ein Leben jenseits gesellschaftlicher Konventionen stürzte und über alle Schwierigkeiten hinwegtanzte – oft genug »nervös bis zur Raserei«.[264]

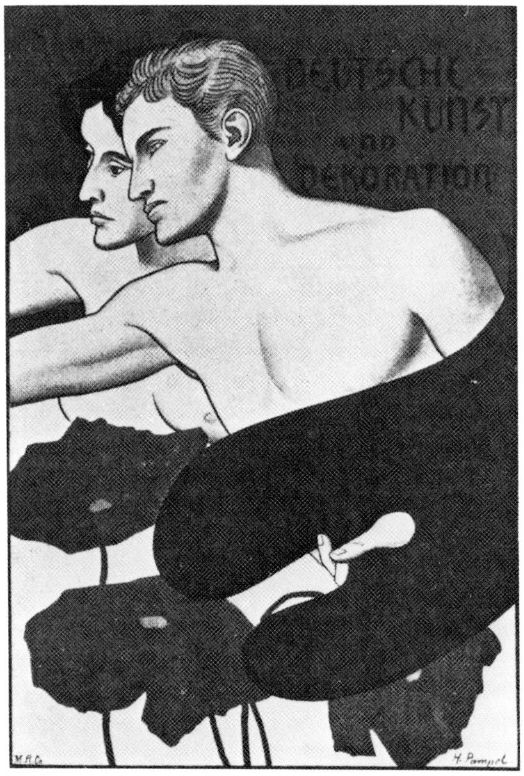

Hermann Pampel: Plakat-Entwurf (1897)

Gegenüber dem »Pariser Leben« erweist sich das »Schwabinger Leben« als ein solches tiefer Beunruhigung. Es bringt Tonio Kröger an den Rand künstlerischen Scheiterns. Franziska Reventlow stirbt, ausgelaugt, verbraucht, unter großen Schmerzen, in völliger Einsamkeit. Boheme: Das bedeutet hier nicht Ausbruch, sondern Sackgasse; die Schleier ästhetischer Verklärung sind zerrissen; letzter Eintrag im Tagebuch der Franziska Gräfin zu Reventlow (das am 15. Oktober 1910 endet), geschrieben im Zug nach Paris: »Gedacht und gedacht, nun fahre ich immer weiter weg, und mein Kind ist irgendwo weit fort. Was wird aus uns beiden——«[265]

In der Welt von gestern, so Stefan Zweig in seinen gleichnamigen »Erinnerungen eines Europäers«, empfand man die Sexualität als ein anarchistisches und darum störendes Element, das sich nicht in die bürgerliche Ethik eingliedern ließ; zugleich aber zeigte die »längst nicht mehr teufelsgläubige und kaum mehr gottgläubige Epoche« eine größere Toleranz gegenüber »sinnlichen Bedürfnissen«; hatte doch der zunehmende

Reichtum triebdynamische Aufstauungen bewirkt, die nach »Abfuhr« drängten; Wohlleben förderte Wollust. Der »Kompromiß« zwischen Sollen und Wollen bestand darin, daß dem jungen Menschen zwar nicht verboten wurde, seine vita sexualis auszuüben, doch war diese »peinliche Angelegenheit« in irgendeiner unauffälligen Weise zu erledigen. »War die Sexualität schon nicht aus der Welt zu schaffen, so sollte sie wenigstens innerhalb ihrer Welt der Sitte nicht sichtbar sein. Es wurde also die stillschweigende Vereinbarung getroffen, den ganzen ärgerlichen Komplex weder in der Schule, noch in der Familie, noch in der Öffentlichkeit zu erörtern und alles zu unterdrücken, was an sein Vorhandensein erinnern könnte.«[266] Diese unehrliche Moral des Verschweigens und Versteckens verstärkte das Voyeurtum, das sich durch weibliche Sittsamkeit, Unerfahrenheit, Jungfräulichkeit besonders angestachelt fühlte. Der Schleier der Unwissenheit gab den jungen Mädchen von damals einen geheimnisvollen Reiz. »Diese unflüggen Geschöpfe ahnten, daß es neben und hinter ihrer eigenen Welt eine andere gäbe, von der sie nichts wußten und nichts wissen durften, und das machte sie neugierig, sehnsüchtig, schwärmerisch und auf eine anziehende Weise verwirrt. Wenn man sie auf der Straße grüßte, erröteten sie – gibt es heute noch junge Mädchen, die erröten? Wenn sie miteinander allein waren, kicherten und tuschelten und lachten sie unablässig wie leicht Betrunkene. Voll Erwartung nach all dem Unbekannten, von dem sie ausgeschlossen waren, träumten sie sich das Leben romantisch aus, waren aber gleichzeitig voll Scham, daß jemand entdecken könnte, wie sehr ihr Körper nach Zärtlichkeiten verlangte, von denen sie nichts Deutliches wußten. Eine Art leise Verwirrung irritierte unablässig ihr ganzes Gehabe.«[267] Schon auf tausend Schritte habe man am Gang und Gebaren ein junges Mädchen von einer Frau, die schon einen Mann gekannt, unterscheiden können. Die Mädchen ähnelten in ihrem Wesen der exotischen Zartheit von Treibhauspflanzen, die im Glashaus in einer künstlich überwärmten Atmosphäre und geschützt vor jedem bösen Windhauch aufgezogen wurden.

Die der Epoche eigene Schamhaftigkeit verhüllte freilich nur notdürftig die Schamlosigkeit, mit der der Männlichkeitswahn der Epoche sich »seine Gelegenheiten« verschaffte. Die weitverbreitete Prostitution macht deutlich, daß die Verdinglichung der Frau ein besonderes Ausmaß angenommen hatte; diese wurde wie eine Ware gehandelt, allerdings verpackt in einen Romantizismus, der selbst tristeste Stimmung noch mit einem Hauch von Boheme zu versehen trachtete. Ein beliebter Topos für die (allerdings schäbige) Ästhetisierung der »Gelegenheit« war das sogenannte Chambre séparée, wo man mit einem Mädchen ungesehen zu Abend essen und mit dem Liebesspiel beginnen konnte.

Karl Arnold: Szene im Kaffeehaus (1913)

»Ein Cabinet particulier im Riedhof. Behaglich, mäßige Eleganz. Der Gasofen brennt. Der Gatte, das süße Mädel.
Auf dem Tisch sind die Reste einer Mahlzeit zu sehen, Oberschaumbaisers, Obst, Käse. In den Weingläsern ein ungarischer weißer Wein.

DER GATTE: *raucht eine Havannazigarre, er lehnt in der Ecke des Diwans.*

DAS SÜSSE MÄDEL: *sitzt neben ihm auf dem Sessel und löffelt aus einem Baiser den Oberschaum heraus, den sie mit Behagen schlürft.*

DER GATTE: Schmeckts?

DAS SÜSSE MÄDEL: *läßt sich nicht stören.* Oh!

DER GATTE: Willst du noch eins?

DAS SÜSSE MÄDEL: Nein, ich hab so schon zuviel gegessen.

DER GATTE: Du hast keinen Wein mehr. *Er schenkt ein.*

DAS SÜSSE MÄDEL: Nein... aber schaun S', ich laß ihn ja eh stehn.

DER GATTE: Schon wieder sagst du Sie.

DAS SÜSSE MÄDEL: So – Ja wissen S', man gewöhnt sich halt so schwer.

DER GATTE: Weißt du.

DAS SÜSSE MÄDEL: Was denn?
DER GATTE: Weißt du, sollst du sagen; nicht wissen S'. – Komm, setz dich zu mir.
DAS SÜSSE MÄDEL: Gleich… bin noch nicht fertig.
DER GATTE: *steht auf, stellt sich hinter den Sessel und umarmt das süße Mädel, indem er ihren Kopf zu sich wendet.*
DAS SÜSSE MÄDEL: Na, was ist denn?
DER GATTE: Einen Kuß möcht ich haben.
DAS SÜSSE MÄDEL: *gibt ihm einen Kuß.* Sie sind… o pardon, du bist ein kecker Mensch.
DER GATTE: Jetzt fällt dir das ein?
DAS SÜSSE MÄDEL: Ah nein, eingefallen ist es mir schon früher… schon auf der Gassen. – Sie müssen –
DER GATTE: Du mußt.
DAS SÜSSE MÄDEL: Du mußt dir eigentlich was Schönes von mir denken.
DER GATTE: Warum denn?
DAS SÜSSE MÄDEL: Daß ich gleich so mit Ihnen ins chambre séparée gegangen bin.
DER GATTE: Na, gleich kann man doch nicht sagen.
DAS SÜSSE MÄDEL: Aber Sie können halt so schön bitten.
DER GATTE: Findest du?
DAS SÜSSE MÄDEL: Und schließlich, was ist denn dabei?«[268]

Gustav Klimt: Kauernde (1902)

In den »geschlossenen Häusern«, den Bordellen, war der »Salon« der bevorzugte Anknüpfungsort, in dem die Mädchen in teils damenhaften Toiletten, teils in unzweideutigen Negligés sich taxieren ließen. »Ein Klavierspieler sorgte für musikalische Unterhaltung, es wurde getrunken und getanzt und geplaudert, ehe sich die Paare diskret in ein Schlafzimmer zurückzogen… Da waren Geheimtüren und eine besondere Treppe, durch die Mitglieder der allerhöchsten Gesellschaft – und wie man munkelte, selbst des Hofes – Besuch machen konnten, ohne von den anderen Sterblichen gesehen zu werden. Da waren Spiegelzimmer und solche, die geheimen Zublick in nachbarliche Zimmer boten, in denen sich Paare ahnungslos vergnügten. Da waren die sonderbarsten Kostümverkleidungen, vom Nonnengewand bis zum Ballerinenkleid, in Laden und Truhen für besondere Fetischisten verschlossen. Und es war dieselbe Stadt, dieselbe Gesellschaft, dieselbe Moral, die sich entrüstete, wenn junge Mädchen Zweirad fuhren, die es als eine Schändung der Würde, der Wissenschaft erklärten, wenn Sigmund Freud in seiner ruhigen, klaren und durchdringlichen Weise Wahrheiten feststellte, die sie nicht wahrhaben wollten. Dieselbe Welt, die so pathetisch die Reinheit der Frau verteidigte, duldete diesen grauenhaften Selbstverkauf, organisierte ihn und profitierte sogar daran.«[269]
Die Praxis der Prostitution war von erschreckender Brutalität. Dienstmädchen, Verkäuferinnen, Kellnerinnen waren im besonderen Maße gefährdet – Freiwild für das sexuelle Interesse des bürgerlichen Mannes. Der junge Mann um 1890, heißt es in den Lebenserinnerungen von Theodor Lessing, habe nur die Wahl zwischen zwei Frauenlagern gehabt: dem der sogenannten Anständigen, die geheiratet wurden, und dem der sogenannten Gefallenen, die bezahlt sein wollten; die Aufspaltung zwischen reiner und sinnlicher Liebe wurde überall in der Gesellschaft für die klügste und gesündeste gehalten; die eheliche Liebe wollte man durch sinnliche Ausschweifung nicht »in den Schmutz ziehen«.[270]
Die Bedeutung der Prostitution für pubertäre Mannbarkeitsriten und die Reinhaltung der Ehe von unbeschränkten sexuellen Bedürfnissen des Mannes wurde von Sigmund Freud als Legitimation und Rationalisierung eines tiefliegenden psychischen Konflikts des Mannes analysiert. In der Aufspaltung der männlichen Liebe in eine reine, ätherische und eine sinnlich-erotische Strömung sah er die Grundlage psychischer Impotenz, die weiter verbreitet sei, als man glaube; sie charakterisiere das Liebesleben des Kulturmenschen. Fast immer fühle sich der Mann in seiner sexuellen Betätigung durch den Respekt vor dem Weibe beengt und entwickle seine volle Potenz erst, wenn er ein

erniedrigtes Sexualobjekt vor sich habe, was wiederum durch den Umstand mitbegründet sei, daß bei seinen Sexualzielen perverse Komponenten mitwirkten, die er am geachteten Weibe zu befriedigen sich nicht getraue.

»Einen vollen sexuellen Genuß gewährt es ihm nur, wenn er sich ohne Rücksicht der Befriedigung hingeben darf, was er zum Beispiel bei seinem gesitteten Weibe nicht wagt. Daher rührt dann sein Bedürfnis nach einem erniedrigten Sexualobjekt, einem Weibe, das ethisch minderwertig ist, dem er ästhetische Bedenken nicht zuzutrauen braucht, das ihn nicht in seinen anderen Lebensbeziehungen kennt und beurteilen kann. Einem solchen Weibe widmet er am liebsten seine sexuelle Kraft, auch wenn seine Zärtlichkeit durchaus einem höherstehenden gehört. Möglicherweise ist auch die so häufig zu beobachtende Neigung von Männern der höchsten Gesellschaftsklassen, ein Weib aus niederem Stande zur dauernden Geliebten oder selbst zur Ehefrau zu wählen, nichts anderes als die Folge des Bedürfnisses nach dem erniedrigten Sexualobjekt, mit welchem psychologisch die Möglichkeit der vollen Befriedigung verknüpft ist.«[271]

Von einem Bedürfnis nach Erniedrigung des Sexualobjekts sei bei der Frau wenig zu bemerken; im Zusammenhang damit stehe es gewiß, wenn sie etwas der Sexualüberschätzung beim Manne Ähnliches in der Regel nicht zustande bringe. Die lange Abhaltung von der Sexualität und das Verweilen der Sinnlichkeit in der Phantasie habe für sie aber eine andere bedeutsame Folge: Sie könne oft die Verknüpfung der sinnlichen Betätigung mit dem Verbot nicht mehr auflösen, erweise sich als psychisch impotent, das heißt frigid, wenn ihr solche Betätigung endlich gestattet werde. Daher rühre bei vielen Frauen das Bestreben, das Geheimnis noch bei erlaubten Beziehungen eine Weile festzuhalten, bei anderen die Fähigkeit, normal zu empfinden, sobald die Bedingung des Verbots in einem geheimen Liebesverhältnis wiederhergestellt ist; dem Manne untreu, seien sie imstande, dem Liebhaber eine Treue zweiter Ordnung zu bewahren.

Die Boheme-Atmosphäre, in die sich die Prostitution gerne hüllte, sollte die psychische Impotenz des Mannes verdecken helfen; sie war ein Schleier, über die Tiefe seiner Leere geworfen; die bürgerliche Moral produzierte, was sie selber verurteilte: nämlich die allgemeine Erniedrigung des Liebeslebens. Die Schwierigkeiten, welche die Libido an »direkter« Befriedigung hinderten, versahen die Prostitution mit einem Talmiglanz; die kulturelle Repression galt hier nicht mehr. Die Angst vor der Übermacht »kultureller Moral« schlug um in ein Genußleben, das den deutschen Großstädten vor dem Ersten Weltkrieg den Ruhm einbrachte, auf dem Gebiet der Vergnügungsindustrie an der Spitze der zivilisierten Nationen zu stehen. In den Theatern, Cafés, Lokalen, Cabarets, Tanzpalästen, Salons, in den Straßen und auf den Plätzen grassierte nervöses Amusement. In der Gesellschaft der modernen Millionäre, des Geldadels, der Spekulanten nahmen die »Halbseidenen« eine so mächtige Position ein, weil das im Börsenspiel erbeutete Geld ihrer bedurfte. »Dieses Geld saß wie jeder Spielgewinn locker und wollte genossen werden; sie, die Kurtisanen, waren Genußmittel ersten Ranges und sorgten durch einen ausschweifenden Luxus dafür, daß das Geld nirgends kleben blieb. In einer Epoche des Spekulationsfiebers stellten sie diejenige Ware dar, die der Konsument auf dem Liebesmarkt vorzugsweise erfragte. Und wenn sie ihre Käufer skrupellos schröpften, um sie dann links liegen zu lassen, handelten sie nicht so sehr aus besonderer Fühllosigkeit, als unter dem starken Einfluß des unbarmherzigen Gegaukels von Hausse und Baisse. Geschöpfe des Geldes, richteten sie sich nach den Eigenschaften, die dieses jeweils entwickelte.« (Siegfried Kracauer)[272]

Indem die Boheme die kapitalistischen Verwertungsinteressen spielerisch übernimmt und in schönen Schein hüllt, hebt sie deren brutale Ernsthaftigkeit auf. Die Abkehr vom Sittenkodex mit seinen philiströsen Konventionen ist freilich gesellschaftlich isoliert, ohne Massenbasis; zudem ganz im Augenblick aufgehend. Beim »Abenteuer« siegt der Leichtsinn über die Sorge, die Fürsorge, die Vorsorge. Man ist bedenkenlos-verschwenderisch. Die Bereitschaft zu Fest und Gelage ist immer gegeben.[273] Alkohol und die Verwendung von Narkotika ermöglichen Ekstasen, in denen die Enthemmung und Steigerung des Ich mit der Erlösung vom Bewußtsein der Misere künstlerischer Rand- und Inselexistenz zusammenfallen. Rauschbedürfnis, Spontanismus, Nonkonformismus äußern sich im Sexuellen als praktischer Libertinismus, ideell als Sakralisierung des Eros. Charakteristisch ist auch die Verbindung von Geltungsverlangen und Publikumsverachtung; Phasen der Depression und der euphorischen Selbstüberschätzung wechseln ab; nicht zufällig tragen die beiden wohl berühmtesten deutschen Bohemecafés, das Berliner »Café des Westens« und das Münchner »Café Stefanie«, den Übernamen »Café Größenwahn«.

Der Bohemien bedarf in seiner Not- und Konfliktsituation des forcierten Selbstbewußtseins. Im Rahmen eines Genie- und Schöpferkults wird dem Künstler generell oder dem einzelnen »Meister« eine charismatische Führerrolle zugeordnet. In der Salonkunst reproduziert der Boheme-Künstler, obwohl er sich durchaus den Außenseitern, Erniedrigten, Ausgestoßenen, Unterprivilegierten, Vagabunden, Prostituierten, dem Lumpenproletariat verbunden weiß, den Sehnsuchtshimmel der Mittel- und Oberschicht. Mit der Salonkunst findet der Bohemien als

»verirrter Bürger« zum Bürgertum zurück. Im Überbau der Kunst, im »Reich des goldenen Rahmens«, wird die Wirklichkeit überlistet; Wahrhaftigkeit gibt sich preis, indem sie sich auf »Werthaltiges« fixiert. Mythische und dekorative Gebärde helfen, innere Unsicherheit angesichts des unaufhaltsamen Aufstiegs des Realitätsprinzips überwinden; vor den vage empfundenen, aber immer wieder verdrängten Gefährdungen der Realität schirmt üppiger Sensualismus ab. Die Fraglosigkeit der Salonkunst absorbiert Zweifel; bevorzugt werden als Leitbilder die Stanzmuster süßlicher, allen Versuchungen widerstehender, herzinniger Religiosität sowie mythologische, antikische, orientalische Szenerien mit vorwiegend weiblichen Gestalten, bei denen die Hüllen fallen.[274] Der entbergende Schleier gibt nicht den Blick frei auf die Schön-Gutheit des beseelten Körpers, wie sie für den deutschen Idealismus antike Kunst bestimmte; in der Salonkunst wird bloße Nacktheit dem Voyeur zur Begutachtung vorgeführt; mit Kennerblick taxiert er die dargebotene Fleischlichkeit in ihren aufreizenden Stellungen. Der Schleier entbirgt nichts; er »dynamisiert« jedoch den weiblichen Akt, macht ihn »verführerisch«.

Die Alabasternacktheit versinnlicht vor allem aber den aus der Décadence der Boheme aufsteigenden Wunschtraum nach rassisch-vollblütiger Kraft. Im Anblick des kecken, wohlgestalteten Hans Hansen und der blonden Inge seufzt Tonio Kröger: »Zu sein wie du! Noch einmal anfangen, aufwachsen gleich dir, rechtschaffen, fröhlich und schlicht, regelrecht, ordnungsgemäß und im Einverständnis mit Gott und der Welt, geliebt werden von den Harmlosen und Glücklichen, dich zum Weibe nehmen, Ingeborg Holm, und einen Sohn haben wie du, Hans Hansen...«[275]

Der in der Salonkunst häufig anzutreffende Zentaur steht als »Zwiegestalt und Übertier« für das Idol des Übermenschen, der nicht durch Geist und Seele, sondern durch »Tierkraft« sein Vollmenschentum beweist. »Das war ein Mythos, der alle diejenigen begeistern mußte, die des Schwach- und Krankseins müde waren oder die das Bedürfnis empfanden, zwischen Debilitätspose und Potenztraum lustvoll zu oszillieren.«[276]

Das Paradies, in dem der Zentaur sein Revier hat, liegt jenseits von Gut und Böse. »Paradieses-Luft wahrlich«, aber eine, die nicht die Seele labt, sondern mit »Nüstern geschwellt gleich Bechern« eingesogen wird. Die Goldschnittästhetik dieser Kunst kann nicht täuschen: in ihr wächst der Dschungel. In den »Dionysos-Dithyramben« Friedrich Nietzsches wird der zentaurhafte neue Mensch ekstatisch besungen:

»Nicht still, starr, glatt, kalt,
zum Bilde worden,
zur Gottes-Säule,
nicht aufgestellt vor Tempeln,
eines Gottes Türwart:
nein! feindselig solchen Tugend-Standbildern,
in jeder Wildnis heimischer als in Tempeln,
voll Katzen-Mutwillens
durch jedes Fenster springend
husch! in jeden Zufall,
jedem Urwalde zuschnüffelnd,
daß du in Urwäldern
unter buntzottigen Raubtieren
sündlich gesund und schön und bunt liefest,
mit lüsternen Lefzen,
selig-höhnisch, selig-höllisch, selig-blutgierig,
raubend, schleichend, *lügend* liefest...

Oder dem Adler gleich, der lange,
lange starr in Abgründe blickt,
in *seine* Abgründe...
– o wie sie sich hier hinab,
hinunter, hinein,
in immer tiefere Tiefen ringeln! –

Dann,
plötzlich,
geraden Flugs,
gezückten Zugs
auf *Lämmer* stoßen,
jach hinab, heißhungrig,
nach Lämmern lüstern,
gram allen Lamms-Seelen,
grimmig gram allem, was blickt
tugendhaft, schafmäßig, krauswollig,
dumm, mit Lammsmilch-Wohlwollen...«[277]

Im Zentauren, der in der Malerei eines Franz Stuck, Arnold Böcklin, Hans Makart eine entscheidende Rolle spielt, bildet sich Nietzsches gewaltsame Idee von der »blonden Bestie« ab, dieses animalisch-übermenschlichen Herrn der Zukunft. »Die Absage an den klassischen Humanismus, nämlich an das Gesetz des Logos, läßt sich ablesen an jenem Sphinx-Bilde Stucks, welches Bierbaum sein tiefstes genannt hat. (Denn auch die Sphinxe bevölkern sein Kunstparadies und manche anderen Halbwesen, die Sirenen, die schuppigen Nereiden, die fischgeschwänzten Meerfrauen.) In der Tat war es ein bemerkenswerter Einfall, die Ödipusgeschichte umzukehren, den Triumph des Ödipus und des Geistes in den Triumph der Sphinx und der mörderischen Gier zu verwandeln. Mitten in aller hellenischen oder doch antikisierenden Maskerade wird hier der eigentliche hellenische Urvorgang zurückgenommen und widerrufen. Die einzige ›Athene‹ ausgenommen (die wir auch von dem Sezes-

Arnold Böcklin: Entwurf zu »Kentaur und Nymphe« (1855)

sionsplakat kennen), sind es nicht die olympischen und das heißt vollmenschlichen Göttergestalten, die hier gefeiert würden, sondern durchweg die chthonischen oder dionysischen Tiermenschen oder Menschtiere, Halb-Menschen, Nicht-ganz-Menschen, Beinahe-Unmenschen, die sich in diesen Bildern herumtreiben, in welche der Zeitgenosse sich selbst hineinträumen, hineinwünschen, hineinverwünschen sollte und auch wollte. Und das, obgleich er, der Maler, der Regisseur dieses Fin-de-siècle-Mythologismus selbst, im Gehrock und Stehkragen sich sehen ließ, auch in dieser Kleidung nach der Überlieferung an der Staffelei gearbeitet haben soll. Dieser Stucksche Hellenismus, diese neue mythologische Mode überhaupt hat so gut wie gar nichts mehr mit klassizistischer Überlieferung zu tun, wie denn auch in Architektur und Plastik die Entdeckung der Polychromie, also der Farbigkeit der alten Bau- und Bildwerke, eine Entdeckung eben des neunzehnten Jahrhunderts, eine Wendung und Verwandlung ohnegleichen bedeutet: Es ist, als ob mit der erhabenen Marmorweiße, mit der überlieferten Farblosigkeit der klassischen Formen am Ende auch ihre kanonische Geltung, die Vorstellung der absoluten Norm, der Geistigkeit der antiken Kunst dahingesunken wäre. Mit der Buntheit der Bildwerke kommt die Buntheit des sinnlichen Lebens überein, welches Nietzsche unter den Begriff des Dionysischen gebracht hat.«[278]

Die künstlichen Paradiese der Schönheit, in denen dekadente Bohemiens von der Lebensschwäche sich zu heilen suchten, waren solche scham-loser Nacktheit; kein Cherub vertrieb die Lebenssüchtigen, wenn sie den Lockungen der Schlange verfielen. War der Neurotiker »umsphinxt«[279], erblühte sinnliche Lust ohne Sündhaftigkeitsgefühle – »lüstern nach einem runden Mädchen-Maule«.[280]

Hinter golden-lüsternen Schleiern wird aber auch das »Experiment Weltuntergang« vorbereitet. Unter dem aus Blüten gewobenen Prunkgewand tragt die Epoche ein Totenhemd. Der »Traum der Sehnerven« gebiert Gesichte. Entbergender Schleier: Das bedeutet ästhetische Verklärung der Wirklichkeit *und* ihre Demaskierung als Alptraum in Permanenz. In Alabasterkörpern schwelen Dämonenseelen; der Mensch (so Hugo von Hofmannsthal): ein dämmerndes Wesen,

Franz von Stuck: Prestissimo (1911)

das vegetiert, träumt, von Angst, Rausch und Sehnsucht lebt und sich wegen seiner vermeintlichen Niedrigkeit nie an den Tag traut, schamvoll bewußt, daß es auf Instinkte gestellt ist und nicht auf Prinzipien.

Bei Oskar Kokoschka wird aus der trügerischen Harmonieverheißung Aphrodites ein erbarmungsloser Kampf der Geschlechter: »sinnloses Begehr von Grauen zu Grauen, unstillbares Kreisen im Leeren«. Haßorgien. Mörder: Hoffnung der Frauen. Die klassizistische Kalokagathie zerkratzt; statt der Glätte der Haut – Schrammen, Wunden, Narben. Kaum weniger zimperlich ging der ›Sendbote einer neuen Barbarei‹ mit seinen Portraitkunden um. Als er Auguste Forel mit bloßliegenden Knochen und Nerven auf die Leinwand gebannt hatte, wies der Gelehrte die hellsichtige Deutung seiner Persönlichkeit mit den Worten zurück, er sähe aus, als ob ihn der Schlag getroffen hätte. »Tatsächlich«, erinnert sich der Maler in seinen Memoiren, »erlitt er zwei Jahre später beim Mikroskopieren einen Schlaganfall. Damals hat Loos gesagt: Ich sähe mit Röntgenaugen«.«[281]

Hans Castorp sitzt im Wartezimmer vor dem »Laboratorium«; im Lungensanatorium, auf dem »Zauberberg« (in Thomas Manns gleichnamigem Roman), ist Röntgentag. Hofrat Behrens ruft einen Wartenden nach dem anderen in den Durchleuchtungsraum, in dem ein Halbdunkel, das heißt künstliches Halblicht herrscht. Auch Madame Chauchat ist bestellt. »Sie war nur von mittlerer Größe, einer in Hans Castorps Augen höchst angenehmen und richtigen Größe, aber verhältnismäßig hochbeinig und nicht breit in den Hüften. Sie saß nicht zurückgelehnt, sondern vorgebeugt, die gekreuzten Unterarme auf dem Oberschenkel des übergeschlagenen Beines gestützt, mit gerundetem Rücken und vorgefallenen Schultern, so daß die Nackenwirbel hervortraten, ja, unter dem anliegenden Sweater beinahe das Rückgrat zu erkennen war und ihre Brust, die nicht so hoch und üppig entwickelt war wie bei Marusja, sondern klein und mädchenhaft war, von beiden Seiten zusammengepreßt wurde. Plötzlich erinnerte sich Hans Castorp, daß auch sie hier in der Erwartung saß, durchleuchtet zu werden. Der Hofrat malte sie; er gab ihre äußere Erscheinung in Öl und Farbstoffen auf der Leinwand wieder. Jetzt aber würde er im Halbdunkel Lichtstrahlen auf sie lenken, die ihm das Innere ihres Körpers bloßlegten. Und indem Hans Castorp dies dachte, wandte er mit einer ehrbaren Verfinsterung seiner Miene den Kopf beiseite,

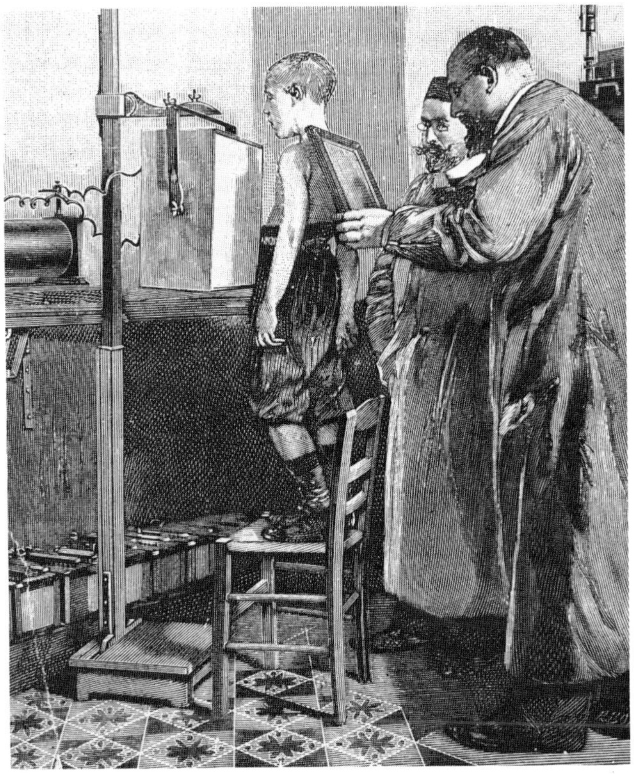

Untersuchung mit Hilfe von Röntgenstrahlen

Max Klinger: Der Tod (um 1876)

einem Ausdruck von Diskretion und Sittsamkeit, den vor sich selber anzunehmen ihm bei dieser Vorstellung angemessen schien.«[282]

Der Röntgenblick des technisch-medizinischen Fortschritts dekuvriert, er durchdringt die schöne, aber gefährdete Leiblichkeit und macht das dahinterliegende Gerippe deutlich. Hofrat Behrens, der als Mußebeschäftigung die Konterfeis seiner Patienten malt, hat noch eine andere Bildergalerie – im Laboratorium. »Und er zog Hans Castorp am Arm vor die Reihen der dunklen Gläser, hinter denen er knipsend Licht einschaltete. Da erhellten sie sich, zeigten ihre Bilder. Hans Castorp sah Gliedmaßen: Hände, Füße, Kniescheiben, Ober- und Unterschenkel, Arme und Beckenteile. Aber die rundliche Lebensform dieser Bruchstücke des Menschenleibs waren schemenhaft und dunstig von Kontur; wie ein Nebel und bleicher Schein umgab sie ungewiß ihren klaren, minutiös und entschieden hervortretenden Kern, das Skelett. ›Sehr interessant‹, sagte Hans Castorp. ›Das ist allerdings interessant!‹ erwiderte der Hofrat. ›Nützlicher Anschauungsunterricht für junge Leute. Lichtanatomie, verstehen Sie, Triumph der Neuzeit. Das ist ein Frauenarm, Sie ersehen es aus seiner Niedlichkeit. Damit umfangen sie einen beim Schäferstündchen, verstehen Sie.‹ Und er lachte, wobei seine Oberlippe mit dem gestutzten Schnurrbärtchen sich einseitig höher schürzte.«[283]

Der entbergende Schleier in Form moderner Lichtanatomie zeigt, daß Kalokagathie ein leerer Wahn ist; die Verläßlichkeit personaler Identität zerfällt, wenn der Gehilfe am Schaltbrett die nötigen Handgriffe tut. »Zwei Sekunden lang spielten fürchterliche Kräfte, deren Aufwand erforderlich war, um die Materie zu durchdringen, Ströme von Tausenden von Volt, von hunderttausend, Hans Castorp glaubte sich zu erinnern. Kaum zum Zwecke gebändigt, suchten die Gewalten auf Nebenwegen sich Luft zu machen. Entladungen knallten wie Schüsse. Es knatterte blau am Meßapparat. Lange Blitze fuhren knisternd die Wand entlang.«[284] Hat das Objektiv ins Innere geblickt und die Momentaufnahme des physischen Zustands, bei dem nichts Metaphysisches festzustellen ist, vollzogen, fällt die Hülle der Illusion. Der Hofrat läßt Hans Castorp auch einen Blick auf den Durchleuchtungsschirm werfen, hinter dem Vetter Joachim Ziemßens »leeres Gebein« aufscheint. »Der Brustknochen fiel mit dem Rückgrat zur dunklen, knorpeligen Säule zusammen. Das vordere Rippengerüst wurde von dem des Rückens überschnitten, das blasser erschien. Geschwungen zweigten oben die Schlüsselbeine nach beiden Seiten ab, und in der weichen Lichthülle der Fleischesform zeigten sich dürr und scharf das Schulterskelett, der Ansatz von Joachims Oberarmknochen. Es war hell im Brustraum, aber man unterschied ein Geäder, dunkle Flecken, ein schwärzliches Gekräusel.«[285] Castorp sieht Joachims Herz – sein ehrliebendes Herz – als ein pulsierendes Gehänge; angesichts des Röntgenblicks moderner Technik sind keine Empfindsamkeiten mehr angebracht (Castorp erinnert sich einer Verwandten, die mit der schweren Gabe ausgestattet oder geschlagen war, Leute, die bald sterben sollten, vor ihren Augen als Gerippe zu sehen). Als er selbst »dran« ist, darf er das »Röntgenspiel« fortsetzen, nämlich die eigene Hand noch durch den Leuchtschirm betrachten. »Und Hans Castorp sah, was zu sehen er hatte erwarten müssen, was aber eigentlich dem Menschen zu sehen nicht bestimmt ist und wovon auch er niemals gedacht hatte, daß ihm bestimmt sein könne, es zu sehen: er sah in sein eigenes Grab. Das spätere Geschäft der Verwesung sah er vorweggenommen durch die Kraft des Lichtes, das Fleisch, worin er wandelte, zersetzt, vertilgt, zu nichtigem Nebel gelöst, und darin das kleinlich gedrechselte Skelett seiner rechten Hand, um deren oberes Ringfingerglied sein Siegelring, vom Großvater her ihm vermacht, schwarz und lose schwebte: ein hartes Ding diese Erde, womit der Mensch seinen Leib schmückt, der bestimmt ist, darunter wegzuschmelzen, so daß es frei wird und weiter geht an ein Fleisch, das es eine Weile wieder tragen kann. Mit den Augen jener Tienappel'schen Vorfahrin erblickte er einen vertrauten Teil seines Körpers, durchschauenden, voraussehenden Augen, und zum erstenmal in seinem Leben verstand er, daß er sterben werde. Dazu machte er ein Gesicht, wie er es zu machen pflegte, wenn er Musik hörte, ziemlich dumm, schläfrig und fromm, den Kopf halb offenen Mundes gegen die Schulter geneigt. Der Hofrat sagte: ›Spukhaft, was? Ja, ein Einschlag von Spukhaftigkeit ist nicht zu verkennen.‹«[286]

Nicht nur Hans Castorp – auch die Epoche blickt schaudernd in ihr eigenes Grab. Schwarze Visionen, die spätere Verwesung vorwegnehmend. Die Misere wird durchleuchtet; Identität löst sich im nichtigen Nebel auf. Man klammert sich an »Dinge«, die, fetischisiert oder monumentalisiert, Beständigkeit verbürgen sollen. Im ruhelosen Reich glaubt man an die Zukunft der Vergangenheit, ahnt aber, daß Stahlgewitter, die alles hinwegfegen werden, bevorstehen. Das Vertraute wird manisch erhalten; man richtet sich ein in den Nischen der Tradition und versucht, Modernität unters geschichtliche Dach zu bringen; in die Mythen wird Gegenwart »eingelassen«, die jene aufsprengt; Mythos schlägt in Entmythologisierung um. Unter der Wartburg liegt der Venusberg. Die Eruptionen der Zeit erschüttern Schichten und Stände; der Todestrieb breitet sich aus, das Realitätsprinzip aufsaugend. Die Qualen des Materialismus, der das Weltbild atomisiert, werden von vielen erlitten; manche freilich blicken »ziemlich dumm, schläfrig und fromm«. Spukhaft ist's – ein Einschlag von Spukhaftigkeit ist nicht zu verkennen.

Röntgenblick. Das Laboratorium: Wien, Berggasse 19. Der »Apparat«, der mit »fürchterlichen Kräften« die Materie durchdringt, bedarf keines großen Aufwandes; keine langen Blitze fahren knisternd die Wand entlang. Der »Apparat« ist eine Couch.

Wien, Berggasse 19: Die Wohnung, in der Sigmund Freud fast ein halbes Jahrhundert wohnte. Eine Überfülle von Dingen. Schön geordnete Bücher. Sorgfältig aufgehängte Bilder. Viele orientalische Teppiche. Skulpturen in Regalen und Vitrinen – ausgestellt wie in einem Museum. Gerahmte Photographien. Kommoden. Tische. Stühle. Sessel. In solchem Interieur arbeitete Freud angestrengt; »er machte sich Sorgen wegen des Geldes, er liebte seine Frau, er wurde Vater von sechs Kindern, er spielte Karten, er ging zu Vereinsabenden, er befestigte ein Namensschild – ›Prof. Dr. Freud‹ – an seiner Tür, er rauchte Zigarren und fuhr in Urlaub«.[287] Inmitten »zusammengeballter Dinglichkeit«, als Teil des Plüsch-Wohnstils mit seiner Angst vor dem Leeren (Horror vacui), die Couch – ein mit dekorativer Decke überzogener Diwan, auf dem die Plüschträume der Gesellschaft sich offenbarten, durch Aus-sprache Gestalt annahmen.

Durch die Psychoanalyse wurde nicht nur die Seele des einzelnen entschleiert; die Abhandlungen Freuds eröffnen die Seelenlandschaft der Epoche, von der ihr Deuter freilich meinte, sie sei die Ausprägung kollektiver Seelenstruktur schlechthin. Was Freud erforschte, war ihm in vielem eingegeben. Sein Bewußtsein durchdrang das geschichtliche Sein; dieses Sein bestimmte aber auch sein Bewußtsein. Er war ein Bürger seiner Zeit, er deutete seine Zeit als Bürger.

Als besonders typische Träume nennt die »Traumdeutung« (1899) den Verlegenheitstraum der Nacktheit, die Träume vom Tod teuerer Personen, den Prüfungstraum.

Nur in der Kindheit sei es möglich, daß man in mangelhafter Bekleidung von Angehörigen wie von fremden Pflegepersonen, Dienstmädchen, Besuchern gesehen werde und sich seiner Nacktheit nicht schäme. Diese der Scham entbehrende Kindheit erscheine unserer Rückschau später als ein Paradies, und das Paradies sei nichts anderes als die Massenphantasie von der Kindheit des einzelnen. Darum erschienen auch im Paradies die Menschen nackt und schämten sich nicht voreinander, bis ein Moment komme, in dem die Scham und die Angst erwachten,

Ferdinand Hodler: Der Traum (1897)

Alfred Kubin. Jede Nacht besucht uns ein Traum (um 1902)

die Vertreibung erfolge, das Geschlechtsleben und die Kulturarbeit begönnen. Die Nacktheitsträume als Exhibitionsträume seien einesteils Wunscherfüllungen, andererseits Produkt der kulturellen Normen, die als Zensor Verlegenheit bewirkten. Im Nacktheitstraum verbinden sich so Tendenzen der Verschleierung wie Entschleierung, der Verhüllung wie Enthüllung.

Bei den Träumen vom Tod teurer Personen müsse man zwei Klassen unterscheiden: solche, bei welchen man im Traum von Trauer unberührt bleibe, so daß man sich nach dem Erwachen über seine Gefühllosigkeit wundere; und solche, bei denen man tiefen Schmerz über den Todesfall empfinde, sich selbst in heißen Tränen während des Schlafes äußere. Die Träume der ersten Gruppe seien untypisch; anders die Träume, in denen der Tod einer geliebten verwandten Person vorgestellt und dabei schmerzlicher Affekt verspürt werde. Diese bedeuteten den Wunsch, daß die betreffende Person sterben möge; es handle sich um einen verdeckten, verdrängten Wunsch, der eben erst im Traum zutage trete. Viele Personen, die heute ihre Geschwister liebten und sich durch ihr Hinsterben beraubt fühlen würden, trügen von früher her böse Wünsche gegen dieselben in ihrem Unbewußten, die sich in Träumen realisierten. Der Todeswunsch des Kindes gegen seine Geschwister erkläre sich durch den Egoismus des Kindes, der es die Geschwister als Mitbewerber auffassen lasse. Was den Todeswunsch gegen die Eltern beträfe, so würden die Träume vom Tode der Eltern überwiegend häufig auf den Teil des Elternpaares zielen, der das Geschlecht des Träumers teile, so daß also der Mann zumeist vom Tode des Vaters, das Weib vom Tode der Mutter träume. Eine sexuelle Vorliebe mache sich frühzeitig geltend, als ob der Knabe im Vater, das Mädchen in der Mutter den Mitbewerber in der Liebe erblicke, durch dessen Beseitigung nur Vorteile erwüchsen. »Ehe man diese Vorstellung als ungeheuerlich verwirft, möge man auch hier die realen Beziehungen zwischen Eltern und Kindern ins Auge fassen. Man hat zu sondern, was die Kulturforderung der Pietät von diesem Verhängnis verlangt und was die tägliche Beobachtung als tatsächlich ergibt. In der Beziehung zwischen Eltern und Kindern liegen mehr als nur ein Anlaß der Feindseligkeit verborgen; die Bedingungen für das Zustandekommen von Wünschen, welche vor der Zensur nicht bestehen, sind im reichsten Ausmaße gegeben. Verweilen wir zunächst bei der Relation zwischen Vater und Sohn. Ich meine, die Heiligkeit, die wir den Vorschriften des Dekalogs zuerkannt

Patentiertes verstellbares Schreibpult für Kinder aller Körpergrößen

haben, stumpft unseren Sinn für die Wahrnehmung der Wirklichkeit ab. Wir getrauen uns vielleicht kaum zu merken, daß der größere Teil der Menschheit sich über die Befolgung des vierten Gebots hinaussetzt. In den tiefsten wie in den höchsten Schichten der menschlichen Gesellschaft pflegt die Pietät gegen die Eltern vor anderen Interessen zurückzutreten. Die dunklen Nachrichten, die in Mythologie und Sage aus der Urzeit der menschlichen Gesellschaft auf uns gekommen sind, geben von der Machtfülle des Vaters und von der Rücksichtslosigkeit, mit der sie gebraucht wurde, eine unerfreuliche Vorstellung. Kronos verschlingt seine Kinder, etwa wie der Eber den Wurf des Mutterschweins, und Zeus entmannt den Vater und setzt sich als Herrscher an seine Stelle. Je unumschränkter der Vater in der alten Familie herrschte, desto mehr muß der Sohn als berufender Nachfolger in die Lage des Feindes gerückt, desto größer muß seine Ungeduld geworden sein, durch den Tod des Vaters selbst zur Herrschaft zu gelangen. Noch in unserer bürgerlichen Familie pflegt der Vater durch die Verweigerung der Selbstbestimmung und der dazu nötigen Mittel an den Sohn dem natürlichen Keim zur Feindschaft, der in dem Verhältnisse liegt, zur Entwicklung zu verhelfen. Der Arzt kommt oft genug in die Lage zu bemerken, daß der Schmerz über den Verlust des Vaters beim Sohne die Befriedigung über die endlich erlangte Freiheit nicht unterdrücken kann. Den Rest der in unserer heutigen Gesellschaft arg antiquierten *potestas patris familias* pflegt jeder Vater krampfhaft festzuhalten, und jeder Dichter ist der Wirkung sicher, der wie Ibsen den uralten Kampf zwischen Vater und Sohn in den Vordergrund seiner Fabeln rückt. Die Anlässe zu Konflikten zwischen Tochter und Mutter ergeben sich, wenn die Tochter heranwächst und in der Mutter die Wächterin findet, während sie nach sexueller Freiheit begehrt, die Mutter aber durch das Aufblühen der Tochter ermahnt wird, daß für sie die Zeit gekommen ist, sexuellen Ansprüchen zu entsagen.«[288]

Der Konkurrenzkampf des Kapitalismus greift in die nächsten Verwandtschaftsbeziehungen ein. Der Leistungsdruck bewirkt Ambivalenz zwischen Liebe und Haß. Die sittlichen Normen fordern unentwegt Zuwendung, Sympathie, Mitleid, Hilfsbereitschaft; der sozialdarwinistische Mechanismus honoriert aber vor allem Abstoßung, Vernichtung der Schwachen, Gleichgültigkeit gegenüber den Leidenden. Ist die Verschleierung, welche die Traumarbeit leistet, einmal durchdrungen, wird seelische Wirklichkeit in ihrer Abgründigkeit deutlich. Röntgenblitze zerschlagen das harmonische Bild, das sich die bourgeoise Familie von sich selbst macht.

Jeder, heißt es zum Prüfungstraum, der mit der Maturitätsprüfung seine Gymnasialstudien abgeschlossen hat, klage über die Hartnäckigkeit, mit welcher der Angsttraum, daß er durchgefallen sei, dieselbe Klasse wiederholen müsse und dergleichen, ihn verfolge. Für den Besitzer eines akademischen Grades ersetze sich dieser typische Traum durch einen anderen, der ihm vorhalte, daß er beim Rigorosum nicht bestanden habe, und gegen den er vergeblich noch im Schlaf einwende, daß er ja schon seit Jahren praktiziere, Privatdozent sei oder Kanzleileiter. Es seien die unauslöschlichen Erinnerungen an die Strafen, die wir in der Kindheit für verübte Untaten erlitten, die sich so an den beiden Knotenpunkten unserer Studien, an dem »dies irae, dies illa« der strengen Prüfungen in unserem Innern wieder regten. Auch die »Prüfungsangst« der Neurotiker finde in dieser Kinderangst ihre Verstärkung. Nachdem wir aufhörten, Schüler zu sein, seien es nicht mehr wie zuerst die Eltern und Erzieher oder später die Lehrer, die unsere Bestrafung besorgten; die unerbittliche Kausalverkettung des Lebens habe unsere weitere Erziehung übernommen, und nun träumten wir von der Matura oder von dem Rigorosum, sooft wir erwarteten, daß der Erfolg uns bestrafen werde, weil wir etwas nicht recht gemacht, nicht ordentlich zustande gebracht haben, sooft wir den Druck einer Verantwortung fühlten.[289]
Die Angst geht um, daß man das gesellschaftlich gesteckte Ziel der Anpassung nicht erreicht. Die affirmative Kultur erhält sich durch Repression; ständige Kontrolle und Überprüfung, Verängstigung und Einschüchterung schaffen Untertanengesinnung. Aber auch Sittlichkeitsnormen spielen herein; denn die Vorwürfe wegen »Dummheiten« und »Kindereien«, die von den Autoritäten den Verängstigten gegenüber erhoben werden, seien Hinweise auf beanstandete sexuelle Akte; diese würden in der Kritik verniedlicht, da ihre offene Ansprache bereits einen Tabu-Bruch darstelle.
Der Traum als entbergender Schleier macht deutlich: Der Mensch ist im Labyrinth der Gebote und Verbote gefangen. Traumanalyse kann Befreiung und, psychosomatisch gesehen, Heilung von Neurose und Psychose bewirken. Die Zensoren werden vertrieben, wenn der Geist den Mut zur Wahrheit aufbringt.
Ambivalenz der Couch: Der Patient, der von seinen Obsessionen befreit werden soll, liegt; er blickt dem Therapeuten nicht ins Auge; dieser thront hinter ihm, über ihm.[290] Die Entwicklung partnerschaftlicher Beziehung wird durch ungleiche Positionen erschwert. Die Geschichte der Psychoanalyse, des »Meisters« und seiner Schüler, belegt wissenschaftshistorisch, was ihre Wissenschaftsmethode ausmacht: Immer will der Psychoanalytiker Herr über den Analysanden sein. Die Unterwerfung ist Element einer Therapie, die Unterwerfungsverhältnisse aufzuheben trachtet.
Couch: Das bedeutet »Versachlichung« des Voyeurismus, rationalisiertes Eindringen in die Intimsphäre des anderen, vor allem der Frau. Die Offenheit der psychoanalytischen Praxis widerspricht freilich zugleich dem Voyeurismus; die Heimlichkeit wird ausgeleuchtet. Freigelegt werden die aus tiefem Seelengrunde aufsteigenden Sexual- und Aggressionswünsche; bloßgelegt wird die vorherrschende Libidobesessenheit. Auf der Couch tritt die Diskrepanz zwischen kultureller Vortäuschung und triebdynamischer Wahrheit zutage.
Den Illusionen der Epoche wird ein Ende bereitet – Gott, den Göttern, den Überich-Projektionen, der Sehnsucht nach Sinn. Die Kultur: ein Produkt der Triebunterdrückung; denn nur in den Trieben ist der Mensch bei sich selbst, beim Eigentlichen, bei seinem ES; wird er ICH, erfaßt ihn Unbehagen, eben das Unbehagen in der Kultur. Kultur ist Verschleierung der Libido. Weibliche Frigidität und Hysterie, männliche Impotenz und Neurasthenie sind Folge »kultureller Sexualmoral«. Entschleierung bringt höchste Lust, aber es ist die Lust der Regression. Vor allem die Frau personifiziert das Animalische, das auf der Couch legitimiert wird – durch Geist. Die Analyse ist Seelengeometrie, in deren Gitter der Trieb sich verfängt.

In seiner Autobiographie »Ein kleines Ja und ein großes Nein« schildert George Grosz, wie er um die Jahrhundertwende als Heranwachsender von einem Versteck aus einer Frau beim Entkleiden zusah. Die individualpsychologische Wirkung des Erlebnisses gibt einen Einblick in die Dominanz der damaligen Verhüllungskultur und der daraus erwachsenden Entschleierungssucht. Die wohlerzogene Frau durfte nicht einmal die Beine übereinanderschlagen, höchstens die Stiefel mit dem Ansatz des Beines zeigen. So war es jedenfalls bei den strengen und achtbaren bürgerlichen Familien. Darin lag aber gerade der unbeschreibliche Reiz: das ganz zu sehen, was sich unter der Hülle verbarg – die eigentliche Haut.
»Die Frau hatte mittlerweile ihre Bluse aufgemacht, und ich sah entzückt in einen herzförmigen Schlitz. Die großen, vollen Brüste waren durch die damalige Korsettmode hoch heraufgepreßt. Sie lagen wie zwei mollige Pfirsiche in einem Korbe, und der Korb war wie bei einem Südfruchthändler mit Spitzen verziert, denn das Hemd trug sie unter dem Korsett; so war es Sitte. Sie legte nun den Rock ab. Er fiel wie eine Schale aus dem Bereich der Lampe in den kreisförmigen Schatten auf dem Teppich. Ein schillernder Unterrock folgte. Auch er sank zu

Boden. Wie Häute, dachte ich, verzaubert vom Anblick des Entpuppens...
Alles um mich verschwamm. Meine Augen waren im Zimmer. Sie stand nun halb entkleidet im Licht. Die langen weißen Batisthosen gingen, mit blauen Bändchen durchzogen, bis unter das Knie. Ich sah, obwohl die Hosen weit geschnitten waren, wie sie sich oben über den kräftigen Schenkeln spannten. Um die Taille herum waren sie mit einem Bund zugeschnürt. Ich sah stramme Waden, die in schwarzen Strümpfen steckten, spitz nach unten zulaufend in hohe, vorne ausgeschweifte, merkwürdig klein erscheinende Knopfstiefelchen. All das hatte ich noch nie wirklich gesehen, mir nur immer wieder in meiner Phantasie ausgemalt. Sie bückte sich, hob die am Boden liegenden Röcke auf – ihre vollen Frauenhüften traten einen Augenblick hervor, der weiße Batist wie eine stramme Haut darüber – und warf nachlässig die Röcke über eine Stuhllehne...
Sie bewegte sich nun vollkommen unbefangen, denn wie konnte sie ahnen, daß jemand, und gar noch ich, sie beobachtete. Sie reckte sich, strich an Leib und Schenkeln herab, stellte sich aufgerichtet, dann ein wenig herabgebeugt vor den Spiegel, nahm die Arme nach oben und begann ihr Haar zu lösen. Unter den Armen war dasselbe dunkle Haar. Wie kleine Oasen waren diese Haarbüschel in einer großen, glatten, fleischlichen Dünenlandschaft – als ob man sich, durstig, hierhin zurückziehen könne nach dem Durchwandern der heißen, großen und kleinen Dünen. Sie nahm Haarnadeln aus ihrem Haar und behielt ein paar davon im Munde, andere wurden auf den Tisch gelegt. Auch legte sie eine Art Haarrolle daneben, die man trug, um die Frisur runder und höher erscheinen zu lassen. Die Haare fielen nun in Schlangen herab und bedeckten die Hälfte ihres Oberkörpers und Rückens. Eine größere Haarnadel, die herabgefallen war, hob sie auf, sich dabei bückend und mir den Rücken zukehrend. Sie fand sie nicht sofort, und ich sah wieder, wie das Dunkle, braun-rosig Herzförmige zwischen ihren Schenkeln hervordrängte...
Mir war fast fiebrig zu Mute. Ich fröstelte vor Erregung. Konnte mich nicht losreißen. Es war wie eine Verzauberung. Wie kam es nur, daß diese achtbare bürgerliche Dame plötzlich so ganz anders wirkte? Hatte sie sich verwandelt? Ich erkannte die Tante meines Freundes kaum wieder, wie sie dort unbefangen im Evakostüm hantierte. Etwas war mit den Kleidern abgefallen. Dies war die eigentliche Frucht, das reine Geschlechtswesen mit allen ausgesprochenen Merkmalen. Alles war voll von Kurven und rosigen, weißen, bräunlichen Fleischtönen, von leicht bläulichen Adern, die hie und da durch die Haut schimmerten. Ich mußte auch an ein Pferd denken, an eine weißlichgelbe, falbe Stute. Waren die Hinterbacken nicht genau so? Es war mein erstes Erlebnis mit einer nackten Frau und ging mir durch und durch. Es war ungeheuerlich. Ich fühlte, wie der Mann in mir erwachte. Ich wäre gern bei ihr da drinnen gewesen, sinnlos, ganz verrückt, hätte sie streicheln mögen und küssen – alle die fleischlichen Kurven, die Falten und das große, behaarte, dunkle Herz, das ein wenig in der Mitte gespalten war. Meine Knie wurden schwach. Ich konnte von dem Bilde nicht loskommen.«[291]
Was George Grosz als Künstler inspirierte – das »nackte Weib als die unvergängliche Quelle und Fortsetzung unseres Geschlechts« –, wurde, wenn die »Bloßlegung« mißlang, wenn der Wille zur »Befreiung« in den Tabus wieder steckenblieb, zum besonderen Stein des Anstoßes. Das Weib: die Sublimierungskraft des Mannes lähmend, ihn in den Orkus der Triebbesessenheit hinabstoßend!

Wie in einem Brennpunkt sind in Otto Weiningers Buch »Geschlecht und Charakter. Eine prinzipielle Untersuchung« die der sexuellen Obsession zugrunde liegenden sozialpathologischen Elemente gebündelt enthalten. Das Buch erschien 1903, war bis zum Ausbruch des Weltkriegs, verstärkt durch die Sensation des Selbstmordes seines Verfassers, ein ungeheurer Erfolg, wurde dann aber rasch und gründlich vergessen. Es handelt sich um ein Werk, das in seinem ersten Teil systematisch und umfassend den Stand der damaligen sexualpsychologischen Erkenntnisse darbietet, im zweiten Teil jedoch vorwiegend als Abreaktion kollektiver Sexualneurosen – sozusagen als Beleg für Freuds einseitige Deutung moderner Nervosität – zu verstehen ist.
Der Frau spricht Weininger sowohl die Seelenhaftigkeit, das intellegible Ich als auch die Möglichkeit zum Genialischen völlig ab. Sie sei gänzlich mit Geschlechtlichkeit ausgefüllt und von dieser eingenommen. Wenn sie sich mit außergeschlechtlichen Dingen befasse, so nur dem Manne zuliebe. W, das weibliche Prinzip – Weininger hat vor der Entdeckung der Sexualhormone die Mischmöglichkeit von W und M (dem Männlichen) erkannt –, ist amoralisch, ohne Ich, ohne Personalität; eben nur Gefäß des Sexus, was wiederum dem männlichen Prinzip die Möglichkeit der Verachtung alles Weiblichen ermöglicht. »Ich behaupte also nicht, daß die Frau böse, antimoralisch ist; ich behaupte, daß sie vielmehr böse gar nie sein kann; sie ist nur amoralisch, gemein... Das Weib sündigt nicht, denn es ist selbst die Sünde, als Möglichkeit im Manne. Der reine Mann ist das Ebenbild Gottes, des absoluten Etwas, das Weib, auch das Weib im Manne, ist das Symbol des Nichts: Das ist die Bedeutung des Weibes im Universum, und so ergänzen und bedingen sich Mann und Weib... Von jener Genialität aber, die bei allen oft sehr tief gehenden Unterschieden zwischen den einzelnen Genies, eine und dieselbe bleibt und nach dem hier aufgestellten Begriffe, überall manifestiert werden kann, ist das Weib ausgeschlossen... In der Heldenanbetung des Mannes

kommt abermals zum Ausdruck, daß Genialität an die Männlichkeit geknüpft ist, daß sie eine ideale, potenzierte Männlichkeit vorstellt; denn die Frau hat kein originelles, sondern ein ihr vom Manne verliehenes Bewußtsein, sie lebt unbewußt, der Mann bewußt; am bewußtesten aber der Genius.«[292]

Indem Weininger die inzwischen (im 19. Jahrhundert) säkularisierten Sündhaftigkeitsgefühle beim Erleben von Geschlechtlichkeit auf die Wesenheit des Weibes projiziert, befreit er die Geschlechtlichkeit des Mannes und seine Geschlechtsbesessenheit vom Odium der »Täterschaft«; der Mann erscheint als Opfer weiblicher Sexualität. »W ist nichts als Sexualität. M ist sexuell und noch etwas darüber. Dies zeigt sich besonders deutlich in der so gänzlich verschiedenen Art, wie Mann und Weib ihren Eintritt in die Periode der Geschlechtsreife erleben. Beim Manne ist die Zeit der Pubertät immer krisenhaft, er fühlt, daß ein Fremdes in sein Dasein tritt, etwas, das zu seinem bisherigen Denken und Fühlen hinzukommt, ohne daß er es gewollt hat. Es ist die physiologische Erektion, über die der Wille keine Gewalt hat; und die erste Erektion wird darum von jedem Manne rätselhaft und beunruhigend empfunden, sehr viele Männer erinnern sich ihrer Umstände ihr ganzes Leben lang mit größter Genauigkeit. Das Weib aber findet sich nur leicht in die Pubertät, es fühlt sein Dasein von da ab sozusagen potenziert, seine eigene Wichtigkeit unendlich erhöht. Der Mann hat als Knabe gar kein Bedürfnis nach der sexuellen Reife; die Frau erwartet bereits als ganz junges Mädchen von dieser Zeit alles.

... Die Sensationen des Koitus sind prinzipiell keine anderen Empfindungen als wie sie das Weib sonst kennt, sie zeigen dieselben nur in höchster Intensifikation; das ganze Sein des Weibes offenbart sich im Koitus, aufs höchste potenziert. Darum kommen hier auch die Unterschiede zwischen Mutter und Dirne am stärksten zur Geltung. Die Mutter empfindet den Koitus nicht weniger, sondern anders als die Prostituierte. Das Verhalten der Mutter ist mehr annehmend, hinnehmend, die Dirne fühlt, schlürft bis aufs äußerste den Genuß.«[293]

Geschlechtsbessenheit ekelt sich vor sich selbst und lastet diesen Ekel der Frau als Schamlosigkeit an. Der spätbürgerliche Voyeurismus verhüllt sich dabei in philosophischer Gewandung; der geile Blick kann sich jedoch kaum moralisch verschleiern. »Der höchste Augenblick im Leben des Weibes, der, in dem sein Ursein, die Urlust sich offenbart, ist jener Moment, wo der männliche Same in es fließt... Darum auch ist die Frau dem Manne so überaus dankbar für den Koitus, sei dieses Dankesgefühl auch bloß auf dem Moment eingeschrankt, wie bei der gedachtnislosen Straßendirne, oder von einer längeren Nachwirkung wie bei weiter differenzierten Frauen.«[294]

Der absolute Beweis für die Schamlosigkeit der Frauen, schreibt Weininger, läge darin, daß diese untereinander sich immer ungescheut völlig entblößten, während Männer voreinander stets ihre Nacktheit zu bedecken suchten. Wenn Frauen allein seien, würden eifrige Vergleiche zwischen den körperlichen Reizen der einzelnen angestellt, und oft alle Anwesenden einer genauen und eingehenden Visitierung unterzogen, die nicht ohne Lüsternheit erfolge, weil stets der Wert, den der Mann auf diesen oder jenen Vorzug legen werde, unbewußt der Hauptgesichtspunkt bleibe. »Und so ist die Frau auch nie nackt oder stets nackt, wie man es haben will: nie nackt, weil sie nie zum echten Gefühl einer Nacktheit wirklich gelangt; stets nackt, weil ihr eben das andere fehlt, das vorhanden sein müßte, um ihr je zum Bewußtsein zu bringen, daß sie (objektiv) nackt ist, und so ein innerer Impuls zu Bedeckung werden könnte. Daß man auch unter Kleidern nackt sein kann, ist freilich etwas, das blöden Blicken nicht einleuchtet, aber es wäre ein schlimmes Zeugnis, das ein Psychologe sich ausstellte, wenn er aus der Tatsache des Gewandes schon auf den geringsten Mangel an Nacktheit schließen wollte. Und eine Frau ist objektiv stets nackt, selbst unter Krinoline und dem Mieder.«[295]

Der Mann wird durch das Weib zur Geschlechtlichkeit verführt; Weiningers Verdikt gegen die Frau schlägt um in die paradox übersteigerte Sittlichkeitsforderung, in absoluter Keuschheit zu leben – selbst um den Preis des Aussterbens der Menschheit. »Die Frau muß dem Koitus innerlich und wahrhaft, aus freien Stücken entsagen. Das bedeutet nun allerdings: Das Weib muß als solches untergehen, und es ist keine Möglichkeit für eine Aufrichtung des Reiches Gottes auf Erden, eh dies nicht geschehen ist... Daß die Menschheit ewig bestehe, das ist gar kein Interesse der Vernunft; wer die Menschheit verewigen will, der will ein Problem und eine Schuld verewigen, das einzige Problem, die einzige Schuld, die es gibt... Also widerspricht der Koitus in jedem Falle der Idee der Menschheit; nicht weil Askese Pflicht ist, sondern vor allem, weil das Weib in ihm Objekt, Sache werden will, und der Mann ihm hier wirklich den Gefallen tut, es nur als Ding, nicht als lebenden Menschen, mit inneren, psychischen Vorgängen anzusehen. Darum verachtet auch der Mann das Weib augenblicklich, sobald er es besessen hat, und das Weib fühlt, daß es nun verachtet wird, auch wenn es vor zwei Minuten sich noch vergöttert wußte.«[296]

Weininger, der selbst Jude war, überträgt seine antagonistische Mann-Weib-Philosophie auch auf die Religionen und Rassen, indem er den Juden, der Frau gleichgestellt, entsprechend tief unter dem Christentum einordnet. Dem Juden wie dem Weibe fehlten die kantische Vernunft, der Geist. Wir lebten in einer Endzeit; das bedeute Kampf zwischen Weib und Mann, Judentum und Christentum, Dunkelheit und Licht. »Daß der Jude, nicht erst seit gestern, sondern mehr oder weniger von jeher, staatsfremd ist, deutet bereits darauf hin, daß dem Juden wie dem Weibe die Persönlichkeit fehlt; was sich allmählich in der Tat herausstellen wird. Denn nur aus dem Mangel des intellegiblen Ich kann, wie alle weibliche, so auch die jüdische Unsozialität abzuleiten sein. Die Juden stecken gerne beieinander wie die Weiber, aber sie verkehren nicht miteinander als selbständige, von einander geschiedene Wesen, unter dem Zeichen einer überindividuellen Idee. So wenig wie es in der Wirklichkeit eine ›Würde der Frauen‹ gibt, so unmöglich ist die Vorstellung eines jüdischen ›Gentleman‹. Dem echten Juden gebricht es an jener inneren Vornehmheit, welche Würde des eigenen und Achtung des fremden Ich zur Folge hat. Es gibt keinen jüdischen Adel; und dies ist um so bemerkenswerter, als doch unter den Juden jahrtausendelange Inzucht besteht. So erklärt sich denn auch weiter, was man jüdische Arroganz nennt: aus dem Mangel an Bewußtsein eines Selbst und dem gewaltsamen Bedürfnis nach Steigerung des Wertes der Person durch Erniedrigung des Nebenmenschen; denn der echte Jude hat wie das Weib kein Ich und darum auch keinen Eigenwert… Unsere heutige Zeit läßt das Judentum auf der höchsten Höhe erblicken, die es seit den Tagen des Herodes erklommen hat. Jüdisch ist der Geist der Modernität, von wo man ihn betrachte. Die Sexualität wird bejaht, und die heutige Gattungsethik singt zum Koitus den Hymenaios. Der unglückliche Nietzsche ist wahrhaftig nicht verantwortlich für die Vereinigung von natürlicher Zuchtwahl und natürlicher Unzuchtwahl, deren schmählicher Apostel sich Wilhelm Bölsche nennt!… Das Judentum ist der Abgrund, über dem das Christentum aufgerichtet ist, und darum der Jude die stärkste Furcht und die tiefste Abneigung des Ariers.«[297]

Was sich hier als Lösung der Geschlechtsproblematik anbietet, ist der sozialpathologisch bestimmte Versuch, sich vom triebdynamischen, zur Explosion bereitstehenden Stau durch Abventilierung in gegengeschlechtliche Aggressivität zu befreien. Die Eingrenzung des Triebs durch die kulturelle Sexualmoral wird – wobei die Verkrampfung dieser »Philosophie« ihren Verdrängungscharakter manifestiert – ins »Positive« verkehrt: Der Trieb ist das eigentliche Schlechte und muß vernichtet werden. Zugleich wird der Objektcharakter der Frau und des Weiblichen durch deren Abwertung, die wiederum nur dem Minderwertigkeitsgefühl kollektiv-pubertärer Seelenhaltung entspringt, gerechtfertigt. Geschlechtsbesessenheit und Geschlechtshaß verschmelzen zur Einheit; das Keuschheitsidol manifestiert die pervertierten Sexualnöte und -ängste. »Geschlecht und Charakter« erweist sich somit als ein besonders markantes Beispiel für das, was Freud als Ergebnis moderner Nervosität im Zeichen kultureller Sexualmoral diagnostizierte: für das neurotische Syndrom.

Visionär erahnte der Maler-Dichter Oskar Kokoschka das sexualpathologische Leitthema der Zeit, als er einem 1907 entstandenen, nur wenige Seiten umfassenden, expressiv aufgeladenen Schauspiel, das in Form einer mythisch-symbolischen Parabel die Hoffnung der Frau auf Erlösung von der Herrschaft des Sexus und auf Emanzipation durch die geistige Kraft des Mannes gestaltet, den Titel »Mörder, Hoffnung der Frauen« gab. Die Polarität der Geschlechter, eingefangen im vorexpressionistischen, hymnisch überhöhten kultischen Suggestionstheater, impliziert erotische Selbstzerfleischung. Der Frau wird auf Geheiß des Mannes das »heiße Eisen« ins rote Fleisch gebrannt, die Frau stößt dem Mann das Messer in die Seite und verwundet ihn schwer. Die zutiefst Getroffenen, Tiefverwundeten sind in Haßliebe unrettbar miteinander verbunden:

> »Frau *(immer heftiger aufschreiend):*
> ›Ich will dich nicht leben lassen. Du!
> Du schwächst mich –
> Ich töte dich – du fesselst mich!
> Dich fing ich ein – und du hältst mich!
> Laß los von mir – umklammerst mich – wie mit eisernen Ketten
> – erdrosselt – los – Hilfe!
> Ich verlor den Schlüssel – der dich festhielt.‹«[298]

Die »Durchleuchtung«, die auf dem »Zauberberg« und anderswo vorgenommen wird, oszilliert zwischen Enthüllung und Verhüllung. Ist das Gerippe auch klar, das Fleisch bleibt verschwommen; selbst der geübte medizinische Blick ist auf Vermutungen angewiesen. Wie auf den Bildern der Salonmalerei fallen vor dem Röntgenblick zwar die Schleier; aber das Entbergen beläßt Verborgenheiten.

Sigmund Freud war mit der Ambivalenz seiner Psychoanalyse zwischen den beiden Grundkräften der Zeit angesiedelt: dem Rationalismus und dem Irrationalismus; er erwies sich als ein Rationalist der Irrationalisten, als ein Irrationalist inmitten von Rationalisten. Kulturpessimismus war ein Grundelement seines Schaffens, aber – und das grenzte ihn von allen ab, die den Geist als Widersacher der Seele begriffen – ihn konnte der Triumph des Triebes über die Vernunft nicht beglücken. Kultur ist ihm Antinomie: Verfehlung des eigentlich Menschlichen, des Triebhaften, und zugleich Erfüllung des eigentlich Menschlichen, des geistigen Prinzips. Auf der einen Seite die Spontaneität der Triebwünsche, auf der anderen die Dämme, die Kulturmoral und kulturelle Erziehung aufbauten. Das Schuldgefühl pervertiert Natürlichkeit; zugleich initiiert es Sublimierung. Freuds Forscherinteresse fürs Affektive, so Thomas Mann in seinem Aufsatz »Die Stellung Freuds in der modernen Geistesgeschichte« (1929), arte nicht in die Verherrlichung seines Gegenstandes auf Kosten der intellektuellen Sphäre aus. Sein

Antirationalismus bedeute die Einsicht in die tatsächlich-machtmäßige Überlegenheit des Triebes über den Geist; er bedeute nicht das bewunderungsvolle Auf-dem-Bauch-Liegen vor dieser Überlegenheit und die Verhöhnung des Geistes.[299] Er verkörpere, was er selbst die »leise Stimme des Intellekts« nenne. Indem Freud auf Heilung, auf Wahrheit, auf Analyse bedacht sei, wirke er im Sinne echter Aufklärung und aufklärerisch-revolutionärer Gesinnung. Seine Lehre – in bedeutender Verwandtschaft zur Bewußtwerdungsphilosophie der Romantik, wie sie Novalis vertreten habe – suche die Gewissensempfindlichkeit gegen die Inhumanität des Dumpfheitskonservativismus zu erhalten, bejahe die Notwendigkeit der Auflockerung und Auflösung der auf Bewußtlosigkeit unsicher beruhenden Lebensformen; sie glaube an die Transzendenz der Unordnung, an höhere Stufen, an die Zukunft. »Der Weg, den sie vorschreibt, ist der der Bewußtmachung, der Analyse, auf welchem es kein Halt und kein Zurück, keine Wiederherstellung des ›Guten-Alten‹ gibt; das Ziel, das sie zeigt: eine neue, verdiente, durch Bewußtheit gesicherte, auf Freiheit und Wahrhaftigkeit beruhende Lebensordnung. Man kann sie aufklärerisch nennen nach ihren Mitteln und Zielen; aber ihr Aufklärertum ist durch zu vieles hindurchgegangen, als daß seine Verwechslung mit heiterer Seichtheit vollziehbar wäre. Man kann sie antirational nennen, da ihr Forschungsinteresse der Nacht, dem Traum, dem Triebe, dem Vorvernünftigen gilt und an ihrem Anfang der Begriff des Unbewußten steht; aber sie ist weit entfernt, sich durch dies Interesse zur Dienerin des verdunkelnden, schwärmenden, zurückbildenden Geistes machen zu lassen. Sie ist diejenige Erscheinungsform des modernen Irrationalismus, die jedem reaktionären Mißbrauch unzweideutig widersteht.«[300]

Thomas Mann definiert Freuds Stellung in der modernen Geistesgeschichte als Position irrationaler Rationalität, eines »fortgeschriebenen« und fortgeschrittenen, also den aufklärerischen Optimismus in Frage stellenden Skeptizismus. Er bezieht sich bei seiner Deutung auch auf einen Aphorismus Nietzsches (in der »Morgenröte«), in dem dieser die Feindschaft der Deutschen gegen die Aufklärung behandelt hat. Die Geister, die lange Zeit hilfreiche Gesellen des verdunkelnden, schwärmenden, zurückbildenden Geistes gewesen wären, hätten nun freilich wieder eine andere Natur angenommen und flögen mit den breitesten Flügeln an ihren alten Beschwörern vorüber und hinaus, als neue und stärkere Genien eben jener Aufklärung, wider welche sie beschworen waren. Diese Aufklärung, sagt Nietzsche, »haben wir jetzt weiterzuführen unbekümmert darum, daß es eine ›große Revolution‹ und wiederum eine ›große Reaktion‹ gegen dieselbe gegeben hat, ja, daß es beides noch gibt: es sind doch nur Wellenspiele im Vergleich mit der wahrhaft großen Flut, in welcher wir treiben und treiben wollen.«[301]

Eingangs der Schrift »Das Unbehagen in der Kultur« bezieht sich Freud auf Äußerungen seines Freundes Romain Rolland, der vom Ursprünglichen als dem »Ozeanischen« im Menschen spricht. »Ein Gefühl, das er die Empfindung der ›Ewigkeit‹ nennen möchte, ein Gefühl wie von etwas Unbegrenztem, Schrankenlosem, gleichsam Ozeanischem.«[302] Nüchtern stellt Freud für sich fest: »Ich selbst kann dies ›ozeanische Gefühl‹ nicht in mir entdecken.«[303] Dies wird nicht mit der Attitüde des Naiven festgestellt, der das Ozeanische nicht zu verspüren vermag, weil er zu wenig introspektiv ist, sich zu wenig selbst erforscht hat; sondern mit der Überzeugung des aufgeklärten Seelenarztes, der gerade im Verlust dieses Grundgefühls die mentale Entwicklung sieht. »Haben wir ein Recht zur Annahme des Überlebens des Ursprünglichen neben dem Späteren, das aus ihm geworden ist?«[304] Nach Arkadien könne man nicht mehr zurückkehren, meinte Schiller; die Regression sei eine Selbsttäuschung, der der sentimentalische Denker nicht verfalle. – Freud hält aufklärerische Distanz zu all denjenigen, die sich das Eintauchen in den Elan vital als Befreiung suggerieren und inmitten von Kultur und Zivilisation so tun, als ob die Rückkehr zu den Müttern möglich, ja von »Eingeweihten« schon vollzogen sei. Zwar wären zum Beispiel Trance und Ekstase reale Mächte, aber durch ihre Überwindung werde die eigentliche Kulturleistung erbracht – was sowohl Unbehagen wie Erfüllung bringe. So drängt es Freud mit den Worten des Schillerschen Tauchers auszurufen: »Es freue sich, wer da atmet im rosigen Licht.«[305] Der Künder des Unbehagens in der Kultur bejaht zugleich dieses Unbehagen, da es eben Kultur signalisiert – Bewußtheit, wenn auch den Trieben entgegengesetzte und damit leidvolle, daß die Leistung gelungen, die Sublimierung erfolgt ist.

Auf der Couch wird gesprochen: Der Patient soll über sprachliche »Entäußerung« zu seiner Identität zurückfinden; der Psychoanalytiker therapiert, indem er spricht und im Sprechen den psychischen Untergrund des Kranken freizulegen trachtet. Gesundheit durch Kommunikation – Heilung durch den Geist. In einer Epoche, die oft genug durch rhetorische Uferlosigkeit geprägt ist, erweist sich Freuds Sprachstil (um mit Thomas Mann zu sprechen) als ein solcher des »mittleren, unaufgeblasenen Wortes, das seine Kraft im Mäßigen sucht«. Was bei seinen Sprech-Stunden verängstigte, neurotische, verklemmte, verkrampfte Seelen auf der Couch individualpsychologisch offenbarten, gibt in seiner Addition auch einen Einblick in die kollektiven Verkrampfungen, Verklemmungen, Verlorenheiten eines bombastisch aufgeblasenen Zeitalters, das die Tiefe seiner Leere mit prunkvollen Fassaden abdeckte. Freud ging es darum, die Sprachhaftigkeit des Bewußtseins wiederherzustellen. Bewußtseinsfähig ist, was man sagen kann; wo in der Psyche Sprache ist, ist mögliches Bewußtsein. Bewußtsein meint Ichbewußtsein, Identität, Selbstbewußtsein; es ist durch Sprachhaftigkeit gekennzeichnet, und umgekehrt wird Sprache durch Bewußtseinshaftigkeit bestimmt.[306] Durch Freud wurde Sprache wieder dazu gebracht auszudrücken, was gemeint war, und nicht, was vorgetäuscht werden sollte. War Sprache von den Vagheiten, Verlogenheiten der Ideologien und Pseudo-Mythen befreit, konnte das Wesentliche wieder deutlich werden. Sigmund Freud hat mit seiner Psychoanalyse das Sprachbewußtsein seiner Zeit revolutioniert.

Wort-Künstler war auch Karl Kraus; den Sprachkritiker apostrophierte Franz Werfel als Fanatiker:

»Wehleidig, wie noch immer nicht gesundet
von langer Krankheit, schaut er müde drein.
Er wählt, abwesend, unter Näscherein,
von denen ihm die süßeste nicht mundet.

Braun ist sein Aug' von Ekel untergrundet.
Ein graues Lächeln hängt wie Spinnweb fein
im Runzelwerk: Die Welt ist so gemein!
Man hat ihn schon im Mutterleib verwundet.

Das Stichwort fällt! Der noch wie Uferweiden
im Winde des Gespräches schlaff sich wand,
hebt eine Stirn nun, steinern ausgespannt.

Das Kinn zielt scharf. Nun sollen andre leiden!
Schon blitzt, um uns ins Lügenherz zu schneiden,
sein Brillenblick, der Glaserdiamant.«[307]

Kraus schlug hart zurück: »Denn wiewohl das Gedicht offenbar gegen mich geht, bringe ich doch die Objektivität auf, zu erklären, daß es ein Dreck ist.«[308] Gut ist Werfels Gedicht sicherlich nicht, aber in vielem wahr. Zumindest stellt es die Ambivalenz dieses Mannes heraus, der seine ganze Welt in Schranken rufen wollte. »Die Volkszählung hat ergeben, daß Wien 2030834 Einwohner hat. Nämlich 2030833 Seelen und mich« – so Kraus am 26. Januar 1911 in der von ihm 1899 begründeten und herausgegebenen Zeitschrift »Die Fackel«. Die anderen seien, denn das ist gemeint, »tote Seelen«, Seelen, die eben keine mehr sind; in ihrer Vielzahl wird ihnen Leben abgesprochen. Der einzige, der »Ich« heißt, steht ihnen gegenüber, und dieses Ich wiegt sie auf; das Gewicht und der Wert dieses Ich sind größer als die aller übrigen Bewohner zusammengenommen.[309] Solcher Hybris entsprach auch, daß Kraus von 1911 an in den Spalten seiner Zeitschrift keinen anderen

Oskar Kokoschka: Karl Kraus

Autor mehr zuließ, sondern alle Beiträge bis zu seinem Todesjahr 1936 selber schrieb.

Wehleidig war er; er gesundete nie; seine Sensibilität war aggressiv verpackt; um seine Angst zu verbergen, seine Verunsicherung zu kaschieren, attackierte er vehement und oft brutal, wen oder was ihn bedrängte. Da er sich seiner Schwächen schämte, versuchte er, die Schwächen anderer herauszufinden und diese lächerlich zu machen. Im »Paradies des Nörglers« fand er die Sicherheit, die ihm sonst in der Welt fehlte. Manfred Schneider spricht von einer »neurotischen Charakterdisposition« und erkennt in Kraus' satirischen Unternehmungen Dubletten archaischer Konfliktkämpfe, hinter den Feindbildern die »lebenslange Suche nach realen Repräsentanzen der irrealen Ängste«.[310]

Diese realen Repräsentanzen, die er dann konkret bekämpfen konnte, fand Kraus als Sprachkritiker vor allem in denjenigen, die Sprache »verhunzten«. Eitel und selbstgerecht, wie er war, überschätzte er die eigene Sprachfähigkeit; was ihm nicht paßte, war »Dreck«; sein Witz schlug oft in Witzelei um; toleranter Humor war ihm fremd. Auf der anderen Seite klärte er die Sprachnebel auf, die über der Wilhelminischen Epoche lagen.

Die Welt war so gemein! Er schnitt ins Lügenherz. Mit jeder Ausgabe der »Fackel« entdeckte er neue Lügenherzen. Das Gleichmaß der Angriffe zeigte ein geringes Differenzierungsvermögen; aber »sein Brillenblick, der Glaserdiamant« war ein Röntgenblick, den keine Verlogenheit täuschen konnte. Das Leitwort der ersten Nummer der »Fackel« lautete: »Was wir umbringen«; Kraus blieb diesem Motto treu. Im Jahre 1911 zum Beispiel attackierte er in vier aufeinanderfolgenden Nummern den Kritiker Alfred Kerr unter den Überschriften: »Der kleine Pan ist tot«; »Der kleine Pan röchelt noch«; »Der kleine Pan stinkt schon«; »Der kleine Pan stinkt noch«. Da hieß es: »Denn während andere Polemiker sich dadurch beliebt machen, daß ihnen der Atem ausgeht, regt mich das Fortleben meiner Objekte immer von neuem an. Sie mögen bedenken, daß ich die Großen bis zu den Schatten verfolge und auch dort nicht freigebe... Es ist mein Verhängnis, daß mir die Leute, die ich umbringen will, unter der Hand sterben... Nun ist er hin und läßt mir nichts übrig, als ihn aufzubahren.«[311] Wie Werfel dichtete: Sein Auge war von Ekel untergrundet! Und weil es ihn so tief ekelte, erhoffte er sich von seiner Sprachkritik so viel – nämlich Erlösung. Er setzte Sprachästhetik mit Ethik gleich. Und in der Tat deckte er, indem er die kunstvollen wie profanen Sprachschleier seiner Zeit zerriß, die dahinterliegende Unmoral auf.

Oft freilich überinterpretierte er Sprachschnitzer. Ein falsches Komma konnte ihn rasend machen (und so konnte es auch passieren, daß er deswegen eine bereits ausgedruckte Nummer der »Fackel« einstampfen ließ). Gerade seine Aphorismen machen deutlich, wie nahe Gutes und Schlechtes, Witziges und Geistloses, Gelungenes und Überzogenes, Durchdachtes und Oberflächliches, Ernsthaftes und Läppisches beieinander stehen.[312] »Ein Schein von Tiefe entsteht oft dadurch, daß ein Flachkopf zugleich ein Wirrkopf ist.« Er war weder ein Flachkopf noch ein Wirrkopf; aber seine Tiefe war oft nur ein Schein von Tiefe. »Psychoanalyse ist jene Geisteskrankheit, für deren Therapie sie sich hält.« Ein solcher Satz bekundet nicht nur Mangel an Kenntnis und Einsicht; er ist vor allem Abwehr: »Ein graues Lächeln hängt wie Spinnweb fein / im Runzelwerk: Die Welt ist so gemein! / Man hat ihn schon im Mutterleib verwundet.« So war es.

Freud hätte an Kraus einen sehr ergiebigen Fall gehabt, aber statt sich auf die Couch zu legen, versuchte Kraus lieber, die Psychoanalyse zu vernichten. Am tiefsten litt er wohl an dem Zwiespalt, daß er, der Neinsager, lieber ein Jasager gewesen wäre; denn sein Haß war die Folge der Einsamkeit. Gelang ihm einmal der Durchbruch zur Liebe, so ist er, wie seine jahrzehntelange Beziehung zu Sidonie Nadherny von Borutin beweist, voll rhapsodischen Gefühlsüberschwangs: »Ich hätte nie geglaubt, daß es so über mich noch hereinbrechen kann. Es ist Anfang oder Ende (17.3.1914)... Alles, was ich bin, gehört Dir. Willst Du's nicht? Dir kann alles gegeben und auch das noch zugegeben werden... Wo wird es zwei geben, deren Blick so durch alle zeitliche Trübung aufeinander gerichtet bleibt? Jede Ablenkung ist eine Tragödie. (21.11.1914)... Sidi, Sidi, ich weiß, daß ich zu viel verlange; bin ich kein Hindernis, so bin ich's doch für mich selbst. Bitte beruhige mich nicht. Meiner Maßlosigkeit kann das Leben nicht genügen, und darum auch die Liebe nicht, wenn sie sich mit dem Leben abfinden muß. Was soll man thun. Wir wären jenseits aller Grenzen, nicht nur des Landes, glücklicher gewesen. (3.12.1914)«[313]

Kraus, der die verlogenen Sprachschleier seiner Zeit zerriß, stülpte zarte Zierschleier der Sentimentalität über seine Verlorenheit, keine Blumigkeit scheuend. Als Schauspieler, als vorlesender Alleinunterhalter war er Sprachexhibitionist – eiferte dem Hofschauspielerstil nach: effektvoll, affektgeladen, hysterisch akzentuierend, auf Massenhypnose abzielend; war dies auch, in den zwanziger Jahren vor allem, anachronistisch – die Mitglieder der Karl-Kraus-Gemeinde bejubelten ihn.

Geistreiches sagte er über die Operette; aber daß er die Operette so sehr liebte, unterstreicht nur die Ambivalenz seines Wesens; der entschleiernde Analytiker war auch ein die Verschleierung liebender Kitschmensch. Die »Näschereien«, die ihm mundeten, waren die Dummheiten und Bösartigkeiten der anderen. »Keinen Gedanken haben und ihn ausdrücken können – das macht den Journalisten.« Bösartig war er vor allem in seinem Haß auf die »Journaille« und bei seinem Kampf gegen das Judentum (selbst Jude, hatte er 1899 die jüdische Religionsgemeinschaft verlassen; 1911 trat er der katholischen Kirche bei, von der er sich 1923 wieder trennte). »Er, der für alles Unheil in der Gegenwart mit kindisch anmutender Borniertheit die Presse verantwortlich machte, kritisierte weniger die unzweifelhaft reaktionären österreichischen Zeitungen, als vor allem jene liberalen Blätter, die damals meist in jüdischen Händen waren. Denn diese Presse sei, erläuterte Kraus, ungleich intelligenter und daher auch ungleich gefährlicher. Wie auch immer: Sein Kampf gegen die Presse meinte das Jüdische oder, richtiger gesagt, das, was er für das Jüdische hielt. In diesem Sinne haben wir es mit einer Selbstauseinandersetzung zu tun. Schließlich war Kraus eben das, was er am meisten verabscheute und am häufigsten bekämpfte: ein jüdischer Journalist.« (Marcel Reich-Ranicki)[314]

Der Skandal fange an, wenn die Polizei ihm ein Ende mache... Ein Sittlichkeitsprozeß sei die zielbewußte Entwicklung einer individuellen zur allgemeinen Unsittlichkeit, von deren dusterem Grunde sich die erwiesene Schuld des Angeklagten leuchtend abhebe.[315] Diejenigen, die man der »Unzucht« bezichtigte, zum Beispiel die Prostituierten, verteidigte er vehement – da sie Ausgebeutete der Gesellschaft waren. In der Kriminalisierung des Ehebruchs trete die »schiefe und lächerliche Beziehung zwischen Kriminalität und Sittlichkeit« zutage. Der Ehebruchsprozeß sei die große Gelegenheit, die Unverträglichkeit von Sittlichkeit und Kriminalität zu zeigen. »Der Typus der Frau, die zwar zu schön ist, um treu, aber auch zu gesetzeskundig, um untreu zu sein, lebt nur in einer einfältigen Doktrin. Deutsche Philosophen, die in den idealsten Höhen der Sittlichkeit gedacht haben, sind für die Ausscheidung des Ehebruchs aus dem Strafrecht und dafür eingetreten, daß der Frau die Scheidung erleichtert werde. Denn die Heiligkeit der Ehe würde, sobald sie aufhörte ›Rechtsgut‹ zu sein, beträchtlich gemehrt werden. Sie wäre nicht mehr von jener unseligen Heuchelei beleidigt, unter der Menschen fortleben, die längst erkannt haben, daß sie, als sie ›in die Ehe traten‹, keinen andern ›Fehltritt‹ mehr begehen konnten – man müßte denn das Heraustreten aus allen Dingen, in die einer auf der Lebensstraße treten kann, als Fehltritt bezeichnen... Aber dies ist vom Standpunkt vergangener und hoffentlich kommender Zeiten gesprochen, nicht aus dem Herzen der Gegenwart. Sie ist beruhigt, ihre Ideale in gesetzlicher Hut zu wissen, und braucht sie darum nicht zu befolgen. Sie sehnt sich nicht nach Reformen. Eine Gesittung, die der zwischen Arbeitstier und Lustobjekt gestellten Frau gleißnerisch den Vorrang des Grußes läßt, die Geldheirat erstrebenswert und die Geldbegattung verächtlich findet, die Frau zur Dirne macht und die Dirne beschimpft, die Geliebte geringer wertet als die Ungeliebte, muß sich wahrlich eines Strafgesetzes nicht schämen, das den Verkehr der Geschlechter ein ›unerlaubtes Verständnis‹ nennt. Die Sitte ist geschützt. Und die Sittlichkeit könnte arg überhand nehmen, wenn's nicht Verbote gegen die Unsittlichkeit gäbe.«[316]

Karl Kraus' Kampf gegen die Kulturheuchelei der Epoche »zielte scharf«; er hatte die Stirn, »steinern aufgespannt«, die Sprache der Unmenschen zu entlarven; oder positiv, in einem seiner Aphorismen so formuliert: Die Sprache, die dreiste Dirne, habe er wieder zur Jungfrau gemacht. Die Metapher deutet freilich an, daß Kraus dem weiblichen Geschlecht zwar mitleidsvoll-einfühlend, aber stets männlich-überlegen entgegentritt. Der Mann habe fünf Sinne, das Weib bloß einen. Bei aller Sympathie für diejenigen, die wegen ihres einen Sinnes, ihrer Sinnlichkeit, »gefallen« seien, reproduziert er den für die Zeit charakteristischen neurasthenischen Patriarchalismus, der durch den Kult der femme fragile hofft, dem Sog der überstarken, aber sündhaft erlebten Geschlechtlichkeit entkommen zu können.

Nike Wagner hat deutlich gemacht, worin und worin nicht Kraus mit prominenten Protagonisten seiner Zeit übereinstimmte.[317] Das Interesse am »Weib« war bei Sigmund Freud therapeutisch, bei ihm ästhetisch. Mit Strindberg meinte er, daß die Weltordnung vom »Weiblichen« bedroht sei; doch war er nicht der Auffassung, daß das Weib sie gefährde. Aus Weiningers Frauenverachtung machte er Frauenverehrung, weshalb er Wedekind vorwarf, daß dieser sich zu wenig mit Lulu, dafür aber mit ihren Besitzern, Beherrschern, Vernichtern, also mit dem phallokratischen Manne identifiziere. Kraus votierte für den männlichen Geist, wandte sich jedoch gegen männliche Macht, engagierte sich fürs weibliche Geschlecht, mißachtete aber die weibliche Kultur. Kritisch äußert Alfred Pfabigan: Die in »Sittlichkeit und Kriminalität« versammelten Aufsätze gingen samt und sonders auf ein Verständnis der Sexualität zurück, das alles andere als aufgeklärt, ja auch nur human im allgemeinsten Sinne wäre. Die Frau sei für Kraus ein Weibchen, für sinnliches Vergnügen geschaffen; für Spiel und Spaß – und mehr wolle sie auch nicht. So ungefähr habe sich auch der »Onkel« wie der Korpsstudent verhalten, die, aus der Provinz kommend, in Wien »was erleben« wollten.[318]

Unter den Ambivalenten der Wiener Moderne war Kraus einer der ambivalentesten; in tiefstem Grunde seiner Seele voller »Müdigkeit«. Er, der große Sprachkritiker, der davon überzeugt war, daß die Menschheit keine Waffen bräuchte, wenn sie keine Phrasen hätte, verzweifelte schließlich an der Möglichkeit, durch Sprachästhetik die Welt zu verändern; er sah seine Wirkungslosigkeit voraus. Das nachfolgende, zu Herz und Hirn gehende Gedicht, das er 1933 schrieb, entstand nicht nur unter dem Eindruck der nationalsozialistischen Machtergreifung; es war in ihm seit langem angelegt, führte zum Kern seines Wesens. Dem furiosen Sprachkritiker verschlug es die Sprache, als Deutschland erwachte.

»Man frage nicht, was all die Zeit ich machte.
Ich bleibe stumm;
und sage nicht, warum.
Und Stille gibt es, da die Erde krachte.
Kein Wort, das traf;
man spricht nur aus dem Schlaf.
Und träumt von einer Sonne, welche lachte.
Es geht vorbei;
nachher war's einerlei.
Das Wort entschlief, als jene Welt erwachte.«[319]

Röntgenblick: hinter Fassaden das Bodenlose. Der achtundzwanzigjährige Däne Malte Laurids Brigge, nach dem Tod seiner Eltern heimat- und besitzlos geworden, versucht, in Paris als Dichter zu leben. Seine »Aufzeichnungen« (ein Tagebuchroman von Rainer Maria Rilke, 1910) spiegeln Grunderfahrungen des modernen Lebens, erweisen sich als Psychotopographie der Großstadt. Ist der glitzernde Schleier operettenhafter Illusion weggezogen, sieht man das Gerippe. Bilder der Armut, der Krankheit, des Todes, des Sterbens dringen auf den schutzlos Ausgesetzten, der in sich die Ängste seiner Kindheit trägt, ein. Der Röntgenszene im »Zauberberg« entspricht in den »Aufzeichnungen des Malte Laurids Brigge« die Stelle, da der Abbruch einer Häuserzeile beschrieben wird. Malte »lernt da sehen«: sowohl Oberfläche wahrnehmen wie Hintergründe begreifen. Hinter abgerissenen Fassaden das Elend von Menschen, deren Schicksale längst verweht sind. Der entbergende Schleier offenbart: Auf Da-sein ist kein Verlaß. »Häuser? Aber, um genau zu sein, es waren Häuser, die nicht mehr da waren. Häuser, die man abgebrochen hatte von oben bis unten. Was da war, das waren die anderen Häuser, die danebengestanden hatten, hohe Nachbarhäuser. Offenbar waren sie in Gefahr, umzufallen, seit man nebenan alles weggenommen hatte; denn ein ganzes Gerüst von langen, geteerten Mastbäumen war schräg zwischen den Grund des Schuttplatzes und die bloßgelegte Mauer gerammt.« Man sieht die Zimmerwände früherer Häuser: noch mit Tapeten beklebt; da und dort der Ansatz eines Fußbodens oder einer Decke. »Neben den Zimmerwänden blieb die ganze Mauer entlang noch ein schmutzigweißer Raum, und durch diesen kroch in unsäglich widerlichen, wurmweichen, gleichsam verdauenden Bewegungen die offene, rostfleckige Rinne der Aborttöhre. Von den Wegen, die das Leuchtgas gegangen war, waren graue, staubige Spuren am Rande der Decken geblieben, und sie bogen da und dort, ganz unerwartet, rund um und kamen in die farbige Wand hineingelaufen und in ein Loch hinein, das schwarz und rücksichtslos ausgerissen war. Am unvergeßlichsten aber waren die Wände selbst. Das zähe Leben dieser Zimmer hatte sich nicht zertreten lassen. Es war noch da, es hielt sich an den Nägeln, die geblieben waren, es stand auf dem handbreiten Rest der Fußböden, es war unter den Ansätzen der Ecken, wo es noch ein klein wenig Innenraum gab, zusammengekrochen.«[320]

Als er dergestalt die Mauer »erkannt« hat, läuft Malte Laurids Brigge davon. »Denn es ist das Schreckliche, daß ich sie erkannt habe. Ich erkenne das alles hier, und darum geht es so ohne weiteres in mich ein: es ist zu Hause in mir.« Wie Hans Castorp beim Durchleuchten seiner Hand, blickte Malte angesichts der aufgerissenen Häuserzeile in das eigene Grab. Dasein ist abgebrochen; die Seele, aus dem Unbekannten aufgestiegen, ins Unbekannte versinkend, registriert im Augenblick die Verlorenheit von Welt. Das Leben geht weiter. Die Häuser daneben stehen noch. Das hektische Großstadttreiben verschleiert das Abgründige; aber die Ungeborgenheit ist überall präsent.

»Die Existenz des Entsetzlichen in jedem Bestandteil der Luft. Du atmest es ein mit Durchsichtigem; in dir aber schlägt es sich nieder, wird hart, nimmt spitze, geometrische Formen an zwischen den Organen; denn alles, was sich an Qual und Grauen begeben hat auf den Richtplätzen, in den Folterstuben, den Tollhäusern, den Operationssälen, unter den Brückenbögen im Nachherbst: alles das ist von einer zähen Unvergänglichkeit, alles das besteht auf sich und hängt, eifersüchtig auf alles Seiende, an seiner schrecklichen Wirklichkeit. Die Menschen möchten vieles davon vergessen dürfen; ihr Schlaf feilt sanft über solche Furchen im Gehirn, aber Träume drängen ihn ab und ziehen die Zeichnungen nach. Und sie wachen auf und keuchen und lassen einer Kerze Schein sich auflösen in der Finsternis und trinken, wie gezuckertes Wasser, die halbhelle Beruhigung. Aber, ach, auf welcher Kante hält sich diese Sicherheit. Nur eine geringste Wendung, und schon wieder steht der Blick über Bekanntes und Freundliches hinaus, und der eben noch so tröstliche Kontur wird deutlicher als ein Rand von Grauen. Hüte dich vor dem Licht, das den Raum hohler macht; sieh dich nicht um, ob nicht vielleicht ein Schatten hinter deinem Aufsitzen aufsteht wie dein Herr. Besser vielleicht, du wärest in der Dunkelheit geblieben und dein unabgegrenztes Herz hätte versucht, all des Ununterscheidbaren schweres Herz zu sein. Nun hast du dich zusammengenommen in dich, siehst dich vor dir aufhören in deinen Händen, ziehst von Zeit zu Zeit mit einer ungenauen Bewegung dein Gesicht nach. Und in dir ist beinah kein Raum; und fast stillt es dich, daß in dieser Engheit in dir unmöglich sehr Großes sich aufhalten kann; daß auch das Unerhörte binnen werden muß und sich beschränken den Verhältnissen nach. Aber draußen, draußen ist es ohne Absehen; und wenn es da draußen steigt, so füllt es sich auch in dir, nicht in den Gefäßen, die teilweis in deiner Macht sind, oder im Phlegma deiner gleichmütigeren Organe: im Kapillaren nimmt es zu, röhrig aufwärts gesaugt in die äußersten Verästelungen deines zahlloszweigigen Daseins. Dort hebt es sich, dort übersteigt es dich, kommt höher als dein Atem, auf den du dich hinaufflüchtest wie auf deine letzte Stelle. Ach, und wohin dann, wohin dann? Dein Herz treibt sich aus dir hinaus, dein Herz ist hinter dir her, und du stehst fast schon außer dir und kannst nicht mehr zurück. Wie ein Käfer, auf den man tritt, so quillst du aus dir hinaus, und dein bißchen obere Härte und Anpassung ist ohne Sinn.«[321]

Mit dem »Malte«, meinte Hugo von Hofmannsthal, habe Rilke das »Ungefähre« in die Prosa gebracht. Das Ungefähre ist nicht Vagheit, sondern die exakte Beschreibung eines unfaßlichen Zustandes, der aus Angst vor dem Tode, aus Angst vor dem Alleinsein und der Krankheit, aus Angst vor der Armut wie dem Untergang in der namenlosen Menge und aus der Angst selbst vor dem Geliebtwerden besteht. Das Ungefähre dieser Prosa ist, dem entbergenden Schleier vergleichbar, Präzision des Unsäglichen.

Auf der anderen Seite gleicht vielfach Rilkes lyrische Sprache, wie in der »Weise von Liebe und Tod des Cornets Christoph Rilke« (1906), einem verhüllenden Schleier, der über die Wirklichkeit gebreitet wird: wolkig, schwärmerisch, inbrünstig-betörende Wortmusik mit dem Gestus mystisch-magischer Hochton-Hymnik.[322] Rilkes »süße Anarchie« (Peter Demetz) und sein ästhetischer Pietismus mögen Kompensation der Verwundungen gewesen sein, die er in seiner Jugend erlitt. Die Mutter, die von einem besseren Leben träumte, steckte ihn bis zu seinem siebten Lebensjahr in Mädchenkleidung, um so den verachteten Vater zu bestrafen; dieser wiederum verfrachtete den Sohn in eine Kadettenschule, wo er als zartes, sensibles »Muttersöhnchen« gequält wurde. Als Narziß betrat er die literarische Szene – voll versteckter Sinnlichkeit und dekorativer Attitüden, bis zu seinem Lebensende Liebling fragiler wie frigider Frauen, die sich zu dem Dichter in seiner tragischen Einsamkeit hingezogen fühlten und ihn mit Fürsorge bedachten (auch wirtschaftlich versorgten). Im »Selbstbildnis« aus dem Jahre 1906 zeichnet er von sich ein stilisiertes und, was die adlige Herkunft betrifft, legendäres Portrait:

> »Des alten lange adligen Geschlechtes
> Feststehendes im Augenbogenbau.
> Im Blicke noch der Kindheit Angst und Blau
> und Demut da und dort, nicht eines Knechtes
> doch eines Dienenden und einer Frau.
> Der Mund als Mund gemacht, groß und genau,
> nicht überredend, aber ein Gerechtes
> Aussagendes. Die Stirne ohne Schlechtes
> und gern im Schatten stiller Niederschau.
> Das, als Zusammenhang, erst nur geahnt;
> noch nie im Leiden oder im Gelingen
> zusammgefaßt zu dauerndem Durchdringen,
> doch so, als wäre mit zerstreuten Dingen
> von fern ein Ernstes, Wirkliches geplant.«[323]

Ganz im Sinne der Weltentrückungstendenzen der Epoche, die das dominante Realitätsprinzip konterkarieren, hat Rilke mit beispielloser Konsequenz den Typus des »reinen Dichters« gelebt, zeitlebens danach trachtend, »die Schlacken irdischer, körperlicher Materie abzutun und sie zu transformieren in das Werk, das Kunstwerk. Er hat nicht die Kunst hineingenommen in das Leben, sondern hat das Leben, sein Leben, stilisiert zum Kunstwerk. Die Vita wird zum Artefakt... Das Mittel zum Gelingen solchen gewaltigen Umwandlungsprozesses: Arbeit. Der Preis: Verzicht auf Mitmenschlichkeit, Verzicht also auf die Verstrickung intensiver und intimer Art, die man ›Liebe‹ nennt; aber auch ›Freundschaft‹. Verzicht auf fundamentale Kategorien des Humanum.« (Peter Wapnewski)[324] Sein Werk entsprach vor allem dann dem Zeitgeschmack, wenn es sich ästhetizistisch gebärdete.

Rilke, so Egon Schwarz, artikulierte das Lebensgefühl einer Schicht, die sich aus aufsässigen kleinbürgerlichen und aristokratischen Elementen, also aus den Verlierern der Industrierevolution, zusammensetzte die das satte kapitalistische Bürgertum mit Kommerzialisierung, Mechanisierung und Vermassung bekämpfte. In Rilke war ein Dichter erschienen, der durch die politische und wirtschaftliche Landschaft wie ein Schlafwandler schritt. Er negierte das Maschinenwesen, zeigte unverhohlene Abneigung gegenüber Zivilisation und Industriegesellschaft. Seine Sehnsucht nach vorindustriellen Lebensformen, nach handwerklicher Aura und einer Intimität ohne Mechanik entsprach der Stimmungslage eines Mittelstandes und einer Oberschicht, die sich gerne ästhetischen Fluchtbewegungen überantwortete. Für Rilke, den »Erzästheten« (so Thomas Mann), fand sich immer noch ein gräfliches Schloß, von dem aus er die Armen bedichten konnte.[325] So oberflächlich-ornamental sich jedoch auch das Sprachgewand, in das Rilke seine existentielle Befindlichkeit einhüllte, oft darbot, unter dem manierierten, teils gravitätischen, teils graziösen Faltenwurf verbarg sich Tiefgründigkeit. »Äußerstes« und »Unsäglichstes« wurden gewagt.

Daseinsangst und das Gefühl der Ungeborgenheit durchziehen Rilkes Werk (»Bleiben ist nirgends«); aber immer wieder wird der Versuch gemacht, Halt zu finden, das Göttliche in den Dingen zu entdecken. Rilkes Dichtung ist symbolisch wie mythisch verschlüsselt; aber als Orpheus der Massenwelt läßt er im »Weltinnenraum« seiner Phantasie alt-neue Wahrheiten wie Gott, Ding, Erde, Dasein, Arbeit, Haus, Brücke, Brunnen, Tor, Krug, Obstbaum, Fenster erklingen. Erschütternd sein Ringen um den »eigenen Tod«, nicht den »Tod der Ärzte«. Für die Epoche, die Verhüllung mehr liebte als Entbergung, mußte ein Dichter, der ausgesetzt war »auf den Bergen des Herzens«, letztlich befremdlich wirken. Das Bei-werk, die Attitüden des Ästhetizismus, wurden begierig rezipiert und konsumiert, boten sie doch seelische Abwechslung und Abschweifung; der existentielle Kern blieb den meisten verschlossen. Rilke schrieb den Vers (im »Requiem«, 1909), der die Epoche in ihrer Ambivalenz zwischen Lebenslust und Lebensangst, Fortschrittshoffnung und Untergangsvision, Oberflächenreiz und Todestrieb tief betraf: »Wer spricht von Siegen? Überstehn ist alles.«

Geschichte als Umzug oder: Die Vergänglichkeit des Erbes

Die Türen des größten Theaters der Residenzstadt, das in einen Versammlungssaal für die Teilnehmer des Festzuges umgewandelt worden ist, öffnen sich: Trompeter und Pauker erscheinen; ihnen folgen zwei Zugführer mit dem Nürnberger Wappen, dem Jungfernadler auf den weißroten Röcken; und hinter diesen schreitet schlank und zierlich, einen mächtigen Laubkranz auf dem Haupte, den goldenen Stab in der Hand, der Führer der stattlichen Zunft der Meistersinger einher; der ehrwürdige Hans Sachs ist unter ihnen. Und dann kommen die anderen Zünfte: die Schäffler und Brauer, die Metzger, die Bäcker, die Wachszieher, die Lebküchler, die Schuster und Schneider, die Schmiede und Büchsenmacher, Erzgießer und Kupferstecher und all die anderen. Nach den Maurern und Zimmerleuten die Zunft der Maler und Bildhauer, die mit der Erscheinung Albrecht Dürers abschließt. Ihm unmittelbar voran ein Edelknabe mit dem Wappenschilde, das im blauen Felde drei silberne Schildchen zeigt und von Maximilian dem großen Meister für die ganze Künstlerschaft gestiftet worden ist. Und dann tritt die Stadt gewissermaßen selbst auf: Der Stadthauptmann, kriegerisch prächtig; Bürgermeister, Syndikus und Ratsherren; die festlichen Reihen der Geschlechter; Seide, Gold und Juwelen glänzen hier in schwerem Überfluß; die kaufmännischen Patrizier, deren Güter auf allen Meeren schwimmen, die zugleich in streitbarer Haltung mit dem selbstgegossenen Geschütze die Stadt verteidigen. Ihre Frauen und Töchter rauschen wie große lebende Blumen einher, einige mit goldenen Netzen und Häubchen um die schön gezopften Haare, andere mit federwallenden Hüten, diese den Hals mit feinsten Linnen umschlossen; jene die entblößten Schultern mit köstlichem Rauchwerk eingerahmt. Danach die Landsknechte. Und dann Maximilian: das Angesicht auf das Heldenmütige, Ritterhafte und Sinnreiche gerichtet; Rock und Hermelinmantel von schwarzdurchwirktem Goldstoff, einen goldenen Brustharnisch tragend, auf dem Barett den königlichen Reif. Und dann kommt der Bacchuszug; ein Kranz blauer Trauben umschattet die glühende Stirn des Anführers; von den Schultern flattert und wallt eine festliche Last buntgestreifter Seidenbänder bis auf die Füße. Danach Venus im Triumphwagen, begleitet von zwei Dienern des Mars; ihr Kleid aus Purpurseide, mit prächtigem Faltenwurf und königlicher Schleppe; sie trägt einen breiten Damenhut von Purpursamt, mit weißen Federn umsäumt; in der Hand hält sie eine goldene Weltkugel, auf welcher zwei mit den Flügeln schlagende und sich schnäbelnde Tauben sitzen. Unter ihren Gefangenen der heidnische Philosoph Aristoteles und der christliche Dichter Dante Alighieri, die in ehrwürdigster Haltung ihr zu besonderem Schutz und Handreichung dienen. Südlich-griechischen Bildern folgt als nordisch-germanisches Märchen der Zug des Bergkönigs; dieser in grauem Pelztalar, den schneeweißen Bart wie das Haar bis auf die Hüften gebreitet, und diese davon umwallt; auf dem Haupt eine hohe goldene Zackenkrone; um ihn herum schlüpfen und graben kleine Gnome in den Höhlen und Gängen. Ein Prägemeister schlägt aus Silber und blankem Kupfer kleine Denkmünzen auf das Fest. Ein Drache speit sie in ein klingendes Becken, und zwei Pagen, »Gold« und »Silber« genannt, werfen die Schimmerstücke unter das schauende Volk. Und dann kommt, ganz zuletzt, ein Narr und schüttelt traurig den leeren Beutel.

Geschichte als Umzug. Die Erbschaft der Zeit schreitet, in kostbare Gewänder gehüllt, vorüber. Das alte Nürnberg, wie es zu der Zeit war, als der letzte Ritter, Kaiser Maximilian I., in ihm Festtage feierte und Albrecht Dürer mit Ehren und Wappen bekleidete, wird wieder lebendig; achthundert Männer und Jünglinge, Mädchen, Kunstbeflissene aller Grade sind am Festzug beteiligt.

Das Ereignis fand im Karneval 1840 in München statt, arrangiert von der dortigen Künstlerschaft: Gottfried Keller hat es in seinem Roman »Der grüne Heinrich« (1854) beschrieben.[326]

Der historische Festzug ist das wohl charakteristischste und populärste Produkt des neuen Geschichtsbewußtseins im 19. Jahrhundert; er zieht aus dem Biedermeier herauf und erreicht in Wilhelminischer Zeit seinen Gipfelpunkt. Mit den Jahren verändert er sich: Die Freude am Spiel und an künstlerisch-historischer Kostümierung bleibt zwar vollständig erhalten,

Fritz Bergen: Jubiläumswagen im Schützenfestzug zu Frankfurt am Main (1887)

aber immer stärker wird die nationale Note. Der Festzug spiegelt, zumindest während der Zeit seiner üppigsten Entfaltung, den Emanzipationsprozeß des Bürgertums, das stolz und selbstbewußt seine geschichtliche Leistung, die Wirkkraft des Erbes, vorführt. Im Zweiten Reich wird die Einheit der Nation in besonderem Maße herausgestellt: Die kulturellen und wirtschaftlichen Blütezeiten der Vergangenheit werden genauso wie die heroischen Vorbilder früherer nationaler Freiheitsbewegungen vereinnahmt. »Die Identifikation mit den geschichtlichen Vorbildern und mit dem exemplarischen Ablauf der Geschichte setzt die Einstellung voraus, daß die bürgerliche Gesellschaft des 19. Jahrhunderts legitimer Erbe und Vollender der politischen, wirtschaftlichen und kulturellen Prozesse der Vergangenheit sei. Gegenwart gilt ihr als ›der geschichtliche Schlußstein eines mehrhundertjährigen Neubaues der aufblühenden deutschen Nation‹.«[327]
Geschichte als Umzug. Das Bürgertum demonstriert, welchen reichen Schatz an Tradition es besitzt; es transportiert ihn hinüber ins große Gehäuse des deutschen Nationalstaates, ihn dergestalt kostbar und prunkvoll ausstaffierend. Festzug und Festlichkeit verleihen dem neuen Staat die historische Aura. Wie die Privatwohnungen und Paläste der Herrschenden ist dabei das monumentale Staatsgebäude vollgestopft mit stilisierten Erbstücken, die im Sinnvakuum einer gleichermaßen verängstigt wie euphorisch erlebten Modernität den Halt stabiler Dinglichkeit anbieten. Der Stolz auf Erbe und Tradition geht allerdings einher mit dem Gefühl, daß dieses Erbe gefährdet sei. Im »ruhelosen Reich« versucht man deshalb zunehmend, auf ideologische Weise und mit Hilfe historischer Mythen über die Bedrohung hinwegzutäuschen. Die Krise des geschichtlichen Bewußtseins ist dabei Resultat der Veränderungen im gesellschaftlichen Bewußtsein während der letzten Jahrzehnte vor dem Ersten Weltkrieg. Der Rücktritt Bismarcks im Jahre 1890 und die politische wie wirtschaftliche Stärkung Frankreichs, Englands und Rußlands erschütterten den Anspruch der deutschen Vormachtstellung in Europa; mit der Entwicklung von der agrarischen Wirtschaftsform zur Industriegesellschaft, der Expansion und Verstädterung der Bevölkerung, der fortschreitenden Aufsplitterung des Bürgertums und der wachsenden politischen Macht der Arbeiterschaft wie Arbeiterbewegung,

Festhalle des 3. deutschen Sängerbundfestes in Hamburg (1882)

wurden neue, die Geschlossenheit des patriarchalisch-feudalen Weltbildes gefährdende Kräfte und soziale Probleme wirksam. Mit dem Ende der Ära Bismarcks ging in dem kraftgeladenen Deutschen Reich »ein großer Wandel vor sich, als es in das Zeitalter der Imperialismus eintrat. Das Nationalbewußtsein vergröberte und verengte sich, bald fiel es mit der Idee des imperialen Machtstaates zusammen.«[328]

Positivistisches Geschichtsverständnis und die Wendung zu deutscher Weltmacht- und Kolonialpolitik fielen mit einem wachsenden Kulturpessimismus, der Aufdeckung des irrationalen Wesens der Geschichte und der Leugnung progressiver Entwicklungsmöglichkeiten zusammen. Julius Langbehns programmatische Schrift »Rembrandt als Erzieher« (1890) verbindet mit ihrer Anklage von Intellektualismus und moderner Kultur die Forderung nach einer sittlichen Erneuerung Deutschlands durch Geschichte, Kunst und Politik. Im folgenden Jahr (1891) wird der Alldeutsche Verband gegründet, dessen nationalistische Ideologie mit offener Kriegsverherrlichung und Feindschaft gegen den Erbfeind Frankreich und die »slawische Gefahr« die extreme Position des militanten Preußentums einnahm. Die hier angedeutete Entwicklung, vor allem der neunziger Jahre, »umreißt auch die Krise des historischen Festzuges und bildet die Grundlage seiner Entwicklung seit dem ausgehenden Jahrhundert. So entzogen sich dem historischen Festzug die Voraussetzungen der repräsentativen Öffentlichkeit, zugleich mußte sich das bestehende fortschrittsgläubige und selbstbewußte Verständnis von Geschichte und Gegenwart und damit das Selbstverständnis des Bürgertums und seine Rolle im Reich zunehmend in Frage stellen. Als Reaktion auf die veränderten politischen und kulturhistorischen Werte begannen sich eine Verengung der Festzugsprogramme und ein Verharren in der bloßen Verherrlichung des Errungenen abzuzeichnen. Die Entwicklung von patriotischen zu militant nationalistischen Programmen (vgl. insbesondere die Schützen-, Turner- und Sängerfestzüge) wie zu elitärer und wissenschaftlicher Konzeption enthüllte den autoritären Anspruch der Veranstalter.« (Wolfgang Hartmann)[329]

Das dominante Geschichtsbewußtsein bekannte sich zum optimistischen Fortschrittsglauben und zum feudalen Industriestaat mit seiner auf wirtschaftlichem Reichtum basierenden

Wilhelm von Camphausen: König Wilhelm bereitet das Schlachtfeld von Sedan am Abend des 2. September 1870 (1887)

imperialistischen Großmachtpolitik. Als die Firma Krupp 1912 in Essen ihr hundertjähriges Jubiläum feierte, fand in Anwesenheit des Kaisers ein Ritterspiel mit Turnierszenen und ein Aufzug in Kostümen des 16. Jahrhunderts statt. Das Festspiel erschien in einer auf Pergament gedruckten und heraldisch illustrierten Buchausgabe, die von der Chronik der Familie Krupp eingeleitet wurde. Der Epochenvergleich sollte deutlich machen: Die Krupps fühlten sich den Fugger und Tucher ebenbürtig; der Wilhelminismus war die Fortführung der wirtschaftlichen und handelspolitischen Blütezeit der Renaissance.

Geschichte als Umzug. Das historische Erbe überwölbte die Fabrikanlagen und Werkshallen; es suggerierte, architektonisch umgesetzt, auf optisch eindrucksvolle Weise ein aus dem Mittelalter extrapoliertes Wunschbild gesellschaftlicher wie staatlicher Harmonie. Anstelle eines klassenkämpferischen Antagonismus marschierten im Festzug einträchtig Herren und Knechte daher, von vorne nach hinten durchgegliedert: Fürsten, Industrieherren, Kaufleute, Beamte, Handwerker, Bauern, Arbeiter. Zumeist handelte es sich freilich um bürgerliche und kleinbürgerliche »Festzugsdarsteller«, denn der wirkliche (gefährliche) Proletarier war von Organisation und Mitwirkung ausgeschlossen; er durfte lediglich Zuschauer sein. So betrachteten die Sozialisten mit zunehmendem Unmut die Demonstrationen affirmativer Feierlichkeit. Die Vergänglichkeit des Erbes war *ihnen* ein Lichtblick. Will man, heißt es in einer sozialdemokratischen Flugschrift 1913, das Zeitalter Wilhelms II., der demnächst 25 Jahre deutscher Kaiser und König von Preußen sein werde, nach einem äußeren Kennzeichen benennen, so könne man es als das »Zeitalter der Feste« bezeichnen. Schier zahllos sei die Menge der offiziellen Feiern, die in diesen fünfundzwanzig Jahren das Deutsche Reich habe über sich ergehen lassen müssen; so ununterbrochen folgten sie einander wie die Filmmeter im Kinematographentheater. Nach einer gründlichen Aufzählung all der Anlässe zu Feiern, Festen, Gedenkveranstaltungen und Festzügen, fordert der zornige Verfasser dazu auf, die feudalgeschichtlichen »Merksteine« wegzuräumen: »Allmählich hat sich das deut-

Christian Bär: Das Sedanfest in Nürnberg (vor 1900)

sche Volk und hat sich vor allem die deutsche Arbeiterklasse daran gewöhnt, alle diese Feste gänzlich unbeachtet zu lassen. Mögen die Toten ihre Toten feiern.« Das Geschichtsbewußtsein wird dadurch keineswegs suspendiert – im Gegenteil: Gegenüber den falschen und verlogenen Festen werden neue, nun republikanische, sozialdemokratische Gedenk- und Feiertage gefordert: »Andere Feste sind es, die aus ihrem Geist, ihren Idealen, ihrer Kulturmission heraus die Arbeiterklasse sich geschaffen hat: den 18. März, der Tag des Gedenkens an die großen Freiheitskämpfe der Vergangenheit; der 1. Mai, der Tag des zukunftsfrohen Hoffens auf den Tag des letzten Sieges. Daneben unsere Feste des Kampfes – die Gewerkschaftsfeste, an denen der Gedanke der Organisation im Mittelpunkt unseres Denkens und Fühlens steht; unsere Sängerfeste, in denen das Werden und Wachsen einer vom proletarischen Geiste getragene Kunst kraftvoll sich ankündigt.«[330]

Die Festwiese im dritten Aufzug von Richard Wagners Oper »Die Meistersinger von Nürnberg« (1868) bringt auf die Bühne, was in der zweiten Hälfte des 19. Jahrhunderts bürgerliche sonntägliche Sehnsucht ausmachte: sich über alle gesellschaftlichen Klüfte und Abgründe hinweg zu der Feierlichkeit und Festlichkeit zu erheben, die »Gemeinschaft« (statt dissonanter Gesellschaft) demonstrierte. Diejenigen, die sich auf der Festwiese versammeln, etwa die Zünfte, die im feierlichen Zug heranziehen und mit Jubel begrüßt werden, sind eigentlich kostümierte Bürgerinnen und Bürger des Maschinenzeitalters, die Realitätsangst mit Hilfe magisch beschworener Vergangenheitsbilder zu überwinden suchen. Buntbeflaggte Kähne setzen die Ankommenden, festlich geschmückte Bürger mit ihren Frauen, an das Ufer der Festwiese über. Eine erhöhte Bühne mit Bänken und Sitzen ist mit den Fahnen der ankommenden Zünfte geschmückt. Die Fahnenträger der noch ankommenden Zünfte stecken ihre Fahnen ebenfalls um die Sängerbühne auf, so daß diese schließlich nach drei Seiten hin ganz eingefaßt ist. Vor den aufgestellten Zelten geht es lustig her: »Bürger mit Frauen, Kindern und Gesellen sitzen und lagern daselbst. Die Lehrbuben der Meistersinger, festlich gekleidet, mit Blumen und Bändern reich und anmutig geschmückt, üben mit schlanken Stäben, die ebenfalls mit Blumen und Bändern geziert sind, in lustiger Weise das Amt von Herolden und Marschällen aus.

Sie empfangen die am Ufer Aussteigenden, ordnen die Züge der Zünfte und geleiten diese nach der Singerbühne, von wo aus, nachdem der Bannerträger die Fahne aufgepflanzt, die Zunftbürger und Gesellen sich unter den Zelten zerstreuen.«[331] Es kommen die Stadtwächter und Heerhornbläser mit Trompeten und Trommeln sowie die Stadtpfeifer, Lautenmacher, auf ihren Instrumenten spielend; ihnen folgen Gesellen mit Kinderinstrumenten. Und dann marschieren die Schneider und die Bäcker heran. Die Lehrbuben reihen sich zum Empfang der Meistersinger; diese ordnen sich am Landungsplatz zum festlichen Aufzug.

»Wach auf, es nahet gen den Tag,
ich hör singen im grünen Hag
ein' wonnigliche Nachtigal,
ihr' Stimm' durchdringet Berg und Tal;
die Nacht neigt sich zum Okzident,
der Tag geht auf von Orient,
die rotbrünstige Morgenröt'
her durch die trüben Wolken geht.
Heil Sachs! Heil dir, Sachs!
Heil Nürnbergs teurem Sachs! Heil! Heil!«[332]

Sachs stimmt dann das Hohelied der handwerklichen Kunst, der deutschen Meister an:

»Habt acht! Uns dräuen üble Streich'!
Zerfällt erst deutsches Volk und Reich,
in falscher welscher Majestät
kein Fürst bald mehr sein Volk versteht;
und welschen Dunst mit welschem Tand
sie pflanzen uns in deutsches Land.
Was deutsch und echt, wüßt' keiner mehr,
lebt's nicht in deutscher Meister Ehr'.
Drum sag ich Euch:
ehrt Eure deutschen Meister,
dann bannt Ihr gute Geister!
Und gebt Ihr ihrem Wirken Gunst,
zerging' in Dunst
das Heil'ge Röm'sche Reich
und bliebe gleich
die heil'ge deutsche Kunst!«[333]

Der deutsche Rebell Wagner (so Ludwig Marcuse), der seit dreißig Jahren mit Ekel ein unförmiges, turbulentes, von grausigen Fratzen bevölkertes Land habe groß werden sehen, malt das Einst in einem leuchtenden Gemälde, Vor-Bild einer schöneren Zukunft. Nürnberg muß es sein; dort schimmert noch ein letzter Abglanz dieses Einst. Das sechzehnte Jahrhundert muß es sein; da lebte das Einst in kräftigster Fülle. Da durfte nicht jeder Windhund dichten und singen und ein ahnungsloses Volk beschwatzen. Ehrbare Handwerker, vereinigt zur Pflege von Poesie und Sang, führten auch im Bezirk der Kunst die heiligschöne Rangordnung ein: Lehrbube, Geselle, Meister. Und wie die Gesetze der Zunft des Lehrlings Aufstieg lenkten, so entschieden die leges tabulaturae, von vier Merkern streng bewacht, was an dem Kunstjünger war. Blickt hin auf die großen Zeiten des deutschen Geistes! Seht Meister Sachs: Das war einmal ein wahrer Deutscher. Der unsichtbare Hintergrund, vor dem der deutsche Geist gute Figur machte, ist die teuflische Dreieinigkeit: die Börse, der Jude, die französische Kokotte. Die deutschen Großstädte hatten nun ihr Vorbild. Die deutsche Kunst hatte nun ihr Vorbild. Die deutschen Fabrikanten und Bankiers hatten nun ihr Vorbild. Wird der Kanzler, der sich stolz als Anhänger einer unpopulären Richtung bekannte, den Weg zurückgehen? Wird Moltke imstande sein, an der Spitze seiner Armee aus dem Berlin des 19. Jahrhunderts das Nürnberg des 16. zu machen? Aus der deutschen Bank den Sparkassenstrumpf? Aus der modernen Schuhfabrik die trauliche Werkstatt des Hans Sachs? Und aus den Wagnerischen Kunstgiganten, den mächtigen Kindern aus der Ehe entwickeltster kompositorischer Technik und mystischer Sehnsucht nach dem Einst, die schmalen und schlichten Weisen der alten Nürnberger Meistersinger?[334]

Die Feierlichkeit der Wilhelminischen Epoche orientiert sich inmitten rationalisierter Umwelt an Vergangenem; zugleich transportiert solche Regression die Hoffnung auf Zukünftiges; außerhalb der Werktäglichkeit erahnt man die Defizite der Zeit. In der Fiktion des Festes wird das Fehlende ersetzt, wird das zum Leuchten, zum Vor-schein gebracht, was in der Wirklichkeit verdunkelt ist: Der Kosmos einer organisch gewachsenen und einsichtig gegliederten Sozietät, in der jeder und jedes seinen richtigen Platz hat, und die damit Sicherheit verheißt. Die »Meistersinger« desillusionieren freilich dieses Weltbild selbst, bezweifeln die Tragfähigkeit des Erbes, antizipieren sein Vergehen. Ein Humor waltet vor, »dem nicht zu trauen ist«. Die »Meistersinger«, so hat es Hans Mayer formuliert, sind ein tief zwiespältiges, am Rande der Umdüsterung entlangschreitendes Werk. List und Intrige sind darin; Terror und böse Aggression; Traurigkeit und Trost der Entsagung. In der nächtlichen Schlägerei etwa brechen Energien hervor, die lediglich bei Tage gebändigt sind; wilde Aggressionen von Gruppe zu Gruppe wie innerhalb der Gruppe; alles schlägt blind um sich; verdrängte Rivalitäten, kollektiver Haß prügeln aufeinander ein; die Weber auf die Gerber, diese auf die Schneider, die Gürtler, die Spengler, die Zinngießer; freilich ist das Chaos hierarchisch gegliedert: Erst prügeln nur die Lehrbuben, dann mischen sich die Gesellen ein, schließlich machen die Meister mit. Das frieden-

Michael Echter: Bleistiftskizze nach der Uraufführung der »Meistersinger« (1870)

stiftende Element sind die Frauen. Die totale Entfesselung der Materie wird durch den ordnungsstiftenden Geist gebändigt. Peter Wapnewski charakterisiert diesen genialen Kunstgriff Wagners mit den Worten: »Die Revolte im Griff der Fuge. Die Anarchie in der Herrschaft der Form. Triumph der Kunst über das Leben: Hier ist die Schlußapotheose des Ganzen vorweggenommen.«[335]

Der geschichtliche Umzug vom Einst ins Morgen wird, nach Friedrich Nietzsche, von Wagner in den »Meistersingern« vor allem durch die Ouvertüre intoniert. Das sei prachtvolle, überladene, schwere und späte Kunst, welche den Stolz habe, zu ihrem Verständnisse zwei Jahrhunderte Musik als noch lebendig vorauszusetzen; das mute bald altertümlich, bald fremd, bald herb und bald überjung an; das sei ebenso willkürlich als pomphaft-herkömmlich, sei nicht selten schelmisch, noch öfter derb und grob – das habe Feuer und Mut und zugleich die schlaffe falbe Haut von Früchten, welche zu spät reif geworden. Das strome breit und voll; und plotzlich ein Augenblick unerklärlichen Zögerns, gleichsam eine Lükke, die zwischen Ursache und Wirkung aufspringt, ein Druck, der uns träumen mache, beinahe ein Alpdruck – aber schon breite und weite sich wieder der alte Strom von Behagen aus, von vielfältigstem Behagen, von altem und neuem Glück. Alles in allem keine Schönheit, kein Süden, nichts von südlicher feiner Helligkeit des Himmels, nichts von Grazie, kein Tanz, kaum ein Wille zur Logik; eine gewisse Plumpheit sogar; eine schwerfällige Gewandung, etwas Willkürlich-Barbarisches und Feierliches, ein Geflirr von gelehrten und ehrwürdigen Kostbarkeiten und Spitzen; etwas Deutsches, im besten und schlimmsten Sinne des Wortes, etwas auf deutsche Art Vielfaches, Unförmiges und Unausschöpfliches; eine gewisse deutsche Mächtigkeit und Überfülle der Seele, welche keine Furcht habe, sich unter die Raffinements des Verfalls zu verstecken – die sich dort vielleicht erst am wohlsten fühle. »Ein rechtes echtes Wahrzeichen der deutschen Seele, die zugleich jung und veraltet, übermürbe und überreich noch an Zukunft ist. Diese Art Musik drückt am besten aus, was ich von den Deutschen halte: sie sind von vorgestern und von übermorgen – sie haben noch kein Heute.«[336]

Dem geschichtlichen Arsenal entnahm man die Heroen von gestern und vorgestern und stellte sie auf das Piedestal nationaler Verherrlichung – als Zeichen für gegenwärtige und zukünftige Orientierung. Bei der Auswahl war man weitherzig; zudem fanden sich viele, die in den Schulen, Akademien, Universitäten, Kirchen die jeweils notwendige ideologische Uminterpretation ex cathedra vornahmen. Wie die Festzüge genügen die Feste und Feierlichkeiten der Epoche voll dem nationalen, nationalistischen Anspruch, wobei das Wilhelminische Barock für eine schwelgerisch-raffinierte Ausstattung, die alle Sinne befriedigte, sorgte und so mit herrschaftlicher Indienstnahme versöhnte. Heitere, fröhliche Nationalfeste befestigten die deutsche Einheit und Zusammengehörigkeit.
In diesem Sinne hatte man auch die Feier zum 400. Geburtstag Albrecht Dürers in Nürnberg 1871 vorbereitet. Der Krieg schien einen Strich durch die Rechnung zu machen; aber dann brach – wie der zweite Bürgermeister in seiner Festrede am Standbild Albrecht Dürers am Vorabend des Geburtstages (20. Mai 1871) ausführte – eine neue wunderbare Wirklichkeit an. »Zu Boden liegt vernichtet der vorher höhnende Feind. Die geraubten Brüder im Elsaß und Lothringen sind wieder unser und Deutschland ist groß, Deutschland ist ein mächtiges – ein einiges geworden.« Trotz solcher teutonischen Triumphgefühle traten »Jubel und Mummenschanz« zurück; »ernst und würdig begehen wir nun im engeren Kreise das Gedächtnißfest unseres Dürer, das gleichwohl in vollendeterer Weise, als wir es hätten schaffen können, zum Nationalfeste geworden ist. Denn nicht des Prunkes, nicht äußerer Ehrenbezeugung wegen, sondern einem inneren Drange folgend – sind sie in diesen Tagen in München, in Stuttgart, in Berlin, in Wien, in Frankfurt und anderen Orten versammelt. Sie alle begehen mit uns die gleiche Dürerfeier... Es ist das neue Kunsterwachen des deutschen Volkes, das in der Erinnerung an den großen deutschen Mann sich auf's Neue zu seiner künstlerischen Mission zusammenschaart.«[337]
Der Ablauf des Festes zeigt in exemplarischer Weise das gängige Muster machtgeschützter Erbaulichkeit. Am Vorabend des Geburtstages fand ein großes Konzert im Rathaussaal, eingeleitet durch einen Festprolog, statt. Im Programm: »Festgesang an die Künstler« von Friedrich Schiller, in der Vertonung von Mendelssohn-Bartholdy; »Das Lied vom deutschen Kaiser« (Emanuel Geibel) als Komposition von Max Bruch; Beethovens 7. Symphonie; am Ende das »Halleluja« aus Händels Oratorium »Messias«. Nach dem Konzert bewegte sich ein Fackelzug, geleitet von den Turnern, zum Albrecht-Dürer-Denkmal, wo der zweite Bürgermeister die Festrede hielt. Am Morgen des 21. Mai, einem Sonntag, führte ein Festzug der Vereine von der Burgfreiung durch die Stadt zum Johannisfriedhof, wo am Grabe des Künstlers eine feierliche Kranzniederlegung stattfand. Anschließend wurde im Germanischen Nationalmuseum eine Dürer-Ausstellung eröffnet; zum Schluß seiner Ansprache brachte der erste Direktor ein dreifaches Hoch auf König Ludwig II. und auf Kaiser Wilhelm aus. Unter stürmischem Jubel wurden »beide Ovationen zur Stelle nach München und Berlin telegraphiert«. Der Tag klang aus mit einer Aufführung des einaktigen Lustspiels »Albrecht Dürer in Venedig« von Eduard von Schenk und mit einem Festbankett im geschmückten Großen Saal des Hauses der Gesellschaft »Museum«; dort wurden von den Honoratioren der Stadt nochmals mehrere Reden gehalten und verschiedene Toasts ausgebracht.[338]
Das Dürer-Bild des Zweiten Reiches war eine Mischung aus dem christologischen Dürer der romantischen Ära, der noch immer als persönliches Vorbild galt, dem militaristischen Dürer der siegreichen preußischen Armee, deren Offizierskorps zwischen 1867 und 1889 vier neue Studien zur »Befestigungslehre« herausbrachte, und einem neuen Wohnzimmer-Dürer, dessen Aquarelle und Gemälde durch das Wunder der photographischen Reproduktion und dessen Stiche und Holzschnitte durch die billigen Faksimilewiedergaben der Reichsdruckerei zum

Friedrich Wanderer: Speisekarte des Festbanketts aus Anlaß des 400. Geburtstages von Albrecht Dürer (Nürnberg, 1871)

erstenmal einem großen Publikum zugänglich gemacht wurden. »Während Julius Langbehns ›Dürer als Führer‹ (1904) als einsamer nietzscheanischer Held wie ein ›Einsiedler in seiner Klause‹ lebt, aber seltsamerweise eine Kunst predigt, mit der man wie mit einem ›Bihänder‹ den Zwillingsdrachen des französischen Impressionismus und der L'art-pour-l'art-Kunst erlegen kann, wurde der verhäuslichte Dürer durch die vielseitigen Aktivitäten des von Ferdinand Avenarius 1902 ins Leben gerufenen ›Dürerbundes‹ ungewollt zum Lehrmeister der Geschmacksbildung des deutschen Mittelstandes. Der ›Dürerbund‹, der auf seinem Höhepunkt 300 000 Kunstfreunde – darunter Max Liebermann und Heinrich Wölfflin – zu seinen Mitgliedern zählte, wurde mit dem freimütig zugestandenen Ziel gegründet, eine ›gesunde‹ Kultur zu befördern. Als solcher wandte er sich gegen Schundliteratur, Hausgreuel und Geschmacklosigkeit, indem er geradezu alles lieferte: Wanderausstellungen, Materialien für Do-it-yourself-Schiller- und -Körner-Feiern, Kinderbücher, Spielzeuge und Kommunionskarten, billige Reproduktionen bestimmter ›Meisterwerke‹, die sich zum Einrahmen eignen, wie auch Handbücher zur Vogelkunde, zum Naturschutz und zur sexuellen Aufklärung. Er spielte sich zugleich als höchste Geschmacksinstanz für Gebrauchsgegenstände jeglicher Art, und zwar vom Tafelsilber bis zum Grabstein, auf. Obwohl der ›Dürerbund‹ den Ersten Weltkrieg als Institution nicht überlebte, blieb doch sein Geist weiter lebendig und erlebte nach 1933 eine kräftige Wiedergeburt und Nachblüte.« (Jane Campbell Hutchison)[339]

Pompöse historische Umzüge, Denkmalsenthüllungen, Festspiele, Bankette und Festreden charakterisierten auch die Feier zum 400. Geburtstag Luthers im Jahre 1883. Das Reich schien konsolidiert, der Kulturkampf mit der katholischen Kirche war beendet, der Sozialismus gebändigt. Mit seiner extensiven Teilnahme an den historischen Festzügen bekundete und bekräftigte das Bürgertum sein Treueverhältnis zu Luther. Die im Mittelpunkt der Feste und Festzüge stehenden historischen Darstellungen waren von berühmten Historienmalern und Künstlern sorgsam vorbereitet worden. Im Wittenberger Zug[340] ritten Herolde und Söldner, gefolgt von Sängern, Spielleuten, Fürstenpaar, Geistlichen, Militärs, Studenten, Handwerksständen und Kaufleuten; zum Abschluß fuhr ein Wagen der Tabaksfabrikanten mit einem leibhaften Mohren, ein Bild, das den »Übergang aus der Vergangenheit in die Gegenwart« vermitteln sollte. Die Feier, die als »ein Schatz dauernden Segens und dauernder Erhebung« gedacht war, schloß mit einer Festpredigt, der Hymne »Ein feste Burg ist unser Gott«, einem vierfachen Hoch auf den »deutschen und evangelischen Kaiser Wilhelm« und dem Lied »Heil Dir im Siegerkranz«.

Anton von Werners Wandgemälde »Luther vor dem Reichstag in Worms« wie das Lutherdenkmal zu Worms (1868) und die Lutherbüste in der Regensburger Walhalla (beide von Ernst Rietschel) versinnbildlichen die Interpretation, der Luther in der Wilhelminischen Epoche anheimfiel. Der Reformator war offensichtlich in die Welt gekommen, damit endlich Gott deutsch zu den Deutschen rede – so formulierte es Heinrich von Treitschke (»Luther und die deutsche Nation«, 1883): »Wie die Einheit des deutschen Staates erst möglich ward, seit die letzten Staatsgebilde der römischen Kirche von unserem Boden verschwanden, so verdanken wir auch den Kämpfen der Reformation das köstliche geistige Band, das uns in den Tagen deutscher Zerrissenheit lange fast allein zusammenhielt, unsere neue Sprache. Was selbst dem Zauber unserer ritterlichen Dichtung nicht gelungen war, den deutschen Norden unter die Herrschaft der hochdeutschen Sprache zu beugen, das gelang erst, als die schöne Lieblingsstätte des Minnesanges, die Wartburg, zum zweiten Male unserem Volke teuer ward und von dort die ersten Bücher der deutschen Bibel ausgingen – die Heilige Schrift, übertragen mit strenger Treue durch einen wahlverwandten religiösen Genius und doch so ganz verdeutscht, so ganz beseelt von dem Hauche deutschen Gemütes, daß wir uns heute das Bibelwort in anderer Fassung kaum noch denken können. Gleich den Italienern empfingen wir unsere Schriftsprache mit einem Male durch die Tat eines Mannes. Es liegt aber im Wesen des Genius, das Notwendige, das einfach Natürliche zu wollen. Wie Dante nicht willkürlich neuerte, sondern nur die Volkssprache seiner toskanischen Heimat adelte und durchgeistigte, so hegte auch Luther nur schlicht und recht die Absicht, von seinem ganzen Volke verstanden zu werden, damit Gott deutsch zu den Deutschen rede.«[341]

In seinem »Jubelgruß im Lutherfest« schrieb Karl Gerok, evangelischer Theologe und religiöser Dichter:

> »Martin Luther, Mann von Erz,
> Feuergeist und Felsenherz!
> Horch, das Festgeläute ruft,
> Steig empor aus deiner Gruft!«

Luthers Wiederkunft falle zusammen mit dem Wiedererstehen des deutschen Reiches:

> »Deutsches Volk, in stolzem Ton
> Nenn' ihn deinen besten Sohn,
> Einen deutscher'n sahst du nicht,
> Seit man Thuiskons Sprache spricht.
>
> Deutsch sein Name, deutsch sein Blut,
> Deutsch sein Trotz und Mannesmut,
> Deutsch sein frommes Kinderherz,
> Froh in Gott im Ernst und Scherz.«[342]

L. Hoffmann: Dr. M. Luther stillt in der Grafschaft Mansfeld einen Aufstand der Bergleute und stellt durch seine Predigten die Ruhe her.

Julius Langbehn stellte in »Rembrandt als Erzieher« fest, daß das Wissen Pygmäen, der Glaube aber Heroen erzeuge; Kunst sei Subjektivität und so gleichzusetzen mit Glaube. »Darum ist der deutsche Glaubensheld Luther, auch abgesehen von seiner religiösen Bedeutung, der hervorragendste deutsche Held überhaupt; in ihm erkannte Deutschland zuerst sich selbst. Er hat das deutsche Volk, geistig genommen, auf seine eignen Füße gestellt; und er konnte dies nur darum, weil er so überaus subjektiv war.«[343] Es sei nicht zufällig, daß dasselbe deutsche Fürstengeschlecht Luther wie Bach und Goethe beschützt habe; diese drei Männer seien, jeder in seiner Art, Helden des Glaubens und der Persönlichkeit; darum hätten sie auch Glauben bei Leuten gefunden, die Individualität, geistige Freiheit und deutschen Charakter zu schätzen wüßten. Auf solche Bahn heiße es zurückzukehren; je individueller die Wissenschaft sich gestalte, desto gläubiger, religiöser, künstlerischer, philosophischer werde sie sein.

Im »Fall Wagner« (1888) bemerkte Friedrich Nietzsche, auf Luther eingehend: »Ohne Zweifel: Die Deutschen sind Idealisten.«[344] Der Zeitgeist wollte in Luther den konservativen Revolutionär oder revolutionären Reaktionär sehen, einen Mann, der Religiöses streng vom Politischen getrennt und mit seiner Zwei-Reiche-Lehre dafür gesorgt hatte, daß den Regierenden nicht ins Handwerk gepfuscht werde.

Das deutsche Pfarrhaus erwies sich als Bastion solchen apolitischen, staatstreuen Luthertums; die Staatsmacht wurde kritiklos bejaht; ihr diente man mit devotem Enthusiasmus; Gewissen und Innerlichkeit blieben auf die private und familiäre Sphäre begrenzt.[345] Im Zeichen Luthers entstand eine agrarisch orientierte protestantische Innerlichkeitstheologie und -ideologie, die zusammen mit Teilen der Heimatkunst den Bauernaufstand der Kirche gegen Modernität, Urbanität und wissenschaftliche Aufklärung organisierte. Geschichte als Umzug erwies sich als Rückzug: als ein Zurückschrecken vor den Herausforderungen der neuen Zeit. Um einen Luther von innen bittend, vertraute man sich lyrischem Pietismus, bigotter Orthodoxie und hohlem Hofpredigerpathos an.

Aus dem Pfarrhaus als einem Ort kernig-biedermeierlicher christlicher Bescheidenheit, Gemüthaftigkeit und Heiterkeit (beschrieben etwa von Eduard Mörike in »Der alte Turmhahn«) wird ein Pfarrhaus, das sich als ein Ort sentimentalen Gefühlsüberschwangs und schwelgerischer Frömmelei erweist:

> »Der Samstagabend dämmert. Draußen flockt
> der Schnee herab. Im Zimmer dunkelt's tief
> und nur des Ofens Flackerschein umspielt
> den großen Schreibtisch und den Bücherschatz,
> der Band an Band sich an den Wänden reiht.
> In seinem Armstuhl ruht, zurückgelehnt,
> der junge Prädikant und übersinnt
> den Text noch einmal, den er andern Tags
> erläutern soll. Die Predigt hat er schon
> vollendet in der Früh, und eben jetzt
> schwebt ihm der Übergang zum Amen vor,
> der Segensspruch, mit dem er schließen will,
> wie wohl ein Gärtner den gelungnen Strauß
> zuletzt noch krönt mit einer Lilie.
> Bewegt in tiefster Seele findet er
> das rechte Wort und hoch und höher trägt
> ihn des Gedankens Adlerflug hinan:
> Da tritt sein junges Weib herein mit Licht,
> doch wie sie des geliebten Mannes Stirn
> vom Strahl des Geistes überleuchtet sieht,
> erscheint er plötzlich schöner ihr, wie sonst,
> voll fremder Hoheit, fast wie ein Prophet,
> und zaudernd bleibt sie auf der Schwelle stehn.«
> (Emanuel Geibel)[346]

Der Boden solchen »Pfarrhausidylls« war freilich bereits erschüttert; »echt-deutschen« Pfarrersfamilien entstammten viele Söhne, die die »Aktion Vatermord« betrieben. Friedrich Nietzsche kam aus einem Pfarrhaus... Hermann Hesse, dessen Eltern strenge Pietisten waren, floh als Fünfzehnjähriger aus dem evangelisch-theologischen Seminar im Kloster Maulbronn... Georg Heym hatte viele Pastoren als Vorfahren... Der Pfarrerssohn Gottfried Benn schrieb als »verlorener Sohn« in Berlin das Hohnlied »Pastorensohn«, den radikalsten Abgesang auf das Pfarrhausidyll der Wilhelminischen Epoche:

> »Von Senkern aus dem Patronat,
> aus Grafenblasen, Diadochen
> beschiffte Windeln um die Knochen
> beflaggte noch vom Darmsalat.
>
> Der Alte pumpt die Dörfer rum
> und klappert die Kollektenmappe,
> verehrtes Konsistorium,
> Fruchtwasser, neunte Kaulquappe.
>
> Der Alte ist im Winter grün
> wie Mistel und im Sommer Hecken,
> lobsingt dem Herrn und preiset ihn
> und hat schon wieder Frucht am Stecken.
>
> In Gottes Namen denn, mein Sohn,
> ein feste Burg und Stipendiate,
> Herr Schneider Kunz vom Kirchenrate
> gewährt dir eine Freiportion.
>
> In Gottes Namen denn, habt acht,
> bei Mutters Krebs die Dunstverbände
> woher –? Befiehl du deine Hände –
> zwölf Kinder heulen durch die Nacht.
>
> Der Alte ist im Winter grün
> wie Mistel und im Sommer Hecke,
> 'ne neue Rippe und sie brühn
> schon wieder in die Betten Flecke.
>
> Verfluchter alter Abraham,
> zwölf schwere Plagen Isaake
> haun dir mit einer Nudelhacke
> den alten Zeugeschwengel lahm.
>
> Von wegen Land und Lilientum
> Brecheisen durch die Gottesflabbe –
> verehrtes Konsistorium,
> Gut Beil, die neunte Kaulquappe!«[347]

Geschichte als Umzug. Die Straße vom Gestern ins Morgen ist von Kulturtrümmern übersät. Götzendämmerung. Friedrich Schiller, meinte Friedrich Nietzsche, sei zu einem »Moraltrompeter von Säckingen« geworden. »Räumt endlich auf mit Eurem Goethe / das ewige Papperlapapp!«, forderte Oskar Panizza.[348] Das Erbe: in den Orkus hinab! Doch stemmte sich bürgerliches Bewußtsein gegen solche Denkmalsschändungen, indem es einen exzessiven Denkmalskult betrieb. In einem Zeitalter, in dem Wechsel und Wandel immer rascher vor sich gingen, versuchte man geradezu manisch, »Bleibendes« zu schaffen. Überichs, auf hohen Sockeln postiert, stabilisierten gefährdete Identität. Der Anblick von Standbildern großer Persönlichkeiten vermittelte das kontinuierliche Gefühl der Erhebung und Erhabenheit, das über die

In der Werkstatt Ernst von Bandels.
Die Entstehung des Hermannsdenkmals (1872)

transitorische Werktagswelt, mit ihren sozialen und ökonomischen Krisen, hinweghalf. Denkmäler und Denkmalskomplexe wie die Regensburger Walhalla (1842), die Bavaria in München (1850), die Befreiungshalle in Kelheim (1863), die Siegessäule in Berlin (1873), das Hermannsdenkmal im Teutoburger Wald (1875), das Niederwalddenkmal bei Rüdesheim (1883), das Denkmal Wilhelms I. an der Porta Westfalica (1896), das »Deutsche Eck« bei Koblenz (1897), das Völkerschlachtdenkmal in Leipzig (1913) waren Ausdruck gleichermaßen des nationalen Pathos wie des Stolzes auf technisch-monumentale Leistungen.

Das Niederwalddenkmal, »zur Erinnerung an die sieg- und erfolgreiche Erhebung des Deutschen Volkes und an die Wiedererrichtung des deutschen Reiches 1870/71«, krönt eine rund 12 Meter hohe Germania (32 Tonnen schwer); ihre linke Hand ist auf ein sieben Meter langes Reichsschwert gestützt; mit der Rechten hält sie die 12 Zentner schwere Krone; sie blickt mit wehendem Haar über das Rheintal. Als »Symbol der Einigung und Verschmelzung« wurden Steinquader aus dem Teutoburger Wald, vom Kyffhäuser, aus Harz und Riesengebirge zu dem 25 Meter hohen Sockel der Germania verwendet. Etwa 200 Figuren zieren das Relief; neben dem Kaiser (hoch zu Roß), Fürst Bismarck und den Generälen ist auch einfaches Kriegsvolk in preußischen, badischen, bayerischen und anderen Uniformen vertreten. 75 Tonnen Metall wurden verarbeitet, um die Germania samt Thronsessel mit Adlerköpfen und die sie flankierenden Figuren »Krieg« und »Frieden« zu fertigen. Für den Bau des Denkmals, das 1,2 Millionen Goldmark kostete, spendete »das deutsche Volk« eine Million. Vom Lied »Die Wacht am Rhein« des 1849 verstorbenen Dichters Max Schneckenburger (»Es braust ein Ruf wie Donnerhall...«) wurden fünf der sechs Strophen eingemeißelt.[349] Am Tag der Einweihung, am 28. September 1883, wurde ein Attentatsversuch auf den Kaiser und die Festgesellschaft unternommen; er mißglückte, die regenfeuchte Zündschnur der deponierten Bombe war ausgegangen; am Abend wurde diese dann im Festzelt gezündet; der Sachschaden belief sich auf knapp vierhundert Mark. Von den drei Attentätern wurden zwei zum Tode durch den Strang und einer zu lebenslänglich Zuchthaus verurteilt. Vor Gericht sagte Reinhold Küchler, der Attentatsplaner: »Als nach dem sogenannten

E. Thiel: Modell des Neptunbrunnens im Atelier von Reinhold Begas in Berlin (1888)

Das Nationaldenkmal (mit der Germania) auf dem Niederwald

glorreichen Krieg die neue Ära begann, da sollte eine bessere Zeit anbrechen. Für die Arbeiter hat jedoch die neue Ära nicht das mindeste gebracht. Die Arbeiter darben nach wie vor, sie sind und bleiben nach wie vor die verachtete Klasse, sie arbeiten bloß für die oberen Zehntausend. Sie bauen die schönsten Paläste und wohnen in den armseligsten Hütten.«[350]

Geschichte im Staatsgehäuse, mit großem Aplomb eingezogen, bedurfte ihrer eigenen Prunkräume. Das Museum erwies sich als Fluchtburg affirmativer Kultur: Es gewährleistete, daß das Erbe nicht verweste, sondern, über alle Krisen und Zufälle hinweg, aufbewahrt und aufgebahrt blieb – ein Mausoleum der Vergangenheit, der Verehrung jederzeit zugänglich, dem Alltagsgetriebe aber entzogen. Kunst habe, so Herbert Marcuse, für den Bürger seit mindestens einem Jahrhundert nur noch in der musealen Form existiert. Das Museum war die geeignetste Stätte, um die Entfernung von der Faktizität, die trostreiche Erhebung in eine würdigere Welt zugleich mit der zeitlichen Beschränkung auf das Feiertägliche im Individuum zu reproduzieren. Museal war auch die weihevolle Behandlung der Klassiker: Hier brachte die Würde allein schon eine Stillegung aller sprengenden Motive mit sich. »Was ein Klassiker gesagt und getan hatte, brauchte man nie so ganz ernst zu nehmen: Es gehörte eben einer anderen Welt an und konnte mit der gegenwärtigen nicht in Konflikt kommen.«[351]

Nach 1870/71 wurde das Museumsgut vielfach aktualisiert und politisiert. Aus nationaler Begeisterung und Überzeugung begann man zum Beispiel im Germanischen Nationalmuseum Nürnberg Erinnerungsstücke aus dem gewonnenen Krieg zu sammeln; man dachte dabei an Proklamationen, Flugschriften, Gedichte, Karikaturen, Erlasse, Siegesnachrichten usw. Das Direktorium machte den Vorschlag, »in einem Album die eigenhändigen Unterschriften und Denksprüche aller deutschen Fürsten, Feldherrn und Diplomaten zu vereinigen, welche an den großen Ereignissen der Jahre 1870 und 1871 direkt beteiligt waren«. Im Jahre 1874 erhielt das Museum Manuskripte des Komponisten Karl Wilhelm, »darunter das Becker'sche Rheinlied, die Wacht am Rhein, Deutschlands Siegesfeier..., und so erfreut sich nun unsere Anstalt eines Schatzes, der mehr und mehr der Nation theuer werden wird«.[352] Vom bayerischen Kriegsminister waren bereits früher Beutestücke zur Verfügung gestellt worden. Quantitativ gesehen erwiesen sich solche Sammlungsbemühungen als Randerscheinungen; sie akzentuierten jedoch die nationale Aufgabe, die sich insgesamt für das Museum stellte. Wie schwierig es für die Zeitgenossen war, Wesen und Aufgabe des Germanischen *National*museums zu bestimmen, zeigte sich bei den Feiern zu seinem 50jährigen Bestehen. Auf der einen Seite hielt es Prinzregent Luitpold, als Protektor des Museums Gastgeber der Fürstlichkeiten, für selbstverständlich, Kaiser Franz Joseph zur Teilnahme an diesem Jubiläum einzuladen: »Diese der deutschen Kultur und Geschichte geweihte Anstalt ist nach ihrer hohen, umfassenden Aufgabe ein allen deutschen Staaten und Stämmen gemeinsames Institut.« Auf der anderen Seite aber bedienten sich sowohl die Museumsleitung als auch die gratulierenden Gäste begrifflicher Verdeutlichungen und Umschreibungen, um die gemeinte nationale Totalität auszudrücken: So wurde zwischen »deutschen und deutschsprachigen Universitäten« unterschieden; dann war wieder die Rede vom »gesamten Gebiet des deutschen Volkstums« und vom »gemeinsamen deutschen Vaterland«; ebenso wurde auch »die ganze deutsche Sprachgenossenschaft und Kulturgemeinschaft« zum Eigentümer des Museums erklärt.[353]

Das neue Geschichtsbewußtsein um 1800 setzte an die Stelle gleichsam blind fortwirkender Traditionszusammenhänge »begriffene Geschichte«; man eignete sich Vergangenes aus der Distanz eines geschärften Zeitbewußtseins an. In diesem Sinne heißt es in Friedrich Schlegels Schrift »Grundzüge der gotischen Baukunst« (1806): »Es bleibt uns daher für die Kunst nur die Erinnerung der großen alten Zeit übrig und die Hoffnung einer reicheren Zukunft.«[354] Geschichtliche Denkmäler übernehmen eine »Statthalteraufgabe«; sie wirken als beständige, durch Tradition dem Streit entzogene Maßstäbe und vermitteln auf diese Weise Sicherheit auf dem Weg von Gestern übers Heute ins Morgen. Anders, zumindest bei Berücksichtigung des kollektiven Unterbewußtseins, der Historismus der Wilhelminischen Epoche. Geblieben ist die Erinnerung an »große alte Zeiten«; aber der Zweifel grassiert, ob diese in eine reichere Zukunft hineinzuführen vermögen. Das Unbehagen in moderner Kultur führt dazu, daß man das Vergangene selbst zum Gegenwärtigen zu machen trachtet. Die Tradition wird zur beherrschenden Kraft; die materielle Progression glaubt sich »sicherer«, wenn sie ins Gewand historischer Regression schlüpft.

Man war in eine rationalisierte Welt umgezogen; deren Funktionalismus aber fürchtete man – wegen seiner Nacktheit und Direktheit. So umhüllte man diese Welt, in der sich Materialismus und Pragmatismus tummelten, mit Geschichte. Die Wieder-holung vergangener Stile sollte den Eindruck stilloser Gegenwart verhindern. Die Angst, es mit dem Neuen falsch zu machen, aber auch die Angst vor den neuen Gewalten und Gefahren ließen einen Stil des Eklektizismus reifen, in den man sich seelisch verkriechen konnte (während die »Körper« am Fortschritt arbeiteten). Das historische Stilkleid, das den Bauten des 19. Jahrhunderts, den Börsen, Banken, Bahnhöfen, Schulen, Kirchen, Fabriken, Schlachthöfen, Wasserwerken, den Kunst- wie Profanbauten, übergeworfen wurde, war beliebig aus dem Stilarsenal der Vergangenheit abrufbar. Unter Historismus »versteht man die fast unheimliche Anstrengung jener Epoche, alles über alle Zeiten zu wissen und sie zu verstehen, bis der eigene Ort der Existenz sich aufzuweichen drohte in einem unaufhaltsamen Relativismus. Der Musée imaginaire im weiten Denkraum der Geschichte ist ein geistiger und drückender Besitz gewesen, lange ehe der Franzose André Malraux dieses Wort für die gleichzeitige Verfügung aller Kunst in unserer Vorstellung benutzte. Was Ranke noch als Glück, Nietzsche dann aber als einen Fluch ansah, diese Mitgift des Historischen, bedeutete in Wahrheit nichts anderes als die Aneignung der Welt nach rückwärts – parallel zu der imperialen Eroberung der Welt draußen, der sich die fremden Völker unterwerfen mußten.« (Eberhard Schulz)[355]

In seiner Beschreibung des Nihilismus als psychologischem Zustand spricht Nietzsche davon, daß dieser dann eintrete, wenn nach Ganzheit dürstende Seelen erkennten, daß es ein »Allgemeines« gar nicht gäbe. Der Mensch verlöre den Glauben an seinen Wert, wenn durch ihn nicht ein unendlich wertvolles Ganzes wirke. Als Ausflucht bleibe übrig, die ganze Welt des Werdens als Täuschung zu verurteilen und eine Welt zu erfinden, welche jenseits derselben liege – als »wahre Welt«. Sobald jedoch der Mensch dahinterkomme, daß diese Welt nur aus psychologischen Bedürfnissen gezimmert sei, entstünde die letzte Form des Nihilismus, welche den totalen Unglauben an eine metaphysische Welt beinhalte, sich also den Glauben an eine »wahre Welt« endgültig verbiete. »Auf diesem Standpunkt gibt man die Realität des Werdens als einzige Realität zu, verbietet sich jede Art Schleichweg zu Hinterwelten und falschen Göttlichkeiten – aber erträgt diese Welt nicht, die man schon nicht leugnen will.«[356] Der Historismus macht den Schleichweg zu den Hinterwelten und falschen Göttlichkeiten zur Hauptbahn; er erträgt die Welt nicht wie sie ist; er leugnet oder kaschiert, daß sie so ist wie sie ist.

Der Verhüllungstrieb der Zeit, der Drang nach Verkleidung, Maske, Verschleierung ist unehrlich, aber verständlich – ist doch Identifizierungsmöglichkeit gefährdet, wenn Entbergung aufs »Gerippe« blicken läßt. Dem Nihilismus entgegentretend, erweist sich dabei der Historismus als ein Versuch, die

Lebenswirklichkeit als ein Ganzes zu interpretieren, die widerstreitenden und auseinanderfallenden Teilsysteme von Politik, Ökonomie und Ethik zu reintegrieren, mit Hilfe eines affirmativen Geschichtsverständnisses durch traditional abgeleiteten »Sinn« zu überwölben. Solche Ganzheit war gegenüber einer Epoche, die, nach einem Wort Rankes, die »Physiognomie der Entzweiungen« zeigte, nur im Rückgriff auf die vorrevolutionäre alteuropäische Ordnung, durch ihre Mimesis im Kunstwerk hindurch möglich. »Historismus erscheint als der Versuch, aus der Krisenerfahrung des Revolutionszeitalters heraus das vorrevolutionäre, alteuropäische Modell von Weltauslegung bewußt in die Gegenwart zu bringen. Die Geschichte des Historismus hat den aporetischen Charakter dieses Versuchs an den Tag gebracht.« (Wolfgang Hardtwig)[357]
Geschichte als Umzug. Die Anforderungen der Zukunft machten eine Abkehr von Tradition und Erbe notwendig. Die so entstehende »Leerstrecke« fürchtend, trägt man auf dem Weg von Gestern ins Morgen »Erbstücke« in geradezu fetischistischer Verbundenheit weiter mit sich. Erkennend, daß Tradition und Erbe vergänglich sind, versucht man, diese aufs Bleibende hin zu »befestigen«. Die Architektur ist somit die ureigenste Form des Historismus, da hier Vergangenheit (im Nach-Bau, der zum Überbau wird) konsistent erhalten werden kann. Bert Brechts nihilistische Vision: »Von diesen Städten wird bleiben: der durch sie hindurchging, der Wind!« war auch die Angst der Wilhelminischen Kultur, als sie daranging, immer größere, modernere und luxuriösere Städte zu schaffen. Die am »geschichtlich Bewährten« orientierte Bauweise suggerierte, daß sie, die Städte und Bauten, »blieben«, in ihrer geschichtlichen Verläßlichkeit zersetzender Modernität gegenüber sich halten oder erhalten könnten. Von symbolischer Bedeutung war es, daß der Kölner Dom in dieser Epoche seiner Vollendung entgegenging. Am 15. Oktober 1880 wurde in Anwesenheit von Kaiser Wilhelm I. in einem Staatsakt der letzte Stein in die Kreuzblume des Südturmes eingefügt. Ein Jahrtausendwerk war in einer Zeit glorreich beendet worden, die wie kaum eine andere vor ihr unter »Abbruchsangst« (dem Bruch mit der Tradition) und an den Qualen der Vergänglichkeit litt.

G. Rehlender: Der Dom zu Köln (1884)

Das Studium der Weltgeschichte, heißt es in Friedrich Schillers Antrittsvorlesung als Professor der Geschichte in Jena 1789 (»Was heißt und zu welchem Ende studiert man Universalgeschichte?«), gewähre dem Menschen eine ebenso anziehende als nützliche Beschäftigung. Licht entzünde es im Verstande und eine wohltätige Begeisterung im Herzen. Der Geist werde von der gemeinen und kleinlichen Ansicht moralischer Dinge entwöhnt. Indem Universalgeschichte das große Gemälde der Zeiten und Völker auseinanderbreite, verbessere sie die vorschnellen Entscheidungen des Augenblicks und die beschränkten Urteile der Selbstsucht. »Indem sie den Menschen gewöhnt, sich mit der ganzen Vergangenheit zusammenzufassen und mit seinen Schlüssen in die ferne Zukunft vorauszueilen: So verbirgt sie die Grenzen von Geburt und Tod, die das Leben des Menschen so eng und so drückend umschließen, so breitet sie optisch täuschend sein kurzes Dasein in einen unendlichen Raum aus und führt das Individuum unvermerkt in die Gattung hinüber.« Um unser menschliches Jahrhundert herbeizuführen, hätten sich, ohne es zu wissen oder zu erzielen, alle vorhergehenden Zeitalter angestrengt; unser seien alle Schätze, welche Fleiß und Genie, Vernunft und Erfahrung im langen Alter der Welt endlich heimgebracht hätten. »Ein edles Verlangen muß in uns entglühen, zu dem reichen Vermächtnis von Wahrheit, Sittlichkeit und Freiheit, das wir von der Vorwelt überkamen und reich vermehrt an die Folgewelt wieder abgeben müssen, auch aus *unsern* Mitteln einen Beitrag zu legen und an dieser unvergänglichen Kette, die durch alle Menschengeschlechter sich windet, unser fliehendes Dasein zu befestigen.«[358] Ein Jahrhundert später war der universalgeschichtliche Denkansatz nicht mehr gefragt, die Metamorphose und Auflösung des idealistischen, am Theodizeebegriff der Aufklärung trotz aller Anfechtungen festhaltenden Geschichtsverständnisses vollzogen.

Helmuth Plessner hat den Umzug aus den Bereichen geschichtlicher Sinnhaftigkeit in diejenigen geschichtlicher Orientierungslosigkeit, die durch ein positivistisches und nationalistisches Geschichtsbild kaschiert wurden, in seinen einzelnen Stadien aufgezeigt. Aus Gründen seiner religiösen, politischen Geschichte habe Deutschland, das Deutschland des Reiches, kein Verhältnis zu den Jahrhunderten gehabt, welche für die Bildung und Festigung der modernen Welt entscheidend waren. Gleichwohl seien die schicksalsschweren Jahrhunderte der Entwicklung des Nationalbewußtseins, der religiösen und staatsbürgerlichen Verselbständigung des Individuums, der kapitalistischen Wirtschaftsweise und einer, alles in allem, gegen Gott und Gottesgnadentum indifferenten weltbürgerlichen Zivilisation an ihm nicht spurlos vorübergegangen; sie hätten sich tief in deutsches Wesen eingegraben. Kein Land habe dann im 19. Jahrhundert Männer hervorgebracht, die einem Kant, Hegel, Marx oder Nietzsche an Größe und revolutionärer Gefährlichkeit an die Seite zu stellen seien. »Die Epoche des Traditionszerfalls brauchte das Land der Traditionslosigkeit, um sich in seinem Geiste erst ganz zu finden.«[359] Demokratisch-republikanische Traditionslosigkeit entspringe dem Mangel eines eindeutigen Verhältnisses zu den Werten des politischen Humanismus und der Aufklärung, welcher Mangel selber auf das Luthertum und territoriale Zerrissenheit zurückgehe. Wie sich von dorther im Zuge der Verweltlichung die Weltfrömmigkeit des deutschen Geistes bilden konnte, mit ihrem Zug ins Romantische und Philosophische, so beförderte die Traditionslosigkeit, die Selbstunsicherheit und Individualisiertheit des deutschen Lebens seinen Zug ins Problematische und Innerliche. »Der Deutsche brauchte ja nicht die scharfe Disziplin im Militärberuf, Fachberuf, in öffentlicher Organisation, wenn er nicht in seiner Substanz allzusehr das Gegenteil davon hätte. Warum nimmt sie so leicht Schärfe und Verbissenheit an, warum wird sie in allem gewaltsam, wenn nicht um etwas anderes, das gefährlich werden kann, weil es das tiefere Wesen ist, niederzuhalten?«[360]

In Fortführung der Gedanken Plessners kann man sagen: Das Sekundärtugendsystem, als Gegensteuerung zum dominanten romantischen Irrationalismus entwickelt, nahm, unterstützt vom preußisch-lutheranischen Rigorismus, ein derartiges Ausmaß an, daß das »deutsche Wesen« in ganz besonderem Maße geeignet war, die Anforderungen der Industrialisierung zu erfüllen. Zugleich freilich bestimmte das Gefühl tiefgreifender Ambivalenz das kollektive Bewußtsein: daß nämlich solche gigantische »Fortschrittsfähigkeit« deutscher »Eigentlichkeit« widerspräche. Am deutschen Wesen sollte die Welt genesen: Faktisch lief das auf ein »Made in Germany« hinaus; idealistisch meinte man jedoch damit die Verbreitung jener irrationalen Werte, die man realiter bekämpfte, um den Herausforderungen der Modernität zu entsprechen.

Universalgeschichte, wie sie Schiller mehr poetisch denn systematisch begründete, eine a priori (also vor dem Studium der Geschichte) bereits befestigte Vorstellung vom Weltenlauf variierend –, eine solche Geschichtsauffassung, die jede Epoche als ein Stadium humanen Fortschritts auf ein Reich der Humanität zu begreift, findet in dem gigantischen Entwurf der Hegelschen Geschichtsphilosophie ihren Höhepunkt, aber auch ihre Peripetie. Weltgeschichte als Ausdruck des göttlichen, absoluten Prozesses des Geistes in seinen Gestalten ist ein metaphysischer »Stufengang«, bei dem der einzelne Mensch zwar glauben mag, seinen ganz persönlichen Zwecken, etwa seinem Ehrgeiz, zu dienen; in Wahrheit steht er im Dienst höherer geschichtlicher Mächte. Das Augenblickliche des Widerspruchs zur Idee ist letztlich nur eine List der Vernunft, die zugleich eine List der Geschichte ist. Hinter den einzelnen Staaten steht die Idee *des* Staates; und ist *der* Staat auch noch sterblich, hinter ihm steht die Unsterblichkeit des Geistes, eines göttlichen Geistes, der seinen Gang durch die Weltgeschichte vollzieht. Die Einordnung und Überwindung des Individuums, die Überwölbung des subjektiven Geistes durch den objektiven, schließlich absoluten Geist ist der Sinn der Geschichte und damit »eigentlich« auch der Sinn des einzelnen Menschen, der mitwirkt an der sich als Geschichte ausprägenden »Heilsgeschichte«.

»Was aber das wahrhafte Ziel betrifft, die Idee der Vernunft selbst, so ist die Einsicht, zu der die Philosophie verhelfen soll, daß die wirkliche Welt ist, wie sie sein soll, daß der vernünftige Wille, das konkret Gute das Mächtigste ist in der Tat, die absolute Macht, die sich vollführt. Das wahrhafte Gute, die allgemeine göttliche Vernunft ist auch die Macht, sich selbst zu vollbringen. Dieses Gute, diese Vernunft in ihrer konkretesten Vorstellung ist Gott. Das Gute, nicht bloß als Idee überhaupt, sondern als eine Wirksamkeit, ist das, was wir Gott nennen. Die Einsicht der Philosophie ist, daß keine Gewalt über die Macht des Guten, Gottes, geht, die ihn hindert, sich geltend zu machen, daß Gott recht behält, daß die Weltgeschichte nichts anderes darstellt als den Plan der Vorsehung. Gott regiert die Welt; der Inhalt seiner Regierung, die Vollführung seines Planes ist die Weltgeschichte. Diesen zu fassen ist die Aufgabe der Philosophie der Weltgeschichte, und ihre Voraussetzung ist, daß das Ideal sich vollbringt, daß nur das Wirklichkeit hat, was der Idee gemäß ist. Vor dem reinen Licht dieser göttlichen Idee, die kein bloßes Ideal ist, verschwindet der Schein, als ob die Welt ein verrücktes, törichtes Geschehen sei. Die Philosophie will den Inhalt, die Wirklichkeit der göttlichen Idee erkennen und

R. Huthsteiner: Zum neunzigsten Geburtstag Kaiser Wilhelms I. (1887)

die verschmähte Wirklichkeit rechtfertigen. Denn die Vernunft ist das Vernehmen des göttlichen Werkes.«[361]

Hegels Philosophie war, so sehr sie durch ihre dialektische Methode auch das naturwissenschaftliche Denken mitbestimmte, vollständig »wirklichkeitsfremd« in Hinblick auf die Wirklichkeit des materialistischen, nun an einer ganz anderen Phänomenologie orientierten Denkens des Wilhelminismus. Die Geschichtswissenschaft der Epoche hatte keinen Sinn für Hegels universalgeschichtlich fundiertes Diktum: Was wirklich ist, das ist vernünftig, und was vernünftig ist, das ist wirklich. Eine Geschichtswissenschaft, die positivistisch vorging, mußte entweder den Glauben an den Gang Gottes durch die Weltgeschichte verlieren, was zu einem geschichtlichen Pessimismus führte, oder aber neue Ersatzgötter sich schaffen, die die Sinngebung des nun Sinnlosen bewirkten. Erschienen (wie bei Leopold Ranke) alle Generationen der Menschheit vor Gott gleichberechtigt, so konnte man auch zu dem Ergebnis kommen, daß die eigene Epoche einen ganz besonderen geschichtlichen Eigenwert habe; waren auch alle Epochen Gott gleich nah, vielleicht gehörte man einer Zeit an, die durch »gewichtigste Nähe« charakterisiert war. Zumindest war man nicht mehr Durchgangsphase. »Wollte man aber im Widerspruch mit der hier geäußerten Ansicht annehmen, dieser Fortschritt bestehe darin, daß in jeder Epoche das Leben der Menschheit sich höher potenziert, daß also jede Generation die vorhergehende vollkommen übertreffe, mithin die letzte allemal die bevorzugte, die vorhergehenden aber nur die Träger der nachfolgenden wären, so würde das eine Ungerechtigkeit der Gottheit sein. Eine solche gleichsam mediatisierte Generation würde an und für sich eine Bedeutung nicht haben; sie würde nur insofern etwas bedeuten, als sie die Stufe der nachfolgenden Generation wäre, und würde nicht in unmittelbarem Bezug zum Göttlichen stehen. Ich aber behaupte: Jede Epoche ist unmittelbar zu Gott, und ihr Wert beruht gar nicht auf dem, was aus ihr hervorgeht, sondern in ihrer Existenz selbst, in ihrem eignen Selbst. Dadurch bekommt die Betrachtung der Historie, und zwar des individuellen Lebens in der Historie einen ganz eigentümlichen Reiz, indem nun jede Epoche als etwas für sich Gültiges angesehen werden muß und der Betrachtung höchst würdig erscheint.«[362]

Demgegenüber, um den geschichtlichen Pessimismus zu markieren, Jacob Burckhardt, der die positivistische Historikerzunft mit ihrer langweiligen »Urkunderei« mit dem Satz abfertigte: »Vor sich einen Berg Geschichte, graben sie ein Loch und hinter sich lassen sie einen Haufen Schutt und sterben.«[363] Er, der sich dem Würgegriff der »heutigen Specialistik« entzog, ging zwar methodisch, etwa in seinem Hauptwerk »Kultur der Renaissance in Italien«, universalistisch vor, erkannte jedoch, fern von universalgeschichtlichem Idealismus, die tiefe Fragwürdigkeit von Geschichte: Nicht die göttliche Idee, sondern das Genie oder der Dämon setze sich in ihr nach seiner eigenen Gesetzmäßigkeit durch. Schopenhauers ästhetischer Nihilismus bildete den Hintergrund von Burckhardts Geschichtsschau. »Nur dem, der sich nichts mehr erwartet und dem allgemeinen Untergang nahe weiß, konnte der ganze Reichtum der Geschichte so im satten Glanz abendlicher Sonne sich offenbaren, wie er sich Burckhardt offenbart hat: als Spiegelung jenes Nirwana, das Schopenhauer verkündet hatte.« (Heinrich Zimmer)[364]
Den sittlichen Auftrag des Staates hat Burckhardt nicht geleugnet; die Wohltat des Staates bestehe darin, daß er der Hort des Rechtes sei. Aber die »Verwirklichung des Sittlichen auf Erden« durch den Staat müsse tausendmal scheitern an der inneren Unzulänglichkeit der Menschennatur.

Als gegenläufig zum säbelrasselnden Umzug der Historie aus den Gefilden eines universalgeschichtlichen Humanismus in die Gefilde eines nationalen (auch nationalistischen) Separatismus erwies sich auch die marxistische Geschichtsschreibung. Hegels System wollte sie vom Kopf auf die Füße stellen. Die Hegelsche Eschatologie wurde säkularisiert; dialektisch (in Form von Klassenkämpfen) bewege sich Geschichte dem Paradies auf Erden zu. »Wir machen unsere Geschichte selbst, aber erstens unter sehr bestimmten Voraussetzungen und Bedingungen. Darunter sind die ökonomischen die schließlich entscheidenden... Zweitens aber macht sich die Geschichte so, daß das Endresultat stets aus den Konflikten vieler Einzelwillen hervorgeht, wovon jeder wieder durch eine Menge besonderer Lebensbedingungen zu dem gemacht wird, was er ist; es sind also unzählige einander durchkreuzende Kräfte, eine unendliche Gruppe von Kräfteparallelogrammen, daraus eine Resultante – das geschichtliche Ergebnis – hervorgeht, das selbst wieder als das Produkt einer, als Ganzes, bewußtlos und willenlos wirkenden Macht angesehen werden kann. Denn was jeder einzelne will, wird von jedem andern verhindert, und was herauskommt, ist etwas, das keiner gewollt hat. So verläuft die bisherige Geschichte nach Art eines Naturprozesses und ist auch wesentlich denselben Bewegungsgesetzen unterworfen. Aber daraus, daß die einzelnen Willen – von denen jeder das will, wozu ihn Körperkonstitution und äußere, in letzter Instanz ökonomische Umstände (entweder seine eignen persönlichen oder allgemein-gesellschaftliche) treiben – nicht das erreichen, was sie wollen, sondern zu einem Gesamtdurchschnitt, einer gemeinsamen Resultante verschmelzen, daraus darf doch nicht geschlossen werden, daß sie = 0 zu setzen sind. Im Gegenteil, jeder trägt zur Resultante bei und ist insofern in ihr einbegriffen.« (Friedrich Engels)[365]
Der Zerfall des universalgeschichtlichen, idealistischen Geschichtsverständnisses war auch Ergebnis des rasanten wissenschaftlichen Fortschrittes, der, als erste Phase der Dialektik der Aufklärung, ein einheitliches Weltbild nicht mehr zuließ und die Erschütterungen, die durch die Renaissance bewirkt worden waren, weit in den Schatten stellte. Um wieder mit Helmuth Plessner zu sprechen: Die Dinge verloren ihren festen Bezugspunkt in der Vernunft und gerieten in den beweglichen, trügerischen, gefährlichen, der Erde stärker angenäherten Aspekt des Lebens. An die Stelle der göttlichen Schöpfungsgarantie trat die Erkenntnis des natürlichen Entstandenseins der Vorzugsstellung des Menschen. War diese aber einmal als natürlich gewordene erkannt, so begann sie sich auch schon fragwürdig zu werden. Binnen weniger Jahrzehnte mußten zwei, drei Generationen an sich selbst einen Vorgang erleben, der schlechthin ohne jedes Beispiel in der Geschichte war. Entdeckungen und Erfindungen verbanden sich in ständig steigender Intensität und Geschwindigkeit mit der Wirtschaft, wuchsen im zunehmenden Prozeß der Industrialisierung zu einer neuen Einheit zusammen und wurden dadurch zu einem die Existenz der Menschen von der materiellen Seite her umgestaltenden Faktor. Die Verkettung von Wissenschaft, Arbeitsprozeß und Wirtschaft wurde einerseits als Heilsbotschaft für ein besseres Leben, andererseits als Bedrohung bislang erfahrener und akzeptierter Ordnung empfunden. Zwei einander so wesensfremde Funktionen wie Ökonomie und Technik verbanden sich in wenigen Jahrzehnten zu einer neuen Lebensmacht, die ihre eigene Logik hervorbrachte, den Händen ihrer Urheber entglitt und die menschliche Existenz von ihrer materiellen Seite her, in der man seit den ältesten Zeiten ihre »natürlichen« Wurzeln sah, aus dem Gleichgewicht brachte. Auch hier hat die Steigerung der Masse ein qualitatives Novum geschaffen. Das Bündnis zwischen Erfindung und praktischer Verwertung kannte der Mensch seit den Anfängen seiner Geschichte. Nie hatte es eine Ökonomie ohne Technik gegeben, nie eine Verbesserung ohne Fortschritt im Erkennen der zugrundeliegenden Zusammenhänge. Was sich aber seit der Erfindung des mechanischen Webstuhls, der Dampfmaschine, des Blitzableiters begab, führte durch die Schnelligkeit und Richtung, in der Entdeckung auf Entdeckung folgte, und schließlich durch den Geist und Zwang grundsätzlicher Überbietung jedes erreichten technischen Stan-

des zu einem Bruch mit aller bisherigen Geschichte.[366] Der einbrechenden und auflösenden Gewalt des Neuen trat ein starkes Sekuritätsstreben entgegen.
Das in den religiösen Überbau einbezogene technische Gerät, etwa der Blitzableiter, wird zum (mit der Aura metaphysischer Schutzwirkung ausgestatteten) Garanten allumfassender Geborgenheit – so wie auch der mit allen Stilarten aufgeladene Historismus vor dem »Blitzschlag« der Traditionslosigkeit und des Kulturverlusts zu beschirmen trachtet. Auf dem Weg in die Industrialisierung scheint das geschichtliche Erbe voll präsent; es ist jedoch nur Staffage eines rigiden Sozialdarwinismus; das ethische Vakuum wird mit Hilfe eines herbeizitierten Geschichtsbewußtseins kaschiert. »Wie jeder Neureichtum sich mit Tradition zu verdecken sucht, entsteht hier ein Verlegenheitshistorismus, der in dem Verwandtschaftsgefühl zum 16. Jahrhundert insofern nicht einmal fehl greift, als es in der deutschen Vergangenheit die letzte Epoche einer blühenden bürgerlichen Städtekultur bedeutet. Man merkt der Kraftlosigkeit und Unsicherheit des Butzenscheibenstils seine Ersatzfunktion nur allzu deutlich an. Dieser bürgerliche Renaissancismus verdeckte die geschichtliche Ratlosigkeit einer Schicht, deren zunehmend ökonomische Macht in keinem vorgezeichneten Verhältnis zum neuen Reich stand. Ja, dieser Verlegenheitshistorismus war in einem noch tieferen Sinne wurmstichig, weil er zugleich mit der politischen Funktionslosigkeit des neuen Bürgertums die völlig neuartige, im eminenten Sinne traditionslose Erwerbsart des Kapitalismus und des Industrialismus zu verdecken hatte. Er konnte darum auch gar nicht auf Baukunst und Inneneinrichtung beschränkt sein, sondern war eine Antwort auf das ganze Leben, die das Selbstbewußtsein des Bürgers in romantischen Kategorien festhalten wollte. Weil niemand wußte, wohin er gehörte, suchte er im Bild einer vergangenen Epoche Halt zu gewinnen.« (Helmuth Plessner)[367]
Die wachsende Hemmungslosigkeit des Fortschritts (seine »Amerikanisierung«) maskiert sich historisch und ordnet sich so einem organischen Entwicklungsprozeß ein, der in gegenwärtiger Zeit kulminiert. Der Tag des modernen Deutschen brachte die Ernte der Vergangenheit ein. »Es war erreicht!«

Nach einem Ausspruch Benedetto Croces haben vor allem die deutschen Professoren dazu beigetragen, daß das deutsche Philistertum nach 1871 das sogenannte Sedanlächeln auf den Lippen spielen ließ, dieses Gefühl der Überlegenheit über andere Völker, diese Verachtung für die dekadent oder bereits degenerierten lateinischen Rassen, für deren moralische Korruption und die elenden parlamentarischen Kämpfe. Der deutsche Gelehrtenstand sei nach dem Scheitern der aus der Aufklärung hervorgegangenen deutschen Revolution von 1848 zunächst ins »stille Gelehrtendasein« emigriert. Deutschland hatte Überfluß an Professoren, die zumeist recht beschränkt, naiv und kindlich leichtgläubig im Beurteilen praktischer und öffentlicher Angelegenheiten waren, was ihrer Mentalität und Lebensweise entsprach. Sie bemühten sich eifrig, in der gesellschaftlichen Hierarchie, an deren Spitze der Offizier stand, nach oben zu kommen. Dieses Streben nach Aufwertung äußerte sich als Servilität, Eitelkeit, Intrigenwirtschaft, vor allem in einem teilweise sehr rüden Militarismus und Chauvinismus der Feder, einem intensiven Haß auf westliche Demokratie und westlichen Parlamentarismus und in einer aus der eigenen Anämie, aus verdrängten Minderwertigkeitsgefühlen, aufsteigenden Hybris: Wir Deutschen fürchten Gott und sonst nichts auf der Welt! Es war erstaunlich, welche Aggressionstriebe bei sonst brav-biederen Universitäts- und Gymnasialprofessoren sowie »Oberlehrern« angesichts offizieller Billigung und Ermunterung ausbrachen. Wer außerhalb dieses Furor teutonicus stand, wurde bekämpft und verleumdet.
Unter den deutschen Gelehrten, schrieb Julius Langbehn, gebe es einen, der eine ganz überraschende Ähnlichkeit mit Erasmus zeige: Theodor Mommsen. Wie dieser Luther, stehe jener Bismarck feindselig gegenüber; eine gewisse halbironische Teilnahme an geistigen und sittlichen Bestrebungen, welche dem Kern des deutschen Volkstums fremd wären, charakterisiere beide. Aber wie einst, so werde auch heute das deutsche Volk, soweit es echt empfinde, sich an die wahren Vertreter seines Wesens halten.[368]
Vor allem am Ende seines Lebens (er starb 86jährig im Jahre 1903) war Theodor Mommsen von tiefer Verbitterung über die gesellschaftlichen und politischen Zustände des Reichs erfüllt. Das halbe Jahrhundert deutscher Geschichte, das er selbst miterlebt hatte, verglich er mit den revolutionären Hoffnungen des Jahres 1848 und kam zu dem Ergebnis, daß das Volk nichtswürdig und rückgratlos geworden sei, die Nation versagt habe, ein erbärmliches Bild abgebe. In der letzten Fassung seines Testaments heißt es: »Politische Stellung und politischen Einfluß habe ich nie gehabt und nie erstrebt; aber in meinem innersten Wesen und ich meine, mit dem Besten, was in mir ist, bin ich stets ein animal politicum gewesen und wünschte ein Bürger zu sein. Das ist nicht möglich in unserer Nation, bei der der Einzelne, auch der Beste, über den Dienst im Gliede und politischen Fetischismus nicht hinauskommt. Diese innere Entzweiung mit dem Volke, dem ich angehöre, hat mich durchaus bestimmt, mit meiner Persönlichkeit, soweit mir dies irgend möglich war, nicht vor das deutsche Publikum zu treten, vor dem mir die Achtung fehlt.«[369] (Solche Resignation mag auch mitverantwortlich gewesen sein, daß Mommsen seine »Römische Geschichte«, für die er 1902 den Literatur-Nobelpreis

Knut Ekwall: Festszene bei der Einweihung des Hermannsdenkmals am 16. August 1875

erhielt, nicht mehr zu Ende schrieb – nicht ins Augusteische Zeitalter fortsetzte, sondern mit dem Tod Cäsars abbrach.
In einem Brief an den Münchner Ökonomen Lujo Brentano spricht Mommsen bitter von dem pseudokonstitutionellen Absolutismus, unter dem die Deutschen lebten und den sie innerlich akzeptiert hätten. In einem der Demokratie zustrebenden Europa blieb Deutschland in der Tat ein Staat, »in dem Entscheidungen über Lebensart und Freiheiten der Bürger weiterhin von Personen und Organen getroffen wurden, die nicht der Kontrolle des Parlaments oder des Volkes unterlagen. Und die große Mehrheit des Volkes lehnte sich gegen diesen Zustand nicht auf.« (Gordon A. Craig)[370]
An einem derartigen fatalen politischen Bewußtsein trugen die Universitätsprofessoren, unter ihnen vor allem die Historiker, ein gerüttelt Maß Schuld. Mit der Reichsgründung ging die republikanisch-demokratische Tradition des deutschen Gelehrtenstandes, die etwa 1848 die deutsche Nationalversammlung in der Frankfurter Paulskirche geprägt hatte (weshalb diese »Professoren-Parlament« genannt wurde), zurück. Der politische Konformitätsdruck wirkte sich voll in den Universitäten aus. Liberale Gelehrte wie Theodor Mommsen oder Rudolf Virchow waren da eine Ausnahme. »Die Gelehrten verstanden sich als über den Parteien stehend. Sie rühmten ihre Unabhängigkeit, die von keinen Sonderinteressen verdunkelt werde und nur das Wohl der Gesamtnation im Auge habe. Da ihr eigener Standpunkt den des Volkes widerspiegele, könnten sie allgemeingültige Verbindlichkeiten formulieren. Ihr Streben nach Objektivität im wissenschaftlichen Bereich galt als Garantie für eine weitgehende Objektivität in der Beurteilung politischer Fragen. Die Historiker betonten darüber hinaus ihre besondere Fachqualifikation, da sie durch die Beschäftigung mit dem Vergangenen besonders für die Bewertung der Gegenwart prädestiniert seien.
Der Professorenstand war völlig in das Gefüge des Zweiten Reichs integriert. Auf der sozialen Prestigeskala ganz oben stehend, hatte der Akademiker durch die Ersatz-Nobilitierung des Doktorgrades ein Mittel, um das Unterlegenheitsgefühl des Zivilisten in einer Gesellschaft, die ihre normativen Lebensideale vom Militärischen empfing, zu kompensieren. Ein materieller Selektionsmechanismus, der fast ausschließlich Begüter-

te den langen einkommenslosen Weg zum Ordinariat aushalten ließ, und ein Berufungsverfahren, das ›stets den konservativen Geist und die Exklusivität des Professorenstandes‹ wahrte und die Loyalität des Bewerbers gegenüber der Hohenzollerndynastie in Rechnung setzte, führten zu einer starken Obödienzhaltung innerhalb des Lehrkörpers. Die Universität als Ganzes spiegelte die Mentalität der sozialen Gruppen wider, für deren Nachwuchs sie lehrte und aus dem sie sich rekrutierte. Sie hatte die Aufgabe – um mit dem Historiker der Berliner Universität Max Lenz zu sprechen –, ›den Staat an seine allgemeine und sittliche Natur‹ zu erinnern und ihm ›Wege zu weisen‹.« (Klaus Böhme)[371]

Die machtstaatlichen Zielprojektionen des Wilhelminismus versetzten die Geschichtswissenschaft in die Euphorie, einer Ära anzugehören, die den endgültigen Aufstieg der Deutschen zur Weltnation erbringe. Der geschichtliche Umbruch bewirkte jedoch auch eine Dynamisierung des historischen Denkens, die sich vor allem dahingehend auswirkte, daß soziologische, sozialpsychologische, wirtschaftsgeschichtliche und strukturanalytische Fragestellungen wie Methoden entwickelt und mit der Geschichtswissenschaft verzahnt wurden. Während die meisten Historiker die deutsche Identität zwischen Machtstaat und Industriegesellschaft auf der Seite des Machtstaates suchten und fanden, forderten andere, die deshalb in die Rolle des Außenseiters gedrängt wurden, die Entwicklung der Geschichtswissenschaft in Richtung Sozialwissenschaft. Dahinter stand die richtige Erkenntnis, daß im besonderen die Soziologie wie die unter dem Begriff der Kulturwissenschaft subsumierten interdisziplinären Bemühungen einen besseren Einblick in die Probleme der Industriegesellschaft und der sozialen Bewegungen zu geben vermöchten.

Bezeichnend für die Feindschaft der beiden Lager war der für die Wissenschaftsgeschichte wichtige »Lamprecht-Streit«. Die »offizielles« Geschichtsbewußtsein verkörpernden Neo-Rankeaner (darunter die Historiker Hermann Oncken und Hans Delbrück sowie der Rechts- und Wirtschaftshistoriker Georg von Below), »zermalmten in einer orthodoxen Phalanx« die Kulturgeschichte, mit der der Historiker Karl Lamprecht auf die Entfremdung des modernen Menschen eine andere als die »alleinigseligmachende politische Antwort« suchte. Lamprechts neue Gesellschaftsgeschichte wurde durch eine Detail- und Methodenkritik von bissiger Schärfe innerhalb der Zunft abqualifiziert und in der Öffentlichkeit als vorwissenschaftliches Unternehmen desavouiert. Lamprecht wurden zudem liberal-demokratische Anschauungen zugeschrieben, die Bereitschaft zu der Kapitulation vor den Massen. Das widersprach der dominanten Geschichtswissenschaft, die im Sinne des Bismarckschen Regierungskonzepts, im Gegensatz zur Lebenswirklichkeit der Industriegesellschaft, Politik als eine von der Spitze des Staates her verhältnismäßig leicht steuerbare Angelegenheit hielt und damit die im Gefolge der Industrialisierung aufkommende Problematik, daß es sich bei politischen Vorgängen um komplexe, schwerlich von oben bestimmbare Prozesse handle, negierte. Trotz der Notwendigkeit des Umzugs der Geschichtswissenschaft von den Gipfeln universalgeschichtlicher Systematik in die Niederungen massengesellschaftlicher Phänomene tat die überwiegende Mehrheit der Historiker nach wie vor so, als ob die andrängenden Fragen auf Gipfeln und von Gipfeln herab gelöst werden könnten. Als Bannerträger eines machtstaatlichen Optimismus besetzten die Rankeaner und Treitschkeaner die Lehrstühle, schrieben die Erfolgsbücher und prägten als gesellschaftliche Leitfiguren das allgemeine Bewußtsein. »Angesichts einer drohenden Überwältigung der Politik durch die Interessen, einer Vulgarisierung der Kultur und der Demokratisierung der Institutionen, entschied sich die Historie in ihrer Mehrheit, die gefährdeten oberen Etagen des Staatsbauwerks zu verteidigen. Die Soziale Frage ist von den Historikern, wenn überhaupt, nur beiläufig formuliert worden, die Gefährdung des Konsens nur abwehrend bewältigt worden. Sie dachten an den Staat und fanden in ihm die beherrschende Kategorie ihrer Wissenschaft. Sie begriffen die Gefährdung der Politischen Kultur als Angriff von unten, vor allem aber als Einkreisung von außen. Am stärksten von allen Wissenschaften wurde die Fachhistorie ein Opfer der neuen deutschen Festungsmentalität. Gefechte wurden mit Papier, Feder und Druckerschwärze geführt, die – was immer Max Weber anmahnte an Wertabstinenz – den künftigen Bürgerkriegen des 20. Jahrhunderts vordachten und vorarbeiteten. Jene Einheit aus Zerstörungskraft und Schöpferkraft, die der Kultur der Weimarer Republik ihr zerrissenes Antlitz gab, war schon um die Jahrhundertwende im Entstehen. Jeder Gedanke der Welt nach dem Großen Krieg ist vorher schon gedacht worden, aber es fehlte noch die radikale Durchschlagskraft, und die Spur der Gedanken wurde noch mit Tinte, nicht mit Blut gezeichnet. Die Angst vor dem Bürgerkrieg und die Zuflucht beim Machtstaat öffneten dem Fin de siècle seine Denkperspektiven. Aber es blieb den Menschen der Jahrhundertwende noch erspart, mit den Konsequenzen zu leben.« (Michael Stürmer)[372]

Die im Gelehrtenstreit immerhin, wenn auch mit höchst unterschiedlicher Stärke, erkennbare Polarisierung historischen Denkens wirkte sich im Schulunterricht kaum aus. Komplexität und Ambivalenz waren hier genauso verschrien wie kritische Reflexion und Selbständigkeit des Denkens. Von seinen Lehrern stellt Stefan Zweig fest, daß sie weder gut noch böse, keine Tyrannen, aber auch keine hilfrei-

Thomas Theodor Heine: Nach den Ferien

chen Kameraden, sondern arme Teufel gewesen seien, die, sklavisch an das Schema, an den behördlich vorgeschriebenen Lehrplan gebunden, ihr Pensum zu erledigen trachteten. »Sie saßen oben auf dem Katheder und wir unten, sie fragten und wir mußten antworten, sonst gab es zwischen uns keinen Zusammenhang. Denn zwischen Lehrer und Schüler, zwischen Katheder und Schulbank, dem sichtbaren Oben und sichtbaren Unten, stand die unsichtbare Barriere der ›Autorität‹, die jeden Kontakt verhinderte.«[373] Aus Berliner Sicht kommt Ludwig Marcuse in seiner Autobiographie zum gleichen Ergebnis: Es gab viele Erzieher, aber keine Erziehung; die abstrakte bürgerliche Moral, die zum Beispiel mit Hilfe des deutschen Aufsatzes einexerziert wurde, diente allein einer Vorstellung vom Staate, die jede liberale und individuelle Regung zu unterbinden suchte; zu Hause herrschte die mehr oder weniger effektvolle Diktatur der Eltern, in der Schule regierte der Direktor als unumschränkter Polizeipräsident; wurde das Ziel der Klasse nicht erreicht, so war dies ein kleiner Weltuntergang.[374] Thomas Mann stellt in den »Betrachtungen eines Unpolitischen« fest: »Als Knabe personifizierte ich mir den Staat gern in meiner Einbildung, stellte ihn mir als eine strenge, hölzerne Frackfigur mit schwarzem Vollbart vor, einen Stern auf der Brust und ausgestattet mit einem militärisch-akademischen Titelgemisch, das seine Macht und Regelmäßigkeit auszudrükken geeignet war: als General Dr. von Staat.«[375] Die vorherrschende »Schulmeinung« wandte sich vor allem gegen den Sozialismus, in dem man den Urheber für die Störung, ja Zerstörung gesellschaftlicher Harmonie bekämpfte. Das affirmative Geschichts- und Kulturbewußtsein, welches das Klima der Schulen bestimmte, wird besonders dann deutlich, wenn man es an jenen Pädagogen mißt, die standhaft dagegen opponierten.

Exemplarisch sei dies an Oskar Jäger (geboren 1830) aufgezeigt, der, Absolvent des Tübinger Stifts, von der Theologie dem Lehrberuf sich zuwandte und nach verschiedenen Studienreisen in den preußischen Schuldienst eintrat. Jäger wirkte politisch bei den Nationalliberalen; 1883 übernahm er den Vorsitz des Nationalliberalen Zentralkomitees der Rheinprovinz. In seiner umfassenden Studie über den Geist des Geschichtsunterrichts der höheren Schulen im 19. Jahrhundert (»Das Selbstverständnis der Deutschen«) bezeichnet Ernst Weymar Jäger als den ersten Homo politicus unter den deutschen Geschichtslehrern mit Zivilcourage, einer Eigenschaft, die der gepriesene »deutsche Mut« damals noch nicht als Bedeutungsgehalt in sich begriff und auch für Untertanen nicht in sich begreifen konnte.[376] Angesichts der Geschichtspädagogik seiner Zeit, die für ihn vor allem durch »Phrasen« und »Windworte« bestimmt war, wandte sich Jäger gegen jede »Marktschreierei«. Der Lehrer müsse sich hüten »vor den hochdaherfahrenden Worten des Reglements, der Direktorenkonferenzen, der Lehrerversammlungen. Und wenn er irgendwo liest oder auf Versammlungen oder bei Festessen hört, was alles durch unseren Geschichts- und andern Unterricht Großes auf der Welt hervorgebracht werde, und daß der Schulmeister bei Sadowa gesiegt habe, so schlage er an seine Brust und spreche: ›Gott sei mir Sünder gnädig!‹«[377] Der Zweck des Geschichtsunterrichts, überhaupt des Gymnasialunterrichts, war für ihn historische Bildung; das hieß: eine auf intensive Erkenntnis vergangener Zeiten und Zustände gegründete intellektuelle Befähigung für die Arbeit in der Gegenwart. Historische Bildung, ja Bildung überhaupt, erwachse aus der dauernden Begegnung des Menschen mit der Wahrheit, die ihm in verschiedenen Formen entgegentrete: als begreifbare Wahrheit in Form historischer Erkenntnis; als erlebte Wahrheit in Form des Glaubens; als Erkenntniswahrheit und Glaubenswahrheit in ihrem Träger, der freien Persönlichkeit. Historische Bildung oder die Entwicklung des Sinnes für Geschichte bedeuteten daher in erster Linie die Pflege des Wahrheitssinnes und des »Willens im Dienste der Wahrheit«. Wissenschaft – und diese habe auch den Schulunterricht zu bestimmen – dürfe nicht von vorgefaßter Absicht ausgehen.

»Patriotische, religiöse usw. Gesinnung zu fördern, ist alles nichts, ist bloße Phrase, ja schlimmer, wird zum schlimmen Keime der Unwahrheit und Unwahrhaftigkeit, wenn dies oberste Gesetz, daß Geschichte erzählt, nicht gemacht werden darf, vernachlässigt wird. Ein Teil der schrecklichen, gar nicht zu durchbrechenden Schicht von Unwahrhaftigkeit, welche in Sachen der Kirche und des Christentums die Köpfe verfinstert und die Herzen verhärtet, ist auf solchem falschen Geschichtsunterricht gelagert, und wie zu geschehen pflegt, wird Wirkung wieder zur Ursache.«[378] Ein solches Diktum verurteilt die verderblichen Folgen einer seit Jahrzehnten fehlgeleiteten und vielfach unwahren Geschichtspädagogik, die Jäger mit Hilfe empirischer Erkenntnisse und im Geiste eines demokratisch-republikanischen Engagements zu revidieren suchte.

Sein religiöses Bewußtsein war stark ausgeprägt: Lehramt war ihm Priestertum – ein Glaube, der sich nicht in Dienst nehmen ließ. »Gesinnungsstoff, ethische Wirkung, Charakterbildung, Gesinnungsunterricht – jawohl: zunächst Pflichterfüllung, so wird euch früher oder später das Übrige alles zufallen. Die Erkenntnis, daß man mit seiner Hände und seines Geistes Werk dem Vaterland, der Sache des Guten, der Sache der Menschheit, dem Reiche Gottes dient – diese Erkenntnis kommt dem jungen Menschen durch allerlei Kräfte, allmählich, leider nicht immer... Wer erziehen will..., muß selbst erzogen sein, vielmehr er muß, und zwar bis an sein Ende, mindestens bis zu seiner Pensionierung, sich selbst erziehen, wobei ihm bei einigem guten Willen das Leben hilft. Erst wenn man immer besser wird, ist man vor Gott ein guter Lehrer: vor den Menschen allerdings ist man's schon früher.«[379]

Unter dem Eindruck der Erfolge Bismarcks hob Jäger die Bedeutung der Persönlichkeit in der Geschichte hervor; er ließ sich aber durch machtstaatliche Romantik nicht vereinnahmen. Er bekannte sich zu der am Wohl und Heil des einzelnen orientierten und freigestalteten sozialethischen Wechselbeziehung zwischen Mensch und Gemeinschaft, zu dem individualistischen Liberalismus seiner Zeit, durch den die Vertragstheorie der Aufklärung noch hindurchschimmerte. Er grenzte sich klar gegen die anthropologische Deutung des Menschen ab, die dem Rassedenken und dem Volkstumsdenken zugrunde lag. Diese Einstellung bewirkte, daß Jäger den Menschen in der Geschichte stets unter dem Gesichtspunkt der Freiheit, der Humanität und der Verantwortung gegenüber einem Ganzen darstellte und sein Verhalten von seinen sittlichen Bindungen wie Verpflichtungen in einer oder mehreren Gemeinschaften her deutete und bewertete.[380]

Damit wandte er sich gegen immer stärker werdende Zeittendenzen; auf der anderen Seite erwies er sich auch als Sohn seiner Zeit, indem er das Schwergewicht der historischen Bildung auf die antike Geschichte legte, also sich aktueller Stellungnahmen entzog bzw. diese nur indirekt einbrachte. Das starre Festhalten an der Antike als dem einzigen Feld, auf dem der Gymnasiast sich aus eigener Kraft historisch-politische Bildung und Urteilsfähigkeit aneignen könne, trug Jäger später in der Auseinandersetzung um die neuen Lehrpläne den Vorwurf ein, sein Geschichtsunterricht wirke »antinational«. Der ihm das vorwarf, verlangte 1891 gleichzeitig, daß die »besondere Einschränkung der Kritik«, die das »vaterländische Interesse« bei der Behandlung der deutschen Geschichte fordere, für die Beurteilung der ausländischen Geschichte des Mittelalters und der Neuzeit wie der antiken Geschichte nicht gelte – wodurch die Unwahrheit, die Jäger bekämpfte, zum geschichtspädagogischen Grundsatz erhoben wurde, um eben dem »vaterländischen Interesse« zu dienen.

Von diesem Gegensatz zur patriotischen Pädagogik her ist Jägers oft verbissene Haltung zu verstehen. Er attackierte den schwärmerischen Teutonismus, der sich im nationalen Übereifer darin gefiel, »unsere Altvordern als Ausbund aller Geradheit und Biederkeit zu preisen«. Dies sei unpatriotisch, weil es nicht wahr sei. Obwohl Jäger eine akzentuiert protestantische Haltung einnahm, hatte er großes Verständnis für die katholische Position, gerade weil sie ein Regulativ gegenüber dem preußisch-protestantischen Nationalismus darstellte. Dieser versuche bei allen möglichen Anlässen, vor allem bei Festtagen, den Patriotismus den Schülern tonnenweise einzugießen. Auf »Echauffement« und »falsches Pathos« könne man verzichten. Auch die Herrscherfamilie bedürfe keiner »Streberei und Schmeichelei«. Jäger witzelte über die »militärisch gefärbten« Direktoren, die zum »Soldatenspielen« neigten; es seien meistens solche, die selbst nie gedient hätten, die es aber nun jucke, sich selbst als eine Art Oberst und Kriegsherr aufzuspielen.

Dem Chauvinismus seiner Zeit setzte er eine aufgeklärte »nationale Erziehung« und sein »Nationalbewußtsein« entgegen: »Wenn man uns fragt, wie sich unser Unterricht national, nationaler, am nationalsten, deutsch, deutscher, am deutschesten gestalten lasse, so antworten wir einfach – indem man sich auf alle Stufen, in allen Fächern bemüht, ihn immer wahrer zu machen.«[381]

In seinem Kampf gegen die »verallgemeinernden Substantive« und gegen das »scheinpatriotische Gerede«, den »Krebsschaden unseres politischen Denkens«, stand Jäger seit 1890 auf halbwegs verlorenem Posten. Nach der Veröffentlichung der Lehrpläne von 1892 bekannte er auf einer Versammlung der rheinischen Schulmänner, daß man sich in der Lage einer geschlagenen Armee befinde, nicht nur, weil der altsprachige Unterricht gekürzt, sondern auch, weil »mehr als richtig und wahr« der »deutsch-preußisch-patriotische Gesichtspunkt« betont worden sei.

Indem Oskar Jäger jahrzehntelang gegen den nationalistischen Geist der Zeit ankämpfte, bestätigte er auf hervorragende Weise, daß die Epoche immer wieder in allen Bereichen der Gegenströmung fähig war, auch wenn diese schließlich sich nicht durchsetzen konnten. Mit den »Ideen von 1914« triumphierte dann freilich eine Geschichtswissenschaft, die vom Pfad der Humanität endgültig abgekommen war. Hatte Lamprecht die Politisierung der Gesellschaft in einem differenzierten Sinne gefordert, so setzte man nun Politisierung mit Chauvinismus gleich; hatte Lamprecht die Teilnahme der Denkenden am politischen Leben und die Vertiefung der politischen Bildung der Tätigen als Befreiung des öffentlichen Lebens aus dem beengenden Alpdruck unüberlegter Dogmen gefordert, so gipfelte nun die Entwicklung in der kritiklosen Verherrlichung fraglosen Gehorsams, die aus der Geschichte nur das akzeptierte, was die Untertanengesinnung zu fördern vermochte. »Die ›Ideen von 1914‹, unmittelbar nach Kriegsausbruch formuliert, stehen am Anfang der professoralen Kriegspublizistik. Sie sind ein Bündel von Aussagen, das die ersten Reflektionen über die gegnerischen Nationen, ihre Kriegsziele, den besonderen Charakter des deutschen Staates, sein Wesen und die Vorstellung von einer spezifisch deutschen Form von Freiheit darstellt. Im Zentrum dieser Ideen stand das Erlebnis der nationalen Integration, des ›Einschmelzungsprozesses‹, der die inneren Spannungen aufhob und alle gesellschaftlichen Kräfte zusammenfaßte. ›Da ereignete sich das Wunder, der Krieg kam‹, so kommentierte der Ökonom Werner Sombart die Zeitereignisse, und das ›Wunder des August 1914‹ wirkte wie ein entspannendes Gewitter. Das Erhabene des Augustwunders war für die Gelehrten die Erfüllung eines lange gehegten Wunsches: die Integration der Arbeiterschaft in den nationalen Staat, die sie mit der Bewilligung der Kriegskredite durch die Sozialdemokratie als vollzogen erachteten. Dieses umfassende Identifikationserlebnis, übrigens ein gesamteuropäisches Phänomen, das neue Gemeinschaftsgefühl der Nation, war der tiefere Inhalt der ›Ideen von 1914‹.«[382]

Die dominanten Züge des wilhelminischen Geschichtsbildes sind im Untertan »leibhaftig« geworden; er verkörperte in unterschiedlicher Mischung und Nuancierung die preußisch-konservative, heroische, christlich-traditionelle, kaisertreue, nationalistische, dynastische Geschichtsauffassung. Im einzelnen bedeutete dies, wie Horst Schallenberger in seiner Untersuchung zum Geschichtsbild der Wilhelminischen Ära mit einer Schulbuchanalyse aufzeigt[383]:

Rudolf Wilke: Geschichtsunterricht (1901)

- Preußen ist die Vollendung der bisherigen deutschen Geschichte. Im Herzen Europas gelegen, ist es die Bürgschaft der europäischen Ordnung. Unter Kaiser Wilhelm II. steht das neugeschaffene Reich einig, mächtig und frei da; es erblüht in Frieden und Wohlfahrt, oder, wenn nötig, in siegreichem Kampfe zu dauernder Herrlichkeit. Der Staat basiert auf Fürstenrecht; Autorität, nicht Majorität, soll ihn bestimmen; Revolution bedeutet Auflehnung gegen die Legitimität. Die Krone gewährt, was z. B. in Frankreich nur im Aufruhr erkämpft wurde. Die Ordnung, wie sie besteht, ist von Gott gewollt; der Staat ist Verkörperung der sittlichen Idee.
- Heroische Persönlichkeiten werden als Herolde des Machtstaates verehrt; dazu gehören auch Geisteshelden, die, wie etwa Friedrich Schiller, ins Monumentale stilisiert werden. Ganz oben auf den Denkmälern, die Bewunderung oktroyieren, stehen die Herrscher, die von Staatsmännern, Militärs, Denkern und Dichtern umringt sind. Sie strahlen im Glanze ihrer Tugenden, zu denen vor allem Tapferkeit, Opfermut, Selbstlosigkeit und Treue gehören.
- Thron und Altar sind eng miteinander verbunden; Staat und Kirche wirken zusammen. Luther, der Erzdeutsche, der dem Kaiser gibt, was des Kaisers ist, wird in entsprechender Uminterpretation zur Leitfigur. Wahres Christentum und echtes Deutschtum sind Trutzburgen gegenüber dem welschen

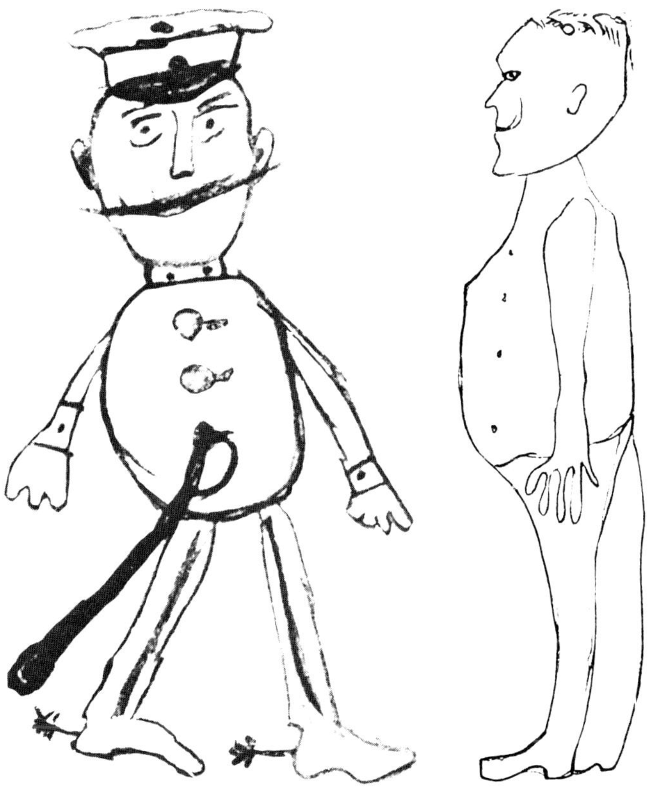

Der wilhelminische Mann. Kinderzeichnungen (1905)

Geist der Aufklärung, der die natürliche Ordnung der Stände und Schichten zerstört.

- Der große Kaiser ist endlich gekommen. Lange lebte er schlafend im Kyffhäuser; er erwachte aus seinem Schlummer und brachte die alte Macht und Herrlichkeit dem deutschen Reiche zurück. Mögen die Bärte sich unterscheiden – Wilhelm II. erweist sich als wiedererstandener Barbarossa.
- Die anderen Völker und Staaten sollen den Deutschen huldigen, denn diese verkörpern idealtypisch, was sonst nur annäherungsweise erreicht wird: Vollendung schönster Menschlichkeit. Die Deutschen: ein Volk, das großer Dinge fähig ist.
- In der Monarchie spiegelt sich die gottgewollte Gesellschaftsordnung. Gedenktage, Feiern, Festansprachen glorifizieren den dynastischen Mythos. Kaisers Geburtstag steht im Zentrum patriotischer Festlichkeit. In einer pädagogischen Handreichung aus dem Jahre 1895 heißt es: »Das Schloß, worin unsere kaiserliche Familie wohnt, ist ein schönes, hohes Haus mit großen Fenstern, glänzenden Scheiben und prächtigen Gardinen. Aber nicht jeder darf in das Schloß hinein zum guten Kaiser, sondern nur die, die ihn so recht von Herzen lieb haben und ihm treu dienen. Unser treues deutsches Herz wird unser Führer sein und uns heut Einlaß in unser geliebtes Kaiserhaus verschaffen.«[384]

Diederich Heßling ist der Prototyp des Untertans. Heinrich Mann hat in seinem gleichnamigen Roman, den er 1906 begann und 1918 veröffentlichte, das »Zwangsmodell« einer untertänigen Gesellschaft, die ihre Wurzeln vorwiegend in patriarchalischer Familienstruktur und autoritärer Erziehung hat, dichterisch gestaltet. – Diederich ist ein weiches Kind, das am liebsten träumt, sich vor allem fürchtet und viel an den Ohren leidet. Ungern verläßt er im Winter die warme Stube, im Sommer den engen Garten, der nach den Lumpen der benachbarten Papierfabrik riecht und über dessen Goldregen- und Fliederbäumen das hölzerne Fachwerk der alten Häuser steht. Diederich liebt den Vater, auch wenn dieser fürchterlicher als Gnom und Kröte aus den Märchenbüchern wirkt. Hat er genascht oder gelogen, drückt er sich so lange schmatzend und scheu wedelnd am Schreibpult umher, bis Herr Heßling etwas merkt und den Stock von der Wand nimmt. Kommt er nach einer Bestrafung mit gedunsenem Gesicht und unter Geheul an der Werkstätte vorbei, lachen die Arbeiter. Sofort aber streckt Diederich nach ihnen die Zunge heraus und stampft: »Ich habe Prügel bekommen, aber von meinem Papa. Ihr wäret froh, wenn ihr auch Prügel von ihm bekommen könntet.«[385]

Als Diederich am Christkind zu zweifeln anfängt, läßt er sich von der Mutter bewegen, noch ein Weilchen zu glauben; er fühlt sich dadurch erleichtert, treu und gut. Auch ans Gespenst, droben auf der Burg, glaubt er hartnäckig. Nach so vielen furchtbaren Gefahren, denen er in seiner Jugend unterworfen ist, nach den Märchenkröten, nach dem Vater, nach dem lieben Gott, dem Burggespenst, der Polizei, dem Schornsteinfeger (der einen durch den ganzen Schlot schleifen kann, bis man auch ein schwarzer Mann ist) und nach dem Doktor (der einem im Hals pinseln darf und schütteln, wenn man schreit) – nach all diesen Gewalten gerät Diederich unter eine noch furchtbarere, den Menschen auf einmal ganz verschlingende Bedrohung: die Schule. Doch letztlich beglückt ihn die Zugehörigkeit zum unerbittlichen, menschenverachtenden, maschinellen Organismus, den das Gymnasium darstellt. Die Macht, die kalte Macht, an der er selbst, wenn auch nur leidend, teilhat, bewirkt Stolz. Am Geburtstag des Ordinarius bekranzt man Katheder und Tafel. Diederich umwindet sogar den Rohrstock.

Als er älter ist, verführt er ein junges Mädchen, lehnt aber dann die Heirat mit ihr ab, da er eine jungfräuliche Person als Mutter seiner Kinder wünscht. Er liebt Beethoven, das Kommersbuch und ein volles Bierglas. Als Unternehmer beutet er die Arbeiter aus; kulturell fühlt er sich vor allem bei Wagner wie zu Hause: Schilder und Schwerter, viel rasselndes Blech, kaisertreue Gesinnung, Heilrufe, hoch gehaltene Banner und die deutsche Eiche – er sehnt sich danach mitzuspielen. Selbst die Hochzeitsnacht wird zum vaterländischen Dienst: »›Bevor wir zur Sache selbst schreiten‹, sagte er abgehackt, ›gedenken wir Seiner Majestät unseres allergnädigsten Kaisers. Denn die Sache hat den höheren Zweck, daß wir Seiner Majestät Ehre machen und tüchtige Soldaten liefern.‹«[386]

Für Friedrich Nietzsche in den »Unzeitgemäßen Betrachtungen« (1873) ist der Bildungsphilister vor allem durch seinen Aberglauben charakterisiert; dieser wähnt, selber Musensohn und Kulturmensch zu sein; er verwaltet die öffentliche Kultur mit priesterlichem Ernst, ohne sich seines Kulturdünkels gewahr zu werden; es fehlt ihm jede zukunftsoffene Gesinnung. Er entwickelt Stolz auf die Klassiker, haust aber in den Werken der großen Dichter und Musiker wie ein Gewürm, »welches lebt, indem es zerstört, bewundert, indem es auffrißt, anbetet, indem es verdaut«. Nietzsche spricht von der großen Gefahr eines großen Sieges; von allen schlimmen Folgen, »die der letzte mit Frankreich geführte Krieg hinter sich dreinzieht, ist vielleicht die schlimmste ein weitverbreiteter, ja allgemeiner Irrtum: der Irrtum der öffentlichen Meinung und aller öffentlich Meinenden, daß auch die deutsche Kultur in jenem Kampfe gesiegt habe und deshalb jetzt mit den Kränzen geschmückt werden müsse, die so außerordentlichen Begebnissen und Erfolgen gemäß seien. Dieser Wahn ist höchst verderblich: nicht etwa weil er ein Wahn ist – denn es gibt die heilsamsten und segensreichsten Irrtümer – sondern weil er imstande ist, unseren Sieg in eine völlige Niederlage zu verwandeln: in die Niederlage, ja Exstirpation des deutschen Geistes zugunsten des ›deutschen Reiches‹.«[387]

Vor allem der Professor als gelehrter Bildungsphilister sei Repräsentant und Bewahrer der Philisterkultur: mit »Zufriedenheit im Gesichte« glaube er an seine unfehlbaren Methoden und Mittel. Im Kampf gegen das kulturelle Philistertum wollte Nietzsche in Allianz mit Wagner eine neue Kulturepoche einleiten. Dionysos stand für die Befreiung des Unbewußten, für den Rausch, für die Aufhebung der Individuation und der Zivilisationshemmnisse. Die neue Kultur sollte stolz, selbstbewußt, renaissancehaft grausam sein.

Der Spießer wollte aber gar nicht autonom sein. Weder wollte er der Zivilisation entfliehen, noch die Bürde der Freiheit auf sich nehmen. Das ihm anerzogene Geschichtsbewußtsein lehrte ihn, Ruhe als erste Bürgerpflicht zu begreifen; er fühlte sich wohl in den Bereichen der affirmativen Kultur. Ins Reich der Seele konnte er ungehindert ausschwärmen; die Wirklichkeit blieb davon unberührt.

Der Bildungsbürger genoß es, unpolitisch zu sein. Thomas Manns »Betrachtungen eines Unpolitischen« entstanden in ihren frühen Teilen am Anfang des Krieges; die letzten Abschnitte wurden um die Jahreswende 1917/18 geschrieben. Der Dichter nannte seine kulturpolitische Streitschrift eine Art Tagebuch, einen Erguß, ein Memorandum, ein Inventar, ein Diarium oder eine Chronik. Aufgewühlt durch die Kriegsereignisse, glaubte er, in der Auseinandersetzung mit Zeit und Gesellschaft, vor allem aber mit der westlich-demokratischen Zivilisation, »Zeitdienst« zu leisten, wobei er seine Schreibtischarbeit selbst heldisch stilisierte: »... nicht Staat und Wehrmacht waren es, die mich ›einzogen‹, sondern die Zeit selbst: zu mehr als zweijährigem Gedankendienst mit der Waffe, – für welchen ich am Ende meiner geistigen Verfassung nach so wenig geschickt und geboren war, wie mancher Schicksalsgenosse nach seiner physischen für den wirklichen Front- oder Heimatdienst, und von welchem ich heute nicht gerade im besten Wohlsein, ein Kriegsbeschädigter, wie ich wohl sagen muß, an den verwaisten Werktisch zurückkehre.«[388] Da alles aufgeregt und aufgewühlt sei und die Probleme »ineinanderbrausten«, glaubt Mann, der Zeit am Scheideweg klare Wegweisung geben zu können. Zu überwinden wäre die Welt ästhetischer Verfeinerung, artistischer Betätigung, »deutscher Meisterlichkeit«; dem futurischen Anspruch erweise sich die spätbürgerliche Wirklichkeit als nicht mehr gewachsen. Nietzsche habe zwar die Selbstverneinung des Geistes zugunsten des Lebens betrieben, des starken und namentlich schönen Lebens, aber der unter seinem Einfluß stehende hysterische Macht-, Schönheits- und Lebenskult wäre die Kehrseite derselben Medaille. Thomas Mann kann die Selbstverneinung, den Selbstverrat des Geistes zugunsten des Lebens nur mit Ironie zur Kenntnis nehmen. In dem Begriff des Ästhetizismus rechnet Thomas Mann mit der »modernen Nervosität« ab, die für ihn sowohl künstlerische Sensibilität im Sinne von l'art pour l'art als auch ekstatischen Lebenskult und humanitäres Engagement umfaßte. »Ästhetizismus, ob er nun als Kampf-Kultus des ruchlos-schönen Lebens oder als rhetorisch entschlossene ›Menschenliebe‹ sich äußere, Ästhetizismus ist die gestenreich-hochbegabte Ohnmacht zum Leben und zur Liebe. Nichts anderes. Man müßte weniger gut Bescheid wissen über das Wesen dieser gepriesenen ›allgemeinen Menschenliebe‹. Sie ist periphere Erotik. Wo sie verkündet wird, wo man sich mit ihr brüstet, da pflegt es im Zentrum zu hapern.«

Im Bereich der politischen Auseinandersetzung wendet sich Thomas Mann gegen die demokratisch genannten Länder, in denen das besitzende Bürgertum unrechtmäßige Macht ausübe und den Versuch unternehme, jedes individuelle Handeln, im besonderen das künstlerische Werk, dem politischen Interesse und sozialen Zweck unterzuordnen.

Auf dem Weg vom Gestern übers Heute ins Morgen überwindet man die Unsicherheitsängste mit Hilfe des Historismus, der identitätsstabilisierende Versatzstücke der Tradition mit Glanz und Gloria heranführt und die Vergänglichkeit des Erbes, die man befürchtet, zu negieren trachtet.

Hans-Sachs-Festzug in Nürnberg (1894)

Anton von Werner: Die Kaiserproklamation zu Versailles
(1871)

Anton von Werner: Velarium (eigentlich Sonnensegel) für die Siegesstraße in Berlin beim Einzug der deutschen Truppen, 16. Juni 1871

Einweihung des Nationaldenkmals Kaiser Wilhelm I. (1897)

Völkerschlacht-Denkmal Leipzig, im Bau; eingeweiht 1913

Karl Theodor von Piloty: Thusnelda im Triumphzug des Germanicus (1873)

Hans Makart: Einzug Karls V. in Antwerpen (1878)

Hamburg, Brücke über die Norder-Elbe (errichtet 1884–1887)

Einweihung des Prinzregentendenkmals in Nürnberg (1901)

Cornelius Springer: Die Kölner Domtürme von Nordwesten (1855)

Vincent Stoltenberg-Lerche: Festzug beim Dombaufest in Köln 1880 (1884)

Arbeit am Bavaria-Denkmal, München; fertiggestellt 1850

Enthüllung des Hamburger Bismarck-Denkmals von Hugo Lederer (1906)

Anselm Feuerbach: Iphigenie (1871)

Adolph von Menzel: Atelierwand (1872)

Haupteingang zur AEG-Maschinenfabrik Berlin, Brunnenstraße (1896)

Der westliche Zivilisationsliterat – und hier hatte er vor allem seinen Bruder Heinrich Mann im Auge – zerstöre die metaphysische Dimension des Menschen und das, was es gegenüber solcher westlichen Politisierung zu verteidigen bzw. auszuweiten gelte und letztlich als identisch mit Deutschtum sich erweise: »Was haben wir heute? Das Niveau. Die Demokratie. Wir haben sie ja schon! Die ›Veredelung‹, ›Vermenschlichung‹, Literarisierung, Demokratisierung Deutschlands ist ja seit annähernd 20 Jahren im rapidesten Gang! Was schreit und hetzt man dennoch? Wäre nicht etwas Konservatismus zeitgemäß?«

Zur Demokratie (»einer Staats- und Gesellschaftsform also, zu welcher Paraguay und Portugal schon des längeren heranwachsen«) sollte Deutschland nicht »heranreifen«. Das Ich und die Welt seien die wesentlichen Gegenstände des Denkens und Dichtens, nicht die Rolle, welche ein Ich sich in der Gesellschaft spielen sehe, und nicht die mathematisch-rationalistische Gesellschaftswelt, die den Gegenstand des französischen Romans und Theaters bilde oder bis vorgestern bildete.

Verhindert müsse werden die Politisierung des Geistes, die Umfälschung des Geistbegriffs in den der besserischen Aufklärung der revolutionären Philanthropie. »Der Unterschied von Geist und Politik enthält den von Kultur und Zivilisation, von Seele und Gesellschaft, von Freiheit und Stimmrecht, von Kunst und Literatur; und Deutschtum, das ist Kultur, Seele, Freiheit, Kunst und nicht Zivilisation, Gesellschaft, Stimmrecht, Literatur.« Der politische Geist als demokratische Aufklärung und menschliche Zivilisation ist nicht nur psychisch widerdeutsch, er ist mit Notwendigkeit auch politisch deutschfeindlich, wo immer er walte. Gerade weil Mann sich so stark der Dekadenz der Jahrhundertwende mit ihrer Mentalität verbunden fühlt, zeigt er eine rabiate Entschlossenheit zur Absage an den »unanständigen Psychologismus« der abgelaufenen Epoche und an ihr »laxes« wie formwidriges »tout comprendre«.

Differenzierend und nuancenreich im Detail, sind die »Betrachtungen eines Unpolitischen« in ihrer kompakten Tendenz typisches Produkt der wahnhaften Aufbruchsstimmung der Zeit, die im Krieg die Erneuerung (das regenerierende Stahlbad) pries. Der Krieg war der enthusiastisch begrüßte große Umwerter der Werte. Während es den westlichen Nationen, der Bourgeoisie, um Macht und Geschäfte gehe, bedeute er für den Deutschen die Wiederherstellung metaphysischer Erkenntnis. »Die schiedlich-friedliche Völkergesellschaft ist Chimäre. Der Ewige Friede wäre nur möglich bei völliger Vermengung und Verschmelzung der Rassen und Völker, – womit es, sage man leider oder gottlob dazu, gute Weile hat. Wer aber den Krieg für unsterblich hielte, der beschimpfte damit die Menschheit nicht, – er täte eher das Gegenteil. Es ist nur eine Oberflächenwahrheit, wenn man erklärt, daß die Völker ›in Frieden hätten leben wollen‹ und daß sie wie Lämmer zur Schlachtbank geführt worden seien. Im mythischen Sinne möge man von ›Schuld‹ sprechen, die tiefere Wahrheit ist, daß alle den Krieg gewollt und nach ihm verlangt haben, es ohne ihn nicht mehr aushielten. Sonst wäre er nicht gekommen. Und würde es die Menschheit nicht eher ehren als schänden, wenn sie es im bürgerlichen Sicherheits- und Regenschirmstaat auf die Dauer nicht aushielte? Alles in allem ist der Mensch offenbar nicht der edle Fadian und Literaturheilige, als welchen der Zivilisationsliterat ihn entweder jetzt schon sieht oder den er doch baldmöglichst aus ihm machen möchte. Der Mensch empfindet Zivilisation, Fortschritt und Sicherheit nicht als unbedingtes Ideal; es lebt ohne Zweifel unsterblich in ihm ein primitiv-heroisches Element, ein tiefes Verlangen nach dem Furchtbaren, wofür alle gewollten und aufgesuchten Strapazen und Abenteuer Einzelner im Frieden: Hochgebirgstaten, Polarexpeditionen, Raubtierjagden, Fliegerwagnisse nur Auskunftsmittel sind. Auf Menschlichkeit dringt der ›Geist‹, aber was wäre eine Menschlichkeit, der die männliche Komponente abhandengekommen wäre?«

Die Stelle markiert in eindrucksvoller Weise den Ekel der Zeit am süßen, befriedeten, glückhaften Leben und dem damit verbundenen Aggressionsstau (als Folge einer repressiven zwielichtigen und doppelbödigen Moral). Daran gehindert, den eigenen Intentionen gemäß zu leben, findet man Befriedigung darin, andere zu bekämpfen und sich den von der Gesellschaft oktroyierten Normen, die man mit verdrängendem Kraftaufwand (die Ich-Strebungen negierend) verinnerlicht hat, zu unterwerfen. Aus kulturpubertärer Wirrnis hofft man in die Eindeutigkeit des Freund-Feind-Denkens ausbrechen zu können. Der Wille zur Kraft wird hochgeputscht, um auf diese Weise die latenten Todesgedanken wie die Anfechtungen von Melancholie und Pessimismus übertrumpfen zu können: Lebensgläubigkeit, die dem Opfergang sich rhapsodisch überantwortet. Anders als Ernst Jünger, der die konkrete Lebensgefährdung suchte, verherrlichte Thomas Mann den »Opfergang« freilich nur literarisch, vom Schreibtisch aus.

Insbesondere im Verhältnis zum Tode wird die »Ungleichzeitigkeit« des Denkens von Sigmund Freud und Thomas Mann evident. Freud weiß, in welche Todesferne seine Zeit gerückt ist; gerade weil sie den Keim des Todes in sich trug, ist ihr Verdrangungsmechanismus wie der Wille zur Vernichtung von Leben so stark geworden. Der Krieg war kompensatorisches Stützkorsett für die individuelle wie kollektive Identitätskrise. Unfähig, die Abgründigkeit des Todes in die eigene Existenz hereinzunehmen, »verlor« sich der Mensch in einer Orgie der Massenvernichtung. Der Todestrieb, zunächst nach innen gewandt und nach Selbstdestruktion strebend, wurde sekundär nach außen gerichtet und äußerte sich in allgemeiner Zerstörungswut. Die aus der besonderen Verfeinerung von Lust er-

wachsende Lustlosigkeit, der Überdruß am Überfluß, ging einher mit dem Verlust von Lebensfreude; materialistische Gier, die kein Bewußtsein menschlicher Tragik kannte, projizierte sich in nationale Brutalität als ein »Höheres« hinweg (»metaphysisch« nannte Thomas Mann solchen Furor).
Die antiästhetischen, antibürgerlichen, antikapitalistischen, patriotischen Ekstasen Manns sind, individualpsychologisch wie sozialpathologisch gesehen, redundante Symptome der Verdrängung, der mangelnden Bereitschaft und Fähigkeit, die eigene Ambivalenz zu erkennen. Denn: In Selbstanalyse das wahrzuhaben und anzunehmen, was man glaubte, abstoßen und überwinden zu müssen, also der Sprung über den eigenen Schatten, glückte nur wenigen. Die Phantasmagorien der Selbsttäuschung hielten lange bzw. viel zu lange stand – wenn man sich dabei auch auf verlorenem Posten befand. Thomas Mann gehörte freilich mit zu den ersten, welche die »Unhaltbarkeit« ihres »unpolitischen« Standpunkts erkannten. Sein Rückzug fiel zusammen mit dem Ende eines Amoklaufs, der unerhörte Menschenopfer gekostet hatte.

Politisch betrachtet, stellt Max Weber fest, sei der Deutsche Untertan im innerlichsten Sinn des Wortes. Er meint damit auch, daß der Untertan ein charakteristischer Teil, wenn nicht Produkt des Patrimonialfürstentums gewesen sei; und da das Patrimonialfürstentum innerhalb Europas in Deutschland sich am besten gehalten habe, könne der Deutsche als »spezifischer Untertan« gelten. Peter Blickle hat jedoch deutlich gemacht, daß der Untertan als »gemeiner Mann« auch eine ganz andere Geschichte vorzuweisen hat. Vom 14. bis zum 18. Jahrhundert stand der Untertan vielfach im Widerspruch zur Obrigkeit; durch gemeindliche Organisation (Kommunalismus) leistete er Widerstand gegen den Feudalismus. In diesen fünfhundert Jahren spielte sich eine faszinierende Auseinandersetzung um die sachliche Festlegung, funktionale Verteilung und ethische Begründung staatlicher Aufgaben ab. »Sie vollzieht sich in Form einer ›positiven Integration‹ in den politischen Gesamtverband auf der lokalen Ebene der Gemeinde und der territorialen Ebene der Landschaft; sie vollzieht sich in der Form einer ›negativen Integration‹ in Form einer Revolte. Das ist ›die Geschichte‹ der deutschen Untertanen, und sie ist eine Geschichte des Widerspruchs.«[389] Es gehört zur Tragik des Wilhelminismus, daß in dieser Epoche solche gesellschaftspolitische Dialektik immer mehr dahinschwand; auch Stadtluft machte nicht frei; urbaner Geist schlug in Servilitätsdenken um. Die Haupttugend des »gemeinen Mannes«, sich nicht »vereinnahmen« zu lassen, war allerdings nicht auszurotten; sie wurde freilich entpolitisiert, vorwiegend auf den privaten Bereich eingegrenzt. Das »Bildungsbürgertum«, geprägt von biedermeierlicher und nachmärzlicher Sublimierung, verkörpert »Heimat« – eine Heimat, die tief in der Kindheit wurzelt. Autoritäre, patriarchalische Familienstruktur verschwimmt in rückerinnerungsseliger Erinnerung.
Walter Benjamins Prosaskizzen »Berliner Kindheit um 1900« sind genrehafte Beiträge zur »Urgeschichte der Moderne«; in der Umbruchszeit der Jahrhundertwende leuchtet die Archetypik bürgerlicher Geborgenheit auf; diese ist überlagert von den Schatten panischen Schreckens, der durch Nostalgie gemildert wird. Längst Gewesenes: Es kommt nicht wieder! Berliner Kindheit: »O braungebackene Siegessäule mit Winterzucker aus den Kindertagen« – sie ist entrückte Wirklichkeit, nicht aufgeschreckt durch helles Sonnenlicht, sondern überglänzt vom milden Mondlicht.
Alle Bemühungen des »Untertans«, den privaten als autonomen Bereich mit kulturellem Nachdruck auszugrenzen, änderten jedoch nichts daran, daß das innerliche Idyll von Gespenstern heimgesucht wurde:

»... Will ich in mein Stüblein gehn,
Will mein Müslein essen:
Steht ein bucklicht Männlein da,
Hat's schon halber 'gessen.

So stand das Männlein oft. Allein ich habe es nie gesehn. Es sah nur immer mich. Und desto schärfer, je weniger ich von mir selber sah.
Ich denke mir, daß jenes ›ganze Leben‹, von dem man sich erzählt, daß es vorm Blick der Sterbenden vorbeizieht, aus solchen Bildern sich zusammensetzt, wie sie das Männlein von uns allen hat. Sie flitzen rasch vorbei wie jene Blätter der straff gebundenen Büchlein, die einmal Vorläufer unserer Kinematographen waren. Mit leisem Druck bewegte sich der Daumen an ihrer Schnittfläche entlang; dann wurden sekundenweise Bilder sichtbar, die sich voneinander fast nicht unterschieden. In ihrem flüchtigen Ablauf ließen sie den Boxer bei der Arbeit und den Schwimmer, wie er mit seinen Wellen kämpft, erkennen. Das Männlein hat die Bilder auch von mir. Es sah mich im Versteck und vor dem Zwinger des Fischotters, am Wintermorgen und vor dem Telephon im Hinterflur, am Brauhausberge mit den Faltern und auf meiner Eisbahn bei der Blechmusik, vorm Nähkasten und über meinem Schubfach, im Blumeshof und wenn ich krank zu Bett lag, in Glienicke und auf der Bahnstation. Jetzt hat es seine Arbeit hinter sich. Doch seine Stimme, welche an das Summen des Gasstrumpfs anklingt, wispert über die Jahrhundertschwelle mir die Worte nach: ›Liebes Kindlein, ach, ich bitt, / Bet fürs bucklicht Männlein mit.‹«[390]

Wilhelm I. begrüßt Bismarck bei der Einweihung der Siegessäule in Berlin am 2. September 1873 (1897)

Benjamins Berliner Topoi – großbürgerliche Wohnung, Höfe, Stadtviertel, in denen Verwandte wohnen, Tiergarten, Kaiserpanorama, Schlittschuhbahn, Markthalle, Schule, Straßen, Bahnhöfe, Hallesches Tor – kontrastieren die Welt des Kindes mit der Erwachsenenwelt; das Glück jener Kindheit, die Benjamin beschreibt, ist dabei »von Ohnmacht, Entstellung, Ungeschicktheit, Warten, Vergessen und Alleinsein durchdrungen. Diese Züge werden gerade an scheinbar marginalen Gegenständen der Kindheit freigelegt; dahinter treten – in einer mikrologischen Verkehrung der gewohnten Optik – die Erlebnisse mit den Eltern, den Geschwistern und Spielgefährten zurück. Die Stadt, Inbegriff der Orte und Situationen, erscheint als das geheime Gegenüber, das das Kind aufzieht. ›Wie eine Mutter, die das Neugeborene an ihre Brust legt, ohne es zu wecken, verfährt das Leben lange Zeit mit der noch zarten Erinnerung an die Kindheit. Nichts kräftigte die meine inniger als der Blick in Höfe, von deren dunkle Loggien eine, die im Sommer von Markisen beschattet wurde, für mich die Wiege war, in die die Stadt den neuen Bürger legte.‹ Die Rede von der Loggia, in der das kleine Kind nach draußen gestellt wurde, um frische Luft zu haben. Die Loggia ging in den Hinterhof; ihr offener Raum war im Typ der wilhelminischen Architektur durch verzierte Säulen umstanden, die ein Dach trugen. Für die erinnerte Kindheit ist dieser Ort in mehrfacher Hinsicht exemplarisch. Das Kind erfährt in den Abfallgeräuschen des Hinterhofs, dem Teppichklopfen, dem Schlürfen der Zweige eine kommunikative Einhüllung, die es ohne die Instanz der Erwachsenensprache geborgen und heimisch macht... Zum zweiten erfährt oder erfindet das Kind sich hier in den pseudomythologischen Figurenornamenten – den Putten, Pomonen und Atlanten – geheime Bündnispartner. Die ›barock-antike‹ Ornamentik der historischen Gründerzeitarchitektur war für die Blickwelt der Erwachsenen lediglich protziger Eindruck der ein für allemal in Besitz genommenen und verfügbar gemachten Geschichte. Das Kind nimmt die Figuren dagegen, wie es einmal heißt, ›beim Wort‹, nämlich bei ihrem Schweigen und ihrem stummen Blick. Es erkennt sie als Wartende und sich in ihnen als Wartender wieder. Weiter erfährt das Kind die Loggia als einen entlegenen, von den Erwachsenen wenig genutzten Ort. Er befindet sich am Rande des großbürgerlichen Interieurs, dessen Schrecken und Bedrohungen eine Reihe von Texten der ›Berliner Kindheit‹ eindringlich festhalten. Die Loggia wird schließlich auch als Ort erinnernd interpretiert, wo ein erster und undeutlicher Blick über, besser auf die Klassengrenzen fällt. Die Loggia führt nicht nur aus der großbürgerlichen Zehnzimmerwohnung hinaus, sie führt auch hinein in die Hinterhofwohnung, wo die Armen wohnen.« (Burckhardt Lindner)[391]

Das Bildungsbürgertum, aus Klassik und Romantik aufsteigend und sich immer mehr verbreitend, bewirkte kulturelle Erstarrung. Bildungsbesitz statt Bildungsstreben war für Nietzsche Merkmal des Bildungsphilisters. Die Oberflächenphänomene waren in ihrer Ambivalenz Zeichen für Substanzverlust wie Substanzerhaltung. »Edel sei der Mensch, hilfreich und gut« ist mehr als nur ein Poesiealbums-Spruch; doch blieb der deutsche Idealismus im Epigonentum stecken. Das Vorbild wurde zum Abglanz; aber auch im Abglanz konnte man die ursprüngliche Kraft der idealistischen Utopie noch erkennen. Die weiterwirkende Kraft des kulturellen Erbes wird besonders deutlich, wenn man sich die bildungsbürgerlichen Vorstellungen innerhalb der deutschen Arbeiterbewegung dieser Zeit vergegenwärtigt. Zum sozialdemokratischen Parteiprogramm gehörte es, dem Arbeiter »deutsches Bildungsgut« zugänglich zu machen. Arbeiterbildungsvereine, Volksbühnen, Arbeiterbibliotheken, Wandervereine, Lehrkurse dienten dem Ziel, alles, was bisher an Kultur geschaffen worden war, den Massen zur Verfügung zu stellen. Das Proletariat sollte sich die gesamte Kultur »erobern«. August Bebel spricht vom »Vervollkommnungstrieb jedes Menschen«; er zitiert Wagners Wort: »Jeder soll ein Künstler sein!« Die Gesellschaft von morgen werde Künstler und

Gelehrte jeder Art in unzähliger Menge besitzen. Kulturpessimismus war die eine Seite der Medaille; die andere zeigte einen unerschütterten und unerschütterlichen Glauben an die Chance, das »Bürgerrecht Kultur« im Staat der Zukunft verwirklichen zu können.[392]

In der Novelle »Des Reiches Krone« projiziert Wilhelm Raabe die Botschaft von der Notwendigkeit innerer Besinnung (die bildungsbürgerliche Innerlichkeitsbotschaft) auf ein »historisches« Geschehen. In archaisierendem Stil wird ein Ereignis aus der Zeit der Hussitenkriege (1419–1436) erzählt: Die auf die Burg Karlstein bei Prag entführten Insignien Kaiser Karls des Großen, deren eigentlicher Aufbewahrungsort Nürnberg ist, sollen zurückgebracht werden. Der Junker Michel Groland von Laufenholz kämpft mit anderen Gleichgesinnten für »des Reiches Krone«; er wird von der Lepra befallen und kehrt unerkannt in die Heimatstadt Nürnberg zurück. Seine Geliebte Mechthilde erfährt von seinem schweren Schicksal; den Ehrendienst des Bräutigams vergilt sie mit ihrer Liebe: »›Michel‹, hat die Jungfrau gesprochen, ›Michel, siehe, du hast dich vor mir verborgen, aber hier auf meiner Ahnherrn geheiligtem Boden hab' ich dich mir wiedergewonnen. Siehe, ich wußte, daß diese Stunde kommen werde, wo jegliche Macht nichtig sein würde gegen mich. Wie hätte ich sonsten das Leben getragen? Willst du dein Wort nun nicht halten, mein Freund? das Wort, das du gesprochen hast vor der Krone des Reiches? Heute vor der Krone des Reiches mahne ich dich daran, du Lieber. Die Erde ist für uns beide untergegangen; aber wir beide – du und ich, sind doch gerettet. Du stößest mich nicht von dir! Du verbirgst dich nicht mehr vor deiner Braut, vor deinem Weibe!‹

Sanft und doch fast wild und mit großer Gewalt hat sie ihm die Mönchskappe von der Stirn zurückgeworfen und zum ersten Mal, seit wir auf dem Karlsteine Abschied voneinander nahmen, hab' ich des Freundes geliebtes Antlitz wieder erschauet. Die Geißel, mit der Gott die Völker straft, hatte den stolzen Ritter schlimm getroffen; das schöne Haupt furchtbarlich versehrt. Die Lepra, die ihm die starken Arme und Füße und das tapfere treue Herz verzehrte, die hatte ihn im Gesicht uralt und hager gemacht und alles Feuer aus den Augen weggefressen. Und die vordem so festen Füße trugen den armen Kranken nicht länger in dem Jammer und dem unsäglichen Glück; er sank hinab an der lichten Gestalt der Verlobten, und sie beugte sich zu ihm nieder wie zu einem Kinde.«[393]

Nach dem Tod Michels erweist sich Mechthilde als »Mater Leprosorum«. »Sie hat den Namen wie einen Kranz mitten im Elend von Sankt Johann vom Boden aufgehoben und hat ihn wie eine Krone getragen bis an ihren Tod, und es sind viele gewesen, die haben sie selber des Reiches Krone genannt, doch zu ihren Ohren ist das Wort wohl nicht gekommen, es hätte auch keinen Sinn für ihr schönes Herz gehabt.«[394] Inmitten einer Zeit hoch gepriesenen vaterländischen Kriegsdienstes (die Novelle erschien 1870) plädiert der Dichter für zeitlose Humanität. In einem Augenblick nationalen Höhenflugs stellt er, an die innere Entwicklung denkend, die bange Frage: »Des deutschen Reiches Krone lieget noch in Nürnberg; – wer wird sie wieder zu Ehren bringen in der Welt?«[395]

In seinem Buch »Romantik als deutsches Schicksal« behandelt Ferdinand Lion auch das Verhältnis der »Neudeutschen« zu den Vermächtnissen. Die Vermächtnisse waren nicht vergessen. Wie hätten sie vergessen werden können, nachdem sie so lange das Bewußtsein des Volkes durchdrungen hatten und das eine von ihnen, das Wagnerische Werk, noch im Werden begriffen war und die Geschehnisse und Umwandlungen begleitete? Aber wurde das Erbe auch immer wieder neu erworben, immer wieder neu durchdacht? Habt ihr, läßt Lion Novalis fragen, was ich euch übermittelt habe, jemals erprobt? »Ihr hättet mir folgen sollen, nur mir. Vielleicht kehrt ihr einmal reuevoll zurück. Es wird niemals zu spät sein. Ich erwarte euch, wünsche aber nicht, daß ihr zuviel an eurer Realität leidet. Auch meine Welt war real, es galt nur sie zu verwirklichen. Ich selbst habe es für mich getan – und bin eures Geblüts, nicht mehr als ihr alle. Ihr hättet ebenso Magier werden können wie ich.« Worauf der Neudeutsche, meint Lion, wohl geantwortet hätte: »Auch wir treiben Magie. Ist die wild aus dem Erdboden aufsteigende Industrie und die Erz- und Kohlensuche wie von Riesen und Zwergen und das Streben nach dem Rheingoldschatz, und der Schatten, den unsere Macht über die erstaunt, überraschte Welt wirft, nicht eine Magie, aus dem Nichts geschaffen, nur durch einen Traum und Willensakt?« Worauf Novalis bedenklich: »Bei mir war es aber eine frei heraufbeschworene Welt unter anderen Welten, während ihr nur allzusehr an dieser einen, die euch völlig zu genügen scheint, haftet. Ihr glaubt nicht, daß ihr sie erschaffen habt, sondern daß sie objektiv a priori gegeben war und daß andere, reichere, glücklichere Völker sie vor euch besessen haben; so seid ihr von Angst ergriffen, sie zu spät zu erreichen. Daher die Übereile, mit der ihr euch ganz zur Verfügung stellt. Wo ist dann Spiel? Wo die Freiheit des Wanderns von der einen Welt zur andern und die Waage zwischen dem Ja und dem Nein? Unterliegende ihr! Dienende! nicht mehr Herrschende trotz allen Scheins der Macht, sondern Unterworfene.«[396]

Geschichte als Umzug. Die »Sieger«, die sich auf der zukunftsträchtigen, vom Dampf brodelnden Unternehmungsgeistes überlagerten Heerstraße des Fortschritts wähnten – sie waren die eigentlichen Verlierer. Unvergänglichkeit des Erbes; sie, die sich auf ihrem eingeebneten Weg von historischen Überlegenheitsgefühlen beflügelt wähnten, trieb in Wirklichkeit die Angst der Unterworfenen an.

Magie des Traumes: Sie hätte dazu inspirieren können, das aus den Fernen des Idealismus hereinwirkende abstrakt Humane vor nationalistischer Usurpation zu bewahren und als Prinzip Hoffnung inmitten einer Realität wieder wirksam werden zu lassen, die Idealismus nur als ästhetische Fluchtbewegung bzw. bildungsbürgerliche Abkapselung begriff. Da der Zwiespalt zwischen Anspruch und Wirklichkeit (dem »Optativischen« und dem »Indikativischen«), zwischen einem Geschichtsbewußtsein, das Erlösung vorgaukelte und dabei auf Mythen regredierte, und einem Realitätsprinzip, das sich der Wachstumseuphorie überantwortete – da die Kluft zwischen Innerlichkeitskult und Expansionssucht immer unüberbrückbarer wurde, schlug schließlich dem objektlosen Innern (als der in sich gedrängten, leeren Subjektivität) das Außen in unverminderter Wucht entgegen. Undurchsichtig und übermächtig gewann es Züge des Dämonischen. Wie einem Delinquenten, der mit dem Kopf nach unten aufgehängt ist, bot sich die Welt dar. Panischer Blick, dem sich die Identifikation mit dem Getriebe versagt, in das er verdammt ist. Georg Lütter beschreibt in diesem Sinne Franz Kafkas Geschichtsbild in seiner Trostlosigkeit und Unerlöstheit als »Totalität der Hölle«.[397]

Für den Historismus sind alle Epochen gleich gültig, und damit auch, existentiell gesehen, gleichgültig. Für Kafka sind sie »ungültig«, gleich sinnlos. Er sah Fortschritt stets am gleichen toten Punkt endend. Das Ziel wird weder erreicht noch gelingt Annäherung. Die Überwindung eines Hindernisses führt nur zum nächsten. Die Grenze ist stets die eigene, also unüberwindbar. Von allen Dingen ist man durch einen hohlen Raum getrennt. Hoffnung gäbe es genug, unendlich viel Hoffnung, aber nicht für uns. – Geschichte ein Standrecht: Sie tagt in Permanenz; kennt nur Urteil, keine Berufung. Kafkas Weltalter: Extrapolation versteinter Gegenwart (Th. W. Adorno). Die Geschichte leiste sich nicht einmal das von Sigmund Freud unterstellte Minimum eines Umweges zum Tode. Die Wilhelminische Epoche entsprach solchem Diktum freilich nicht; sie leistete sich das Maximum eines Umweges zum Tode: Er dauerte Jahrzehnte.

Dem Galerieblick der Nachgeborenen erscheint der damalige geschichtliche Umzug als ein hektisches Umhergetriebensein im Psychodrom eines ruhelosen Reiches. Daß dem Irrlauf kein Halt geboten wurde, hing nicht zuletzt mit der faszinierenden Künstlichkeit dieser Kultur zusammen, die Selbsttäuschung um Selbsttäuschung produzierte. Die Getriebenen und die Antreiber, die Vorläufer und die Mitläufer fühlten sich als Akteure einer glanzvollen Inszenierung; aufgeführt wurde das Vorspiel zur Menschheitsdämmerung. Der historistische Versuch der Sinngebung von Geschichte durch Geschichte scheiterte. Der Glaube an die Kraft der Geschichte trug den Abschied an die Geschichte in sich. Die Wogen des Nihilismus sah Nietzsche steigen. Er sollte recht behalten.

Der ver-rückte Garten oder: Idyll und künstliche Paradiese

Am Karfreitag 1857 im »Asyl«, in der Nähe des Zürcher Sees in einem ländlichen Haus neben der Wesendonk-Villa, habe er die entscheidende Begegnung mit dem »Parsifal«-Stoff gehabt – berichtet Richard Wagner in seiner Autobiographie »Mein Leben«: »Nun brach auch schönes Frühlingswetter herein; am Karfreitag erwachte ich zum ersten Male in diesem Hause bei vollem Sonnenschein: das Gärtchen war ergrünt, die Vögel sangen und endlich konnte ich mich auf die Zinne des Häuschens setzen, um der langersehnten, verheißungsvollen Stille mich zu erfreuen. Hiervon erfüllt, sagte ich mir plötzlich, daß heute ja ›Karfreitag‹ sei, und ich entsann mich, wie bedeutungsvoll diese Mahnung mir schon einmal in Wolframs ›Parzifal‹ aufgefallen war. Seit jenem Aufenthalte in Marienbad, wo ich die ›Meistersinger‹ und ›Lohengrin‹ konzipierte, hatte ich mich nie wieder mit jenem Gedichte beschäftigt; jetzt trat sein idealer Gehalt in überwältigender Form an mich heran, und vom Karfreitags-Gedanken aus konzipierte ich schnell ein ganzes Drama, welches ich, in drei Akte geteilt, sofort mit wenigen Zügen flüchtig skizzierte.«[398]

Die idyllische Stimmungslage ist ausschlaggebend: Frühlingsmorgen mit Glockengeläut, Vogelgesang, Blumenpracht – »da war, nach tiefer Entrückung, der Parzival empfangen«, so in einem Brief an Ludwig II. am 14.4.1865.[399] Die Örtlichkeit wird aufs Werk hin stilisiert, geht als mythisches Element in die Vorgeschichte des »Parsifal« ein: Das große Erlösungswerk sollte auch einen quasiheiligen Ursprung haben; da war der warme, sonnige Karfreitag mit seiner »heiligen Stimmung« gerade recht. In Wirklichkeit klafften Einfall und Kalender auseinander. Cosimas Tagebüchern ist zu entnehmen, und zwar unter dem 22. April 1879, daß Wagner seine mystifizierende Empfängnis-Legende selbst als Manipulation entlarvte: »R. gedachte heute des Eindruckes, welcher ihm den Karfreitags-Zauber eingegeben; er lacht, und ›eigentlich alles bei den Haaren herbeigezogen wie meine Liebschaften, denn es war kein Karfreitag, nichts, nur eine hübsche Stimmung in der Natur, von welcher ich mir sagte: So müßte es sein am Karfreitag‹, habe er gedacht.«[400]

Wäre es der Karfreitag wirklich gewesen, könnte man über solchen »Zufall« hinwegsehen; die im Sinne von »Dichtung und Wahrheit« aufgewertete Entstehungsszene ist jedoch in einem psychotopischen, die »Seelenwirkung« der Örtlichkeit betreffenden Sinne von großer Bedeutung; da Wagner ihr selbst einen großen illusionären Stellenwert einräumt, kann sie auch bei der Deutung der Konfiguration, aus der der »Parsifal« erwächst, herangezogen werden. Ein wichtiger Erlebniskomplex im Bewußtsein, noch mehr im Unterbewußtsein des 19. Jahrhunderts wird durch sie markiert: Die Immanenz des Idylls schlägt um – die Unruhe des Daseins und Soseins bedarf wieder der Transzendenz; das »In-sich selbst-Ruhen« hält man nicht aus; die Sehnsucht nach Erlösung tritt an die Stelle der »Bescheidung«.

In der Epoche des Realismus gründet das Idyll auf der Heiterkeit der Schwermut; die Kultur des Biedermeier hat solchen Grundzug gewissermaßen verdinglicht; die innere Gestimmtheit wie die äußeren Verhältnisse lassen nur den Augen-Blick zu; es ist ein panischer Augenblick: Die Ruhe ist umstellt von Schrecknissen; der Gott Pan wird, wenn sein Mittagsschlaf zu Ende ist, in und zu seiner Gefährlichkeit erwachen. Die Exorbitanz, das »Aus-der-Welt-Hinaustreten«, ist dann vorüber; die Schwerkraft hat den Menschen wieder. »Ach wir armen Menschen, ist nicht das ganze Leben ein solcher Gang zum Richtplatz? Und doch freuen wir uns und jubeln über die Blumen am Wege und sehen in jedem Tautropfen, der in ihnen hängt, Himmel und Erde! Armes glückliches Menschenherz!« (Wilhelm Raabe)[401]

Das Gefühl der Krise war für die meisten Angehörigen der Biedermeiergeneration unausweichlich, auch dann, wenn man die Überzeugung vertrat, daß die alte Ordnung nur vorübergehend gestört werden könne. Die Unruhe, die Zerrissenheit, die Hamletstimmung des Restaurationsmenschen waren hervorgerufen durch nationale Enttäuschung, innere Unfreiheit, allgemeine Armut, verstärkten Kollektivismus und den Verlust religiöser Sicherheit. Da suchte man Halt im Idyll, Ausdruck des Bemühens, der Schwerkraft des Daseins auf Zeit entfliehen zu können – ein oftmals verzweifelter Versuch, der eigenen dämo-

Fidus: Klage des Amfortas im »Parsifal« (1896)

nischen Kräfte Herr zu werden, die dunklen Triebe im eigenen Ich zu bändigen.

Der Sommer, als die eine Hälfte des Lebens, ist aufgewogen durch den Winter mit seinem Grauen. Augen-Blicke des Glücks auf der einen Seite, Schatten des Leides auf der anderen. Ehe die dunkle Nacht hereinbricht, erblüht allerdings in der »Abendphantasie« Geborgenheit. Das Idyll als Ort einer für kurze Zeit aufgehobenen Vergänglichkeit ist ein »grüner Ort«. Grün ist die Leit- und Leidfarbe des Realismus: über allem wächst Gras. »Wenn sich das Ewige und Unendliche immer so still hält und verbirgt«, heißt es in Gottfried Kellers »Verlorenem Lachen«, »warum sollten wir uns nicht auch einmal eine Zeit ganz vergnügt und friedlich still halten können?... Aber die gewonnene Stille und Ruhe ist nicht der Tod, sondern das Leben, das fortblüht und leuchtet wie dieser Sonntagsmorgen, und guten Gewissens wandeln wir hindurch, der Dinge gewärtig, die kommen oder nicht kommen werden.«[402] Das Idyll ist eingebettet im chthonischen, d.h. »der Erde angehörenden« Bewußtsein – in dem Bewußtsein, daß wir, letztlich in Erde übergehend, auf ihr eine ganze Zeit vergnügt und friedlich leben können; voller Bescheidung mit dem, was innerhalb der »Grenzen« noch bleibt. Doch die Zeit hält nur einen Augen-Blick still; die Vergänglichkeit verbirgt sich nicht lange, fordert wieder als drängende, unbegreifliche, schauererweckende Macht ihren Tribut. – Adolf Muschg hat Gottfried Kellers Leben und Werk unter dem Titel »Vom Grauen und Grünen« resümiert; das vermag auch die Weltgesinnung und Weltgesittung des Realismus insgesamt zusammenzufassen: Der Tod wird ganz ins Leben hereingenommen, er wird gleichsam zur Beschwörungsformel gegen die Todesangst. Im Namen des Todes gibt man sich ganz dem Leben hin; indem man dessen Endlichkeit wahrnimmt, nimmt man Lebensfreude ernst, die Todesgewißheit heiter. Agnostische Gefaßtheit und Gelassenheit walten: »Nun haben wir das Blatt gewendet / und frisch dem Tod ins Aug geschaut; / kein ungewisses Ziel mehr blendet, / doch grüner scheint uns Busch und Kraut! / Und grüner wards in unserm Herzen, / es zeugt der frohgewordne Mund; / doch unsern Liedern, unsern Schmerzen / liegt fest ein edler Ernst zu Grund.« (G. Keller)[403]

Richard Wagners Karfreitagsmorgen, der die Heiterkeit des Idylls zu vermitteln trachtet, ist – wenn man die philosophische Konstellation des »Parsifal« dazusieht – ein ganz anderer: Er ruht nicht in sich selbst; er bedeutet Aufbruch: Das »Begrenzte« wird nicht ausgehalten; man bedarf des »Sinns«; dieser liegt nicht im Grünen (und Grauen) der Natur; er liegt in künstlichen Paradiesen, in die man sich zu flüchten trachtet. Waren die Weltentwürfe auch längst nicht mehr »geschlossen« – der religiöse Glaube erschüttert, die großen philosophischen Denksysteme in ihrer Überzeugungskraft verblaßt –, die Suche nach der Einheit alles Lebenden macht Wagners innere »Motorik« aus: die große Illusion, als ob Erlösung von den Leiden der Modernität möglich sei, eine neue Sinngebung im Mythos gefunden werden könne.

Wagners »Karfreitagsgarten« als Ursprungsort des »Parsifal« ist – im Sinne kultureller Psychotopographie – der »Ort«, da das Idyll panischer Provenienz in ein solches der Transzendenz verrückt wird. Das künstliche Paradies, das an seine Stelle tritt, wird auf der Bühne inszeniert; es ist abgeschottet vom Licht des Tages und der Wirklichkeit. Indem Wagner im Bühnenweihspiel als säkularisierter Kirche sich von den Niederungen der Realität absetzt, eröffnet er seiner Gemeinde, einer Gemeinde der Verwirrten, das Erlebnis eines neuen Mysteriums; es wird nicht allerorten, sondern nur an *einem* Ort, im Festspielhaus zu Bayreuth, vermittelt. »Im ganz richtigen Gefühle hiervon betitelte ich den ›Parsifal‹ ein ›Bühnenweihspiel‹. So muß ich ihm denn nun eine Bühne zu weihen suchen, und dies kann nur mein einsam dastehendes Bühnenfestspielhaus in Bayreuth sein. Dort darf der ›Parsifal‹ in aller Zukunft einzig und allein aufgeführt werden: Nie soll der ›Parsifal‹ auf irgend einem anderen Theater dem Publikum zum Amusement dargeboten werden: und, daß dies so geschehe, ist das Einzige, was mich beschäftigt und zur Überlegung dazu bestimmt, wie und durch welche Mittel ich diese Bestimmung meines Werkes sichern kann«, schrieb Wagner am 28. September 1880 an Ludwig II. von Bayern.[404]

Die Qualität des »Parsifal« als mystischer Offenbarung, als Evangelium einer neuen Ethik und Regenerationslehre, ist unlösbar verknüpft mit der Einmaligkeit von Produktions- und Reproduktionsort. Die gängige Vorstellung von Oper wie Theater wird suspendiert: Nur durch die Ver-Rückung ins topisch Einmalige gelingt die notwendige Esoterik. Würde jeder jederzeit sich in »Parsifalstimmung« versetzen können, ginge die Weihestimmung verloren. Inmitten der häßlichen Welt der Industriegesellschaft entsteht so ein Gegen-Ort, ein Kunst-Ort, der mehr als Kunst ist. Romain Rolland beschrieb diesen Vorgang der Ver-rückung als Erhöhung: »Das ist wirklich kein Theater mehr, das ist keine Kunst mehr, das ist Religion und wie Gott selber.«[405]

Sakrileg war es demnach, und Friedrich Nietzsche hat in seiner Feindschaft zur Wagnerischen Religiosität, die er fälschlich als Kotau vor dem Christentum deutete, ein solches genüßlich begangen, wenn er den »Parsifal« als Oper, ja »Operette« verstand. »Der Parsifal ist ja ein Operetten-Stoff par excellence ...« Denn das war dann wieder ein Wagner, der »nur« ein Kunstwerk schuf. Damit hätte er freilich, immer nach Nietzsche, »im heimlichen Überlegenheitslachen über sich selbst« einen Triumph seiner letzten höchsten Künstler-Freiheit, Künstler-Jenseitigkeit gefeiert. »Wagner, der über sich zu lachen weiß.« Statt dessen dumpfe Nebel, ein »schwüles Kreischen«: »Deutsch ist dies Priester-Hände-Spreizen, / dies weihrauchdüftelnde Sinne-Reizen? / Und deutsch dies Stürzen, Stocken, Taumeln, / dies zuckersüße Bimbambaumeln? / Dies Nonnen-Äugeln, Ave-Glockenbimmeln, / dies ganze falsch verzückte Himmel-Überhimmeln?... / Ist das noch deutsch? / Erwägt! Noch steht ihr an der Pforte... / Denn was ihr hört, ist Rom – Roms Glaube ohne Worte!«[406]

Auf eine »Erlösung vom Erlöser« hoffte Nietzsche: Gesund solle der deutsche Geist werden, nicht römisch-katholisch-mystisch. Nicht die Knie sollte er vor Rom beugen. Und mit Rom war das Christentum insgesamt gemeint. Trotz der Abrechnung Nietzsches mit dem »Fall Wagner« erlebten »Generationen ›höherer Menschen‹, Künstler, Ästheten, unermüdliche Weltverbesserer, im ›Parsifal‹ das Mysterium der Menschheit, das die sichtbaren Vorgänge, die handelnden Personen gleichnishaft, symbolisch verdeutlichen. In diesem Sinne erneuerte noch Wieland Wagner das Bühnenweihfestspiel. ›Der Gral‹ übte seine erstaunliche Anziehungs- und Überzeugungskraft so lange aus, weil im ›Parsifal‹ die gewiß überwältigende Summe all

Fidus: »Im Fluge treff' ich, was fliegt!« (1898)

jener inbrünstigen sozial-ästhetischen Hoffnungen gezogen wird, die nur ganz allmählich in unserem Jahrhundert einer Ernüchterung wichen.« (Eberhard Straub)[407] Im »Parsifal«, uraufgeführt 1882, vollendete sich die Idee des Theaters als moralische Erziehungs- und Welterlösungsanstalt.

Die Szenerie eines derart auf faszinierende, verführerische Weise ver-rückten Theaters ist der ver-rückte Garten – ein Garten, in dem nicht Natürlichkeit, sondern Künstlichkeit waltet. Parsifal, von draußen in die Gralswelt eintretend, verfehlt zunächst deren Sinn. (Er erlegt einen Schwan und bekennt voller Naivität: »Im Fluge treff ich, was fliegt.«) Gurnemanz tadelt Parsifal entsprechend: »Unerhörtes Werk! / Du konntest morden, hier im heil'gen Walde, / des stiller Friede dich umfing? / Des Haines Tiere nahten dir nicht zahm, / grüßten dich freundlich und fromm? / Aus den Zweigen, was sangen die Vöglein dir? / Was tat dir der treue Schwan? / Sein Weibchen zu suchen flog der auf, / mit ihm zu kreisen über dem See, / den so er herrlich weihte zum heilenden Bad.«[408] Das ist

ganz anders als das wirkliche Leben, in dem jeder hetzt und gehetzt wird; in dem jeder erlegt, was er trifft: in dem jeder sich durchsetzen will. Die Gralslandschaft verheißt den Gehetzten – den gehetzten Individuen wie der gehetzten Masse – die Totalität des Friedens.
Im »Parsifal« ist der entrückte »Heil'ge Hain« kontrastiert mit dem fremden Lustgarten, in dem keine wertvollen Güter, sondern nur gauklerisch-trügerische verwahrt werden: Klingsors Garten ist Zaubergarten. »Tropische Vegetation, üppigste Blumenpracht... Von allen Seiten her, zuerst aus dem Garten, dann aus dem Palaste, stürzen wirr durcheinander, einzeln, dann zugleich immer mehr schöne Mädchen herein: sie sind mit flüchtig übergeworfenen, zartfarbigen Schleiern verhüllt, wie soeben aus dem Schlafe aufgeschreckt.«[409] Klingsors ver-rückter Garten ist ein solcher der Verführung. Wagner, der im Bühnenweihspiel Theater und Kunst hinter sich läßt, verdammt in solchem Topos den luxuriös-raffinierten, orientalisch-teuflischen Ästhetizismus. Das Werben der Mädchen um Parsifal – »Laß mich dir erblühen! / Dir zu Wonn' und Labe / gilt mein minniges Mühen!...«[410] – ist Blendwerk; auch Kundry (inmitten des Blumenhags »als jugendliches Weib von höchster Schönheit auf einem Blumenlager« in leicht verhüllender, phantastischer Kleidung annähernd arabischen Stiles in Erscheinung tretend) vermag den »reinen Toren« nicht zu betören: »Vergeh, unseliges Weib!«[411] Das ist eine Szene wie von Makart, von dem Wagner Kulissen gemalt haben wollte. Theater, Maskerade, Künstlerfest. Klingsors Schloß verheißt Verführung ins Fremdartig-Exotische, das »Ausleben« ermöglicht. »Ist es nicht das Wonnevolle, das Sinnlich-Zehrende, Sinnlich-Verzehrende, das Schwerberauschende, Hypnotisch-Streichende, das dick und üppig Abgesteppte, mit einem Worte das höchst Luxuriöse seiner Musik, was ihr die bürgerlichen Massen in die Arme trieb?« (Thomas Mann)[412]
Die Kraft der Verführung, die aus Klingsors Garten aufsteigt, ist eben so ohnmächtig nicht, wie Wagners rigorose Keuschheitsethik es will; das Paradies der Unschuld ist ein künstliches, eines, das gegen die eigene Triebdynamik erzwungen, erkämpft, ihr abgerungen werden muß; damit auch ein »unnatürliches«, verkrampftes, neurotisches. Man gelangt zu ihm, wenn überhaupt, auf dem Weg der Abschreckung. In Form einer »Kaltwasserkur«. Er habe sich, berichtet Wagner einmal, in eine Wasserheilanstalt begeben, »mit der Absicht, ein ganz und gar sinnlich gesunder Mensch werden zu wollen. Meinem Wunsch lag im geheimen die Gesundheit vor, die es mir möglich machen sollte, der Marter meines Lebens, der Kunst, gänzlich ledig zu werden; es war ein letztes verzweifeltes Ringen nach Glück, nach wirklicher, edler Lebensfreude, wie sie nur dem bewußten Gesunden beschieden sein kann.«[413] Parsifal ist eine aus der Marter des Lebens heraus geborene Kunst-Figur, welche die

Toilette einer vornehmen Alt-Ägypterin (Illustrierte Mädchenzeitung »Das Kränzchen«)

sündenfreie Einheit des Lebens personifiziert. Eine Schimäre – im Hirn ausgedacht; gefährdet, wenn die Sinne sprechen. So gerät Parsifal denn in höchste Bedrängnis, als Kundry in »wilder Begeisterung« ihn umdrängt. »Laß mich dich Göttlichen lieben / Erlösung gabst du dann auch mir.«[414] Die femme fatale, in allen Abstufungen verdrängtes »Leitbild« des »erotic style« der Epoche, ist in Kundry mit besonderer Verve und »realitätsmächtig« wirksam. Die repressiven Normen und Tabus der bourgeoisen Moral, durch Ventilsitten »reguliert« (meist auf parterre Weise, im »Verhältnis«, als Seitensprung, mit Hilfe von Prostitution), werden im Überbau von Wagners Kunst ins Metaphysische gesteigert und so – jenseits vom profanen Gut und Böse – für das offizielle Bewußtsein »annehmbar«. Wird doch nun der Kampf zwischen Geist und Körper, Treue und Verführung zum Streit überirdischer Prinzipien, was das schwankende kleine Ich in seinem moralischen Dilemma entlastet.
Kundry, ganz Wagners Liebe, personifiziert in herausragender Weise den Prozeß der Sublimierung: Sie ist »Höllenrose«, ein Stück mythischer Pathologie, triebbesessene Dämonin; und sie wird zur geläuterten Büßerin, zur Maria Magdalena, die schließ-

lich Parsifal die Füße »wäscht« und »feuchten Auges, ernst und ruhig bittend« zu Parsifal aufblickt.[415] Die Polarität zwischen Sinnlichkeit und Keuschheit, zwischen irdischer und himmlischer Liebe, auch die Kernidee im »Tannhäuser«, wird in ihr dialektisch auf die Spitze getrieben; in extremster Spannung angelegt. Die Erlösung Kundrys besteht in ihrem Tod – ein im wahrsten Sinne des Wortes »lebensfeindliches« Ende. Gerade weil sie so sehr der Triebhaftigkeit hingegeben war, kann sie nur durch Preisgabe ihres Leibes von der Sündhaftigkeit befreit werden. »Lichtstrahl: hellstes Erglühen des ›Grales‹. Aus der Kuppel schwebt eine weiße Taube herab und verweilt über Parsifals Haupt. Kundry sinkt, mit dem Blicke zu ihm auf, langsam vor Parsifal entseelt zu Boden.«[416] Die sündhaft-errettete Kundry bildet den einen »Eckwert« des Erlösungsmelodramas; den anderen stellt Parsifal dar; er ist sich des rechten Weges stets bewußt. Er verkörpert im besonderen die »Predigt zur Keuschheit«, wie es Nietzsche nannte (die »Aufreizung zur Widernatur«). Er trägt die Welt als Vorstellung in seinem Kopf: Es ist eine Welt ohne Sinnenqual, und deshalb mit um so mehr Seelenfrieden. Zwar spürt er beim Kuß der Kundry im Herzen den Brand: »Das Sehnen, das furchtbare Sehnen«, das auch ihm alle Sinne faßt und zwingt: »Oh! – Qual der Liebe! – / Wie alles schauert, bebt und zuckt / in sündigem Verlangen!«; aber er vermag als »Delegierter« des übergeordneten Keuschheitsprinzips Kundry von sich zu stoßen: »Ha! – Dieser Kuß: –/ Verderberin! Weiche von mir! / Ewig – ewig – von mir!«[417]

Sünde ist bei Wagner Sünde des Fleisches. »Um sündenlos zu sein, muß Parsifal zum Exponenten radikaler Reinheitsideologie werden, gewissermaßen Inkarnation der Fleischlosigkeit, und da ›Schuld‹ solche des Fleisches ist, ist Wagners Parsifal prinzipiell schuldunfähig, insofern auch unfähig eines tragischen Geschicks... Parsifal ist ein Erlöser und vermag als solcher ein Held zu sein.« (Peter Wapnewski)[418] Eine derartige statische Rolle macht aus ihm, dramaturgisch gesehen, einen »Jüngling ohne Eigenschaften«. Er ist lediglich Katalysator. Für Kundry. Vor allem aber für Amfortas. Dieser steht zwischen den beiden Polen: vom einen zum anderen wandernd. Seine unheilbare Wunde macht ihn todessüchtig; seiner Qualen wegen will er sterben. Der Gral jedoch verschafft Linderung; der Tod wird verhindert. Amfortas ist ein Zerrissener, dem die Geschlechtlichkeit die Wunde einbrachte; der aber nun nach Reinheit sich sehnt; die Wunde heilt deshalb noch nicht. Das vom Speer des heidnischen Klingsor zerstörte Geschlecht schwärt grauenhaft, weil die Weltabgewandtheit noch nicht besiegelt ist. Das ist vom Christlichen völlig gelöst: Denn die Wunde des Amfortas ist Mal seiner Schuld (nicht wie die Wunde Christi Mal seiner Unschuld). Schopenhauer ist, wie für die im »Parsifal« verkündete Erlösungsreligion insgesamt, Mentor: Für ihn sind die Genitalien der eigentliche Brennpunkt des Willens und folglich der entgegengesetzte Pol des Gehirns, des Repräsentanten der Erkenntnis, das heißt, der andern Seite der Welt, der Welt als Vorstellung. Hilfe für Amfortas kommt durch Parsifal, da dieser die sexusbedingte Sünde nicht wieder-holt, sondern der Versuchung widersteht. Aus solcher Stärke kann für den weniger Starken nachträglich Hilfe kommen. Parsifal als Nothelfer.

Im »Parsifal« erscheint als Ambiente des scheinbar bewältigten (hinwegprojizierten) Triebkonflikts eine »Landschaft des Friedens«. Ein künstliches Paradies; die Welt in ihrer Verworrenheit dringt bis hierher nicht mehr vor. Verwandlung des Gartens: erst der Hain und Wald des auf Erlösung wartenden Amfortas; dann der versinkende Zaubergarten des Klingsor. Schließlich der Garten der Läuterung. Karfreitagszauber. Trauer ist nicht angebracht:

»Des Sünders Reuetränen sind es,
die heut mit heil'gem Tau
beträufen Flur und Au:
der ließ sie so gedeihen.
Nun freut sich alle Kreatur
auf des Erlösers holder Spur,
will ihr Gebet ihm weihen.
Ihn selbst am Kreuze kann sie nicht erschauen:
da blickt sie zum erlösten Menschen auf;
der fühlt sich frei von Sündenlast und Grauen,
durch Gottes Liebesopfer rein und heil.
Das merkt nun Halm und Blume auf den Auen,
daß heut des Menschen Fuß sie nicht zertritt,
doch wohl, wie Gott mit himmlischer Geduld
sich sein erbarmt' und für ihn litt,
der Mensch auch heut in frommer Huld
sie schont mit sanftem Schritt.
Das dankt dann alle Kreatur,
was all da blüht und bald erstirbt,
da die entsündigte Natur
heut ihren Unschuldstag erwirbt.«[419]

Unschuldig sein angesichts der Übermacht von Sünde – das wollte Wagners Jahrhundert. Inmitten eines durch das Realitätsprinzip den Ursprüngen entfremdeten, »entzweiten Jahrhunderts« wird der Künstler in besonderem Maße zum Mythenspender, der die Einheit der Welt im artifiziellen Bereich wieder herstellt. Er entwirft die Bilder eines anderen, reineren, besseren Lebens – eines »goldenen Mythos«. Der künstlerische Akt wird zum Glaubensbekenntnis, das die eigentliche Wahrheit, die Wahrheit des Eigentlichen, dekretiert. In diesem Sinne ist

Moritz von Schwind: Die Schöpfung (1866)

der »goldene Mythos« ein »angestrengter Mythos«, ein heroischer Mythos: Er faßt nicht Wirklichkeit naiv zusammen, er wird im Gegenbild zur Wirklichkeit aus dem Geiste heraus konstruiert. Das irdische Paradies, von vielen Künstlern der Epoche in immer neuen Varianten gestaltet, ist der inhaltliche Behälter, welcher der gewünschten, ersehnten, in der Hinwegprojektion erschauten innigen Vereinigung von Mensch und Natur die anspruchsvolle Fassung zur Verfügung stellt. Das Gleichnishafte dieser Kunst kennt kein historisches Menschenbild mehr; das Paradies ist zeitlos; wer den Weg dorthin gefunden hat, ist der Realität nicht mehr anheimgegeben.
Wagner hat als Widersacher des Zeitgeistes, vor allem in seinen Negativhelden, diesem Zeitgeist seine Ambivalenz zurückgegeben. Die Selbstkastration Klingsors wird zum Symbol des an der eigenen Identität zweifelnden, verzweifelten Bewußtseins. Auch aus diesem Grunde mußte der widersprüchliche Klingsor (wie die um Reinheit ringende Kundry) ihrem Schöpfer nahestehen: als Personifikation des für Wagner charakteristischen Zerfallenseins mit der Zeit, die geradezu Obsessionscharakter annahm und sich in eine manische Erlösungssehnsucht hinwegprojizierte.

Welt-Ekel und Untergangsstimmung lassen im ver-rückten Karfreitagsgarten des »Parsifal« die Vision aufleuchten, das Amalgam aus buddhistischen und christlichen Vorstellungen, Schopenhauerschem Pessimismus, rassischem Askese-Ideal und der Reinigungsidee eines Blutopfers ermögliche die endgültige Befreiung von der Schwerkraft einer häßlichen, gottlosen Welt. »Zum Raum wird hier die Zeit« – das bedeutete auch: Die konkrete geschichtliche Zeit, die Fragwürdigkeit der Epoche, war nun aufgehoben – im zeitlosen Dasein eines künstlichen Paradieses.
Die Seelenlandschaft, die im »Parsifal« sich darbietet, verweist auf wichtige morphologische Strukturelemente der Kulturlandschaft des Wilhelminismus schlechthin. Es war eine Epoche voller ver-rückter Gärten – des Gegeneinanders von heiligen und unheiligen Gärten (mit gleitenden Übergängen); von Gärten, in denen erlöste Sünder lustwandelten; aus denen die Schlange verschwunden war; und in denen sie dann doch wieder geheimnisvoll-unheimlich auftauchte.
An der Verwandlung des Topos »Garten« kann der Wandel des bürgerlichen Sozial- und Kulturbewußtseins aufgezeigt werden. Seit uralter Zeit war der Garten ein Spiegel des Paradieses, an

Heinrich Vogeler: Die Erwartung II (1912)

welchem der Mensch seinen zeitlichen Zustand maß; sein Erscheinungsbild vermag wichtige Etappen im Verhältnis von Utopie und Wirklichkeit zu kennzeichnen.[420]
Der Garten bei Adalbert Stifter ist Topos für die Bildung des Individuums in der Gemeinschaft. Das persönlich erfüllte Leben und das gesellschaftlich nützliche Leben wachsen auf einem Halm. Wer lernen will – und jeder müsse lernen –, lerne im pfleglichen Umgang mit anderen und anderem, mit den Menschen, den Dingen, der Natur. Agrikultur und Handwerklichkeit bilden die Basis eines vorindustriellen Volksbildungsideals. Die Wirklichkeit soll zum Garten gemacht, nicht der Garten aus dieser entrückt werden. Stifters Soziabilität bezieht sich auf eine überschaubare, durch Bauern, Handwerker, Kaufleute, also ländlich-urban bestimmte Gesellschaft. Ordnung ist das Grundmuster des Zusammenlebens in Stifters Roman »Der Nachsommer«: nicht im Sinne starrer vorgegebener Zustände, sondern als höchst sublimes und intelligibles Handlungsgefüge, als eine geradezu rituelle Tätigkeit des Zueinanderbringens, Zueinanderfügens, Darlegens, Darbietens, aus der dann kristalline Strukturen entstehen. »Die Türen standen offen, so daß man durch alle Zimmer sehen konnte. Die Geräte waren passend, die Wände waren mit zahlreichen Gemälden geziert, es standen Glaskästen mit Büchern, es waren musikalische Geräte da, und auf Gestellen, die an den rechten Orten angebracht waren, befanden sich Blumen. Durch die Fenster sah die nähere Landschaft und die ferneren Gebirge herein.«[421]
Ein Durchblick wie dieser, durch die Türen, Zimmer, Fenster auf die Landschaft bis in die ferne Reinheit des Gebirges, gleicht einer geometrischen Komposition, deren einzelne Elemente in harmonischer Transparenz ineinander übergehen. Vor allem an zwei Bereichen wird die Figuration des Bemühens um Geborgenheit deutlich: am Gegenständlichen und an der Natur – einfaches Leben, das sich an die vegetative Wirklichkeit und die Unschuld der Dinge hält. Wenn Hebbel in einem Epigramm Stifter vorwarf: »…damit Ihr das Kleine vortrefflich lieferte, / hat die Natur klug Euch das Größere entrückt«, so verkennt er, daß in der Figuration das »Große« nicht entrückt, sondern in dingliche Konstellation umgemünzt ist. Das Dasein ist in seiner Struktur im Sein verankert. Indem man die Dinge, gerade beim täglichen Gebrauch, pfleglich und kultiviert handhabt, werden sie in ihrer Besonderheit und Eigenart erkannt, wird ihre Transzendenz deutlich, die auf Wahrheit und »Unschuld«

zielt. »Das biedermeierliche ›Sammeln‹ und ›Hegen‹ ist nur der Vordergrund einer viel tieferen Einstellung zur Wirklichkeit, eines erkennenden Besitzergreifens, das in den Dingen nach der Wesenheit und Wahrheit sucht.«[422] Die Dinge fordern Objektivierung im Innern des Menschen: »Wenn wir nur in uns selber in Ordnung wären, dann würden wir viel mehr Freude an den Dingen dieser Erde haben. Aber wenn ein Übermaß von Wünschen und Begehrungen in uns ist, so hören wir nur diese immer an, und vermögen nicht die Unschuld der Dinge außer uns zu fassen. Leider heißen wir sie wichtig, wenn sie Gegenstände unserer Leidenschaften sind, und unwichtig, wenn sie zu diesen in keinen Beziehungen stehen, während es doch oft umgekehrt sein kann.«[423] Die Ehrfurcht vor dem Gegenständlichen korrespondiert mit seelischer Lauterkeit, wobei biedermeierliche »Randerscheinungen« (etwa Filzschuhe, damit der Boden geschont wird) weniger als philiströs denn als besonderer Ausdruck der Sensibilität den Dingen gegenüber interpretiert werden sollten. Wenn Dinge, Möbelstücke, Gerätschaften, »welche lange vor uns, ja oft mehrere Jahrhunderte vor unserer Zeit verfertigt worden, und in Verfall geraten sind, wieder hergestellt werden«[424], wenn man Räume mit kostbaren Möbeln, die in eigener handwerklicher Tätigkeit geformt und damit »erlebt« wurden, einrichtet, wenn Steine gesammelt und in Sammlungen angeordnet, Bücher und Kupferstiche ausgebreitet und wieder eingeräumt werden, so sind solche Tätigkeiten Teil des Versuchs, innere Unruhe und Gefährdung durch Projektion in Ordnungsmuster zu überwinden.

Insbesondere die Natur ist ein wichtiger Bereich für derartige Projizierungen und Fixierungen: eine Natur, die als Geometrie des Gartens und der Gartenlandschaft, als Schachbrettmuster der Kulturlandschaft – vor dem Hintergrund von Randzonen elementarer und chaotischer Gewalt, etwa des Gebirges – sich darbietet; aus der Entfernung wird freilich selbst das Gebirge in den kristallinen Kontext einbezogen. »Jetzt sah ich zuweilen mit Vergnügen von einer Anhöhe oder von dem Gipfel eines Hügels ganze Strecken der blauen Kette, welche in immer undeutlicheren Gliedern ferner und ferner dahin lief.«[425] Das Gebirge, das sich im azurnen Horizont verliert, begrenzt das übersichtliche Tableau der Kulturlandschaft. »Das Hochgebirge, welches wir gestern nicht hatten sehen können, stand heute in seiner ganzen Klarheit an der Länge des südlichen Himmels dahin. Vor ihm waren die Vorlande mit manchen weißen Punkten von Kirchen und Dörfern, näher zu mir zeigte sich mancher Turm von einer Ortschaft, die ich kannte, und unter meinen Füßen ruhte der Garten und das Haus, in welchem ich gestern so freundlich aufgenommen worden war. Die Getreide, welche nicht weit von mir hinter der Planke des Gartens standen, und die gestern ganz ruhig gewesen waren, befanden sich heute in einem zwar schwachen aber fröhlichen Wogen.«[426] Felder, Wälder und Wiesen im Gemisch, Meierhöfe, weiße Kirchtürme, Straßen, die als lichte Streifen durch das Grün ziehen – Kompositionen aus Wolken, Bergen, Landschaften, aus Tages- und Nachtstimmung, Morgen- und Abenddämmerung –, erscheinen unter dem Vorzeichen einer atmosphärischen Klarheit und Durchsichtigkeit, wie sie etwa der wolkenlose Himmel nach reinigendem Gewitter vermittelt: »Die Sonne war bereits aufgegangen, der ganze Himmel war heiter, kein Lüftchen rührte sich, aus dem Garten tönte das Schmettern der Vögel, die Rosen dufteten.«[427] Der Garten ist der Raum, wo Vegetatives und Rationales, Natur und Kultur eine Verbindung eingehen. Die Figuration des Gartens ist als gestaltete Stofflichkeit Spiel des Menschen mit der Natur: Bäume, Sträucher, Pflanzen sind zum Muster der Wohlgefälligkeit geordnet – Beete von Rosen, Aurikeln, Nelken, Lilien, Levkojen, Tulpen, daneben Gemüse, Erdbeeren und Nutzsträucher. Der Blick von der höchsten Stelle des Gartens vermittelt den Blick in die Weite und Nähe, wobei die im Garten heimischen Vögel Sphärik wie Idyllik untermalen: »Endlich hatten wir die höchste Stelle erreicht, und mit ihr auch das Ende des Gartens. Jenseits senkte sich der Boden wieder sanft abwärts. Auf diesem Platze stand ein sehr großer Kirschbaum, der größte Baum des Gartens, vielleicht der größte Obstbaum der Gegend. Um den Stamm des Baumes lief eine Holzbank, die vier Tischchen nach den vier Weltgegenden vor sich hatte, daß man hier ausruhen, die Gegend besehen oder lesen und schreiben konnte. Man sah an dieser Stelle fast nach allen Richtungen des Himmels. Ich erinnere mich nun ganz genau, daß ich diesen Baum wohl früher bei meinen Wanderungen von der Straße oder von anderen Stellen aus gesehen hatte. Er war wie ein dunkler ausgezeichneter Punkt erschienen, der die höchste Stelle der Gegend krönte. Man mußte an heiteren Tagen von hier aus die ganze Gebirgskette im Süden sehen...«[428] Ein solcher Punkt, der die Horizontale, die Heiterkeit des Daseins erschließt, ist vertikal im Grunde der Schwermut verankert. Denn alle Bemühungen, heimisch zu werden im Bebauten und Eingeräumten, mit dem letzten Ziel: die Zeit dadurch zu bewältigen, daß man mit Gleichförmigkeit und Wiederholung den Zeitablauf verstellt, können nicht verhindern, daß die Figurationen, in denen Geborgenheit eingefangen ist, brüchig werden und in die Ordnungsmuster Vergänglichkeit einsickert.

Dies macht den »Nachsommer« (jeden Nachsommer) zu einem heroischen Versuch des »Dennoch«: Der Resignation wird im dichterischen Bild der Glanz später Blüte zugeordnet. Die Rosenwand des Asperhofes ist Symbol des Überstehens: »Die Farben gingen von dem reinen Weiß der weißen Rosen durch das gelbliche und rötliche Weiß der Übergangsrosen in das zarte Rot und in den Purpur und in das bläuliche und schwärzliche Rot der roten Rosen über... Ganz entwickelt und in ihren

Arnold Böcklin: Flora, Blumen streuend (1875)

verschiedenen Abstufungen des Grüns prangend standen die Blätter hervor. Sie gaben mit den Farben der Blumen gemischt einen wunderlichen Überzug des Hauses. Die Sonne, die noch immer gleichsam einzig auf dieses Haus schien, gab den Rosen und den grünen Blättern derselben gleichsam goldene und feurige Farben.«[429]

Der sentimentalische Versuch, Dasein durch Gestaltung zu bewältigen, macht den Garten zum Projektionsfeld der Option auf Heimat. Hatte Stifter, so Carl E. Schorske, seine Utopie entworfen als Modell für eine Gesellschaft, die sich vervollkommnen sollte, so schufen die neuen Künstler einen Garten, wohin der Erwählte sich zurückziehen konnte in die Abgeschiedenheit vor einer ungemäßen Wirklichkeit. Für Stifter war die Kunst eine Krone, zu erlangen durch sittliche Reinheit und bürgerliche Redlichkeit als Belohnung für edles Streben. »Für seine geistigen Enkelkinder war die Kunst ein Erbe zu ihrem Genusse: edle Einfalt wich der Eleganz und ›Vornehmheit‹. Die Sittlichkeit verlor ihren Vorrang an die Ästhetik, das Recht an die Grazie, die Weltkenntnis an das Bewußtsein der eigenen Empfindungen. Eine hedonistische Selbstvollendung wurde zum Ziel allen Strebens, und Stifters ›Garten der Tugend‹ wurde verwandelt in einen ›Garten des Narziß‹.«[430] Leopold von Andrian zu Werburg, ein Freund Hugo von Hofmannsthals, stellte seiner Erzählung »Der Garten der Erkenntnis« (1895), welche die Identitätskrise des Fin de siècle zum Thema hat, das Motto voraus: »Ego Narcissus«. Bei Stifter dient der Garten als Vorbild fürs Leben; bei Andrian ist der Garten eine Zufluchtsstätte vor dem Leben. Der Narziß, der sich durch den Garten treiben läßt, ist selbstbezogen; er ist unfähig, andere zu lieben und Illusion von Wirklichkeit zu trennen. Als Stifter vier Jahrzehnte zuvor den Bildungsweg Heinrich Drendorfs im »Nachsommer« zeichnete, ätzte er die Elemente der Wirklichkeit, auf welche sein Held stieß, in den schärfsten Konturen ein. Häuslichkeit, Landschaft, das »Rosenhaus«, die Arbeiter, Kunst und Geschichte: All das war im Geiste des gegenständlichen Realismus als Teil einer geordneten Welt behandelt, an welche das Individuum sich selbst anpassen mußte. Die richtig geordnete Welt liefert den Schlüssel und das Vorbild für eine wohlgeordnete Seele.[431]

Andrians »Garten der Erkenntnis« bringt keine gesellschaftliche Erkenntnis hervor. Die Außenwelt der sozialen und geschichtlichen Realität ist dem inneren Schauplatz des Seelenlebens gewichen. Erwin, der Held von Andrians Erzählung, empfindet die Welt als ein Fließen, bald zähflüssig, bald stürzend; solches Strömen ist nirgends greifbar. Heinrich Drendorf meistert die Welt, die sich ihm als überschaubar, begreifbar darbietet, Schritt um Schritt; vor allem durch Arbeit ist die Dissonanz zu beseitigen. »Hofmannsthal sprach das Gefühl einer fließenden Beziehung zwischen ›Ich‹ und Welt gültiger aus als Andrian: ›Und drei sind Eins: ein Mensch, ein Ding, ein Traum. Derartiger Panpsychismus war die vollständige Umkehrung von Stifters individualisiertem und definiertem Universum: ›Jedes Ding und jeder Mensch, pflegte er [Heinrichs Vater] zu sagen, könne nur eins sein, dieses aber muß er ganz sein.‹«[432]

Das Bild des Gartens dient den beiden Dichtern zu ganz unterschiedlichen Zwecken. Bei Stifter steht der Garten für die Vermählung von Natur und Kultur; durch Wissenschaft und Kunst vollendet der Mensch das Werk Gottes; er reinigt die Natur von Krankheit und Wirrsal und bringt sein Ordnungsvermögen in der Mischung des Nützlichen mit dem Schönen zur Geltung. Solche »tatsächliche« Kultivierung des Gartens, die den Menschen als Gestalter der natürlichen Umwelt erscheinen läßt, ist bei Andrian völlig bedeutungslos. Das Leben kennt für ihn kein »Ding«, das Arbeit heißt; der Garten dient lediglich dazu, die Empfindungen anzuregen; er ist Ort für die vergängliche Erfahrung der Schönheit. Um zu verdeutlichen, daß es hier nicht um einen konkreten, bebaubaren Garten geht, erscheint der Plural: »Gärten«. Bilder flüchtiger Schön-

heit, die man erhaschen kann, wenn man willenlos durchs Leben treibt. Erwins Mutter, seine einzig wirkliche Vertraute, spricht die Bedeutung der Gärten für eine tatenlose Generation aus: »Wir gehen durch unser Leben wie durch die Lustgärten fremder Schlösser, von fremden Dingen geführt; wir behalten und lieben die Schönheiten, die sie uns gezeigt haben, aber zu welchen sie uns führen und wie schnell sie uns vorbeiführen, hängt von ihnen ab.«[433]
Wandlung des Gartens: Der Topos, der die göttliche Weltschöpfung »lokalisiert«, wandelt sich zum romantisch-nervösen, in Zweifeln sich auflösenden Zaubergebilde, das nur noch durch die Form und nicht mehr durch den Glauben zusammengehalten wird.

Gläubiger Ernst, der trübe Stimmung tröstlich erhellt und mit sanfter Verklärung den göttlichen Garten besingt, bestimmt noch Johannes Brahms' »Deutsches Requiem« (1867).

> »Selig sind, die das Leid tragen.
> denn sie sollen getröstet werden.
>
> Die mit Tränen säen
> werden mit Freuden ernten.
> Sie gehen hin und weinen
> und tragen edlen Samen
> und kommen mit Freuden
> und bringen ihre Gaben.
>
> Denn alles Fleisch es ist wie Gras
> und alle Herrlichkeit des Menschen
> wie des Grases Blumen.
> Das Gras ist verdorret
> und die Blumen abgefallen.
>
> So seid nun geduldig, liebe Brüder
> bis auf die Zukunft des Herrn.
> Siehe, ein Ackersmann wartet
> auf die köstliche Frucht der Erde
> und ist geduldig darüber
> bis er empfange den Morgenregen und Abendregen.
> So seid geduldig…«[434]

Die Worte aus der Heiligen Schrift, die Brahms für seine Komposition auswählte, künden davon, daß Natur – entgegen chthonischer Resignation, die sich in die »Erdhaftigkeit« schickt und Vergänglichkeit hinnimmt – »Gottes Natur« ist; Mühe zwar abfordernd; aber der Tod verliert seinen Stachel, die Hölle gewinnt nicht den Sieg. Wer gearbeitet hat, kann ruhen; die Werke folgen ihm nach.
Gustav Mahlers »Lied von der Erde« (1911), verdunkelt von Trauer – das fünfjährige Töchterchen des Komponisten war gestorben, ein Herzleiden zwang ihn selbst zur äußersten Schonung –, ist gegenüber der Brahmsschen Komposition ein Tongarten künstlicher Natürlichkeit. Die vorgetäuschte Einfachheit erweist sich als Gefühlsraffinement, das, zumindest formal, die Widersprüche, die das Bewußtsein der Zeit heimsuchen, zu bewältigen vermag. Tränenseligkeit verbirgt Banalität, Jugendstilarabesken verdecken ein Vakuum der Gefühle. »Häufig wird die Musik ihrer selbst müde und klafft auseinander: dann trägt der innere Fluß über das Versiegen des äußeren hinweg, die Leere wird selber Musik.« Theodor W. Adorno, der dergestalt die Ambivalenz der Mahlerschen Musik charakterisiert, meint, der Titel »Lied von der Erde« mache sich der Komplizenschaft mit solchen aus der neudeutschen Sphäre, wie »Natursymphonie« oder gar »Das hohe Lied vom Leben und Sterben« verdächtig; aber seine trauernde Wahrheit wische das Pompöse wieder weg. Das sei nicht zuletzt der Atmosphäre zu verdanken, welche die Musik dem Wort Erde selbst verleiht. Von ihr heißt es im ersten Gesang, daß sie lange, nicht ewig, feststehe und der Abschiednehmende nennt sie die liebe Erde, als werde sie im Verschwinden umfaßt. »Sie ist im Werk nicht das All, sondern, was fünfzig Jahre später die Erfahrung des in großen Höhen Fliegenden einholen durfte, ein Stern. Im Blick der Musik, der sie verläßt, rundet sie sich zur überschaubaren Kugel, wie man sie mittlerweile aus dem Weltall bereits fotografiert hat, nicht das Zentrum der Schöpfung, sondern ein Winziges und Ephemeres. Solcher Erfahrung gesellt sich die schwermütige Hoffnung auf andere Gestirne, die von Glücklicheren bewohnt wären als den Menschen. Aber die sich selber ferngerückte Erde ist ohne die Hoffnung, die einst die Sterne verhießen. Sie geht unter in leeren Galaxen. Auf ihr liegt Schönheit als Widerschein vergangener Hoffnung, die das sterbende Auge füllt, bis es erfriert unter den Flocken des entgrenzten Raumes. Der Augenblick der Entzückung vor solcher Schönheit vermißt sich, dem Verfallensein an die entzauberte Natur standzuhalten.«[435]

Wandlungen des Gartens. Während naiver Massengeschmack sich weiterhin heimisch in der »Gartenlaube« fühlt, deren Biedersinn im Wilhelminismus mit Nationalismus und Chauvinismus durchsetzt ist, delektiert sich der nach höheren ästhetischen Genüssen strebende bürgerliche Geschmack in den Gärten des Jugendstils – einem künstlichen Paradies, das weniger in der Zukunft als in der Vergan-

Inszeniert werden Zaubergärten und heilige Haine. Technischer Konstruktivismus wird floral und feudal verpackt. Arkadische Landschaften verheißen Illusion wie Erlösung angesichts häßlicher Industrialisierung. Das Gartenlaubenglück ist ein Abglanz von Gartenträumen. Im ver-rückten Garten finden ästhetische Fluchtbewegungen ihren Grund, den sie auf heroische oder arkadische, symbolische oder mythische, triviale oder hehre Weise realitätsverweigernd bebauen. Am Ende, angesichts der Materialschlachten des Ersten Weltkrieges, bleibt nur noch die Erinnerung an einen Garten.

Paul Joukowsky/Max und Gotthold Brückner: Bühnenbildentwurf zu »Parsifal« (Klingsors »Zaubergarten«), Bayreuth (um 1880)

Innenansicht des Wintergartens der Münchener Residenz von Ludwig II.
(um 1870)

Blumenausstellung der Bayerischen Gartenbaugesellschaft im Glaspalast München 1887. Zeichnung von Karl Rickelt

Max Klinger: Abend
(1882)

Richard Riemerschmidt: Titelblatt der Zeitschrift »Jugend«;
farbiger Andruck (1897)

Titelblatt der Zeitschrift »Jugend« (1904)

Schrebergarten-Laube, Nürnberg-Doos (1910)

Ludwig von Hoffmann: Frühlingsreigen (1904)

Friedrich Stahl: Decamerone (um 1910)

Der Frühling. Nach einem Gemälde von W. Kray (1887)

Heinrich Vogeler: Sommerabend (1905)

Arnold Böcklin: Die Toteninsel (1880)

Hans von Marées: Die Hesperiden (1884–1887)

Arnold Böcklin: Vita somnium breve (1888)

Peter Behrens: Der Kuß (1898)

Paul Klee: Erinnerung an einen Garten (1914)

genheit angelegt ist. Sieben Billionen Jahre vor seiner Geburt sei er eine Schwertlilie gewesen, meinte Arno Holz. Innerhalb der Ordnung des Imperialismus, Materialismus, Kapitalismus, unter dem Druck des Realitätsprinzips, träumt man sich zurück in eine regressive florale Innerlichkeit. Jungsein, das bedeutet, die Schwerkraft des Daseins noch nicht erfahren zu haben. Man verbleibt im Paradies spielerischer Unverbindlichkeit.

Heinrich Vogeler, der im Ersten Weltkrieg die Wendung zu einem linkssozialistischen gesellschaftlichen Engagement vollzog und 1923 in die UdSSR übersiedelte (wo er, der 1872 geboren wurde, 1942 starb), hat die damalige Situation narzißhafter Abkapselung am Beispiel seiner eigenen Kunst charakterisiert: »Meine graphischen Arbeiten aus dieser Zeit drückten wohl diese Horizontlosigkeit aus. Unbewußt entstand eine rein formale wirklichkeitsfremde Phantasiekunst ohne Inhalt. Sie war eine romantische Flucht aus der Wirklichkeit, und daher war sie auch wohl den bürgerlichen Menschen eine erwünschte Ablenkung von den drohenden sozialen Fragen der Gegenwart. Im Rahmen eines Spiegels des Inselformats erhoben sich märchenhafte Vögel, wie Blätter und Blumen gebogen, mit phantastischem Gefieder, das wieder in wogende Zweige, in Früchte und Blumen überging. Blütenkelche, die wieder Blütenkelche aus sich herausstießen, ein Formenzeichen, das geradezu nach Farben schrie, nach giftigen, süßen, einschmeichelnden und aufreizenden Farben. Nirgends war ein Horizont, nirgends ein Durchblick, nirgends eine Perspektive; das Ganze war ein schöner Vorhang, der die Wirklichkeit verhüllte. Der Rhythmus der Fläche bildete eine geschlossene Welt. So traf wohl meine Inselgraphik den Charakter einer besonderen Zeitepoche, die auch meinen Charakter irgendwie formte, eine uferlose Romantik, hinter aller Wirklichkeit und im Widerspruch zu ihr. Daß sie wie eine Flucht vor der häßlichen Wirklichkeit war, gerade dadurch hatte meine Kunst wohl damals solchen Erfolg und war vielen ein Trost gegenüber den warnenden Zeichen der kommenden Unruhe einer neuen Zeit.«[436]

Inmitten einer häßlichen industrialisierten Welt eröffnet sich das Paradies eines vegetativen Lebens; moralische Entscheidungen sind überflüssig, denn alles ruht in sich selbst. Voller tödlicher Verlockung ist der Pflanzenzauber des Jugendstils; seine Glücksutopie verheißt vegetabilische Unschuld. Der Mut und die Kraft, aus der Welt einen Garten, einen menschlichen Garten zu machen, fehlte; man spinnt sich ganz ins »Geflecht« ein. Bewußt-los schönheitstrunkene Kunst wird zum Refugium. Lilien, Lianen, Seerosen, Frauenschuh, Mohn, Schlinggewächse, reiches Blätter- und Rankenwerk, durchsetzt mit Flamingos, Schwänen, Kranichen, Fischen, Seeteufeln, Aalen bilden eine Ornamentik, die den Blick sowohl in die Weite wie in die Tiefe verstellt. Das Organische erweist sich als kunstgewerbliche Textur, die bizarr und voller Arabesken, statt Natur, wie sie vorgibt, eigenschöpferische, rhythmisch schwingende Linearität präsentiert.

»Selbst die Menschenleiber werden in diesen Linientaumel verstrickt, anfänglich rein neckisch, als Knaben oder Mädchen, die Blumengirlanden tragen, später als Waldnymphen oder Faune, die bereits an mythische Bereiche rühren. An die Stelle der pikanten Nackedeis treten daher in steigendem Maße märchenhafte Nixen oder Seejungfrauen, deren geschmeidige Gliedmaßen und langwallende Haare im Strudel der allgemeinen Bewegungsrhythmik untertauchen. Man spürt, daß es sich hier um jene Jahre handelt, in denen man an den Frauen das Langgliedrige und Schmächtige liebte, den sogenannten ›Sylphidentyp‹, für den sogar ein besonderes Korsett angepriesen wurde. Doch selbst dieser Typ konnte sich nicht vor der ornamentalen Überwucherung retten. Leiber verwandelten sich in Stengel, aus Köpfen wurden müde nickende Blüten, während die eng anliegenden Kleider wie zerfranste Kelchblätter wirken. Dazu kamen Bewegungen, die in ihrer Schönlinigkeit an Steiners Eurhythmie erinnern, wodurch sich das Blumenhafte mehr und mehr ins Ästhetisch-Astrale zu erheben beginnt. Überall spürt man einen Liniendrang, der sich trotz aller Ätherik gerade an den erotischen Rundungen entzündet und den Kurvenreichtum dieser Nymphen und Undinen mit schmeichlerischen Liniengespinsten umspült. Erst in der Schlußphase dieser Richtung treten an die Stelle des Feingliedrigen und Märchenhaft-Symbolischen wieder athletische Akte, die bereits den Einfluß der Körperkulturbewegung verraten. Doch selbst sie, die mit hoffnungsfrohen Gebärden der aufgehenden Sonne entgegeneilen, werden meist mit flammenartig emporzüngelnden Schwertlilien oder gewächsartig wuchernden Ranken eingerahmt, in die seltsame Vogelköpfe oder theosophische Symbole eingebettet sind. Sogar hier, wo sich bereits Monumentaltendenzen anzubahnen scheinen, wimmelt es von Daphnen und Wassernixen, die sich nicht aus dem ornamentalen Geschlinge befreien können. Das Gesunde und Schöne, das in diesen Bildern zum Durchbruch kommen will, gleitet daher ständig ins Frappierende und Ungewöhnliche ab. Nicht der Inhalt steht im Vordergrund, sondern ein von außen herangetragener Formbegriff, der auf Grund seiner rein ästhetischen Ausrichtung zu einer ›manieristischen‹ Verkrampfung führt, durch die selbst das Ideologische im Ornamentalen steckenbleibt.« (Richard Hamann/Jost Hermand)[437]

Der bevorzugte Frauentyp des Jugendstils, die femme fragile, sehnsuchtsblaß, anschmiegsam, androgyn, ist den schimmernden vollbusigen Marmorleibern, denen historistisches Voyeurtum sich zuwendet, diametral entgegengesetzt. Ihr erotischer Reiz besteht nicht in der Zurschaustellung sekundärer Geschlechtsmerkmale, sondern im ornamental verfließenden langen Haar. »Seit das Haar der einzige Schmuck der paradiesi-

Thomas Theodor Heine: Serpentinentänzerin (1900)

schen Eva war, seit Dalila Samson seiner Kraft beraubte durch das Abschneiden einer Locke, seit Salome gierig verliebt war ins Haar des Jochanaan, seit Lorelei, ihre goldenen Haare kämmend, die Rheinfahrer ins Verderben stürzte, seit die ertrunkene Ophelia von ihrem Haar umflossen im Wasser dahinglitt – im Haar verkörpert sich in idealer, weil von Mythen, Sagen und Poesie beglaubigter Weise der Sinn des Begriffes ›Ambivalenz‹. Seine Schönheit strahlt erotische Attraktivität aus, seine Erotik verheißt Abhängigkeit, Hörigkeit, Zerstörung. Sein Besitz symbolisiert Jugend, Leben, Glück, sein Verlust Schande, Alter, Impotenz. Das Haar bietet strahlende Oberfläche, dem aber, der sich nähert, undurchdringliche, labyrinthische Wildnis. Langwallend ist es ganz Natur, Hingabe, Freiheit; frisiert, gedreht und aufgesteckt wird es zu einem Kunst-Gebilde von Ordnung, Geschlossenheit und Zucht. Im Laufe der Zeiten hat die Farbe des Haares symbolischen Charakter angenommen. Brandrotes Haar signalisiert das Böse, die Huren und Hexen und Verführerinnen werden traditionell damit versehen. Ähnlichen Zeichenwert hat das nachtschwarze Haar, das ins Tödliche und Traumhafte hinüberweist. Lichtblondes Haar dagegen suggeriert Heldentum, Sieg des Guten oder, bei Frauen, Reinheit, Heiligkeit, Unschuld. Die drei sind eins, eine Trias der Ambivalenz: die Frau, das Ornament, das Haar.« (Nike Wagner)[438]

Überwiegen auch in den Gärten des Jugendstils zarte, zerbrechliche Märchenprinzessinnen und kindlich träumende Mädchenblüten, seelendurchglühte Madonnen, edel dahinsiechenden Jungfrauen, so findet man dort auch das kräftige, gebärfreudige »Weib«, das an heiligen Quellen den Mann erwartet, mit dem es dann Seite an Seite in blaufeuchter Klarheit dahinschreitet. »Sie neben ihm. Ihre Leiber breit und kräftiges Fleisch. Und an ihnen die Nacktheit ist wärmeleer in unbewußter blauer Keuschheit. Die Schatten sind gelbzart wie Blütenmehl an ihrem Fleische... Das Menschenpaar schreitet über den Rasen. Der blaue Äther wogt um ihre Nacktheit, eine Strahlung verborgener heiliger Quellen und aus glühenden Grotten.« (Max Dauthendey)[439]

Die Jugendstillandschaft kennt nicht nur die »totgesagten Gärten«, die paradiesischen Haine, sie zeigt starke Affinität zum orientalischen Garten mit seiner exotischen Farben- und Sinnenglut. Der schräge Blick des Philisters berauscht sich an den Geheimnissen des Harems mit seinen Sklavinnen, Sängerinnen, Tänzerinnen; er genießt legitime Nudität. Im Orient nämlich waren gewisse sexuelle Freizügigkeiten, welche die eigene Natur mit ihrer Prüderie streng verpönte, selbstverständlich, zur Kultur gehörend. Wer sich daran erfreuten, welche die eigene Kultur mit ihrer Prüderie streng verpönte, eine andere Kultur einleben. »Orient« ist dabei verschiedenen Stilformen integriert. Altdeutsche Gemütlichkeit zum Beispiel liebte Orientteppiche, Orientstoffe und orientalischen Schmuck. Der Kulturimport (besonders gefördert durch die Weltausstellungen) entlastete die kulturelle Sexualmoral, die nun exzessive Sinnlichkeit, aus der Ferne herbeigeholt, bestaunen konnte, ohne sich vor ihr moralisch ängstigen zu müssen. »Wer vermöchte«, heißt es von einer Bau- und Gartenanlage des Vizekönigs von Ägypten auf der Wiener Weltausstellung von 1873, »all' die Herrlichkeiten zu schildern, die kostbare Ausschmückung der Wände, die reichen üppigen Divans, die zierlichen Tischchen, die prächtigen gestickten Kissen und Teppiche, all' die Tausende von köstlichen Nippsachen und Dingen, mit welchen der reiche Orientale das goldene Gefängniß seiner Frauen ausschmückt. Der raffinirteste Luxus des Abendlandes bleibt das Werk eines Stümpers gegenüber den fantastischen Schöpfungen des Orientes, und beim Anblicke all' dieser duftenden, glänzenden Herrlichkeiten kehrte die Erinnerung wieder an die reizenden Märchen von ›Tausend und eine Nacht‹, an welchen sich die Fantasie des Kindes so oft ergötzt hatte.
Das belebende Element, das, was diesen köstlichen Räumen den höchsten, berauschendsten Reiz verleiht, fehlte freilich;

aber wer sich einiger Fantasie rühmen konnte, der mochte sich immerhin in die weichen Kissen sinken lassen und die Augen schließen, um sich im Geiste inmitten einer Schaar reizender Frauen zu sehen. Hier bot ihm die glutäugige Circassierin die Bernsteinspitze des Nargileh, nachdem sie dieselbe früher mit den rosigen Lippen berührt, dort credenzte die schlanke Tochter aus den Gefilden von Marathon den duftigen Mokka, während auf dem Kissen zu seinen Füßen das braune Kind aus Nubien die Gusla spielt und mit weicher Stimme ein Liebeslied singt.«[440]

Der »Orient« prägte auch den Lebensstil Richard Wagners. Die Freude am Üppigen, am Luxus, an Reichtum, Samt und Seide und Gründerzeitpracht: das reicht, so Thomas Mann, tief ins Geistige und Künstlerische hinein. Es sind die eiderdaunengefütterten seidenen Schlafröcke, in die er sich hüllt, die mit Blenden und Rosengirlanden gezierten Atlasbettdecken, in denen er schläft, diese tastbaren Andeutungen verschwenderischer Üppigkeit, für die er Schulden zu Tausenden macht; die bunten Atlasgewänder sind der Luxus, in dem er sich zur Arbeit, zum schweren Werke setzt. Mit ihnen ausstaffiert, gewinnt er die »künstlerisch-wollüstige Stimmung«, urnordische Heroik heraufzuführen, den sonnenblonden Heldenknaben am sprühenden Amboß sein Siegesschwert schmieden zu lassen – Bilder, die die Brust deutscher Jugend vom Hochgefühl männlicher Herrlichkeit schwellen lassen.[441] Der orientalische Garten wandelt sich zurück in den nordischen Hain; aber unter dessen Oberfläche brodelt sinnliche Anarchie weiter.
Stefan Georges Gedichtzyklus »Algabal« (1892) zum Beispiel ist wagnerisch gestalteter Orient, bestimmt von der Freiheit der Wüste, da Grausamkeit und Sinnlichkeit, Gewalt und Wollust ineinanderfließen; Ruchlosigkeit, formal gebändigt, aus exotischer Distanz erlebt und damit den abendländisch-bürgerlichen Normen entzogen, wird als Kunstschönheit dargeboten. Der Held, der die Marmortreppe heruntersteigt und am »leichnam ohne haupt« (»dort sickert meines teuren bruders blut...«) vorbeischreitet, dabei »leise nur die purpurschleppe« rafft, ist der Typ des Desperado und Dandy, der den Überdruß am Leben im skrupellosen Genuß zu überspielen sucht:

»... Becher am boden·
Lose geschmeide·
Frauen dirnen
Schlanke schenken
Müde sich senken·
Ledig die lende
Busen und hüfte·
Um die stirnen
Der kränze rest·

Fellahmädchen. Nach einem Gemälde von N. Sichel (1883)

Schläfernder broden
Traufender düfte·
Weinkönig scheide!
Aller ende
Ende das fest!

Rosen regnen·
Purpurne satte
Die liebkosen?
Weisse matte
Euch zu laben?
Malvenrote·
Gelbe tote:
Manen-küsse
Euch zu segnen·

Auf die schleusen!
Und aus reusen
Regnen rosen·
Güsse flüsse
Die begraben.«[442]

Ver-rückt sind die »Gärten« Stefan Georges überhaupt: Seine Kunst versucht, ein außerhalb und jenseits der Wirklichkeit liegendes ästhetisches Meta-Reich der Form aufzubauen. In den »Blättern für die Kunst« schreibt der Dichter einmal, daß das Gedicht als höchster, endgültiger Ausdruck eines Geschehens nicht Wiedergabe eines Gedankens, sondern einer Stimmung zu sein habe. In der Malerei wirke die Verteilung von Linie und Farbe, in der Dichtung die Auswahl von Maß und Klang.[443] Selbst Orthographie und Interpunktion stehen im Dienste einer mystifizierten Kunstidee, die sich mit literarisch-sakraler Pose die Rolle des Priesters zuordnet. Gesteigert durch eine homoerotische Disposition, scharte George einen Kreis von Auserwählten um sich, die die Botschaft des Meisters in die kulturelle Welt hinaustrugen; er wirkte wie ein Magnet auf alle, die eine neue Kunst und Wissenschaft, ein neues Volk und einen neuen Staat wollten. Georges Dichtung wurzelt im Gefühl totaler Einsamkeit und völliger Entfremdung; dieses durchzieht das Gesamtwerk. Wer »anders« ist, steht allein; außerhalb der Gesellschaft; kommunikationslos. George leidet darunter, aber zugleich ist er stolz darauf und unterstreicht seine Absonderung in auffallender Weise. Seine Dichtung wirkt wie ein Wörtersarg, in dem die ästhetische Verkörperung der Idee eines besseren, schöneren, größeren Lebens in liebloser Schönheit aufgebahrt liegt. Exponiertester Vertreter einer Revolution, die den Aufstand des Artistischen probte, hielt er sich den Sorgen und Freuden der Massen fern; er erging sich im Park, den er als Mausoleum der Natur erlebt:

Sabine Lepsius: Bildnis Stefan George (vor 1902)

»Der hügel wo wir wandeln liegt im schatten·
Indes der drüben noch im lichte webt·
Der mond auf seinen zarten grünen matten
Nur erst als kleine weisse wolke schwebt.

Die strassen weithin-deutend werden blasser·
Den wandrern bietet ein gelispel halt·
Ist es vom berg ein unsichtbares wasser
Ist es ein vogel der sein schlaflied lallt?

Der dunkelfalter zwei die sich verfrühten
Verfolgen sich von halm zu halm im scherz...
Der rain bereitet aus gesträuch und blüten
Den duft des abends für gedämpften schmerz.«[444]

Der heroisch-goldene Mythos, in heiligen wie verruchten »klassischen« Landschaften sich ausprägend, hat zum Pendant einen Mythos verfließender Struktur. Beim »aufgelösten Mythos« befindet sich das Verlangen nach dem irdischen Paradies nicht auf dem Weg nach oben; es drängt nach unten. Der Abstieg zu den »Müttern« führt in eine Landschaft wildblühender, aufquellender Vegetation. Ehe in Thomas Manns Novelle »Tod in Venedig« der Schriftsteller Gustav Aschenbach, der Züge von Platen, Wagner und Mahler trägt, vor seiner durch hochbürgerlichen Luxus geprägten Existenz auf eine Insel vor der istrischen Küste und dann nach Venedig flieht; ehe der von der Krise des Alterns erfaßte, lebensmüde Schriftsteller todessüchtig ins »Verheißungsvoll-Ungeheure« aufbricht (er stirbt am Meeresufer, als der schöne Tadzio, Sohn einer polnischen Familie, am Rande der Flut dahingehend, ihm zulächelt und zuwinkt); ehe dergestalt die Tragödie des ästhetischen Menschen, gewissermaßen von Mahlerischen Klängen untermalt, sich vollzieht, hat er in seiner Heimatstadt München eine Traumvision: »Seine Begierde ward sehend, seine Einbildungskraft noch nicht zur Ruhe gekommen seit den Stunden der Arbeit, schuf sich ein Beispiel für alle Wunder und Schrecken der mannigfaltigen Erde, die sie auf einmal sich vorzustellen bestrebt war: er sah, er sah eine Landschaft, ein tropisches Sumpfgebiet unter dickdunstigem Himmel, feucht, üppig und ungeheuer, eine Art Urweltbildnis aus Inseln, Morasten und Schlamm führenden Wasserarmen, – sah aus geilem

Alfred Kubin: Im Dschungel (um 1914)

Farnengewucher, aus Gründen von fettem, gequollenem und abenteuerlich blühendem Pflanzenwerk haarige Palmenschäfte nah und fern emporstreben, sah wunderlich ungestalte Bäume ihre Wurzeln durch die Luft in den Boden, in stockende, grünschattig spiegelnde Fluten versenken, wo zwischen schwimmenden Blumen, die milchweiß und groß wie Schüsseln waren, Vögel von fremder Art, hochschultrig, mit unförmigen Schnäbeln, im Seichten standen und unbeweglich zur Seite blickten, sah zwischen den knotigen Rohrstämmen des Bambusdickichts die Lichter eines kauernden Tigers funkeln – und fühlte sein Herz pochen vor Entsetzen und rätselhaftem Verlangen.«[445]
Deutlich wird aus einer solchen Stelle der brodelnde Untergang des Jugendstils: die Gefährdung seiner feinfühligen Sensibilität durch das *Leben*, das man mit höchster künstlerischer Gewaltanstrengung formal zu bändigen trachtete, immer besessen von der Angst, die »Lineatur« könne nicht halten, der Lebensstrom würde die abgezirkelten ästhetischen Bereiche stilisierter Refugien überfluten.

Darwinistisch angehauchte, positivistische Naturphilosophie, wie sie vor allem Wilhelm Bölsche popularisierte, hatte die Skrupel sensibler Dekadenz nicht; sie überantwortete sich vielmehr einem »Rausch des Organischen«. Das in der Natur erkannte Gesetz war nicht ein solches des Geistes, sondern Elan vital: gott-lose schöpferische Lebenskraft, welche die Entwicklung der Organismen vorantrieb: »Durch unsere Tage geht der Sturm. Alles wirbelt, jede schlichteste Frage steht im Kampf. Weltanschauungen zerbrechen, ein ungeheurer Staub erfüllt die Zeit«, heißt es in Bölsches Buch »Das Liebesleben in der Natur« (1898). Der Naturwissenschaftler glaubte nun zu wissen, was die Welt im Innersten zusammenhielt; der Entwicklungsgedanke verband sich mit der Zellentheorie und dem »grünen« Atheismus und Agnostizismus. Der Mensch – ein Element des ewig strömenden Lebens: »Und mit allen diesen Wesen, die du waren und doch nicht du vor Äonen der Zeit, hängst du zusammen durch die ungeheure Weltenkraft der Liebe, der Zeugung, des ewigen Gebärens und Werdens. Tausend- und tausend-, millionen- und millionenmal hast du da unten geliebt, gelitten und geblutet, bist gekreuzigt worden und gestorben, und bist doch wieder auferstanden am dritten Tag. Dort, in der Vergangenheit, in der unermeßlichen Kette aller dieser Vor-Ichs deines eigenen Ich, das heute hier auf Capo Verde seinen stillen Karfreitag in Naturschöne lebt, liegen die

Lösungen all deiner Rätsel, deiner tiefen Geheimnisse, die dich durchspinnen wie ein dunkles Schicksalsnetz, wie ein schwarzes Spinnengewebe, an dem deine Thränen wie Tautropfen blinken.«[446]

Solcher Karfreitagszauber einer orgastisch-orgiastischen Lebensphilosophie entgrenzt den ver-rückten Garten des Jugendstils, der dem Dschungel nicht fernliegt, diesen aber zu bändigen trachtet. Wenn auch alles fließt – Form soll das Fließen strukturieren. Mögen die Konturen und Figurationen verschwimmen, das Bemühen ums kompositorische Prinzip ist unverkennbar. Romantischer Biologismus mit seinem Schwingen und Pulsen, Treiben und Blühen wird in Geometrie eingefangen; aber es ist (vor allem in der Dichtung) eine »weiche«, eine sich selbst wieder auflösende Geometrie.

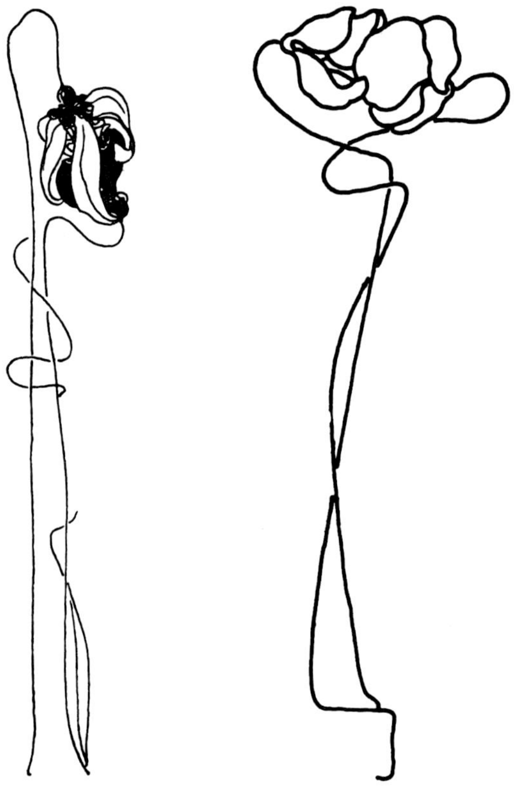

Joseph Maria Olbrich: Buchschmuck (um 1899)

Die Verwandlung des Körperhaften ins Vegetative ist melancholisch durchsetzt. Die Wasserleiche ist ein beliebtes Motiv. »Im Haar ein Nest von jungen Wasserratten, / und die beringten Hände auf der Flut / wie Flossen, also treibt sie durch den Schatten / des großen Urwalds, der im Wasser ruht...«, so beginnt Georg Heyms Gedicht »Ophelia«.[447] Die Topik des Jugendstils, im besonderen des literarischen, charakterisiert Erschlaffung. Die Worte sind blasse Mandelblüten, das Lied geht weich wie Flaum blaßroter Wölkchen dahin; Silberweide, Flut, fließendes Licht, laue Wolken. Erglühen, aber kein Funkensprung, Leidenschaft, die in stillen Stunden vertropft. Der Boden, auf dem der ver-rückte Garten des Jugendstils gründet, ist derjenige der materiellen Kultur der großen Bourgeoisie. Die irisierenden Blüten dieser Kunst, so hat es Ernst Robert Curtius formuliert, konnten sich nur entfalten, da sie in einer, durch viele Generationen hindurch ererbten, durch Besitz abgesicherten Genußfähigkeit wurzelten. Der Protest des Jugendstils gegen die Außenwelt – gegen das äußerlich Häßliche wie häßlich Äußere, gegen die Veräußerlichung wie Entfremdung des Lebens – stellt eine künstlerische Aufarbeitung des inneren Widerspruchs der bürgerlichen Gesellschaft dieser Zeit dar. Die Welt war entzaubert und entmythologisiert; aber diejenigen, die das hervorgerufen hatten, gehörten zur eigenen Klasse (wobei das Elend des Proletariats zusätzliches Menetekel war) und waren, wenn auch nur in ihrer Minderzahl, dem neuen Stil, als Verschönerung des sonst kommerziell bestimmten Daseins, verbunden. Mit Pose und Gebärde konnte man das Sosein zwar nicht verändern; zu anderen Formen als denen ästhetischen Protests war man aber nicht fähig.

Der Jugendstil, meint Walter Benjamin in »Zentralpark«[448], war ein Versuch, sich mit der Technik auseinanderzusetzen; aber das Problem war in ihm als solches bereits der Verdrängung verfallen; er tat so, als ob die Technik ihn nicht bedrohen könne; sie sollte in artifizielle Natürlichkeit eingebunden werden. Der Leidensdruck, unter dem der Jugendstil stand, ist mit hervorgerufen durch die bittere Erfahrung, daß die Abkehr von der bürgerlichen Lebenspraxis, die der Künstler propagierte, die Probleme der Zeit nicht zu lösen vermochte. Die Vergeblichkeit des Bemühens, Profitopolis durch »Verschönerung« menschlich zu machen, zeigte sich gerade dann, wenn die Künstler dekorativer Ausflucht den Mut faßten, der Alltagswirklichkeit sich zuzuwenden. Gemäß Klingsors Schöpfungswillen (in Wagners »Parsifal«), aus der Wüste einen Wonnegarten zu machen, arbeitete man daran, vom Sofakissen bis zum Städtebau die häßliche in eine schöne Umwelt zu verwandeln. Dem Jugendstil gelang zwar, dem erdrückenden Historismus mit seinem sterilen Eklektizismus eine asymmetrische Tektonik des Organischen entgegenzustellen, aber meist wirkte sich dies nur als Verbrämung und Ausschmückung aus. Zudem war er ein Stil der Oberschicht, die sich mit der Villa ein Kunst- und Naturparadies, der Realität entrückt, leisten konnte. Bucheinbände, Plakatentwürfe, Fliesen, Wandschirme, Tapeten, Zinnsachen, Schrifttypen,

Heinrich Vogeler: Entwurf für den Salon im Haus Asbeck (1911)

Initialen, Vorsatzblätter, Keramiken, Gläser, Möbel, Vasen, Töpfereien, elektrische Beleuchtungskörper, Tischdecken, Wandbehänge, Stickereien, Innen- wie Außenarchitektur wurden von einem »Cancan der Linie« ergriffen, der oft zum reinen Selbstzweck entartete.[449] Um der seelenlosen Maschinenarbeit zu entgehen, propagierte man die Handherstellung, als ob die Maschinen in den Fabrikhallen, die im Rhythmus eines unersättlichen Wachstums stampften, hätten aufgehalten werden können – mit dem Ziel, die vorindustrielle Gesellschaft mit Künstlern, Handwerkern, Bauern, Patriziern und Edelleuten wieder zu reetablieren. Der Jugendstil hat sich zwar im Gegensatz zum Oberflächengehabe der Gründerzeit entwickelt; aber diesen Protest in Oberflächenkunst, etwa in Ornamentik und Dekor, umgesetzt. Dem materialistischen Denken des Bourgeois und der Stillosigkeit des Parvenü setzt er androgyne Eleganz, faunische Sinnlichkeit und ästhetische Verfeinerung entgegen; dabei jedoch einen neuen Materialismus der Form, eben Formalismus, entwickelnd. Eine zeitgenössische Satire (auf Walther Rathenau und Peter Behrens) hat diesen Umschlag der Materialismuskritik in Materialismus aphoristisch »festgemacht«: »...Mit aller germanischen Innigkeit hatte Melchior Lechter die hohen gotischen Fenster geformt, durch die feierlich das fein gesiebte Licht und abgedämpft der Lärm des mechanistischen Zeitalters in das Privatkontor des Bankdirektors drang. Die Fußstapfen kleiner Innenkunst hatten diesen Raum unbeleckt gelassen. Düster grinste aus jeder Ecke ein von Peter Behrens entworfenes Möbelstück; in schwerer Wucht hing Olbrecht von der Decke herab; Pankok krümmte sich im Friese, und immer wieder stieß das Auge auf Konturen, Gegenstände und Vasen, die in achselzuckender Resigniertheit erklärten, daß auch sie von Künstlerhand entworfen wären. Ein Teppich, reif und reich wie Indiens Reisfelder vor wie nach der Ernte, dampfte das wuchtige Stapfen der Prinzessinnen und Damen des hohen Adels, die den Bankdirektor an seiner Arbeitsstätte zu besuchen pflegten. Wie ein Felsblock aus schwarzem Granit bot der Schreibtisch dem Eindringen der Entgeistigung, der Entseelung, der fortschreitenden Mechanisierung höflich, aber energisch die Spitze. Aus jedem Stuhlbein quoll die Quintessenz doppelschichtiger Kultur, jede Maser war mit maßvollem Formempfinden gemästet; dem von Peter Behrens entworfenen

Zum modernen Kunstgewerbe: Ein Speisezimmer. Karikatur in den »Fliegenden Blättern« (1902)

Kanarienvogel sang die Bildung aus allen Knopflöchern, und dem prachtvollen schottischen Schäferhund hing sie in bannerartig geflammter Zunge wie ein roter Wimpel zum Halse heraus...«[450]

Der vielfach bewunderungswürdige Versuch, der häßlichen industriellen Welt Stil einzuflößen – Lechter hatte auch die monumentalen Glasfenster für das Kaufhaus Wertheim in Berlin entworfen, die den ersten Soziologen des Warenhauses, Paul Göhre, zu rhapsodischer Begeisterung inspirierten, Olbrechts (Olbrichts) Lampen »von schwerer Wucht« hingen im Kaufhaus Tietz in Düsseldorf –, der die affirmative Plüschwelt des Historismus und Eklektizismus attackierende »Jugendstil« schlägt um in fetischistische »Werkbundgesinnung«, deren Ästhetizismus gleichermaßen raffiniert wie penetrant war. Der Kapitalismus, dessen stiernackige Vitalität und devotes Unterordnungsprinzip man bekämpfte, wurde mit einer neuen, die Disziplinierungsmaßnahmen der industriellen Epoche stabilisierenden schöngeistigen Aura versehen. Weder positivistisch noch positiv wollte die Gegenwirklichkeit des »Jugendstils« sein; sie stilisierte die Weltflucht und die Absage an soziale Verpflichtung. Gerade dies aber verbindet den »Jugendstil« mit der Fortschrittsgläubigkeit der Zeit, gegen die er sich auflehnt. Die Jugendstilkunst mißachtet die Arbeitsleistung im mechanisierten Produktionsprozeß genauso, wie sie den Notstand der Unterprivilegierten übersieht. Als Stil des wohlhabenden großstädtischen Bürgertums ist sie Teil des spätkapitalistischen Disengagements und bestätigt damit das böse Wort von Georg Simmel, daß Rente und Dividende Torhüter der Innerlichkeit seien. Zugleich aber, sich erneut »umdrehend«, macht der Jugendstil deutlich, daß, indem man die Industrie »formt« und ihr Stil »aufprägt«, Industrie-Kultur möglich wird.

Die Folgenlosigkeit des Jugendstils, die mißlungene Vereinigung von Kunst und Industrie, wird von Julius Meier-Graefe bereits 1914 mit dem Mangel an politischem Einfluß gedeutet, dem die ästhetischen Revolutionäre (als Idealisten ohne konkrete Ziele) nicht abzuhelfen wußten. Das ursprünglich vorhandene sozialpolitische Engagement ging zurück. Weder wurden Widerstände gegen die gesellschaftlichen Autoritäten formuliert, noch eine Durchdringung des Lebens mit einer Kultur des Schönen erreicht. Die Ablösung der Politik durch eine Ästhetik der sozialen Tat blieb eine Schimäre. Sowohl die Industrie als auch die Kunst zogen sich vom »sozialen Abenteuer Jugendstil« zurück. Die Materialisierung des Zweckes, so Meier-Graefe, die dem Gewerbe nottäte, werde in der Kunst zum Nonsens. Sobald die erhöhenden Begriffe zur Seite geschoben, die vermittelnden Konventionen, die der Zeichensprache der Kunst zugrunde lägen, außer acht gelassen würden, führe der Gehorsam vor dem gültigen Gesetz ins Leere.[451] Der Jugendstil und die Ästhetisierung des Lebens würden zur Masche, die keiner Realitätsanforderung standhält. Die Industrie kehrt zu den billigeren Designern und Designs zurück, zur Zweckform ihrer eigenen technischen Rationalität. Die Emanzipation des Kleinbürgertums und der Massenkultur macht der Kulturindustrie wie dem ästhetischen Diktat der Industriellen und ihrem historischen Klassizismus erneut Platz. Meist war jedoch der prunksüchtige Plüschstil vom Jugendstil gar nicht irritiert, geschweige denn abgelöst worden.[452]

Der »Karfreitagszauber« des ver-rückten Gartens ist bei Wagner wie beim Jugendstil aus dem angstvollen Bewußtsein entwickelt, daß in der realen Gesellschaft die Klingsors nicht scheiterten, sondern reüssierten, die Parsifals nicht Erlösung bewirkten, sondern im Dickicht der Großstädte mit ihrem Maschinenwesen untergingen – was Wagner auf denunziatorische Weise vor allem dem Judentum anlastet. Die Enttäuschung über solchen Weltverlauf wird in der Kunstutopie des ver-rückten Gartens überwunden. »Vegetabilität« beruhigt moderne Nervosität; das künstliche Paradies täuscht vor, daß die Quellen des Sinns sprudeln. Wagners Heilslandschaft ist freilich, wie die meisten anderen Truggebilde der Epoche, kein sich öffnender, sondern ein sich abkapselnder Raum. Die Vision, die Erlösung verheißt, führt ins uterinare Dunkel: bedeutet ein Untertauchen im Fruchtwasser regressiver Denkungsart. Zurück will man zu einer frühen Stufe der menschlichen Entwicklung, zum Paradies. In der Zukunft findet man es nicht. Es lag nahe, daß die Epigonen und Ideologen, als die vorletzten Tage der Menschheit angebrochen waren, die gesellschaftspolitische Abstinenz schöner Seelen zu nutzen vermochten. Keine Verführung, keine Versuchung, keine Ver-Rückung, keine Doppelwertigkeit dann mehr, sondern ein Kahlschlag der Ambivalenz! Aus dem auf solche Weise »bereinigten« Boden machte man ein Exerzierfeld für Weltuntergänge.

Der verrückte Garten der ideologischen Verblendung ist »eindeutig«. Eigenartig jedoch, wie sich inmitten der furchtbaren Erfahrungen des Krieges von 1914 der Topos »Garten« eine Zeitlang weiter erhält, obwohl doch die grausige Realität jede Vorstellung von »Garten« hätte hinwegfegen müssen. So wie in Thomas Manns »Zauberberg« die höchste Höhe der Enthebung, zugleich die weiteste Entfremdung vom »Flachland«, als pathologisches Phänomen zu deuten ist, muß auch diese tiefste Tiefe der Ver-Rückung als Krankheitsphänomen diagnostiziert werden. Man war offensichtlich nicht mehr in der Lage, geblendet von der Vision eines wie auch immer gearteten Paradieses, den Blick auf die wahre Situation zu richten. Mitten in der von Granaten aufgewühlten, in Morast versinkenden Kriegslandschaft, angesichts gegenseitiger blutiger Vernichtung und Zerstörung, eines blinden Enthusiasmus und menschenfeindlichen Zynismus, erscheint der Garten – zwar hoffnungslos pervertiert, aber immer noch bestimmt von der Sehnsucht nach Erlösung: als Ort des Idylls im martialischen Opfergang.

In der autobiographischen Erzählung »Der Wanderer zwischen beiden Welten« zeichnet Walter Flex, der 1917, im Jahr des Erscheinens seines Buches, fiel, das Bild eines ephebenhaften Kriegers von patriotischer Schönheit. »Er war Andacht und Freude. Wie der schlanke, schöne Mensch in dem abgetragenen grauen Rock wie ein Pilger den Berg hinabzog, die lichten Augen ganz voll Glanz und zielsicherer Sehnsucht, war er wie Zarathustra, der von den Höhen kommt, oder der Goethesche Wandrer.«[453] Der Rhapsodie auf den heldischen Jüngling entspricht der Hymnus auf die vom Kriegsgeschehen noch nicht zerstörte Natur, die in Keuschheit die Berührung des Krieges erwartet, so als ob sie dadurch nicht vergewaltigt, sondern befruchtet würde. »Die Sonne badete im tiefsten Blau des vom Nachtgewitter erfrischten Himmels und überspiegelte mit feuchtem Glanze die hellschimmernden Flußwindungen und den fern in stählernem Blau aufblendenden Schild des Sajno-Sees. Das Licht troff durch das vollsaftige Grün der strotzenden Pappeln und Weiden, und über dem wuchernden Gras der weiten Koppeln flimmerte die Luft und zitterte unter dem Atem der erwärmten Erde. Wir warfen die Kleider am Netta-Ufer ab und badeten. Mit dem Strome trieben wir in langen Stößen hinab, schwammen gegen den Strom zurück, daß sich uns das Wasser in frischem Anprall über die Schultern warf, und stürzten uns immer aufs neue von der sonnenheißen Holzbrücke, die gegen die Sohlen brannte, kopfüber in weitem Sprung in den Fluß. Auf dem Rücken trieben wir geruhig stromab und liefen auf dem lauen Sande am Schilfufer zurück. Im buntwuchernden Wiesenkraut ließen wir uns von Sonne und Wind trocknen, und die leisen, zitternden Sonnenwellen rannen gleichmäßig durch Luft und Sand und Menschenleib und durchgluteten alles Lebendige mit trunkener Kraft und erschlaffender Freude... Im Wasser und an den grünen Ufern des Flusses wimmelte es von den hellen Leibern badender Soldaten, die lichten Breiten der Netta schäumten von Wasser, Sonne und ausgelassenem Lachen. Die ewige Schönheit Gottes prangte über dem weiten

Von der Somme. Karikatur im »Wahren Jakob« (1916)

Gottesgarten und leuchtete als Sonne und Schild über dem hellen Bilde des Jünglings...

Über den Lärm und Glanz aller Kämpfe und Siege hin glänzt das Bild dieser Stunde in mir nach als der stärkste Eindruck, den ich mit Seele und Sinnen im Leben empfangen habe.

Aber am Abend des Tages stand derselbe Mensch im grauen Waffenrock neben mir auf dem dunklen Hochstand im Wipfel einer Doppelfichte, von wo tagüber unsre Baumposten das Kampfgelände mit Ferngläsern absuchten, und ließ spielend den roten Mond im hellen Stahl seines breiten Seitengewehrs spiegeln. Seine rechte Hand glitt in leiser Unruhe prüfend an der Schneide entlang, und Auge und Hand freuten sich, wie so oft, an der römischen Form der blanken Waffe. Mit leicht vorgestrecktem Kopfe horchte er nach dem Dunkel der russischen Gräben hinüber, über denen die wachsamen Leuchtkugeln stiegen und sanken. Hinter den schwarzen Holzhütten von Obuchowizna glomm die rote Glut eines Torfbrandes, und schwarzer Ruß flockte in Wolken über den fackelhellen Himmel. Wir sprachen, ins Dunkel der Riesenfichte geschmiegt, von den Kämpfen, denen wir entgegengingen. ›Einen echten und rechten Sturmangriff zu erleben‹, sagte der junge Leutnant neben mir, ›das muß schön sein. Man erlebt vielleicht nur einen. Es muß *doch* schön sein.‹ Und schwieg wieder und blickte auf den breiten Stahl in seinen Händen nieder. Mit einmal legte er mir den Arm um die Schulter und rückte das helle Schwert vor meine Augen: ›Das ist *schön* mein Freund! Ja?‹ Etwas wie Ungeduld und Hunger riß an den Worten, und ich fühlte, wie sein heißes Herz den großen Kämpfen entgegenhoffte. Lange noch stand er so, ohne sich zu rühren, mit leicht geöffneten Lippen im heller werdenden Mondlicht, das über die breite Klinge in seinen hellen Händen floß, und schien auf etwas Fremdartiges, Großes und Feindseliges zu lauschen, das im Dunkel verhohlen war. Wie er so wach und durstig in eine nahe, waffenklirrende Zukunft hineinhorchte, schien er mir wie das lebendig gewordene Bild des jungen Knappen, der in der Nacht vor der Schwertleite ritterliche Wacht vor seinen Waffen hält.«[454]

Auch ein Karfreitagszauber. Materialschlacht als Ostern. Aufgehen im Stahlgewitter. Zerstörung des Gartens im Zeichen des Gartens. Ästhetisierung der Barbarei. Im Nationalsozialismus sollte sie eineinhalb Jahrzehnte später zur Selbstverständlichkeit werden.

Die Tage dämmern oder: Aufstieg und Untergang des neuen Menschen

Der Volksmund sage es, so Theodor Däubler 1916: Wenn einer gehängt werde, so erlebe er im letzten Augenblick sein ganzes Leben nochmals. »Das kann nur Expressionismus sein!« Schnelligkeit, Simultaneität, höchste Anspannung um die Ineinandergehörigkeiten des Geschauten seien Vorbedingung für diesen Stil; er selbst: Ausdruck der Idee. »Eine Vision will in letzter Knappheit im Bezirk verstiegener Vereinfachung kundgeben: das ist Expressionismus in jedem Stil. Farbe ohne Bezeichnung, Zeichnung und kein Erklären, im Rhythmus festgesetztes Hauptwort ohne Attribut: wir erobern unsern Expressionismus!« Alles Erlebte gipfle in einem Geistigen; jedes Geschehen werde Typisches sein. Da die Notwendigkeit, sich zusammenfassend zu äußern, in vielen Köpfen entscheidend einsetze, vehement hervorzucke, entstünde ein Stil. »Er wird allgemein verbindend sein und die Äußerung des Persönlichsten fördern und erleichtern. Unsre Not, so und nicht anders zu tun, ist keineswegs im Sinn einer fatalistischen Notwendigkeit gedacht, sondern im Geiste von: Eines tut not! Folglich Freiheitsbewußtsein. Künstlerisches Behaupten. Die Dinge, die wir schöpfen, sollen ichbegabt sein: nicht für unsern Standpunkt perspektivisch entfaltet, sondern aus sich selbst hervorkristallisiert. Der Mittelpunkt der Welt ist in jedem Ich; sogar im ichberechtigten Werk.«[455]

In Walter Hasenclevers Drama »Der Sohn« (1914), einer fulminanten Auseinandersetzung zwischen den Generationen, einem Stück mit dem Zweck, »die Welt zu verändern«, ruft der Sohn dem Vater entgegen: »Ich will in die Ungeheuerlichkeit der Erde eintreten. Wer weiß, wann ich sterben muß. Ich will, ein Gewitter lang, das Erdenkliche meines Lebens in den Fingern halten – dieses Glück werde ich nicht mehr erlangen. Im größten, ja im erhabensten Blitzesschein will ich über die Grenzen schauen, denn erst, wenn ich die Wirklichkeit ganz erschöpft habe, werden mir alle Wunder des Geistes begegnen. So will ich sein. So will ich atmen. Ein guter Stern wird mich begleiten. Ich werde an keiner Halbheit zugrunde gehn.« Und an anderer Stelle: »Aus zwanzig Jahren, aus zwanzig Särgen steig ich empor, atme den ersten, goldenen Strahl – du hast die Sünde gegen das Leben begangen, der du mich lehrtest, den Wurm zu sehen, wo ich am herrlichsten stand – Zerstäube denn in den Katakomben, du alte Zeit, du modernde Erde! Ich folge dir nicht. In mir lebt ein Wesen, dem stärker als Zweifel Hoffnung geblüht hat.«[456]

Im Vorwort seines Buches »Ein Mensch unserer Zeit« (1929) berichtet Johannes R. Becher: »Wir jungen Menschen von damals: Leben und Wahrheit wollten wir fressen, ausgehungert, unersättlich waren wir. Was hatte uns diese Welt zu bieten, als wir ungebrochen und kühn darauf lossprangen?! Wir trugen in uns das Bild eines vollkommenen Menschen, das zu verwirklichen wir leidenschaftlich entschlossen waren. Der Krieg platzte in unseren Menschheitstraum. Wir fragten: Was sollen wir tun? Wir griffen ins Nichts, wir sahen das Leere, Grauen innen, Grauen außen. Fragezeichen waren wir, glühende, flammende. Wir selbst: mehr als fragwürdig...«[457]

Im letzten Dezennium vor dem Weltkrieg, vor allem ab 1910, gipfelt wilhelminische Kultur im Expressionismus, einer ekstatischen Bewegung, die die Epoche nochmals durchlebt, durchleidet, sich über sie hinaus erhebt, aber dann doch an ihrer übermächtigen Realität zerbricht. Man verläßt die Katakomben abgelebter, vermodernder Traditionen, drängt zum Licht der Hoffnung, der Utopie. Man will nicht dem Erbe erliegen, sondern neues Erbe schaffen; aus dem Zwielicht der Gefühlsverwirrung führt der Weg in den klaren Schein der Sonne, die Kunst heißt. Wandlung, das bedeutet Ablehnung, Zerstörung von Bestehendem; die Fassaden werden abgebrochen. »Die Irritation am Dasein, an einer gott- und geistfernen Zeit, deren Mißklänge als allzu schrill empfunden werden, schafft Sehnsucht, die über sich hinausweist, sich im Gegenentwurf objektiviert. Sie schlägt sich in einer Bild- und Symbolwelt nieder, die zum Bekenntnis herausfordert und, zuletzt, zur Aktion drängt.«[458]

Man wollte nicht mehr Menschen ohne Eigenschaften, sondern Menschen, die die höchsten Eigenschaften verkörperten, deren der Mensch fähig sei: Geist, Seele, Herz, Liebe, Brüderlichkeit, Freiheit. In seinem Roman »Der Mann ohne Eigenschaften« hat Robert Musil die Situation des Zeitalters unter anderem dahin-

Arnold Schönberg: Der rote Blick (1910)

Otto Mueller: Adam und Eva (um 1922)

gehend beschrieben, daß die Verantwortung ihren Schwerpunkt nicht im Menschen, sondern in den Sachzusammenhängen habe. Die Erlebnisse machten sich vom Menschen unabhängig; sie seien aufs Theater gegangen, in die Bücher, in die Berichte der Forschungsstätten und Forschungsreisen, in die Gesinnungs- und Religionsgemeinschaften (die bestimmte Arten des Erlebens auf Kosten der anderen wie in einem sozialen Experimentalversuch ausbildeten). Wer könne noch sagen, daß sein Zorn wirklich *sein* Zorn sei, wo ihm so viele Leute dreinredeten und es besser verstünden als er? »Es ist eine Welt von Eigenschaften ohne Mann entstanden, von Erlebnissen ohne den, der sie erlebt, und es sieht beinahe aus, als ob im Idealfall der Mensch überhaupt nichts mehr privat erleben werde und die freundliche Schwere der persönlichen Verantwortung sich in ein Formelsystem von möglichen Bedeutungen auflösen solle.«[459] Der Expressionist dagegen lebt ganz persönlich. Der Aufbruch der damaligen Jugend erweist sich als ein Aufbruch des Ich und der Ichs.

»Beglänzt von Morgen, wir sind die verheißnen
Erhellten,
Von jungen Messiaskronen das Haupthaar umzackt,
Aus unseren Stirnen springen leuchtende, neue Welten,
Erfüllung und Künftiges, Tage, sturmüberflaggt!«
(Ernst Wilhelm Lotz)[460]

Der neue Mensch schreit auf in Lust und Angst; er protestiert; er liebt. Er ist ursprünglich, sich seiner selbst gewiß. Im Psychodrom quälen sich diejenigen dahin, die dem Kapitalismus und Materialismus verhaftet sind, die das Geist-Prinzip nicht anerkennen. Der neue Mensch fährt hinaus auf die Meere der Ungeduld. Die Öde patriarchalischer Häuser und die Enge gemeiner Alltäglichkeit werden verlassen. »Ich fühl's, ich geh einer glücklichen Erde entgegen, ich will ihr Prophet sein.«
In ekstatischen Programmen, die das künstlerische Tun gleichermaßen initiieren wie resümieren, provozieren wie legitimieren, wird die Aufforderung zum Umdenken verbreitet. Wandlung, Erneuerung, Steigerung: Es geht um ein neues Zeitalter. Positivismus wie Materialismus wird ein geistbezogenes

Thomas Theodor Heine: Titelblatt für »Bühne und Brettl«

Lebensgefühl entgegengesetzt. Kunstwende schließt Weltenwende ein. Der Untertan steht der Wiedergeburt der Gesellschaft, die durch die Vereinigung aller artistischen Mittel und Mächte bewirkt werden soll, zwar im Wege; aber er kann sich wandeln, wenn er die Fesseln seiner Unterdrückung abwirft. Wird der Mensch gut, kann auch die Welt gut werden. Der Aufbruch des Expressionismus will Individuum und Gemeinschaft, Gesinnung und Aktion, Kunst und Leben in revolutionärer Ganzheit zusammenzwingen. Missionarisch ist die dem Expressionismus zugrundeliegende Religiosität, und missionarisch seine Forderung nach der »Thronerhebung des Herzens«.

Unter dem Pseudonym Klabund (»das heißt Wandlung«) trat Alfred Henschke (1891–1928) 1913 erstmals mit dem Lyrikband »Morgenrot! Klabund! Die Tage dämmern!« hervor. Er war ein Gezeichneter, an Lungentuberkulose erkrankt. Als Romantiker war er geistreich und seelentief; er hatte viele Gesichter. Zwanglos wechselte er vom schnoddrigen Zivilisationsliteraten zum fromm-naiven Nacherzähler von Heiligenlegenden und östlichen Gleichnissen, vom glühend-trunkenen Liebesdichter zum Sänger dreister Chansons, und gern stülpte er sich die Maske des fernöstlichen Weisen und Poeten auf, wenn er sich in der realen Welt nicht mehr zurechtfand.[461] Solches Rollenspiel ist überhaupt typisch für die expressionistischen Ekstatiker, die sich auf dem Zauberberg himmlischen Vagantentums einfinden. Ernst, Satire und tiefere Bedeutung stehen neben »heiligen Gefühlen«. Die Kabarettkultur erreicht (etwa mit Ernst von Wolzogens »Überbrettl«) einen Höhepunkt; die moralische Umkehr wird pathetisch verkündet; scharfe Satire (vor allem im »Simplicissimus« und in der »Jugend«) dekuvriert den deutschen Feudalismus und das deutsche Kleinbürgertum; man strebt zu den Urgründen, zum einfachen, natürlichen Leben, und ist von der Hektik der Großstadt fasziniert.

Aber was man auch tat: Im Gegensatz zur Oberflächlichkeit der umgebenden Welt glaubte man sich an den Quellen des Lebens. Über die erste Anthologie expressionistischer junger Dichter, die von Kurt Hiller 1912 herausgebrachte Sammlung »Der Kondor«, eine »radikale Sammlung rigoroser Strophen«, schrieb der Rezensent der »Bayerischen Landeszeitung« am 30. September 1912: »Radikalismus! Daran erkennen wir die neue Generation!... Von dem richtigen Instinkt ausgehend, daß die Lyrik der Gegenwart an den ungeheueren Kämpfen und Problemen der Zeit vorübergehe, daß aus der Lyrik der Gegenwart nicht der Schrei der zerrissenen Seele des 20. Jahrhunderts herauszuhören sei, daß sie nicht der Spiegel der Kultur eines Jahrhunderts sei, das mit der Vervollkommnung der Technik zum Zeitalter der dämonischen Titanen sich entwickelt hat: in dieser richtigen Erkenntnis... bemächtigen sich diese Neuen skrupellos aller jener Stoffe, die uns unsere Zeit als diejenige erleben lassen, die sie ist.«[462] Alles bekomme, heißt es in einem Vortrag Kasimir Edschmids über den dichterischen Expressionismus, Beziehung zur Ewigkeit. Der Kranke ist nicht nur der Krüppel, der leidet; er wird die Krankheit selbst, das Leid der ganzen Kreatur scheint aus seinem Leib und bewirke Mitleid. Ein Haus ist nicht mehr Gegenstand, nicht mehr nur Stein, nur Anblick, nur ein Viereck mit Attributen des Schön- oder Häßlichseins; es steigt darüber hinaus; es wird so lange gesucht in seinem eigentlichen Wesen, bis seine tiefere Form sich ergibt, bis das Haus aufsteht, das befreit ist von dem dumpfen Zwang der falschen Wirklichkeit. Eine Hure ist nicht mehr ein Gegenstand, behängt und bemalt mit den Dekorationen ihres Handwerks; sie wird ohne Parfüme, ohne Farben, ohne Tasche, ohne wiegende Schenkel erscheinen; ihr eigentliches Wesen muß aus ihr herauskommen, daß in der Einfachheit der Form doch alles gesprengt wird von den Lastern, der Liebe, der Gemeinheit und der Tragödie, die ihr Herz und ihr Handwerk ausmachten. Jeder Mensch ist nicht mehr Individuum, gebunden an Pflicht, Moral, Gesellschaft, Familie. Er wird in dieser Kunst nichts als das Erhebendste und Kläglichste: Er wird Mensch. Hier liege das Neue und Unerhörte gegenüber den Epochen vorher.[463]

Ernst Ludwig Kirchner: Holzschnitt für den Entwurf einer »Brücke«-Ausstellung (1912)

Für Georg Lukács freilich, also vom Standpunkt marxistischer Literaturkritik aus, wiederholt der Expressionismus nur die Kultur des Wilhelminismus. Daß die Revolte der expressionistischen Jugend sich weitgehend auf das Schaffen einer »radikal neuen« Kunst richtete, sei ein Zeichen für ihre zentrale ideologische Schwäche: ihren Mangel an Einsicht in die entscheidenden Gebrechen und Schranken der neueren deutschen Literatur. War schon im Naturalismus die Konzentration auf die Probleme der »radikal neuen« Technik eine Verengung, so gelte das jetzt noch weit mehr. Dem Experimentieren habe die gesellschaftspolitische Relevanz gefehlt. Als dürftig erweise sich das Erlebnis des Expressionismus, wenn man nach dem neuen menschlichen Gehalt frage; zur Aufhellung der Wege der deutschen Nation habe die junge Generation nicht viel beigetragen. Beim Expressionismus handelt es sich »nicht so sehr um die großen objektiv gesellschaftlichen Menschheitsprobleme – bei diesen ist Fortsetzung geradezu dichterische Pflicht –, sondern darum, daß jene spezifisch deutsche ideologische Verzerrung der Probleme, die wir für den wilhelminischen Imperialismus wiederholt festgestellt haben, gerade in ihrer Verbogenheit und Schiefheit unkritisch übernommen, nicht ideologisch zurechtgerückt wurde. Diese Korrektur erforderte eine gründliche Revision des gesellschaftlich-menschlichen Gehalts. Der Expressionismus aber übernahm – unbewußt – die seelische Verzerrung aus dem nur formal abgelehnten Erbe und konzentrierte seine Kritik und sein Interesse ausschließlich auf – im Vergleich zu dieser Frage – zweitrangige Probleme des formalen Ausdrucks. Zweitrangig auch in entscheidend künstlerischer Hinsicht; denn die ganze Einstellung der Expressionisten hat zur notwendigen Folge, daß sie geistig-weltanschaulich nicht über die naturalistische Schranke hinausgekommen sind.«[464]
Die expressionistische Generation, die der zwielichtigen Ambivalenz wilhelminischer Kultur entfliehen wollte und Eindeutigkeit, Reinheit, Klarheit erstrebte, blieb der Ambivalenz, vor allem der »Doppelwertigkeit« wie Widersprüchlichkeit von Natur und Kultur, einfachem Leben und großstädtischer Zivilisation, voll ausgeliefert.

Eberhard Roters hat am Beispiel der (Berliner) expressionistischen Malerei dieses Oszillieren zwischen Natürlichkeit und Komplexität aufgezeigt.[465] Die jungen Maler, die 1905 die Künstlergruppe »Brücke« bildeten und die Wahrheit in der Landschaft, der unverbildeten Natur zu finden hofften – in den Moritzburger Seen badeten sie nackt, für den damaligen Sittenkodex eine Ungeheuerlichkeit –, wandten sich in ihren Form- und Farbekstasen gegen die Industriezivilisation und ihre Baalstempel, die Großstädte. Dieses »Zurück zur Natur« bedeutete Katharsis, Akt der Reinigung, wobei auch die künstlerischen Zeugnisse außereuropäischer Naturvölker entdeckt wurden. »Der Umzug in die Weltstadt Berlin läuft jener aus der Sehnsucht nach Ursprünglichkeit erwachsenden Flucht in die Landschaft geradenwegs zuwider. Die Künstler folgen somit einem gegenläufigen Antrieb. Die Begegnung des ›Brücke‹-Expressionismus mit der Großstadt gleicht daher einer aufbrausenden Reaktion, in deren Ergebnis der Expressionismus seine Unschuld verloren hat. Der Stil verbindet sich mit der atmosphärischen Signatur der Stadt, dem Rhythmus, der Motorik, dem Tempo der Exaltation, und als ein wesentliches Merkmal tritt ein Formelement in Erscheinung, das die großstädtische Stilphase von der vorausgehenden, der naturverbundenen, deutlich unterscheidet: die Brechung. Zwar suchen die Künstler weiterhin vielfach ihre Motive in der Natur, aber das Stilmerkmal der Brechung wird nunmehr mit hinübergenommen.«[466]
Viel mehr als bei Max Pechstein, der in Berlin mit seinem ausgeprägten Kunstleben, den vielen Mäzenen und bedeutenden Galerien einen Ort für günstige Verkaufsmöglichkeiten sieht, ist in das Werk von Ernst Ludwig Kirchner die Spannung

Erich Heckel: Badende im Moritzburger Teich (1910)

zwischen den Polen des beruhigenden Idylls und enervierenden Großstadttempos eingegangen. Die Neigung des Malers zu nervöser Überempfindlichkeit, bis zur Neurasthenie und später zur schweren Neurose sich steigernd, verbindet sich mit einer scharfsinnigen und hellsichtigen Geistigkeit. Dies befähigt den Künstler, das Großstadterlebnis in sich aufzunehmen und künstlerisch zu verarbeiten. Seine Straßenbilder, dichtgedrängte Straßenszenen mit der Darstellung von Kokotten und halbseidenen Damen auf dem Edelstrich, verfolgt von Scharen elegant gekleideter Galane, gleichen einem zwielichtigen Straßenballett – aufgebaut aus einem Farbgefüge von ineinandergreifenden Strahlenbündeln spitz ausfahrender Pinselstriche, denen die ekstatische Nervosität ihrer Niederschrift beim Malen deutlich anzusehen ist.[467] Kirchners Berliner Straßenbilder erweisen sich als farbige Strichgewitter, in deren Zuckungen sich extreme psychische Spannungen entladen. Rhythmus, Dynamik und Motorik sind in diesen Bildern nicht nur inhaltlich erfaßt, sondern gehen als Bewegungsimpulse aus dem Stakkato des Malvorgangs in einer Direktheit hervor, die dafür sorgt, daß der im Bild gefangene rasche Bewegungsrhythmus sofort wieder lebendig wird und die motorischen Empfindungen des Betrachters zum inneren Mitmachen anreizen.[468]

Auch Erich Heckels Kunst spiegelt die Erlebnisspannung der Expressionisten – hingezogen sowohl zum natürlich-ursprünglichen als auch großstädtisch-rasanten Leben. Der »Gläserne Tag« aus dem Jahr 1913 zeigt das in visionärer Übersteigerung genossene Naturleben eines Großstädters im 20. Jahrhundert; eine Hymne an das zu Kristall geronnene Bild, ein Bild religiöser Stimmung. Im tiefsten Sinne sentimentalisch, fehlt die Unbefangenheit des selbstverständlichen Sich-eins-Wissens mit der Natur; statt dessen: die romantische Hoffnung auf Umkehr, Rückkehr, eingefangen im transzendierenden Gegenbild. (Die Sehnsucht nach natürlicher Ursprünglichkeit wird ja vom Großstädter gerade aus dem täglichen Erleben des Verlustes von Natur empfunden.)[469]

Erich Nolde, 1902 erstmals nach Berlin gekommen, läßt sich 1909 dort nieder. Mitten in der City malt er seine Bildvisionen vom Leben Christi. »Pfingsten«, 1910 (»Dann ging ich hinunter in die mystischen Tiefen menschlich-göttlichen Seins«), zur Ausstellung der »Berliner Secession« eingereicht, wird dort ausjuriert. Max Liebermann und die Impressionisten, die künstlerischen Revolutionäre der Jahrhundertwende, sind nicht mehr in der Lage, die Revolutionäre der jungen Kunst zu verstehen. Neun Maler, darunter Max Pechstein, Erich Heckel, Ernst Ludwig Kirchner, Otto Mueller, Karl Schmidt-Rottluff und Georg Tappert, schließen sich zur »Neuen Sezession« zusammen. Im »Sturm – Wochenschrift für Kultur und die Künste« (ab 1910) erscheinen Zeichnungen von Oskar Kokoschka, der sich ebenfalls in Berlin niederläßt. Er transportiert seine bildkünstlerische Sensibilität, Sigmund Freuds psychoanalytischem Tiefenblick verwandt, in die wilhelminische Metropolis. Sein Bildnis Herwarth Waldens (1910) zeigt den Herausgeber des »Sturm« als großstädtisch-nervösen Intellektuellen. »Das Licht, das die Gestalt illuminiert, scheint von ihr selbst hervorgebracht zu werden, die Aura einer spirituellen Emanation; grellweiße Lichtblitze umzucken den Körper des Dargestellten gleich einem St.-Elms-Feuer elektrischer Entladungen. Nicht nur das äußere Erscheinungsbild, sondern auch Wesen und Charakter Herwarth Waldens sind in jenem Portrait mit beinahe beängstigender Einfühlsamkeit getroffen.«[470]

Die Großstadt ist auch das zentrale Erlebnis der jungen expressionistischen Dichter. Lichterglanz, Automobillärm, Straßenbahnen, die ersten Erscheinungsformen des Films – die Hektik und Atemlosigkeit des urbanen Lebens – sind Teil einer gleichermaßen sehnsuchtsvoll-beschworenen wie angstvoll-perhorreszierten Metropolis. Künstliches Paradies. Artifizielle Hölle. Rückblickend (1921) hat Paul Hatvani die »Großstadtmelodie« der Epoche charakterisiert: »Du gehst durch die Straßen: was kann da nicht alles geschehen! Abenteuer lauern, Autos bedrohen deinen Leib, Dirnen deine Seele. Es schwankt dein Gleichgewicht; du sitzest im Café, die Geliebte erwartend; links drüben zeigt ein Mädchen graue Seidenstrumpfbeine, während hinter dir zwei Gauner ein Geschäft abschließen. Es heult dir ein Kinoplakat seine Wunder entgegen; mit unfehlbarer Eleganz will dir ein idealer Einbrecher die Souveränität der weltmännischen Gebärden beweisen. In die Bar, in die Wunder-Bar, trittst du mit bangem Herzklopfen: So traten früher fromme Pilger in den Glasfensterraum ihres Heiligtums. Man zelebriert dir einen Cocktail; der Klavierspieler trampelt anmutig die Sentiments seiner Musik dir in die Seele. Nun ist wieder stählern Alltag; das Rad dreht sich; dem Dasein blickst du ins Antlitz; du bist ein Atom des Rekords, den die Zeit aufgestellt hat, um über die Welt hinwegzukommen.«[471] Das klingt wie ein Kommentar zu den vielen expressionistischen Gedichten, die das Bild der Stadt zeichnen. Dort wachsen die Dämonen riesengroß.[472]

Den »Gott der Stadt« besingt ein Gedicht von Georg Heym (1887 geboren, 1912 beim Eislaufen auf der Havel zusammen mit einem Freund ertrunken):

»Auf einem Häuserblocke sitzt er breit.
Die Winde lagern schwarz um seine Stirn.
Er schaut voll Wut, wo fern in Einsamkeit
Die letzten Häuser in das Land verirrn.

Vom Abend glänzt der rote Bauch dem Baal,
Die großen Städte knieen um ihn her.
Der Kirchenglocken ungeheure Zahl
Wogt auf zu ihm aus schwarzer Türme Meer.

Wie Korybanten-Tanz dröhnt die Musik
Der Millionen durch die Straßen laut.
Der Schlote Rauch, die Wolken der Fabrik
Ziehn auf zu ihm, wie Duft von Weihrauch blaut.

Das Wetter schwält in seinen Augenbrauen.
Der dunkle Abend wird in Nacht betäubt.
Die Stürme flattern, die wie Geier schauen
Von seinem Haupthaar, das im Zorne sträubt.

Er streckt ins Dunkel seine Fleischerfaust.
Er schüttelt sie. Ein Meer von Feuer jagt
Durch eine Straße. Und der Glutqualm braust
Und frißt sie auf, bis spät der Morgen tagt.«[473]

Der wirkliche, der wahre, der neue Mensch erscheint beim Expressionismus als Abstraktum. Selbst der Arbeiter, immer wieder rhapsodisch gepriesen, ist ganz aus den gesellschaftlich-ökonomischen Bindungen gelöst; er ist lediglich Metapher für die im Rahmen der dominierenden »Kunstreligion« beschworene allgemeine Menschlichkeit. »Sei Menschenbruder! Sei Mensch! Sei Herz! Arbeiter.« (Karl Otten)[474]

Das messianische Pathos sieht Erlösung eben nicht in gesellschaftlicher Veränderung, sondern in der inneren Verwandlung *des* Menschen. Die Künstler der neuen Bewegung negieren weitgehend das Realitätsprinzip der industriellen Massengesellschaft. Sie sind nicht mehr den Ideen, Nöten und persönlichen Tragödien bürgerlichen und kapitalistischen Denkens unterworfen. Ihnen entfaltet das Gefühl sich maßlos. Sie sehen nicht, sie schauen, sie photographieren nicht, sie haben Gesichte. Statt der Rakete schaffen sie dauernde Erregung, statt dem Moment die Wirkung in die Zeit; sie wollen das Erlebnis, das anhält. Gegen das Atomische, Verstückte entwickeln sie ein großes umspannendes Weltgefühl; in ihm steht die Erde, das Dasein als eine große Vision. Sie sehen das Göttliche in den Fabriken. (Kasimir Edschmid)[475]

Man erhofft den neuen Menschen; aber der Lebenshunger trifft auf Armut, die Geborgenheitssehnsucht auf Nervosität. Alpträume wechseln mit äquilibristischer Heiterkeit. Der humanitäre Aufbruch endet in der Menschheitsdämmerung

Arnold Böcklin: Krieg (1896)

Erich Heckel: Strand von Osterholz (1913)

Ludwig Meidner: Wannsee-Bahnhof (1913)

Wassily Kandinsky: Wohnzimmer in der Ainmillerstraße. München (1909/10)

Ernst Ludwig Kirchner: Friedrichstraße, Berlin (1914)

Oskar Kokoschka: Herwarth Walden (1910)

Ernst Ludwig Kirchner: Kämpfe (1915)

Emil Nolde: Pfingsten (1909)

Wassily Kandinsky: Improvisation »Klamm« (1914)

Alfred Kubin: Alltagsmusik (um 1900)

Max Beckmann: Die Granate (1915)

Franz Marc: Rote Rehe II (1912)

August Macke: Seiltänzer (1914)

Weltkriegslandschaft (1916)

Westfront bei Arras (1916)

Ernst Ludwig Kirchner: Selbstbildnis als Soldat (1915)

Die Abenddämmerung zog auf, aber Nacht schien es nicht zu werden. Der schöne strahlende Mensch, das war für Franz Werfel: ein Korso auf besonnten Plätzen, ein Sommerfest mit Frauen und Bazaren:

»... Ich will mich auf den Rasen niedersetzen
Und mit der Erde in den Abend fahren.
O Erde, Abend, Glück, o auf der Welt sein!!«[476]

Die Textur expressionistischen Fühlens, Sinnens, Trachtens, Denkens, Dichtens ist durchwoben von Liebe; irdischer und überirdischer Eros gehen ineinander über; selbst die sinnlichste Körperhaftigkeit strebt einem Metaphysischen zu. »...Du bist ganz aus Gold –/ alle Lippen halten den Atem an.« (Else Lasker-Schüler)[477]
Die der Epoche eigene, mit ihren »Verschleierungen« vor allem den Voyeur aufreizende Sinnlichkeit wird sublimiert; sie verliert dabei ihre verführerischen Zwischentöne; der Dauerton humanitärer Begeisterung schließt das Zwielichtige aus; die Oh-Mensch-Gesinnung umarmt jeden und alle. »Bist du Neger, Akrobat, oder ruhst du noch im Mutterhut, / klingt dein Märchenlied über den Hof, lenkst du dein Floß im Abendschein, / bist du Soldat, oder Aviatiker voll Ausdauer und Mut« – der Dichter (hier Franz Werfel) hat den einzigen Wunsch: »Dir, o Mensch verwandt zu sein.« Alle Schicksale habe er selber durchgemacht; er wisse um das Gefühl von einsamen Harfenistinnen in Kurkapellen, um das Gefühl von schüchternen Gouvernanten im fremden Familienkreis, von Debütanten, die sich zitternd vor den Souffleurkasten stellen; er lebte im Walde, hatte ein Bahnhofsamt, saß gebeugt über Kassabücher, bediente ungeduldige Gäste; als Heizer stand er vor Kesseln, als Kuli aß er Abfall und Küchenreste.

»... So gehör ich dir und Allen!
Wolle mir, bitte, nicht widerstehn!
O, könnte es einmal geschehn,
Daß wir uns, Bruder, in die Arme fallen!«[478]

Die manieristische Partitur, aus der die Aufforderung zur Wandlung, Erhebung, zum Fortschreiten erklingt, ist voller Zukunftserwartung und Zukunftshoffnung; aber auch historisch, ja historistisch, was ihre strukturellen Merkmale betrifft: Die Versatzstücke idealistischer Tradition werden durch aufjubelnde Kompositionstechnik zusammenmontiert. Die Dichtung geht dem Show-Effekt keineswegs aus dem Wege, so wie auch die Malerei die Demimonde liebt. Zwei Portraits aus der Galerie des Expressionismus, gezeichnet von Wolfgang Koeppen, können den historischen Futurismus, umgepolten Wilhelminismus, ambivalenten Dandyismus, radikalen Idealismus, ekstatischen Utopismus, verwegenen Pessimismus rollenbeschlagener Verwandlungskünstler personifizieren:
»Else Lasker-Schüler (1869–1945) erkannte als Tochter eines Fabrikanten in Wuppertal, der vielleicht Webstühle besaß und seine Weber schlecht bezahlte, oder als Kind eines Rabbiners, dem der Tempel leer blieb, oder eines Bankiers, der kein Geld hatte, daß der liebe Gott gestorben war, da weinte sie und schrieb ein schönes böses Theaterstück über ihre Stadt, die damals noch Elberfeld hieß, und über den Fluß, die Wupper, der die Stadt durchzog, verschmutzt und laugenscharf und träumend in Indanthrenfarben. Sie heiratete einen Arzt, dessen Name Schüler ihr blieb, entdeckte Berlin in östlichen Parks zwischen den Mietskasernen, frierend auf Bänken mit Peter Hille, dem schreibenden Vagabunden in der Nachfolge Christi, ging einen neuen Ehebund ein mit Herwarth Walden, der in Berlin in der Potsdamer Straße, dicht beim Potsdamer Platz den ›Sturm‹ herausgab, der bis zum Kurfürstendamm blies und weit in die deutsche Provinz, wo er Gymnasiasten die Klassenmützen vom Kopf riß. Else Lasker-Schüler eilte ins Café des Westens, das Café Größenwahn an der Ecke Kurfürstendamm/ Joachimsthaler Straße. Dort taf sie den Doktor Gottfried Benn. Aber Benn kam ›nie mit dem Abend‹. Sie ›saß im Sternenmantel‹. Saß noch in vielen Kaffeehäusern, floh von Café zu Café, blieb die Tasse Kaffee schuldig in Zürich, doch gab sie viel zu hohe Trinkgelder in der Vertreibung, aus Schüchternheit, blieb der Prinz von Theben und fand ein Grab in Jerusalem, das nicht ihr Jerusalem war. Die Wupper hatte sich schließlich bis Zion durchgefressen.
Gottfried Benn (1886–1956) als Soldat und brav, Exzögling der Kaiser Wilhelm-Akademie für das Militärärztliche Bildungswesen, im ersten Krieg in der Etappe in Brüssel am Mikroskop wie der Scharfschütze draußen im Graben am Zielfernrohr, die Gonokokke im Schußfeld, kasinofähig die Frisur wie der weiße Stehkragen, gedrillt und steif, aus einer Uniform sprießend oder schon die Uniform selbst, ließ er sich photographieren, so wollte er scheinen im Moment dieser Aufnahme, nahm eine Drohhaltung ein und versicherte sich gegen die Boheme, die Anarchie, die ihn antrieb und anzog, die er fürchtete, die ihn für einen der ihren halten wollte und den größten Dichter unter sich, der in die Morgue gegangen war, die Leichen aufzuschneiden, noch bevor der Krieg so viele Leichen brachte, daß sie gewöhnlich wurden, Benn mit schlechtem Gewissen, Benn aus dem Pfarrhaus unter den vatermordenden Jünglingen, von Gehirnen angezogen, ihrer Kälte, auf Fleisch aus, seine Wärme, wenn es sich bräunte oder verweste, hinter all den Klassikern nach Ithaka schiffend in weißen Blättern, der Mann der Blutverteilung, zartester Empfindungen, gefaßt in der ›klar und heiter

Wassily Kandinsky: Lyrisches (1911)

nach Staatsbenzin‹ riechenden Luft des wissenschaftlichen Zeitalters, dem auch nicht gegeben war, den Tod zu überwinden ›Schließlich in einer Laube unter dem Zwerchfell fand man ein Nest von jungen Ratten.‹«[479]

Neben der »Wasserleichen-Lyrik« eines Benn, der sich mehr im Leichenschauhaus als auf dem Parnaß aufhielt, steht die »Liebe zur Geometrie«, neben expressionistischem »Elementarismus« das Gebilde des Konstruktivismus. In den Zirkus der nackten Menschen, der sprechenden Tiere führt Frank Wedekind (»Das wahre Tier, das wilde, schöne Tier / das – meine Damen! – seh'n Sie nur bei mir!«[480]). Wassily Kandinsky, der aus dem Atelier des renaissancehaft residierenden Malerfürsten Franz Stuck kommt, entwirft farbensprühende Abstraktionen. Arnold Schönbergs Spätromantik läutert sich zur Gehirnaktion. Paul Klees Kunst läßt Spiel und Mathematik ineinander aufgehen. Für alle erweist sich »Wollust der Form« als ein gemeinsamer Nenner. Der neue Mensch entzieht sich der »Wollust des Leibes«. Der neue Mensch entsteigt dunstigem Sensualismus; azurne Sphären locken.

Kandinskys Fortschreiten ins künstlerisch Unbekannte ließ sehr verschiedenartige Räume hinter sich. Er kam aus Rußland, hatte Jura und Nationalökonomie studiert; als Kind sprach er viel deutsch, seine Großmutter mütterlicherseits war eine Baltin; sie erzählte ihm deutsche Märchen. Bei einem Besuch in Rothenburg ob der Tauber erschien ihm die Stadt wie die wundervolle Erfüllung eines Kindheitstraumes. Dankbar erinnert er sich der »weißsteinigen«, »goldhäuptigen« Gestalt der »Mutter Moskau«, der Ritterwelt der Kinderspiele. Moskau als ständige Glücksverheißung sei seine »malerische Stimmgabel« geblieben, meinte er. Kandinsky, so Werner Haftmann, sei zu allem Anfang Russe gewesen; daher auch seine Freiheit, mit der er sich vom Sichtbaren fortbewegte. Mit einunddreißig Jahren, 1897, traf er mit seiner Frau in München, Kunstdorado und Märchenstadt, ein; sein Leben erfahre eine Wiedergeburt; allerdings schrieb er auch nach Petersburg, daß die Stadt als Jugendstilzentrale ein Dornröschenreich bilde, »wo alles schläft«. Zunächst fiel er in die Hände des Akademismus: »Als ich Anatomie an der Malschule studieren mußte (woran ich keineswegs Geschmack fand, um so mehr, als der Unterricht des Anatomieprofessors schlecht war), sagte mir mein Lehrer Anton Azbe: ›Sie müssen die Anatomie kennen, doch vor der Staffelei müssen Sie sie vergessen.‹«[481] Beim zweiten Lehrer, Franz von Stuck, galt es, die Brokatwelt historistischer und symbolistischer Phantasmagorien zu durchschreiten. Kunstgewerbliche Entwürfe interessierten ihn durchaus; freilich hatte er in Moskau angesichts einer 1891 gemalten Heuhaufen-Impression von Monet schon die vage Empfindung gehabt, der Gegenstand sei bei der Malerei eigentlich entbehrlich. In Kandinskys Rückblick auf die Jahre 1901 bis 1913 (1913 erschienen, zu einer Zeit verfaßt, da der Maler sich von der gegenständlichen Abbildung löste und zum Gesetzgeber eines neuen Kunstprinzips wurde) wird diese Begegnung mit dem »Heuhaufen« als wichtige erlebnismäßige Vorstufe auf dem Weg zur abstrakten Malerei aufgeführt; ferner habe Wagners »Lohengrin« ihm ein nachhaltiges synästhetisches Erlebnis vermittelt: »Ich sah alle meine Farben, sie standen mir vor Augen. Wilde, fast tolle Linien zeichneten sich vor mir... Ganz klar wurde mir aber, daß die Kunst im allgemeinen viel machtvoller ist, als sie mir vorkam, daß andererseits die Malerei ebensolche Kräfte, wie sie die Musik besitzt, entwickeln könne.« Und schließlich habe ihn die Nachricht vom Zerfallen des Atoms glauben gemacht, daß die Wissenschaft an ihrem Ende angekommen war: »Alles wurde unsicher, wackelig und weich.«[482]

Für Kandinsky ist das Malen ein donnernder Zusammenstoß verschiedener Welten, die in und aus dem Kampfe miteinander die neue Welt zu schaffen bestimmt sind. Jedes Werk entsteht technisch so, wie der Kosmos entstand: durch Katastrophen, die aus dem chaotischen Gebrüll der Instrumente zum Schluß eine Symphonie bilden, die Sphärenmusik heißt. Werkschöpfung sei Weltschöpfung. Tiefe Naturverbundenheit bestimmte dabei sein Schaffen. Bezeichnend, daß die große künstlerische Wende, der große Aufbruch durchs Voralpenland geprägt war; 1908 kam er mit Gabriele Münter, seiner Verlobten, mit der er fünf Jahre Europa durchquert hatte, nach Murnau. Naivität und Spiritualität verbanden sich miteinander; nicht um ein Abbild des Lebens ging es ihm – das Leben sollte in seinem Wesenskerne erfaßt werden.

»Eine Vertikale, die sich einer Horizontalen verbindet, erzeugt einen fast dramatischen Klang. Die Berührung des spitzen Winkels eines Dreiecks mit einem Kreis hat in der Tat nicht weniger Wirkung als die des Finger Gottes mit dem Finger Adams bei Michelangelo. Und wenn die Finger nicht Anatomie oder Physiologie sind, sondern mehr, nämlich malerische Mittel, sind Kreis und Dreieck nicht Geometrie, sondern mehr: malerische Mittel. Zuweilen spricht die Stille sogar stärker als das Laute, und die Stummheit bekommt eine klare Beredsamkeit. Die abstrakte Malerei kann natürlich außer den sogenannten sehr strengen, geometrischen Formen von einer unbegrenzten Zahl sogenannter freier Formen Gebrauch machen und neben den primären Farben eine unbegrenzte Menge unerschöpflicher Abtönungen verwenden, – jedesmal im Einklang mit dem Ziel des gegebenen Bildes. Was den Grund betrifft, weshalb sich diese scheinbar neue Fähigkeit bei den Menschen zu entwickeln beginnt, würde uns hier zu weit führen. Es genügt hier zu sagen, daß sie mit der scheinbar neuen Fähigkeit verbunden ist, die es dem Menschen erlaubt, unter der Oberfläche der Natur sein Wesen, seinen ›Inhalt‹ zu spüren. Mit der Zeit wird man schlagend beweisen, daß die ›abstrakte‹ Kunst nicht die Verbindung mit der Natur ausschließt, sondern daß im Gegenteil diese Verbindung größer und intensiver ist als je in jüngster Zeit.«[483]

Arnold Schönbergs Musik, meinte Kandinsky in seiner 1910 fertiggestellten Schrift »Über das Geistige in der Kunst«, führe uns in ein neues Reich ein, wo die musikalischen Erlebnisse keine akustischen, sondern rein seelische seien; hier beginne die Zukunftsmusik. »Wandlung« bestimmte Arnold Schönbergs Leben und Werk. Seine erste Schaffensperiode steht noch im Zeichen wilhelminischer Spätromantik: »Verklärte Nacht« zum Beispiel (1899), folgt Richard Dehmels gleichnamigem Gedicht aus dem Zyklus »Weib und Welt« (1896), das geprägt ist durch schwülstige Metaphorik und hochstilisierte hehre Psychotopographie. Text und Musik erweisen sich als Pendant zu dem in der bildenden Kunst vorherrschenden mythischen wie mystischen Monumentalismus.

»Zwei Menschen gehn durch kahlen, kalten Hain;
der Mond läuft mit, sie schaun hinein.
Der Mond läuft über hohe Eichen;
kein Wölkchen trübt das Himmelslicht,
in das die schwarzen Zacken reichen.
Die Stimme eines Weibes spricht:

Ich trag ein Kind, und nit von Dir,
ich geh in Sünde neben Dir.
Ich hab mich schwer an mir vergangen.
Ich glaubte nicht mehr an ein Glück
und hatte doch ein schwer Verlangen
nach Lebensinhalt, nach Mutterglück
und Pflicht, da hab ich mich erfrecht,
da ließ ich schaudernd mein Geschlecht
von einem fremden Mann umfangen,
und hab mich noch dafür gesegnet.
Nun hat das Leben sich gerächt:
Nun bin ich Dir, o Dir, begegnet.

Sie geht mit ungelenkem Schritt.
Sie schaut empor; der Mond läuft mit.
Ihr dunkler Blick ertrinkt in Licht.
Die Stimme eines Mannes spricht:

Das Kind, das du empfangen hast,
sei deiner Seele keine Last,
o sieh, wie klar das Weltall schimmert!
Es ist ein Glanz um alles her;
du treibst mit mir auf kaltem Meer,
doch eine eigne Wärme flimmert
von dir in mich, von mir in dich.
Die wird das fremde Kind verklären,
du wirst es mir von mir gebären;
du hast den Glanz in mich gebracht,
du hast mich selbst zum Kind gemacht.

Er faßt sie um die starken Hüften.
Ihr Atem küßt sich in den Lüften.
Zwei Menschen gehn durch hohe, helle Nacht.«[484]

Bald darauf wendet sich Schönberg von der abgegriffenen Tonalität ab, dadurch Skandale bei seinen Uraufführungen provozierend. »Alles, was damals von Schönberg kommt, steht im Zeichen der Befreiung. Doch sie wird dem konservativen Grundgefühl mühsam abgerungen, wie unter höherem Befehl. Denn dieser scheinbare Aufrührer ist nach bewegter Jugend auf dem Weg zu strenger Gläubigkeit. Sein Unterricht bezeugt es so klar wie die 1911 beendete Harmonielehre, nach Thomas Manns Formel von 1943, die ›seltsamste Mischung von Traditionsfrömmigkeit und Revolution‹.«[485] Schönbergs Schaffen – vom Sinnlichen ins Geistige aufsteigend, als »Läuterung der Erbsünde von der musikalischen Sinnlichkeit« (Hubert Stuppner) – kulminiert in der Erfindung des Zwölftonsystems. Diese Rebellion gegen die gefühlsorientierte Lehre vom Kontrapunkt (Melodie, Rhythmus, Harmonie, Dreiklang) trifft den Kern einer affirmativen Kultur, die den Geist als Widersacher der Seele und Funktionalismus als Zerstörung ästhetischer Erbauungsräume begreift.
Schönberg und seine Schüler (Anton von Webern, Alban Berg) verkehren den Zeitgeist und entrücken ihn in die Bereiche kompositorischer Geometrie. In der Zwölftontechnik, wie sie vor allem von Schönberg entwickelt und praktiziert wurde, ist die Negation des Gefühls vollkommen. Die zwölf Halbtöne werden in einer für jede Komposition neu erfundenen Aufeinanderfolge geordnet. Die so entstandene Reihe (aus etwa einer halben Milliarde von Möglichkeiten) kann auch in der Umkehrung (Krebs) und im »Krebs der Umkehrung« verwendet werden. Alle Töne einer Reihe müssen erklungen sein, ehe sie mit dem ersten Ton wieder beginnen kann. Der Ablauf kann jedoch rhythmisch verändert, übereinandergeschichtet und gleichzeitig gebracht sowie in alle elf übrigen Lagen transponiert werden. »Gebunden durch selbst bereiteten Ordnungszwang, also frei.« (Thomas Mann)

Solche Suche nach einer sozusagen wissenschaftlichen Ordnung des Kunstwerks hat man, da sie in Bereiche vorstieß, die, als Domäne des Gefühls, vom herrschenden Geschmack im Sinne machtgeschützter Innerlichkeit aggressiv verteidigt wurden, als »faustischen Forschermut« bezeichnet. Der technische Konstruktivismus führte jedoch bei Kandinsky wie auch bei Schönberg zu einer neuen Romantik, zu einer »Phantasiewelt der Vernunft«, elitär abgehoben vom »Geschmack der Massen«. Bei Schönberg, so hat es Theodor W. Adorno formuliert, sei alles auf die sich in sich selber zurücknehmende einsame Subjektivität gestellt: gläsernes Niemandsland, in dessen kristallisch-lebensloser Luft sich das gleichsam transzendentale Subjekt, befreit von den Verstrickungen des Empirischen, auf imaginärer Ebene wieder finde. Von Schönberg, so Michel Leiris, seien der Rhythmus und die Massen des Klangs zerrissen worden. Unbarmherzig habe er die Kulissen des Klanguniversums entblößt, die Kehrseite der Dinge zum Vorschein gebracht, nicht einmal das unscheinbarste Versatzstück, ja nicht einmal das Skelett einer Dekoration bestehen lassen. Seine Musik: die reinste Isolation. »Eine derart ›skandalöse‹ Aufspaltung des Tongefüges, die es einer Einheit nur erlaubt, sich kraft dann ganz anderer Bezüge zu bilden als den gängig geduldeten, scheint auf dem musikalischen Gebiet ohne Beispiel und ließe sich in anderen Künsten nur etwa mit der poetischen Revolution vergleichen, die Arthur Rimbaud durch seine ›Illuminations‹ bewirkte. Exakter aber wohl noch mit den späteren Umwälzungen einerseits durch Mallarmé... und andererseits durch Picasso, insofern beide zu ihren bestürzenden Rekonstruktionen zum ersten Mal kaltblütig das Kaleidoskop der Erfindung in schwindelndes Kreisen versetzten.«[486]

Paul Klee beginnt 1900 sein Kunststudium bei Franz von Stuck; Wassily Kandinsky lernt er aber erst 1911 kennen; ein Satz aus dessen Schrift »Über das Geistige in der Kunst« (1910) antizipiert und resümiert gewissermaßen Klees Werk: »Es wird sich vielleicht zum Schlusse unserer jetzt dämmernden Periode wieder eine neue Ornamentik entwickeln, die aber kaum aus geometrischen Formen bestehen wird.«[487] Klee nämlich, in seinen theoretischen Überlegungen von Linie, Richtung, geometrischen Formen, Perspektiven, Funktion, Zeit, Bewegung sprechend, versetzt das Prinzip des Geometrisch-Geistigen in die Gärten seiner unerschöpflichen Phantasie; läßt den Geist wieder spielen, und dieser Geist ist nicht das subjektive Ich, sondern ein Es, das, »linienbewußt«, aber oft ziellos, sich auf den Weg macht. Kunst gebe nicht das Sichtbare wieder, sondern mache sichtbar. 1912 beteiligt er sich an der zweiten Ausstellung der von Kandinsky, Franz Marc und Au-

Paul Klee: Selbstzeichnung zu einem Holzschnitt (1909)

gust Macke initiierten Künstlervereinigung »Blauer Reiter«. Klees Suche nach den »Konstruktionsgesetzen« der Kunst bewegt sich in Mäandern. In seiner Kunst verbindet sich Aleatorik mit Kalkül; zentral die Einsicht, daß allem Werden Bewegung zugrunde liege. Es geht ihm darum, das Wesen der Dinge und ihre treibende Kraft von innen her zu erkunden. Das Rein-Geistige in der Kunst wird bei Klee durch ein kinetisches Weltbild abgelöst: »Bewegtes Funktionieren.« Bevor das Werk *ist, wird* das Werk, genau wie die Welt, bevor sie nach dem Wort »am Anfang schuf Gott« *geworden* ist und es weiter *wird,* bevor sie in Zukunft *ist* (sein wird).[488] Am Beginn des Jahres 1915 schreibt Klee in sein Tagebuch: »Heute ist der gestrig-heutige Überhang. In der großen Formgrube liegen Trümmer, an denen man noch teilweise hängt. Sie liefern den Stoff zur Abstraktion. Ein Bruchfeld von unechten Elementen zur Bildung unreiner Kristalle. So ist es heute… Ich habe diesen Krieg in mir längst gehabt. Daher geht er mich innerlich nichts an. Um mich aus meinen Trümmern herauszuarbeiten, mußte ich fliegen. Und ich flog. In jener zertrümmerten Welt weile ich nur noch in der Erinnerung, wie man zuweilen zurückdenkt. Somit bin ich ›abstrakt mit Erinnerungen‹.«[489]

Ein dunkler Text, der vom Übergang des Subjekts aus der Vergangenheit in die Zukunft handelt. »Schreiten entführt / alles ins Reine, alles ins Allgemeine. / Schreiten ist mehr als Lauf und Gang, / der sternenden Sphäre Hinauf und Entlang«, heißt es bei Franz Werfel[490]; in Klees Tagebucheintrag ist der ekstatische Optimismus ernüchtert: Den Krieg habe er längst in sich gefühlt. Die Formgrube der Tradition: ein Bruchfeld unechter Elemente, nur geeignet zur Bildung unreiner Kristalle. Dem expressionistischen Aufruf zur Wandlung begegnet Klee mit hintersinniger »Spielhaltung«. Werfel winkt programmatisch zu den Sternen hinan; Klee fliegt spontan hinweg. Im Rahmen expressionistischer Utopie sind die vergangenen Zeiten wie die gegenwärtige Epoche Phasen der Entelechie, Entwicklungsstufen dem Höheren zu. Für Klee ist die vergangene Welt zertrümmert. Sie bleibt jedoch unvermeidlich im Blick oder in der Erinnerung. Zugleich beginnt er, seine Bilder als reine Inventionen aus abstrakten Formelementen und einfachen Zeichen zu komponieren. »So ist der Text, in dem Klee sich aus der zertrümmerten Welt wegfliegend vorstellt, eine Allegorie für die künstlerische Weltabkehr, die er seit Jahren angestrebt hatte. Der Text spricht aber auch davon, daß die zertrümmerte Welt durch Erinnerung im künstle-

»Auch eine Bescherung!«
Karikatur im »Wahren Jakob« (1914)

rischen Bewußtsein gegenwärtig bleibt. Diese Ambivalenz zwischen Abkehr und Erinnerung bezeichnet Klee als Abstraktion. Er erklärt sie als eine Haltung, die dem Übergang aus der Vergangenheit in die Zukunft angemessen ist. Durch Erinnerung bewahrt die subjektive künstlerische Abstraktion Erfahrung und damit objektiven Gehalt. Diese Erfahrung ist allerdings eine negative kritische, wie die Metapher der Trümmer besagt.« (O.K. Werckmeister)[491]

Der Fliegende kann auch abstürzen; solche Gefahr sah Klee, seit 1916 als Pionier zu einer Fliegerersatzabteilung eingezogen, vor allem im Krieg beim Flugzeugabsturz immer wieder vor sich – allerdings mehr als Beobachter fungierend, vom Unheil und Unglück detachiert. In Klees Kriegstagebuch heißt es unter dem 2. Januar 1918: »Diese Woche hatten wir drei Tote, einer vom Propeller derschlagen, zwei derhuzten sich in der Luft! Ein vierter sauste gestern mit Krach, Splitter-Riß und Schurf auf das Dach der Werft. Zu tief geflogen, an einer Telegrafenstange hängengeblieben, auf dem Werftdach einmal aufgehupft, überpurzelt und verkehrt liegengeblieben wie ein Trümmerhaufen.«[492] Die Stelle enthält alle Schlüsselworte der Tagebuchnotiz von 1915: Fliegen, Bruch, Trümmer. »Klee muß die abgestürzten Kriegsflieger mit historischer Ironie als das Gegenbild zu dem freien Flug gesehen haben, mit dem er früher den Triumph der künstlerischen Subjektivität allegorisiert hatte. Damit wird das Kriegserlebnis selbst zur Allegorie des Gegensatzes zwischen Krieg und künstlerischer Arbeit, zwischen Wirklichkeit und Abstraktion.«[493] Die künstlerische Abstraktion siegte (auch wenn das Bewegungsgleichgewicht seiner Kunst manchmal sehr labil ist). Am 27. Oktober 1918 notierte Klee: »Ich sitze ja warm und sicher und kenne im Innern keinen Krieg.«[494]

Spannweite des Expressionismus: Himmelsstürmer, denen die Sterne das nächste Ziel waren. Äquilibristen, die querdachten und in die beobachtende Gelassenheit abhoben. Und dann die vielen, die von der »schwarzen Vision« heimgesucht wurden. Mit ihr, dieser Weltendzeitstimmung, die den Zerfall von Struktur und Existenz, Wesen und Sinn, Leib und Seele, Sprache und Geist, Bindung und Ordnung, Form und Tradition, Gesellschaft und Staat beschwört, geht die Geschichte des deutschen Geistes in der Wilhelminischen Epoche zu Ende. Die Leistung des Optimismus, die den Expressionismus auszeichnet, hat ihr Pendant in aufwühlender, oft genug selbstzerstörerischer Trauerarbeit. Zwei Jahre vor dem Ausbruch des Ersten Weltkrieges schrieb Jakob von Hoddis (eigentlich Hans Davidsohn, geboren 1887, seit 1912 an Schizophrenie erkrankt, von den Nationalsozialisten 1942 deportiert und ermordet) sein Gedicht »Weltende«:

»Dem Bürger fliegt vom spitzen Kopf der Hut,
In allen Lüften hallt es wie Geschrei.
Dachdecker stürzen ab und gehn entzwei,
Und an den Küsten – liest man – steigt die Flut.

Der Sturm ist da, die wilden Meere hupfen
An Land, um dicke Dämme zu zerdrücken.
Die meisten Menschen haben einen Schnupfen.
Die Eisenbahnen fallen von den Brücken.«[495]

Johannes R. Becher berichtet, wie dieses Gedicht die Jugend 1912 erregte: »Diese zwei Strophen, o diese acht Zeilen schienen uns in andere Menschen verwandelt zu haben, uns emporgehoben zu haben aus einer Welt stumpfer Bürgerlichkeit, die wir verachteten und von der wir nicht wußten, wie wir sie verlassen sollten. Diese acht Zeilen entführten uns. Immer neue Schönheiten entdeckten wir in diesen acht Zeilen, wir sangen sie, wir summten sie, wir murmelten sie, wir pfiffen sie vor uns hin, wir gingen mit diesen acht Zeilen auf den Lippen in die Kirchen, und wir saßen, sie vor uns hinflüsternd, mit ihnen

Ernst Barlach: Massengrab (1915)

Conrad Felixmüller: Soldat im Irrenhaus (1918)

beim Radrennen. Wir riefen sie uns gegenseitig über die Straße hinweg zu wie Losungen, wir saßen mit diesen acht Zeilen beieinander, frierend und hungernd, und sprachen sie gegenseitig vor uns hin, und Hunger und Kälte waren nicht mehr. Was war geschehen? Wir kannten das Wort damals nicht: Verwandlung... Wir fühlten uns wie neue Menschen...«[496]

Für Georg Trakl (geboren 1887) mündeten alle Straßen »in schwarzer Verwesung«. Nach Ausbruch des Krieges wurde der Dichter, zu einer Sanitätseinheit eingezogen, nach Galizien verbracht, wo er, angesichts der Furchtbarkeit des Krieges von geistiger Umnachtung bedroht, ins Lazarett nach Krakau eingeliefert wurde; er starb im ersten Kriegsjahr durch Selbstmord.

»Am Abend tönen die herbstlichen Wälder
Von tödlichen Waffen, die goldnen Ebenen
Und blauen Seen, darüber die Sonne
Düstrer hinrollt; umfängt die Nacht
Sterbende Krieger, die wilde Klage
Ihrer zerbrochenen Münder.
Doch stille sammelt im Weidengrund
Rotes Gewölk, darin ein zürnender Gott wohnt,
Das vergoßne Blut sich, mondne Kühle;
Alle Straßen münden in schwarze Verwesung.
Unter goldnem Gezweig der Nacht und Sternen
Es schwankt der Schwester Schatten durch den
schweigenden Hain,
Zu grüßen die Geister der Helden die blutenden Häupter;
Und leise tönen im Rohr die dunkeln Flöten des Herbstes.
O stolzere Trauer! ihr ehernen Altäre
Sie heiße Flamme des Geistes nährt heute ein gewaltiger
Schmerz,
Die ungebornen Enkel.«[497]

Unsere Krankheit sei, schrieb Georg Heym (1887–1912) in seinem Tagebuch, am Ende eines Welttages zu leben, in einem Abend, der so stickig ward, daß man den Dunst seiner Fäulnis kaum noch ertragen konne. Heyms Generation mußte den Umschwung der düsteren Ahnungen in die grauenhafte Wirklichkeit noch erleben. Mit dem Jahre 1914 wurde wahr, was viele fürchteten, aber auch als »Befreiung« mißverstanden – wie Heym selbst: »Geschehe doch einmal etwas... dieser Frieden ist so faul, ölig und schmierig wie eine Leimpolitur auf

Franz Marc: Liegender Stier (1911)

alten Möbeln.«[498] Das taedium vitae schlug um in das Delirium des Kampfes.

»Menschheitswerdung« und »Menschheitsdämmerung« sind die beiden Pole, zwischen denen die Dichter dieser aufgewühlten Zeit sich hin- und hergerissen fühlen. »Ich habe den neuen Menschen gesehen.« »Unsere Stimmung konnte die Wüste wecken – der Mensch ertaubte vor ihr« – sind beides für den Expressionismus bezeichnende Worte Georg Kaisers.[499]

Franz Marc meldete sich 1914 als Kriegsfreiwilliger; verblendet glaubte er, daß der Krieg »den Stall des Augias«, das alte Europa, reinigen werde. Idealismus in seiner tiefsten Erniedrigung? Sehnsucht nach dem Tod als vollkommener Läuterung und Übergang zum ersehnten reinen Sein? Tumbe Torheit, welche die Zeichen furchtbarer Wirklichkeit nicht erkennt und einem verlorengegangenen Paradies nachträumt? Die »Selbstreinigung«, die die Künstler mit der Abstraktion betreiben wollten, sollte der Krieg im weltgeschichtlichen Maßstab bewerkstelligen. Eine solche Wahnidee gehörte zur tragischen Hypothek des Expressionismus; ungewollt gab sich dessen Idealismus zur Rechtfertigung und Überhöhung eines Abenteuers her, dessen wahre Triebkräfte Machtpolitik und Nationalismus waren. Auch eine so sanfte, franziskanische Erscheinung wie Marc fieberte dem Krieg als großer Läuterung entgegen, die Europa von allem »Ichtum« und Materialismus, für ihn Grundübel, befreien und zu einer Epoche des reinen Geistes hinüberleiten sollte.[500]

Franz Marcs Kunst griff auf die Welthaltung der Romantik zurück. Wie sich die Natur in den Augen eines Tieres spiegle – erschien ihm als die geheimnisvollste künstlerische Idee. Einen solchen Satz hätte Novalis schreiben können. Wenn Marc das Tier als Kunstfigur zelebriert, so tut er dies im Sinne der Kleistschen Marionette: um mit Hilfe kreatürlicher Unschuld, fern von menschlicher Perversion, »von hinten« in das verlorene Paradies wieder einzutreten. Die animalische Perspektive seiner Kunst ist Flucht vor dem Menschen und seiner Realität; sie erfaßt eine mystische Welt, erweist sich als rückwärtsgewandte Utopie. Die politischen und wirtschaftlichen Verhältnisse interessierten ihn wenig. In einem Brief aus dem Feld vom 12. April 1915 heißt es: »Ich denke viel über meine eigene Kunst nach. Der Instinkt hat mich im großen und ganzen auch bisher nicht schlecht geleitet, wenn die Werke auch unrein waren; vor allem der Instinkt, der mich von dem Lebensgefühl

Franz Marc: Die Versöhnung (1916)

für den Menschen zu dem Gefühl für das Animalische, den ›reinen Tieren‹ wegleitete. Der unfromme Mensch, der mich umgab (vor allem der männliche), erregte meine wahren Gefühle nicht, während das unberührte Lebensgefühl des Tieres alles Gute in mir erklingen ließ. Und vom Tier weg leitete mich ein Instinkt zum Abstrakten, das mich noch mehr erregte; zum zweiten Gesicht, das ganz indisch-unzeitlich ist und in dem das Lebensgefühl ganz rein klingt. Ich empfand schon sehr früh den Menschen als ›häßlich‹; das Tier schien mir schöner, reiner; aber auch an ihm entdeckte ich so viel gefühlwidriges und häßliches, so daß meine Darstellungen instinktiv, aus einem inneren Zwang, immer schematischer, abstrakter wurden. Bäume, Blumen, Erde, alles zeigte mir mit jedem Jahr mehr häßliche, gefühlswidrige Seiten, bis mir erst jetzt plötzlich die Häßlichkeit der Natur, ihre Unreinheit voll zum Bewußtsein kam. Vielleicht hat unser europäisches Auge die Welt vergiftet und entstellt; deswegen träume ich ja von einem neuen Europa...«[501]

In Frankreich, einem Land, das er im Frieden oft besucht hatte und in dem ihn, wie er 1903 an seinen Bruder schrieb, die Lust zu leben ergriff, ist Franz Marc am 4. März 1916 vor Verdun gefallen.

Der Kulturweltbürger, schrieb Sigmund Freud in »Zeitgemäßes über Krieg und Tod« (1915), stehe ratlos da in der ihm fremd gewordenen Welt. »Sein großes Vaterland zerfallen, die gemeinsamen Besitztümer verwüstet, die Mitbürger entzweit und erniedrigt.« Der Krieg setze sich über alle Einschränkungen hinweg, zu denen man sich in friedlichen Zeiten verpflichtet, die man das Völkerrecht genannt habe; er werfe nieder, was ihm im Wege stehe, in blinder Wut, als solle es keine Zukunft und keinen Frieden unter den Menschen nach ihm geben. »Er zerreißt alle Bande der Gemeinschaft unter den miteinander ringenden Völkern und droht eine Erbitterung zu hinterlassen, welche eine Wiederanknüpfung derselben für lange Zeit unmöglich machen wird.«[502]

In Europa waren die Lichter ausgegangen. Nacht und Verlassenheit brachen herein; die Herzen erschauerten. Die Epoche war gescheitert.

In unserer kulturellen Erinnerung lebt sie – leidend und groß, vieldeutig, fragwürdig – weiter.

Zeittafel

1859 Wilhelm II. wird geboren. Tod von Fürst Metternich, des antiliberalen österreichischen Staatsmannes. Italienischer Befreiungskrieg (führende Rolle: Giuseppe Garibaldi); Österreich verliert die Lombardei im Kampf gegen Frankreich und Italien. Gründung des Deutschen Nationalvereins, der einen deutschen Staat unter preußischer Führung anstrebt. Es sterben die Dichterin Bettina von Arnim, Schwester Brentanos, und der Philologe Wilhelm Grimm. Leopold von Ranke beginnt mit der Veröffentlichung seiner »Englischen Geschichte«, Gustav Freytag mit der Veröffentlichung seiner »Bilder aus deutscher Vergangenheit«. In England erscheint Charles Darwins »Über die Entstehung der Arten durch natürliche Zuchtwahl«. Johannes Brahms: Klavierkonzert d-Moll. Grundsteinlegung für ein neues Berliner Börsengebäude.

1860 In den USA wird der Republikaner Abraham Lincoln, Gegner der Sklaverei, Präsident. Von Jacob Burckhardt erscheint »Die Kultur der Renaissance in Italien«. Ausgrabungen in Pompeji und Herkulaneum. Erstes deutsches Turnfest in Coburg. Der Industrielle Alfred Krupp stellt Geschützrohre aus Gußstahl her. Jean Auguste Dominique Ingres malt das »Türkische Frauenbad«, Hans Thoma: »Schwarzwaldbach«. Es sterben Ernst Moritz Arndt, Arthur Schopenhauer. Erste Durchquerung Australiens von Süden nach Norden. Rotations-Schnellpresse ermöglicht hohe Zeitungsauflagen.

1861 Reihenhäuser der Industriestaaten: England, Frankreich, USA, Deutschland. Mißerfolg von Richard Wagners »Tannhäuser« in Paris. Der Rechts- und Kulturhistoriker Johann Jakob Bachofen, Bahnbrecher psychologisch-mythologischer Forschung in den Bereichen Völkerkunde und Vorgeschichte, veröffentlicht »Das Mutterrecht«; Ignaz Philipp Semmelweis seine Hauptschrift über das Kindbettfieber. Es stirbt Graf Camillo Cavour, der Minister des Königreiches Sardinien, Vorkämpfer für die nationale Einheit Italiens. Der Arzt Rudolf Virchow gründet die liberale Deutsche Fortschrittspartei in Preußen. Ausbruch des nordamerikanischen Bürgerkrieges. Aufhebung der Leibeigenschaft in Rußland (45 Millionen Bauern betreffend).

1862 Es sterben Johann Nestroy und Ludwig Uhland; geboren werden Gerhart Hauptmann, Arthur Schnitzler. Bismarck wird preußischer Ministerpräsident und Außenminister. Anselm Feuerbach malt »Iphigenie« (1. Fassung), von Theodor Fontane erscheinen die »Wanderungen durch die Mark Brandenburg«, von Iwan Turgenjew, dem ersten russischen Dichter mit Weltruf, der Roman »Väter und Söhne«. Giuseppe Verdi komponiert die Oper »Die Macht des Schicksals«. Gründung der Nähmaschinenfabrik Adam Opel in Rüsselsheim. Atlantiküberquerung: 8 Tage, 2 Stunden.

1863 Ferdinand Lassalle gründet den Allgemeinen deutschen Arbeiterverein in Leipzig mit dem Ziel des allgemeinen direkten Wahlrechts. Ernst Haeckel popularisiert die Erkenntnis, daß der Mensch vom Affen abstamme. U-Bahn in London eröffnet. Edouard Manet malt das »Frühstück im Freien«. Es sterben Jacob Grimm, Friedrich Hebbel, Eugène Delacroix; geboren werden Richard Dehmel und Werner Sombart, Henry Ford, William Randolph Hearst (später in den USA Gründer des größten Zeitungskonzerns der Welt).

1864 Georg Büchmann veröffentlicht »Geflügelte Worte – Zitatenschatz des deutschen Volkes«. Gründung der Schreber-Gärten-Vereine in Leipzig. Jacques Offenbach: »Die schöne Helena«; Anton Bruckner: 1. Symphonie c-Moll. Krieg Preußens und Österreichs gegen Dänemark und Schleswig-Holstein; Dänemark verliert. Erste Internationale in London durch Karl Marx gegründet; Lassalle stirbt im Duell. Ludwig II. wird König von Bayern. Päpstliche Enzyklika gegen Pantheismus, Naturalismus, Rationalismus, Liberalismus als die »hauptsächlichsten Irrtümer der Zeit«. Genfer Konvention über humane Behandlung verwundeter und kranker Kriegsgefangener (durch Henri Dunant veranlaßt). Es werden geboren Frank Wedekind, Ricarda Huch, Hermann Stehr, Max Weber. Erster Schlafwagen in den USA, von George Mortimer Pullman entwickelt.

1865 Streik der Leipziger Buchdrucker. Erstmalige Ersteigung des Matterhorns. Pferdestraßenbahn in Berlin; Gründung der Badischen Anilin- u. Sodafabrik (später I.G. Farben). Jährliche Roheisen-Welterzeugung 10 Millionen Tonnen. In den USA wird nach Ende des Sezessionskrieges die Sklaverei aufgehoben. Wilhelm Busch: »Max und Moritz«, Adalbert Stifter: »Witiko«, Wilhelm Raabe: »Die schwarze Galeere«; Manet: »Olympia«. G.J. Mendel entwickelt seine Vererbungslehre, die zunächst völlig unbeachtet bleibt.

1866 Erfolgreicher Krieg Preußens (verbündet mit Italien) gegen Österreich und den Deutschen Bund (veranlaßt von Bismarck); Schlacht bei Königgrätz. Jacques Offenbach: »Pariser Leben«; Bruckner: Messe Nr.2 in c-Moll. Fjodor Dostojewskij: »Schuld und Sühne« (Roman). Es werden geboren Romain Rolland, Wassily Kandinsky. Inbetriebnahme des Nordatlantik-Kabels.

1867 Karl Marx veröffentlicht in London das erste Buch des »Kapitals«. Weltausstellung in Paris. Eröffnung der Brennerbahn. Alfred Nobel entwickelt Dynamit, Werner von Siemens begründet mit dem »dynamo-elektrischen Prinzip« die Elektrotechnik. Bismarck wird erster Bundeskanzler des Norddeutschen Bundes, der 22 Staaten nördlich des Mains umfaßt. In Preußen spaltet sich die Konservative Partei. Kaiser Franz Joseph I. wird König von Ungarn (österreichisch-ungarische Doppel-Monarchie). Johann Strauß: »An der schönen blauen Donau« (Walzer). Es stirbt Charles Baudelaire; geboren werden Walther Rathenau, Ludwig Thoma, Max Dauthendey, Hedwig Courths-Mahler, Käthe Kollwitz, Emil Nolde. »Peer Gynt« von Henrik Ibsen; »Thérèse Raquin« von Émile Zola. Reclams Universal-Bibliothek mit Goethes »Faust I« eröffnet. Entwicklung der Schreibmaschine.

1868 Es sterben Ludwig I., König von Bayern, Förderer der Künste und Wissenschaft; Adalbert Stifter (durch Freitod); geboren werden Stefan George, Paul Claudel, Maxim Gorki. Wilhelm Raabe veröffentlicht den Roman »Abu Telfan«, Dostojewskij »Der Idiot«. Hans Makart malt »Die Pest von Venedig«; Brahms komponiert »Ein deutsches Requiem«, Wagner »Die Meistersinger von Nürnberg«. Beginn der deutschen Gewerkschaftsbewegung mit dem Allgemeinen Deutschen Arbeiterschaftsverband, dem die sozialdemokratisch-marxistisch orientierten Gewerkvereine entgegenstehen; daneben ein unternehmerfreundlicher Verband der Deutschen Gewerkvereine, gegründet von Max Hirsch und Franz Duncker.

1869 Richard Wagner: »Rheingold«. Erstes Fließband im Schlachthof von Chikago. Feuerbach malt »Orpheus und Eurydike«. In Eisenach wird die Sozialdemokratische Arbeiterpartei durch August Bebel und Wilhelm Liebknecht (mit Anschluß an die marxistisch orientierte Erste Internationale) gegründet. Eisenbahnbau durch die USA von Ost nach West. Fahrrad mit Hinterrad (Kettenantrieb). Vollendung des 1859 begonnenen Suez-Kanals. Jules Verne: »20000 Meilen unter dem Meere«. Geboren wird Mahatma Gandhi, der spätere Führer der indischen Selbständigkeitsbewegung.

1870 Streit zwischen Frankreich und Preußen um die spanische Thronfolge: Bismarck löst durch Kürzung der »Emser Depesche« die französische Kriegserklärung aus; in der Schlacht bei Sedan wird Napoleon III. gefangengenommen. Die süddeutschen Länder schließen sich an den Norddeutschen Bund an. Raabe veröffentlicht den Roman »Der Schüdderump«, Ludwig Anzengruber das Schauspiel »Der Pfarrer von Kirchfeld«, Wilhelm von Kügelgen »Jugenderinnerungen eines alten Mannes«. »Die Walküre« von Wagner, der Cosima von Bülow (die Tochter Franz Liszts) heiratet. Heinrich Schliemann gräbt neun Schichten des antiken Trojas aus. Heinrich von Stephan führt die Postkarte ein. Telegraphenverbindung von London nach Kalkutta eingerichtet. Die Krinoline verschwindet aus der Frauenmode. Energieaufwand in England 4 Mill. PS, in Deutschland 2,5 Mill. PS. Gründung der Deutschen Bank, und in den USA der Standard Oil Company durch John D. Rockefeller. Es sterben Charles Dickens und Alexandre Dumas (Vater); geboren werden Wladimir Iljitsch Lenin, Rosa Luxemburg, Alfred Adler und Hans Baluschek (der spätere Großstadtmaler). Der Wiener Chirurg Theodor Billroth vollzieht die erste Kehlkopf-Exstirpation.

1871 Deutsche Armeen erobern Paris; aufgrund des nachfolgenden Friedensschlusses kommt Elsaß-Lothringen als Reichsland zu Deutschland; Frankreich muß 5 Milliarden Franc Kriegsentschädigung bezahlen; Wilhelm I. von Preußen wird in Versailles zum deutschen Kaiser ausgerufen; Bismarck erster Reichskanzler des neugegründeten (Zweiten) Deutschen Reiches. Geboren werden Friedrich Ebert, Karl Liebknecht, Grigori Rasputin, Heinrich Mann, Christian Morgenstern, Paul Valéry, Lyonel Feininger; es stirbt Moritz von Schwind. Feuerbach malt die 2. Fassung der »Iphigenie«, Paul Cézanne »Stilleben«. Mit seinen Gedichten »Heroldsrufe« tritt Emanuel Geibel für das preußische Kaisertum ein. Friedrich Nietzsches »Die Geburt der Tragödie aus dem Geist der Musik« spiegelt die Freundschaft mit Wagner. Ludwig Anzengruber: »Der Meineidbauer«, Dostojewskij: »Die Dämonen«; Verdi: »Aida«; Charles Robert Darwin: »Die Abstammung des Menschen«. Photographische Trockenplatte entwickelt. Henry Morton Stanley findet den verschollenen Forscher David Livingstone in Ostafrika. Fertigstellung des Mont-Cenis-Tunnels (12 km). Einwohnerzahl in Deutschland: 41 Millionen, davon 4,8 % in Großstädten mit über 100000 Menschen (um 1900: 16,2 %).

1872 Bismarck beginnt »Kulturkampf« gegen katholische Kirche mit Ausweisung der Jesuiten. Wilhelm Busch: »Die fromme Helene«, Gottfried Keller: »Sieben Legenden«. David Friedrich Strauß veröffentlicht als Ausdruck einer evolutionistischen Fortschrittsphilosophie »Der alte und der neue Glaube«. Es sterben Ludwig Feuerbach, der atheistische Philosoph; Julius Schnorr von Carolsfeld, deutscher Maler der Romantik (Nazarener); Franz Grillparzer. Arnold Böcklin malt »Selbstbildnis mit Tod«. Ernst Haeckel: »Biogenetisches Grundgesetz«. In den USA Speisewagen von Pullman.

1873 Böcklin: »Der Kentaurenkampf«, Anselm Feuerbach: »Das Gastmahl des Plato«; Hans von Marées: Fresken in der zoologischen Station Neapel. Von Grillparzer erscheinen posthum die Dramen »Die Jüdin von Toledo« und »Ein Bruderzwist in Habsburg«. Drei-Kaiser-Bündnis (Deutschland, Österreich und Rußland) in Berlin geschlossen. Napoleon III., ehemaliger Kaiser von Frankreich, stirbt in England. Nietzsche: »Unzeitgemäße Betrachtungen«, Michael Alexandrowitsch Bakunin: »Staat und Anarchie«. Geboren werden Max Reinhardt, Olaf Gulbransson, Max Reger. Es stirbt der Chemiker Justus von Liebig. Weltausstellung in Wien. Weltwirtschaftskrise beendet die Konjunktur der »Gründerjahre«.

1874 Anton Bruckner: 4. Symphonie Es-Dur, Johann Strauß: »Die Fledermaus«, Richard Wagner: »Götterdämmerung«. Französische »Impressionisten« stellen erstmalig gemeinsam aus. Böcklin malt »Triton und Nereide«. Sprunghafte Abnahme der Pockentodesfälle aufgrund eines Impfgesetzes für das Deutsche Reich. Berlin erhält sein erstes städt. Krankenhaus. Obligatorische Zivilehe vor dem Standesamt. Theodor Storm veröffentlicht die Novelle »Pole Poppenspäler«, Émile Zola den Roman »Der Bauch von Paris«, Anzengruber das Schauspiel »Der G'wissenswurm«. Geboren werden Hugo von Hofmannsthal, Arnold Schönberg und Winston Churchill.

1875 Wilhelm Busch: »Herr und Frau Knopp«. Tod Eduard Mörikes. Vereinigung der Lassalleaner und Marxisten zur Sozialistischen Arbeiterpartei Deutschlands in Gotha. Geboren werden Matthias Erzberger, Thomas Mann, Alfred Polgar, Rainer Maria Rilke, Albert Schweitzer. Uraufführung der Oper »Carmen« von Georges Bizet, der im gleichen Jahr stirbt. Große Oper in Paris eröffnet. Adolph von Menzel malt »Das Eisenwalzwerk«, Makart »Die fünf Sinne«. Peter Rosegger: »Die Schriften des Waldschulmeisters«. Turnen in den Berliner Mädchenschulen. Erstes Sechstage-Radrennen in Birmingham.

1876 Eröffnung des Bayreuther Festspielhauses mit der ersten Gesamtaufführung von »Der Ring des Nibelungen« von Richard Wagner. Max Liebermann malt »Holländische Nähstube«, Wilhelm Leibl »Der Jäger«. Geboren werden Paula Modersohn-Becker und Konrad Adenauer. Ferdinand Freiligrath stirbt. Conrad Ferdinand Meyer veröffentlicht den Roman »Jürg Jenatsch«, Felix Dahn »Ein Kampf um Rom«.

1877 Die Sozialdemokraten erhalten bei den deutschen Reichstagswahlen rund ½ Million Stimmen. Gesellschaftskritisches Schauspiel »Die Stützen der Gesellschaft« von Henrik Ibsen. Hermann Hesse wird geboren. Manet: »Nana«. Berliner Ringbahn erbaut. Entdeckung der Mars-»Kanale«.

1878 Nach zwei Attentaten auf den deutschen Kaiser werden auf Initiative Bismarcks die sogenannten Sozialistengesetze (gegen die deutschen Sozialdemokraten), die bis 1890 gelten, verabschiedet. Der Hofprediger Adolf Stoecker gründet die antimarxistische und antisemitische Christlich-soziale Arbeiterpartei. Berliner Kongreß: Bulgarien, Montenegro, Rumänien und Serbien werden unabhängige Staaten. Böcklin malt »Die Gefilde der Seligen«, Liebermann »Kartoffelernte«, Menzel »Das Ballsouper«. Weltausstellung in Paris. Erstes europäisches Krematorium in Gotha. Friedrich Engels: »Anti-Dühring«, Nietzsche: »Menschliches-Allzumenschliches. Ein Buch für freie Geister«. Geboren werden Hans Carossa, Georg Kaiser, Karl Hofer.

1879 Erste elektrische Lokomotive von Werner von Siemens. Geboren werden Albert Einstein, Otto Hahn, Max von Laue. Weltausstellung in Sydney. Erste deutsche Markthalle in Frankfurt. Elektrisches Bogenlicht in der Leipziger Straße, Berlin. Drei Attentate russischer Nihilisten auf den Zaren scheitern. Ibsen: »Nora oder ein Puppenheim«, Gottfried Keller: »Der grüne Heinrich«, Dostojewskij: »Die Brüder Karamasow«, Heinrich von Treitschke schreibt eine antiliberale »Deutsche Geschichte im 19. Jahrhundert«.

1880 Der Kölner Dom (Grundsteinlegung 1248) wird vollendet. Emil Du Bois-Reymond benennt die »Sieben Welträtsel«. Entdeckung der Strepto-, Staphylo- und Pneumokokken durch Louis Pasteur, des Typhuserregers durch Robert Koch. Das Welteisenbahnnetz hat eine Länge von 371 000 km erreicht. Edgar Degas malt »Tänzerin mit Blumenstrauß«, Max Liebermann »Altmännerhaus in Amsterdam«. Bronzeplastik »Der Denker« von Auguste Rodin. Konrad Duden veröffentlicht »Orthographisches Wörterbuch der deutschen Sprache«. Es sterben Gustave Flaubert, Anselm Feuerbach und Jacques Offenbach; es werden geboren Oswald Spengler, Franz Marc.

1881 »Die Toteninsel«, Gemälde von Böcklin; »Gespenster«, Drama von Ibsen. Johanna Spyri: »Heidis Lehr- und Wanderjahre« und andere Schweizer Kindergeschichten; Karl Goedeke: »Grundriß zur Geschichte der deutschen Dichtung«. Der Maler Rudolf Salis gründet erstes Kabarett »Chat noir« in Paris. Erste elektrische Straßenbahn in Berlin. Erstes Ortsfernsprechnetz in Deutschland. Bruckner: 7. Symphonie E-Dur. Posthume Aufführung von Offenbachs »Hoffmanns Erzählungen«. Alexander II., Zar von Rußland, wird ermordet. Judenpogrome in Rußland. Es sterben Thomas Carlyle und Fedor M. Dostojewskij; Stefan Zweig, Max Pechstein, Wilhelm Lehmbruck und Pablo Picasso werden geboren.

1882 Großbritannien besetzt Ägypten; Dreibund zwischen Deutschland, Italien, Österreich. Bühnenweihefestspiel »Parsifal« von Richard Wagner. Berliner Philharmonisches Orchester unter Hans von Bülow gegründet. Manet malt »Pfirsiche«. Robert Koch entdeckt Tuberkelbazillus. Erstes Elektrizitätswerk in New York durch Thomas Edison. Berufsverteilung in Deutschland: Landwirtschaft 40 %, Industrie 37 %, Handel und Verkehr 9,6 %, öffentliche Dienste und freie Berufe 5,1 %. Es werden geboren Jean Giraudoux, der spätere Philosoph Nicolai Hartmann, Georges Braque und Igor Strawinsky.

1883 Es sterben Richard Wagner, Karl Marx, Iwan Turgenjew, Edouard Manet; geboren werden Franz Kafka, Ernst Stadler, Erich Heckel und Benito Mussolini. Pierre Curie entdeckt elektrische Ladung bei Kristallverformung. In Deutschland wird die Krankenversicherungspflicht eingeführt. August Scherl gründet den »Berliner Lokalanzeiger« und legt damit die Grundlage für ein Presseimperium. Explosion der Vulkaninsel Krakatau zwischen Java und Sumatra. Friedrich Nietzsche beginnt seinen »Zarathustra«; von Gottfried Keller erscheinen »Gesammelte Gedichte«; Detlev von Liliencron veröffentlicht die »Adjutantenritte«, Theodor Fontane »Schach von Wuthenow«, Marie von Ebner-Eschenbach »Dorf- und Schloßgeschichten«. In Deutschland gibt es 10 000 Großbetriebe mit insgesamt 1,6 Millionen Beschäftigten. Erster Wolkenkratzer in Chikago. August Bebel: »Die Frau und der Sozialismus«. Die Fabian Society, englische evolutionär-sozialistische Gesellschaft, gegründet (1884 tritt ihr George Bernard Shaw bei).

1884 Beginn der deutschen Kolonialpolitik (Deutsch-Ostafrika, Deutsch-Südwestafrika). Es sterben Hans Makart, Emanuel Geibel, Heinrich Laube, Ludwig Richter. Friedrich Engels: »Der Ursprung der Familie, des Privateigentums und des Staates«. Arnold Toynbee prägt den Begriff der industriellen Revolution. Der seit 1880 in Bau befindliche Arlberg-Tunnel (10 km) wird eröffnet. Henrik Ibsen: »Die Wildente«, Conrad Ferdinand Meyer: Die Hochzeit des Mönchs. Fritz von Uhde malt »Lasset die Kindlein zu mir kommen«, van Gogh »Spinnerin«, Monet »Die Küste von Monaco«. Entdekkung der Erreger von Wundstarrkrampf, Diphtherie, Cholera und Typhus. J. J. Metschnikow entwickelt Phagozyten-Theorie: Weiße Blutkörperchen »fressen« Bakterien. Erste deutsche Universitäts-Zahnklinik in Berlin. Setzmaschine von Ottmar Mergenthaler. Daimler und Maybach entwickeln einen Benzinmotor mit Glührohrzündung und hoher Drehzahl.

1885 Gemälde von Hans von Marées »Das goldene Zeitalter«, von van Gogh »Stilleben mit Kartoffeln«. Schloß Herrenchiemsee für König Ludwig II. von Bayern wird nach siebenjähriger Bauzeit beendet. Emil Zsigmondy (im gleichen Jahr abgestürzt): »Die Gefahren der Alpen«. Zweiter Band des »Kapitals« von Marx (hrsg. von Engels). Zola: »Germinal«, Guy de Maupassant: »Bel ami«. Es sterben Victor Hugo, Carl Spitzweg.

1886 Samuel Fischer gründet einen eigenen Verlag in Berlin, der zum Zentrum zeitgenössischer Literatur wird (u.a. Thomas Mann, Gerhart Hauptmann, Henrik Ibsen). Es sterben Josef Viktor von Scheffel, Leopold von Ranke und Franz Liszt. Schauspiel »Rosmersholm« von Ibsen. Werner von Siemens: »Das naturwissenschaftliche Zeitalter«; Richard von Krafft-Ebing: »Psychopathia sexualis«. Van Gogh malt »Vase mit Gladiole«; es entstehen die Marmorplastiken »Der Kuß« und »Der Gedanke« von Auguste Rodin. Oskar Kokoschka wird geboren. In New Orleans Anfänge des Jazz. Ursprungsrezept für Coca-Cola durch den amerikanischen Apotheker John S. Pemberton. Im Hafen von New York wird die Freiheitsstatue errichtet.

1887 Bachofen gestorben. Nietzsche: »Zur Genealogie der Moral«. Gegründet wird der Evangelische Bund gegen Katholizismus. Marées malt die »Hesperiden« (er stirbt im gleichen Jahr), Max Klinger »Parisurteil«. Schauspiel von Strindberg: »Der Vater«. In einem geheimen Rückversicherungsvertrag vereinbaren Deutschland und Rußland gegenseitige Neutralität. 21000 Beschäftigte in den Kruppwerken; Daimler entwickelt einen vierrädrigen Kraftwagen mit Benzinmotor. Es werden geboren Walter Flex, Ernst Wiechert, Arnold Zweig und Marc Chagall.

1888 Wilhelm I., deutscher Kaiser seit 1871, stirbt; nach 99tägiger Regierungszeit auch sein Nachfolger Friedrich III.; dessen Sohn wird als Wilhelm II. deutscher Kaiser. Roman von Theodor Fontane: »Irrungen, Wirrungen«, Novelle von Theodor Storm: »Der Schimmelreiter«; naturalistische Erzählung »Bahnwärter Thiel« von Gerhart Hauptmann. Europäische Bahnverbindung nach Konstantinopel eingeweiht. Erzeugung und Nachweis elektromagnetischer Wellen durch Heinrich Hertz. Rodin gestaltet das Denkmal »Die Bürger von Calais«, van Gogh malt »Garten in Arles«, »Landschaft mit Zypresse«, »Selbstbildnis«, »Fischerboote am Strand«. Friedrich Nietzsche: »Der Fall Wagner«, »Der Antichrist«.

1889 In Paris wird die »Zweite Internationale« gegründet. Adolf Hitler geboren. Großer Streik im Ruhrgebiet. Pariser Weltausstellung. Otto Lilienthal veröffentlicht das grundlegende Werk »Der Vogelflug als Grundlage der Fliegerkunst«. Van Gogh geht in eine Anstalt für Geisteskranke. Nietzsche: »Ecce Homo« (fällt in geistige Umnachtung). Gerhart Hauptmann: »Vor Sonnenaufgang« (Schauspiel). Arnold Holz und Johannes Schlaf: »Papa Hamlet« (naturalistische Erzählung). In Berlin wird der Theaterverein von Maximilian Harden, den Brüdern Hart und Theodor Wolf gegründet (Beginn mit »Gespenster« von Ibsen und »Vor Sonnenaufgang« von Hauptmann). Die Österreicherin Bertha von Suttner schreibt den pazifistischen Roman »Die Waffen nieder«.

1890 Wilhelm II. entläßt Bismarck; Graf Leo von Caprivi wird Reichskanzler; der deutsche Rückversicherungsvertrag mit Rußland wird aufgekündigt. Die Sozialistische Arbeiterpartei wird unter August Bebel zur Sozialdemokratischen Partei Deutschlands umgebildet. Erste internationale Maifeiern, die Aussperrungen zur Folge haben; Arbeitgeberverbände werden gegründet. Robert Koch erzeugt Tuberkulin, Emil Fischer synthetischen Zucker. Nach 7jähriger Bauzeit wird die Firth of Forth-Brücke eröffnet. Vincent van Gogh begeht Freitod in geistiger Umnachtung. Monets »Heuschober«-Bilder bringen den Impressionismus auf einen Höhepunkt. Es erscheinen von Stefan George »Die Hymnen«, von Knut Hamsun der Roman »Hunger«, von Detlev von Liliencron die Gedichtsammlung »Der Haidegänger«. In Berlin wird die Freie Volksbühne gegründet (Beginn mit Ibsens »Stützen der Gesellschaft«). Geboren werden Kasimir Edschmid und Franz Werfel.

1891 Tondichtung »Tod und Verklärung« von Richard Strauss; die Operette »Der Vogelhändler« von Karl Zeller. Friedrich Engels: »Die Entwicklung des Sozialismus von der Utopie zur Wissenschaft«. Päpstliche Enzyklika »Rerum novarum« zur Arbeiterfrage im Sinne sozialer Reformen. In der Schweiz wird das Internationale Friedensbüro gegründet, in Deutschland der Alldeutsche Verband (als Vorkämpfer für eine imperialistische Politik). Das Erfurter Programm spiegelt die strenge marxistische Ausrichtung der SPD. Die maximale tägliche Arbeitszeit für Fabrikarbeiterinnen über 16 Jahre beträgt in Deutschland 11 Stunden. Schauspiel »Einsame Menschen« von Gerhart Hauptmann, »Frühlings Erwachen« von Frank Wedekind. Oscar Wilde: »Das Bildnis des Dorian Gray«. Der französische Maler Paul Gauguin begibt sich nach Tahiti; Edgar Degas malt »Zwei Tänzerinnen im blauen Rock«; Georges Seurat stirbt.

1892 Münchner Sezession (u.a. von Fritz Uhde und Franz von Stuck) gegründet. Henri van de Velde erweist sich als bedeutender Anreger der neuen Baukunst und des Kunstgewerbes (u.a. als Promotor des »Jugendstils«). Henri de Toulouse-Lautrec malt Szenen aus dem Milieu der »Moulin rouge«. Maximilian Harden gründet die Wochenschrift »Die Zukunft«, in der er für Bismarck und gegen die Hofkamarilla um Wilhelm II., besonders gegen Fürst Eulenburg, polemisiert. Schauspiel »Die Weber« von Gerhart Hauptmann, »Baumeister Solneß« von Ibsen, »Frau Warrens Gewerbe« von Shaw. Von Haeckel erscheint »Der Monismus. Glaubensbekenntnis eines Naturforschers«. Es sterben Walt Whitman und Werner von Siemens.

1893 »Anatol«, Schauspiel von Arthur Schnitzler; »Der Biberpelz«, Lustspiel von Gerhart Hauptmann; »Jugend«, Trauerspiel von Max Halbe. Die von Helene Lange gegründete Zeitschrift »Die Frau« setzt sich u.a. für das Mädchenschulwesen ein. Peter Tschaikowskij stirbt, George Grosz wird geboren. Rudolf Diesel baut den nach ihm benannten Motor; Emil von Behring entwickelt das Diphtherie-Heilserum. Erste internationale Photoausstellung in Hamburg. Erster deutscher Skiklub im Schwarzwald.

1894 Der jüdisch-französische Offizier Alfred Dreyfus wird wegen angeblichen Landesverrats verurteilt und deportiert (1906 rehabilitiert). Japanisch-chinesischer Krieg. Zweibund Rußland-Frankreich. Franz von Stuck malt »Der Krieg«, Gauguin »Paris im Schnee«. Zeichnungen von Aubrey Beardsley zu Oscar Wildes »Salome«. 9. Symphonie d-Moll (unvollendet) von Bruckner, 1. Symphonie G-Dur von Gustav Mahler. Hamsun: »Pan«, Kipling: »Das Dschungelbuch«, Zola: »Die drei Städte«. Der Albert Langen-Verlag wird gegründet. Nach der Theateraufführung der »Weber« in Berlin wird die »Hofloge« gekündigt. Rudolf Steiner: »Die Philosophie der Freiheit. Grundzüge einer modernen Weltanschauung«. Der schwedische Forschungsreisende Sven Hedin begibt sich nach Tibet. Baron de Coubertin begründet Komitee für Olympische Spiele. Von Karl Ludwig Schleich wird die örtliche Betäubung (Lokalanästhesie) entwickelt; Louis Lumière, der mit seinem Bruder die erste Fabrik für photographische Platten gegründet hatte, erfindet Kinematographen.

1895 Es erscheint der letzte (dritte) Band des »Kapitals« von Karl Marx, herausgegeben von Friedrich Engels. Deutschland überholt Großbritannien in der Industrieproduktion. Erste Radierungen (»Weberaufstand«) von Käthe Kollwitz. Edvard Munch: »Geschrei«. Erste Filmvorführung im »Wintergarten«, Berlin. Gustav Mahler: 2. Symphonie c-Moll; symphonische Dichtung »Till Eulenspiegel« von Richard Strauss. »Studien über Hysterie« von Sigmund Freud und J. Breuer. Fontane: »Effi Briest«, Ludwig Ganghofer: »Schloß Hubertus«. Herbert George Wells: »Die Zeitmaschine«, Wedekind: »Erdgeist« (Drama).

1896 Mit »Der Judenstaat« erhebt Theodor Herzl die zionistische Forderung auf die palästinensische Heimat. Friedrich Naumann gründet den Nationalsozialen Verein. Es stirbt Heinrich von Treitschke. In München wird die »Jugend« als Wochenschrift für Kunst, Literatur und Politik und der »Simplicissimus« als politisch-satirische Wochenschrift gegründet. Schiller-Preis, von einer Jury Gerhart Hauptmann zugedacht, wird vom Kaiser an Ernst von Wildenbruch verliehen. Kollektivausstellung Max Liebermanns in Berlin. Tondichtung von Richard Strauss: »Also sprach Zarathustra«, 3. Symphonie d-Moll von Gustav Mahler, Giacomo Puccini: »Die Bohème«. Schnitzler: »Liebelei«. Es sterben Paul Verlaine, Anton Bruckner, Otto Lilienthal, Alfred Nobel (Nobelpreis ab 1901). Baubeginn der Berliner Hoch- und U-Bahn (Eröffnung der ersten Strecke 1902). Erste neuzeitliche Olympische Spiele in Athen; erste alpine Skischule in Österreich. Beginn der Gartenstadtbewegung.

1897 Gründung der Zeitschrift »Deutsche Kunst und Dekoration« in Darmstadt und der »Vereinigten Werkstätten für Kunst und Handwerk« in München. Gedichte von Stefan George (»Das Jahr der Seele«) und von Rainer Maria Rilke (»Traumgekrönt«). Es sterben Jacob Burckhardt und Johannes Brahms.

1898 Wilhelm II. reist nach Palästina. Otto von Bismarck stirbt; seine »Gedanken und Erinnerungen« erscheinen posthum. Mit einem offenen Brief an den französischen Staatspräsidenten (»J'accuse«) greift Zola in die Affäre um Dreyfus ein. China muß Kiautschou an Deutschland verpachten, Spanien verliert Kuba und die Philippinen im Krieg gegen die USA. Erstes Landerziehungsheim durch Hermann Lietz. Leopold Ullstein gründet die »Berliner Morgenpost«. Der Zeichner Th. Th. Heine wird wegen Majestätsbeleidigung im

»Simplicissimus« zu sechs Monaten Gefängnis verurteilt. Max Klinger: »Vom Tode« (Radierungen). Theodor Fontane und Conrad Ferdinand Meyer sterben; geboren werden Bert Brecht und Ernest Hemingway. Schauspiel »Fuhrmann Henschel« von Gerhart Hauptmann.

1899 Mit seinem monistisch-materialistisch ausgerichteten Buch »Die Welträtsel« versucht Ernst Haeckel eine Antwort auf die von Du Bois-Reymond 1880 aufgeworfenen Fragen. Houston Stewart Chamberlain veröffentlicht »Die Grundlagen des 19. Jahrhunderts«, Ganghofer »Das Schweigen im Walde«, Stefan George »Der Teppich des Lebens«, Hugo von Hofmannsthal »Der Tor und der Tod«, Arno Holz »Phantasus«, Rilke »Die Weise von Liebe und Tod des Cornets Christoph Rilke«. Karl Kraus gründet die Wiener kulturkritische Zeitschrift »Die Fackel«, Ludwig Thoma wird Schriftleiter des »Simplicissimus«. Max Eyth verfaßt den autobiographischen Ingenieurroman »Hinter Pflug und Schraubstock«. Ernest Rutherford entdeckt Alpha- und Beta-Strahlen radioaktiver Atome. Drachenversuche der Brüder Wright, die 1903 zum ersten bemannten Motorflugzeug führen. Johann Strauß und Karl Millöcker sterben. Großbritannien führt Krieg gegen die Buren in Südafrika (bis 1902).

1900 Fürst Bernhard von Bülow wird deutscher Reichskanzler. Das 2. deutsche Flottengesetz sieht eine starke Erweiterung der Seestreitkräfte vor. In England wird die Labour Party gegründet. Wilhelm Liebknecht, der Führer der deutschen Sozialdemokratie, stirbt. Der Aufstand des antieuropäischen »Boxer«-Geheimbundes in China wird von den europäischen Großmächten niedergeworfen; zusammen mit Japan und USA oktroyieren sie China »eine Politik der offenen Tür«. Schnitzlers »Reigen« als Privatdruck; die Schwedin Ellen Key veröffentlicht »Das Jahrhundert des Kindes«, Georg Simmel seine »Philosophie des Geldes«, Sigmund Freud »Die Traumdeutung«, Gauguin »Noa-Noa« (Reisebericht aus Tahiti), Theodor Dreiser »Schwester Carrie«, Gerhart Hauptmann »Michael Kramer«, Heinrich Mann »Im Schlaraffenland«, Rainer Maria Rilke »Geschichten vom lieben Gott«, August Strindberg »Nach Damaskus«. Geboren werden Antoine de Saint-Exupéry, Ignazio Silone und die Komponisten Kurt Weill, Ernst Krenek; Tod von Oscar Wilde. Erste Autodroschke in Berlin; elektrische Spielzeugeisenbahnen. Max Planck begründet mit der Formel für die Strahlung schwarzer Körper die Quantentheorie. Erste Zeppelinfahrt. Eröffnung der Wetterstationen auf Schneekoppe und Zugspitze.

1901 Victoria, Königin von Großbritannien, stirbt. Deutsch-britische Bündnisverhandlungen scheitern. Friedensnobelpreis an Henri Dunant. Theodore Roosevelt Präsident der USA. Nihilistische Attentate in Rußland. In Berlin wird die Siegesallee fertiggestellt; Bismarck-Denkmal vor dem Reichstagsgebäude in Berlin. Eröffnung der Kabaretts: »Überbrettl« und »Schall und Rauch« in Berlin, »Die Elf Scharfrichter« in München. Arnold Böcklin stirbt. Gemälde »Der Frühling« von Ferdinand Hodler. Von Josef Olbrich, Mitbegründer der Wiener Sezession und Mitglied der Darmstädter Künstlerkolonie, erscheint der erste Band von »Architektur«. »Blaue Periode« von Pablo Picasso (mit Szenen aus dem Pariser Leben und dem der Gaukler). Karl Fischer gründet den »Wandervogel«; Georg Kerschensteiner schreibt über die »Staatsbürgerliche Erziehung der deutschen Jugend«; Thomas Mann: »Buddenbrooks«, Arthur Schnitzler: »Leutnant Gustl«.

1902 Deutsche Gesellschaft zur Bekämpfung der Geschlechtskrankheiten und Deutsche Gartenstadtgesellschaft gegründet. Peter Rosegger: »Als ich noch ein Waldbauernbub war«, Rilke: »Buch der Bilder«. Literatur-Nobelpreis an Theodor Mommsen. Benedetto Croce veröffentlicht »Philosophie des Geistes«. Gesetz, das Urheberrecht an Werken der Literatur und der Tonkunst betreffend, tritt in Kraft. Gründung des Insel Verlags (den Anton Kippenberg 1905 übernimmt).

1903 Sitzverteilung im Deutschen Reichstag: Zentrum 100 Sitze, Sozialdemokraten 81, Konservative 52, Nationalliberale 50, Deutsche freisinnige Volkspartei 21, Deutsche Reichspartei 20, Polen 16, übrige 60. Auf ihrem zweiten Parteitag in Brüssel und London spalten sich die russischen Sozialisten wegen der von Wladimir Iljitsch Lenin betriebenen zentralistischen Organisation in Bolschewiki (Mehrheit) und Menschewiki (Minderheit). Max Reinhardt inszeniert in Berlin Maxim Gorkis »Nachtasyl« (russische Uraufführung 1902 im Moskauer Künstlertheater). Gerhart Hauptmann: »Rose Bernd«, Hugo von Hofmannsthal: »Das kleine Welttheater«, Thomas Mann: »Tristan«. Gründung der Gesellschaft für drahtlose Telegraphie, des Zentralverbandes der deutschen Konsumgenossenschaften und des Verbandes deutscher Waren- und Kaufhäuser. Es erscheinen von Willy Hellpach »Nervosität und Kultur«, von Otto Weininger »Geschlecht und Charakter«, von W. Fischer »Die Prostitution und ihre Beziehungen zum Verbrechen«, von Wilhelm Bölsche »Das Liebesleben in der Natur« (seit 1898). In Marbach wird das Schiller-Nationalmuseum, in

München (durch Oskar von Miller) das Deutsche Museum von Meisterwerken der Naturwissenschaft und Technik gegründet. Erster Motorflug. Schwebebahn zwischen Elberfeld und Barmen eröffnet; ein Kraftwagen durchquert die USA in 65 Tagen; in Norwegen wird die Skibindung entwickelt. VfB Leipzig erstmals deutscher Fußballmeister.

1904 Herero-Aufstand in Deutsch-Südwestafrika brutal niedergeschlagen. Russisch-japanischer Krieg um Mandschurei und Korea. Puccini: »Madame Butterfly«, Operette »Der Göttergatte« von Franz Lehár. Antisemitische Literaturbetrachtung durch Adolf Bartels »Heimatkunst«. Hugo Gaudig veröffentlicht schulreformerische »Didaktische Ketzereien«, Haeckel »Kunstformen der Natur«, Julius Meier-Graefe »Entwicklungsgeschichte der modernen Kunst«. Maler Franz von Lenbach gestorben.

1905 Deutsche Truppenlandung in Tanger (»Marokkokrise«). Aufgrund einer Revolution in Rußland erläßt der Zar ein »Manifest über die Freiheiten« und gibt dem Land eine konstitutionelle Verfassung. Romane von Hermann Hesse: »Unterm Rad«, »Peter Camenzind«; Heinrich Mann: »Professor Unrat«. Siegfried Jacobsohn gründet linkspolitische theaterkritische Zeitschrift »Die Schaubühne« (später »Die Weltbühne«); Erich Heckel, Ernst Ludwig Kirchner und Karl Schmidt-Rottluff schließen sich zur expressionistischen Künstlervereinigung »Brücke« zusammen. Jacob Burckhardt posthum: »Weltgeschichtliche Betrachtungen«. Albert Einstein entwickelt seine spezielle Relativitätstheorie. In der Geburtshilfe wird der Kaiserschnitt eingeführt. Robert Koch erhält den Medizin-Nobelpreis für seine Tuberkuloseforschung. Gründung der Mitteleuropäischen Schlaf- und Speisewagen AG (Mitropa).

1906 Der Schuhmacher Wilhelm Voigt beschlagnahmt als »Hauptmann von Köpenick« die dortige Stadtkasse. Fürst zu Eulenburg, der enge Vertraute Wilhelms II., muß aufgrund der scharfen Angriffe von Maximilian Harden (u.a. wegen Homosexualität) den Hof verlassen. Einsteins Beziehungsgleichung von Masse und Energie ($E = mc^2$) wird zum Schlüssel der Atomkernforschung. Beginn der Hormon- und Eiweißforschung. Erste internationale Konferenz für Krebsforschung in Heidelberg und Frankfurt. Bau des Hamburger Hauptbahnhofes. Gartenstadt Hellerau bei Dresden. Erster Skikurs in Zürs (Arlberg). Helene Lange und Gertrud Bäumer veröffentlichen »Handbuch der Frauenbewegung«, Rudolf Pannwitz sein pädagogisches Werk: »Kultur, Kraft, Kunst«. Geboren wird Samuel Beckett; es stirbt Henrik Ibsen.

1907 Lenin flieht ins Ausland, Stalin überfällt zugunsten der bolschewistischen Parteikasse einen Geldtransport der russischen Staatsbank in Tiflis. Am Zarenhof gewinnt Rasputin, der »heilige Teufel«, starken Einfluß. Bauernaufstand in Rumänien, soziale Unruhen in Frankreich; allgemeines Wahlrecht in Österreich; Wirtschaftskrise in den USA. Sun Yat-sen verkündet in China Programm für eine demokratische Politik mit sozialer Gesetzgebung. Papst Pius X. wendet sich in einer Enzyklika gegen den »Modernismus« in der Kirche. Ludwig Thoma: »Kleinstadtgeschichten«. Edvard Munch malt Walther Rathenau, Henri Rousseau »Frau mit Schlange«. Daniel Henry Kahnweiler eröffnet Galerie in Paris und fördert insbesondere den Kubismus.

1908 Otto Julius Bierbaum: »Prinz Kuckuck. Das Leben eines Wollüstlings«, Ganghofer: »Waldrausch«, Else Lasker-Schüler: »Die Wupper«, Rilke: »Neue Gedichte«, Schnitzler: »Der Weg ins Freie«. Theodor Lessing schreibt über »Schopenhauer – Wagner – Nietzsche«, Friedrich Meinecke über »Weltbürgertum und Nationalstaat«; Georg Simmel veröffentlicht »Soziologie, Untersuchung über die Formen der Vergesellschaftung« (und leitet damit von einer allgemeinen philosophischen zu einer konkret empirischen Soziologie über). Mit ihren »Zwickauer Thesen« verlangt die sächsische Lehrerschaft Liberalisierung des Religionsunterrichts. In Preußen wird den Frauen das Recht zum akademischen Studium eingeräumt. Die Sozialistische Arbeiterjugend Deutschland wird gegründet. Hodler malt »Auszug der Jenenser Studenten 1813«, Käthe Kollwitz »Bauernkrieg« (sieben Radierungen); Adolf Loos fordert in »Ornament und Verbrechen« Einfachheit der Formen.

1909 Theobald von Bethmann Hollweg deutscher Reichskanzler. Stärkung der britischen Labour Party durch Beitritt der Bergarbeitergewerkschaft. Wilhelm Busch: »Schein und Sein« (Gedichte), Thomas Mann: »Königliche Hoheit«, Heinrich Mann: »Die kleine Stadt«, Strindberg: »Der Sohn der Magd« (autobiograph. Roman). Gründung des Instituts für Kultur- und Universalgeschichte in Leipzig durch Karl Lamprecht. Peter Behrens entwirft AEG-Turbinenfabrik in Berlin. Wassily Kandinsky malt »Landschaft mit Häusern«, Max Liebermann »Selbstbildnis«, Franz Marc »Rehe in der

Dämmerung«, Rousseau »Urwaldstimmung«, Emil Nolde »Abendmahl«. Gustav Krupp von Bohlen und Halbach übernimmt Leitung der Kruppwerke in Essen, Gründung der Maybach-Motorenbau GmbH. Gesetz über Kraftfahrzeugverkehr in Deutschland. Erste Flugwoche in Berlin. Salvarsan als Syphilis-Heilmittel von Paul Ehrlich entwickelt. Der Ärmelkanal wird erstmals überflogen.

1910 Der Nobelpreis für Literatur geht an Paul Heyse. Letzter Band von Karl May: »Winnetou«. Rilke: »Aufzeichnungen des Malte Laurids Brigge«, Sigmund Freud: »Über Psychoanalyse«, Hans Ostwald: »Kultur- und Sittengeschichte Berlins«. In der Möbelkunst wird der ornamentreiche »Jugendstil« zunehmend durch eine neue Sachlichkeit abgelöst. Frauenmode: sehr große Hüte, fußfreie Röcke. Erstes abstraktes Gemälde von Kandinsky. Oskar Kokoschka malt »Frau Loos«. Auguste Forel: »Das Sinnesleben der Insekten«. Anläßlich der 100-Jahr-Feier der Universität Berlin wird die Kaiser-Wilhelm-Gesellschaft zur Förderung der Wissenschaft gegründet.

1911 Gerhart Hauptmann: »Die Ratten«, Georg Heym: »Der ewige Tag« (Sammlung expressionistischer Gedichte), Carl Sternheim: »Die Hose« (gesellschaftskritische Komödie), Hugo von Hofmannsthal: »Der Rosenkavalier« (Operntext für Richard Strauss) und »Jedermann«. Von dem kulturphilosophisch orientierten Literarhistoriker Friedrich Gundolf, dem George-Kreis zugehörend, erscheint »Shakespeare und der deutsche Geist«. Wilhelm II. sendet das deutsche Kanonenboot »Panther« nach Agadir und löst so die zweite Marokkokrise aus. Alfred von Tirpitz wird Großadmiral. Karl Liebknecht wendet sich mit seiner Schrift »Militarismus und Antimilitarismus« gegen den deutschen Imperialismus. Blutige Teuerungsunruhen in Wien. Revolution in China unter Führung Sun Yat-sens. Es stirbt Wilhelm Dilthey, der Begründer einer neuen geisteswissenschaftlichen Hermeneutik. Richard Wagners Autobiographie »Mein Leben« erscheint posthum. Kandinsky: »Komposition«, Paul Klee: »Selbstbildnis«, Marc: »Rote Pferde« und »Attentries«. Plastik »Die Kniende« von Wilhelm Lehmbruck. Erste Ausstellung der Künstlergruppe »Blauer Reiter« in München. Harmonielehre von Arnold Schönberg. »Das Lied von der Erde«, Komposition von Gustav Mahler, der im gleichen Jahr stirbt. Ungarisches Musikdrama »Herzog Blaubarts Burg« von Béla Bartók. Wilhelm Furtwängler beginnt seine Dirigentenlaufbahn an der Oper in Lübeck. Hohe Säuglingssterblichkeit in Deutschland wegen des sehr heißen Sommers.

1912 Der britische Luxusliner »Titanic« (Turbinendampfer, 46000t Wasserverdrängung) sinkt bei dem Versuch, den Geschwindigkeitsrekord für die Atlantiküberquerung zu brechen, nach Zusammenstoß mit einem Eisberg. Eröffnung der U-Bahn in Hamburg. Erster Fallschirmabsprung von einem Flugzeug. In Deutschland leben etwa 30000 Millionäre (als reichste Wilhelm II. und Berta Krupp). In New York Gründung der F.W. Woolworth-Gesellschaft. Erfindung des synthetischen Kautschuks. Programmschrift »Blauer Reiter« des Münchner Kreises expressionistischer Maler mit Franz Marc, Wassily Kandinsky, Lyonel Feininger, Paul Klee, August Macke und dem Komponisten Arnold Schönberg. Die farbige Kalksteinbüste der ägyptischen Königin Nofretete wird nach Berlin gebracht und in zahlreichen Gipsnachbildungen verbreitet. Literatur-Nobelpreis an Gerhart Hauptmann. Ernst Barlach veröffentlicht sein Schauspiel »Der tote Tag«. Es sterben Karl May, August Strindberg, Felix Dahn. Erneuerung des Dreibundes zwischen Deutschland–Österreich–Italien; Scheitern der deutsch-britischen Verhandlungen über Flottenpolitik. Im Deutschen Reichstag sind die Sozialdemokraten mit 110 Sitzen die stärkste Fraktion.

1913 August Bebel stirbt, Friedrich Ebert wird Vorsitzender der SPD. Woodrow Wilson, demokratischer Präsident der USA, verkündet innenpolitisches Programm der »Neuen Freiheit«. Gedichte von Richard Dehmel, Erzählung »Der Heizer« von Franz Kafka, technischer Zukunftsroman »Der Tunnel« von Bernhard Kellermann, »Hebräische Balladen« von Else Lasker-Schüler, Novelle »Der Tod in Venedig« von Thomas Mann. Bertrand Russell und A.N. Whitehead entwickeln mathematische Logik »Principia mathematica«. Albert Schweitzer geht als evangelischer Missionsarzt nach Lambarene (Französisch-Kongo). Es erscheint von Werner Sombart »Der Bourgeois« (eine volkswirtschaftliche Kritik), von Edmund Husserl »Ideen zu einer reinen Phänomenologie und phänomenologischen Philosophie«, von Sigmund Freud »Totem und Tabu« und von Karl Jaspers »Allgemeine Psychopathologie«. Karl Hofer malt »Badende Inderin«, Oskar Kokoschka »Selbstbildnis«, August Macke »Mädchen unter Bäumen«, Kasimir Malewitsch »Weißes Quadrat auf weißem Grund«. »Der Student von Prag« mit Paul Wegener und Werner Krauss erweist sich als Beginn des künstlerischen Films. Niels Bohr nimmt ein planetensystemähnliches Atommodell an und berechnet mit Hilfe des Planckschen Wirkungsquants die Spektralfrequenzen des Wasserstoffatoms. Es stirbt der Ingenieur Rudolf Diesel, der Erfinder des Schwerölmotors. Einführung des Montagebandes in den Automobil-Fabriken von Henry Ford. Jugendfest auf dem Hohen Meißner: Zusammenschluß von 13 Jugendverbänden zur Freideutschen Jugend. In Dornach bei Basel wird das anthroposophische »Goetheanum« gegründet.

1914 Franz Ferdinand, Erzherzog von Österreich, und seine Frau Sophie werden von serbischen Nationalisten beim Besuch in Sarajevo erschossen. Österreich-Ungarn erklärt Serbien den Krieg; Mobilmachung Rußlands; Deutschland erklärt Rußland und Frankreich den Krieg; Deutschland verletzt belgische Neutralität; Belgien und Großbritannien erklären Deutschland den Krieg; es folgen die Kriegserklärungen Österreich-Ungarns an Rußland und Frankreich, Großbritanniens an Österreich-Ungarn sowie Japans an Deutschland. Die Türkei schließt sich nach Kriegsausbruch den »Mittelmächten« (Österreich-Ungarn und Deutschland, später auch Bulgarien) an. Einstimmige Bewilligung der deutschen Kriegskredite im Reichstag; Versagen und Zerfall der Sozialistischen Internationale. Weltkrieg. Ricarda Huch beendet ihre Geschichte des Dreißigjährigen Krieges »Der große Krieg in Deutschland«; Georg Kaiser veröffentlicht das Schauspiel »Die Bürger von Calais«, Thomas Mann die Erzählung »Tonio Kröger«, Walter Hasenclever das Drama »Der Sohn«, Leonhard Frank den Roman »Die Räuberbande«. Marc Chagall-Ausstellung in Berlin; in Paris stellt Marcel Duchamp handelsübliche Gebrauchsgegenstände als Kunst aus; Walter Gropius baut die Fagus-Werke in Alfeld. Oskar Kokoschka malt »Die Windsbraut«, Franz Marc den »Turm der blauen Pferde«. Der Jazz wird in den USA immer populärer. Charlie Chaplin macht seinen ersten Film; Aufschwung der Filmindustrie. Physik-Nobelpreis an Max von Laue für Röntgenstrahlen-Interferenzen an Kristallen. Chemie-Nobelpreis an Theodor William Richards (USA) für genaue Bestimmung von Atomgewichten. Erste Mondkarte nach photographischen Aufnahmen. Dauerflug über 24 Stunden, Flughöhenrekord mit 8150m. Walther Rathenau organisiert Rohstoffabteilung im Kriegsministerium. Eröffnung des Panamakanals. Es sterben Paul Heyse, Christian Morgenstern; es fallen Hermann Löns und August Macke.

Anmerkungen

1 Vgl. Hans Wollschläger: Karl May. Grundriß eines gebrochenen Lebens. Zürich 1976, S. 160f.
2 Ebda., S. 182.
3 Vgl. Arno Schmidt: Sitara und der Weg dorthin. Karlsruhe 1963.
4 Vgl. Kindlers Literatur Lexikon. Band I. Zürich 1965, S. 893.
5 Karl May: Im Reiche des silbernen Löwen. 4. Band. Freiburg o.J., S. 15.
6 Ebda., S. 35f.
7 Volker Klotz: Durch die Wüste und so weiter. In Helmut Schmiedt: Karl May. Materialien. Frankfurt am Main 1983, S. 78f.
8 Ebda., S. 86.
9 Johannes Hohlfeld (Hrsg.): Dokumente der Deutschen Politik und Geschichte von 1848 bis zur Gegenwart. II. Band. Das Zeitalter Wilhelms II. 1890–1918. Berlin und München o.J., S. 114.
10 Professor Kleinberg im 18. Band des Biographischen Jahrbuches, 1913. Zit. bei Ludwig Gurlitt: Gerechtigkeit für Karl May! Radebeul bei Dresden 1919, S. 9ff.
11 Karl May: Winnetou. Erster Band. Köln o.J., S. 77, 83.
12 Ebda., S. 87.
13 Ebda., S. 294ff.
14 Richard Wagner: Der Ring des Nibelungen. Vollständiger Text mit Notentafeln der Leitmotive. Hrsg. von Julius Burghold. München 1980, S. 37, 54.
15 Friedrich Albert Lange: Geschichte des Materialismus und Kritik seiner Bedeutung in der Gegenwart. Iserlohn 1877, S. 456f.
16 Max Weber: Die protestantische Ethik und der Geist des Kapitalismus. Tübingen 1934, S. 198f.
17 Vgl. Herbert Lüthy: Protestantismus und Kapitalismus. Die These Max Webers und die Folgen. In: Merkur Nr. 203/1965, S. 104.
18 Ludwig Gurlitt: Gerechtigkeit für Karl May! Radebeul bei Dresden 1919, S. 86ff., S. 111.
19 Hans Rosenberg: Große Depression und Bismarckzeit. Wirtschaftsablauf, Gesellschaft und Politik in Mitteleuropa. Frankfurt am Main, Berlin, Wien 1976, S. 76.
20 Rembrandt als Erzieher. Von einem Deutschen [Julius Langbehn]. Weimar o.J., S. 41.
21 Ebda., S. 11.
22 Ebda., S. 107.
23 Ebda., S. 115, 117, 127.
24 Ebda., S. 210.
25 Ebda., S. 210.
26 Karl Schwedhelm (Hrsg.). Propheten des Nationalismus. München 1969, S. 264ff.
27 Walther Rathenau: Zur Kritik der Zeit. In: Gesammelte Schriften in 5 Bänden. 1. Band. Berlin 1918, S. 129f.
28 Ebda., S. 139f.
29 Zit. nach Harry Graf Kessler: Walther Rathenau. Sein Leben und sein Werk. Wiesbaden o.J., S. 62f.
30 Zit. ebda., S. 81.
31 Ebda., S. 95ff.
32 Akademie der Künste: Monte Verità. Berg der Wahrheit. Lokale Anthropologie als Beitrag zur Wiederentdeckung einer neuzeitlichen sakralen Topographie. Berlin 1979, S. 5.
33 Janos Frecot: Landkrone über Europa. In: Akademie der Künste, a.a.O., S. 55.
34 Ulrich Linse: Der Rebell und die »Mutter Erde«: Asconas »Heiliger Berg« in der Deutung des anarchistischen Bohemien Erich Mühsam. In: Akademie der Künste, a.a.O., S. 26.
35 Zit. ebda., S. 27.
36 Zit. ebda.
37 Janos Frecot, Johann Friedrich Geist, Diethart Kerbs: Fidus. 1868–1948. Zur ästhetischen Praxis bürgerlicher Fluchtbewegungen. München 1972, S. 58.
38 Zit. ebda., S. 69f.
39 Zit. ebda., S. 70f.
40 Zit. ebda., S. 72.
41 Ebda., S. 52.
42 Ebda., S. 51.
43 Ebda., S. 15.
44 Zit. nach Hermann Giesecke: Vom Wandervogel bis zur Hitlerjugend. Jugendarbeit zwischen Politik und Pädagogik. München 1981, S. 22.
45 Zit. ebda., S. 22.
46 Hans Breuer (Hrsg.): Der Zupfgeigenhansl. Leipzig 1913, Vorwort.
47 Friedrich Wolters: Mensch und Gattung. In: Jahrbuch für die geistige Bewegung. III/1912, S. 151.
48 Gustav Wyneken: Was ist Jugendkultur? Öffentlicher Vortrag. München 1914. Zit. nach Harry Pross: Jugend. Eros. Politik. Die Geschichte der deutschen Jugendverbände. Bern, München, Wien 1964, S. 188.
49 Pross: a.a.O., S. 177.
50 Thomas Mann: Der Zauberberg (1924). In: Gesammelte Werke (Frankfurter Ausgabe). Frankfurt am Main 1981, S. 10.
51 Ebda., S. 11.
52 Ebda., S. 1002.
53 Ebda., S. 1004.
54 Ebda., S. 997.
55 Ebda., S. 997.
56 Ebda., S. 665.
57 Ebda., S. 692.
58 Ebda., S. 694.
59 Ebda., S. 697.
60 Ebda., S. 1006.
61 Hugo von Hofmannsthal: Gesammelte Werke in zehn Einzelbänden. Hrsg. von Bernd Schoeller. Gedichte. Dramen I (1891–1898). Frankfurt am Main 1979, S. 86.
62 Vgl. Gerhard A. Ritter, Jürgen Kocka: Deutsche Sozialgeschichte. Dokumente und Skizzen. Band II: 1870–1914. München 1977, S. 115f.
63 Karl Helfferich: Deutschlands Volkswohlstand 1888–1913. Berlin 1915, S. 32.
64 Hofmannsthal: a.a.O., S. 22.

65 Ebda., S. 131.
66 Ebda., S. 23.
67 Ebda., S. 242.
68 Ebda., S. 26.
69 Hermann Broch: Hofmannsthal und seine Zeit. Frankfurt am Main 1974, S. 7ff., 40.
70 Ebda., S. 69.
71 Ebda., S. 113.
72 Hofmannsthal: Erzählungen. Erfundene Gespräche und Briefe. Reisen; a.a.O., S. 465.
73 Ebda., S. 466.
74 Rudolf Virchow: Vier Reden über Leben und Kranksein. Berlin 1862, S. 5.
75 Ebda., S. 11, 14ff.
76 Ernst Haeckel: Die Welträtsel. Leipzig 1926, S. 11.
77 Gottfried Benn: Gesammelte Werke in acht Bänden. Hrsg. von Dieter Wellershoff. Band 2. Wiesbaden 1960, S. 18f.
78 Benn: Band 1; a.a.O., S. 14f.
79 Klaus Günther Just: Von der Gründerzeit bis zur Gegenwart. Geschichte der deutschen Literatur seit 1871. Handbuch der deutschen Literaturgeschichte. Erste Abteilung. Darstellungen. Band 4. Bern und München 1973, S. 305.
80 Johannes Hohlfeld (Hrsg.): Dokumente der Deutschen Politik und Geschichte von 1848 bis zur Gegenwart. I. Band. Die Reichsgründung und das Zeitalter Bismarcks 1848–1890. Berlin und München o.J., S. 9.
81 August Bebel: Die Frau und der Sozialismus. Berlin und Bonn 1980, S. 337.
82 Georges Goriély: Von der SPD oder: Masse und Ohnmacht. In: Frankfurter Hefte, Nr. 4/1961, S. 225ff.
83 Bebel: a.a.O., S. 290.
84 Paul Göhre: Drei Monate Fabrikarbeiter und Handwerksbursche. Eine praktische Studie. Leipzig 1891, S. 1.
85 Ebda., S. 21.
86 Minna Wettstein-Adelt: 3½ Monate Fabrik-Arbeiterin. Eine practische Studie. Berlin 1893, S. 3.
87 Ebda., S. 34.
88 Ebda., S. 101.
89 Nikolaus Osterroth: Vom Beter zum Kämpfer. Berlin, Bonn 1980, S. 124f.
90 Stefan Zweig: Die Welt von gestern. Erinnerungen eines Europäers. Gesammelte Werke in Einzelbänden. Frankfurt am Main 1982, S. 226ff.
91 Max Barthel: Arbeiterseele. Verse von Fabrik, Landstraße, Wanderschaft, Krieg und Revolution. Jena 1920, S. 145.
92 Jean Paul: Sämtliche Werke. Hrsg. von Norbert Miller. Abt. I. Band 4. München, Wien 1975, S. 10ff.
93 Dolf Sternberger: Panorama oder Ansichten vom 19. Jahrhundert. Hamburg 1955, S. 155.
94 Zit. nach Gert Ueding: Buschs geheimes Lustrevier. Affektbilder und Seelengeschichten des deutschen Bürgertums im 19. Jahrhundert. Frankfurt am Main, Berlin, Wien 1982, S. 42.
95 Ebda., S. 38.
96 Wilhelm Busch Album: Humoristischer Hausschatz mit 1500 Bildern. München 1925, S. 89, 117, 124, 166.
97 Richard Wagner: Parsifal. Ein Bühnenweihspiel in drei Aufzügen. Stuttgart o.J., S. 24.
98 Odo Marquard: Gesamtkunstwerk und Identitätssystem. Überlegungen im Anschluß an Hegels Schellingkritik. In: Der Hang zum Gesamtkunstwerk. Europäische Utopien seit 1800. Aarau und Frankfurt am Main 1983, S. 48.
99 Zit. ebda., S. 174.
100 Richard Wagner: Die Revolution, 1849. Zit. ebda., S. 166.
101 Herbert Marcuse: Über den affirmativen Charakter der Kultur. In: Kultur und Gesellschaft I. Frankfurt am Main 1965, S. 63, 66, 67.
102 Stefan Kunze: Innenwelt und Außenwelt im »Tristan«. In: Programmheft zu »Tristan«. Bayreuther Festspiele 1983, S. 2.
103 Werner Hofmann: Gesamtkunstwerk Wien. In: Das Gesamtkunstwerk; a.a.O., S. 88.
104 Vgl. Michael Müller: Die Verdrängung des Ornaments. Zum Verhältnis von Architektur und Lebenspraxis. Frankfurt am Main 1977, S. 95ff.
105 Hofmann: a.a.O., S. 89f.
106 H. Mühlestein/G. Schmidt. Zit. nach Nationalgalerie Berlin–Staatliche Museen Preußischer Kulturbesitz: Ferdinand Hodler. Ausstellungskatalog. Zürich 1983, S. 161.
107 Karl May: Der Weg zum Glück. Roman aus dem Leben Ludwig des Zweiten. Band V. Hildesheim, New York 1971, S. 278.
108 May: Band II; a.a.O., S. 471f.
109 Ebda., S. 472.
110 Ebda., S. 488.
111 Thomas Mann: Tristan. In: Frühe Erzählungen. Gesammelte Werke (Frankfurter Ausgabe). Frankfurt am Main 1981, S. 221ff.
112 Ebda., S. 246f.
113 May: Band I; a.a.O., S. 127.
114 Vgl. hierzu Hans Daiber: Zuflucht für Tannhäuser. Des Bayernkönigs Gesamtkunstwerk aus Theater, Natur und Architektur: Die Venusgrotte und Schloß Linderhof. In: Rheinischer Merkur/Christ und Welt, 24. Juli 1981.
115 Horst Krüger: »Geh leise, denn du gehst auf meinen Träumen!« Eine Begegnung mit Ludwig II. in seinen Schlössern. Funkmanuskript o.J., S. 15f.
116 Ebda., S. 4.
117 Vgl. Else Conrad: Münchner Protokoll. Maurer H. In: Lebensführung von 22 Arbeiterfamilien in München. München 1909. Zit. nach Friedrich G. Kürbisch (Hrsg.): Der Arbeitsmann, er stirbt, verdirbt, wann steht er auf? Sozialreportagen 1880 bis 1918. Berlin, Bonn 1982, S. 119f.
118 Friedrich Nietzsche: Werke. Hrsg. von Karl Schlechta. Band II. Frankfurt am Main, Berlin, Wien 1979, S. 551f.
119 Ebda., S. 554.
120 Ebda., S. 555.
121 Ebda., S. 557.
122 Ebda., S. 649f.
123 Ebda., S. 651.
124 Christiaan L. Hart-Nibbrig: Nietzsches Lachen. In: Merkur, Heft 1/1983, S. 82, 83ff.
125 Heinrich Heine: Werke und Briefe in 10 Bänden. Hrsg. von Hans Kaufmann. Band 9. Berlin-Ost 1962, S. 216.
126 Zit. nach Hans Peter Bleuel: Ferdinand Lassalle oder der Kampf wider die verdammte Bedürfnislosigkeit. München 1979, S. 46f.
127 Ebda., S. 294.
128 Zit. nach Günter Ogger: Die Gründerjahre. Als der Kapitalismus jung und verwegen war. München, Zürich 1982, S. 18.
129 Zit. ebda., S. 26f.
130 Ebda., S. 31.
131 Vgl. Rudolf Rübberdt: Geschichte der Industrialisierung. Wirtschaft und Gesellschaft auf dem Weg in unsere Zeit. München 1972, S. 80f.
132 Zit. nach Bernt Engelmann: Krupp. Die Geschichte eines Hauses – Legenden und Wirklichkeit. München 1980, S. 565, 569.
133 Werner von Siemens: Lebenserinnerungen. München 1966, S. 323ff.
134 Fritz Stern: Gold und Eisen. Bismarck und sein Bankier Bleichröder. Frankfurt am Main, Berlin, Wien 1978, S. 8.
135 Jens Fleming: Letzten Endes doch nur ein »Hofjude«. Fritz Sterns Buch über Bismarck und dessen Bankier Bleichröder. In: Frankfurter Rundschau, Nr. 205 vom 16.9.1978.
136 Vossische Zeitung, 25.12.1917. Gesammelte Werke in Einzelausgaben. Hrsg. von Herbert Steiner. Prosa III. Frankfurt am Main 1950ff., S. 407ff.
137 Friedrich Glaser: Die Börse. Frankfurt am Main 1908, S. 69f.
138 Ebda., S. 101f.
139 Vgl. hierzu Christian Beutler: Weltausstellungen im 19. Jahrhundert. In: Weltausstellungen im 19. Jahrhundert. Ausstellungskatalog der Neuen Sammlung – Staatliches Museum für angewandte Kunst München. Idee, Auswahl und Texte: Christian Beutler mit einem Beitrag von Günter Metken. München o.J., S. Vff.
140 Zit. ebda., S. XXVIf.
141 Zit. nach Heidi Caroline Ebertshäuser: Titanic – Mythos unserer Zeit. Aufriß. Schriftenreihe des Centrums Industriekultur. Heft 2: Begleitheft

zur Ausstellung Industriekultur. Expeditionen ins Alltägliche. Nürnberg 1982, S. 55, 56.
142 Paul Göhre: Das Warenhaus. Frankfurt am Main 1907, S. 35.
143 Julius Hart: Auf der Fahrt nach Berlin. Zit. nach Walther Killy (Hrsg.): 20. Jahrhundert. Texte und Zeugnisse 1880–1933. München 1967, S. 92f.
144 Peter Marschalck: Zur Rolle der Stadt für den Industrialisierungsprozeß in Deutschland in der 2. Hälfte des 19. Jahrhunderts. In Jürgen Reulecke (Hrsg.): Die deutsche Stadt im Industriezeitalter. Beiträge zur modernen deutschen Stadtgeschichte. Wuppertal 1978, S. 64.
145 Monika Sperr (Hrsg.): Schlager. Das Große Schlagerbuch. Deutsche Schlager 1800 – Heute. München 1978, S. 14, 17, 26, 44.
146 Gerhart Hauptmann: Gesammelte Werke in sechs Bänden. Vierter Band. Berlin o.J., S. 427.
147 Ebda., S. 530.
148 Friedrich Nietzsche: Werke. Hrsg. von Karl Schlechta. Band II. Frankfurt am Main, Berlin, Wien 1979, S. 592.
149 Michael Georg Conrad: Ketzerblut. Zit. nach Walther Killy (Hrsg.): 20. Jahrhundert. Texte und Zeugnisse 1880–1933. München 1967, S. 99ff.
150 Ebda., S. 101.
151 Ebda., S. 101.
152 Georg Heym: Dichtungen und Schriften. Gesamtausgabe. Hrsg. von Karl Ludwig Schneider. Band 1: Lyrik. Hamburg und München 1964, S. 192.
153 Zit. nach Hans Hinterhäuser: Fin de Siècle. Gestalten und Mythen. München 1977, S. 63ff.
154 Ebda., S. 74.
155 Zit. nach H. Naumann: Der Einsame. Zu Stefan Georges 25. Todestag. In: Frankfurter Allgemeine Zeitung, 6.4.1958.
156 Otto Mann: Der Dandy. Ein Kulturproblem der Moderne. Heidelberg 1962, S. 41.
157 Ebda., S. 39.
158 Vgl. Franz Schonauer: Stefan George in Selbstzeugnissen und Bilddokumenten. Reinbek bei Hamburg 1960, S. 27f.
159 Hermann Bahr: Studien zur Kritik der Moderne, 1894. In: Zur Überwindung des Naturalismus. Theoretische Schriften 1887–1904. Ausgewählt, eingeleitet und erläutert von G. Wunberg. Stuttgart, Berlin, Köln, Mainz 1968, S. 161.
160 Rainer Maria Rilke: Selbstbildnis aus dem Jahre 1906. In: Werke in sechs Bänden. Band I, 2. Gedicht-Zyklen. Frankfurt am Main 1974, S. 278.
161 O. Mann: Der Dandy; a.a.O., S. 91f.
162 Otto Julius Bierbaum: Prinz Kuckuck. Leben, Taten, Meinungen und Höllenfahrt eines Wollüstlings. Hrsg. von P. Scher. München 1922, S. 447, 449.
163 Friedrich Nietzsche: Werke. Hrsg. von Karl Schlechta. Band IV. Frankfurt am Main, Berlin, Wien 1977, S. 366f.
164 Ebda., Band III; a.a.O., S. 456.
165 Annette Kolb: Daphne Herbst. Frankfurt am Main 1963, S. 137.
166 Ebda., S. 46f.
167 Zu den nachfolgenden Daten vgl. Manuel Gasser: München um 1900. Bern und Stuttgart 1977, S. 7ff.
168 Max Halbe: Jahrhundertwende. Erinnerungen an eine Epoche. München, Wien 1976, S. 30ff., 35ff.
169 Thomas Mann: Gladius Dei. In: Frühe Erzählungen. Gesammelte Werke (Frankfurter Ausgabe). Frankfurt am Main 1983, S. 198f.
170 Zit. nach Jugend in Wien. Literatur um 1900. Eine Ausstellung des Deutschen Literaturarchivs im Schiller-Nationalmuseum Marbach a.N. München 1974, S. 94.
171 Arthur Schnitzler: Anatol. In: Liebelei und andere Dramen. Das dramatische Werk. Band 1. Frankfurt am Main 1977, S. 29.
172 Zit. nach Jugend in Wien. a.a.O., S. 137.
173 Zit. ebda., S. 158.
174 Karl Kraus: Die letzten Tage der Menschheit. Tragödie in fünf Akten mit Vorspiel und Epilog. Sonderheft der »Fackel«, 1919. Zit. nach Jugend in Wien: a.a.O., S. 418f.
175 Theodor Fontane: Gesammelte Werke. Eine Auswahl in fünf Bänden. Dritter Band. Berlin 1915, S. 309ff.
176 Ebda., S. 458ff.
177 Ebda., S. 503.
178 Paul Altenberg: Theodor Fontane. In: Hermann Heimpel, Theodor Heuss, Benno Reifenberg (Hrsg.): Die großen Deutschen. Deutsche Biographie. Vierter Band. Gütersloh 1978, S. 116f.
179 Fontane: Erster Band; a.a.O., S. 148.
180 Theobald Ziegler: Die geistigen und sozialen Strömungen Deutschlands im neunzehnten Jahrhundert. Berlin 1911, S. 521ff.
181 Ebda., S. 522f.
182 Zit. nach Jugend in Wien: a.a.O., S. 146.
183 Sigmund Freud: Studienausgabe. Hrsg. von A. Mitscherlich, A. Richards, J. Strachey. Band IX. Frankfurt am Main 1969ff., S. 14f.
184 Ebda., S. 15f.
185 Ebda., S. 16.
186 Hermann Bahr: Die Überwindung des Naturalismus, 1891. Zit. nach Walther Killy (Hrsg.): 20. Jahrhundert. Texte und Zeugnisse. 1880–1933. München 1967, S. 77.
187 Ebda., S. 78.
188 Ebda., S. 64.
189 Willy Hellpach: Nervosität und Kultur. Berlin 1902, S. 45f.
190 Ebda., S. 91.
191 Ebda., S. 133.
192 Theodor Storm: Sämtliche Werke. Neue Ausgabe in fünf Bänden. Fünfter Band. Braunschweig und Berlin 1916, S. 255f.
193 Oskar Maria Graf: Der Dichter der Bayerischen Gloria. Ludwig Thoma zum hundertsten Geburtstag. In: Nürnberger Zeitung, 14.1.1967.
194 Ludwig Thoma: Gesammelte Werke. Dritter Band: Romane und Erzählungen. München 1925, S. 583f.
195 Ebda., S. 593.
196 Ludwig Anzengruber: Gesammelte Werke in zehn Bänden. Sechster Band. Stuttgart, Berlin o.J., S. 201f.
197 Lena Christ: Erinnerungen einer Überflüssigen. Mathias Bichler. Rumplhanni. Madam Bäuerin. Bauern. München 1977.
198 Günter Busch: Paula Modersohn-Becker. Malerin. Zeichnerin. Frankfurt am Main 1981, S. 20.
199 Paula Modersohn-Becker: Briefe und Tagebuchblätter. Hrsg. von Sophie Dorothee Gallwitz. München 1957, S. 39.
200 Busch: a.a.O., S. 50f.
201 Rainer Maria Rilke: Werke. Band I, 2. Gedicht-Zyklen. Frankfurt am Main 1966, S. 405.
202 Vgl. Dolf Sternberger: Panorama oder Ansichten vom 19. Jahrhundert. Hamburg 1955, S. 24ff.
203 Vgl. P.K. Schuster: Schön und kolossal. In: Hermann Glaser, Wolfgang Ruppert, Norbert Neudecker: Industriekultur in Nürnberg. München 1980, S. 294ff.
204 Wilhelm Bölsche: Das Liebesleben in der Natur. Eine Entwicklungsgeschichte der Liebe. 1. Folge. Leipzig 1901, S. 5f.
205 Friedrich Nietzsche: Der Fall Wagner. In: Friedrich Nietzsche. Werke. Hrsg von Karl Schlechta. Band III. Frankfurt am Main, Berlin, Wien 1976, S. 368.
206 Günther Schloz: Wagners Götter im Bürgerrock. Bayreuther Festspiele nach 100 Jahren: Der Weihespieltempel wird zur munteren Theaterwerkstatt. In: Deutsche Zeitung, 30.7.1976.
207 Hansgünther Heyme: Neuinszenierung des Rheingold in Nürnberg. Maschinenschriftliches Exposé. Juli 1978.
208 Richard Wagner: Der Ring des Nibelungen. Vollständiger Text mit Notentafeln der Leitmotive. Hrsg. von Julius Burghold. München 1980, S. 22ff.
209 Nietzsche: Der Fall Wagner; a.a.O., S. 350, 359.
210 Vgl. Isabel V. Hull: Die Entourage of Kaiser Wilhelm II., 1888–1918. Cambridge (USA) 1982.
211 Zit. nach Golo Mann: Wilhelm II. In: Frankfurter Allgemeine Zeitung, 5.9.1964.
212 Zit. nach Nicolaus Sombart:
Der letzte Kaiser war so, wie die Deutschen waren. Wilhelm II. – Vergangenheitsbewältigung und Wiedergutmachung. In: Frankfurter Allgemeine Zeitung, 27.1.1979.

213 Vgl. Sebastian Haffner: Der letzte Bismarckianer. Zur politischen Korrespondenz Eulenburgs. In: Merkur, Heft 11/1977, S. 1093ff.
214 Ebda., S. 1098f.
215 Zit. ebda., S. 1099.
216 Peter Paret: Die Berliner Secession. Moderne Kunst und ihre Feinde im Kaiserlichen Deutschland. Berlin 1981, S. 35ff.
217 Ludwig Thoma: Die Reden Kaiser Wilhelms II. In: Gesammelte Werke. Erster Band. München 1925, S. 557ff.
218 Zit. nach Sombart: a.a.O.
219 Beat Hemmi: Kaiser Wilhelm II. und die Reichsregierung im Urteil schweizerischer diplomatischer Berichte 1888 bis 1894. In: Geist und Werk der Zeiten, Heft 13. Zürich o.J.
220 Egon Friedell: Kulturgeschichte der Neuzeit. Dritter Band. München 1931, S. 328f.
221 Michael Stürmer: Das ruhelose Reich. Deutschland 1866–1918. Berlin 1983, S. 157.
222 Ebda., S. 297.
223 Karl Bröger: Sturz und Erhebung. Gesamtausgabe der Gedichte. Jena 1943, S. 15.
224 Arthur Schnitzler: Reigen. In: Reigen und andere Dramen. Das dramatische Werk. Band 2. Frankfurt am Main 1977, S. 122f.
225 Stürmer: a.a.O., S. 400f.
226 Arthur Schnitzler: Anatol. In: Liebelei und andere Dramen. Das dramatische Werk. Band 1. Frankfurt am Main 1978, S. 41ff.
227 Schnitzler: Liebelei; ebda., S. 251.
228 Ebda., S. 252, 264.
229 Ebda., S. 219.
230 Schnitzler: Reigen; a.a.O., S. 89.
231 Ebda., S. 91.
232 Arthur Schnitzler: Jugend in Wien. Eine Autobiographie. Mit einem Nachwort von Friedrich Torberg. Wien, München, Zürich 1968, S. 330.
233 Schnitzler: Paracelsus. In: Reigen und andere Dramen; a.a.O., S. 240.
234 Zit. nach Walther Killy: 20. Jahrhundert. Texte und Zeugnisse. 1880–1933. München 1967, S. 181f.
235 Schnitzler: Jugend in Wien; a.a.O., S. 171.
236 Renate Wagner: Frauen um Arthur Schnitzler. Frankfurt am Main 1983, S. 7f.
237 Schnitzler: Anatol; a.a.O., S. 55f.
238 Arthur Schnitzler: Das weite Land. In: Professor Bernhardi und andere Dramen. Das dramatische Werk. Band 6. Frankfurt am Main 1979, S. 40.
239 Hartmut Scheible: Arthur Schnitzler. Figur – Situation – Gestalt. In: Neue Rundschau, Heft 2/1981, S. 77f.
240 Ebda., S. 79.
241 Zit. nach Gotthart Wunberg (unter Mitarbeit von Johannes J. Braakenburg): Die Wiener Moderne. Literatur, Kunst und Musik zwischen 1890 und 1910. Stuttgart 1981, S. 652f.
242 Nike Wagner: Geist und Geschlecht. Karl Kraus und die Erotik der Wiener Moderne. Frankfurt am Main 1982, vor allem S. 7, 12, 19f., 132, 138f., 147, 150, 152, 157.
243 Zit. ebda., S. 147.
244 Ebda., S. 150f.
245 Walther Wossidlo: Richard Wagner, Tannhäuser. Populärer Führer durch Poesie und Musik. Leipzig o.J., S. 3ff.
246 Schnitzler: Reigen; a.a.O., S. 94f.
247 Friedrich Dieckmann: Zwei Grundfiguren im Werk Richard Wagners. In: Merkur, Heft 6/1980, S. 574.
248 Wossidlo: a.a.O., S. 19.
249 Ebda., S. 20.
250 Robert Geissler: Einfahrt in Paris. Aus: Europäische Wanderbilder. Paris, Zürich o.J., S. 3.
251 Siegfried Kracauer: Jacques Offenbach und das Paris seiner Zeit. München 1962.
252 Karl Scheffler: Ästhetik der Prostitution. In: Pariser Notizen. Leipzig 1908.
253 Volker Klotz: Bürgerliches Lachtheater. Komödie. Posse. Schwank. Operette. München 1980, S. 188f.
254 Zit. nach Gerd Stein (Hrsg.): Bohemien – Tramp – Sponti. Boheme und Alternativkultur. Kulturfiguren und Sozialcharaktere des 19. und 20. Jahrhunderts. Band 1. Frankfurt am Main 1982, S. 59.
255 Zit. ebda., S. 60.
256 Thomas Mann: Tonio Kröger. In: Frühe Erzählungen. Gesammelte Werke (Frankfurter Ausgabe). Frankfurt am Main 1981, S. 292f.
257 Ebda., S. 305.
258 Ebda., S. 307.
259 Ebda., S. 334.
260 Ebda., S. 341.
261 Else Reventlow (Hrsg.): Franziska Gräfin zu Reventlow. Tagebücher 1895–1910. Frankfurt am Main 1981, S. 9f. (Biographische Skizze).
262 Ebda., S. 16.
263 Ebda., S. 415.
264 Ebda., S. 485.
265 Ebda., S. 487.
266 Stefan Zweig: Die Welt von Gestern; a.a.O., S. 87f.
267 Ebda., S. 98f.
268 Schnitzler: Reigen; a.a.O., S. 96f.
269 Zweig: Welt von gestern; a.a.O., S. 107f.
270 Vgl. Regina Schulte: Sperrbezirke. Tugendhaftigkeit und Prostitution in der bürgerlichen Welt. Frankfurt am Main 1979, S. 154.
271 Sigmund Freud: Über die allgemeinste Erniedrigung des Liebeslebens (1912). In: Sigmund Freud: Studienausgabe. Hrsg. von A. Mitscherlich, A. Richards, J. Strachey. Band V. Frankfurt am Main 1969ff., S. 205.
272 Kracauer: Jacques Offenbach; a.a.O., S. 215.
273 Vgl. Helmut Kreutzer: Die Boheme. Beiträge zu ihrer Beschreibung. Stuttgart 1968.
274 Vgl. Aleksa Čelebonović: Bürgerlicher Realismus. Die Meisterwerke des Salonmalerei. Berlin 1974.
275 Mann: Tonio Kröger; a.a.O., S. 335.
276 Hans Hinterhäuser: Zwiegestalt und Übertier. In: Fin de Siècle . Gestalten und Mythen. München 1977, S. 206. Ferner: Hans Schwerte: Versuch über Hofmannsthals »Idylle«. In: Distanz und Nähe. Hrsg. von P. Jaeger und R. Lütke (Festschrift für Walter Biemel). Würzburg 1983, S. 191ff.
277 Friedrich Nietzsche: Werke. Hrsg. von Karl Schlechta. Band III. Frankfurt am Main, Berlin, Wien 1979, S. 686f.
278 Dolf Sternberger: Gerechtigkeit für das neunzehnte Jahrhundert. Zehn historische Studien. Frankfurt am Main 1975, S. 186f.
279 Nietzsche: Band III, a.a.O., S. 690.
280 Ebda., S. 690.
281 Wolf Schön: Wien um 1900. Sprengsätze an den Falltüren der Seele. In: Rheinischer Merkur/Christ und Welt, 17.4.1981.
282 Thomas Mann: Der Zauberberg. In: Gesammelte Werke (Frankfurter Ausgabe). Frankfurt am Main 1981, S. 301f.
283 Ebda., S. 304.
284 Ebda., S. 304f.
285 Ebda., S. 307.
286 Ebda., S. 309.
287 Vgl. Edmund Engelmann: Berggasse 19. Das Wiener Domizil Sigmund Freuds. Stuttgart, Zürich 1977, S. 27.
288 Freud: Band II; a.a.O., S. 261f.
289 Ebda., S. 277f.
290 Vgl. Harold Stern: Die Couch. Frankfurt am Main 1983.
291 George Grosz: Ein kleines Ja und ein großes Nein. Hamburg 1955, S. 31ff.
292 Otto Weininger: Geschlecht und Charakter. Wien und Leipzig 1903, S. 254, 403, 144.
293 Ebda., S. 113ff., 307.
294 Ebda., S. 402f.
295 Ebda., S. 258f.
296 Ebda., S. 466, 469f.
297 Ebda., S. 418, 451, 450.
298 Oskar Kokoschka: Vier Dramen. Berlin 1919, S. 130f.
299 Thomas Mann: Die Stellung Freuds in der modernen Geistesgeschichte (1929). In: Thomas Mann: Ausgewählte Essays. Band 3: Musik und Phi-

losophie. Ausgewählt, eingeleitet und erläutert von Hermann Kurzke. Frankfurt am Main 1978, S. 169.

300 Ebda., S. 172.

301 Zit. ebda., S. 153f.

302 Freud: Das Unbehagen in der Kultur (1930). Studienausgabe, a.a.O., Band IX, S. 197.

303 Ebda., S. 198.

304 Ebda., S. 200.

305 Ebda., S. 205.

306 Vgl. Hans-Martin Gauger: Sprache und Sprechen im Werk Sigmund Freuds. In: Neue Rundschau, Heft 4/1974, S. 578.

307 Zit. nach Karl Kraus: Auswahl aus dem Werk. Hrsg. von Heinrich Fischer. Frankfurt am Main 1961, S. 106.

308 Ebda., S. 107.

309 Elias Canetti: Der neue Karl Kraus. In: Neue Rundschau, Heft 1/1975, S. 1.

310 Vgl. Manfred Schneider: Die Angst und das Paradies des Nörglers – Versuch über Karl Kraus. Frankfurt am Main 1978.

311 Zit. nach Canetti: a.a.O., S. 2.

312 Vgl. Karl Kraus: Beim Wort genommen. Gesammelte Werke. Band III. München 1955.

313 Karl Kraus: Briefe an Sidonie Nádherný von Borutin. 1913–1936. Hrsg. von Heinrich Fischer und Wilhelm Lazarus. Band I. München 1977, S. 21, 93, 101f.

314 Marcel Reich-Ranicki: Seine Liebe war wie sein Haß. Karl Kraus: Sprachfanatiker, Alleinunterhalter, Zuchtmeister, Intellektuellenclown, Weltverbesserer. In: Frankfurter Allgemeine Zeitung, 5.2.1977.

315 Kraus: Auswahl aus dem Werk; a.a.O., S. 12.

316 Karl Kraus: Sittlichkeit und Kriminalität. Frankfurt am Main 1966, S. 24.

317 Vgl. Nike Wagner: Geist und Geschlecht. Karl Kraus und die Erotik der Wiener Moderne. Frankfurt am Main 1982.

318 Vgl. Alfred Pfabigan: Karl Kraus und der Sozialismus. Wien 1976.

319 Zit. nach Frankfurter Allgemeine Zeitung (Michael Krüger: Das Schweigen des Beredten), 17.1.1981.

320 Rainer Maria Rilke: Werke. Band III, 1. Prosa. Frankfurt am Main 1974, S. 150f.

321 Ebda., S. 176f.

322 Peter Wapnewski: Zumutungen. Essays zur Literatur des 20. Jahrhunderts. München 1982, S. 91.

323 Rilke: Werke. Band I, 2. Gedicht-Zyklen; a.a.O., S. 278f.

324 Wapnewski: a.a.O., S. 80.

325 Vgl. Reinhold Grimm: Von der Armut und vom Regen. Rilkes Antwort auf die soziale Frage. Königstein/Taunus 1981.

326 Gottfried Keller: Gesammelte Werke. Zweiter Band. Stuttgart und Berlin 1915, S. 180ff.

327 Wolfgang Hartmann: Der historische Festzug. Seine Entstehung und Entwicklung im 19. und 20. Jahrhundert. München 1976, S. 8.

328 Hans Joachim Schoeps: Das Wilhelminische Zeitalter in geistesgeschichtlicher Sicht. In: Hans Joachim Schoeps (Hrsg.): Zeitgeist im Wandel. I. Das Wilhelminische Zeitalter. Stuttgart 1967, S. 16.

329 Hartmann: a.a.O., S. 163.

330 Zit. nach Klaus Sauer, German Werth: Lorbeer und Palme. Patriotismus in deutschen Festspielen. München 1971, S. 138ff.

331 Richard Wagner: Die Meistersinger von Nürnberg. Stuttgart 1976, S. 96.

332 Ebda., S. 99

333 Ebda., S. 108f.

334 Zit. nach: Die Meistersinger von Nürnberg. Programmheft der Städtischen Bühnen Nürnberg-Fürth. Nürnberg 1967.

335 Peter Wapnewski: Von den Dämonen auf der Festwiese. Zum Abgründigen in Wagners »Meistersinger«. In: Süddeutsche Zeitung, 7./8.7.1979.

336 Friedrich Nietzsche: Werke. Hrsg. von Karl Schlechta. Band III. Frankfurt am Main, Berlin, Wien 1977, S. 152.

337 Zit. nach Ausstellungskatalog der Museen der Stadt Nürnberg und des Stadtarchivs Nürnberg: Nürnberger Dürerfeiern 1828–1928. Nürnberg 1971, S. 111.

338 Ebda., S. 106.

339 Jane Campbell Hutchison: Der vielgefeierte Dürer. In: Reinhold Grimm, Jost Hermand (Hrsg.): Deutsche Feiern. Wiesbaden 1977, S. 37f.

340 Vgl. Max L. Baeumer: Lutherfeiern und ihre politische Manipulation. In: Grimm und Hermand: a.a.O., S. 54.

341 Heinrich von Treitschke: Luther und die deutsche Nation. In: Deutsche Lebensbilder. Leipzig 1927, S. 24.

342 Karl Gerok: Der letzte Strauß. Vermischte Gedichte. Der »Blumen und Sterne« neue Folge. Stuttgart 1895, S. 120ff.

343 Julius Langbehn: Rembrandt als Erzieher. Leipzig 1890, S. 193.

344 Zit. nach Hermann Glaser, Karl Heinz Stahl: Luther gestern und heute. Texte zu einer deutschen Gestalt. Frankfurt am Main 1983, S. 197.

345 Vgl. hierzu auch Robert Minder: Das Bild des Pfarrhauses in der deutschen Literatur von Jean Paul bis Gottfried Benn. In: Kultur und Literatur in Deutschland und Frankreich. Frankfurt am Main 1972, S. 44ff.

346 Emanuel Geibel: Pfarrhausidyll. In: Gesammelte Werke in acht Bänden. Vierter Band. Stuttgart und Berlin 1906, S. 141.

347 Gottfried Benn: Gesammelte Werke in acht Bänden. Hrsg. von Dieter Wellershoff. Band 2: Gedichte. Wiesbaden 1968, S. 416f.

348 Zit. nach Otto F. Best, Hans-Jürgen Schmitt: Die deutsche Literatur. Ein Abriß in Text und Darstellung. Band 12: Naturalismus. Hrsg. von Walter Schmähling. Stuttgart 1977, S. 207 (»Der Mond«).

349 Seit hundert Jahren Wacht am Rhein. In: Frankfurter Rundschau, 31.5.1983.

350 Zit. nach Lothar Baier: Das Fehlen des Flügels des Adlers. Das Niederwalddenkmal bei Rüdesheim. In: Wallfahrtsstätten der Nation. Vom Völkerschlachtdenkmal zur Bavaria. Frankfurt am Main 1971, S. 104f.

351 Herbert Marcuse: Über den affirmativen Charakter der Kultur. In: Kultur und Gesellschaft I. Frankfurt am Main 1965, S. 99.

352 Zit. nach Peter Burian: Das Germanische Nationalmuseum und die deutsche Nation. In: Bernward Deneke und Rainer Kahsnitz (Hrsg.): Das Germanische Nationalmuseum Nürnberg 1852–1977. München, Berlin 1978, S. 199.

353 Ebda. S. 217f.

354 Zit. nach Michael Brix, Monika Steinhauser: Romantischer Kult und Mißbrauch. Historismus und Denkmalspflege. Der Hintergrund des 19. Jahrhunderts. In: Frankfurter Allgemeine Zeitung, 1.11.1978.

355 Eberhard Schulz: Das Kleid der Geschichte. Denkmodelle des Historismus und Funktionalismus. In: Frankfurter Allgemeine Zeitung, 3.6.1967.

356 Zit. nach Walther Killy: 20. Jahrhundert. Texte und Zeugnisse. 1880–1933. München 1967, S. 6.

357 Wolfgang Hardtwig: Traditionsbruch und Erinnerung. Zur Entstehung des Historismusbegriffs. In Micheal Brix, Monika Steinhauser (Hrsg.): »Geschichte allein ist zeitgemäß«. Historismus in Deutschland. Lahn-Gießen 1978, S. 25.

358 Friedrich Schiller: Sämtliche Werke. Auf Grund der Originaldrucke hrsg. von Gerhard Fricke und Herbert G. Göpfert. Band 4. München, Wien 1976, S. 765ff.

359 Helmuth Plessner: Die verspätete Nation. Über die Verführbarkeit bürgerlichen Geistes. Stuttgart 1959, S. 73.

360 Ebda.

361 Georg Wilhelm Friedrich Hegel: Vorlesungen über die Philosophie der Weltgeschichte. In: Hegel. Ausgewählt und eingeleitet von Friedrich Heer. Frankfurt am Main und Hamburg 1955, S. 99f.

362 Leopold Ranke: Geschichte und Politik. Ausgewählte Aufsätze und Meisterschriften. Hrsg. von Hans Hofmann. Stuttgart 1942, S. 141.

363 Vgl. Werner Kaegi: Jacob Burckhardt. Eine Biographie. Band I–VI. Basel, Stuttgart 1947–1977.

364 Heinrich Zimmer: Arthur Schopenhauer. In: Hermann Heimpel, Theodor Heuß, Benno Reifenberg (Hrsg.): Die großen Deutschen. Deutsche Biographie. Dritter Band. Gütersloh 1978, S. 150f.

365 Karl Marx, Friedrich Engels: Studienausgabe in 4 Bänden. Hrsg. von Iring Fetscher. Band 1. Frankfurt am Main 1966, S. 227f.

366 Plessner: a.a.O., S. 74ff.

367 Ebda., S. 84f.

368 Julius Langbehn: Rembrandt als Erzieher. Leipzig 1890, S. 181.

369 Zit. nach Melvin J. Lasky: Warum schrieb Mommsen nicht weiter? In: Der Monat, Heft 19/1950, S. 63f.
370. Gordon A. Craig: Geschichte Europas 1815–1980. Vom Wiener Kongreß bis zur Gegenwart. München 1983, S. 282.
371 Klaus Böhme (Hrsg.): Aufrufe und Reden deutscher Professoren im Ersten Weltkrieg. Stuttgart 1975, S. 5f.
372 Michael Stürmer: Das ruhelose Reich. Deutschland 1866–1918. Berlin 1983, S. 263; das folgende Zitat S. 264.
373 Stefan Zweig: Die Welt von Gestern; a.a.O., S. 48.
374 Ludwig Marcuse: Mein Zwanzigstes Jahrhundert. Auf dem Weg zu einer Autobiographie. München 1963.
375 Thomas Mann: Betrachtungen eines Unpolitischen. In: Gesammelte Werke (Frankfurter Ausgabe). Frankfurt am Main 1983, S. 247.
376 Ernst Weymar: Das Selbstverständnis der Deutschen. Ein Bericht über den Geist des Geschichtsunterrichts der höheren Schulen im 19. Jahrhundert. Stuttgart 1961, S. 207.
377 Zit. ebda., S. 208.
378 Zit. ebda., S. 209.
379 Zit. ebda., S. 211f.
380 Ebda., S. 212.
381 Zit. ebda., S. 222.
382 Böhme: a.a.O., S. 11f.
383 Vgl. Horst Schallenberger: Untersuchungen zum Geschichtsbild der Wilhelminischen Ära und der Weimarer Zeit. Eine vergleichende Schulbuchanalyse deutscher Schulgeschichtsbücher aus der Zeit von 1888 bis 1933. Ratingen bei Düsseldorf 1964.
384 Zit. ebda., S. 98f.
385 Heinrich Mann: Der Untertan. München 1983, S. 5.
386 Ebda., S. 276.
387 Friedrich Nietzsche: Werke. Hrsg. von Karl Schlechta. Band I. Frankfurt am Main, Berlin, Wien 1979, S. 137.
388 Mann: Betrachtungen eines Unpolitischen; a.a.O., S. 9; nachfolgend S. 545, 587, 31, 464.
389 Peter Blickle: Deutsche Untertanen. Ein Widerspruch. München 1981, S. 22.
390 Walter Benjamin: Berliner Kindheit um 1900. Frankfurt am Main 1962, S. 165f.
391 Burckhardt Lindner: Das Interesse an der Kindheit. in: Günter Kunert, Jürgen Manthey, Delf Schmidt: Literaturmagazin 14. Die Literatur blüht im Tal. Gespräche – Essays – Neue Prosa und Lyrik. Reinbek bei Hamburg 1981, S. 126f.
392 Vgl. Erhard van den Bergh: Die Chance des Bürgers. Plädoyer für ein neues Bildungsbürgertum. Düsseldorf, Wien 1983.
393 Wilhelm Raabe: Sämtliche Werke. Zweite Serie. Band 3. Berlin-Grunewald o.J., S. 367f.
394 Ebda., S. 371.
395 Ebda., S. 372.
396 Ferdinand Lion: Romantik als deutsches Schicksal. Stuttgart 1963, S. 126f.
397 Georg Lütter: Totalität der Hölle: Kafkas Geschichtsbild. In: Merkur, Heft 5/1983, S. 565ff.
398 Richard Wagner: Mein Leben. Einzige vollständige Ausgabe. Hrsg. von Martin Gregor-Dellin. Band II. München 1969, S. 561.
399 Zit. nach Peter Wapnewski: Der traurige Gott. Richard Wagner in seinen Helden. München 1982, S. 208.
400 Cosima Wagner: Die Tagebücher. Band II. 1878–1883. Ediert und kommentiert von Martin Gregor-Dellin und Dietrich Mack. München, Zürich 1977, S. 335.
401 Wilhelm Raabe: Die Chronik der Sperlingsgasse. Sämtliche Werke. Erste Serie. Band 1. Berlin-Grunewald o.J., S. 23.
402 Zit. nach Adolf Muschg: Gottfried Keller. München 1977, S. 387f.
403 Zit. ebda., S. 349.
404 König Ludwig II. und Richard Wagner. Briefwechsel. Hrsg. vom Wittelsbacher Ausgleichsfonds und Winifred Wagner. Bearbeitet von Otto Strobel. Dritter Band. Karlsruhe i.B. 1936, S. 182f.
405 Zit. nach Eberhard Straub: Parsifals Suche nach der Einheit alles Lebenden. Vor hundert Jahren wurde Wagners Bühnenweihfestspiel zum ersten Mal aufgeführt. In: Frankfurter Allgemeine Zeitung, 24.7.1982.
406 Friedrich Nietzsche: Werke. Hrsg. von Karl Schlechta. Band III. Frankfurt am Main, Berlin, Wien 1976, S. 497.
407 Straub: a.a.O.
408 Richard Wagner: Parsifal. Ein Bühnenweihspiel in drei Aufzügen. Hrsg. und eingeleitet von Wilhelm Zentner. Stuttgart 1980, S. 19f.
409 Ebda., S. 35.
410 Ebda., S. 38.
411 Ebda., S. 47.
412 Thomas Mann: Leiden und Größe Richard Wagners (1933). In: Thomas Mann: Ausgewählte Essays. Band 3: Schriften über Musik und Philosophie. Ausgewählt, eingeleitet und erläutert von Hermann Kurzke. Frankfurt am Main 1978, S. 104.
413 Ebda., S. 84f.
414 Wagner: Parsifal; a.a.O., S. 47.
415 Ebda., S. 57.
416 Ebda., S. 61.
417 Ebda., S. 44f.
418 Wapnewski: Der traurige Gott; a.a.O., S. 248f.
419 Wagner: a.a.O., S. 57.
420 Carl E. Schorske: Wien. Geist und Gesellschaft im Fin de siècle. Frankfurt am Main 1980.
421 Adalbert Stifter: Der Nachsommer. Eine Erzählung. Mit einem Nachwort von Emil Staiger. München 1964, S. 210.
422 Hermann Kunisch: Adalbert Stifter. Mensch und Wirklichkeit. Studien zu seinem klassischen Stil. Berlin 1950, S. 96.
423 Stifter: a.a.O., S. 156.
424 Ebda., S. 67.
425 Ebda., S. 23.
426 Ebda., S. 93.
427 Ebda., S. 57.
428 Ebda., S. 44f.
429 Ebda., S. 32f.
430 Schorske: Wien; a.a.O., S. 286f.
431 Vgl. ebda., S. 292.
432 Ebda., S. 293.
433 Zit. ebda., S. 294.
434 Zit. nach Konzertprogramm der Philharmonischen Konzerte der Stadt Nürnberg. Nürnberg 1982/83.
435 Theodor W. Adorno: Über Mahler. In: Frankfurter Hefte, Heft 9/1960, S. 653.
436 Zit. nach Dominik Jost: Literarischer Jugendstil. Stuttgart 1969, S. 11.
437 Richard Hamann, Jost Hermand: Epochen der deutschen Kultur von 1870 bis zur Gegenwart. Band 4. Stilkunst um 1900. Frankfurt am Main 1977, S. 249f.
438 Nike Wagner: Geist und Geschlecht. Karl Kraus und die Erotik der Wiener Moderne. Frankfurt am Main 1982, S. 49.
439 Zit. nach Jost: a.a.O., S. 66.
440 Franz Weller: Weltausstellungsalbum. Erinnerung an Wien. Wien 1873, S. 5.
441 Thomas Mann: Leiden und Größe Richard Wagners; a.a.O., S. 103.
442 Stefan George: Werke in zwei Bänden. München und Düsseldorf 1958, S. 50f.
443 Zit. nach Walther Killy (Hrsg.): 20. Jahrhundert. Texte und Zeugnisse. 1880–1933. München 1967, S. 350.
444 Zit. nach Karl Otto Conrady: Das große deutsche Gedichtbuch. Kronberg/Taunus 1977, S. 623.
445 Thomas Mann: Der Tod in Venedig. In: Gesammelte Werke (Frankfurter Ausgabe). Frankfurt am Main 1981, S. 562.
446 Wilhelm Bölsche: Das Liebesleben in der Natur. Eine Entwicklungsgeschichte der Liebe. 1. Folge. Leipzig 1901, S. 4, 6f.
447 Zit. nach Kurt Pinthus: Menschheitsdämmerung. Ein Dokument des Expressionismus. (1919) Hamburg 1959, S. 107.

448 Walter Benjamin: Gesammelte Schriften. I, 2. Hrsg. von Rolf Tiedemann und Hermann Schweppenhäuser. Werkausgabe Band 2. Frankfurt am Main 1980, S. 660.
449 Hamann, Hermand: a.a.O., S. 250.
450 Geschrieben von Carl Schmitt und Fritz Eisler 1913. Zit. nach Tilmann/Buddensieg u.a.: Industriekultur. Peter Behrens und die AEG 1907–1914. Berlin o.J., S. 63f.
451 Julius Meier-Graefe: Kunst oder Kunsthandwerk. In: Die neue Rundschau, 1914, S. 606.
452 Vgl. Gert Reising: Industrie, Kunst und Pädagogik zwischen 1851 und 1914. Band 1. Darmstadt 1977, S. 39.
453 Walter Flex: Der Wanderer zwischen beiden Welten. Ein Kriegserlebnis. Heusenstamm 1977, S. 12.
454 Ebda., S. 49f., 53f.
455 Theodor Däubler: Dichtungen und Schriften. Hrsg. von Friedhelm Kemp. München 1956, S. 853.
456 Walter Hasenclever: Gedichte, Dramen, Prosa. Unter Benutzung des Nachlasses hrsg. und eingeleitet von Kurt Pinthus. Reinbek bei Hamburg 1963, S. 120, 123.
457 Zit. nach Paul Raabe: Die Revolte der Dichter. Die frühen Jahre des literarischen Expressionismus 1910–1914. In: Der Monat, Heft 191/1964, S. 93.
458 Otto F. Best (Hrsg.): Expressionismus und Dadaismus. In: Otto F. Best, Hans-Jürgen Schmitt (Hrsg.): Die deutsche Literatur. Ein Abriß in Text und Darstellung. Band 14. Stuttgart 1975, S. 14.
459 Robert Musil: Gesammelte Werke in Einzelausgaben. Hrsg. von Adolf Frisé. Band 1–3. Hamburg 1952ff., S. 150.
460 Zit. nach Kurt Pinthus: a.a.O., S. 225.
461 Klabund: Der himmlische Vagant. Eine Auswahl aus dem Werk. Hrsg. und mit einem Vorwort von Marianne Kesting. Köln 1978, S. 9f. (Vorwort).
462 Zit. nach Raabe: a.a.O., S. 88
463 Kasimir Edschmid: Frühe Manifeste. Epochen des Expressionismus. Hrsg. von der Akademie der Wissenschaften und der Literatur. Mainz, Darmstadt 1960, S. 32f.
464 Georg Lukács: Skizze einer Geschichte der neueren deutschen Literatur. Neuwied am Rhein und Berlin 1964, S. 197f.
465 Eberhard Roters: Malerei. In: Eberhard Roters (Hrsg.): Berlin. 1910–1933. Die visuellen Künste. Berlin 1983, S. 61ff.
466 Ebda., S. 64.
467 Ebda., S. 64.
468 Ebda., S. 64ff.
469 Vgl. ebda., S. 66.
470 Ebda., S. 76.
471 Zit. nach Raabe: a.a.O., S. 90.
472 Vgl. Pinthus: a.a.O., S. 52.
473 Zit. ebda., S. 42f.
474 Zit. ebda., S. 230.
475 Edschmid: a.a.O., S. 31.
476 Zit. nach Pinthus: a.a.O., S. 128.
477 Zit. ebda., S. 141.
478 Zit. ebda., S. 279.
479 Wolfgang Koeppen: Der ungehorsame Mensch. Laudatio auf Expressionisten. In: Frankfurter Allgemeine Zeitung, 7.5.1977.
480 Frank Wedekind: Dramen. Prolog. Gesammelte Werke. Band 3. München 1924. S. 7.
481 Wassily Kandinsky: Essays über Kunst und Künstler. Hrsg. und kommentiert von Max Bill. Stuttgart 1955, S. 140.
482 Wassily Kandinsky: Rückblick. Einleitung von Ludwig Grote. Baden-Baden 1956.
483 Kandinsky: Essays; a.a.O., S. 141.
484 Zit. nach Richard Dehmel: Gesammelte Werke in drei Bänden. Zweiter Band. Berlin 1913, S. 145f.
485 Hans Heinz Stuckenschmidt: Das Werk des Komponisten Arnold Schönberg. In: Universitas, Heft 8/1974, S. 855.
486 Michael Leiris: Arnold Schönberg. In: Frankfurter Rundschau, 11.7.1981.
487 Wassily Kandinsky: Über das Geistige in der Kunst. Einführung von Max Bill. Bern 1952, S. 117.
488 Vgl. Paul Klee: Beiträge zur bildnerischen Formenlehre. Basel, Stuttgart 1979.
489 Paul Klee: Tagebücher. Hrsg. von F. Klee. Köln 1957, S. 323ff. Vgl. hierzu O.K. Werckmeister: Walter Benjamin, Paul Klee und der »Engel der Geschichte«. In: Neue Rundschau, Heft 1/1976, S. 16ff.
490 Zit. nach Pinthus: a.a.O., S. 291.
491 Werckmeister: a.a.O., S. 17f.
492 Klee: Tagebücher; a.a.O., S. 396.
493 Werckmeister: a.a.O., S. 19.
494 Klee: Tagebücher; a.a.O., S. 389.
495 Zit. nach Pinthus: a.a.O., S. 39.
496 Zit. nach Raabe: a.a.O., S. 88.
497 Georg Trakl: Dichtungen und Briefe. Hrsg. von Walther Killy und Hans Szklenar. Salzburg o.J., S. 94.
498 Zit. nach Helmut Greulich: Georg Heym. Leben und Werk. Ein Beitrag zur Geschichte des deutschen Expressionismus. Berlin 1931, S. 155.
499 Georg Kaiser: Die Bürger von Calais, 1914.
500 Eduard Beaucamp: Mußte Franz Marc wirklich sterben? Die Gedächtnisausstellung im Münchner Lenbachhaus. In: Frankfurter Allgemeine Zeitung, 7.9.1980.
501 Franz Marc: Briefe aus dem Feld. Berlin o.J., S. 62f.
502 Sigmund Freud: Zeitgemäßes über Krieg und Tod. In Sigmund Freud: Studienausgabe. Hrsg. von A. Mitscherlich, A. Richards, J. Strachey. Frankfurt am Main 1969ff. Band IX, S. 40, 38.

Personenregister

Namen, die in der Zeittafel auftauchen, und Autoren von Sekundärliteratur wurden nicht aufgenommen;
Kursivziffern verweisen auf Abbildungen.
Die Geburts- und Sterbedaten konnten nicht bei allen Personen ermittelt werden.

Bildnachweis

Alphabetisch aufgeführt sind die Rechte-Inhaber, mit herzlichem Dank für die Erteilung der Abdruckgenehmigung. Gewünschte weitere Angaben, vor allem Standorte von Bildern, sind jeweils in Klammer vermerkt.
Bei zwei Abbildungen auf einer Seite bedeutet (l.) links, (r.) rechts.

AEG-Telefunken Firmenarchiv, Frankfurt a. M.: 256
Architektursammlung, Technische Universität München: 29
Archiv für Kunst und Geschichte, Berlin: 79, 201 (l.)
Fritz Arnold, München: 195
Ernst Barlach Nachlaßvertretung, Hamburg: 327 (l.)
Bayerische Staatsbibliothek, München: 141
Bayerische Staatsgemäldesammlung, München: 35, 160, 183
Bayerische Verwaltung der Staatlichen Schlösser, Gärten und Seen, München: 72 (mit Genehmigung des Wittelsbacher Ausgleichsfonds, München), 73 (Ludwig-II.-Museum)
Peter Beckmann, Murnau: 57, 142 (The St. Louis Art Museum; Bequest of Morton D. May), 162, 315 (Kunsthalle Bremen)
Berlin-Museum: 98, 243
Werner Bertram, Bremen: 269
Bildarchiv Foto Marburg: 274
Bildarchiv Preussischer Kulturbesitz, Berlin: 22, 27, 34 (Original: Nationalgalerie, Berlin DDR), 35, 60, 121, 131, 136, 138, 190, 242
© VG Bild Kunst, Bonn 1984: 51 (l.) (Städtische Kunsthalle Mannheim), 78 (Kunsthalle Bremen), 108, 116, 155, 171 und 192 (Bildarchiv Preussischer Kulturbesitz), 236, 290, 301
F. Bruckmann Bildarchiv, München: 180, 188
© 1984, Copyright by A.D.A.G.P., Paris & COSMOPRESS, Genf: 80 und 86 (Galerie Welz, Salzburg), 130 (Städtische Galerie im Lenbachhaus, München), 210 (Hamburger Kunsthalle), 288 (Kupferstichkabinett der Öffentlichen Kunstsammlung, Basel), 300 (r.) (Städtische Galerie im Lenbachhaus, München), 300 (l.) (Josef Müller, Lübeck-Eichholz), 308 (Städtische Galerie im Lenbachhaus, München), 310 (Staatsgalerie Stuttgart), 313 (Städtische Galerie im Lenbachhaus, München), 322 (Museum Boymans-van Beuningen, Rotterdam-NL), 325 (Kunstmuseum Bern)
Edmund Engelman, New York: 184
Fackelträger-Verlag, Hannover: 105
Titus Felixmüller, Hamburg: 327 (r.)
Friedrich Ebert Stiftung, Bonn: 63
Galerie Kornfeld, Bern: 21, 314
Galerie Stangl, München: 316, 328 (Staatliche Graphische Sammlung, München), 329
Galerie Welz, Salzburg: 65 (Österreichische Galerie, Wien), 66, 118, 191, 196 (Kunsthalle Bremen)
Germanisches Nationalmuseum, Nürnberg: 134
Hermann Glaser Privatarchiv, Roßtal: 12 (l.), 13, 17, 19, 23 (r.), 23 (l.), 42, 43, 44, 46, 50 (r.), 51 (r.), 53, 55, 59, 82 (r.), 82 (l.), 84, 89, 97, 99, 101, 102, 104, 111, 113, 114, 117 (r.), 117 (l.), 122, 123, 127 (l.), 129, 148, 149, 150 (r.), 150 (l.), 151 (l.), 152, 153, 161, 164, 173, 175, 181, 194, 199, 216, 217, 218, 219, 227 (r.), 227 (l.), 229, 231, 234, 239, 259, 264, 265, 266, 268, 271, 278, 282, 287, 291, 296, 298, 326
Claus-Peter Gross, Berlin: 107, 204
Estate of George Grosz, Princeton, N. J.: 110 (r.)
Hamburger Kunsthalle: 47, 157, 178, 247, 255
Harenberg Kommunikation, Dortmund: 226
Nachlaß Erich Heckel, Hemmenhofen: 91, 109, 126, 127 (r.), 303, 306
Mirko Heipek, Karlsruhe: 61
© Copyright by Dr. Wolfgang & Ingeborg Henze, Campione d'Italia: 110 (l.) (Städelsche Kunstinstitut), 302, 309 (Staatsgalerie Stuttgart), 311, 320 (Allen Memorial Art Museum, Oberlin College Charles F. Olney Fund, 50.29)
Hans Heß, Nürnberg: 279
Hessisches Landesmuseum, Darmstadt: 276, 281 (Leihgabe der Bundesrepublik Deutschland)
Historisches Museum der Stadt Wien: 74
Institut für Auslandsbeziehungen, Stuttgart: 12 (r.), 189, 201 (r.)
Herbert Jahn / Erich Unterer / Rainer Handl, Wien: 50 (l.) (Albertina, Wien), 67 und 69 (Albertina, Wien), 119 (Historisches Museum der Stadt Wien), 165 (Albertina, Wien)
Gottfried Keller-Stiftung: 305 (Kunsthaus Zürich)
Beate Klein, Berlin: 185
Kölnisches Stadtmuseum: 251
Kunstbibliothek mit Museum für Architektur, Modebild und Grafikdesign, Berlin (West): 85 (Bildarchiv Preussischer Kulturbesitz), 294
Kunsthalle Bremen: 280
Kunsthaus Zürich: 70, 87
Kunstmuseum Bern: 68
Öffentliche Kunstsammlung, Kunstmuseum Basel: 71, 182, 284, 286
Landesbibliothek Coburg: 224
Landesbildstelle Berlin: 140
Landesgewerbeanstalt Bayern, Bibliothek, Nürnberg: 37
The Los Angeles County Museum of Art: The Robert Gore Rifkind Center for German Expressionist Studies: 307
St. Louis-Art Museum, St. Louis/Missouri: 143
Franz Meyer, Basel: 203 (r.)
Paula Modersohn-Becker-Stiftung, Bremen: 139 (Privatbesitz), 146 (Kunsthalle Bremen)
Münchner Stadtmuseum: 252, 275
Museen der Stadt Nürnberg: 179, 222
Ingeborg Nebel, Hannover-Waldheim: 39 (Berlinische Galerie)
Neue Pinakothek, München: 187, 246, 285
Nolde-Stiftung Seebüll: 77 (Brücke-Museum, Berlin), 312 (Nationalgalerie, Berlin)
Rheinisches Bildarchiv, Köln: 250
Henning Rogge, Berlin: 151 (r.)
Sammlung Georg Schäfer, Schloß Obbach, Euerbach: 174
Sammlung Otto Staub, Ascona: 40
Schack-Galerie, München: 177, 186
Schirmer/Mosel Verlag, München: 75, 132, 133, 137
Erhard Senf, Berlin: 244
Siemens Museum, Nürnberg 33
© 1984 Alle Rechte bei Spangenberg Verlag GmbH, München 19: 203 (l.) (Albertina, Wien)
Staatliche Graphische Sammlung, München: 58
Staatliche Landesbildstelle Hamburg: 248
Staatliche Museen zu Berlin, DDR: 38
Staatsarchiv Hamburg: 253
Staatsgalerie Stuttgart: 254
Städelsche Kunstinstitut, Frankfurt a. M.: 292
Stadtgeschichtliche Museen, Nürnberg: 241, 249
Städtische Galerie im Lenbachhaus, München: 277, 293
Städtisches Kunstmuseum Bonn: 317
Villa Stuck, München: 169, 200
Ullstein-Bilderdienst: 15, 144, 245, 318, 319
Richard-Wagner-Museum, Bayreuth: 221, 273
Richard-Wagner-Museum, Tribschen/Luzern: 76
Ulfert Wilke, Solon/Iowa: 238
Worpsweder Verlag, Lilienthal: 166, 283, 295

Fotonachweise

Joseph Alber, Marburg: 274
Jörg P. Anders, Berlin: 131, 138, 190, 192
Hans-Joachim Bartsch, Berlin: 98, 243
Joachim Blauel, Gauting-Artothek: 35, 77, 130, 177, 183, 186, 187, 285, 293, 308, 313
Joachim Blauel, Gnamm: 246
Peter Cordes, Hamburg: 327 (l.)
Frequin-Photos, Voorburg/NL: 322
F. J. Hering, Magnetopath: 40
Photocolor Hinz, Allschwil: 71, 182, 284, 286
Kleinhempel, Hamburg: 242
Walter Krayer, Zürich: 70
Meier, Köln: 251
Fotostudio Otto, Wien: 65
Ferdinand Schmidt, Nürnberg: 37